普通高等教育“十一五”国家级规划教材

新编21世纪法学系列教材

总主编　曾宪义　王利明

破产法

第四版

Bankruptcy Law

王欣新　著

中国人民大学出版社
·北京·

作者简介

王欣新 中国人民大学法学院教授、博士生导师，中国人民大学破产法研究中心主任。

全国人大财经委《企业破产法》起草工作组成员。最高人民法院《企业破产法》司法解释起草组顾问。联合国国际贸易法委员会破产法工作组（2015 年至今）中国代表团专家顾问。

北京市破产法学会会长。山东省法学会企业破产与重组研究会名誉会长，广东省法学会破产法学会研究会名誉会长，山西省法学会破产与重组研究会名誉会长，湖南省法学会企业破产与重组研究会名誉会长，上海市法学会破产法研究会顾问，河南省法学会破产法研究会顾问；中国法学会经济法研究会常务理事，北京市法学会常务理事。

学术研究方向：破产法、公司法等领域。在《中国法学》《中国人民大学学报》《法学家》《法学》《政法论坛》《政治与法律》《法学杂志》《法律适用》《人民司法》等报刊发表三百余篇学术论文，出版书籍《破产法》《破产法前沿问题思辨》《破产法理论与实务疑难问题研究》《破产法专题研究》《破产法原理与案例教程》《公司证券法治与司法制度研究》《公司法》等三十余部。

内容简介

本书贯彻法学理论密切联系司法实践的原则，以教科书的体例结合学术专著的研究深度，为从事理论研究和司法实务的读者深入了解、研究、适用破产法提供帮助，并可作为高等院校的破产法课程讲授与学习的教材。本书将《企业破产法》等破产立法以及最高人民法院制定的与破产相关的司法解释的内容均纳入撰写与研究范围，以问题为导向，通过历史的、比较的研究方法，借鉴世界各国（地区）的破产立法与实施经验，力求在破产法的理论与实务方面为我国破产立法的进一步完善和市场化、法治化实施，提升我国的营商环境水平提供有益的建议。全书依据现行破产法的立法体例结合理论研究体系共分十章，涵盖破产法的全部重要的程序与实体问题。作者希望通过在本书中的分析与研究，抛砖引玉，能够给关注破产法的读者以助益。

总　序

曾宪義

在人类文明与文化的发展中，中华民族曾作出过伟大的贡献，不仅最早开启了世界东方文明的大门，而且对人类法治、法学及法学教育的生成与发展进行了积极的探索与光辉的实践。

在我们祖先生存繁衍的土地上，自从摆脱动物生活、开始用双手去进行创造性的劳动、用人类特有的灵性去思考以后，我们人类在不断改造客观世界、创造辉煌的物质文明的同时，也在不断地探索人类的主观世界，逐渐形成了哲学思想、伦理道德、宗教信仰、风俗习惯等一系列维系道德人心、维持一定社会秩序的精神规范，更创造了博大精深、义理精微的法律制度。应该说，在人类所创造的诸种精神文化成果中，法律制度是一种极为奇特的社会现象。因为作为一项人类的精神成果，法律制度往往集中而突出地反映了人类在认识自身、调节社会、谋求发展的各个重要进程中的思想和行动。法律是现实社会的调节器，是人民权利的保障书，是通过国家的强制力来确认人的不同社会地位的有力杠杆，它来源于现实生活，而且真实地反映现实的要求。因而透过一个国家、一个民族、一个时代的法律制度，我们可以清楚地观察到当时人们关于人、社会、人与人的关系、社会组织以及哲学、宗教等诸多方面的思想与观点。同时，法律是一种具有国家强制力、约束力的社会规范，它以一种最明确的方式，对当时社会成员的言论或行动作出规范与要求，因而也清楚地反映了人类在各个历史发展阶段中对于不同的人所作出的种种具体要求和限制。因此，从法律制度的发展变迁中，同样可以看到人类自身不断发展、不断完善的历史轨迹。人类社会几千年的国家文明发展历史已经无可争辩地证明，法律制度乃是维系社会、调整各种社会关系、保持社会稳定的重要的工具。同时，法律制度的不断完善，也是人类社会文明进步的显著体现。

由于发展路径的不同、文化背景的差异，东方社会与西方世界对于法律的意义、底蕴的理解、阐释存有很大的差异，但是，在各自的发展过程中，都曾比较注重法律的制定与完善。中国古代虽然被看成是“礼治”的社会、“人治”的世界，被认为是“只有刑，没有法”的时代，但从《法经》到《唐律疏议》、《大清律例》等数十部优秀成文法典的存在，充分说明了成文制定法在中国古代社会中的突出地位，唯这些成文法制所体现出的精神旨趣与现代法律文明有较大不同而已。时至20世纪初叶，随着西风东渐、东西文化交流加快，中国社会开始由古代的、传统的社会体制向近现代文明过渡，建立健全的、符合现代理性精神的法律文明体系方成为现代社会的共识。正因为如此，近代以来的数百年间，在西方、东方各主要国家里，伴随着社会变革的潮起潮落，法律改革运动也一直呈方兴未艾之势。

从历史上看，法律的文明、进步，取决于诸多的社会因素。东西方法律发展的历史均充分证明，推动法律文明进步的动力，是现实的社会生活，是政治、经济和社会文化的变迁；同时，法律内容、法律技术的发展，往往依赖于一大批法律专家以及更多的受过法律教育的社会成员的研究和推动。从这个角度看，法学教育、法学研究的发展，对于法律文明的发展进步，也有着异常重要的意义。正因为如此，法学教育和法学研究在现代国家的国民教育体系和科学研究体系中，开始占有越来越重要的位置。

中国近代意义上的法学教育和法学研究，肇始于19世纪末的晚清时代。清光绪二十一年（公元1895年）开办的天津中西学堂，首次开设法科并招收学生，虽然规模较小，但仍可以视为中国最早的近代法学教育机构（天津中西学堂后改名为北洋大学，又发展为天津大学）。三年后，中国近代著名的思想家、有“维新骄子”之称的梁启超先生即在湖南《湘报》上发表题为《论中国宜讲求法律之学》的文章，用他惯有的富有感染力的激情文字，呼唤国人重视法学，发明法学，讲求法学。梁先生是清代末年一位开风气之先的思想巨子，在他的辉煌的学术生涯中，法学并非其专攻，但他仍以敏锐的眼光，预见到了新世纪中国法学研究和法学教育的发展。数年以后，清廷在内外压力之下，被迫宣布实施“新政”，推动变法修律。以修订法律大臣沈家本为代表的一批有识之士，在近十年的变法修律过程中，在大量翻译西方法学著作，引进西方法律观念，有限度地改造中国传统的法律体制的同时，也开始推动中国早期的法学教育和法学研究。20世纪初，中国最早设立的三所大学——北洋大学、京师大学堂、山西大学堂均设有法科或法律学科目，以期“端正方向，培养通才”。1906年，应修订法律大臣沈家本、伍廷芳等人的奏请，清政府在京师正式设立中国第一所专门的法政教育机构——京师法律学堂。次年，另一所法政学堂——直属清政府学部的京师法政学堂也正式招生。这些大学法科及法律、法政学堂的设立，应该是中国历史上近代意义上的正规专门法学教育的滥觞。

自清末以来，中国的法学教育作为法律事业的一个重要组成部分，随着中国社会的曲折发展，经历了极不平坦的发展历程。在20世纪的大部分时间里，中国社会一直充斥着各种矛盾和斗争。在外敌入侵、民族危亡的沉重压力之下，中国人民为寻找适合中国国情的发展道路而花费了无穷的心力，付出过沉重的代价。从客观上看，长期的社会骚动和频繁的政治变迁曾给中国的法治与法学带来过极大的消极影响。直至70年代末期，以“文化大革命”宣告结束为标志，中国社会从政治阵痛中清醒过来，开始用理性的目光重新审视中国的过去，规划国家和社会的未来，中国由此进入长期稳定、和平发展的大好时期，以这种大的社会环境为背景，中国的法学教育也获得了前所未有的发展机遇。

从宏观上看，实行改革开放以来，经过二十多年的努力，中国的法学教育事业所取得的成就是辉煌的。首先，经过“解放思想，实事求是”思想解放运动的洗礼，在中国法学界迅速清除了极左思潮及苏联法学模式的一些消极影响，根据本国国情建设社会主义法治国家已经成为国家民族的共识，这为中国法学教育和法学研究的发展奠定了稳固的思想基础。其次，随着法学禁区的不断被打破、法学研究的逐步深入，一个较为完善的法学学科体系已经建立起来。理论法学、部门法学各学科基本形成了比较系统和成熟的理论体系和学术框架，一些随着法学研究逐渐深入而出现的法学子学科、法学边缘学科也渐次成型。1997 年，国家教育主管部门和教育部高校法学学科教学指导委员会对原有专业目录进行了又一次大幅度调整，决定自 1999 年起法学类本科只设一个单一的法学专业，按照一个专业招生，从而使法学学科的布局更加科学和合理。同时，在充分论证的基础上，确定了法学专业本科教学的 14 门核心课程，加上其他必修、选修课程的配合，由此形成了一个传统与更新并重、能够适应国家和社会发展需要的教学体系。法学硕士和博士研究生及法律硕士专业学位研究生的专业设置、课程教学和培养体系也日臻完善。再次，法学教育的规模迅速扩大，层次日趋齐全，结构日臻合理。目前中国有六百余所普通高等院校设置了法律院系或法律本科专业，在校本科学生和研究生已达二十余万人。除本科生外，在一些全国知名的法律院校，法学硕士研究生、法律硕士专业学位研究生、法学博士研究生已经逐步成为培养的重点。

众所周知，法律的进步、法治的完善，是一项综合性的社会工程。一方面，现实社会关系的发展，国家政治、经济和社会生活的变化，为法律的进步、变迁提供动力，提供社会的土壤。另一方面，法学教育、法学研究的发展，直接推动法律进步的进程。同时，全民法律意识、法律素质的提高，则是实现法治国理想的关键的、决定性的因素。在社会发展、法学教育、法学研究等几个攸关法律进步的重要环节中，法学教育无疑处于核心的、基础的地位。中国法学教育过去二十多年所走过的历程令人激动，所取得的成就也足资我们自豪。随着国家的发展、社会的进步，在 21 世纪，我们面临着更严峻的挑战和更灿烂的前景。“建设世界一流法学教育”，任重道远。

首先，法律是建立在经济基础之上的上层建筑，以法治为研究对象的法学也就成为一门实践性很强的学科。社会生活的发展变化，势必要对法学教育、法学研究不断提出新的要求。经过二十多年的奋斗，中国改革开放的前期目标已顺利实现。但随着改革开放的逐步深入，国家和社会的一些深层次问题，比如说社会主义市场经济秩序的真正建立、国有企业制度的改革、政治体制的完善、全民道德价值的重建、环境保护和自然资源的合理利用等等，也已经开始浮现出来。这些复杂问题的解决，无疑最终都会归结到法律制度的完善上来。建立一套完善、合理的法律制度，构建理想的和谐社会，乃一项持久而庞大的社会工程，需要全民族的智慧和努力。其中的基础性工作，如理论的论证、框架的设计、具体规范的拟订、法律实施中的纠偏等等，则有赖于法学研究的不断深入，以及高素质人才特别是法律人才的养成，而培养法律人才的任务，则是法学教育的直接责任。

其次，21 世纪是一个多元化的世纪。20 世纪中叶发生的信息技术革命，正在极大地改变着我们的世界。现代科学技术，特别是计算机网络信息技术的发展，使传统的生活方式、思想观念发生了根本的改变，并由此引发许多人类从未面对过的问题。就法学教育而言，在 21 世纪所要面临的，不仅是教学内容、研究对象的多元化问题，而且还有培养对象、培养目标的多元化、教学方式的多元化等一系列问题，这些问题都需要法学界去思考、去探索。

中国人民大学法学院建立于 1950 年，是新中国诞生后创办的第一所正规高等法学教育机构。在半个多世纪的岁月中，中国人民大学法学院以其雄厚的学术力量、严谨求实的学风、高水平的教学质量以及丰硕的学术研究成果，在全国法学教育领域处于领先地位，并开始跻身于世界著名法学院之林。据初步统计，中国人民大学法学院已经为国家培养法学专业本科生、硕士生、博士生一万余人，培养各类成人法科学生三十余万人。经过多年的努力，中国人民大学法学院形成了较为明显的学术优势，在现职教师中，既有一批资深望重、在国内外享有盛誉的法学前辈，更有一大批在改革开放后成长起来的优秀中青年法学家。这些老中青法学专家多年来在勤奋研究法学理论的同时，也积极投身于国家的立法、司法实践，对国家法制建设贡献良多。

有鉴于此，中国人民大学法学院与中国人民大学出版社经过研究协商，决定结合中国人民大学法学院的学术优势和中国人民大学出版社的出版力量，出版一套“21世纪法学系列教材”。自1998年开始编写、出版本科教材，包括按照国家教育部所确定的法学专业核心课程和其所颁布印发的《全国高等学校法学专业核心课程基本要求》而编写的14门核心课程教材，也包括法学各领域、各新兴学科教材及教学参考书和案例分析在内，到2000年12月3日在人民大会堂大礼堂召开举世瞩目的“21世纪世界百所著名大学法学院院长论坛暨中国人民大学法学院成立五十周年庆祝大会”之时，业已出版了50本作为50周年院庆献礼，到现在总共出版了80本。为了进一步适应高等法学教育发展的形势和教学改革的需要，最近中国人民大学法学院与中国人民大学出版社决定将这套教材扩大为四个系列，即：“本科生用书”、“法学研究生用书”、“法律硕士研究生用书”以及“司法考试用书”，总数将达二百多本。我们设想，本套教材的编写，将更加注意“高水准”与“适用性”的合理结合。首先，本套教材将由中国人民大学法学院具有全国影响的各学科的学术带头人领衔，约请全国高校优秀学者参加，形成学术实力强大的编写阵容。同时，在编写教材时，将注意吸收中国法学研究的最新的学术成果，注意国际学术发展的最新动向，力求使教材内容能够站在21世纪的学术前沿，反映各学科成熟的理论，体现中国法学的水平。其次，本套教材在编写时，将针对新时期学生特点，将思想性、学术性、新颖性、可读性有机结合起来，注意运用典型生动的案例、简明流畅的语言去阐释法律理论与法律制度。

我们期望并且相信，经过组织者、编写者、出版者的共同努力，这套法学教材将以其质量效应、规模效应，力求成为奉献给新世纪的精品教材，我们诚挚地祈望得到方家和广大读者的教正。

2006年7月1日

序　言

法学教育是高等教育的重要组成部分，是建设社会主义法治国家、构建社会主义和谐社会的重要基础，并居于先导性的战略地位。在我国社会转型的新世纪、新阶段，法学教育不仅要为建设高素质的法律职业共同体服务，而且要面向全社会培养大批治理国家、管理社会、发展经济的高层次法律人才。近年来，法学教育取得了长足的进步，法科数量增长很快，教育质量稳步提高，培养层次日渐完善，目前已经形成了涵盖本科生、第二学士学位生、法学硕士研究生、法律硕士研究生、法学博士研究生的完整的法学人才培养体系，接受法科教育已经成为莘莘学子的优先选择之一。随着中国法治事业的迅速发展，我们有理由相信，中国法学教育的事业大有可为，中国法学教育的前途充满光明。

教育的基本功能在于育人，在于塑造德才兼备的高素质人才。法学教育的宗旨并非培养只会机械适用法律的“工匠”，而承载着培养追求正义、知法懂法、忠于法律、廉洁自律的法律人的任务。要完成法学教育的使命，首先必须认真抓好教材建设。我始终认为，教材是实现教育功能的重要工具和媒介，法学教材不仅仅是法学知识传承的载体，而且是规范教学内容、提高教学质量的关键，对法学教育的发展有着不可估量的作用。

第一，法学教材是传授法学基本知识的工具。初学法律，既要有好的老师，又要有好的教材。正如冯友兰先生所言：“学哲学的目的，是使人作为人能够成为人，而不是成为某种人。其他的学习（不是学哲学）是使人能够成为某种人，即有一定职业的人。”一套好的教材，能够高屋建瓴地展示法律的体系，能够准确简明地阐释法律的逻辑，能够深入浅出地叙述法律的精要，能够生动贴切地表达深奥的法理。所以，法学教材是学生学习法律的向导，是学生步入法律殿堂的阶梯。如果在入门之初教材就有偏颇之处，就可能误人子弟，学生日后还要花费大量时间与精力来修正已经形成的错误观念。

第二，法学教材是传播法律价值理念的载体。好的法学教材不仅要传授法学知识，更要传播法律的精神和法治的理念，例如对公平、正义的追求，尊重权利的观念。本科、研究生阶段的青年学子，正处在人生观、价值观形成的阶段，一套优秀的法学教材，对于他们价值观的塑造和健全人格的培养具有重要意义。

第三，法学教材是形成职业共同体的主要条件。建设社会主义法治国家，有赖于法律职业共同体的生成。一套好的法学教材，向法律研习者传授共同的知识，这对于培养一个接受共同的价值理念、共同的法律思维、共同的话语体系的法律共同体，具有重要的作用。

第四，法学教材是所有法律研习者的良师益友。没有好的教材，一个好的教师或可弥补教材的欠缺和不足，但对那些没有老师指导的自学者而言，教材就是老师，其重要作用是显而易见的。

长期以来，在我们的评价体系中，教材并没有获得应有的注重，对学术成果的形式优先考虑的往往是专著而非教材。在不少人的观念中，教材与创新、与学术精品甚至与学术无缘。其实，要真正写出一部好的教材，其难度之大、工作之艰辛、影响之深远，绝不低于一部优秀的专著，它甚至可以成为在几百年甚至更长的时间内发挥作用的传世之作。以查士丁尼的《法学阶梯》为例，所谓法学阶梯，即法学入门之义，就是一部教材。但它概括了罗马法的精髓，千百年来，一直是人们研习罗马法最基本的著述。日本著名学者我妻荣说过，大学教授有两大任务：一是写出自己熟悉的专业及学术领域的讲义乃至教科书；二是选择自己最有兴趣、最看重的题目，集中精力进行终生的研究。实际上，这两者是相辅相成的。写出一部好教材，必须要对相关领域形成一个完整的知识体系，还要能以深入浅出的语言将问题讲清楚、讲明白。没有编写教材的基本功，实际上也很难写出优秀的专著。当然，也只有对每一个专题都有一定研究，才能形成对这个学术领域的完整把握。

虽然近几年我国法学教育发展迅速，成绩显著，但是法学教育也面临许多挑战。各个学校的师资队伍和教学质量参差不齐，这就更需要推出更多的结构严谨、内容全面、角度各有侧重、能够适应不同需求的法学教材，为提高法学教学和人才培养质量、保障法学教育健康发展提供前提条件。

长期以来，中国人民大学法学院始终高度重视教材建设。作为新中国成立后建立的第一所正规的法学教育机构，中国人民大学法律系最早开设了社会主义法学教学课堂，编写了第一套社会主义法学讲义，培养了新中国第一批法学本科生和各学科的硕士生、博士生，产生了新中国最早的一批法学家和法律工作者。中国人民大学法律系因此被誉为“新中国法学教育的工作母机”。半个多世纪以来，中国人民大学法学院为社会主义法制建设培养了大批优秀的法律人才，并为法学事业的振兴和繁荣作出了卓越贡献，也因此成为引领中国法学教育的重镇、凝聚国内法律人才的平台和沟通中外法学交流的窗口，并在世界知名法学院行列中崭露头角。为了对中国法学教育事业作出更大的贡献，我们有义务也有责任出版一套体现我们最新研究成果的法学教材。

承蒙中国人民大学出版社的大力支持，我们组织编写了本套教材，其中包括本科生用书、法律硕士研究生用书、法学研究生用书和司法考试用书四大系列，分别面向不同层次法科教育需求。编写人员以中国人民大学法学院教师为主，反映了中国人民大学法学院整体的研究实力和学术视野。相信本套教材的出版，一定能够为新时期法学教育的繁荣发展发挥应有的作用。

是为序。

2006年7月10日

第四版修订说明

随着我国改革开放的深入和市场经济的发展，破产法的社会调整作用也日益为人们所重视。2013 年，中共第十八届中央委员会第三次全体会议通过的《中共中央关于全面深化改革若干重大问题的决定》指出，要“健全优胜劣汰市场化退出机制，完善企业破产制度”。决定还针对政府和市场的关系，包括在破产法市场化实施中政府和市场的关系，着重指出，要“处理好政府和市场的关系，使市场在资源配置中起决定性作用和更好发挥政府作用。市场决定资源配置是市场经济的一般规律，健全社会主义市场经济体制必须遵循这条规律，着力解决市场体系不完善、政府干预过多和监管不到位问题”。《2015 年中央经济工作会议公报》强调，“要依法为实施市场化破产程序创造条件”。《企业破产法》在实施十余年后，其修订工作已经纳入立法日程。制定个人破产法的呼声越来越高，最高人民法院在其《人民法院第五个五年改革纲要（2019—2023）》中提出“研究推动建立个人破产制度”。李克强总理在国务院常务会议上强调，要按照国际可比、对标世行、中国特色原则，围绕与市场主体密切相关的开办企业、办理建筑许可、获得信贷、纳税、办理破产等方面以及知识产权保护等，开展中国营商环境评价，逐步在全国推开，推动出台规定优化营商环境的硬举措。

本书第三版出版以后，破产法的立法工作又取得了巨大的进展。最高人民法院于 2013 年发布了《关于适用〈中华人民共和国企业破产法〉若干问题的规定（二）》；2016 年发布了《关于破产案件立案受理有关问题的通知》；2017 年发布了《关于执行案件移送破产审查若干问题的指导意见》；2018 年发布了《全国法院破产审判工作会议纪要》；2019 年发布了《关于适用〈中华人民共和国企业破产法〉若干问题的规定（三）》；等等。此外，2016 年最高人民法院建立开通了“全国企业破产重整案件信息网”，用于企业破产重整案件信息的发布，并作为法官、管理人的破产工作平台。《企业破产法》在实施十余年后，其修订工作也已经纳入立法规划，即将启动。中国市场经济的破产法制将得到进一步健全与完善。本书将这些新颁布的司法解释等文件的内容以及个人的理解与分析，均纳入了修订的第四版教材中，抛砖引玉，希望能够给关注破产法的读者以助益。

王欣新

2019 年 5 月 26 日

第二版修订说明

破产是市场经济发展到一定阶段必然出现的法律现象。破产法是市场经济社会法律体系的重要组成部分，在对债务关系的保护上，具有其他任何法律都不具有的特殊调整作用，即在债务人丧失清偿能力时，解决因多数债权在债务人的有限财产上发生重合而在债权人间发生的矛盾，保证对全体债权人的公平清偿，并通过和解、重整、免责等特殊法律制度维护债务人的正当权益，保障社会公平，进而维护社会整体利益，促进社会之和谐发展。

破产法学是以破产法律现象为研究对象的一门重要学科，并已成为高等院校法学专业的重要课程。2006 年 8 月 27 日，第十届全国人大常委会第二十三次会议审议通过了《中华人民共和国企业破产法》，建立起一套崭新的破产法律制度。破产法的教学、研究与审判实践更是受到了社会前所未有的关注与重视。

本教材作为普通高等教育"十一五"国家级规划教材，正是为了适应破产法的教学、科研与实践工作的需要，在原版《破产法》(21 世纪法学系列教材）的基础上重新编撰而成。呈现给读者的这本新版《破产法》教材，形式活泼，内容权威，紧跟最新立法与学术前沿，强调知识的系统性与可读性。与原版教材相比，本书具有以下几个方面的重要变化。

首先，本书由原笔者主编改为笔者独著。笔者作为《中华人民共和国企业破产法》起草工作组成员之一，全面参与了破产立法工作，并随立法机关代表团出国考察，对国内外破产法的研究状况有充分、深入的了解。新破产法出台之后，笔者又被最高人民法院聘为破产法司法解释起草组专家顾问，参与了破产法司法解释的起草工作。此外，笔者作为中国人民大学法学院破产法研究中心主任，从事了多年的破产法教学与理论研究工作，出版了多本有关破产法的专著和教材，发表了大量破产法领域的学术论文。本教材凝聚了笔者多年来对破产法的研究成果。

其次，本书在体例上作了较大调整，使其与新破产法的结构相协调且更为合理。全书由原版教材的十二章调整为九章，并依据新破产法的内容，突出介绍了新法确立的管理人等重要创新制度，并对和解、重整、破产清算三大破产制度进行了专章阐述，有机组合了整个破产法学的理论与实践问题。

再次，内容上强调新旧法律的比较研究，强调理论与实践的结合。一方面，本书全面、准确地介绍了我国新破产法及相关司法解释的重要内容，并与旧破产法进行了比较分析，在指出新法的突破与制度创新的同时，也提出了新破产法需要进一步完善的问题。另一方面，本书结合司法实践进行研究，对新法的适用进行了深入的分析，做到理论与实践有机融为一体。

最后，本书重视制度的来龙去脉，吸收了国内外破产法学者的研究成果，同时也融入了大量的破产立法背景资料，增强了知识的可读性与系统性。

笔者对本书的写作倾注了大量的心血，希望能对破产法的学习、研究与审判有所裨益。但由于时间与能力所限，且随笔者研究的深入，愈感破产法学的博大精深，更觉力不从心。故虽尽心尽力，但错误之处恐仍难免，尚望读者批评指正！

王欣新

2007年8月20日

第一版编写说明

《破产法》是高等学校法学专业课程教材之一，它是根据国家教育部审定的《经济法学教学大纲》编写的。我们编写本书的指导思想是：遵循马克思主义基本原理，立足中国改革开放和社会主义现代化建设的实际，努力反映依法治国、建设社会主义法治国家的要求，反映我国破产立法和运用破产法律手段调整社会主义市场经济相关法律关系的成果，借鉴和吸收国内外破产法研究方面的新的学术思想和观点，注重阐明本学科的基本理论和基本制度，使之符合法学本科破产法教学的需要。

本书共十二章，第一章破产法概述，第二章破产申请与受理，第三章债权人会议，第四章和解与整顿制度，第五章破产宣告，第六章破产财产，第七章破产债权，第八章别除权、取回权、抵销权，第九章破产管理人制度，第十章破产财产的管理和分配，第十一章破产程序的终结，第十二章破产救济与破产责任。

本书由王欣新任主编，参加本书编著的作者为（以撰写章节先后为序）：

王欣新：第一章第一节、第二章、第四章、第五章、第六章、第七章、第八章；

韩长印：第一章第二节、第三章、第九章、第十章、第十一章；

赵芬萍：第十二章。

对于本书的编写，尽管我们付出了许多努力，但书中难免还会有错误和缺点，欢迎广大读者批评指正。

编著者

2001 年 10 月

目　录

第一章 破产法概述

本章概要

破产是市场经济社会发展到一定阶段必然出现的法律现象；破产法是市场经济社会法律体系的重要组成部分。破产法最早萌芽于古罗马时期，逐步演变发展为被世界各国广泛确立的现代破产法。现代破产法从直接和间接两个方面对市场经济发挥着重要的调整作用，同时，破产法的市场化实施也需要相应的社会配套法律与制度支撑。学习本章知识，应当重点掌握破产的概念与特征，破产程序与民事执行程序的异同，破产法的概念与性质；了解我国破产法的产生与发展历程；正确理解我国破产法的立法宗旨，明确破产法的直接社会调整作用与间接社会影响的关系，区分企业破产中破产法与劳动法、社会保障法等相关立法间不同的调整范围；并着重从破产能力和破产法的域外效力等方面理解破产法的适用范围。

关键术语

破产　破产法　破产程序　民事执行程序　诉讼事件说　非诉讼事件说　特殊程序说　一般破产主义　商人破产主义　破产能力　破产域外效力　对境外破产程序的承认　属地主义　普及主义　有限制的普及主义

第一节 破产和破产法

一、破产的概念与特征

破产是市场经济社会发展到一定阶段必然出现的法律现象。破产法是市场经济法律体系的重要组成部分。“破产”一词在中国早有使用，但在不同的语言环境下含义不同。在日常生活中，破产是指彻底的、不可挽回的失败，如某人的阴谋破产了，某某计划破产了，通常含有贬义。《现代汉语词典》在“破产”一词的词义3中解释道，破产“比喻事情失败”。在经济生活方面，破产通常是指当事人的经济活动发生严重亏损，财务上无法继续维持下去，已经到了事业倒闭、倾家荡产的地步。《现代汉语词典》在“破产”的词义中解释道，破产指“丧失全部财产”①。但是，作为法律制度上的“破产”概念，在中国则至晚清时才产生。

有学者考证，国外“破产”一词源于意大利语的“bankurup”。中世纪后期，地中海沿岸地区商品贸易发达，当一些商人或手工业者无力清偿债务时，债权人就会到其经营场所将工作台砸破。“破产”即被“砸破了工作台”②。

在法律上，破产概念是有其特定含义的。法律上的破产，是指处理经济上破产时债务如何清偿的一种法律制度，即对丧失清偿能力的债务人，经法院审理与监督，强制清算其全部财产，公平清偿全体债权人的法律制度。

一般而言，破产概念专指破产清算制度，但对破产法律制度则有广、狭两义理解。学者通常对破产法律制度作广义理解，将破产清算以外的各种以避免债务人破产为主要目的的和解、重整法律制度也视为其组成部分，而不是仅将其狭义地理解为破产清算制度。本书在使用“破产”概念时，通常是指破产清算，在使用“破产制度”“破产程序”概念时，则包括破产清算制度即破产清算程序和企业挽救制度如重整程序、和解程序。

对破产的法律概念，各国学者的表述角度、方式等虽略有不同，但实质要点基本相同，立法规定亦无本质区别，表述上的差异主要是对破产在法律制度上作广义还是狭义的理解。我国的《法学大辞典》对“破产”所下的定义是，破产是指“债务人不能清偿到期债务或负债超过资产时，由法院强制执行其全部财产，公平清偿全体债权人，或者在法院主持下，由债务人与债权人会议达成和解协议，避免倒闭清算的法律制度”③。日本《新法学辞典》对“破产”的解释是，“债务人陷于不能清偿其债务的场合，以对所有债权人将债务人的总财产公平清偿为目的的程序”④。英国《牛津法律大辞典》将“破产”定义为，“政府通过其为此目的而任命的官员取得债务人的财产，从而将其变卖，并且通过优先请求及优先顺序把债务人的财产按一定比率分配给债权人”的“一种程序”⑤。《元照英美法词典》将“破产”解释为，“个人、合伙、公司或市政法人等无力偿还到期债务的状况”⑥。

破产清算是破产法中最基本的制度。破产概念通常指破产清算制度，但在语言表述时常有所泛化，有时指整个破产制度，有时指破产之程序（这时破产程序就不限于清算一种类型），有时则是指破产原因即破产界限，有时又泛指债务人被宣告破产的法律状态，语义须根据使用时的具体情况确定。

在用“破产”一词表述破产原因时，依据法律对破产原因规定的不同，又可分为事实上的破产和法律上的破产。事实上的破产，是指债务人因资产不抵负债，客观上不能清偿债务而破产，即没有足够的资产来清偿全部债务。立法上对其破产原因规定为资不抵债即债务超过。法律上的破产是指债务人因不能清偿到期债务而破产，即对已到期的债务无法清偿。立法上对其

---

① 中国社会科学院语言研究所词典编辑室编：《现代汉语词典》，5版，1058页，北京，商务印书馆，2005。
② 刘艺工主编：《加拿大民商法》，212页，北京，民族出版社，2003。
③ 邹瑜、顾明主编：《法学大辞典》，1295页，北京，中国政法大学出版社，1991。
④ ［日］我妻荣：《新法学辞典》，782页，北京，中国政法大学出版社，1991。
⑤ ［英］戴维·M. 沃克：《牛津法律大辞典》，81页，北京，光明日报出版社，1988。
⑥ 薛波主编：《元照英美法词典》，132页，北京，法律出版社，2003。

破产原因规定为不能清偿（到期债务）。二者在认定债务人是否破产的标准上存在差异。在法律上的破产发生时，债务人的账面资产可能超过负债，也可能低于负债，但即使在其资产负债表上资产超过负债，也因无足够现金偿还到期债务，不得不以破产的方式还债。为此，有的日本学者将债务人资产超过负债时的破产称为黑字破产，以区别于资不抵债、财务出现赤字时的破产。

从不同的角度分析，破产概念的法律特征主要有以下几项。

1. 从对债务的清偿角度看，破产具有执行程序的属性。一些学者认为破产是一种概括的执行程序，即为全体债权人的利益而对债务人的全部财产进行的执行程序。普通的民事执行程序则是为个别债权人的利益而进行的个别执行程序。两者虽有区别，但作为执行程序的基本性质是相同的。执行程序属于司法程序，故破产必须在法院（或具有相似权力的国家机构）的管辖、支配之下进行，其他机构没有处理破产案件的权力。同时，作为一种执行程序，破产与普通执行程序一样，目的在于保障权利的实现，不具有解决当事人间实体民事争议的功能。虽然破产法对一些实体民事权利义务问题作出了规定，但在破产程序中并没有设置解决当事人间实体民事争议、保护当事人诉讼权利的相应程序。对破产程序中当事人间发生的实体民事争议，各国破产立法通常均规定在破产程序之外通过诉讼程序解决。只有无争议的或已经过法院或仲裁机关生效裁判确定名义的债权债务关系，才能在破产程序中得到执行。

2. 从启动原因看，破产是在特定情况下适用的一种法律程序。债务人不能清偿债务是启动破产程序的基本原因。除法律有特别规定者外，在其他情况下不适用破产程序。另外，破产作为概括性的、为全体债权人利益而进行的执行程序，其立法目的与一般执行程序的不同，具有对一般债务清偿程序的排他性，即排除为个别债权人利益而对债务人财产进行的其他执行程序，以保证对全体债权人清偿的公平；但是，设有物权担保和法定特别优先权的债权的执行程序在法律另有规定的情况下除外。所以，在破产程序开始之后，其他与之相冲突的对债务人财产的执行程序或清偿行为都应当停止，即破产案件受理之后，所有违背对全体破产债权人公平清偿原则的行为均不得进行。出于保护全体债权人利益的同一目的，有些国家或地区的破产立法甚至还规定，如果法院在民事诉讼和民事执行过程中发现债务人不能清偿债务，可以依职权将案件转入破产程序。此外，根据民事责任的履行优先于行政责任和刑事责任中对财产的执行的债务清偿原则，破产程序的启动还应当具有排除行政责任和刑事责任中对债务人财产的执行程序的效力。在破产清偿中，惩罚性债权要劣后于民事赔偿性债权。

3. 破产是对债务人现存全部法律关系的彻底清算，在破产人为法人的情况下，还直接导致债务人民事主体资格消灭的法律后果。破产对企业债务人全部财产的清算，使企业丧失继续从事商事经营的经济基础与经营资格，并因终止经营导致对其全部法律关系的清算。这种清算由管理人在法院的主持下进行，而不是由当事人自行进行。同时，伴随破产程序的启动，还产生一些对债务人或准债务人人身、资格和财产等公法与私法方面权利限制的后果。

4. 破产程序的实施宗旨，是保证对债权人的公平清偿和对债务人正当权益的合理保护，进而实现对社会整体利益的维护。从债务的清偿角度讲，破产法所要解决的主要矛盾，是多数债权人之间因债务人有限财产不足以清偿全部债权而发生的权利冲突和公平清偿问题。故而立法针对此情况下一些问题的处理作出特殊规定，设有专门的制度，例如关于停止个别清偿、债权申报、确定破产分配顺序、破产撤销权、破产抵销权、别除权等方面的法律规定。此外，破产程序对债务人的正当权益也作出一些特殊的保护规定，如通过具有强制性的和解制度、重整制度与自由财产制度、免责制度的设置，达到尽力挽救债务人、避免破产发生，以及免除诚实的自然人债务人通过破产程序未能清偿的剩余债务的立法目的，以鼓励其在破产之后仍能积极参与社会经济活动，为社会和个人创造新的财富。

鉴于破产法最初产生的社会动因，主要是解决多数债权人之间因债务人有限财产不足以清偿全部债权而发生的清偿冲突，便产生启动破产程序是否必须以债务人存在多数债权人为前提的争议。在此问题上存在肯定说与否定说两种学说。

持肯定说的学者认为，破产程序之产生，原是为协调多数债权人的利益，尤其强调对多数债权人的公平清偿。如债权人仅为一人，不存在多数债权人的债权竞合，没有清偿上的矛盾，不涉及对多数债权人的公平清偿问题，破产程序适用的主要原因便不存在。单个债权人的债权可通过民事执行程序获得清偿，费时耗资地启动破产程序是一种法律程序上的浪费。因此，存在多数债权人应是破产程序开始的要件之一。

持否定说的学者认为，虽然破产法最初产生的动因，是解决因多数债权人的债权竞合而产生的清偿矛盾，保证对全体债权人的公平清偿，但现代破产法对当事人利益的保障十分广泛，早已不仅限于保障公平清偿这一项内容。如破产的（个人）债务人可享受到清偿余债免责、通过强制性的和解与重整程序避免破产等利益，破产债权人可通过管理人行使破产法上的撤销权得到更多的清偿，等等，对这些利益的维护与债权人人数之多少无关。而且因为债权可以自由转让，一个债权人可随意变为多个债权人，以规避此种法律限制，所以，现在强调存在多数债权人为启动破产程序要件没有实际意义。另外，在破产申请提出时，债权尚未申报，债权人是否为多数也难以确定，尤其是对侵权债权人是否存在难以预料，无法将其作为法院决定是否受理破产案件的判断条件。所以，存在多数债权人不应视为破产程序开始的要件。

少数国家的破产立法明确规定，破产程序只适用于债务人有多数债权人的情况，如奥地利、西班牙。也有个别国家的破产法明确规定，在只有一个债权人的情况下也可适用破产程序，如智利。但多数国家的破产法对此未予明文规定，我国学者对此问题的观点也不一致。考虑到对各方当事人权益进行更好地维护，以及法院司法实践工作的需要（如难以在受理破产案件前查明债权人的人数等），本书认为，多数债权人的存在不宜作为破产程序开始的要件，在我国的司法实践中也已经有债权人仅为一人的破产案件为法院所受理。由于在司法实践中，债务人不能清偿债务时，债权人仅为一人的情况甚少出现，因而对此问题的争论主要是一种理论之争，于司法实践影响并不大。

在理解破产法律概念时，还应注意其与一些相关概念的区别。首先是法律上的破产概念与经济（或经济学）上的破产概念的区别。

第一，经济上破产的判断标准，主要是指经营者在经营上是盈利还是亏损，在长期严重亏损且无法扭转的情况下，企业无法维持经营与存在，便可认定为在经济上破产。尽管在现代市场经济中，企业的亏损往往与负债过多相关，但经济上的破产主要还是企业内部的经营问题，与企业外部的债务情况如何并没有绝对和固定的联系。从理论上讲，经济上破产的企业可能存在对外债务，也可能不存在债务，可能还得起债，也可能还不起债。一家企业可能把自己的数千万元资本亏损到只剩下一分钱，在经济上破产，但只要对外没有负债，便不会出现法律上的破产。而法律上的破产，一般是不管经营上盈亏，只问债务人是否丧失清偿能力、能否偿还债务。在我国的司法实践中，企业本身经营情况并无问题，但因不当承担担保责任等而受牵连进入破产程序，乃至被宣告破产清算的案例并不鲜见。虽然在现代社会中，法律上的破产通常都伴随着经济上的破产，往往都是由经济上的破产造成的，但两者的确认标准确有不同。经济上的破产有时并不一定导致法律上的破产；反之，当事人在法律上进入破产程序时，有时在经济上仍可能存在可以挽救、避免破产清算的重生之机。

第二，经济上的破产只表明当事人存在的一种客观经济状况，并不能说明国家或立法机关主观上对这种现象采取的解决办法。在计划经济体制下包括向市场经济转化的初期，对于企业亏损乃至企业丧失清偿能力、还不起债的问题，并不一定要采取破产的法律方式解决。我国过去曾长期采取“关、停、并、转”，政府给予财政补贴等行政方法处理企业经济上的破产，虽然这不符合市场经济的运行规律，但在当时确实可以不使用破产程序处理问题。对于经济上的破产，无论人们承认与否，只要是在商品经济中便会客观存在。但法律上的破产，则是人们为解决这一经济现象通过主观立法而设立的法律制度，是以破产立法的存在为前提的。而且，即便在存在破产立法的情况下，也并非凡是经济上出现破产现象的债务人在法律上就自动地进入破产程序，仍要经当事人的主动申请，法院依法作出破产案件的受理裁定后，才得进入破产程序。

早年间，在谈及破产立法的必要性时，曾有人根据我国经济生活中曾长期存在大量不能还债的亏损企业，便认为我国长期以来就存在破产法律现象，只不过是承不承认的问题。这种看法是不准确的，是把经济上的破产与法律上的破产混为一谈了。企业亏损、不能公平还债的问题严重，只能说明存在制定破产法的必要性与迫切性。但在破产法制定并实施之前，债务人不能还债的现象再严重，这种经济关系也不能自动转化为法律关系，不能因此便按破产法的程序对债务人的财产进行清算、偿还债务，破产的法律现象并不存在。

其次，要注意破产程序与民事执行程序的区别。

第一，在立法设计上，民事执行程序中的债务人通常具有清偿能力，但其拒不履行义务，所以需要强制执行。而破产程序中的债务人已无清偿能力，不能对债权人履行全部义务，故须以破产方式公平解决多数债权人之间的债务清偿问题。在民事执行中，强调债务人的自动履行，强调债权人主动行使权利，并在债务人不自动履行时申请强制执行。而在破产程序中，因个别债权人的单独执行或债务人对个别债权人的自动履行违背对全体债权人公平清偿的原则，所以这种做法反为法律所禁止。

第二，民事执行与破产制度都具有为债权人利益进行的性质。但民事执行是为申请执行的个别债权人的利益进行的，破产清算则是为全体债权人的共同利益进行。前者的目的只为债的个别清偿，解决个别债权人与债务人之间的问题；后者则更强调清偿在多数债权人间的公平，解决多数债权人之间因债务人有限财产不足清偿而发生的矛盾。所以，破产程序作为集体清偿程序相对于执行程序具有优先适用的排他性质。此外，只有债权已经到期的债权人取得发生法律效力的司法裁判或仲裁裁决后才可能提起民事执行，而在破产程序中，债权未到期和未取得生效裁判的债权人同样可以参加获得公平清偿。

第三，民事执行涉及的标的范围广泛，随执行的债权内容而定，既包括对财产的执行，也包括对行为义务的执行，如强制排除妨碍等。破产程序执行的对象仅限于财产，所以只有能够表现为或折算为货币的债权才能在破产程序中获得清偿。民事执行仅就债务人的与执行标的相关的财产在申请执行人的债权数额内进行，而破产程序则是对债务人既存的全部财产与经济关系进行彻底的清算执行。

此外，在具体程序规定上，两者也有许多不同之处。如在破产案件中无原告、被告之说，债权人、债务人都可以提出破产申请，甚至债务人的股东在符合法定条件的情况下也可以提出重整申请；破产财产的分配由管理人进行，而民事执行由人民法院进行；破产程序中设有债权人会议、债权人委员会、管理人等专门的破产机构；在破产程序中，法院以裁定方式解决相关程序问题，而且为保证破产程序顺利、迅速进行，绝大多数裁定不允许上诉；等等。

因为破产程序与民事执行程序存在重大区别，所以，民事执行制度是不可能取代破产制度的。在旧破产法实施时期，由于破产法的实施受到不当行政干预、欺诈逃债行为严重、社会保障制度不健全以及一些政府部门不积极履行其法定的安置、救济破产企业职工的职责等因素的制约，因而破产案件的受理和审理客观上遇到困难，一些法院遇到破产案件往往以种种借口推托，能不受理就不受理。为了弥补本应通过破产程序解决，但在实践中又难以适用破产法而出现的法律调整空白，最高人民法院曾在其司法解释《关于适用〈中华人民共和国民事诉讼法〉若干问题的意见》（1992年）、《关于人民法院执行工作若干问题的规定（试行）》（1998年）中，针对具有多数债权人的债务执行问题，规定了强制执行中的参与分配制度。根据这一制度，在已经取得执行依据的债权人对债务人的财产开始执行程序后至执行所得移交债权人之前，债务人的其他已取得金钱债权执行依据的债权人发现债务人无其他财产可供执行或其他财产不能清偿全部债权时，有权向人民法院申请对被执行人的财产参与分配。参与分配案件中可供执行的财产，原则上按照各个案件债权额的比例进行分配。

参与分配制度可以在一定程度上缓解个别执行中的不公平现象，但并不能从根本上解决问题，更不可能取代破产制度。首先，可以参与分配的主体范围有限，必须是对被执行人已经取得金钱债权执行依据的债权人，其他债权人无权参加。而且由于其中没有公告、通知制度，有权参与分配的债权人也往往由于不能及时得知消息而无法参加。其次，可参与分配的财产有限，只能是被执行人已被采取强制执行措施的财产，不包括其他未被发现的财产，更难以纠正债务人的欺诈逃债和偏袒性清偿行为，追回被非法转移、处置的财产。所以，参与分配制度对债权人的公平保护作用十分有限。此外，参与分配程序结束后，对于未受偿的债权，债权人仍可随时申请强制执行。债务人的债务不可能被免除，更不可能为债务人提供重新再生的制度机会。从某种意义上讲，对破产法实施对象的参与分配制度的存在，甚至会影响到破产法的顺利实施、阻碍破产立法目的的实现。在新的《中华人民共和国企业破产法》（以下简称《企业破产法》）颁布实施之后，为解决这一问题，2015年最高人民法院发布《关于适用〈中华人民共和国民事诉讼法〉的解释》。该司法解释第508条规定："被执行人为公民或者其他组织，在执行程序开始后，被执行人的其他已经取得执行依据的债权人发现被执行人的财产不能清偿所有债权的，可以向人民法院申请参与分配"。在执行中，作为被执行人的企业法人符合《企业破产法》第2条第1款规定情形的，上述司法解释第516条规定，"当事人不同意移送破产或者被执行人住所地人民法院不受理破产案件的，执行法院就执行变价所得财产，在扣除执行费用及清偿优先受偿的债权后，对于普通债权，按照财产保全和执行中查封、扣押、冻结财产的先后顺序清偿"。据此，被执行人为破产法实施对象的，不再适用参与分配制度。

破产与民事执行两种程序又有着密切的关系，有许多相通之处。从债务清偿的角度讲，两种程序都是依法进行的、以实现债权为目的的执行性质的程序，其最初的产生原因与设置目的主要是保护债权人的利益，在许多具体程序规定上两者也有相通之处。为此，一些国家或地区立法规定，在破产法中未作规定的情况下，可以在破产程序中适用民事诉讼法的有关规定，甚至还有在法律体系中将破产法作为民事诉讼法下一项特别法的立法例。《企业破产法》第 4 条规定："破产案件审理程序，本法没有规定的，适用民事诉讼法的有关规定。"了解这两种程序的异同之处，不仅有利于理解破产制度建立的必要性，而且有利于破产法的正确实施。

对于破产程序的法律性质如何，学者们诸说不一，历史上较有影响的主要有三种学说。

第一种学说是诉讼事件说。该学说主张破产属于诉讼事件，认为在破产程序中，债权人提出破产申请，相当于在民事诉讼中申请对债务人全部财产进行保全，破产案件的受理或破产宣告则相当于财产保全裁定，债权人申报债权相当于提起或参加诉讼，破产债权的确认相当于确定当事人民事权利义务的判决，多数债权人间的关系则与诉讼中的共同诉讼人类似，对债务人全部财产的执行也和对债务人财产的个别执行基本相同，只是在执行财产的范围与分配方式上有所区别。因此，破产程序相当于民事诉讼中财产保全、判决和执行程序的结合。破产程序与民事诉讼在具体程序上或有区别，但目的都是实现当事人的民事权利，所以应属诉讼程序。

第二种学说是非讼事件说。该学说主张破产的性质是非讼事件，理由是在破产程序中，债务人可以申请自己破产，而在民事诉讼中不存在债务人就自己的财产申请扣押、执行的情况。在破产程序中设有管理人、债权人会议等专门机构，具有诉讼中不具备的债权人自治性质的内容。破产债权的申报与民事诉讼中的起诉、请求法院裁判性质不同，而且在破产程序中并不对当事人的实体权利义务作出裁判，只是加以实现。在破产程序中，破产人不仅丧失对财产的管理、处分权，其人身自由与社会任职资格等也受到许多限制，与民事诉讼中的债务人的地位有所不同。据此，主张破产是在法院主持、监督下由债权人团体与债务人共同进行的财产特别清算程序，而不是民事诉讼程序，故其性质应为非讼事件。此学说又分为两种观点：一种是清算说，认为破产程序是丧失清偿能力的债务人与债权人团体间进行的清算程序，性质与公司企业终止时的清算相似；另一种是行政行为说，认为破产是以保障债权人公平清偿为目的的一种行政清算活动，如法院选任管理人、召集债权人会议等均属于行政行为。

第三种学说是特殊程序说，也称特殊事件说。该学说认为，破产程序既可以由债权人申请开始，也可由债务人、准债务人自行申请开始，有的国家的法律还规定在法定情况下可由一定的国家机关提出申请，少数国家或地区的法律甚至规定可以由法院依职权开始。破产程序涉及债务人的清算、有关当事人民事权益的实现等，与民事诉讼程序和非讼事件均有所不同，其性质应当属于一种特殊的司法程序，即在法院主持下，对债务人全部财产的特别清算与执行程序。

本书认为，破产程序是依独立的破产法进行的，破产程序虽然与民事诉讼、执行程序、非讼事件均具有一些相似之处，而且仅从对债务的清偿角度看，在这三者之间更具有概括执行程序的意义。不过，破产法上的许多制度是其他立法所不具备的，也是其他法律制度包括执行制度所无法容纳的，如债权人会议、管理人的设置，债权申报、破产宣告、破产分配等程序，破产抵销权、别除权、破产撤销权等权利的设立等，如果将破产的概念再扩张至重整与和解等债务人挽救程序，仅仅以执行程序来概括破产程序的性质并不全面。据此，破产程序具有民事诉讼、执行程序、非讼事件等法律制度所没有的特点，无法简单地归纳于其中之一，其性质应当属于特殊程序。

二、破产法的概念与性质

破产法是规定在债务人丧失清偿能力时，法院强制对其全部财产清算分配、公平清偿债权人，或通过债务人与债权人会议达成的和解协议清偿债务，或进行企业重整，避免债务人破产的法律规范的总称。

对破产法可以从形式意义与实质意义、狭义与广义等不同层面理解。在形式意义上，狭义的破产法专指破产法典，如我国于2006年8月27日通过的《中华人民共和国企业破产法》；广义的破产法则还包括其他有关破产的法律、法规、行政规章、司法解释，及散见于其他立法中的调整破产关系的法律规范，如《商业银行法》《保险法》《公司法》《合伙企业法》《农民专业合作社法》等立法中有关破产的规定。在实质意义上，狭义的破产法仅指对债务人进行破产清算的法律，广义的破产法则还包括以避免债务人破产为主要目的的和解与重整制度的法律。在历史起源上，破产法是由狭义概念发展起来的，但现代意义上的破产法均由破产清算制度与挽救债务人的和解、重整等制度两方面的法律构成。在立法体例上，有的国家将这两类法律规定在同一法典之中，如我国；有的国家则对之分别立法，如日本。

破产法与其他相关法律比较，具有以下特征。

1. 破产法的调整范围一般仅限于债务人已经丧失清偿能力的特殊情况（重整程序除外）。破产法解决的主要是如何公平清偿债务即权利的实现问题（即便是在和解、重整程序中，债务如何清偿也是居主导地位的问题），对当事人间的实体权利义务争议（如债是否存在、数额多少等）则应在破产程序之外通过民事诉讼、仲裁等方式解决。破产法的性质及特点决定了其不具备解决民事实体权利义务争议时保障当事人诉讼权利的制度。只有当事人无争议或是已经由诉讼、仲裁生效裁判确定的债务，才可进入破产受偿程序。

2. 破产法是实体与程序内容合一的综合性法律。根据法律规范的性质，破产法的基本内容可分为实体性规范、程序性规范、免责与复权（专指自然人破产）、法律责任等部分。实体性法律规范主要有关于破产原因即破产界限、破产财产、破产债权、取回权、别除权、抵销权、撤销权、破产费用、共益债务等内容的规定；程序性法律规范主要有关于破产申请与受理、管辖、破产宣告、债权人会议、管理人、破产财产的管理、变价与分配、破产程序的终结、和解程序、重整程序等内容的规定。法律责任部分主要是关于各种破产违法行为的法律责任。免责与复权制度则专门适用于自然人破产的情况。免责制度规定，符合法定情况的债务人在依破产程序清偿债务之后，对未能清偿的余债可以依法免除清偿责任。复权则是指破产人因被宣告破产在公、私法上所受之资格与权利限制，在符合法定条件时的恢复。在立法体例上各国并不一致，有的国家按实体规范、程序规范、免责与复权、法律责任等不同性质的内容分编规定；有的国家则主要按破产程序及进行的先后顺序依次规定，不严格区分实体规范与程序规范。我国的破产立法便是采取后一种形式。

3. 破产法的基本制度主要源于民事债权和民事诉讼与执行制度，并根据破产程序的特点、原则加以变更，对当事人的权利、义务予以必要的扩张或限制，同时兼顾对社会利益的维护。

由于破产法涉及面甚广，不仅民法、民事诉讼法与之相关，企业法、公司法、劳动法、社会保障法乃至刑法、行政法等都与之有密切联系，破产法的实施要依靠这些相关法律及社会配套制度的保障。实践已经证明，单靠一部破产法是难以广泛实施并发挥其应有的社会调整功能的。

关于破产法的性质，属于哪一个法律部门，或者自身是否构成独立的法律部门，在学术上存在不同见解。从各国的立法情况看，有的国家将破产法规定在民法或商法中，作为其组成部分；有的国家将破产法作为民事诉讼法的一个特别法，如葡萄牙；也有的国家将破产法视为经济法的组成部分；还有的国家将破产法视为独立的法律部门。不同国家对破产法的性质认识不一，主要是因其立法时的目的、社会背景不同，立法体例不同，以及观察破产法在各国的社会意义、具体作用的角度不甚相同。破产法在旧中国历史上曾被视为民事诉讼法中一项特别法，至今在我国台湾地区的立法体系中，仍将其纳入"民事诉讼法"的体系中。

本书认为，我国的破产法应是主要兼具民商法和经济法双重性质的法律。历史上早期的破产法仅以债务关系为调整对象，故属于民商法（或诉讼法）的范畴。而随着破产法在维护社会利益方面的作用日益得到重视，尤其是重整制度的创建，国家通过司法程序对破产案件的适当介入已为法律所确认。在当前公法、私法日益交融的情况下，法律部门的划分已呈现一定程度的相对性。同一部法律中可以同时存在具有不同法律部门属性的法律规范，可以有所交叉，如公司法、土地管理法等，既具有经济法的属性，也具有民商法的属性，可以从不同的角度研究①，破产法也是如此。

破产法最初产生的社会原因是为保护债权人的利益，解决在债务人丧失清偿能力时对全体债权人的公平清偿问题。但随着社会的发展与进步，破产法的立法宗旨经历了从债权人本位到债权人与债务人的利益平衡本位再到当事人利益与社会利益平衡本位的逐步变化过程。在现代社会中，债务清偿关系有时可能影响到他人利益乃至社会整体利益，尤其是公用企业、金融企业、超大型企业的破产，会影响到社会公众的利益，产生严重的失业等社会问题。故当代各国在法律上十分重视如何对陷入债务危机的大型企业的挽救，以避免因破产可能产生的社会负面作用。为此需要引入经济法的理念，容纳国家的适当介入，从社会本位角度维护社会整体利益，才能完成现代破产法的历史使命。

从各国破产立法的情况看，体现国家介入因素的制度主要有：对重整制度的设置，尤其是允许法院在部分利害关系人反对的情况下强制批准重整计划；当事人达成的破产和解，须经法院许可后生效；对特别行业如金融、电信、铁路交通、城市公共交通等公用行业企业的破产能力予以限制或排除，或设置特别的程序处理，如美国《破产法》规定，保险公司、银行、作为公共承运人的铁路公司等不适用破产法或普通破产清算程序；对破产人公法、私法上的资格、权利予以限制；对债务人破产清偿后的剩余债务强制予以豁免等。

此外，有些原在传统破产法中已有规定的制度，在现代立法观念影响下也出现新的变化。如为破产的自然人（包括其家庭）保留生活和工作所必需的财产的自由财产制度虽早已产生，但是对其设立目的的认识却经历了不同阶段。其最初只是为债务人提供最低基本生活条件的保障，而在现代社会中，它已经被视为要保障宪法要求的"健康而富有文化性的最低生活"，必

① 参见史际春、邓峰：《经济法总论》，137、138页，北京，法律出版社，1998。

须使破产人作为健全的市民有可能重新起步，并要求破产法院、破产管理人在考虑自由财产的范围时，应牢记该目的。[①] 这种对自由财产制度设置目的认识的转化，就体现出经济法理念的影响。

一项法律制度往往与其他法律制度具有密切的联系，其顺利实施也需要其他相应法律制度的配合，需要它们所营造的法律环境，作为市场经济重要标志的破产法更是如此。从具体法律规范内容的角度看，破产法与民法和民事诉讼法的联系最为紧密。破产法中的实体性法律规范，主要源于民法中债权制度、物权制度的有关规定，并在具体适用于破产情况时，在法律规范的内容上加以扩张与限制，对相关制度作了补充与发展。破产法中的程序性规范，则主要来源于民事诉讼法中的民事诉讼与执行程序，许多程序规定性质相同、内容相近。为保障破产法的实施，还必须有其他相应的配套法律制度，如企业法、公司法、劳动法、社会保障法、刑法等，这些法律对破产法的实施具有重要的辅助作用，尤其是在我国的市场经济体制仍在不断健全完善的过程中，没有充分的外部法律环境保障，破产法的市场化普遍、正确实施是不可能的，我国的司法实践已证明了这一点。

需注意的是，破产法的实施虽然必须有其他法律制度的配合，但是，不能因此将其他法律制度的调整对象与破产法的调整对象相混淆。在我国《企业破产法》的制定过程中，曾有人主张将对破产企业职工的救济与安置问题规定进破产法的立法宗旨中，这种观点是不妥的。对破产企业失业职工的救济、安置问题必须妥善解决，在一定意义上，它体现着对维护社会整体利益的考虑、对人权的维护。但这个问题不应在破产法中规定，因为其不属于破产法的立法范围，而是社会保障法的调整范围。破产法并不是对破产企业失业职工的社会救济法。如果将这一问题直接或间接规定在破产法体系中，必然会造成立法体系与调整内容的混乱。而且，无论将来在哪一部立法中采用何种形式解决破产企业失业职工的救济、安置问题，都不应破坏破产法的基本原则。妥善安置破产企业职工是政府应当履行的社会职责，不允许再出现在政策性破产中以破坏市场交易安全秩序、损害债权人合法利益、破坏法制为代价，为政府解决其安置破产企业职工的困难与费用的现象。

第二节　破产法的社会调整作用

市场经济以自由竞争为重要特征。竞争的结果必然是优胜劣汰，进而推动社会发展进步。破产便是淘汰竞争失败者的一种方式。所以，破产乃是市场经济社会发展到一定阶段必然出现的法律现象。破产法是市场经济社会法律体系的重要组成部分，对商品经济的发展、资源的优化配置、市场的正常秩序起着重要的保障作用。法律是对现实社会关系的反映，同时又对社会关系的发展起着重要的导向作用。

在计划经济体制下，我国不存在破产法产生与实施的社会条件。人们在错误观念的影响下，曾将破产视为资本主义社会的特有现象，是资本主义腐败的一种表现，认为破产是与社会

---

① 参见李永军：《重申破产法的私法精神》，载《政法论坛》，2002（3）。

主义社会的本质相违背的，并以不存在破产现象为自豪。在旧的经济制度下，我国实行“政企合一”的体制，所谓的“企业”实际上只是各级政府行政机关的附庸，无独立的法律地位，无独立的意志，无独立的财产，也无独立的经济利益。在这种情况下，如果出现“企业”的破产，实际上也就意味着政府的破产，所以破产的概念是不可能被接受的。

随着经济体制改革的深入，市场经济理念的逐步建立，破产立法的问题才引起人们的重视。1986 年 12 月 2 日，一部标志着经济体制改革与法制建设重大进展的法律《中华人民共和国企业破产法（试行）》[以下简称《企业破产法（试行）》]，冲破重重阻力与偏见，在中国诞生了。此后，2006 年又制定了以市场经济理念为基础的《中华人民共和国企业破产法》。这表明在社会主义制度建立三十余年后，中国终于承认，要改革阻碍生产力发展的旧经济体制，要建立社会主义市场经济的正常秩序，必须依靠破产法来进行调整，破产法是市场经济社会一部不可或缺的法律。

一、破产法的立法宗旨

2006 年《企业破产法》第 1 条规定：“为规范企业破产程序，公平清理债权债务，保护债权人和债务人的合法权益，维护社会主义市场经济秩序，制定本法。”这表明《企业破产法》的立法宗旨贯彻的是市场经济理念，它将 1986 年《企业破产法（试行）》中列在立法宗旨首位的“适应社会主义有计划的商品经济发展和经济体制改革的需要，促进全民所有制企业自主经营，加强经济责任制和民主管理，改善经营状况，提高经济效益”等与破产法无直接关系、应由其他法律主导解决的社会目标全部删除。

《企业破产法》在立法宗旨与原则上进行了改革与创新：第一，明确了破产法的特定社会调整目标，区分了其直接社会调整作用与间接社会影响的关系；第二，通过对职工债权清偿顺位的规定等内容，区分了破产法与劳动法、社会保障法等相关立法间不同的调整范围，将不属于破产法调整的破产企业职工的救济、安置等社会问题交由其他立法调整，从理论和实践上为破产法的市场化实施扫除最大的社会障碍；第三，通过设置市场化的管理人制度等，排除政府的不当行政干预，避免因其行政利益的影响而歪曲破产法的实施，同时强调政府必须履行其应尽的提供社会保障、安置失业职工等职责，保障破产法的顺利实施。新旧破产法立法宗旨的不同，反映出人们对破产法社会调整机制认识的逐步深化。

二、破产法的社会调整作用

破产法对市场经济的调整作用可分为直接与间接两个方面。

（一）破产法的直接调整作用

破产法的直接调整作用，是保障决定市场经济能否正常运转的债务关系在债务人丧失清偿能力时的最终有序、公平实现，维护全体债权人和债务人的合法权益，维护社会利益与正常经济秩序。

市场经济即商品经济，是直接以交换为目的的经济模式。商品生产不再是为了自我消费，只有通过商品交换才能达到生产经营者的目的，才能使其获得经济利益，商品的价值和使用价值才能最终在社会得到实现。商品交换包括以物易物的直接交换和以货币为媒介的间接交换，发达的商品经济即市场经济，均是以货币方式进行商品交换的。通过货币进行的商品交换又可分为一手交钱一手交货、即时清结的交易方式，以及延期付款或延期交货的钱货交换时间分离的信用交易方式。信用交易可以提高人们的消费欲望和消费能力，促进商品交换。所以在市场经济中，信用交易是商品交换最重要的方式（尤其是在作为社会存在经济基础的生产经营领域中），信用关系也就必然成为维系市场经济正常运转的关键。信用交易在当事人之间形成的借贷关系，在法律上称为债。债还可能因不当得利、无因管理、侵权行为等形成，但因商品交换而形成的债务关系始终在社会各种债务关系中占据主导地位。所以，保证债务关系的正常实现，维护债权人、债务人的正当权益，便成为确立市场经济秩序的基础，这是任何一个市场经济国家在法律制度上必须妥善解决的基本问题。①

对债的保障是国家各个法律部门的一项综合性任务，它们利用不同的调整手段、调整方式共同保障市场经济秩序，其中又以民法和民事诉讼法为主。前者规定债的实体问题，确认当事人间的权利义务关系，后者则通过诉讼与执行程序，保障债务关系得以顺利确认，并在必要时强制加以实现。从立法设计上讲，在债务人有清偿能力而不履行债务或对债务有争议时，通过民事债权制度和民事诉讼与执行制度便可以保障债的履行，使被阻断的经济关系重新得以正常有序地进行，维持商品交换与市场经济的正常运转；但在债务人已丧失清偿能力，对到期债务无法还清的情况下，仅靠上述法律制度就不足以正确解决债务问题了。

当债务人丧失清偿能力时，因为其已无足够的现实财产还清所欠的所有债务，所以多数债权人的债权在债务人不足全部清偿的有限财产上发生竞合。债务人还了张三的债，就还不了李四的债，这就使原来债务人有清偿能力时仅存在于债权人与债务人之间的个别清偿矛盾，进一步扩展到了多数债权人之间，从而可能形成债权人之间对债务人财产的无序争夺。这时如仍允许债务人主动对个别债权人进行清偿，允许债权人通过个别强制执行的方式实现债权，那么债务人先偿还的债权人，或者先申请执行的债权人，可能获得全额清偿，而其他债权人因迟到一步，或债尚未到清偿期限，则可能分文不获，造成同等权利的债权却得不到同等清偿的不公平现象。

问题的严重性在于，这种不公平现象是在法律允许的情况下造成的（国家无破产立法时），当事人没有合法的救济渠道。由此产生的连锁后果必然是：一方面，某些债权人（包括债务人）会设法利用法律上的漏洞争取个别优先清偿，或从中牟取不正当利益，甚至与债务人相互串通，乘机进行种种欺诈行为；另一方面，因为债权人的正当利益不能得到法律的公平保护，不能得到国家强制力的公力支持，所以那些不甘受损的债权人不得不以自力救济的方式来维护其利益。而在债权人自己动手维权的过程中，由于已经没有合法的手段可以采用，便难免出现任意扣押债务人财产，抢东西还债，甚至非法拘禁债务人逼债等违法行为。于是，商品交换无法正常进行，债务关系不能顺利实现，进而导致社会信用低下，经济秩序混乱。这里虽有当事人自身的原因，但国家的法律不能公正保障当事人的正当权益，而不公平、不正当的行为却可能规避法律的调整与处罚，恐怕才是更深层次的原因。所以，仅靠对当事人过激自力救济行为

---

① 参见王欣新：《试论破产法的调整机制与实施问题》，载《中国法学》，1991（6）。

进行处罚的方法，是不可能真正解决这些社会问题的，因为国家根本就没有制定正确解决这些问题的法律。

在市场经济的激烈竞争中，有胜利的，就有失败的，有赚钱的，也就有亏本的，甚至会亏到丧失对债务的清偿能力，这本是正常现象，可能发生在任何人身上。对那些诚实而不幸经营失败的债务人，法律也应当维护他们的正当权益，并给予适当的救济。但是按照民法债权制度和民事诉讼与执行制度的规定，债务人在丧失清偿能力、还不起债时，不仅要饱受多重讼累，而且对债务永远负有清偿责任，这就使他们由于一次失败而在经济上可能永远也翻不过身来。还有一些债务人，其事业虽然陷入困境，但尚有复苏、挽救的希望，可是在原有法律制度的框架内，难以得到强有力的重整事业的制度支持与机会。债务人要想避免破产倒闭，必须逐个与所有债权人达成和解协议，而这是非常困难的。在我国尚未制定破产法或破产法无法顺利实施的情况下，由于债务人自行进行的和解、重组活动得不到法律的制度性支持，所以其可能不得不转而寻求政府的行政支持与干预，“政”与“企”终究难以分开。这在破产现象的发生已应被视为正常商业风险的市场经济社会中，显然是不合理且有失公正的。为此，立法者应当建立相应的法律制度，保障债务人的正当权益，保证那些事业尚有挽救希望的债务人能够通过法律的强制性规定避免破产，获得新生，减少社会动荡，免除那些诚实的债务人通过破产程序仍然未能偿清的、依法可以免除的剩余债务，以鼓励其在破产之后仍能积极参与社会经济活动，为社会和个人创造新的财富。

此外，上述债务清偿上的混乱状态不仅会影响当事人的利益，而且必然对社会经济秩序造成严重破坏，从而影响到社会的整体利益，影响到国家的法治建设，损害法律的权威。这一切表明，当债务人丧失清偿能力时，仅靠原有的民法债权制度和民事诉讼与执行制度已不能公正解决债务清偿等问题，不能保障正常的社会经济秩序，实现法的公平、正义价值，而必须有一种与之不同的特别法律制度来调整，要制定新的法律，这就是破产法。

破产法为人们提供了保障债务关系公平、最终有序实现的法律途径。从对债权人的保障看，其要旨不在于满足个别债权人的利益，更不是要使债权人都获得全额清偿（这在客观上往往已不可能），而是要做到对全体债权人公平和有秩序的清偿。从对债务人的保障看，一方面为其提供了免受多重讼累、一体解决债务清偿纠纷的机会，而且给予那些诚实而不幸经营失败的债务人在符合法定条件下，豁免其在破产程序终结后未能偿还的债务的途径。另一方面，破产法也为那些事业尚有挽救希望与挽救价值的债务人，提供了通过强制性和解或重整程序避免破产、重振事业的机会。

为达到此目的，破产法必须具有与其他法律不同的特殊调整手段，这主要是通过对债权人、债务人及其他利害关系人原有的民事权利义务以及民事执行手段加以适当扩张和限制而形成的。如在破产程序启动后停止债权人、债务人的个别清偿行为，确立公平清偿的原则与合理的清偿顺序；为债权人的利益设定破产撤销权，以防止并纠正债务人在明知破产已不可避免的情况下，进行损害债权人共同利益的财产处分行为与欺诈逃债行为；调整破产债权人行使抵销权的条件；扩张债权人对于债务人的保证人和连带债务人的权利；设立债权人会议和债权人委员会，协调多数债权人的法律行为，维护债权人的共同利益；对于债务人的权利也加以适当扩张或限制，如规定破产程序终结后，对破产人未偿还的余债予以免除，规定具有一定强制性质的和解与重整程序，为债务人提供避免破产的有利机会；等等。此外，在破产程序中还设置有管理人作为负责破产清算、对债权人公平清偿的专门机构，以保障破产程序顺利进行。破产法的上述种种特殊调整手段，足以证明其在市场经济法律体系中所具有的毋庸置疑、不可替代的重要作用。从对债的保障看，其他任何法律都不具有在债务人丧失清偿能力时有序解决债权人之间矛盾，对全体债权人公平清偿，并维护债务人正当权益的作用，而只有破产法具有此项调整功能。破产法的普遍实施，将使我国过去司法实践中对债的法律保护（尤其是在债务人丧失清偿能力的情况下），因无财产执行往往只能终结本次执行的状况彻底转变，使阻塞、混乱的商品交换等经济活动重新得以顺利、有序地进行。现代社会经济往往融为一体，具有连带互动作用，“一企业陷于倒闭，若不及时宣告破产，遏阻其扩大损害，势必拖累与其有依赖关系之多数企业，形成骨牌般之连锁倒闭，招致失业等动荡不安之严重社会问题”①。从这种意义上讲，处于破产境地的僵尸企业好比社会的恶性经济“肿瘤”，具有相当大的传染扩散力，必须彻底割除，才能使其不再对市场经济造成危害，破产法便是国家维护市场经济秩序的“手术刀”。

如果没有破产法，国家法律对商品交换关系与债务关系的保护就始终存在体系上的缺陷，永远无法完备，而其他法律、政策的调整作用也将在此被稀释，甚至诱发消极的副作用，市场经济秩序将长期处于不稳定的危险状态。这是不以人的意志为转移的客观规律，违背它只能受到经济的惩罚。我国的实践已经证明了这一点，尽管有时由于其他社会、经济矛盾的掩盖，人们不易看清事物复杂表象下的本质。

（二）破产法的间接社会影响

破产法在调整债务关系的同时，对市场经济与社会还会产生广泛的间接影响。它可以进一步完善市场经济优胜劣汰的竞争机制，去除僵尸企业，完善市场退出机制，深化经济体制改革，利用破产的压力，促进企业改善经营管理，提高经济效益；通过破产与重整制度，优化社会资源的配置与使用，调整社会的产业与产品结构，促进供给侧改革；等等。这些间接社会影响对市场经济的发展与完善具有重要的意义，尤其是其对竞争的促进作用。市场经济的一条基本规律就是自由竞争。只要有竞争存在，就必然会有破产的事实发生。不允许出现企业破产的竞争，不可能是真正、充分、公平的竞争。胜者的发展与败者的被淘汰，均是社会发展的必要条件。无论以何种理由、方式，强行维持失败者的存续，实质上必然是对优胜者的压抑，是对社会财富的浪费、对社会进步的阻碍。破产便是公平淘汰失败者的一条重要法律途径。

破产法在这些方面的重要社会作用是不容忽视的，但应当清醒地看到，这些作用都是通过破产法对债务关系的全方位调整而间接实现的。不能将这些间接调整作用理解为我国制定破产法的根本动因，更不能以此来说明破产法存在与实施的必要性，否则便是本末倒置，必将产生危及破产法存在价值的种种错误认识。因为在上述各种社会问题上，国家有相应的主导性法律制度和政策直接调整，破产法仅是可能对其产生间接社会影响的多种法律手段之一，并非绝对不可缺少或不可替代的。如企业的竞争淘汰机制可通过企业兼并、终止等，乃至“关、停、并、转”的行政措施来实现，改善企业经营管理、提高经济效益的途径更是多方面的，而对产品结构、资源配置的调整，甚至可完全采取行政手段解决。尽管这些调整手段不一定适合于各

---

① 耿云卿：《破产法释义》，4版，8页，台北，五南图书出版公司，1992。

种情况，不排除有社会副作用产生，有些甚至不符合市场化经济体制改革的方向，但确实可以在不适用破产法的情况下起到相应的调整作用。但唯独在对债务关系的调整上，破产法的作用是任何其他法律或行政措施所无法替代的。因此，在论述破产法的立法必要性时，必须以此作为基本点，让人们真正认识到其重要作用所在。

我国过去对破产法的宣传在这方面曾存在一定的失误，一谈到破产法，多从社会表象出发，片面、功利地强调其间接作用，而对其本质作用反而认识、宣传不足。所以，当破产法的实施与改革中的旧体制发生矛盾，出现困难时，便自然冒出种种以其他制度取代破产法，乃至完全否定破产法的错误主张，如曾一度出现的以企业兼并代替破产制度，来解决企业亏损与债务问题的主张。再如在中国经济体制改革严重受阻的那段期间，就曾有人宣称，对中国的经济发展来说，引入资本主义的解决方法，如失业、破产机制等，经局部试验，效果不佳，不应采用。①

我国目前属市场经济社会，同样需要破产法的调整，这不是什么引入资本主义的机制，不过是承认早已存在的内在客观规律，解决现实中已无法解决的债务公平清偿等社会矛盾。当然，一种新制度的实施不可能是一帆风顺的，如灵丹妙药，可在不触犯任何现有体制、现行权力分配与既得利益的情况下，便一举解决全部问题；相反，它迫使人们痛苦地改变旧的观念，并非自愿地失去一些既得利益，与原有社会体制也会发生剧烈冲突。由于最初法律本身与其实施的社会环境总是不完善的，在法律施行中难免会产生一些令人不快的副作用，而且某些法律规定本身就是两利取其重、两害取其轻的产物。所以，破产法的实施客观上也会产生一些消极的副作用，如因企业破产造成失业职工增加、破产财产的社会价值减损等。但这些消极现象从本质上讲并非破产法所造成，它们本身往往早已或明或暗地客观存在，只不过是破产法的实施使其充分暴露出来。而且，这些问题可以通过完善社会保障制度与劳动立法等方法加以解决。所以，以此来否定破产法的错误主张是不能成立的。

破产法对市场经济体制的建立与完善具有重要的意义。破产法主要源于对债务关系保护的需要，而产生这种需要的前提，是市场经营主体产权关系明确，有独立的地位与利益，债的实现与否影响到其切身利益。所以，在“企业”仅仅是政府行政机关附庸的旧经济体制下，我国是不可能产生破产法的。企业尤其是国有企业的破产，是国家“父爱”“偏爱”是否存在和发挥作用的最后关键，也是政府行政干预固守的最后一关。只有在此环节也割断国家的不正当行政干预，市场经济主体的独立法律地位才可能真正得以确立。从这个意义上讲，破产法的制定与普遍实施是我国市场经济秩序最终基本确立的重要标志之一，也是企业尤其是国有企业制度改革的重要环节。

此外，建立完善的破产法制，也是我国在加入 WTO 后真正融入世界经济贸易体系、获得完全市场经济地位的重要条件。2004 年 6 月 28 日，欧盟有关人士宣布，鉴于中国政府依然在干预中国的微观经济运行，欧盟将不给予中国市场经济国家地位。欧盟委员会贸易部发言人在讲话中更是明确指出，“中国还需建立和实施有关破产和财产所有权的法律”②。其依据之一，

---

① 参见何新：《“世界经济形势与中国经济问题”——何新与日本经济学教授 S 的谈话录》，载《人民日报》，1990-12-11。

② 钮键军：《欧盟“市场经济地位”发难中国 经贸蜜月打乱》，载《财经时报》，2004-07-03。

就是欧盟理事会于1998年4月27日制定的《第905/98号理事会条例》第2条规定，给予一国市场经济地位的条件之一，就是企业应受破产法的约束与保护。

《企业破产法》市场化、法治化的立法与实施，也是完善中国营商环境的关键之一。2018年3月6日，最高人民法院审判委员会专职委员刘贵祥在第十三届全国人大和全国政协会议期间发布了《人民法院优化企业破产法治环境、服务经济高质量发展新闻发布稿》，指出："人民法院切实将破产审判置于服务经济新常态和供给侧结构性改革大局中谋划和开展，通过审理企业破产案件，化解产能过剩、清理僵尸企业，建立完善破产审判工作机制，在优化企业破产法治环境方面取得了明显进展。世界银行2017年对全世界190个经济体营商环境的测评中，我国破产处理情况位列第53位，比2013年的第82位上升了29位。"2018年中国营商环境评价指标中"办理破产"指标得分为55.82分，在190个经济体中排第56名。为充分发挥司法职能作用，进一步积极营造稳定公平透明、可预期的营商环境，2019年3月27日，最高人民法院还发布了《关于修改〈严格规范民商事案件延长审限和延期开庭问题的规定〉的决定》和《关于适用〈中华人民共和国企业破产法〉若干问题的规定（三）》两个司法解释。

三、破产法的市场化实施

因为破产法对社会与经济具有广泛的重要影响，所以往往在其法律调整作用之外，还在形势需求之下承担着或被赋予了更多的社会意义与功能。如2013年中国共产党第十八届中央委员会第三次全体会议通过的《中共中央关于全面深化改革若干重大问题的决定》指出，要"使市场在资源配置中起决定性作用"，要更好地发挥政府作用，要"健全优胜劣汰市场化退出机制，完善企业破产制度"，强调利用破产法处置僵尸企业，要实现国家"去产能、去库存、去杠杆、降成本、补短板"的经济结构性调整与供给侧改革的战略目标。破产法的实施在我国具有重要的意义。

破产法作为市场经济之法律，必然要求市场化的实施，才能真正实现其立法目的。破产法的市场化实施是以有一个较为完善的市场化社会体系为前提和基础的，即取决于其所面对的整个社会的市场化程度，市场化是一个难以割裂的社会整体性的概念。为此，《2015年中央经济工作会议公报》强调指出，"要依法为实施市场化破产程序创造条件"。公报之所以提出"创造条件"这一目标，就是因为目前要想完全实施市场化破产程序还不具备充分条件。除破产法本身存在完善立法、强化实施等问题外，最关键的是破产法实施的各种外部社会配套的法律与制度不完善，即外部社会配套条件不完备。

破产法在市场经济中具有重要的地位，原因之一就是因为它是具有强外部性的法律。一个企业的破产不仅会产生债权债务清偿、财产资源分配等法律问题，还会产生诸如职工就业安置、社会救济、非经营性资产处置、工商与税务调整、信用修复等一系列需要政府履行职责解决的社会衍生问题。一方面，破产制度的发展与改革会对整个社会产生极为深远的影响。另一方面，没有充分的外部法律与社会制度环境的支撑与保障，破产法普遍的市场化实施是不可能的。在其他市场经济国家中，经过长期的发展，诸多破产衍生社会问题都已由政府通过相应的法律予以制度化、市场化、常态化的解决，如建立职工工资保障基金、破产基金，健全失业救济与再就业保障，在税收与信用等制度方面与破产法相互配合衔接，所以不需要对这些社会问题通过或借助于破产程序解决。但目前我国有关破产法实施的各种社会配套法律与制度远未建立完善，政府尚没有制定相应的法律解决破产衍生社会问题，所以破产法的实施在很多地方还离不开乃至依赖于地方政府直接或间接的个案支持与服务。这种问题的解决方式是具有较大不确定性社会风险的，是一种人治而非法治的非常态化方式，也是破产法至今难以完全市场化、法治化、常态化实施的原因之一，是我们在深化市场经济体制改革中必须解决的问题。

企业破产社会配套制度不健全的主要原因之一，是政府未能积极、有预见地做到“为实施市场化破产程序创造条件”。目前一些与破产相关的法律和社会制度以及实务操作惯例，往往仅着眼于对正常经营的常态企业的调整，而缺乏对处于债务困境与破产程序中的非常态企业进行常态化调整的理念和措施，远远落后于现实发展的需要，其与破产法之间的生态关系处于隔离、缺失与冲突的状态，不仅不能对破产法的实施起到有机配套、衔接与融合的保障效应，其制度缺陷反而成为破产法市场化实施的障碍。由于法院与中介机构管理人既无财务资源也无法定职权解决这些本应由政府解决的社会问题（虽因其发生在破产程序中而不得不协助地方政府处理），因而法院在面临这些难题时不得不更多地依赖于地方政府对破产企业个案的临时性调整措施加以解决。但有些地方政府缺乏对破产法的正确认识，企业一旦进入破产程序，就消极地将本应由其负责的破产衍生社会问题解决责任推卸给法院与管理人，使破产案件的审理陷于困境。这使得法院不愿意受理地方政府不承担其应尽社会义务的破产案件，并导致一些法院不得不借助于指定政府清算组为管理人的方式，将政府的行政力量拖入破产案件，以缓解、疏导其面临的破产衍生社会问题解决压力，由此形成了一种恶性循环，严重影响管理人的市场化指定和破产法的市场化实施。

本书认为，解决这一问题，首先是要让政府有关部门端正观念，认识到解决企业破产衍生社会问题是政府的本职工作，是其应尽的法定职责，法院和管理人实际上是在帮助政府解决困难，从而使其积极配合各项破产工作。其次，各级政府要主动承担起建立解决破产衍生社会问题常态化、规范化调整的法律与制度的责任。必须迅速及时地修改那些影响、阻碍破产法市场化实施的各项法律、各种制度，而不能放任其继续制约破产法的实施，要调动社会资源，逐步建立各项具体的配套执行制度与机制，以保障政府解决企业破产衍生社会问题职责的切实履行。

企业破产衍生社会问题是客观存在的，解决问题的正确方法，不是将政府重新推向行政直接干预企业破产的前台，走非市场化、非法治化的政策性破产老路，包括诸如向后退缩到固化地由政府清算组担任管理人模式等。因为政府在破产案件中要实现的目的，与破产法的立法目的以及法院的破产审判目的是存在较大落差的。政府关注的是其行政利益与目标，包括社会“维稳”、地方经济维护、地方企业保护、政府财政利益等，往往并不在意债权人等破产利害关系人的利益与债务清偿的公平等破产法立法目标的实现。政府行政权力直接介入破产案件后，如操作不当可能会影响乃至破坏破产法的市场化实施，使破产程序变成政府不当干预市场经济的渠道。所以，政府应当在破产法律程序之外发挥其社会调整作用。我们应当督促、协助政府尽快建立起完善的社会配套制度，如常态化的政府财政支持企业破产社会费用制度，职工工资保障基金、管理人报酬保障基金等制度，以及在工商管理、企业挽救融资制度、重整企业信用修复、破产企业税务合理调整、企业破产注销、企业档案保存管理等方面及时进行适应破产法市场化实施需要的改革，建立相应制度从根本上解决问题。在能够以法律和制度统一解决衍生的社会问题之前，地方政府层面应当采取类似浙江等地区建立的"府院联动"即政府与法院协调机制，为企业破产提供全面的临时性协同处理和个案支持，避免破产的社会负效应过度溢出，影响社会稳定和经济发展，并逐步总结经验，通过地方政府文件确立常态化调整制度，以市场化、法治化的方式保障破产法的实施，实现中央"为实施市场化破产程序创造条件"的目标。①

目前各级政府在解决破产衍生社会问题方面提供直接或间接支持与服务的方式，主要是"府院联动"机制。我们既要重视府院联动机制在现阶段的作用与意义，也必须看到其存在的不足与发展方向。

首先，府院联动机制建立与实施的宗旨，是要完成中央"为实施市场化破产程序创造条件"的任务，是要在当前努力保障破产法的市场化、法治化实施，而不能演化成为政府不当干预破产审理的理由与渠道。府院联动机制最终要通过建立、完善破产法社会配套法律与制度。为此要把握好司法权与行政权各自在破产法实施中的边界。破产案件的审理是法院的职权领域，而企业破产案件处理中涉及或衍生的社会问题的解决，则是政府的职责领域。政府既不能够缺位，也不能够越位；法院既不能够让位，同时还要注意防范地方政府可能时时出现的不当利益冲动。

其次，从长远看，我们不能满足于现有的府院联动机制并止步于此，在承认其具有的积极作用的同时，也要清醒看到其存在的体制性缺陷和发展方向。从某种意义上讲，目前实践中的"府院联动"在许多方面还是更接近于人治而非法治的非制度化的个案解决方式，属于过渡性措施，依赖于人与人之间以及以人为代表的机构之间的协调，能否协调解决问题取决于人的态度而非制度，有时"府院联动"的建立与运行主要依靠"一把手"的重视程度，可能出现人一走茶就凉、换人就换政策的现象，具有较大的不确定性风险。所以，我们必须在充分总结实践经验的基础上进一步完善府院联动机制，并使之法律化、制度化，从而最终使企业破产衍生的社会问题能够完全依靠法律与制度解决，真正建立起市场化、法治化、常态化的解决机制。例如浙江省以及温州市、绍兴市等一些地方将府院联动过程中的经验加以总结，并制定成政府有关文件，使之规范化并可复制。府院联动机制的产生，就是因为目前没有制度化、法律化的社会问题解决渠道，所以当相关法律与制度真正健全之时，也就是府院联动机制完成其历史使命之日。为此，在府院联动机制的实施中，要逐步用制度和法律去约束人，要推动从目前以联席会议、人际协商的方式向以制度和法律解决问题发展转化。各级政府要将在破产法实施中需要中央政府和国家立法机关解决的问题，积极、主动、及时地以正规渠道向上反映，使下情得以上传，并传导改革压力，督促相关机关重视并及时修改那些影响、阻碍破产法市场化实施的法律与制度，争取早日以国家法律制定与建设全国统一制度的方式，彻底解决市场化实施破产程序的问题。②

---

① 参见王欣新：《论破产法市场化实施的社会配套法律制度建设》，载《人民法院报》，2017-06-14。

② 参见王欣新：《府院联动机制与破产案件审理》，载《人民法院报》，2018-02-07。

第三节 破产立法发展沿革

一、破产制度的历史沿革

现代破产法是由各国不同的法律历史渊源逐步发展形成的。在不同的国家、不同的历史时期，破产法的产生、发展经历了不同的情况。即使是在同一国家中，在其不同的历史时期，随着社会经济、文化发展状况的变化，国际交往的影响，破产法的立法体系、立法原则等也可能出现较大的变革。

具有破产法性质的法律规定，最早萌芽于简单商品经济社会的古罗马国家，其产生的最初动因，是为维护债权人的利益，保证对全体债权人的公平、有序清偿。而后，随着社会的发展进步，债务人的利益、社会整体利益才逐步得到社会重视，被破产法纳入调整范围。

（一）古罗马时期破产法的萌芽

古罗马国家当时虽然处于奴隶社会形态，但是其发达的商品经济基础却诞生了“商品生产者社会的第一个世界性法律”——罗马法体系，破产法也萌芽于其中。早期的破产法完全是从保护债权人利益的角度调整债务清偿关系的。在公元前451年至公元前450年间公布的古罗马成文法典《十二铜表法》的第三表债务法中规定，在债务人承认的债务到期后或债务为法庭判决确认之后，债务人可以在30日的宽限期内还债。债务人逾期仍不能清偿时，债权人有权自行将债务人拘捕起来，押至法官面前，陈述债务人负债及未能清偿的事实，申请执行。如债务人不能清偿债务，又无人为其担保，法官即裁判将债务人交与债权人带回家中拘禁，拘禁期为60天。在拘禁期间，债务人可以与债权人谋求和解。和解不成时，债权人应在此期间，将债务人于集市日三次带到集市广场，当众宣布债务人负债数额，看是否有人愿为其担保或替其还债赎身。如果债务人还有其他债权人，其他债权人可以申请加入对债务人财产的执行。如果拘禁期满债务人仍无法偿还负债，也不能找到担保人或愿意替他还债的人，债权人便有权将债务人售至国外为奴，还有权将债务人处死。如债权人有数人时，可以公平分享出卖债务人的价金，还可以将处死的债务人的肢体切块，分配尸体，即使尸体的分配与债权比例不符，也不构成犯罪。

这些规定表明，关于债务人丧失清偿能力时债务的公平偿还问题，已经被纳入法律调整的范围，破产法开始萌芽。在罗马法中，最初对欠债不还的现象采取对财产和人身的同时执行，财产要分光，人也要被卖为奴隶，甚至处死。但是，“法律上的这种规定，并不意味着实践中的普遍盛行。据学者韦伯格的考证，在无力清偿债务的债务人当中，除了地痞流氓、无赖之徒在债权人于集市上开庭呼喊时因无人救助而最终受到严刑惩罚以外，多数平民债务人若确实因天灾人祸等意外事件而无力偿还债务，最后总是会有亲戚朋友或社会慈善人士出面慷慨解囊，代为清偿，将债务人从极端的困厄中解救出来”①。

---

① 汤维建：《破产程序与破产立法研究》，5页，北京，人民法院出版社，2001。

对债务人处死分尸，一方面反映出对多数债权人的公平分配，另一方面，可能也是古罗马时代制约债务清偿的一种有效方法。据考证，当时罗马人将负债不偿视同盗窃，而债权人扣押尸体，乃是对债务人亲属的严重压力。因为罗马人视亡魂为神明，债务人尸首不如礼安葬，则亡魂便不能安神天国，必怨而降祸于其亲属。亲属惧祸降及其身，自必多方设法代为偿债。①

后来随着社会的发展进步，公元前 326 年，罗马参议院颁布了帕特利亚法案（Lex Poptelia），禁止因欠债将罗马平民处死或贩卖为奴隶，在债务清偿上开始将对人的执行逐步转化为对财产的执行。此后，罗马法中又建立了总括拍卖制度、个别出卖程序以及委付制度，破产制度逐步建立、完善。

古罗马的破产法具有以下特点。

1. 破产法的执行对象，由对不能偿还债务的债务人人身与财产的共同执行，逐步转化为对财产的执行。在初期的破产制度中，破产往往是以债务人沦为奴隶而告终。古罗马的破产法理论认为，“债的效力使债权人与债务人身体发生密切联系。因此，债务人不能履行时，债权人当然就可以拘束他、监禁他，直至出卖、杀死他”②。在罗马共和国中期以后，对债务人人身的执行才逐步转化为对财产的执行。

2. 实行自力救济与公力救济相结合，以自力救济为主的执行方式。自力救济是指由合法权益受到侵害的公民，在国家支持下、在法律允许的范围内自己行动，维护自己的合法权益，从损害其利益者那里获得赔偿。它表现为债权人有权自己拘捕、监禁债务人，有权处理债务人的财产等。公力救济是指对合法权益受到侵害的公民，由国家以社会公共利益代表的身份来采取行动对其合法权益加以维护、补偿。在古罗马破产法中，自力救济的程度要远大于公力救济的，这是由当时法制不完善，社会盛行自助主义的历史条件决定的。

3. 确定了通过审判形式对无力偿还债务的债务人进行清算还债，债权人平等获偿的制度。但是在破产程序终结后，并不免除债务人无力清偿部分的债务责任。这种破产制度完全是为债权人权益而设置的，其制定的目的就是使对债务人财产的清算和对多数债权人的清偿能够公正合理、有秩序地进行。它并不考虑债务人的利益，破产对债务人并不产生债务解脱的法律后果。

4. 采取破产惩戒主义。破产人除了要承担财产上的责任外，还要受到其他方面的惩处。古罗马法规定，对破产人给予丧廉耻的处分。丧廉耻者“无选举权和被选举权，也不得服兵役，其诉讼权亦受到限制，除为家属和恩主外，不得代他人进行诉讼，亦不得请他人代自己进行”，等等。③

（二）中世纪欧洲各国破产法

在中世纪的欧洲，破产法律制度得到较大发展。意大利破产法首创商人破产主义，以停止支付作为破产原因，并为保护债权人利益建立了预防债务人欺诈性转让财产的嫌疑期制度，债权人可以追回被非法转让的财产。西班牙的破产法律制度对破产法的发展也有重要的影响。据

---

① 参见周枏：《罗马法原论》，869 页，北京，商务印书馆，1996。

② 江平、米健：《罗马法基础》，216 页，北京，中国政法大学出版社，1991。

③ 参见周枏等编：《罗马法》，76 页，北京，群众出版社，1988。

考证，和解程序最早萌芽于中世纪的西班牙法律，其《七章律》规定，一个值得同情的债务人，有权同其大多数债权人达成一项延期偿还或减少债务的协议，债权人不同意者也得受其约束。[①]

中世纪欧洲多数国家的破产法奉行商人破产主义，仍存在自力救济因素，立法以对债权人保护为宗旨，少有考虑债务人的利益，对债务人实行不免责主义，实行破产惩戒主义。[②]

（三）近现代西方国家破产法

法国在资产阶级大革命之后，于1807年颁布了《拿破仑商法典》。其中第三卷为破产篇，这是第一部系统的、影响甚大的资产阶级破产法典。该法实行商人破产主义，以停止支付为破产原因，对债务人不实行免责。

德国统一后，于1877年制定、颁布《德意志帝国破产法》，自1879年10月1日起施行。该法经修改后于1898年重新颁布，自1900年起施行。德国1877年破产法被誉为经典的百年法典。德国于1978年开始对破产法进行改革，于1994年制定新的《德国支付不能法》。[③]《德国支付不能法》主要突出了以下内容：（1）实行单一程序，消除破产程序与和解程序立法并存的状况；（2）加大诉讼外重整的力度；（3）采取措施，防止财团财产出现不足；（4）加强债权人自治；（5）提高分配的公正性；（6）实行消费者支付不能制度和剩余债务免除制度。[④]

比利时在近代破产法上的主要贡献，是首创破产和解立法。1887年比利时颁布《司法和解法》，为预防债务人破产提出了法律救济渠道。此后该法为世界各国纷纷效仿，享有盛誉。

在英美法系中，破产法出现的时间比大陆法系中破产法出现的时间要晚得多，是在借鉴大陆法系破产法的基础上产生的。英美法系的国家本以判例法著称，但是破产法却长期体现为成文法的形式。

英国第一部具有典型近代意义的破产法，是于1883年修改后颁布的《破产条例》。此法经1890年、1913年两次修改，于1914年颁布。该法适用于自然人的破产案件，公司法人的破产问题则在公司法中单独规定，由此形成公司与个人两套破产程序，这曾构成英国破产法的一个特点。1986年英国颁布《无力偿债法》，将自然人破产与公司法人的破产合为一体，并将重整制度也规定于其中。

美国的破产立法产生较晚。美国的破产法属于联邦立法。由联邦统一立法的目的，是防止债务人利用各州立法的不统一，跨州转移财产、逃避债务。美国于1978年颁布了现行破产法。《美国破产法》对世界破产立法最大的影响之一，是其第11章所建立的预防债务人破产最为有效的企业重整制度。此后，该法律经多次补充完善。

近现代西方国家的破产法具有以下特点。

1. 破产已经被视为市场经济生活中的一种正常法律现象，破除了破产惩戒主义的影响，免责主义已经为大多数国家所采纳。对不幸破产的、诚实的债务人，在破产程序终结后，只要

---

① 参见周枏主编：《经济法》，286页，北京，知识出版社，1982。

② 参见汤维建：《破产程序与破产立法研究》，13页，北京，人民法院出版社，2001。

③ 《德国支付不能法》又译为《德国破产法》，在本书中二者表述的为同一法典。鉴于本书中引用的其他学者的著作或论文对两种译名均有使用，故本书未作统一处理，特作此说明。

④ 参见杜景林、卢谌译：《德国支付不能法》，1页，北京，法律出版社，2002。

符合法定条件，法律规定免除其无力清偿债务部分的责任，恢复其应享有的权利。这是现代破产法重要特征之一。但是，对于破产犯罪行为，各国则是更为严密立法、严加惩处。

2. 以一般破产主义取代商人破产主义，法人作为破产法的主体出现。在投资者负有限责任的公司法人被宣告破产清算时，原本需要通过个人免责制度取得的余债免除利益，股东可以通过有限责任制度得以实现，这使得债权人与债务人之间的利益关系出现新的变化。

3. 广义的破产法都是由破产清算制度和预防债务人破产的和解、重整等制度组成的。重整制度是预防企业破产最为积极有效的措施，已经为世界各国所普遍采用。目前各国立法存在缩小和解制度适用范围、扩大重整制度适用范围的趋势。

二、中国破产制度的历史沿革

（一）旧中国的破产法律制度

中国社会在清朝末年以前的数千年历史中，属于农业自然经济，商品经济不发达，始终未建立破产制度，对债务人丧失清偿能力的问题则适用刑律调整。如清朝的刑律规定，对于侵蚀倒闭商民，可由官厅拘捕监禁，分别查封寓所家产和原籍家产，勒令亲属两月内将侵蚀各款偿清。

中国的破产制度始于清朝末年。1906 年，清朝商部起草《破产律》，经沈家本、伍廷芳共同审定后，于同年 5 月奏准颁行。但是，由于该法中采纳了一些具有资产阶级民主性的法律规范，并与过去“先洋款、后官款、后华商分摊”的惯例不符，户部遂行文商部表示反对，而商部及上海、北京等地商界则表赞成，彼此相持不下。这部法律虽经奏准执行，但因遭到强烈反对，于 1908 年被废止。

中华民国初期，1915 年曾由北京法律修订馆参照德、日两国破产法拟定了一个破产法草案，内容包括实体法、程序法及罚则，共 3 篇 337 条。由于此草案制定不够完备，缺失之处较多，未能通过实施。1927 年，为了应对日益增多的破产案件的法律适用，北洋政府司法部将该破产法草案呈准暂予施行。

1933 年，国民政府制定了《商人债务清理暂行条例》，共 68 条，于同年 10 月 22 日公布施行。1935 年，由国民政府立法院民法委员会制定的《破产法》，于同年 7 月 17 日公布，同年 10 月 1 日施行。该《破产法》采一般破产主义，并将破产清算程序与破产和解程序同时予以规定，对破产人实行非惩戒主义和免责主义；此后，又将重整制度规定于公司法之中。该法经 1937 年、1980 年等数次修订，目前仍在我国台湾地区沿用。

（二）新中国破产法的产生发展

中华人民共和国成立后，长时期实行计划经济体制，否认商品经济的作用，自然也就谈不到制定破产法的问题。我国的破产法律制度是在中共十一届三中全会以后，随计划经济体制向市场经济体制转化和企业法人制度的确立而建立起来的。

在 1984 年 5 月召开的六届全国人大二次会议上，部分人大代表提出制定企业破产法的提案。同时，企业破产制度的试点工作开始在沈阳、武汉、重庆和太原等地进行。1985 年 2 月 9 日，沈阳市政府发布了《沈阳市城市集体所有制工业企业破产处理的试行规定》，这是我国改革开放后第一个地方性的破产规章。同年8月3日，沈阳市政府举行新闻发布会，由市工商局宣布给予沈阳防爆器械厂、五金制造厂、农机三厂三企业《破产警戒通告》，限期一年整顿，整顿逾期无效即宣告破产。1986年8月3日，沈阳市政府举行新闻发布会，根据整顿结果宣布沈阳市防爆器械厂破产倒闭。这是我国进行经济体制改革后第一家破产企业。这些试点工作为破产立法提供了实际经验。

企业破产法草案经过全国人大常委会第十六、十七、十八次会议审议，1986年12月2日，第六届全国人大常委会第十八次会议通过我国第一部破产法《企业破产法（试行）》。《企业破产法（试行）》共6章43条，适用于全民所有制企业。该法规定自《全民所有制工业企业法》（当时尚未制定）实施满3个月之日生效实施。后根据《全民所有制工业企业法》的制定实施情况，该法从1988年11月1日起生效实施。

1991年4月9日，第七届全国人民代表大会第四次会议通过《中华人民共和国民事诉讼法》（以下简称《民事诉讼法》），于其第二编（审判程序编）中专设第十九章“企业法人破产还债程序”，适用于非全民所有制的法人型企业的破产案件，进一步扩大了破产制度实施的范围。至此，所有法人型企业均被纳入破产法的调整体系。

最高人民法院于1991年11月7日下发了《关于贯彻执行〈中华人民共和国企业破产法（试行）〉若干问题的意见》（以下简称《破产法意见》），于1992年7月13日下发了《关于适用〈中华人民共和国民事诉讼法〉若干问题的意见》（以下简称《民诉法意见》）。此外，最高人民法院还就企业破产案件审理的有关具体问题发布了一些司法解释文件。最高人民法院于2002年7月30日通过了《关于审理企业破产案件若干问题的规定》（以下简称《破产规定》）。这一规定将此前最高人民法院有关的司法解释内容基本上涵盖在内，是《企业破产法（试行）》实施期间最为详尽、全面的司法解释规定。

为促进国有企业的破产试行工作，国务院于1994年10月25日发布《关于在若干城市试行国有企业破产有关问题的通知》（以下简称《通知》），对试点城市中破产企业职工的安置、破产财产（包括土地使用权）的处置、银行贷款损失的处理等破产法实施中的难点问题作出规定。但此后一些地方出现滥用政策性破产的问题。1997年3月2日，国务院发布《关于在若干城市试行国有企业兼并破产和职工再就业有关问题的补充通知》（以下简称《补充通知》），强调有关破产的特殊政策，只适用于国务院确定的企业“优化资本结构”试点城市范围内的国有工业企业。国务院有关部委还就政策性破产制定了一些行政规章。国务院上述两通知中确定范围内的国有破产企业，其债务清偿顺序与破产法的规定不同，破产企业的所有财产包括担保物均可优先清偿职工债权与职工安置费用，故被称为政策性破产（或计划内破产）。此后，政策性破产的适用范围又被相继出台的有关规定不断扩大。

我国的破产法诞生后，对经济体制改革与市场经济建设起到了重要的促进作用，表明我国坚决走市场经济道路的决心。但《企业破产法（试行）》因受制定时经济体制改革与法律研究状况的局限，存在立法思想陈旧、体系杂乱、适用范围过窄、重要制度（如重整制度）缺失、政府不正当行政干预过重、国有企业的政策性破产与法律冲突、法律规范粗略、过于原则化、缺乏可操作性、立法技术错误频现等诸多问题，已经不能适应对社会关系调整的需要，影响到破产制度的正确实施。而且在司法实践中，地方保护主义、行政干预严重，破产欺诈、逃债行为相当猖獗，债权人的利益得不到保证，而违法者却不能受到法律制裁，破产法的实施中存在较为严重的偏离立法宗旨与基本原则的问题。总的来看，《企业破产法（试行）》十余年的试行实施，仍未能在中国普遍建立起规范的破产制度，其作用更多的是在人们意识中逐步培育起破产法是市场经济社会法律体系重要组成部分的观念。此外，破产法虽已制定并实施十余年，但仍属试行法，其法律地位亦不无尴尬。故而，在我国市场经济体制已经逐步确立之后，制定统一的新破产法，规范破产制度的实施，已经是势在必行、刻不容缓。

早在 1988 年旧破产法即将试行之际，关于破产法实施的立法完善问题就被列入日程。当时考虑的是由国务院制定“破产法实施条例”，解决法律试行中的问题。“破产法实施条例”的制定由当时的国家体改委负责牵头，在 1989 年年初已经完成第二稿，准备提交国务院审议，但受到 1989 年政治风波的影响，在当时的政治环境下，甚至破产制度也被某些人质疑，认为是资本主义的制度，应予废除。所以，破产法实施的立法完善工作无法再继续进行，这次立法活动便就此夭折了。

1994 年，破产立法工作才再次被八届全国人大常委会提到日程上来。但这一次不再是在破产法的实施层面上对其进行补充规定，而是制定一部全新的破产法。

1994 年 3 月，八届全国人大财经委员会根据八届全国人大常委会立法规划，开始组织新破产法的起草工作，并于 1995 年形成破产法草案，经财经委员会全体会议讨论通过后准备提交全国人大常委会。但因对法律出台时机存在不同意见以及社会保障制度不健全等客观原因，全国人大常委会当时未安排对法律草案的审议，使立法活动搁浅停滞。

第九届全国人大期间，全国人大财经委员会对破产法草案进行了反复修改，原拟于 2002 年上半年提交全国人大常委会审议，后个别地方因企业改制等问题出现社会不稳定现象，并引起对国有企业破产问题的认识分歧，该次审议终未能实现。

第十届全国人大常委会再次将企业破产法列入五年立法规划。全国人大财经委员会于 2003 年 8 月 21 日成立了新一届破产法起草组。破产法起草组到上海、江苏和广东、海南等地进行破产立法调研，召开破产立法国际研讨会，对破产法草案逐条进行了讨论修改，并将破产法草案发往各地、各部门广泛征求意见，最终形成提交全国人大常委会第一次审议的破产法草案审议稿。

2004 年 6 月 21 日，在第十届全国人大常委会第十次会议上，新破产法草案经过 10 年起草工作首次提请审议。随后，在 10 月的全国人大常委会第十二次会议上进行了第二次审议，原计划在 2004 年 12 月底提交全国人大常委会进行第三次审议，但由于在职工债权和担保物权债权何者清偿更为优先的问题上产生重大争议，立法工作被停滞了近两年。2006 年 8 月 27 日，历经 12 年风风雨雨的起草工作，第十届全国人大常委会第二十三次会议最终审议通过了《中华人民共和国企业破产法》。新破产法自 2007 年 6 月 1 日起施行，旧破产法同时废止。2007 年 10 月 28 日，第十届全国人大常委会第三十次会议作出《关于修改〈中华人民共和国民事诉讼法〉的决定》，删除《民事诉讼法》第十九章“企业法人破产还债程序”，自此破产问题统一由新破产法调整。

《企业破产法》的出台在我国建立起一套崭新的破产法律制度。在《企业破产法》实施之前，最高人民法院根据《企业破产法》的规定陆续制定出台了关于管理人指定及报酬确定、新旧破产法衔接等方面的司法解释，与《企业破产法》同时实施。《企业破产法》实施后，最高人民法院陆续发布了一系列有关破产法的司法解释等规范文件，如于 2008 年发布了《关于债权人对人员下落不明或者财产状况不清的债务人申请破产清算案件如何处理的批复》，2009 年发布了《关于正确审理企业破产案件为维护市场经济秩序提供司法保障若干问题的意见》《关于受理借用国际金融组织和外国政府贷款偿还任务尚未落实的企业破产申请问题的通知》，2010 年发布了《关于对因资不抵债无法继续办学被终止的民办学校如何组织清算问题的批复》，2011 发布了《关于适用〈中华人民共和国企业破产法〉若干问题的规定（一）》（以下简称《破产法解释一》）《关于正确适用〈中华人民共和国企业破产法〉若干问题的规定（一），充分发挥人民法院审理企业破产案件司法职能作用的通知》，2012 年发布了《关于税务机关就破产企业欠缴税款产生的滞纳金提起的债权确认之诉应否受理问题的批复》《关于个人独资企业清算是否可以参照适用企业破产法规定的破产清算程序的批复》《关于审理上市公司破产重整案件工作座谈会纪要》，2013 年发布了《关于适用〈中华人民共和国企业破产法〉若干问题的规定（二）》（以下简称《破产法解释二》），2016 年发布了《最高人民法院关于破产案件立案受理有关问题的通知》，2017 年发布了《最高人民法院关于执行案件移送破产审查若干问题的指导意见》（以下简称《执转破指导意见》），2018 年发布了《全国法院破产审判工作会议纪要》（以下简称《破产审判会议纪要》），2019 年发布了《关于适用〈中华人民共和国企业破产法〉若干问题的规定（三）》（以下简称《破产法解释三》），等等。目前，最高人民法院关于《企业破产法》各项制度的司法解释仍在陆续制定过程中。此外，2016 年最高人民法院建立开通了“全国企业破产重整案件信息网”，用于企业破产重整案件信息的发布，并作为法官、管理人的破产工作平台。其他有关破产法的配套制度立法也在进行中，如就金融机构的破产相关制度已经通过了《证券公司风险处置条例》《保险保障基金管理办法》《存款保险条例》等法规规章，商业银行等金融机构的破产实施办法也在制定过程中。《企业破产法》在实施十余年后，其修订工作也已经纳入立法规划，即将启动。中国市场经济的破产法制将得到进一步健全与完善。

第四节　我国破产法的适用范围

法律的适用涉及主体适用范围、地域适用范围和法律适用时间。《企业破产法》的适用时间问题较为简单，该法第 136 条规定：“本法自 2007 年 6 月 1 日起施行，《中华人民共和国企业破产法（试行）》同时废止。”《企业破产法》从出台到实施，中间留有一个准备期，以保证破产法的顺利施行。这期间要进行一系列破产法的实施准备工作，包括制定相应的配套法律、法规、司法解释和行政规章，建立相关制度，培训法官以及律师等管理人队伍和相关人员等。

在《企业破产法》的适用范围上，需要重点研究法律的主体适用范围和地域适用范围问题。

一、《企业破产法》的主体适用范围

破产法适用于哪些主体，即其对人的适用范围问题，体现为各国破产法中对债务人破产能力的规定。

(一)《企业破产法》对破产能力的规定

在我国旧的《企业破产法（试行）》的立法体系之下，破产程序适用于企业法人，只有企业法人具有破产能力。其中，全民企业法人的破产适用《企业破产法（试行）》，非全民企业法人的破产适用《民事诉讼法》中的第十九章“企业法人破产还债程序”。非法人的自然人企业如个人独资企业、合伙企业等无破产能力，非企业的社会组织、公法人和公益法人以及自然人也均无破产能力。

在《企业破产法》的立法过程中，起草工作组对于应扩大破产法的适用范围，就债务人的破产能力问题作出新的规定，已经形成共识。但在将破产法的适用范围扩大到何种程度适宜的问题上，参与立法者的意见并不一致，分歧主要集中在自然人应否被纳入破产法调整，以及应在何种程度上纳入破产法的调整范围内。有的人主张，对所有企业和自然人均适用破产制度，消费者丧失清偿能力也适用破产法调整。有的人主张，除企业外，仅对从事营利活动的商自然人即个人独资企业、合伙企业等自然人企业及其出资人和从事工商经营活动（具有营业执照）的个体工商户（农村承包户、专业户除外）适用破产制度，对消费者则不适用破产法调整。也有的人主张，破产制度只宜扩大适用到自然人企业等营利性的经济组织及其出资人。还有的人主张，破产制度只扩大适用到自然人企业等营利性的经济组织，不包括其出资人。将从事营利活动的所有商自然人都纳入破产法的调整范围的主张，以及将所有的自然人都列入破产法调整范围的主张，在《企业破产法》草案制定过程中未能占据主导地位。

反对将自然人都纳入破产法调整范围的人认为，目前（当时）我国的信用体制尚不健全，个人财产的登记公示制度也未建立，现在将自然人纳入破产法的调整范围可能会出现大量的破产逃债欺诈行为，反而可能影响社会秩序。主张将自然人纳入破产法调整的观点则认为，这可以使企业破产制度与出资人的个人破产制度相贯通，彻底解决企业破产问题，而且将消费者纳入破产法调整，不仅有利于保护债权人的利益，化解执行难问题，也可以保护消费者自身的利益。消费者破产后符合法定条件的可免除其剩余债务的承担，使其事业和生活有重新开始的机会。严格的破产法律责任制度及免责制度等，可以有效地制止目前猖獗的逃债欺诈行为，反而有助于建立个人信用，有利于促进整个社会信用体系的建设。

此外，随着经济的发展、社会管理体制的变化，原来一些不以营利为目的的公益法人也出现了分化，如出现众多主要以营利为目的设立的私立学校、医院及各种社会中介机构等，非企业营利性社会组织日益增多，如律师事务所、会计师事务所等。许多学者认为，这些社会组织的债务清偿问题也应受破产法的调整。

在《企业破产法》草案提交全国人大常委会第一次审议时，起草工作组已较为一致地认为，至少应将破产法的适用对象扩大到个人独资企业、合伙企业等其他非法人型的营利性经济组织，即所有的企业，并将因个人独资企业、合伙企业破产而可能随之发生的个人独资企业出资人和合伙企业合伙人的破产，也纳入法律调整范围。这也是《企业破产法》草案第一次送交全国人大常委会审议稿中规定的内容。但是，草案提交审议后，有的人认为，扩大破产法的适用范围，会使破产案件大量增加，影响社会安定，所以持反对态度。最终，《企业破产法》规定的适用范围与旧破产法体系相比未作实质性扩大。

根据《企业破产法》的规定，破产法的适用范围可分为适用范围与参照适用范围两种情况。《企业破产法》第 2 条规定，其适用范围是所有的企业法人，与旧破产法体系下的适用范围相同。同时，《企业破产法》还规定有主体适用的一些特殊情况。如该法第 134 条第 2 款规定："金融机构实施破产的，国务院可以依据本法和其他有关法律的规定制定实施办法。"这是因为金融机构的破产存在一些特殊问题，需要制定具体实施办法来解决。该法第 133 条规定："在本法施行前国务院规定的期限和范围内的国有企业实施破产的特殊事宜，按照国务院有关规定办理。"这是指国有企业的政策性破产。在《企业破产法》制定期间，根据国务院的有关文件，当时全国仍有两千余家国有企业需通过政策性破产退出市场，政策性破产制度将在新破产法实施后一定期间内延续执行，期满之后不允许再实施。现在政策性破产制度已经彻底退出历史舞台。

此外，《企业破产法》第 135 条规定："其他法律规定企业法人以外的组织的清算，属于破产清算的，参照适用本法规定的程序。"《企业破产法》"参照适用"的规定，将企业法人以外的组织也纳入其调整之下。从规定的字义分析，第一，可参照适用破产法规定程序的企业法人以外的组织，以企业类组织为主，但不限于企业，还可以涵盖农民专业合作社、民办学校和医院等社会组织。第二，要有其他法律（包括司法解释）明文规定这些组织的清算属于破产清算。目前对破产问题有明确立法规定的主要有以下法律及司法解释：《中华人民共和国合伙企业法》第 92 条规定："合伙企业不能清偿到期债务的，债权人可以依法向人民法院提出破产清算申请，也可以要求普通合伙人清偿。"《中华人民共和国农民专业合作社法》第 55 条规定："农民专业合作社破产适用企业破产法的有关规定。但是，破产财产在清偿破产费用和共益债务后，应当优先清偿破产前与农民成员已发生交易但尚未结清的款项。"最高人民法院 2010 年发布的《关于对因资不抵债无法继续办学被终止的民办学校如何组织清算问题的批复》规定："依照《中华人民共和国民办教育促进法》第九条批准设立的民办学校因资不抵债无法继续办学被终止，当事人依照《中华人民共和国民办教育促进法》第五十八条第二款规定向人民法院申请清算的，人民法院应当依法受理。人民法院组织民办学校破产清算，参照适用《中华人民共和国企业破产法》规定的程序，并依照《中华人民共和国民办教育促进法》第五十九条规定的顺序清偿。"最高人民法院 2012 年发布了《关于个人独资企业清算是否可以参照适用企业破产法规定的破产清算程序的批复》，指出"在个人独资企业不能清偿到期债务，并且资产不足以清偿全部债务或者明显缺乏清偿能力的情况下，可以参照适用企业破产法规定的破产清算程序进行清算"。但是，由于立法文字将参照适用的范围限定为清算程序，所以若严格依其文义解释，和解与重整程序便难以参照适用，这是有所不妥的，与司法实践的需要不相符，应当作出扩充解释。目前实践中已经出现其他社会组织参照适用和解与重整挽救程序的案例。第三，这种适用是参照适用，也就是适宜的规定内容可以适用，不适宜的规定内容可以不适用，并非绝对严格地适用《企业破产法》。为此，一些特殊问题的解决，如合伙企业及合伙人责任等问题，还有赖于司法解释作出如何参照适用的具体规定。

（二）破产法关于破产能力的一般理论

确定破产法的主体适用范围，要遵循有关破产能力的一般理论。破产能力是指债务人能够适用破产程序解决债务清偿问题的资格，也就是民事主体可以被宣告破产的资格。在此须注意民事权利能力与破产能力的关系。通常，具有民事权利能力是具有破产能力的前提。但由于破产法规定的是适用于特殊情况下的一种债务清偿程序，所以其适用的主体对象，即具有破产能力者，与具有民事权利能力的主体范围可能有所不同。一方面，各国出于社会政策和历史文化背景的不同，在破产法中往往规定某些具有民事权利能力的特定主体不具有破产能力，不允许其适用破产程序解决债务清偿问题。另一方面，为保护债权人的利益、维护社会公平，又可能将破产程序适用于不具有民事权利能力的主体。如许多国家的破产法规定，在特定情况下，遗产也具有破产能力。所以，虽然破产是解决债务清偿的一种法律程序，但不能把它等同于民事诉讼或执行程序，并非具有民事权利能力者均可适用。此外，有的国家对不同民事主体的破产可能规定适用不同的法律程序解决，如原英国破产法律规定，公司的破产适用公司法中的特别清算程序。

1. 自然人（个人）的破产能力

破产制度最早是从自然人（主要是商自然人）破产发展而来的。从适用的一般原则讲，对自然人的破产能力，各国破产立法存在两种立法主义，即商人破产主义和一般破产主义。

商人破产主义形成于中世纪意大利沿海商业城市。该主义主张在债务人不能清偿债务时，只对从事商事活动即以营利为目的的商人适用破产程序解决，对一般人仍适用民事强制执行程序解决。采此理论的国家在立法上多不将破产法作为独立法典，而是作为商法典的一部分。大陆法系中的拉丁法系国家往往采此主义，如意大利、比利时、法国（1967 年前）。一般破产主义主张对所有人不能清偿债务的情况均适用破产程序解决，不因当事人是否从事商事活动而有区别，消费者也将因生活消费负债而被宣告破产，如英国、美国、德国、日本等国。出于全面调整债务关系的需要，加之现代社会中商人的概念已为法人、公司、企业等所取代，20 世纪后各国制定的破产法中几乎已再无采商人破产主义的，一些过去采用商人破产主义的国家也有改行一般破产主义的趋势，如法国便在 1967 年颁布的破产法中摈弃了商人破产主义。

对自然人的破产能力，通常是在狭义上理解，仅指自然人个人的破产能力，若略加延伸在广义上理解，也可包括自然人企业如个人独资企业、合伙企业的破产能力。通常，各国家和地区破产立法还规定，自然人的破产能力可以延展到遗产之上，即遗产也具有破产能力。如我国台湾地区“破产法”第 59 条规定：“遗产不敷清偿被继承人债务，而有左列情形之一者，亦得宣告破产：一、无继承人时。二、继承人为限定继承或继承人全体抛弃继承时。三、未抛弃继承之继承人全体有破产之原因时。前项破产声请，继承人、遗产管理人及遗嘱执行人亦得为之。”

2. 法人的破产能力

有的国家立法规定，所有法人均有破产能力，但多数国家是根据本国国情与社会政策，依法人不同的性质区分规定其是否具有破产能力。一般的原则是，除公法人外，对其他法人的破产能力普遍予以承认，同时根据具体情况，对个别营业类型法人的破产能力予以适当限制或排除。

第一，公法人。公法人是以行使社会公共管理职能为目的而设立的国家政府机关。如允许公法人破产，难免会导致社会管理职能瘫痪，社会秩序混乱，甚至发生政治危机与动荡。此外，公法人的经费是由国家财政负担，除发生财政危机外，一般不会出现不能清偿债务的情况。所以，大多数国家立法规定公法人不适用破产程序。如《德国支付不能法》第 12 条即规定，对公法人不得适用破产程序。不过，对公法人的范围与破产能力问题，有些国家的规定不同。如美国，一些地方上的市、县政府机构是作为市政法人依照公司法以类似自治团体身份注册成立的，自然应允许其具有破产能力。洛杉矶市的奥兰治县县政府、底特律市政府就曾据此申请了破产保护，即适用破产法上的重整挽救程序解决债务问题。《美国破产法》第9章便是专门适用于市政当局债务调整的，但对其仅适用挽救程序，而不是破产清算程序。在日本，一些公共性弱的公法人也可具有破产能力，这是日本学术界的普遍观点。①

第二，公益法人。公益法人属非营利性的社会组织，如政治党团、工会、商会、消费者协会、慈善组织等。对公益法人是否具有破产能力，在立法上存在两种观点：一种观点认为，公益法人虽不以营利为目的，但其性质仍属于私法人，破产法亦具有私法性质，所以公益法人应受破产法的调整，当其不能清偿债务时也应适用破产程序。如日本法律规定，学校法人、宗教法人、商工会议所等公益法人均具有破产能力。另一种观点认为，公益法人是非营利性质的组织，其活动宗旨是为社会公益，与商事企业不同，不宜适用破产程序解决债务问题。各国的立法主义不同，对公益法人的破产能力规定也有所不同。大多数国家规定，公益法人有破产能力，同时又通过对公益法人的特别立法，对某些类型的公益法人的破产能力加以限制或排除，以适应其社会政策。

第三，企业法人。各国破产立法均承认企业法人具有破产能力，但有些国家出于社会政策需要，对特殊行业或企业如电信、铁路交通、金融、城市公共交通等公用企业的破产能力或破产能力的某些方面，往往在破产法或相应特别法中予以限制或排除。如《美国破产法》规定，保险公司、银行、作为公共承运人的铁路公司等不能适用破产法中的清算程序。

3. 外国人的破产能力

对外国人的破产能力问题，各国往往通过签订国际公约或双边条约的方式解决。如1995年9月12日，15个欧盟缔约国的代表在布鲁塞尔通过了欧盟理事会关于破产程序的公约。1933年，北欧的丹麦、芬兰、冰岛、挪威和瑞典五国签署了北欧破产条约。法国与比利时、意大利、奥地利等国签订有双边的破产条约。在未订立国际公约或双边条约的情况下，大多数国家在立法上采取对等原则处理，在本国人的破产能力得到对方承认的前提下，承认他国人在本国的破产能力。也有的国家立法不承认外国人在本国具有破产能力，仅承认其作为破产债权人的地位。

二、《企业破产法》的适用地域范围

破产法在立法国的司法管辖领域内适用，这是各国法律普遍的原则。所谓破产法的适用地域范围，主要是指破产法的域外效力问题，即一国的破产程序对位于其他国家或法域的破产人财产等是否有效。破产法的域外效力发生在跨境破产的情况下。跨境破产又称跨国界破产，是指同时涉及本国与外国因素的破产程序。通常，影响跨境破产形成的因素包括当事人如破产人的国籍、行为等，关键则是破产财产位于两个以上的国家或法域。

关于破产法的域外效力，在历史上主要有两种立法理论。一种称为属地主义，该主义基于国家领土主权原则产生，主张破产法的效力仅及于立法国国内，只有破产人在该国内的财产属

---

① 参见［日］石川明：《日本破产法》，何勤华、周桂秋译，33页，北京，中国法制出版社，2000。

于破产财产，其在他国的财产不受本国破产程序影响。历史上，日本等国的立法倾向于采纳此主义。由于依此理论可能出现债务人财产所在各国同时或先后对同一人启动数个破产程序、作出数个破产宣告的现象，故也称为一人数破产主义。另一种称为普及主义，认为破产制度设立的目的，在于一次性公平解决破产人全部债务清偿问题，所以破产法的效力不仅及于立法国国内，而且应及于破产人在国外的全部财产，无论其财产在何地均属破产财产，应由管理人占有、管理、分配。意大利、希腊、荷兰等国的破产法倾向于此种理论。根据这种理论，无论债务人财产分布在几个国家，在国际上只需启动一个破产程序、作一次破产宣告即可解决其全部债务清偿问题，故亦称为一人一破产主义。

就公平保障破产债权人利益、解决债务清偿问题而言，普及主义的理论较为合理。但是因涉及各国司法主权问题，在司法实践中往往难以实行，各国一般不可能无条件地接受依外国法律启动之破产程序的效力。属地主义虽维护了国家主权原则，在立法思想上也往往倾向于对本国债权人的保护，但是实际结果却未必如此。本国债权人在属地主义原则下就债务人在本国的财产进行清算，有时得到的保护与清偿比在普及主义原则下得到的还要少。而且，对一个债务人的破产清偿，要由不同国家分别启动破产程序才能解决，债权人须赴各国申报债权受偿，实行起来也困难颇多，十分不便。在各国经济贸易往来日益增多的情况下，在破产法的效力问题上完全采取属地主义，对本国的经济贸易发展、对外开放与国际合作也有不利之处。所以，当今世界各国的破产法很少有绝对采取某一种主义的，大多有一定的变通措施，以解决实际问题。

还有一些国家提出折中主义，主张视破产人财产的性质确认破产程序的效力，即破产程序对破产人在国外财产的效力及于动产而不及于不动产，历史上英国、奥地利等国采取此种主义。该主义主张破产法的效力及于动产，是因动产易于转移，要防止破产人利用破产案件的国际管辖权冲突问题非法转移资产、逃避债务，侵害债权人利益。其主张破产程序的效力不及于不动产，则是为尊重不动产所在国的司法管辖主权。有的国家对外国的破产程序启动裁定或破产宣告裁定视同外国判决，按照相应的法律程序个案处理，在一定条件下承认其全部或部分效力。另外，也有的国家采取缔结双边条约或国际条约的方法，相互承认对方破产程序在本国具有相应的法律效力。

我国旧破产法制定时，主要是为适应当时经济体制改革的需要，促进国有企业的改革，故对破产程序的域外效力未作规定。在旧破产法实施期间的司法实践中，对外国破产程序的法律效力通常是不予承认的。当时我国没有就跨境破产问题同其他国家或法域签订过双边或多边协定，也未签订或加入过有关国际条约，所以也不存在依此而承认他国破产程序效力的问题。但我国在实行对外开放、引进外资的政策后，境内设立了众多的外商投资企业，也开始有对外投资。在旧破产法实施期间的司法实践中，已经有一些外商投资企业的外方投资者在境外被宣告破产，出现对境外破产程序是否承认以及对境外债权人等的正当权益如何予以保护的问题。虽然从理论上讲，人民法院可以根据当时《民事诉讼法》的规定，对境外的破产程序启动裁定或破产宣告裁定按照对外国判决、裁定的承认程序予以承认，但在当时的实践中，出于保守观念和狭隘的优先保护本国债权人的考虑，我国并未承认境外破产裁判的法律效力，也未允许对境外破产人在我国境内的财产直接进行破产法意义上的控制，尽管对境外破产案件当事人的利益也通过一些变通措施予以一定保护。

有的学者认为，我国在当时的司法实践中对境外的破产程序是承认的。当境外破产案件的管理人提出收回破产人财产（主要体现为在外商投资企业中的股权）的诉讼请求时，我国法院通常采取将破产人在外商投资企业中的股权（或其他投资权益）转让变现，在扣除变现费用、税收并清偿境内债务后，交境外管理人汇出境外的做法予以解决，这就是对外国破产程序的承认。此种观点没有弄清楚什么是对境外破产程序的承认，对外国破产程序的承认将产生什么法律后果，误将对境外破产案件中管理人代表债务人身份的承认以及对当事人利益在一般民事原则下的一些变通保护措施，理解为对境外破产程序的承认与执行。

所谓“对境外破产程序的承认”，是指将境外的破产程序视同为本国的破产程序，承认其具有与本国破产程序相同的法律效力。承认境外的破产程序，必然要承认其一系列的法律效力，通常会包括：境内债权人就境外破产人在本国财产提起的执行程序必须中止；境内的债权人不得单独优先受偿，必须向境外的管理人或其在境内的代理人申报债权，与境外的债权人统一受偿；境内的当事人只能向境外的管理人行使取回权与抵销权；境外的管理人无须政府有关部门的批准或同意即有权直接接管境外破产人在国内的全部财产，加以变卖、处理、分配；等等。当时我国尚无此类实际案例，而在一般民事原则下对境外破产案件当事人利益采取的一些变通保护措施，不是以承认外国破产程序的方式进行的，也不具有承认境外破产程序的法律效力。

我国采取的对境外破产案件当事人利益的变通保护措施主要有，通过承认境外当事人破产的客观事实（而非承认境外破产程序的法律效力），给予境外管理人在民事活动中或涉及破产人财产的诉讼中以代理人的地位（但不是管理人的法律地位），承认其接收破产人剩余财产的要求（但不是按管理人的权力行使方式），即将破产人在涉外公司中的股权（或其他投资权益）等财产转让变现，在扣除费用、纳税和清偿境内债权人（不是与所有债权人共同平等受偿）后交给境外管理人，等等。必须明确的是，这些变通保护措施与“承认境外破产程裁判”的法律性质是不同的。而且，在这些境外破产案件中，境内债权人往往仅是就破产人在境内的财产优先受偿，未向境外管理人提出过从境外破产财产中受偿的要求，这也足以表明在当时的司法实践中我国实行的是属地主义。

随着对外开放与经济体制改革的深入进行，当前我国已同时成为世界第二大外国投资目的国和对外投资国，企业涉及跨境破产案件的数量日益增多，这就需要在立法与执法上妥善解决跨境破产问题。如今，在跨境破产问题上，世界各国正在努力实现法律与实践的统一化，并已在一些国际组织的推动下取得了显著的进展。1997 年 5 月 30 日，联合国国际贸易法委员会通过了《跨国界破产示范法》及立法指南；此后又陆续颁布了《跨国界破产实务合作指南》等文件，以指导各国破产立法和司法实践。2018 年，联合国国际贸易法委员会通过《跨国界承认和执行与破产有关判决的示范法》。在《跨国界破产示范法》中所明确承认的外国破产程序，是破产程序本身启动的判决，而对于其他破产程序启动判决之外的与破产案件有关的判决是否属于其适用范围则规定不明。《跨国界承认和执行与破产有关判决的示范法》制定的目的，就是要解决这一调整空白问题。所谓与破产有关的判决，在我国通常包括破产程序中受理裁定以外的其他裁定和破产衍生诉讼的判决。对这类判决的承认和执行，有助于避免因此后单独承认所产生裁决结果的不合理差异。[①] 目前《跨国界破产示范法》等示范法体系已被美国、加拿

① See Stefania Bariatti, Recent Case-Law Concerning Jurisdiction and the Recognition of Judgments under the European Insolvency Regulation, RabelsZ Bd. 73 (2009) S. 629-659.

大、墨西哥、英国、澳大利亚、日本、韩国、新加坡等44个国家采用[①]，形成了跨国界破产问题解决最大的规则共同圈。

目前我国《企业破产法》对跨境破产问题采取了有限制的普及主义原则，其第5条规定："依照本法开始的破产程序，对债务人在中华人民共和国领域外的财产发生效力。对外国法院作出的发生法律效力的破产案件的判决、裁定，涉及债务人在中华人民共和国领域内的财产，申请或者请求人民法院承认和执行的，人民法院依照中华人民共和国缔结或者参加的国际条约，或者按照互惠原则进行审查，认为不违反中华人民共和国法律的基本原则，不损害国家主权、安全和社会公共利益，不损害中华人民共和国领域内债权人的合法权益的，裁定承认和执行。"

据此规定，首先，我国的破产程序对境内债务人在我国领域外的财产发生效力。也就是说，破产财产不仅包括债务人在境内的财产，而且包括其在境外的财产，均要依我国破产法的有关规定处理。在司法实践中，这种法律效力的实现，往往需依赖于对方国家立法中有相应规定，或取得其法院的承认。其次，我国也将在符合法律规定的情况下，承认和执行外国法院作出的发生法律效力的破产案件的判决、裁定。

在我国，承认外国破产程序的效力需要启动本国法院的承认程序，这一点与承认外国法院普通民商事裁判的程序相同。依据上述法律规定，审查是否承认外国破产裁判的基本依据是国际条约或互惠原则。由于我国尚未缔结或参加任何承认外国法院破产裁判的国际公约，所以此处的国际条约主要指我国与其他国家或地区缔结的民商事双边司法协助条约。不过根据国际惯例，由于破产法具有特殊性，其裁判与普通民商事裁判有较大的区别，需单独规定解决，所以一般的民商事双边司法协助条约不包括对破产裁判的承认。对缔结的明确具有承认破产裁判内容的条约，我国法院应按照条约中规定的条件审查外国代表即破产管理人提出的承认外国破产程序域外效力的申请。通常在条约中规定的审查内容一般包括：合适的管辖权、裁判的终结性与执行力（也有表述为"发生法律效力"）、审判程序具备最基本的公正性、在我国无冲突裁判或诉讼、公共秩序保留等。我国过去往往将破产程序的域外效力称为破产宣告的域外效力，这是由于过去各国对外国破产程序域外效力的承认，要求外国代表提供破产宣告这一确定性法律效力的法院裁判。但由于各国破产法对破产程序的开始存在受理开始主义与宣告开始主义的区别，为防止在各国进入破产程序的时间差中出现债务人非法转移财产和外国债权人个别受偿现象，现在国际合作的趋势是将对外国破产程序的承认提前到破产申请提出或案件受理之时，不需再等待外国法院的破产宣告。因此，立法中的"发生法律效力"应解释为发生破产程序开始的效力，并不以作出破产宣告为条件。所谓"合适的管辖权"，在承认外国破产裁判时，通常的理解是债务人住所地即注册所在国法院的破产程序可以具有域外效力。

对与我国没有签订包括破产裁判内容在内的民商事双边司法协助条约的国家，人民法院应按照互惠原则进行审查。在承认外国破产程序域外效力上的"互惠"，一般是指本国破产程序的域外效力在相同情况下也会得到该外国的承认。[②] 因此，如果一国立法确立了承认外国破产

---

① See Status UNCITRAL Model Law on Cross-Border Insolvency (1997)，见 http：//www.uncitral.org/uncitral/en/uncitral_texts/insolvency/1997Model_status.html，最后访问时间：2018－05－27。

② See Philip R. Wood，Principles of International Insolvency，Sweet & Maxwell，1995.

程序域外效力的基本规则，就属于实行了法律互惠。① 所以，互惠关系不仅可以借助国际条约或形式互惠（互相承认的司法实践）进行保障，而且在没有国际条约或形式互惠的时候，还可以通过两国具体法律制度的比较，判断是否存在相互承认判决的法律基础，不能够因为缺乏国际条约和形式互惠而牺牲外国判决中当事人的私法利益。② 鉴于事实互惠需要以一方已经承认对方破产裁判的互惠案件为先例存在，因而可能使之陷于互无先例、互不率先承认的困境。本书认为，所有基本采纳联合国国际贸易法委员会《跨国界破产示范法》的国家以及在本国破产法中规定了与我国承认外国破产程序域外效力的条件相近似的国家，都应当可以通过互惠原则的审查。也就是说，对在破产领域尚未与我国存在互惠先例的国家，如果根据该国的法律或判例，我国法院的破产裁判可能在该国获得承认和执行的，就可以推定该国与我国存在互惠关系，进而首先承认和执行该国的破产裁判。

《企业破产法》还规定，被承认的外国破产裁判必须不违反我国“法律的基本原则，不损害国家主权、安全和社会公共利益”。此项规定通常称为公共秩序保留。公共秩序保留制度的适用标准，应当从承认外国破产裁判的结果出发，只有在承认的结果直接有悖于我国法律的基本原则，损害国家主权、安全和社会公共利益时，才可以公共秩序保留拒绝承认，不能仅仅因外国法与本国法存在不同，就借公共政策排除其适用。最后，《企业破产法》还规定，被承认的外国破产裁判不得“损害中华人民共和国领域内债权人的合法权益”。为此，必须先界定债权人“合法权益”的产生依据。如债务人的住所不在我国，我国法院对其破产案件没有管辖权，此时依国际私法之原则，债权人在破产法上的合法权益只能根据外国破产法判断。外国破产程序损害我国债权人合法权益的情形，主要是不能在该国破产程序中公平对待我国债权人，即处于同一清偿顺序的债权人受到不公平对待等。如果外国破产法规定的债权清偿顺序与我国的不同，原则上不宜视其为损害我国债权人“合法权益”的情形。不过，对于个别债权人类别清偿顺位的差异，有时也是可以通过双方的谈判解决，或在承认中作出一定保留。

《破产审判会议纪要》在其第九部分“跨境破产”中作出了一些原则性规定。其第 49 条规定：“对跨境破产与互惠原则。人民法院在处理跨境破产案件时，要妥善解决跨境破产中的法律冲突与矛盾，合理确定跨境破产案件中的管辖权。在坚持同类债权平等保护的原则下，协调好外国债权人利益与我国债权人利益的平衡，合理保护我国境内职工债权、税收债权等优先权的清偿利益。积极参与、推动跨境破产国际条约的协商与签订，探索互惠原则适用的新方式，加强我国法院和管理人在跨境破产领域的合作，推进国际投资健康有序发展”。第 50 条规定了“跨境破产案件中的权利保护与利益平衡”：“依照企业破产法第五条的规定，开展跨境破产协作。人民法院认可外国法院作出的破产案件的判决、裁定后，债务人在中华人民共和国境内的财产在全额清偿境内的担保权人、职工债权和社会保险费用、所欠税款等优先权后，剩余财产

---

① 理论上，互惠原则可分为条约互惠、法律互惠和事实互惠。条约互惠是指国家间在所签订的条约中给予彼此承认和执行外国民商事判决的互惠。法律互惠是指法律上相互承认相对方国家的法院所作出的判决，也可以理解为在符合法定条件的前提下不拒绝相对方的判决。事实互惠是指以存在承认和执行相对方国家法院所作出的判决的事实作为认定存在互惠的条件。参见王慧：《论我国承认与执行外国法院判决的法律依据》，原载于《北大国际法与比较法评论》，第 4 卷第 1 辑（总第 6 期），转载于国际经济法网，见 http://www.ielaw.com.cn/article/default.asp?id=5319，2007-01-15。

② 参见付颖哲：《论承认与执行外国民商事判决法律制度中的互惠》，载《西部法学评论》，2018（1）。

可以按照该外国法院的规定进行分配”。本书认为，第50条将所有我国破产法规定具有不同优先权或优先清偿顺位的境内债权均优先于境外债权分配的规定，可能存在对我国债权人“合法权益”的过度强化解读，是与《企业破产法》规定的基本原则不符的。按此操作，只剩下无任何优先权的普通债权一种债权去接受对外国破产裁判的承认与执行，如果各国均按此模式操作与我国“互惠”执行，所谓对外国破产裁判的承认与执行的效力范围就会大幅缩小，会在很大程度上失去承认与执行破产裁判的实际意义，不仅不符合其第49条中规定的“同类债权平等保护的原则”，不利于公平维护全体债权人的权益，而且会影响对我国营商环境的评价和正常的国际经贸往来。

展望我国跨境破产立法与制度的建立与完善，本书提出以下建议：第一，将对外国的破产案件判决、裁定及与破产有关的判决、裁定共同纳入承认和执行的范围。从联合国贸法会在跨国界破产判决承认和执行方面的立法进程看，仅仅把破产程序启动的裁判以及破产程序中就破产案件本身事项作出的裁判纳入承认和执行的范围显然是不够的，还不敷解决跨境破产问题的需要。所以应当将与破产有关的判决中涉及破产衍生诉讼的判决也纳入我国承认和执行的范围，以达到尽快与国际惯例与实践接轨，避免各国破产程序重叠与冲突，顺利实现对跨境债务人和债权人救助等目的。

第二，充分研究并借鉴联合国贸法会关于《跨国界破产示范法》《关于承认和执行与破产有关判决的示范法》等相关示范法和立法指南的规定，将我国承认和执行破产及与破产有关判决的制度建立在世界各国立法智慧、经验与共识的基础上。如果说，现在我们还无法在修改破产法时就是否直接、全面（部分条款可以做保留）采纳联合国贸法会涉及跨境破产的各项示范法作出决断，至少对其中大部分技术性的规定内容是完全可以结合我国实际予以采纳的。这不仅有助于加快立法进程、提高工作效率和立法水平，而且可以为今后的司法实践中与其他国家在跨境破产问题上的相互承认、执行与协助方面提供更好的基础，达成更多的共识。

第三，在制定的条款与内容方面应当采取“宜细不宜粗”的原则，要强调具体、详细、程序简单快速和具有可操作性，确保能够在司法实践中得到全面、准确的适用，特别是保证有权受理对外国破产判决与裁定承认和执行案件的法院及审理法官，能够依据出台的法律文件完全独立地作出正确裁判，不需要不断地向各级上级法院请示汇报、寻求解释、征求意见、报请批准。目前《企业破产法》第5条的规定已经是十分抽象、原则化，如果新的立法或司法解释仍然是原则化的内容，不具有足以解决实际问题的详尽具体规定和充分的可操作性，就完全没有制定的意义了。立法是为了“用”，而不是为了“看”的，更不能是为了让人“猜”的。在有关外国破产案件裁判的承认和执行问题上，破产案件的性质客观上决定了其是特别需要强调时效性的，如果审查拖延时间过长，即使最终得到承认也会失去实际意义，当事人的权益已经受到无法弥补的损害。据了解，我国曾接收到其他国家破产管理人提出的承认和执行申请，但后来当事人又撤回了申请，其中迟迟得不到回复，乃至使承不承认都已经没有意义了，恐怕也是原因之一。

第四，在立法形式上，建议在《企业破产法》修订中对此问题作出详尽规定，在立法修改之前，可以先由最高人民法院制定相关司法解释。如果认为制定正式司法解释的时机尚不成熟，需要在司法实践中进一步探索尝试、积累经验，也可以先制定指导意见之类的规范性文件，结合示范法和我国实践情况对申请的程序和拒绝承认和执行的理由等重要问题作出具体规定，指导司法实践。

问题与思考

1. 如何正确理解法律上的破产概念及特征？
2. 法律上的破产概念与经济上的破产概念存在哪些区别？
3. 如何理解破产程序与民事执行程序的关系？
4. 如何理解破产法的概念和基本特征？
5. 如何理解破产法的社会调整作用以及直接社会调整作用与间接社会影响的关系？
6. 回顾我国破产法制的发展历程，并结合市场经济的规律，谈《企业破产法》出台的意义及其理念与制度层面的创新。
7. 结合时代背景，分析破产法律制度在各个历史发展阶段的主要内容及特征。
8. 关于破产能力都存在哪些主要的理论？我国《企业破产法》对破产能力是如何规定的？
9. 谈谈我国在跨境破产问题上的立法完善。

第二章 破产申请的提出与受理

本章概要

破产申请的提出与受理，关系到破产程序启动的各个具体环节，涉及破产原因的界定、管辖、破产申请的提出、破产申请的受理等具体问题。破产原因，指认定债务人丧失清偿能力，当事人得以提出破产申请，法院据以启动破产程序的法律事实。我们要准确把握我国立法对破产原因的规定，正确理解不能清偿、资不抵债与停止支付三个基本概念，以及明显缺乏清偿能力的认定，并了解对破产原因进行立法时的背景情况。启动破产程序有申请主义与职权主义两种立法模式，我国破产法采取申请主义原则，即人民法院应当依据债权人、债务人等当事人的申请启动破产程序。在符合法定条件的情况下，对破产法适用对象的执行案件可以转为破产案件。和破产申请与受理相关的法律问题主要是破产案件的管辖、受理的具体程序、债务人企业涉诉案件的处理、破产案件受理裁定的法律效力等。

学习本章知识，应当重点掌握破产原因、破产案件申请和受理的一般规定，并了解国外的相关立法情况。

关键术语

破产原因　列举主义　概括主义　不能清偿　资不抵债　停止支付　明显缺乏清偿能力　破产申请　申请主义　职权主义　自愿破产　非自愿破产　执转破　准债务人　破产案件受理之自动中止效力

第一节　破产原因

债务人发生破产原因，是当事人提出破产申请的基本条件，也是法院裁定受理案件时的判断标准（提出重整申请者除外）。所以，在谈及破产申请的提出与受理时，首先必须正确理解、掌握破产原因问题。

一、破产原因的概念

破产原因，是指认定债务人丧失清偿能力，当事人得以提出破产申请，法院据以启动破产程序的法律事实，即引起破产程序发生的原因。破产原因在英美法系中也被称为破产行为，在我国的司法实践中往往被称为破产界限。破产原因不仅是破产清算程序开始的原因，而且是和解与重整程序开始的原因。但是，重整程序开始的原因较破产清算、和解程序的更为宽松，不仅在破产原因已经发生时可以申请重整，在企业法人有明显丧失清偿能力的可能性时，即有发生破产原因的可能性时，就可以依法申请进行重整。

在我国，理解破产原因概念时，需特别注意将破产原因与导致破产原因发生的各种经济原因相互区别。破产原因是指表明债务人丧失清偿能力的法律事实；而导致债务人丧失清偿能力、陷入破产状况的各种经济原因，如经营管理不善、严重亏损、承担担保责任乃至天灾人祸等，与法律上的破产原因的意义完全不同，通常对破产程序的启动没有影响。因为无论是何种经济社会原因导致债务人丧失清偿能力，都应当通过破产法律程序解决其债务清偿问题。所以，我国的《企业破产法（试行）》将导致债务人丧失清偿能力的经济原因——经营管理不善造成严重亏损——也规定到法律中，列为破产原因的构成要件，显然是不妥的。[①] 企业的经营管理如何、亏损与否，是企业内部的问题，与企业外部的债务情况如何并没有绝对和固定的联系。内部亏损很严重的企业只要对外没有负债（或足以使其失去清偿能力的负债），便不会出现法律上的破产。而法律上的破产是不管经营盈亏，只问能否偿还债务。在我国司法实践中，存在很多企业本身业务经营并不亏损，却因不慎承担了担保责任而被宣告破产的案例，这表明将严重亏损之类的导致破产原因发生的各种经济原因规定为破产原因的构成要件，作为适用破产程序的前提条件不仅是不科学的，而且在司法实践中也是根本无法实施的。

由于各国破产立法规定的破产程序启动的时间点不同，因而破产原因仅指引起破产程序发生的原因，而不一定是破产宣告（即不可逆转地进入破产清算程序）的原因，这两个概念是有所不同的。有的国家的立法对破产清算程序采取宣告开始主义，即以法院作出破产宣告作为破产清算程序的开始，如日本、德国（1877 年破产法）等。在这些国家中，法院以作出破产宣告裁定的方式启动破产清算程序，当事人对和解或者重整的申请是与破产清算的申请分别独立提出的，所以其破产原因也就是破产宣告的原因。还有一些国家采取受理开始主义，即以法院对破产申请的受理为破产程序的开始，如英国、俄罗斯等国。根据这些国家的破产法，即使是当事人提出破产清算申请的破产案件在受理后也并非一定以对债务人作出破产宣告、进行财产清算而告终结，破产案件还可能根据其他当事人的申请转为和解或者重整等挽救程序而终结。我国破产法以破产案件的受理而不是以作出破产宣告作为破产程序的开始，所以破产原因是指破产程序启动即破产案件受理的原因。破产原因的存在，仅在破产案件受理的时点上具有对破产程序启动与否的实质性意义，破产程序启动后，债务人是否仍具有破产原因，对破产程序的进行不再具有实质影响。在司法实践中，有时会出现债务人在破产案件受理时存在破产原因，

---

① 《企业破产法（试行）》第 3 条规定："企业因经营管理不善造成严重亏损，不能清偿到期债务的，依照本法规定宣告破产。"

但此后由于其财产的市场价值发生巨大变化（如股票证券、房地产财产等），仅从资产与负债的比例情况看，债务人资产已经可以清偿全部债务，破产原因此时已经不复存在。不过由于破产程序具有不可逆性，不能再驳回申请、撤销案件，如债务人希望挽救企业、继续经营，可以申请转为重整程序或者和解程序，否则仍要继续进行破产程序，乃至宣告债务人破产。由于我国现行立法不是采取破产宣告开始主义，因而，将破产原因从引起破产程序发生的原因，延伸理解为法院据以“宣告债务人破产的法律标准”或法律事实，在表述上就是不准确的了。

此外，破产原因与当事人尤其是债权人可以提出破产申请的原因即破产申请原因，两者之间也存在一定的差异。将破产原因与破产申请原因混同也是不妥的①，因为破产原因不仅仅是当事人（主要指债务人）提出破产申请的标准，而且也是法院审查是否启动破产程序的标准。破产原因与破产申请原因之所以需要存在一定区别，主要是为了保障债权人的破产申请权。从理论上讲，债务人实质性的破产原因是其发生丧失清偿能力的客观事实，但是清偿能力丧失的客观状况是需要通过外在行为表现出来才能为人们所认识和判断的。由于债权人对债务人丧失清偿能力的客观事实，如不能清偿到期债务、资不抵债，往往难以举证证明，各国破产法通常规定，债权人所提出的破产申请的原因，是法律规定的、可以对债务人存在破产原因作出推定的事实与行为，这主要是考虑到不同当事人在举证证明破产原因客观发生方面存在的能力与条件的差异。所以立法规定，在若干种法律列举的情况下，可以推定债务人存在破产原因，并允许据此提出破产申请，以保障债权人的破产申请权。与之相对应，对于债权人提出的破产申请，各国立法通常设置有债务人的异议程序（如我国《企业破产法》第10条第1款的规定）②，允许债务人对债权人提出的破产申请提出异议抗辩，以保障债务人不会在未发生破产原因的情况下被违背意愿地拖入破产程序中。

但对债务人自己提出的破产清算申请，一些国家往往并不对债务人是否存在破产原因进行严格审查。这主要是因为，对全体债权人进行集体清偿的破产清算程序与对多数债权人分别进行个体方式清偿，都是对债务的清偿。即使是在债务人未发生破产原因的情况下启动破产清算程序，从对债权人的清偿结果看，两者之间也并不会存在实质上的差异，不会出现清偿不公平的结果。所以，这些国家的立法认为，出于对自身利益的考虑，申请破产清算的债务人通常都是已经发生破产原因者，但如果债务人在未能确定是否发生破产原因的情况下选择通过破产清算程序清偿债务，法律也无须进行干预，因为这是当事人的选择权利，而且对于其他人并没有什么不利的后果。如《美国破产法》就是采取这种态度：“破产法对债务人提出清算申请几乎没有实质方面的要求，无论债务人资产负债状况如何，也无论是否可以支付到期债务，它都可以提出清算申请。而且，债权人既无权反对债务人的清算申请，也无须对该申请作任何答辩。所以，只要债务人的申请符合法律规定的形式要求，申请本身即构成破产宣告。”③ 当然也有的国家立法原则上不允许未发生破产原因的债务人选择通过破产清算程序清偿债务，这主要是考虑破产程序占用的司法资源、社会资源可能要比个别清偿程序的更多，为了节省资源、时

---

① 参见薄燕娜：《破产法教程》，36页，北京，对外经济贸易大学出版社，2009。

② 《企业破产法》第10条第1款规定：“债权人提出破产申请的，人民法院应当自收到申请之日起五日内通知债务人。债务人对申请有异议的，应当自收到人民法院的通知之日起七日内向人民法院提出。人民法院应当自异议期满之日起十日内裁定是否受理。”

③ 潘琪：《美国破产法》，19、20页，北京，法律出版社，1999。

间、费用等，我国的破产立法便倾向于采取这一理念。

有的人认为，债务人在未发生破产原因的情况下启动破产清算程序，就是一种破产欺诈行为，是一定会损害债权人利益的逃债行为。这种观点是不能成立的。是否会发生损害债权人利益的欺诈逃债行为，与破产原因是否存在以及破产程序是否适用无关。破产本身并不会产生欺诈逃债的后果，而规范的破产程序恰恰是制止、纠正债务人欺诈逃债行为最有力的法律保障。破产欺诈逃债行为主要是发生在破产案件受理之前、债务人已经发生破产原因的情况下，因为此时债务人往往已经资不抵债，全部财产尚不足以清偿债务，债务人对其财产已经丧失实际利益，其财产将全部归属于债权人，所以便可能会发生道德风险，出现隐匿、转移财产、无偿转让财产、以明显不合理的价格进行交易等欺诈行为，或对没有财产担保的债务提供财产担保等对个别债权人的偏袒性清偿行为，损害多数债权人的利益。所以《企业破产法》在第31、32、33条规定了破产撤销权和无效行为的情况，以纠正欺诈逃债行为，保护债权人的利益。而仅仅是债务人在未发生破产原因的情况下进入破产清算程序，是不可能发生欺诈逃债后果的。在债权人通过破产清算程序得到全额清偿后，将剩余的财产依法向股东分配即可。当然，如果破产清算程序不能规范进行，法院不能严格执行法律，地方政府不当干预，企业策划进行的隐匿、转移财产等欺诈逃债行为得不到纠正，那么无论债务人是否因发生破产原因而进入破产程序，破产欺诈逃债行为都会严重存在。

债务人是否存在破产原因，是确认当事人能否提出破产申请、法院应否受理破产案件的依据。立法对破产原因规定之宽严，反映出立法者对债权人与债务人利益保护之利弊权衡的价值取向以及保护力度之大小，可能影响到社会破产率的高低，进而影响到失业人数的多少，还可能影响到社会经济秩序与社会稳定。对破产原因及申请受理的立法规定如何在实践中正确实施，在操作上如何与诉讼执行制度、公司清算制度无缝衔接，则关系到整个市场经济法律体系特别是企业退出机制的完善问题。所以，我们应当对破产原因予以充分重视，结合实际深入研究。

二、对破产原因的不同立法主义

在各国的破产立法中，债务人的实质破产原因是丧失债务清偿能力。如何确认债务人丧失债务清偿能力，达到破产界限，在各国破产立法上，主要有两种具体规定方式：一种是列举主义，另一种是概括主义。

列举主义，即在法律中列举规定若干种表明债务人丧失清偿能力，或影响债务人清偿能力的损害债权人利益的具体行为，凡实施行为之一者便可认定其发生破产原因，这些行为称为破产行为或无力清偿债务行为。此种方式主要为英美法系的国家所采用，如英国、加拿大、澳大利亚、新西兰、印度等国。

英国1914年破产法第1条便规定了8种破产行为，作为宣告债务人破产的标准。根据该条规定，债务人有下列行为之一的，法院可宣告其破产：

1. 债务人为债权人之利益，将其在英国或其他地方之财产让与或委付于受托人者；

2. 债务人有将其所有在英国或其他地方之财产，就其全部或一部为诈害之让与、赠与、交付，或移转之行为者；

3. 债务人有将其财产一部或全部为让与或移转，或设定负担之行为，而其行为于受破产宣告时将依本法或其他法律宣告其为诈害的优待行为应归于无效者；

4. 债务人有以诈害于债权人之意思，离开英国，在国外滞留，离开住所，或依其他方法不在，或匿居于其住所中者；

5. 依民事程序对债务人为执行，已将其动产查封并出卖，或查封后已由执行官保存达 21 日者，但有执行参加时，其系属中所费时间应予扣除；

6. 债务人向法院提出不能清偿声请书，或自行声请为破产宣告者；

7. 债权人基于终局判决或终局命令对债务人为强制执行，执行中经债权人请求法院准许对债务人依破产法发出破产通知书，在英国之债务人于收受通知书之送达 7 日内，在他处之债务人于收受通知书之送达后，在法院所定期限内，不为回答，或虽为回答而不能向法院证明其有反对债权、抵销债权或交叉债权，足资清偿债权人终局判决或终局命令所载金额及其他债权人债权额者；

8. 债务人对其债务曾有停止支付之事实或正在停止支付中或曾通知债权人停止支付者。[①]

此后，英国在破产立法中又增加规定了两种破产行为：

1. 依 1973 年《刑事法院权限法》，法院已向债务人作出刑事破产命令；

2. 依 1986 年《资不抵债法》，法院已向债务人作出履行债务的行政命令，债务人对此却拒不执行或者无法履行。[②]

《香港破产条例》、《加拿大破产法》以及 1898 年《美国破产法》也采用列举主义。但美国 1978 年修订后的破产法已改行概括主义，实际以不能清偿为破产原因。

列举主义在立法形式上受早期破产犯罪立法思想的影响，将着眼点放在债务人具体实施的不当行为上，故采用列举的方式逐项加以规定。其优点是规定具体明确，便于当事人举证和法院认定，但弊端是难免挂一漏万，执行僵化，缺乏弹性，不易根据变化了的实际情况灵活、具体适用。从立法所列举的行为性质看，有一部分行为本身即可表明债务人丧失清偿能力，如“债务人自行声请为破产宣告”，而另一部分则是债务人进行的影响其清偿能力的损害债权人利益或偏袒性清偿的行为。后种行为虽然不一定能够直接表明债务人已经丧失清偿能力，但由于该种行为对债务人的清偿能力有严重影响，且有违公平，为保护债权人的利益，故立法将其规定为破产原因。

列举主义之所以可以在英美法系中实行，也与其立法制度相关。英美法系实行判例法，其成文法如果有遗漏之处，可以通过司法实践中的判例加以弥补，不会影响对案件的正确审理。

概括主义，即对破产原因从法学理论上作抽象概念性的规定，它着眼于破产发生的一般性原因，而不是具体行为。通常在立法中有三种概括规定破产原因的方式：(1) 不能清偿（到期债务）或称支付不能；(2) 资不抵债；(3) 停止支付。此种立法方式主要为大陆法系国家所采用，如德国、意大利、日本、法国等。有的国家在上述概念中采取单一标准，如《法国商法典》第 6 卷第 622—1 条规定，以停止支付为破产原因。但多数采取概括主义立法模式的国家往往采取两个以上的综合标准，以适应不同情况。在概括主义的立法模式下，法官的自由裁量

---

① 参见陈计男：《破产法论》，28、29 页，台北，三民书局，1980。

② 参见汤维建：《优胜劣汰的法律机制——破产法要义》，75 页，贵阳，贵州人民出版社，1995。

权较大，有利于根据实际情况灵活适用法律，但如无有效的制约机制，易发生法官的擅权行为。

在破产法发展的历史进程中，各国立法也不断地相互借鉴融合，以适应司法实践的需要。目前各国在破产原因的立法上，已有向概括主义转化的趋势，一些原采取列举主义的国家开始改行概括主义。如美国1898年的破产法采取的是列举主义，但在1978年修订后的破产法中改行概括主义。英国破产法在1986年重新制定后，对破产原因也采取了概括主义。此外，鉴于两种立法方式各有所长，也有的国家同时兼采两种方式，在立法上既作概括性的规定，又作列举性的规定，如瑞士、葡萄牙、智利、巴西等国，对此可称为折中主义。

我国破产立法在破产原因上采取的是概括主义的立法方式。根据《企业破产法》第2条的规定，破产原因是企业法人不能清偿到期债务，并且资产不足以清偿全部债务或者明显缺乏清偿能力。

三、破产原因的理论分析

我国破产法在破产原因上采取的是概括主义的立法方式，故在此对概括主义的破产原因加以详细分析。通常，采用概括主义立法方式的国家往往以不能清偿作为对自然人、法人普遍适用的一般破产原因，而以资不抵债作为对资合法人、清算中法人、遗产等特定主体的特殊破产原因，同时立法规定对停止支付可推定为不能清偿，以解决债权人申请破产时的举证责任问题。所以，在对破产原因的理解上，我们首先必须理解不能清偿、资不抵债与停止支付这三个概念的内容，以及它们在理论上的区别和在实践中的不同作用。此外，我国破产法对破产原因的规定还有其特殊性，使用了“明显缺乏清偿能力”的概念，在此一并进行分析。

（一）不能清偿

所谓不能清偿，是指债务人对请求偿还的到期债务，因丧失清偿能力而无法偿还的客观财产状况，亦称支付不能。这是世界各国破产法使用的最为普遍的破产原因。不能清偿在法律上的着眼点是债务关系能否正常维系。① 从理论与实务的角度分析，不能清偿的构成要件如下。

1. 债务人因丧失清偿能力而无法清偿债务，即不能以财产、信用或者能力等任何方法清偿债务。通常的债务清偿方法是支付货币及财产；以信用方法清偿债务，主要是指债务人借新债还旧债，或协议延期还债；以能力方法清偿债务，主要是指债务人以提供债权人接受的劳务、技能服务等折抵货币清偿债务。当债务人以所有方法均不能清偿债务时，即构成丧失清偿能力。

在此需注意，对债务人丧失清偿能力的认定，不以其他对该债务负有清偿义务的人如连带责任人、保证人也不能代为清偿为条件。所谓“债务人本身缺乏清偿能力，但是若有他人代为清偿或者保证清偿的，则可以视为债务人清偿能力的延伸和再生”的观点是错误的。② 而这种

---

① 参见王欣新：《破产法》，47页，北京，中国人民大学出版社，2007。

② 参见齐树洁主编：《破产法研究》，128页，厦门，厦门大学出版社，2004。

错误观点甚至在现行破产法中也有潜在反映，影响了破产法的正确实施。[①] 如按照此观点，凡是有连带责任人或保证人的债务人就必须实行所有义务人连带一并破产的制度，这显然是不妥的。民事主体的独立资格不能混淆，对每一个独立的民事主体的清偿能力必须独立考察，不同民事主体之间不存在清偿能力或破产原因认定上的连带关系。其他人对债务负有的连带责任、担保责任，是对债权人的责任，不能视为债务人本人清偿能力的延伸或再生。对此，最高人民法院很早就已通过复函方式作有司法解释[②]，只要债务人本人不能清偿到期债务，即为丧失清偿能力。《破产法解释（一）》第1条第2款也明确规定："相关当事人以对债务人的债务负有连带责任的人未丧失清偿能力为由，主张债务人不具备破产原因的，人民法院应不予支持。"

从理论上讲，如果一国立法认为合伙企业具有相对独立的法律地位，这一原则也适用于对合伙企业丧失清偿能力的认定，即不以所有普通合伙人均丧失清偿能力作为认定合伙企业丧失清偿能力的前提。但也有一些国家或地区的立法不认为合伙企业具有独立法律地位，加之合伙企业债务问题的最终解决也与合伙人无法分开，所以规定合伙企业以各合伙人均不能清偿合伙企业的债务为破产原因，以充分体现普通合伙人的无限连带责任。但是我国《合伙企业法》第92条规定："合伙企业不能清偿到期债务的，债权人可以依法向人民法院提出破产清算申请，也可以要求普通合伙人清偿。"据此，我国合伙企业丧失清偿能力的认定不以所有普通合伙人均丧失清偿能力为前提。

2. 债务人不能清偿的是已到偿还期限、提出清偿要求且无合理争议或经生效法律文书确定的债务。目前在我国，债权人在债务到期前认为债务人到期后将无法偿还，或债务人提出对未到期债务延期偿还的请求，都不能视为破产法上的不能清偿，因为此时清偿义务尚未产生。但需注意的是，《德国破产法》规定，由债务人申请开始破产程序的，即将无支付能力也作为开始原因。也就是说，债务人对未到期债务不能清偿，也属于发生破产原因的情况，这反映出德国立法对债务人申请破产的宽松态度。但这仅适用于债务人自愿提出破产申请的情况，债权人仍不能以债务人将无支付能力为由，适用不能清偿到期债务，对其提出破产申请。

如果对要求偿还的债务双方存在合理争议，则应先由法院或仲裁机构作出生效裁判，确认权利义务关系，给债务以法律上确定的名义与执行效力，然后才能评判债务人是否不能清偿债务。在此要强调，并非债务人对债务提出任何争议都必须先行诉讼或仲裁，其提出的争议必须具有合理性。

3. 债务不限于以货币支付为标的，但必须是能够以货币评价即能够折合为货币的债务，否则因其债务形式在破产程序中无法得到偿还，让债务人进入破产程序并宣告其破产无实际意义。过去曾有不能清偿的债务应限于货币支付债务的主张，这是不妥的。因为非货币支付债务不能履行时，其绝大多数都会依法转化为货币赔偿债务。而无论是对货币债务不能清偿，还是对货币赔偿债务不能清偿，都是由于债务人丧失了清偿能力，所以均应构成破产原因。

4. 债务人因清偿能力丧失而在较长期间内持续不能清偿，或曰一般地停止清偿，而不是

---

① 《企业破产法》第108条规定，在破产宣告前，第三人为债务人提供足额担保的，法院应当裁定终结破产程序。

② 最高人民法院《关于佛山市中级人民法院受理经济合同纠纷案件与青岛市中级人民法院受理破产案件工作协调问题的复函》（1990年10月6日）指出："依照《中华人民共和国企业破产法（试行）》第三条之规定，确定企业是否达到破产界限，并不以'连带清偿责任人清偿后仍资不抵债'为前提条件"。

因一时的资金周转困难等问题暂时中止支付。对此，不以债务人已经长时期持续不能清偿债务为必要构成条件，如已有其他事实证明，债务人在可预见的相当时期内将持续不能清偿债务，则不能清偿即可成立。

为了使法院及债权人对债务人“在较长期间内持续不能清偿”有一个明确的判断标准，一些国家的立法规定，债务到期后债务人经催收在3个月内未能清偿，即视为发生破产原因。还有的国家规定，债务到期后债权人应向债务人发出催告函催促其还债，发函后满3个月仍未能清偿者，即视为发生破产原因。当然，也有的国家规定的认定债务人丧失清偿能力的拖欠期间更短。我国《企业破产法》在制定过程中，因考虑当时社会信用较差，企业间相互拖欠债务情况严重，如借鉴其他国家规定以3个月的拖欠期间认定债务人丧失清偿能力，不符合中国的实际情况，难以执行，但如规定更长的期间（如半年），则会产生副作用，使债务人在此期间内拖欠债务无破产之忧，更加有恃无恐，所以便没有作具体规定。虽然在司法实践中，被申请破产的企业拖欠债务的时间都远远超过3个月、半年甚至更长，对此没有规定尚未影响到破产案件的实际受理，但是，从立法完善的角度看，在破产原因认定时没有一个关于拖欠债务期间的具体规定，显然在实施机制上是存在疏漏的。

此外，还有一种观点认为，债务人丧失清偿能力还应表现为对全部债务不能清偿的综合概括状态，并非对个别债权人之特定债务不能履行或拒绝履行的状态。[①] 本书认为，这种观点也是不妥的。在实践中，即使是在债务人对全部债务总体上已经丧失清偿能力的情况下，仍可能有能力对部分债务进行个别清偿。对个别（即使是少部分）债务丧失清偿能力也是不能清偿。如果只有对全部债务（或者放宽松至主要债务）不履行才构成不能清偿，债务人就可能以其已清偿部分小额债务作为未发生破产原因的抗辩，使债权人的破产申请权无法正常行使。在债务人对小额债务未清偿的情况下，为避免债权人不当地对债务人提出破产申请，浪费司法资源，一些国家是以通过立法规定债权人提出破产申请时应持有的最低债权额的方式进行调整的。

在债务人提出破产申请时，通常应证明其已经丧失清偿能力，因其具备对此的举证能力。但当债权人提出破产申请时，并不要求其证明债务人已经不能清偿到期债务即客观上丧失清偿能力，因为不能清偿这一概念具有前述特定的组合构成要件，而不是可以简单地理解为债务人在债务到期日那一天没有还债，债权人并不具备对这些构成要件（如不能以信用或能力清偿）的举证能力，所以立法通常只是要求债权人证明债务人停止支付或明显缺乏清偿能力，以推定债务人不能清偿到期债务。此外，法院在审查债权人提出的破产申请，确定是否应受理破产案件时，还需要综合考虑各项因素，公正、合理地判断债务人是否发生破产原因。根据美国判例解释，法院在判断债务人是否已经一般地停止清偿债务时，要考虑的几个主要因素包括：债务的项数、过期未付的数额、停止清偿的严重性，以及债务人处理债务的方式，等等。[②]

（二）资不抵债

资不抵债也是一些国家法律规定的破产原因之一，但通常是适用于特定主体或特殊情况的辅助性破产原因，尤其是在破产申请原因方面大多仅适用于债务人。资不抵债是指债务人的资

---

① 参见李永军：《论破产原因》，载《政法论坛》，1995（6）。

② 参见潘琪：《美国破产法》，41页，北京，法律出版社，1999。

产不足以清偿全部债务，即“消极财产（债务）的估价总额超过了积极财产（资产）的估价总额的客观状况”[①]，在国外亦称为债务超过。如前述《德国破产法》第19条的规定。《日本破产法》第16条（法人的破产程序开始的原因）也规定：“债务人为法人的，在适用前一条第一款的规定时，同款中的‘无法清偿到期债务’为‘无法清偿到期债务或者资不抵债（指债务人无法以财产清偿债务的状态）’。前款的规定，不适用于存续中的合名公司以及合资公司。”[②] 通常，债务人的资产负债表或者审计报告、资产评估报告显示其全部财产总额不足以偿付其所负全部债务的，就可以认定债务人资产不足以清偿全部债务，但有相反证据的除外。

资不抵债的着眼点是资债比例关系，考查债务人的偿还能力仅以实有财产为限，不考虑信用、能力等可能的偿还因素，计算债务数额时，不考虑是否到期，均纳入总额之内。债务人不能清偿到期债务时通常都已资不抵债，但在其账面资产尚超过负债时，也可能因资产结构不合理，发生对到期债务缺乏现实支付能力（如现金严重不足、资产长期无法变现等）而无法支付的情况。反之，在债务人资不抵债时，如到期债务数额不多，或能以信用、能力等方式还债，并不一定会丧失对到期债务的清偿能力。由此可以看出，资不抵债与不能清偿不仅概念不同，在实践中，二者在对破产界限的认定上也有一定区别。故通常将以不能清偿到期债务作为破产原因的，称为现金流量标准；而将以资不抵债作为破产原因的，称为资产负债表标准。

由于资不抵债并不必然导致债务人对到期债务清偿能力的丧失，所以其作为破产原因，在各国一般仅适用于资合法人、解散后处于清算中的资合法人以及遗产等的破产，即仅以有限财产为清偿范围、无人对其债务负无限责任的债务主体。此类债务主体只要债务超过资产，就可能对债权人的利益造成损害。将资不抵债设置为其破产原因，目的是防止其在已经资不抵债的情况下，仍然不适当地膨胀债务，进一步损害债权人的利益，影响经济秩序。司法实践中，由于债权人对债务人的资产负债情况很难作出完整、正确的评价，并提供相应证据证明，所以资不抵债作为特殊破产原因，主要适用于债务人主动申请破产的情况。有的国家和地区为防止债务人恶意膨胀债务，还立法规定企业的控制人如股份有限公司及有限责任公司的董事，法人企业的清算人，受遗赠人、继承人、遗嘱执行人及继承财产的管理人，在债务超过资产的情况下，负有提出破产申请的义务，如其违背义务，不依法提出破产申请，则给予法律处罚，如对此后扩张发生的债务要承担连带责任等。我国台湾地区的“公司法”“民法”中也有类似规定。对人合企业、自然人债务人，各国破产立法则不以资不抵债为破产原因。因债务人须对其债务负无限责任，而且在资不抵债时，债务人还可以以其信用或劳务进行清偿，或者通过破产后的继续经营、工作获得新的财产还债，故只要对到期债务能够清偿，就无须对其进行破产程序。

由于在债务人资不抵债时，仅表明其在特定时点上资产与负债的关系处于危机境地，不一定会丧失对到期债务的清偿能力，尤其是在将来动态的经营过程中也丧失对债务的清偿能力。所以，以资不抵债为破产原因时，对债务人的清偿能力要进行综合评价，并非发生资不抵债情况时就一定要认定其存在破产原因。如《德国破产法》第19条第2款规定，债务人的财产不再能够抵偿现有债务，即为资不抵债。但在评估债务人财产时，根据各种情况显示仍然极有可能继续经营企业的，应以能否继续经营企业作为评估基础。上述规定就体现了这一适用原则。

---

① ［日］石川明：《日本破产法》，何勤华、周桂秋译，27、28页，北京，中国法制出版社，2000。

② 李飞主编：《当代外国破产法》，721页，北京，中国法制出版社，2006。

我国在《企业破产法》立法过程中对是否以资不抵债为特殊破产原因、其适用范围如何等问题，也曾予以考虑。如果借鉴德国等国的规定，将资不抵债作为破产原因普遍适用于无人对其债务负无限责任的法人型企业，显然并不适宜。这主要是因为当时我国尚处于向市场经济的转轨期间，各项制度和企业运行机制仍不完善，加之资本市场不够发达，企业历来自有运营资金较少，主要靠银行借贷维持经营。尤其是在一度实行所谓“拨改贷”投资体制下设立的企业，出资人对企业没有一分钱的资本金投入，完全靠银行借贷设立运营，导致企业，尤其是当时“投资”体制下国家设立的大中型骨干企业负债情况严重乃至资不抵债。这种错误投资体制造成的不良影响长期存在，并导致国家不得不出台政策性的“债转股”加以补救，减轻企业负债，充实其资本。如果简单以资不抵债作为对法人企业普遍适用的破产原因，可能会使一些虽然资不抵债但经营尚且正常的企业被划在破产界限之内，而那些在“拨改贷”投资体制下设立的企业，甚至自成立之时就已经资不抵债并发生破产原因。所以，在《企业破产法》起草工作组提交全国人大常委会一审的破产法草案中，未采用资不抵债作为对企业普遍适用的破产原因，而是仅将资不抵债作为清算中企业的破产原因。这也是为了与其他立法相互协调。根据《公司法》第 187 条的规定，清算中的公司就是以资不抵债作为破产原因的。后在破产法草案提交全国人大常委会审议的过程中，虽然发生对破产原因规定的争议和重大修改，未能使上述起草的法条被采纳，但是这一原则仍然在一定程度上存留于《企业破产法》第 7 条第 3 款之中。①

采取何种标准作为破产原因，涉及对经济秩序维护、债权人与债务人权益保护的视角与力度问题。以不能清偿作为破产原因，主要是考虑维护现存的经济秩序与债务关系，原则上不受债务人资产与负债比例关系的约束；而以资不抵债作为破产原因，则侧重对债权人利益从债务人财产现有清偿能力角度提供保护，而对到期债务的清偿状况如何则在一定程度上予以忽略。

（三）停止支付

停止支付是指债务人以其行为向债权人作出不能支付债务的主观意思表示。以停止支付作为破产原因，强调对债权人利益的及时保护，是对债务人采取了更为严厉的态度，所以只有少数过去曾有商人破产主义传统的国家以此作为独立的破产原因，以适应商事活动中迅捷、便利维护和实现权利之需要，如法国，其他国家和地区仅是以此作为债权人提出破产申请时推定债务人不能清偿的理由，以解决债权人对不能清偿难以举证证明的问题。如《日本破产法》第 15 条第 2 款规定：“债务人停止支付时，推定为无法清偿到期债务。”②

停止支付的构成要点如下。

1. 停止支付是指债务人依主观意思作出的外部行为，而不是依其财产客观状况，这是停止支付与不能清偿和资不抵债的主要区别。只要债务人有表明不能支付到期债务意思的行为，不问客观经济状况如何，均构成停止支付行为。如我国在司法实践中，债务人以隐匿、抽逃资产等恶意逃债方式拒绝清偿债务，也应认定为停止支付行为。

---

① 该条款规定：“企业法人已解散但未清算或者未清算完毕，资产不足以清偿债务的，依法负有清算责任的人应当向人民法院申请破产清算。”

② 李飞主编：《当代外国破产法》，721 页，北京，中国法制出版社，2006。

2. 停止支付包括以明示、暗示等形式表示的各种行为。债务人以书面或口头方式向债权人明确宣布无力还债固在其内；欠债不还，却将事业转让或倒闭、停业关店，债务人的股东、法定代表人、董事、高管人员隐匿、弃企逃亡，票据被拒付，恶意转移、处置财产等，同样属于停止支付。此外，债务人因无力支付债务便饮鸩止渴，进行非法高利借贷、非正常压价出售财产等行为，有些国家在判例上也视其为停止支付。[①]

3. 停止支付是对到期要求清偿、无合理争议或经生效法律文书确定的债务停止支付，这一点与不能清偿到期债务相同。在破产法理论的探讨中，一些学者认为，停止支付仅存在于货币债务中，对非货币债务合同不履行仅是停止履行而不是停止支付，两者存在区别，对非货币债务合同的停止履行须待转化为货币赔偿要求后，才属于停止支付。但是，由于对非货币债务合同的不能履行通常都会转化为对货币赔偿的停止支付，而且两者往往都是由于债务人明显缺乏清偿能力造成的（有合理争议者除外），所以，为了更好地保护债权人的利益，本书认为，对停止支付的债务应当理解为可以折合为货币的债务，即对非货币债务合同的停止履行也应认定为停止支付。由于停止支付只是对债务人不能清偿到期债务、发生破产原因的推定，用于支持债权人及时提出破产申请、解决举证责任问题，所以如果债务人未发生破产原因，其可以提出异议抗辩，不会在破产案件的受理上发生失误。

4. 停止支付应是持续一定期间的停止支付，而非一时的中止支付。停止支付的行为应当持续至法院作出启动破产程序裁定之时。

在以不能清偿到期债务作为破产原因时，立法需要对破产原因作出必要的推定规定。因为不能清偿反映的是债务人的内在清偿能力丧失，这种内在清偿能力包括信用、能力等非资产性因素，所以仅凭债务人的外观表现，包括停止支付，尤其是默示方式的停止支付，不一定能够表明其内在清偿能力确实丧失，而债权人要想证明这一点几乎是不可能的。不经法律推定无法解决债权人提出破产申请时对破产原因存在的举证难问题。在《企业破产法》起草工作组提交全国人大常委会准备一审的破产法草案中也曾经规定，“债务人停止支付到期债务并呈连续状态，推定为不能清偿”，以此解决债权人提出破产申请时的举证责任问题。

通常，停止支付是债务人丧失清偿能力最典型的外在行为表现，即丧失清偿能力必然要出现停止支付。但债务人停止支付，却不一定已达到不能清偿的地步。不过，由于停止支付的状况客观上已经损害了债权人的权益，故立法允许债权人在无相反证据的情况下据此提出破产申请。但法院在确认债务人是否达到破产界限时，还要考虑停止支付是否确属因丧失清偿能力所致，是否持续存在等因素。

（四）明显缺乏清偿能力

我国破产法对破产原因的规定具有特殊性，即在《企业破产法》第 2 条规定中出现了一个“明显缺乏清偿能力”的概念，这是各国破产立法和破产法理论上没有的新概念。本书认为，所谓“明显缺乏清偿能力”，实际上也是推定债务人发生破产原因的理由，其作用与停止支付相同。如果说两者存在什么差异，本书认为，其一，从文义上分析，停止支付是根据债务人的外在行为表现作出发生破产原因的推定，而明显缺乏清偿能力则不仅是从债务人的外在行为表

---

① 参见张卫平：《破产程序导论》，69 页，北京，中国政法大学出版社，1993。

现方面进行推定，而且可以通过债务人的资产负债情况等从内在清偿能力方面进行推定，其强调的是清偿能力的缺乏。如前所述，现实的清偿能力是指对到期债务能否清偿，与资产是否超过债务没有必然联系。其二，停止支付在一些国家的破产立法中可以是独立的破产原因，而明显缺乏清偿能力是各国破产立法中从未使用过的概念，缺乏理论上的明确内涵和适用上的确定外延，因而其无法构成独立的破产原因。明显缺乏清偿能力作为一个推定原因，只有与被推定的情况——不能清偿到期债务相结合，才能构成对破产原因的全面表述。

《破产法解释一》第 4 条规定："债务人账面资产虽大于负债，但存在下列情形之一的，人民法院应当认定其明显缺乏清偿能力：（一）因资金严重不足或者财产不能变现等原因，无法清偿债务；（二）法定代表人下落不明且无其他人员负责管理财产，无法清偿债务；（三）经人民法院强制执行，无法清偿债务；（四）长期亏损且经营扭亏困难，无法清偿债务；（五）导致债务人丧失清偿能力的其他情形。"根据这一规定，我们可以看出，第一，所谓是否明显缺乏清偿能力，主要是针对债务人账面资产大于负债的情况规定的，反过来讲，就是债务人资不抵债当然属于明显缺乏清偿能力。第二，规定中的前两种情况，实际上就是对停止支付的表述。其中第二项规定，债务人的法定代表人下落不明，且无其他人员负责财产管理与债务清偿，表明债务人已经丧失对外进行债务清偿的民事行为能力，自然属于明显缺乏清偿能力，所以需要及时启动破产程序以更好地维护债权人利益。① 第三，规定的第三种情况，即债务人经采取强制执行措施后仍不能清偿债务的情况，已经不仅是明显缺乏清偿能力，而是已经完全丧失清偿能力，无须再推定破产原因的存在，经申请就应当进入破产程序。第四，规定的第四种情况，债务人长期亏损且经营扭亏困难，无法清偿债务，也属于明显缺乏清偿能力。第五，规定的第五种情况，以"导致债务人丧失清偿能力的其他情形"，作为对明显缺乏清偿能力的兜底性规定。债务人对到期债务未能清偿且发生上述情况之一，人民法院可认定债务人明显缺乏清偿能力，推定其发生破产原因，债权人可以据此提出破产申请。除有反证证明债务人未发生破产原因外，人民法院应当受理破产申请。

四、我国破产法对破产原因的规定

《企业破产法》第 2 条第 1 款规定，破产原因是"企业法人不能清偿到期债务，并且资产不足以清偿全部债务或者明显缺乏清偿能力"。其第 2 款规定："企业法人有前款规定情形，或者有明显丧失清偿能力可能的，可以依照本法规定进行重整。"如单纯从这一规定的文义上讲，破产原因可以分为两种情况：第一，债务人不能清偿到期债务，并且资产不足以清偿全部债务；第二，债务人不能清偿到期债务，并且明显缺乏清偿能力。本书认为，从两种破产原因的实践适用分析，前者主要适用于债务人提出破产申请，以及资不抵债现象明显、无须评估和审计即可判断的案件；后者适用于债权人提出破产申请以及债务人提出破产申请、资不抵债现象不易判断的案件。立法之所以作出区别规定，是因为债务人如果资产超过负债，从理论上讲，

① 如 2018 年 3 月 21 日在《人民法院报》第七版"公告"栏中，安徽省绩溪县人民法院于发布的受理绩溪县中德投资置业有限公司破产清算案的公告中指出："本院认为，绩溪县中德投资置业有限公司账面资产虽大于负债，但因其法定代表人下落不明且无其他人员负责管理财产，无法清偿到期债务，符合破产条件。"

通过自愿清偿或强制执行程序就可以实现债权人的债权，无须启动破产程序，故而债务人自愿申请破产一般应提供其已经资不抵债、无力清偿到期债务的证明。债权人在债务人不能清偿到期债务时可以提出破产申请，但申请时不需证明债务人已经资不抵债或者不能清偿，因为这超出了债权人可能的举证能力范围，而通常是要求债权人证明债务人停止支付或明显缺乏清偿能力，以推定债务人不能清偿到期债务。为防止对此发生误解，《企业破产法》第7条第2款明确规定："债务人不能清偿到期债务，债权人可以向人民法院提出对债务人进行重整或者破产清算的申请。"在债权人提出破产申请的条件上，明确排除了资不抵债因素。如果从司法实际运用效果看，第二种情况即"债务人不能清偿到期债务，并且明显缺乏清偿能力"，基本上可以涵盖第一种情况（除了清算中的企业等特殊情况以资不抵债为破产原因外），成为司法实践中适用的主要破产原因。

由于上述立法的文字规定不够明确，所以逻辑上可能存在对破产原因的不同理解。如有的人认为，关于《企业破产法》第2条第1款规定的破产原因，第一种情况是债务人不能清偿到期债务，并且资产不足以清偿全部债务，第二种情况是债务人明显缺乏清偿能力。[①] 如果单纯从立法文字上看，这一理解也并非不可以成立，因为立法对"并且"与"或者"之间的逻辑关系表述不清，客观上存在理解歧义的可能性，而且这一破产原因规定本身也存在不够合理的问题。但是这种理解不符合立法本意。

造成这种立法表意不明现象的原因，是《企业破产法》在全国人大常委会审议时所作的修改。对破产原因应如何规定，在《企业破产法》起草过程中曾有过多种解决设想。最终，以不能清偿作为普遍适用的破产原因，以资不抵债作为适用于清算中的企业组织等特殊情况下的辅助破产原因（《公司法》第187条中对此已有规定），以停止支付作为推定破产原因，解决债权人提出破产申请时的举证责任问题，成为《企业破产法》起草工作组的主流观点，并体现在其提交全国人大常委会准备一审的法律草案中。

但在法律草案提交全国人大常委会委员长会议和常委会审议时，有人提出顾虑：以债务人不能清偿到期债务作为破产原因（可能将不能清偿到期债务误解为简单的到期没有还债），可能会使破产企业数量大量增加，要求对破产原因予以限制。鉴于在旧破产法实施期间，所谓政策性破产适用时，申请政府批准进入政策性破产计划名单的国有企业必须先行进行资产评估和财务审计，只有不能清偿到期债务同时又资不抵债的企业，才能进入政策性破产名单[②]，于是有人便主张增加资不抵债作为与不能清偿到期债务必须同时具备、一并适用的破产原因。据此，在当时修改后的《企业破产法》草案中一度规定，破产原因是"企业法人不能清偿到期债务，并且资产不足以清偿全部债务"。这样规定破产原因是不妥的。第一，由于债权人难以得知债务人是否资不抵债，更无法举证证明，也不能通过推定解决。若严格依此规定执行，必然会因债权人无法证明债务人存在资不抵债的破产原因而限制乃至实际剥夺其破产申请权利。但如不要求债权人在申请破产时对此举证，又会出现无须证明破产原因存在就可提出破产申请、

---

① 参见郑志斌、张婷：《困境公司如何重整》，8页，北京，人民法院出版社，2007。

② 在1998年财政部会计司发布的《对〈国有企业试行破产有关会计处理问题暂行规定〉的说明》中，要求政策性破产的国有企业在提出破产申请前，应对资产进行全面清查，对债权债务进行清理，由会计师事务所对企业进行全面审计，并出具资不抵债的鉴证报告。企业向法院提出破产申请时，还要提供会计师事务所对企业进行审计后出具的审计报告结论。

与法不符的问题。第二，人民法院在审查是否应受理破产案件时，无法及时准确查明债务人是否发生破产原因。虽然有一部分债务人企业在提出破产申请时资不抵债的现象十分明显，易于查明，但也有一部分债务人企业的资产负债情况由于财务管理混乱，账面资产严重不实，待处理的各种财产、坏账损失未入账处理，库存商品与原材料严重贬值等原因，难以根据形式证据如资产负债表迅速查明，需要通过进行耗时较长的资产评估确定，而这在人民法院审查决定是否受理案件的法定期限内是无法完成的。[①]

为避免发生无谓的争议而影响立法进程，同时又能保障破产法较为顺利地实施，经过全国人大法工委的反复协调与文字修改工作，没有取消破产原因中关于资不抵债的不当增加内容，而是在其后又补充规定了现在立法中关于破产原因的第二种情况，即"或者明显缺乏清偿能力"，与该条前面规定的"不能清偿到期债务"连用，以解决破产原因的第一种情况在适用中的难题。由于对债务人是否明显缺乏清偿能力的判断，基本上是由法院裁量决定，而且裁量时可以实际上以停止支付为标准，所以不会再出现延误受理期间的问题。而由于债权人提出破产申请时不需再证明债务人已经资不抵债，所以也不会影响其破产申请权。

现在破产立法规定的破产原因模式，是由于特殊的立法过程造成的。这就需要我们在司法过程中对破产原因规定进行符合立法本意和科学逻辑的理解，以保障破产法的正确实施。应当说，《企业破产法》对破产原因的规定是存在一定问题的，在理论上不够准确，与各国破产立法之惯例也不甚相符，其使用的"明显缺乏清偿能力"也是破产法理论上未曾使用过的模糊概念。本书认为，将来在立法修改完善时，还是应当恢复原破产法起草工作组对破产原因的规定，采取适合实际、与国际接轨的规范立法模式。

第二节　破产申请的提出

一、启动破产程序之申请主义与职权主义

各国破产法对破产程序由何时开始规定不一。有的国家采取宣告开始主义，以法院作出破产宣告为破产清算程序的开始，如日本、法国、德国等。在这些国家的破产法中，破产申请的提出仅为破产程序的预备阶段，法院以作出破产宣告裁定的方式受理破产清算案件，并启动破产程序。与之相应，在这些国家中，当事人对和解或者重整的申请是与破产清算的申请分别提出的，所谓破产宣告开始主义仅指清算程序的开始时间。还有的国家采取受理开始主义，以法院对破产申请的受理为破产程序的开始，如英国、美国（非自愿破产程序）等。在这些国家的破产法中，破产清算申请受理后并非一定以对债务人作出破产宣告、进行财产清算而告终，破产案件还可能转由和解或者重整程序而终结。我国破产法以破产案件的受理为破产程序的

① 《企业破产法》第10条规定："债权人提出破产申请的，人民法院应当自收到申请之日起五日内通知债务人。债务人对申请有异议的，应当自收到人民法院的通知之日起七日内向人民法院提出。人民法院应当自异议期满之日起十日内裁定是否受理。除前款规定的情形外，人民法院应当自收到破产申请之日起十五日内裁定是否受理。有特殊情况需要延长前两款规定的裁定受理期限的，经上一级人民法院批准，可以延长十五日。"

开始。

在破产程序的启动方式上，各国破产立法的规定有申请主义与职权主义的区别。所谓申请主义，是指法院必须依据债权人、债务人等当事人的申请启动破产程序，无权在无人申请的情况下，自行依职权启动破产程序。所谓职权主义，是指法院启动破产程序，并不以存在当事人等的申请为必备条件，只要债务人发生破产原因，在法律规定的特定情况下，法院可以依职权启动破产程序。

当代各国破产立法早已摈弃有罪破产之概念，认为破产程序的启动主要属于私法调整之范围，国家不宜过度干预当事人的民事处分权利，故现各国破产立法之趋势以申请主义为主。但有的国家的立法者认为，仅依靠申请主义，在债务人丧失清偿能力而又无人对其提出破产申请时，法律若不加干预，便难保对全体债权人的清偿公平。所以，一些国家或地区的破产立法对破产程序的启动采用以申请主义为主、职权主义为辅的原则，即在可能纠正清偿不公的最后控制阶段——诉讼与执行过程中，若法院发现债务人有依法应宣告破产的情况时，可以依职权启动破产程序。如我国台湾地区“破产法”第60条规定：“在民事诉讼程序或民事执行程序进行中，法院查悉债务人不能清偿债务时，得依职权宣告债务人破产。”

我国破产法在破产程序启动即破产案件受理问题上，目前采取申请主义的原则。人民法院应当依据当事人等的申请启动破产程序。无人申请时，人民法院不得自行启动破产程序。

在此需注意，我国《企业破产法》中规定有若干种人民法院可依职权作出破产宣告的情况，这与对破产程序的启动采取职权主义的立法原则的性质是完全不同的。在以破产宣告为破产程序开始的国家，法院依职权作出破产宣告的同时，也就意味着在无人申请的情况下，自行启动了破产程序，可以表明其立法采用了职权主义立法原则。而我国的破产程序是以案件受理为开始的，立法规定人民法院必须依据当事人等的申请受理破产案件，这是申请主义的充分表现。立法中关于人民法院可依职权作出破产宣告的规定，仅表明在破产程序因当事人申请而启动之后，人民法院可在法律规定的情况下作出破产宣告。这是当事人提出破产清算申请、案件受理后的自然延续结果，并不具有人民法院可在无人申请的情况下自行启动破产程序的职权主义含义。人民法院在民事诉讼程序尤其是执行程序进行过程中，发现债务人存在法律规定的破产原因，能否在无当事人申请的情况下，依据职权启动破产程序，受理破产案件，才是区分申请主义与职权主义的关键。

在民事诉讼尤其是民事执行过程中，发现债务人存在破产原因时，如严守申请主义，可能会造成对多数债权人的清偿不公，并影响社会经济秩序，但采取职权主义，又可能侵害当事人的民事处分权利，客观上存在一个利弊权衡的问题。本书以为，一般而言，破产程序的启动主要属于私法调整范围，当事人对之应有民事处分的选择权利，除法律有明文规定的特殊情况外（如《企业破产法》第134条关于国务院金融监管机构申请权的规定），国家不宜通过法院职权进行过多干预。一国立法是否需要兼采职权主义要根据具体国情而定。即便不考虑对当事人民事处分权利的影响，实行职权主义应当具备的前提之一，是法院能够正确地行使其职权，并设立当事人权利的救济机制，否则可能会带来法官的擅权以及地方政府透过法院进行的非法干预。

采取职权主义的目的，是在债务人丧失清偿能力而又无人提出破产申请时，防止其债务继续恶性膨胀，损害债权人利益，并充分体现破产法对债权人公平清偿的宗旨，维护社会经济秩序。本书认为，解决这一问题除采取职权主义外，还可考虑借鉴他国的经验。如一些国家在破产立法中规定，在债务人发生破产原因、丧失清偿能力达到严重程度时，企业的法定代表人、董事、经理等高级管理人员在规定期限内负有申请破产的义务，以强调其对全体债权人负有的诚信义务，并追究违反义务者的法律责任，包括赔偿因延误申请破产致使债权人受到的经济损失。此外，应当进一步完善执行向破产转换的程序，使两者无缝衔接。

二、破产申请的一般规定

破产申请的提出与受理，在我国的破产法中构成破产程序中的独立阶段。目前，破产申请的提出是启动破产程序必要的预备阶段。破产申请是当事人或利害关系人向法院提出的要求启动对债务人的破产程序以清偿债务的请求。享有提出破产申请权利的人称为破产申请权人。从各国破产立法看，其通常包括债权人、债务人、准债务人。有的国家还赋予特定国家机关提出破产申请的职权，如英国 1967 年公司法规定，贸易部、官方接管人享有申请权，其破产法规定，有破产犯罪的案件，官方申请人可向法院提出破产申请；意大利 1942 年破产法规定，检察官享有申请权；荷兰破产法规定，当破产案件涉及公共利益时，检察机关可以提出破产申请。

我国《企业破产法》将当事人提起破产清算程序、和解程序与重整程序这三个程序的申请统一规定于一个章节之中，虽然在有的法律条款中使用的是“破产申请”的概念，但实际上涵盖了破产清算、和解与重整三种申请。

根据法律规定，债务人不能清偿到期债务，债权人可以向人民法院提出对债务人进行重整或者破产清算的申请。债务人可以向人民法院提出重整、和解或者破产清算申请。和解的申请权专属于债务人，债权人无申请权。企业法人已解散但未清算或者未清算完毕，资产不足以清偿债务的，依法负有清算责任的人应当向人民法院申请破产清算。此外，《企业破产法》第 70 条规定，债务人企业的出资人在法定条件下可以提出重整申请。

《民法总则》第 70 条第 2 款规定：“法人的董事、理事等执行机构或者决策机构的成员为清算义务人。法律、行政法规另有规定的，依照其规定”。根据最高人民法院《关于适用〈中华人民共和国公司法〉若干问题的规定（二）》中的规定，依法负有清算责任的人，包括未清算完毕情形下已经成立的清算组，以及应清算未清算情形下依法负有启动清算程序的清算义务人，即有限责任公司全体股东，或者股份有限公司董事和控股股东。该规定与《民法总则》对法人清算义务人范围的规定存在差异，而其又不属于法律、行政法规另有规定的情况，且又发布于《民法总则》之前，所以应当按照《民法总则》执行。此外，《公司法》第 187 条第 1 款规定：“清算组在清理公司财产、编制资产负债表和财产清单后，发现公司财产不足清偿债务的，应当依法向人民法院申请宣告破产。”但在此，与其说是清算组有破产申请权，不如更准确地说，它负有申请破产的义务。

此外，《企业破产法》第 134 条规定：“商业银行、证券公司、保险公司等金融机构有本法第二条规定情形的，国务院金融监督管理机构可以向人民法院提出对该金融机构进行重整或者破产清算的申请。国务院金融监督管理机构依法对出现重大经营风险的金融机构采取接管、托管等措施的，可以向人民法院申请中止以该金融机构为被告或者被执行人的民事诉讼程序或者执行程序。”

三、债权人申请权

债权人申请破产，亦称非自愿破产。债权人提出破产申请，是在债务人丧失清偿能力的情况下主张自己民事权利的法定方式，具有中断诉讼时效的法律效力。其他债权人在破产案件受理后申报债权，同样具有中断诉讼时效的法律效力。债权人提出破产申请时应享有对债务人的债权，但仅以法院作出受理破产案件的裁定时为准。如在法院作出受理破产案件的裁定之后，债权人的债权因法院判决（如再审判决）或仲裁机关裁决变更等而消灭，或者依法转让，一般不影响法院已经作出的受理破产案件的裁定或破产宣告裁定的法律效力，除非其变更导致在法院作出受理破产案件裁定时债务人不再具有破产原因。

各国破产立法对不同性质的债权人在破产申请权方面的具体规定有所不同。

1. 对债务人特定财产无担保权的债权人

对债务人特定财产无担保权的债权，以债务人的全部财产（非特定财产）为清偿对象，须依赖债务人的清偿行为实现。由于该种债权无对债务人特定财产的优先受偿权利，在债务人丧失清偿能力时，其权利保障依赖于破产程序的集体公平受偿，故债权人享有破产申请权。

有的国家立法对债权人行使破产申请权不加任何条件限制，有的国家立法对债权人行使破产申请权作有申请人数尤其是持有债权额的限制。如英国 1914 年破产法规定，一名债权人单独提出破产申请，其无担保的债权必须超过 50 英镑，否则必须与其他债权人共同提出申请。英国 1986 年破产法则规定，债权人提出破产申请，其无担保的债权必须达到 750 英镑。《加拿大破产法》规定，只有当债务人负债超过 1 000 加元时，债权人才能提出破产申请。《美国破产法》规定，债权人总数在 12 人以上的，必须有 3 名以上债权人，其无担保的债权总额在 10 000 美元以上时，才可提出破产申请。而且，《美国破产法》规定，不允许仅为便于提出破产申请而转让或取得债权。此后，美国相关立法规定，债权人提出破产申请时持有的债权额将按照社会经济情况的变化定期进行调整。这种对提出破产申请时债权人持有债权额的要求，也被称为破产水平。还有的国家，如英国，规定，债权人提出破产申请应交纳 200 英镑的保证金，以担保赔偿破产申请错误时债务人因财产权利受限制而造成的经济损失。这反映出立法者对小额债权人行使破产申请权的限制，其目的是在对债权人权益、社会经济秩序予以保护的同时，维护债务人的正当权益，并尽量节省社会与司法资源。据美国学者考证，在美国，债权人申请破产的情况很少，原因之一就是要想找到并说服 3 名以上债权人共同申请破产是有一定困难的。目前，我国破产法无此方面的限制，故原则上债权人只要有一人，且无论其债权额为多少，均可提出破产申请。

对于附有期限但未到期的债权人享有破产参加权，人们均无争议，但对于其是否享有破产申请权，观点不一。有的人认为，未到期的债权与到期的债权性质相同，其债权人应享有破产申请权，否则如出现债务人逃匿、赖债等情况，由于无破产申请权，其便难以保障自己的合法利益。有的人认为，未到期的债权人不应享有破产申请权，因其债权尚未到清偿期限，利益尚未受到实际损害，而且即便此时债务人丧失清偿能力，待债务到期时，债务人可能已恢复清偿能力，没必要再申请破产。本书认为，未到期的债权人应否享有破产申请权，与破产法对破产原因的规定相关。如法律规定的破产原因中具有不能清偿到期债务的要件，则未到期的债权人因尚未发生债务人不能清偿到期债务的事实，便不应享有破产申请权。如法律仅以资不抵债作为破产原因，破产申请权的行使与债务是否到期便没有关系，则未到期的债权人也应享有破产申请权。根据我国破产法的规定，破产原因中含有不能清偿到期债务的要件，故未到期的债权人不享有破产申请权。至于债务人在债权人债权尚未到期时进行损害其清偿能力的非法财产处分行为，可以由债权人通过采取撤销权等方式加以解决。

此外，有的人以破产法规定破产宣告后（其当时法律依据是旧破产法，而依据《企业破产法》则是破产案件受理后）未到期的债权应视为已到期债权，可以参加破产清偿为依据，主张未到期的债权人应享有破产申请权。[①] 这种观点是不妥的，是误将破产参加权与破产申请权混为一谈了。

对外国债权人的破产申请权，各国通常均不加限制，我国破产法对此未作规定。本书认为，外国债权人应享有破产申请权。但在此还应考虑对等原则问题，如果该外国限制我国债权人在该国的破产申请权，我国也可以考虑限制该国债权人的破产申请权。

2. 对债务人特定财产有担保权的债权人

各国破产立法对就债务人特定财产有担保权的债权人即别除权人（以下简称别除权人）是否享有破产申请权有两种观点：一种观点认为，别除权人的债权有担保物担保，享有优先受偿权，其受偿不受债务人是否破产的影响，原则上没有必要赋予其破产申请权，否则，便可能出现无利害关系人对破产申请权利的滥用。所以主张仅在担保物不足清偿其担保债权的情况下，允许别除权人提出破产申请。另一种观点认为，在别除权人也是债务人之债权人的情况下，其作为债权人的基本权利不应因有担保物反受限制，更何况还存在担保物不足清偿担保债权的可能，此外别除权人在破产程序中还可能存在受偿之外的其他利益，所以别除权人也应享有破产申请权。但在债务人以其财产为他人担保时，别除权人在其主债务人未能清偿债务时对担保物享有受偿权，但无对担保人的破产申请权。因为担保人本身并不是担保债权的主债务人，只承担物上的担保责任，别除权人只对担保人的特定财产享有优先受偿权，对担保人并无债权权利。

在司法实践中，债务人破产时，别除权人通常可从担保物中直接获得优先清偿，没有必要浪费时间、精力去申请债务人破产。但在债权人放弃优先受偿权，或者担保物的价款不足以清偿所担保的债权，或者就担保物的受偿受到阻碍时，别除权人便不得不行使破产申请权，以维护其权利。除此之外，别除权人出于某些特殊的利益考虑，如挽救债务人、排除竞争对手等，也可能会提出破产或重整申请，破产申请权可以作为其达到目的的正当法律手段。从理论上讲，依债权性质分析，赋予别除权人破产申请权更为合理，而且我国《企业破产法》对别除权人行使破产申请权并无禁止性规定，所以别除权人应享有破产申请权。

一般情况下，破产申请是在债务人企业存续期间提出的。但有时，人们是在债务人解散后的清算过程中才发现其无法清偿债务，这时，债权人仍有权提出破产申请。同时，清算组织也有义务主动提出破产申请。

3. 其他特定债权人的破产申请权

第一，税收债权人有无破产申请权。对此有两种观点。第一种观点认为，税务机关对于税

---

① 参见许亮东主编：《破产案件审理程序》，66页，北京，人民法院出版社，1997。

收债权有足够的法律保障手段加以实现，无须适用破产程序解决问题。根据《税收征收管理法》规定，税务机关可以直接从纳税人银行账户的存款中扣缴税款，可以扣押、查封其财产，可以对欠税人作出种种行政处罚，以保证税收债权的实现。这些强制实现税收债权的手段已经远远超过破产法所能给予普通债权人的保护，如再赋予其破产申请权，将出现对企业的过度干预，反而影响正常经济秩序。第二种观点认为，税务机关作为在破产清偿顺序中的优先债权人应享有破产申请权，法律赋予税务机关的种种强制实现税收债权的手段，不能反而成为妨碍其享有破产申请权的理由。本书原则上同意第二种观点，但应注意的是，本书认为税务机关只宜享有对债务人的破产清算申请权，而不宜享有重整申请权。因为依其法定职责不能在重整程序中主动作出债权减免的让步，无助于企业的挽救再生，所以也不应享有相应的申请权。此外，社会保险机构与税务机关在破产清偿顺序中处于相同的顺位，也应享有破产申请权，但重整申请权除外。在司法实践中，已经出现一些由税务机关或社会保险机构作为破产申请人的案件。

第二，职工债权人有无破产申请权。从各国立法情况看，一般并不限制职工债权人的破产申请权，以保障职工的合法权益。但是，职工债权人一方面是企业的债权人，另一方面又是企业的雇员，申请企业破产可能实现申请职工的债权，但也可能会导致全部职工因企业倒闭而失业，从而可能出现债权与就业权、申请职工与其他职工利益的矛盾。本书认为，职工债权人应享有破产申请权，但对其破产申请权的行使可以加以一定的限制条件，如应经过职工代表大会或职工大会的多数同意。但是，债务人企业已因长期停产等使职工代表大会或职工大会无法召开的除外；同时，应加强对职工债权在破产程序之外的保护，包括在职工无法行使破产申请权时，对其债权通过执行程序予以充分保障的机制。

第三，惩罚性债权如罚款、罚金等之债权人有无破产申请权。本书认为，行政罚款、刑事罚金等惩罚性债权之债权人不应享有破产申请权，此类债权在破产程序中均属于劣后债权，在破产程序中通常是得不到清偿的，所以也不宜让其享有破产申请权，引发企业的破产程序。

四、债务人申请权

根据《企业破产法》第 7 条的规定，债务人享有破产申请权。债务人提出破产申请的案件称为自愿破产。在破产法的发展历史上，债务人曾长期没有申请破产的权利，其只是被视为破产程序的客体。到了近代以后，破产法的宗旨从单纯保护债权人的利益，转化为对债权人与债务人的利益予以公平保障，债务人才得以享有破产申请权。

债权人申请破产是其权利。有的国家法律规定，债务人申请破产，既是其权利，也是其义务，违反者则给予法律处罚。从权利角度看，申请破产可为债务人带来破产后的免责等利益。从义务角度看，在法定情况下要求债务人必须提出破产申请，可以防止其隐瞒破产情况，恶意膨胀债务，加重损害债权人的利益，影响社会经济秩序。如法国 1967 年破产法规定，债务人停止支付时，有义务申请破产。德国 1877 年破产法规定，公司在无力清偿债务时有义务提出破产申请；其公司法还规定，在这种情况下，公司董事会、经理或负无限责任的股东有义务在 3 周之内提出破产或和解申请，否则，应承担利害关系人因此而受到的损失。我国破产法中未规定债务人有申请破产的义务。

一些国家或地区的破产法规定，除债务人外，具有类似债务人地位的准债务人也享有破产申请权。准债务人通常包括：法人的董事、理事；无限公司、两合公司或合伙企业的无限责任股东或合伙人；股份有限公司及有限责任公司的董事；前述企业的清算人；受遗赠人、继承人、遗嘱执行人及继承财产的管理人等。英国破产法规定，和解或重整程序中的监督人、依和解协议或协调计划负担实体法律义务的第三人，享有破产申请权。

通常，准债务人提出破产申请，不需要法人的理事会或董事会作出决议，也不需要多数人提出，一个人就可以提出破产申请。在法定情况下，准债务人也负有提出破产申请的义务，如违背其义务，不依法提出破产申请，则给予法律处罚。有的国家的立法还具体规定，在准债务人为数人时，如果全体一致同意提出破产申请，一般无须特别说明破产原因存在的事实，如非一致同意时，申请人应说明破产原因存在的事实。

我国《公司法》第 187 条规定："清算组在清理公司财产、编制资产负债表和财产清单后，发现公司财产不足清偿债务的，应当依法向人民法院申请宣告破产。公司经人民法院裁定宣告破产后，清算组应当将清算事务移交给人民法院。"据此，公司清算组在法定情况下，作为准债务人享有破产申请权，并负有破产申请义务。

有的国家对特殊主体破产申请的提出作有限制性规定。如《美国破产法》规定，对农场主和非从事金融、经济及商业活动的社团，不得提出非自愿破产，只能由债务人提出破产申请。英国立法规定，对未登记的公司，只能提出非自愿破产申请。

五、破产申请的提出

（一）提出破产申请时应提交的文件

根据《企业破产法》第 8 条的规定，当事人向人民法院提出破产申请，应当提交破产申请书和有关证据。破产申请书应当载明下列事项：（1）申请人、被申请人的基本情况，在申请人为债务人时，只需说明申请人的基本情况，如具有适用破产法的主体资格等；（2）申请目的，指申请开始的是清算程序、和解程序还是重整程序；（3）申请的事实和理由，主要是债权债务的存在、债务人未能清偿债务、债务人发生破产原因等情况；（4）人民法院认为应当载明的其他事项。债务人提出申请的，还应当向人民法院提交财产状况说明、债务清册、债权清册、有关财务会计报告、职工安置预案以及职工工资的支付和社会保险费用的缴纳情况。

《破产法解释一》第 6 条规定，债权人提出破产申请时，应当提交债务人不能清偿到期债务的有关证据。但根据该司法解释第 2 条的规定，债权人需要举证证明的实际上已经不再是不能清偿，而是停止支付，即债权债务关系依法成立、债务履行期限已经届满、债务人未完全清偿债务，其举证责任大为减轻且具有可行性。

在此需探讨的是关于债务人应提交"职工安置预案"的规定。由全国人大财经委破产法起草组制定的破产法草案中原无此项内容，这是在破产法草案提交全国人大常委会审议的过程中加入的。在旧破产法实施时期，一些地方政府不正确履行职责，将企业破产产生的职工安置等社会问题与矛盾推给法院解决，导致法院不得不以申请破产企业无职工安置方案、安置费用等理由拒绝受理破产申请，以求自保。这在以政策性破产为主导方向的旧破产法实施中是可以理解的，但在《企业破产法》的立法宗旨改变之后仍然如此规定，便与立法改革思想不协调了。这一规定受旧法执行模式的影响，表面上看是要维护破产企业职工的权益，但实际上不仅做不到这一点，反而会损害当事人的破产申请权，所以应当予以修正。

第一，要求债务人企业提出职工安置方案本身就是不合理的。企业已经面临破产，自身尚且不保，如何有能力、有财产去安置失业职工呢？而且安置失业职工等社会工作本不是破产企业（尤其是私营企业、外商投资企业等）的职责，而是政府的社会责任。如果确实需要提交职工安置方案，也应当由地方政府负责。将政府应承担的责任转嫁给债务人，既不合理，也不可行。相反，这一规定却可能使本应负有职工安置义务的地方政府借机推卸其责任，不利于对职工权益的保护。

第二，立法仅规定债务人申请破产应提交职工安置方案，而债权人申请破产则无此要求。如果这一规定真的有助于保护职工权益，则将使职工权益的保护程度在不同当事人申请的破产案件中至少在形式上出现巨大反差。

第三，如果破产企业提交的职工安置方案内容不合法，如以应分配给债权人的财产安置职工，法院是否可以因此不受理破产案件？如果可以拒绝受理案件，如何与《企业破产法》第2条债务人发生破产原因就应当受理案件的规定相协调？再者，如果破产企业虽提交了方案却未能做到，应如何解决？能否因此再驳回其申请？如果可以驳回申请，有何法律依据？《企业破产法》第12条规定，只有在破产申请受理时债务人未发生破产原因的情况下才可以驳回破产申请。如果不能驳回申请，债务人企业在申请破产时就可以不负责任地任意制定一个职工安置方案。而且，债务人对这一规定也是很容易规避的，只要给某个债权人一些好处，就可以由债权人提出破产申请，避免自己申请破产时的提交职工安置方案的义务。由此产生的社会效果，将是在错误的立法之下，鼓励当事人选择错误的行为倾向。

第四，企业不提交职工安置方案时，法院无法处理。对此，选择之一，是法院不受理破产案件。如果不受理案件真能解决企业破产问题，那就是正确的。但在实践中，法院不受理未提交职工安置方案的企业破产案件，最终的结果只能是使本应早日进入破产程序的企业因被拒之门外，其有限财产进一步消耗流失，使债权人的损失进一步扩大，甚至使原本可以全部清偿或部分清偿的职工债权也无法获得清偿，造成债权人、债务人，尤其是职工更大的损失，显然这不是破产法所要达到的目的。选择之二，是法院同样要受理破产案件。那就证明这一规定是没有任何意义的，完全可以删除。而分析的结论只能是：法院因此不受理破产案件是没有任何法律依据的，所以这一规定应予删除。

本书认为，在法律修订之前可考虑在破产法司法解释中对此规定作限制解释。将提交职工安置预案解释为，应列明债务人解除职工劳动关系后依法应对职工的补偿方案，但并不需要债务人解决资金以及就业安置问题。法院不得因债务人不能提交此项文件而拒绝受理破产案件，地方政府也不得拒绝履行其安置破产企业职工、提供社会保障的义务。

（二）破产申请费用

根据《诉讼费用交纳办法》第10条的规定，当事人依法向人民法院申请破产，应当交纳申请费。但该办法第20条又规定，破产申请费不由申请人预交，在清算后从破产财产中交纳。同时，该办法第14条规定，破产案件申请费依据破产财产总额计算，按照财产案件受理费标准减半交纳，但是，最高不超过30万元。这与原最高人民法院制定的旧诉讼费用交纳办法的规定，即债权人提出破产申请原则上应当预先交纳申请费是完全不同的。据此，人民法院不得要求申请人预先交纳案件受理费或者其他费用，不得以申请人未交纳上述费用为由裁定不予受理破产申请。

（三）破产申请的撤回

关于破产申请提出后能否撤回，在何期间内能够撤回，学者间的观点不一。有的学者主张，在法院受理破产案件后、作出破产宣告之前，经法院审查同意后，当事人可以撤回破产申请。有的学者主张，破产申请只要提出就不允许撤回，只能通过和解或重整程序结束。但多数学者认为，对以破产宣告为破产程序开始的国家，在作出破产宣告之前，申请人可以撤回破产申请，在作出破产宣告后，不应允许撤回破产申请。对以破产案件受理为破产程序开始的国家，在法院受理破产案件前，允许撤回破产申请，在法院作出破产案件受理裁定后，申请人不得再撤回破产申请。法院对破产申请的撤回可不加审查，但在撤回破产申请之前法院已经支出的受理审查费用应由申请人承担。此种观点的理由是：法院受理破产案件，或作出破产宣告，即是认定债务人已经发生破产原因，这时不仅是申请人，其他债权人的利益也受到影响，需要依赖破产程序保障。而且在法院启动破产程序后，要指定管理人，发布公告，通知债权人等有关当事人，并采取必要的财产保全等措施，其中一些措施具有不可逆性。如管理人对破产申请受理前成立而债务人和对方当事人均未履行完毕的合同的解除，包括劳动合同的解除，诸多合同解除后就难以再恢复原状。再如管理人对债务人财产的紧急处置，如对易变质、易损耗财产的变卖等。至于在取回权人取走其在债务人企业内的财产后，若再想要回来，更是几乎不可能的。这时，撤回破产申请往往不能再使债务人恢复到破产申请之前的状况，反而可能使其陷入新的难以解决的困境，所以就不应再允许撤回破产申请了。允许任意撤回破产申请还可能会导致对破产申请权的滥用，使破产申请的提出与撤回沦为债权人与债务人利益博弈的工具，损害法律的尊严。

由于各国立法上的差异，对债务人提出的破产申请是否允许撤回的规定也不甚一致。因为有的国家破产立法将在法定情况下提出破产申请作为债务人的义务，既为义务，当然不允许任意不履行，包括以撤回方式不履行。所以，在这些国家，即使是在破产案件受理之前，原则上债务人也不能任意撤回其提出的破产申请，必须经过法院的审查批准，确认其破产原因不存在，方可撤回破产申请。

我国《企业破产法》第 9 条规定："在人民法院受理破产申请前，申请人可以请求撤回申请。"但在破产案件受理之后，为保护其他债权人的利益，不允许其撤回破产申请。

在破产申请撤回以后，申请人仍然有权就同一案件以同一理由再次提出破产申请。因为，在破产申请撤回后，债务人企业的情况可能发生变化，出现破产原因，符合申请破产的条件。但为防止滥用破产申请与撤回的权利，应考虑对破产申请撤回以后申请人再次提出破产申请的间隔时间加以限制。如为防止债务人滥用破产程序来反复推迟债权人对其财产的执行，《美国破产法》规定，债务人提出破产清算申请后又撤回破产申请的，必须在 180 天以后才能再次提出破产清算申请。[①]

对申请人以外的破产债权人，申报债权后要求撤回债权申报的，因不影响他人利益，各国

① 参见潘琪：《美国破产法》，5 页，北京，法律出版社，1999。

立法均予允许，亦不限制撤回时间，在破产分配完成之前均可进行。在破产债权得到确认之前，撤回债权申报的，不具有中止诉讼时效的作用。如债权申报的撤回，是在破产债权得到确认之后，便仍具有中止诉讼时效的作用。在债权申报撤回后，原已接受的破产分配仍然有效，不必退回。

六、执行案件移送破产审查受理

执行案件移送破产审查受理，简称“执转破”，一方面是解决当事人消极对待破产申请、实现执行程序与破产程序衔接转换的重要措施，另一方面也可以解决许多案件的执行难问题。一般而言，债务人有清偿能力而拒不履行生效法律文书规定的民事义务，应当适用民事执行程序，强制其履行义务，保障债权的个别实现。而在债务人丧失清偿能力时，为保障对全体债权人的公平、有序清偿，则应适用破产程序。前者是债权的个别实现程序，而后者则是债权的集体实现程序，二者适用的前提条件和对象有所不同，这是法律和程序适用上的合理分工。但实践中经常出现债务人已丧失清偿能力，本应适用破产程序，却仍滞留于执行程序，债权人、债务人不主动提出破产申请，这不仅使大量执行积案不能结案，而且对破产案件的受理也造成不利影响。为此，迫切需要打通执行程序与破产程序之间的壁垒，通过法院对执行案件的移送破产审查受理，实现执行程序向破产程序的转换。

“执转破”的主体性功能是解决破产案件的申请障碍问题，所以其适用对象并不局限于已经无财产可供执行的案件即无产可破的案件，只要是发生破产原因的企业均应当转入破产程序，而且其转入的破产程序也不限于破产清算程序，同样也可以适用企业挽救程序。此外，“执转破”必然产生的社会效果就是通过案件转入破产程序，随之解决部分案件的执行难问题。这些案件的执行难，难就难在案件本来就不应当适用执行程序，而应当适用破产程序，适用法律程序的错误不仅导致社会矛盾的积累与爆发，而且使法院的工作陷入困境。所以，我们必须站在破产法适用基本原则的高度来理解执行案件移送破产审查制度。

2015 年出台的最高人民法院《关于适用〈中华人民共和国民事诉讼法〉的解释》（以下简称《民诉法解释》）第 513 条规定：“在执行中，作为被执行人的企业法人符合企业破产法第二条第一款规定情形的，执行法院经申请执行人之一或者被执行人同意，应当裁定中止对该被执行人的执行，将执行案件相关材料移送被执行人住所地人民法院。”2017 年最高人民法院又出台了《执转破指导意见》，对此问题作出进一步具体规定。该意见指出，推进执行案件移送破产审查工作，有利于健全市场主体救治和退出机制，有利于完善司法工作机制，有利于化解执行积案，是人民法院贯彻中央供给侧结构性改革部署的重要举措，是当前和今后一段时期人民法院服务经济社会发展大局的重要任务。

《执转破指导意见》的出台，不仅进一步做到使“执转破”案件有法可依、有据可循，而且其意义已超越了解决“执行难”和无产可破企业规范退出的范围，通过“执转破”中对破产法的宣传与执行案件的转换使破产案件的整体受理更为顺利，不仅有效地解决了部分案件的“执行难”问题，而且在实践中出现“执转破”案件通过重整程序使债务人得到挽救的案例，凸显出其在市场经济中更为重要的作用。如广东省 2017 年下半年通过破产方式处理完毕涉及企业的 4.3 万余件执行案件，其中深圳市处理完毕 1 万多件。深圳市两级法院 2017 年已经宣告破产和终结破产程序的有 29 件案件，共终结执行案件 4 931 件，每一件“执转破”案件平均消化 176 件涉及企业的执行积案。相当一批不具有运营价值的企业退出了市场。

由于执行案件移送破产审查工作，主要是在法院内部对执行程序与破产程序之间的转换和衔接，所以需要不同法院之间，同一法院内部执行部门、立案部门、破产审判部门之间，坚持依法有序、协调配合、高效便捷的工作原则，防止推诿扯皮，影响司法效率，损害当事人合法权益。

执行案件移送破产审查，应同时符合下列条件：(1) 被执行人为企业法人，换言之，属于破产法适用对象；(2) 被执行人或者有关被执行人的任何一个执行案件的申请执行人书面同意将执行案件移送破产审查，也就是遵循破产申请主义的原则；(3) 被执行人不能清偿到期债务，并且资产不足以清偿全部债务或者明显缺乏清偿能力，即发生破产原因。

执行案件移送破产审查，由被执行人住所地人民法院管辖。最初，“执转破”案件在级别管辖上实行以中级人民法院管辖为原则、以基层人民法院管辖为例外的管辖制度。中级人民法院经高级人民法院批准，也可以将案件交由具备审理条件的基层人民法院审理。随着“执转破”案件的日益增多，对管辖原则也应当进行必要的调整，在很多地方，基层人民法院已经成为主要的管辖法院。

执行法院在执行程序中应加强对执行案件移送破产审查有关事宜的告知和意见征询工作。执行法院采取财产调查措施后，发现被执行人符合《企业破产法》第 2 条规定的，应当及时询问申请执行人、被执行人是否同意将案件移送破产审查。在告知和征询工作中，法院应当着重于清偿顺序在后的债权人，充分讲明利害关系，以调动其申请破产的积极性。申请执行人、被执行人均不同意移送且无人申请破产的，执行法院应当按照《民诉法解释》第 516 条[①]的规定处理，企业法人的其他已经取得执行依据的债权人申请参与分配的，人民法院不予支持。

执行部门应严格遵守执行案件移送破产审查的内部决定程序。承办人认为执行案件符合移送破产审查条件的，应提出审查意见，经合议庭评议同意后，由执行法院院长签署移送决定。基层人民法院拟将执行案件移送异地中级人民法院进行破产审查的，在作出移送决定前，应先报请其所在地中级人民法院执行部门审核同意。执行法院作出移送决定后，应当于 5 日内送达申请执行人和被执行人。申请执行人或被执行人对决定有异议的，可以在受移送法院破产审查期间提出，由受移送法院一并处理。

执行法院作出移送决定后，应当书面通知所有已知执行法院，执行法院均应中止对被执行人的执行程序。但是，对被执行人的季节性商品、鲜活、易腐烂变质以及其他不宜长期保存的物品，执行法院应当及时变价处置，处置的价款不作分配。受移送法院裁定受理破产案件的，执行法院应当在收到裁定书之日起 7 日内，将该价款移交受理破产案件的法院。

为确保对被执行人财产的查封、扣押、冻结措施的连续性，执行法院决定移送后、受移送法院裁定受理破产案件之前，对被执行人的查封、扣押、冻结措施不解除。查封、扣押、冻结期限在破产审查期间届满的，申请执行人可以向执行法院申请延长期限，由执行法院负责办理。

---

① 《民诉法解释》第 516 条规定：“当事人不同意移送破产或者被执行人住所地人民法院不受理破产案件的，执行法院就执行变价所得财产，在扣除执行费用及清偿优先受偿的债权后，对于普通债权，按照财产保全和执行中查封、扣押、冻结财产的先后顺序清偿。”

执行法院作出移送决定后，应当向受移送法院移送下列材料：(1) 执行案件移送破产审查决定书；(2) 申请执行人或被执行人同意移送的书面材料；(3) 执行法院采取财产调查措施查明的被执行人的财产状况，已查封、扣押、冻结财产清单及相关材料；(4) 执行法院已分配财产清单及相关材料；(5) 被执行人债务清单；(6) 其他应当移送的材料。移送的材料不完备或内容错误，影响受移送法院认定破产原因是否具备的，受移送法院可以要求执行法院于10日内补齐、补正，该期间不计入受移送法院破产审查的期间。移送的材料虽不完备或内容错误，但不影响受移送法院认定破产原因是否具备的，受移送法院应当接收并进行审查，对移送材料的补齐、补正，可以在接收材料后或破产案件受理后进行。受移送法院需要查阅执行程序中的其他案件材料，或者依法委托执行法院办理财产处置等事项的，执行法院应予协助配合。

执行法院移送破产审查的材料，由受移送法院立案部门负责接收。受移送法院不得以材料不完备等为由拒绝接收。立案部门经审核认为移送材料完备的应登记立案，并及时将案件移送破产审判部门进行破产审查。破产审判部门在审查过程中发现本院对案件不具有管辖权的，应当按照《民事诉讼法》第36条的规定处理。

受移送法院的破产审判部门应当自收到移送的材料之日起30日内作出是否受理的裁定。受移送法院作出裁定后，应当在5日内送达申请执行人、被执行人，并送交执行法院。受移送法院裁定受理破产案件的，在此前的执行程序中产生的评估费、公告费、保管费等执行费用，可以参照破产费用的规定，从债务人财产中随时清偿。

执行法院收到受移送法院受理裁定后，应当于7日内将已经扣划到账的银行存款、实际扣押的动产、有价证券等被执行人财产移交给受理破产案件的法院或管理人。执行法院收到受移送法院受理裁定时，已通过拍卖程序处置且成交裁定已送达买受人的拍卖财产，通过以物抵债偿还债务且抵债裁定已送达债权人的抵债财产，已完成转账、汇款、现金交付的执行款，因财产所有权已经发生变动，不属于被执行人的财产，不再移交。

受移送法院作出不予受理或驳回申请裁定的，应当在裁定生效后7日内将接收的材料、被执行人的财产退回执行法院，执行法院应当恢复对被执行人的执行。受移送法院作出不予受理或驳回申请的裁定后，人民法院不得重复启动执行案件移送破产审查程序。申请执行人或被执行人以有新证据足以证明被执行人已经具备了破产原因为由，再次要求将执行案件移送破产审查的，人民法院不予支持。但是，申请执行人或被执行人可以直接向具有管辖权的法院提出破产申请。

受移送法院裁定宣告被执行人破产或裁定终止和解程序、重整程序的，应当自裁定作出之日起5日内送交执行法院，执行法院应当裁定终结对被执行人的执行。

受移送法院拒绝接收移送的材料，或者收到移送的材料后不按规定的期限作出是否受理裁定的，执行法院可函请受移送法院的上一级法院进行监督。上一级法院收到函件后应当指令受移送法院在10日内接收材料或作出是否受理的裁定。受移送法院收到上级法院的通知后，10日内仍不接收材料或不作出是否受理裁定的，上一级法院可以径行对移送破产审查的案件行使管辖权。上一级法院裁定受理破产案件的，可以指令受移送法院审理。

执行案件移送破产审查，实际上是将破产申请与对破产申请的审查受理结合在一起、一并处理的程序。由于这些程序都是在法院内部进行，往往密切衔接，所以作为一个整体予以讲述，不再做申请与受理的程序区分。

第三节　破产申请的受理

一、破产案件的管辖

破产案件由法院受理并审理。当事人的申请应向对破产案件有管辖权的法院提出。各国立法确定破产案件管辖法院的方式主要有以下几种：(1) 由专门法院管辖。如美国破产法为联邦立法，破产案件由联邦法院审理，在联邦地区法院下共设有93个地区破产法院（庭），并在11个联邦巡回审判区设置破产上诉法院。(2) 在实行一般破产主义的国家，破产案件通常由普通法院管辖，如英国、意大利、德国等。(3) 在实行商人破产主义的国家，往往根据破产人身份的不同确定管辖法院，商人破产案件由商事法院管辖，非商人破产案件由民事法院管辖，如法国（1967年以前）。我国目前尚未设置专门的破产法院，破产案件由普通法院管辖。随着破产案件受理数量的增加，破产案件的专业化审判日益受到重视。2016年6月，最高人民法院下发《关于在中级人民法院设立清算与破产审判庭的工作方案》，要求省会城市、副省级城市所在地等中级法院设立清算与破产审判庭，鼓励其他中级法院在综合考虑经济发展水平、案件数量、审判力量、管理人数量等因素的基础上，研究设立清算与破产审判庭。上述方案为健全破产审判机构、提高破产审判专业化程度提供了政策依据，相应工作取得了成效。截至2017年年底，全国法院有清算与破产审判庭的，从2015年年初仅5家增至97家，包括3家高级法院、63家中级法院、31家基层法院。[①] 2019年年初，根据最高人民法院的批复，深圳、北京、上海相继成立破产法庭。破产法庭的成立对于优化我国营商环境，加大破产保护法治力度，建立专业化审判队伍，提升破产审判工作水平，具有重要的意义。

对破产案件的级别管辖，各国立法也有不同。德国、日本等国规定由地方法院管辖。如《德国支付不能法》第2条规定："州法院所在地的初级法院作为支付不能法院，对州法院辖区的支付不能程序具有专属管辖权"。加拿大法律规定，破产案件由高等法院管辖。英国破产法原规定破产案件由高等法院管辖，后改为由郡法院管辖。

通常，各国立法规定，以债务人住所地管辖为确定破产案件法院地域管辖的原则。债务人为企业者，以其主要营业场所所在地的法院为管辖法院。债务人为自然人的，以其户籍所在地或住所地的法院为管辖法院。无法依上述规定确定管辖法院时，以破产财产所在地的法院为管辖法院。也有的国家赋予当事人一定的选择权，如美国立法规定，当事人申请破产时，可任意选择以债务人住所地、主要营业地或主要财产所在地的法院之一为管辖法院。

我国《企业破产法》第3条规定："破产案件由债务人住所地人民法院管辖。"债务人住所地，通常认为是指债务人的主要办事机构所在地。债务人无办事机构的，由其注册地人民法院管辖。目前立法没有对地域管辖作出变通适用的规定，如未规定在无法或不宜依据债务人所在

① 参见2018年3月6日最高人民法院审判委员会专职委员刘贵祥在第十三届全国人大和全国政协会议期间发布的《人民法院优化企业破产法治环境、服务经济高质量发展》新闻发布稿。

地确定管辖时，能否以破产财产所在地确定管辖等，故在法律实施中可能存在不够灵活的问题。

确认人民法院对破产案件有无管辖权，应以破产案件受理时债务人的情况为准，破产案件受理后债务人改变所在地的，不影响管辖权的确定。这就是所谓管辖恒定原则，即以法院受理案件时的情况为标准确定管辖权，受理案件时享有管辖权的法院，不因受理案件后情况的变化而影响其对案件的管辖权。从现行立法规定看，破产案件的地域管辖应具有专属管辖的性质。

对于破产案件的级别管辖，《企业破产法》未作规定，留由最高人民法院通过司法解释解决。根据最高人民法院对旧破产法的司法解释规定，破产案件的级别管辖一般依破产企业的工商登记情况确定。基层人民法院一般管辖县、县级市或者区的工商行政管理机关（现为市场监督机关）核准登记企业的破产案件；中级人民法院一般管辖地区、地级市（含本级）以上的工商行政管理机关（现为市场监督机关）核准登记企业的破产案件；纳入国家计划调整的国有企业破产案件即政策性破产案件，由中级人民法院管辖。上级人民法院审理下级人民法院管辖的企业破产案件，或者将本院管辖的企业破产案件移交下级人民法院审理，以及下级人民法院需要将自己管辖的企业破产案件报请由上级人民法院审理的，依照《民事诉讼法》第 38 条的有关规定办理；省、自治区、直辖市范围内因特殊情况需对个别企业破产案件的地域管辖作调整的，须经共同上级人民法院批准。此外，上市公司和金融机构的破产案件通常均由中级人民法院管辖。目前，在最高人民法院关于破产案件管辖的新司法解释出台之前，破产案件的级别管辖仍按照上述规定执行。

接到破产申请的人民法院，审查后认为本院无管辖权的，应当立即将案件移送有管辖权的人民法院。如无管辖权的人民法院受理案件后对债务人作出破产宣告，该破产宣告因违反法定程序而无效。如无管辖权的人民法院对申请人的破产申请作出驳回申请的裁定，该裁定也因违反法定程序而无效，不影响当事人再向有管辖权的人民法院提出破产申请。

有的人认为，破产案件的移送应受一定限制。法院受理破产案件后、发布公告之前发现本院无管辖权的，应当将案件移送有管辖权的法院。但在发布公告之后，即使发现本院无管辖权，也不得再移送破产案件。理由是公告之后，破产案件的受理法院已经公之于众，法院还要发布通知申报债权，召集债权人会议，乃至作出破产宣告，进行破产清算分配等工作。这些行为的后果，往往是无法逆转的，所以在这种情况下，就不能再移送案件，而只能通过上级法院指定等方式确认本无管辖权的已经受理破产案件的法院享有管辖权。①

本书认为，这种观点虽有其一定的理由，但正确性值得商榷。以这种方式确定破产案件的管辖，实际上可能会鼓励一种将错就错的机制，甚至可能会造成错误的利益导向。无管辖权的法院受理破产案件本是错误，但只要赶快发布公告，就可以得到对破产案件合法的管辖权。依据破产法规定，法院应当在受理破产申请后 25 日内发布公告。显然，在这种情况下，即使是在发布公告之前，如果接到破产申请的法院想争取破产案件的管辖权，肯定不会再将案件移送给有管辖权的法院。再者，发布公告之后就不得再改变案件受理状况，将剥夺当事人提出管辖权异议的权利。因为法院受理破产案件后、对外发出通知和发布公告之前，其他当事人根本不知道法院是否已经受理破产案件，所以无从对其提出管辖权的异议。目前，在我国可能存在地

---

① 参见许亮东主编：《破产案件审理程序》，51、52 页，北京，人民法院出版社，1997。

方保护主义，破产逃债、欺诈行为往往难以得到有力制止的情况下，如此确定破产案件的管辖是不妥的。

本书认为，对无管辖权的法院受理破产案件后，已经进行公告、申报债权、召集债权人会议等部分程序性工作的，也必须依法将案件移送给有管辖权的法院。对其已进行的部分程序性工作，原则上认定无效，但全体破产案件当事人均无异议者除外。也就是说，如果破产案件当事人对已进行的程序性工作并无异议，有管辖权的法院可以认定其有效，继续进行破产程序。但是，无管辖权的法院作出的破产宣告等实质性裁决，因其对案件无管辖权，故均应认定为无效。

二、破产案件受理程序

《破产法解释一》第7条第2款规定："人民法院收到破产申请后应当及时对申请人的主体资格、债务人的主体资格和破产原因，以及有关材料和证据等进行审查，并依据企业破产法第十条的规定作出是否受理的裁定。"根据《企业破产法》的规定，债权人提出破产申请的，人民法院应当自收到申请之日起5日内通知债务人。通知中应告知债务人不得转移资产、逃避债务，不得进行有碍于公平清偿的行为，以及进行这些违法行为时的法律责任。

在破产申请的受理问题上需要注意几个问题。第一，《破产法解释一》第7条第1款规定："人民法院收到破产申请，应当向申请人出具收到申请及所附证据的书面凭证。"在过去的司法实践中，有的法院对受理破产申请持消极态度，以种种借口拒不接受破产申请，或收到破产申请后拒不向申请人出具收到申请及所附证据的书面凭证，使申请人难以举证证明法院何时收到破产申请，无法起算法定的受理期间与届满时间，进而无法向上级法院提出上诉。为此，《破产法解释一》第9条第1款规定："申请人向人民法院提出破产申请，人民法院未接收其申请，或者未按本规定第七条执行的，申请人可以向上一级人民法院提出破产申请。"据此规定，如果申请人有证据包括书面证据、视听材料等，可以证明人民法院不接受其破产申请和有关材料，或者未按规定向其出具收到申请及所附证据的书面凭证，或者在法定期限内未作出是否受理裁定的，就可以直接据此向上一级人民法院提出破产申请，不以提交下级法院出具的收到申请及所附证据书面凭证为前提。

第二，对申请人提交申请材料的补充与补正。《破产法解释一》第7条第3款规定："人民法院认为申请人应当补充、补正相关材料的，应当自收到破产申请之日起五日内告知申请人。当事人补充、补正相关材料的期间不计入企业破产法第十条规定的期限。"最高人民法院《关于人民法院登记立案若干问题的规定》第7条规定："当事人提交的诉状和材料不符合要求的，人民法院应当一次性书面告知在指定期限内补正。"在过去的司法实践中，有的法院在申请人对相关材料的补充、补正环节，以不及时告知，或者对可一次性补充、补正的材料故意分多次告知的方式，拖延受理，恶意地阻碍破产申请，以达到迫使申请人放弃申请的目的。现在，两个司法解释文件明确规定了告知期限与告知方式，这里的告知期限，是指对所有破产申请中应当补充、补正的材料的统一告知期限。凡是在该5日期限内未告知申请人的，应被视为破产申请无须补充、补正相关材料，法院无权再要求申请人补充、补正，但对已要求申请人提交的补充、补正材料本身的再次补充、补正除外。所以，负责审查破产申请是否应受理的法官就肩负着更为重要的责任，其必须在法定期限内及时地一次性告知申请人所有应补充、补正事项。此外，由于当事人提交的只是破产申请，法院只就应否受理破产申请作出裁定，所以法院不得以申请人未提交与判定案件受理事项（债务人是否存在破产申请原因）无关的材料，作为不受理案件的借口。在司法实践中，有的法院在当事人提出重整申请时就要求其提交完整的重整计划草案，确定新的战略投资者，甚至提交所谓的高额保证金，故意以此作为阻止受理申请的手段，这些做法都是错误的，必须予以纠正。

第三，当事人申请受阻的救济。《破产法解释一》第 9 条规定："申请人向人民法院提出破产申请，人民法院未接收其申请，或者未按本规定第七条执行的，申请人可以向上一级人民法院提出破产申请。上一级人民法院接到破产申请后，应当责令下级法院依法审查并及时作出是否受理的裁定；下级法院仍不作出是否受理裁定的，上一级人民法院可以径行作出裁定。上一级人民法院裁定受理破产申请的，可以同时指令下级人民法院审理该案件。"本条规定对于强化上级法院对下级法院在破产案件受理方面的审判监督具有重要的意义。在具体执行时需注意遵守法律规定的期限，上一级法院在接到破产申请后，应当在法律规定的 15 日受理期限之内责令下级法院依法审查并及时作出是否受理裁定。在上一级法院责令下级法院依法审查并及时作出案件是否受理的裁定时，下级法院应当在法律规定的 15 日之内作出裁定。下级法院仍不在法律规定的期限内作出是否受理裁定时，上一级法院认为应当受理案件的，应当径行作出受理裁定，并可以同时指令下级人民法院审理该案件。

第四，债务人的异议权。由于破产案件的受理对债务人的民事权利、经营活动、商业声誉会产生严重的影响，因而，在破产申请由债权人提出时，人民法院应充分保障债务人的异议权利，应给其充分表达意见的机会。为此，破产法规定有债务人的异议程序（但在债务人提出自愿破产申请时，立法没有规定债权人的异议程序）。债务人对债权人提出的破产申请有异议的，应当自收到人民法院的通知之日起 7 日内向人民法院提出。但如其未在法定期限内提出异议，根据《破产法解释一》第 6 条的规定，法院就应当依法及时裁定受理破产申请。

《破产法解释一》在不同的条款中对债务人的异议问题的处理直接或间接作出规定。如果债权人以债务人不能清偿到期债务为由申请债务人破产清算，债务人以其具有清偿能力，或资产超过负债，主张人民法院不应受理破产申请，但又不能即时清偿债务或与债权人达成债务清偿协议的，人民法院应认定其异议不能成立。相关当事人以申请人未预先交纳诉讼费用为由，对破产申请提出异议的，人民法院不予支持。债务人对申请人是否享有破产债权提出异议，但人民法院依据双方签订的合同、支付凭证、对账单和还款协议等主要证据能够确认债权存在，且债务人没有相反证据或合理理由反驳的，人民法院对其异议不予支持。在此需注意的是，不能因为债务人对债权提出毫无道理和证据的异议，就不加区别地要求债权人都通过诉讼解决，这将使债务人可以任意拖延债权人的破产申请，甚至趁机转移财产逃债，使债权人的破产申请权、受偿权等权益在实质上被剥夺。此外，债务人对申请人享有的债权数额提出异议时，如果存在双方无争议的部分债权数额，且债务人对该数额已经丧失清偿能力、不能立即清偿，则此项异议同样不能阻止法院受理破产申请，虽然对双方有争议的那部分债权仍需通过诉讼解决。与此同理，债务人对申请人的债权无异议且不能清偿，但对债权是否存在担保等提出异议，也不能成为阻止破产申请的理由，不影响法院对破产申请的受理。

人民法院应当自债务人异议期满之日起 10 日内裁定是否受理。除上述情形外，人民法院应当自收到破产申请之日起15日内裁定是否受理。有特殊情况需要延长受理案件审查期限的，经上一级人民法院批准，可以延长15日。所谓特殊情况，通常是指决定是否受理案件需要举行听证会，或者案件根据有关规定需要报请上级人民法院批准才能受理等情况。

人民法院认为破产申请符合法律规定的，应当裁定受理破产申请，并将裁定自作出之日起5日内送达申请人。债权人提出申请的，人民法院应当自裁定作出之日起5日内送达债务人。债务人应当自裁定送达之日起15日内，向人民法院提交财产状况说明、债务清册、债权清册、有关财务会计报告以及职工工资的支付和社会保险费用的缴纳情况。根据《破产法解释一》第6条的规定，“受理破产申请后，人民法院应当责令债务人依法提交其财产状况说明、债务清册、债权清册、财务会计报告等有关材料，债务人拒不提交的，人民法院可以对债务人的直接责任人员采取罚款等强制措施”。在当事人特别是债务人不能提交或拒不提交有关材料的情况下，法院不得拒绝受理破产案件或驳回破产申请。在最高人民法院2008年发布的《关于债权人对人员下落不明或者财产状况不清的债务人申请破产清算案件如何处理的批复》中也指出：“债务人能否依据企业破产法第十一条第二款的规定向人民法院提交财产状况说明、债权债务清册等相关材料，并不影响对债权人申请的受理。”债务人不提交上述材料的，人民法院不能以此为由裁定驳回破产申请。

我们必须厘清立法关于破产申请人等提交证据材料的义务与人民法院受理破产申请标准之间的关系。过去一直存在一种误解，认为如果破产申请人等未能履行提交全部证据材料的义务，人民法院就可以不受理破产申请，这是不符合立法本意与法理逻辑的错误观点。当事人提出破产申请应当依法提交破产申请书和有关证据，这是为人民法院审查应否受理破产申请以及受理申请后顺利审理破产案件提供有利条件。但是在当事人未能依法提交全部证据材料的情况下，无论是债权人因客观条件所限无法提交，还是债务人拒不提交，只要法院能够根据债务人的外观行为（如未清偿依法成立的到期债务）判定债务人存在破产申请原因，就应当受理破产申请。在司法实践中，申请人未能提交全部有关证据材料，通常并不影响对破产申请原因存在的判定。在此需特别注意的是，根据法律规定，法院判定应否受理破产申请的标准，不是申请人等是否提交了法律规定的全部有关证据材料，而是债务人是否存在破产原因。《企业破产法》第2条第1款明确规定：“企业法人不能清偿到期债务，并且资产不足以清偿全部债务或者明显缺乏清偿能力的，依照本法规定清理债务。”也就是说，只要债务人发生破产原因，就应当依照企业破产法清理债务，法院就应当受理破产申请，与申请人等是否提交了完备的证据材料并无对应关系。实际上，在所有的破产案件中真正能够提交完备证据材料的几乎没有，总会存在一定缺陷，但这并不妨碍破产案件的受理。

人民法院裁定不受理破产申请的，应当将裁定自作出之日起5日内送达申请人并说明理由。申请人对裁定不服的，可以自裁定送达之日起10日内向上一级人民法院提起上诉。

人民法院在受理破产申请后至作出破产宣告前的期间内，经审查发现在案件受理时债务人未发生破产原因的，可以裁定驳回申请。申请人对裁定不服的，可以自裁定送达之日起10日内向上一级人民法院提起上诉。

根据法律规定，人民法院对破产案件作出的裁定，除不予受理破产申请的裁定和驳回破产申请的裁定外，一律不准上诉。

人民法院裁定受理破产申请的，应当同时指定管理人，并在裁定受理破产申请之日起25

日内通知已知债权人，并予以公告。通知和公告应当载明下列事项：（1）申请人、被申请人的名称或者姓名；（2）人民法院受理破产申请的时间；（3）申报债权的期限、地点和注意事项；（4）管理人的名称或者姓名及处理事务的地址；（5）债务人的债务人或者财产持有人应当向管理人清偿债务或者交付财产的要求；（6）第一次债权人会议召开的时间和地点；（7）人民法院认为应当通知和公告的其他事项。

我国破产法将指定管理人的时间安排在受理破产案件的同时。一些国家规定，在法院受理破产案件后至破产宣告之前、或指定正式的管理人之前的阶段，采取设置临时管理人的方式解决对债务人财产的监管问题。如英国破产法实行破产程序的受理开始主义，所以破产受托人产生之前，由贸工部指定债务人财产的临时官方接管人。其职责包括：（1）就债务人的有关行为向法院作出报告，参加对债务人行为、交易和财产状况的公开调查以及有犯罪嫌疑时的犯罪调查；（2）确保破产事务报告书的完整性；（3）得以破产受托人的身份行事；（4）召集第一次债权人会议并充任主席；（5）为债权人的利益并经债权人的申请，任用特别经理人经营债务人的业务，必要时得免除其职务；等等。

之所以在破产案件的受理阶段设置临时管理人，而不是直接指定管理人，一方面是因为有些国家立法规定，管理人由债权人会议选任，或虽由法院选任但需征求其意见。破产案件受理后，债权人会议的召开需要一定的时间，在此之前无法选任正式的管理人，只能先由法院或有权机关指定临时管理人。另一方面，其破产法理论认为，在破产宣告作出之前，债务人还不是破产人，其对财产的管理处分权利虽受到严格限制，但未被完全剥夺，设置主要起监管作用的临时管理人较为适宜。在我国《企业破产法》的立法过程中，也曾一度规定在破产案件的受理阶段设置临时管理人，但后为统一管理人概念的使用等，改为自破产案件受理时指定管理人。

为保证破产程序顺利进行，自人民法院受理破产申请的裁定送达债务人之日起至破产程序终结之日，债务人的有关人员承担下列义务：（1）妥善保管其占有和管理的财产、印章和账簿、文书等资料，并根据管理人的要求及时移交其接管；（2）根据人民法院、管理人的要求进行工作，并如实回答询问；（3）列席债权人会议并如实回答债权人的询问；（4）未经人民法院许可，不得离开住所地，其中，在本人住所地以外异地经商、任职的，不得离开企业所在地；（5）不得新任其他企业的董事、监事、高级管理人员。所谓债务人的有关人员指企业的法定代表人；经人民法院决定，可以包括企业的财务管理人员和其他经营管理人员。债务人的有关人员违反上述法律规定，擅自离开住所地的，人民法院可以予以训诫、拘留，可以依法并处罚款。

三、债务人企业涉诉案件的处理

债务人企业在破产案件受理前，因丧失清偿能力，所涉及的诉讼、仲裁案件可能很多。人民法院受理破产案件后，对债务人企业已经发生的未结诉讼、仲裁案件需要恰当处置。根据《企业破产法》第20条的规定，人民法院受理破产申请后，已经开始而尚未终结的有关债务人的民事诉讼或者仲裁应当中止；在管理人接管债务人的财产后，该诉讼或者仲裁仍在原法院继续进行。各国破产法通常规定，破产案件受理后债务人企业所涉诉讼、仲裁需要中止，因为此时债务人已经丧失对财产的管理权、处分权，自然也就无权再就破产财产权益继续进行诉讼或仲裁，此权利应由接管破产财产的管理人承受。在管理人就任并能够接手诉讼、仲裁之前，诉讼或仲裁不得不暂时中止。需注意的是，法律规定的“在管理人接管债务人的财产后，诉讼或者仲裁继续进行”的文意表述是不准确的，其实质含义，应当是指在管理人能够接管债务人的诉讼或仲裁事务，具备继续进行的条件时，诉讼或者仲裁方可继续进行，而不能简单地理解为管理人接管了债务人的财产。因为根据破产法的规定，一经指定管理人，其立刻就应当接管债务人的财产。如果按此简单理解，将使立法为管理人接管并继续债务人的诉讼或仲裁事务留出的准备时间被完全剥夺。为此，需要通过立法对管理人接管债务人的财产和诉讼、仲裁相关事务规定一个适当的期限。本书认为，一般的破产案件可考虑以管理人被指定之日起 2 个月为期限。确因客观原因无法在 2 个月内完成接管的，经人民法院许可，接管期限可相应延长，但最长不宜超过 3 个月。超过 3 个月仍未完成接管工作的，可以视为接管完毕，诉讼或者仲裁继续进行。《企业破产法》的这一规定与旧破产法体系中的相关规定相比有重大改变。最高人民法院在其针对旧破产法的司法解释《破产法意见》《破产规定》中曾对此问题作出了规定，但存在诸多不妥之处，侵害当事人诉讼权利，故《企业破产法》予以修正。①

对破产案件受理前企业涉诉案件的管辖问题，各国破产法规定不一。《日本破产法》规定，债权确认诉讼专属破产法院管辖。德国破产法的规定与日本的基本相同，债权确认诉讼原则上属破产法院管辖，但争议标的属其上级法院管辖范围时，由上级法院管辖。有些国家则规定，债权确认诉讼依普通民事诉讼程序确定管辖法院，因破产宣告而被中止的诉讼恢复后仍由原审法院管辖。这一问题如何解决主要应根据各国国情而定。根据我国《企业破产法》的规定，破产申请受理后，对债务人企业已经发生的未结诉讼，在管理人接管债务人管理事务、恢复诉讼后，仍由原审法院管辖。

《企业破产法》第 21 条规定：“人民法院受理破产申请后，有关债务人的民事诉讼，只能向受理破产申请的人民法院提起。”但是其他法律有特殊规定的除外，如劳动关系争议（而非单纯的债权争议）仍应当依法先行进行劳动仲裁，当事人约定仲裁解决纠纷的，仍应当以仲裁方式解决。为进一步明确新受理案件的管辖问题，《破产法解释二》第 47 条规定：“人民法院受理破产申请后，当事人提起的有关债务人的民事诉讼案件，应当依据企业破产法第二十一条的规定，由受理破产申请的人民法院管辖。受理破产申请的人民法院管辖的有关债务人的第一审民事案件，可以依据民事诉讼法第三十八条的规定，由上级人民法院提审，或者报请上级人民法院批准后交下级人民法院审理。受理破产申请的人民法院，如对有关债务人的海事纠纷、专利纠纷、证券市场因虚假陈述引发的民事赔偿纠纷等案件不能行使管辖权的，可以依据民事诉讼法第三十七条的规定，由上级人民法院指定管辖。”

四、破产案件受理裁定的法律效力

破产案件受理裁定作出后便产生相应的法律效力：停止个别清偿，起到财产保全的效用，以保障全体债权人在破产程序中的公平受偿。这在国外也被称为（自动）中止效力。

① 参见王欣新：《破产法》，3 版，56～58 页，北京，中国人民大学出版社，2013。

1. 禁止债务人对个别债权人的清偿行为

为保证对全体债权人的公平清偿，《企业破产法》第16条规定："人民法院受理破产申请后，债务人对个别债权人的债务清偿无效。"但是，根据《破产法解释二》第14条规定的原则，债务人以其自有财产向债权人提供物权担保的，其在担保物价值内向债权人所作的个别债务清偿，不受上述规定限制。因物权担保债权人即使是在破产程序中也享有对担保物的优先受偿权，清偿其债务可使债务人收回担保财产，用于企业经营或对所有债权人的清偿，不损害其他债权人的利益，不违反公平清偿原则。为此，《企业破产法》第37条还规定："人民法院受理破产申请后，管理人可以通过清偿债务或者提供为债权人接受的担保，取回质物、留置物。前款规定的债务清偿或者替代担保，在质物或者留置物的价值低于被担保的债权额时，以该质物或者留置物当时的市场价值为限。"

2. 中止对债务人财产的执行程序

根据《企业破产法》第19条的规定，人民法院受理破产申请后，有关债务人财产的执行程序应当中止。依据法理，在同一财产之上不能同时并存两种性质冲突的执行程序，故当破产这一集体执行程序启动后，有关债务人财产的其他个别执行程序应当中止。在新、旧破产法中均有此性质之规定，但不同的是，旧破产法规定应当中止的，是对债务人财产的其他民事执行程序，而新破产法则将所有有关债务人财产的执行程序全部中止，不仅包括民事执行，而且包括行政执行和刑事执行。

据此规定，第一，对已提起但尚未执行完毕的执行程序应当中止；诉讼已经审结但尚未申请或移送执行的，不得再提起新的执行程序。债权人凭生效的法律文书向受理破产案件的人民法院申报债权。但对于已执行终结的程序以及已执行完毕的财产，该规定无溯及力。《破产法解释二》第5条规定："破产申请受理后，有关债务人财产的执行程序未依照企业破产法第十九条的规定中止的，采取执行措施的相关单位应当依法予以纠正。依法执行回转的财产，人民法院应当认定为债务人财产。"

第二，应当中止的仅限于以财产为标的的执行程序，对债务人提起的非财产性执行程序，在可能执行且不影响破产程序公平受偿的情况下可以继续进行。

第三，除重整程序外，有物权担保的债权人即别除权人就担保物提起的执行程序，原则上不受中止效力的约束，除非对担保物的执行可能影响到其他债务人财产的价值，从而需要一并处置。《破产审判会议纪要》第25条规定："在破产清算和破产和解程序中，对债务人特定财产享有担保权的债权人可以随时向管理人主张就该特定财产变价处置行使优先受偿权，管理人应及时变价处置，不得以须经债权人会议决议等为由拒绝。但因单独处置担保财产会降低其他破产财产的价值而应整体处置的除外。"既然在破产清算与破产和解程序中，对债务人特定财产享有担保权的债权人即别除权人可以随时主张行使优先受偿权，那么，在破产清算与破产和解程序启动时中止其执行就没有任何实际意义和必要，除非其执行本身存在违法问题。立法规定中止个别执行的目的，是保障对全体债权人的公平清偿。中止别除权人就担保物提起的执行程序，并不能起到保障普通债权人公平受偿的作用，所以其不应受中止执行效力的约束。根据此项规定，可以阻止物权担保债权人就担保物行使权利的情况，是"单独处置担保财产会降低其他破产财产的价值而应整体处置"。实际上，除了此种情况外，还应当包括法律规定相关财产应一并处置等其他情况，如对抵押的房产和未抵押的地产需要一并处置；对于处置担保财产可能使其他破产财产受损的，如抵押担保的厂房中有机器设备或有商品存货需要提前处置等，也可以暂缓处置，但不应拖延时间过长。此外需注意的是，在上述情况下阻止债权人行使的权利是对担保财产的变现权，也就是担保财产因其实物状态而衍生的关联性限制，但是如果该项担保财产变现后，担保债权人就变现款的优先受偿权是不受限制的，必须立即个别优先清偿担保权人，而无须等待所谓的集体分配。

在一些英美法系的国家如美国，采取的是所谓自动中止制度，即自当事人提出破产申请之时，便中止就债务人财产的清偿。但是，我国采取的是受理后中止的原则。笔者认为，这里可能存在两个法系之间司法理念上的差异。大陆法系的国家通常不认为，仅凭当事人的申请就可以具有中止债务清偿乃至司法执行的效力。

3. 解除有关债务人财产的保全措施

根据《企业破产法》第19条的规定，人民法院受理破产申请后，债务人财产自动受到破产程序禁止个别清偿保全效力的保护，所以，有关债务人财产的其他保全措施应当解除。所谓保全措施，既包括民事诉讼保全措施，也包括在行政处罚程序中的保全措施，如海关、市场监督部门等采取的财产扣押、查封等措施，还应包括刑事诉讼中公安部门、司法部门采取的相关措施。为此，《破产法解释二》第7条规定："对债务人财产已采取保全措施的相关单位，在知悉人民法院已裁定受理有关债务人的破产申请后，应当依照企业破产法第十九条的规定及时解除对债务人财产的保全措施。"《破产审判会议纪要》第42条对此问题作出更为具体的规定："执行法院收到破产受理裁定后，应当解除对债务人财产的查封、扣押、冻结措施；或者根据破产受理法院的要求，出具函件将查封、扣押、冻结财产的处置权交破产受理法院。破产受理法院可以持执行法院的移送处置函件进行续行查封、扣押、冻结，解除查封、扣押、冻结，或者予以处置。执行法院收到破产受理裁定拒不解除查封、扣押、冻结措施的，破产受理法院可以请求执行法院的上级法院依法予以纠正。"

在司法实践中，解除其他人民法院采取的财产保全措施，因同属于法院系统，问题可能好解决一些，而要解除其他部门如公安、海关、税务等采取的财产保全措施，就不仅要克服地方保护主义，还要克服部门管理利益，有时难以解决，实有必要由国务院有关部门与最高人民法院共同发布文件，统一协调解决。

为了保障原申请财产保全人的权益，《破产法解释二》第8条规定："人民法院受理破产申请后至破产宣告前裁定驳回破产申请，或者依据企业破产法第一百零八条的规定裁定终结破产程序的，应当及时通知原已采取保全措施并已依法解除保全措施的单位按照原保全顺位恢复相关保全措施。在已依法解除保全的单位恢复保全措施或者表示不再恢复之前，受理破产申请的人民法院不得解除对债务人财产的保全措施。"这样可以避免恶意利用破产申请解除他人财产保全措施，在驳回破产申请后自己再抢先进行财产保全的欺诈行为。

为了更好地在破产程序中保全债务人的财产，《破产法解释二》第6条还规定："破产申请受理后，对于可能因有关利益相关人的行为或者其他原因，影响破产程序依法进行的，受理破产申请的人民法院可以根据管理人的申请或者依职权，对债务人的全部或者部分财产采取保全措施。"

4. 对债务人的债务人和财产持有人的效力

《企业破产法》第17条规定，人民法院受理破产申请后，债务人的债务人或者财产持有人应当向管理人清偿债务或者交付财产。这是因为破产申请受理后，债务人企业已丧失对其财产的管理、处分权利，无权再接受债务的清偿和财产的交付，这也是为防止财产交付给债务人企业的人员后被隐匿、私分或者挥霍、毁弃，损害债权人的合法权益。

债务人的债务人或者财产持有人故意违反法律规定向债务人清偿债务或者交付财产，使债权人受到损失的，不免除其清偿债务或者交付财产的义务。所谓故意违反规定，是指上述当事人明知或应知人民法院已经受理破产申请，仍向债务人清偿债务或者交付财产。所谓不免除清偿债务或者交付财产的义务，是以债权人因其行为而受到的实际损失范围为限确定责任。如果债务人的债务人或者财产持有人故意违反规定向债务人清偿债务或者交付财产，但债务人将接收到的清偿款项或者交付的财产全部上交管理人，债权人并未受到损失，则不必承担民事责任。

对此问题，我国台湾地区“破产法”第76条规定：“破产人之债务人，于破产宣告后不知其事实而为清偿者，得以之对抗破产债权人，如知其事实而为清偿者，仅得以破产财团所受之利益为限，对抗破产债权人。”据此，如果破产人的债务人向破产人清偿债务，破产人得到财产后全部移交给破产管理人，破产债权人的利益未受损失，虽然债务人是向破产人清偿的，但后果与直接交付破产管理人相同，所以确认债务人的清偿具有法律效力，不再予以处罚。

实践中，债务人的债务人或者财产持有人向债务人清偿债务或者交付财产，主要是由于未加注意的过失造成的。因债务人的义务仅是按期还债，债权人的经营情况如何与此无关，所以对其是否进入破产程序往往不予特别注意。为此，《企业破产法》第14条规定，人民法院应当在破产申请受理后发布的通知和公告中，告知债务人的债务人或者财产持有人应当向管理人清偿债务或者交付财产，从而起到提示作用，使其负有相应的注意义务，并进而作为区分当事人是否故意违反规定向债务人清偿债务或者交付财产的标准。

此外，一些国家的法律还规定，破产企业的法定代表人和有关业务人员不得接受债务清偿或财产交付，否则视为欺诈行为，要承担法律责任，直至给予刑事处罚。通过对债务双方均加强约束，以防止违法行为发生。

在实践中，认定清偿是否有效与举证责任的确定关系甚大。根据一般原则，凡在破产案件受理后，法院发出通知和公告告知不得向破产人清偿债务或者交付财产之前，债务人向破产人清偿债务或者交付财产的，管理人如提出清偿无效的主张，应承担举证责任。如管理人不能证明债务人已知破产事实而恶意清偿，清偿即为有效。在法院发出相关通知和公告后，债务人向破产人清偿债务或者交付财产的，法律便推定其为已知破产事实而恶意清偿，债务人如不能举证说明其清偿为善意，便要承担由此而造成的损失。

5. 管理人对未履行完毕合同的处置权

《企业破产法》第18条规定，人民法院受理破产申请后，管理人对破产申请受理前成立而债务人和对方当事人均未履行完毕的合同有权决定解除或者继续履行，并通知对方当事人，这一权利也被称为合同选择履行权。破产法之所以规定在此种情况下管理人可以解除合同，是因为债务人已经进入破产程序，在很多情况下已经不再具备继续履行合同的能力，尤其是在债务人进入破产清算程序后，原则上只应在清算目的范围内活动，所以对未履行完毕的合同可以决定不再履行。管理人决定解除或者继续履行合同，应当以保障债权人权益最大化为基本原则，同时还应考虑对方当事人因合同解除而可能提出的损害赔偿额，以及对选择履行权的行使是否符合诚信、公平原则，综合权衡利弊以确定。

为使破产案件受理后未履行的合同关系不致长期处于不稳定状态，影响对方当事人的权益，《企业破产法》还规定了对方当事人享有对合同是否继续履行的催告权，并规定了管理人行使继续履行合同的权利的最长期间。管理人自破产申请受理之日起 2 个月内未通知对方当事人，或者自收到对方当事人催告之日起 30 日内未答复的，视为解除合同。

在《美国破产法》中也有类似规定，在清算程序中，托管人必须在破产开始后 60 天内作出继续履行合同还是解除合同的决定，法院在必要的情况下可以予以适当延长。如果在规定的期间内托管人未作出决定，合同就视为自动被终止。①

对上述规定中的"视为解除合同"要有正确的理解。有的人认为，只要是在法定期限内管理人未通知或未答复对方，合同就已经自动解除，此后法律不允许再继续履行。这种理解是片面的。此项规定要限制的仅仅是管理人的合同选择履行权，即超过通知或答复的法定期限，管理人即丧失要求对方继续履行合同的选择权。这种限制是对管理人单方面的，立法目的是要保护合同对方当事人的正当权利，避免管理人长期不对合同是否继续履行作出决定，从而使合同处于不确定状态，使对方权利受到损害。如无此项规定，管理人不及时对合同是否继续履行作出决定，对方当事人若准备继续履行合同，为此而购买原材料进行生产，但管理人最后解除了合同，将造成对方当事人的经济损失；对方当事人若不做继续履行合同的各种准备，而在合同到期交货时，管理人要求继续履行合同，对方当事人又面临违约被罚的损失，所以必须限制管理人合同选择履行权的行使期限，并在其逾期未通知或未答复对方时剥夺管理人要求继续履行合同的权利。但是，立法目的绝不是要限制合同对方当事人要求继续履行合同的权利，更不是禁止合同在法定期限后继续履行。如果在法定期限内管理人未通知或未答复对方，但是此后双方均同意继续履行合同，那么合同当然可以继续履行。因为这是当事人的契约自由，是其意志自由范围内决定的事项。法律是不应予以干预的，更无权加以禁止。所以，立法规定的是"视为解除合同"，而不是"合同解除"。认为超过法定期限就只能将合同解除，禁止双方自愿继续履行的观点，是不符合立法本意的。② 此外，管理人在行使合同选择履行权时，并不仅仅是简单的选择履行或解除，还可以根据债务人企业的具体情况就合同的必要变更与对方进行协商。

管理人决定继续履行合同的，对方当事人应当履行；但是，对方当事人有权要求管理人提供担保。管理人不提供担保的，视为解除合同。管理人决定解除合同（包括视为解除合同）时，对方当事人因此受到的损害额作为破产债权。

对债务人已完全履行而对方当事人尚未履行或未履行完毕的合同，管理人无权决定解除，只能要求对方当事人继续履行。因对方当事人未履行而产生的债权，属于债务人财产。对对方当事人已完全履行而债务人尚未履行或未履行完毕的合同，管理人原则上不能决定继续履行。因为此时已形成对方当事人对债务人的债权，继续履行合同实际上将构成对个别债权人的违法清偿。在通常情况下，管理人应解除合同，对方当事人虽可将损害赔偿额作为破产债权，却只能依破产程序得到一定比例的清偿，金额比债务人继续履行合同支付给对方的金额要少得多，对其他债权人更为有利。当然，如果情况相反，也可以继续履行合同。

---

① 参见潘琪：《美国破产法》，184 页，北京，法律出版社，1999。

② 参见王欣新：《对管理人合同选择履行权的正确理解》，载《人民法院报》，2013-01-16。

为保障合同对方当事人的正当权益，在管理人决定继续履行合同时，首先应当补救债务人可能已经存在的违约状况。因继续履行合同而发生的债务属于共益债务，从债务人财产中优先支付。

对于一些特殊种类的合同，出于维护社会公平、实现诚实信用、保障经济秩序等目的，管理人的合同选择履行权要受到必要的限制。例如，对于破产企业为他人提供担保的合同，管理人无权选择解除合同，逃避法律义务。担保责任不因担保人的破产而解除，这是一项基本原则。有的人认为，保证人破产后不能再为被担保人承担责任，因其已无条件继续履行，所以对担保合同只能由清算组决定是否继续履行。[①] 这种观点是不妥的，与担保法基本原则相违背。保险公司破产时，对尚未履行完毕的保险合同特别是人寿保险合同，管理人无权予以解除，以保护投保人等当事人的权益。根据国际互换与衍生工具协会制订的 ISDA 主协议以及中国银行间市场交易商协会发布的《中国银行间市场金融衍生产品交易主协议》(NAFMII 主协议)，作为国际惯例，对于金融衍生品交易的合同，在企业进入破产程序时要提前终止，进行净额结算，管理人无权选择对合同继续履行。对于破产企业对外出租不动产的合同如房屋租赁合同，原则上管理人不得解除合同；在变价破产财产时，房屋可以带租约出售，承租人在同等条件下享有优先购买权。在特殊情况下，如房屋不是整体出租而是无独立隔断的分区域面积出租，不解除残存于少数面积上的租赁合同，房屋便难以出售、无法利用或者其价值将受到严重贬损时，管理人也可以解除合同。但是，对于对方当事人受到的损失，特别是在改建、装修等方面的损失，应当根据合同约定和案件具体情况视同共益债务予以合理、充分的补偿，有时仅仅作为破产债权清偿是不合理的。

管理人在破产程序中只享有一次性的合同选择履行权。也就是说，管理人对合同的选择履行权只能行使一次，不得反向再次或多次行使，否则不仅违背诚信原则，而且会严重损害对方当事人的正当权益。管理人对合同选择履行权的行使，既包括明示的方式，如通知对方当事人合同是否继续履行，也包括默示的方式，如以实际行为表明对合同的继续履行，包括在买卖合同中接收对方交付的履行标的物、在租赁合同中继续接受对方支付的租金，并对合同的履行不提出异议；此外还存在因其消极行为被推定确认的方式，如前述管理人超过法定期限未通知或答复对方当事人，合同被视为解除，从而使其丧失要求对方继续履行合同的选择权。无论管理人以何种方式选择继续履行合同或解除合同，均不得再反悔，对此实行禁反言的原则。如果允许管理人可以多次反向行使合同选择履行权，则对对方是非常不公平的。如允许管理人在接受继续履行后再以行使合同选择履行权的名义要求解除，或解除合同后又要求继续履行，都是对对方当事人合同权益的损害，会造成其经济损失。但是，管理人不能多次反向行使合同选择履行权，并不排斥其在选择合同继续履行后，再依据《合同法》的有关规定以及双方在合同中的约定要求解除合同，或者在解除合同后，当事人之间又协商签订新的有关合同。[②]

---

① 参见柴发邦主编：《破产法教程》，82、83 页，北京，法律出版社，1990。

② 参见王欣新：《对管理人合同选择履行权的正确理解》，载《人民法院报》，2013-01-16。

问题与思考

1. 简述对破产原因的不同立法主义。
2. 如何理解不能清偿、资不抵债、停止支付与明显缺乏清偿能力的概念？
3. 分析并评价《企业破产法》关于破产原因的规定。
4. 如何理解《企业破产法》在破产程序启动上采取的申请主义原则？
5. 如何理解债权人申请破产和债务人申请破产在具体制度规定上的区别？
6. 我国破产立法对破产案件的管辖是如何规定的？
7. 破产申请受理后，债务人企业涉诉案件应如何处理？
8. 法院应当如何审查破产申请并确定应否受理？
9. 如何理解破产案件受理裁定的法律效力？
10. 如何理解管理人对破产案件受理时未履行完毕合同的选择履行权？

第三章

管理人制度

本章概要

管理人，指破产案件受理后依法成立的，在法院的指导和监督之下全面接管债务人企业并负责债务人财产的保管、清理、估价、处理和分配以及重整等事务的专门机构。管理人是破产程序中最重要的机构之一，管理各项破产具体事务。破产程序能否公正、公平和高效地顺利进行，与管理人的活动密切相关。《企业破产法》取消了清算组制度，创设了管理人制度，这是我国破产法走向市场化、规范化、国际化的一项重大制度改革与创新。管理人制度的主要内容包括管理人的选任、管理人的职责、管理人的报酬等。学习本章知识，需要了解管理人与旧破产法下的清算组之间的区别，《企业破产法》对管理人任职资格的规定，管理人职责的界定和报酬的确定等基本内容；了解国外关于管理人的立法情况；理解我国管理人制度的创新及实践中需要注意的难点问题。

关键术语

管理人　清算组　管理人任职资格　管理人执业资格　管理人名册制度　管理人指定办法　管理人报酬　管理人责任

第一节　管理人制度概述

一、管理人的概念

破产案件由人民法院负责审理。在破产案件中，对申报的债权要进行核查，并在必要时进行债权确认诉讼；对债务人财产即破产财产要进行大量的管理、追回、处置、变价与分配等工作；在重整程序中还需要完成重整计划制订等工作；这些事项直接影响到债权人、债务人及其他利害关系人的利益，必须得到及时、高效、公平的处理。人民法院作为国家的审判机关，具有独立、公正的法律地位，但是对债务人财产的具体管理、分配等工作往往属于私法性质的事务，若由人民法院承担则与其行使审判等司法职权的国家机构之地位不相符。另外，在这些工作中，法律事务和非法律管理事务均掺杂其间，专业性强而又琐碎、复杂、繁多，这远非人民法院的人力所能胜任，故实有必要在企业破产案件中设置由法院以外的专业人员出任的对债务人财产与事务进行管理的专门机构。

这些管理工作如由进入破产程序的债务人负责，由于其对自身利益的考虑，不仅可能会影响债务清偿的公平性，甚至出现欺诈行为，而且难以取得债权人的信任，所以，除法律有特别规定的情况外（如在重整程序中债务人因自行管理财产而行使管理人的部分职权），不宜由债务人负责管理工作。由债权人负责管理工作也是不妥的。在债务人丧失清偿能力的情况下，各个债权人都希望自己的债权得到最大限度的清偿，债权人之间存在相互的利益冲突，由他们自己负责破产财产的管理与清算等工作，容易导致矛盾丛生、效率低下、清偿不公。而且，债权人和债务人往往也不具备管理破产财产与事务的专业知识和能力。债务人财产的管理人，必须具有独立的法律地位，在破产案件中与债权人和债务人等利害关系人不存在可能影响其公平管理活动的利害关系，才可能保证其中立而公正地执行法律规定的职责。为此，在各国的破产立法中，均规定了由律师、注册会计师等具有较高社会诚信度的专业人士担任管理人的制度。

管理人，指破产案件受理后依法成立的，在法院的指导和监督之下全面接管债务人企业并负责债务人财产的保管、清理、估价、处理和分配以及重整等事务的专门机构。管理人是破产程序中最为重要的机构之一。管理人在各国的称谓不同。大陆法系国家一般称之为破产管理人，日本则称之为破产管财人。英美法系国家通常称之为破产受托人、破产接管人、清盘人。我国《企业破产法》中称之为管理人；在旧破产法中被称为清算组，其职能相当于管理人。

我国旧破产法使用的清算组概念，源于企业和公司法中对企业解散后之清算人的称谓。但在破产法中沿用清算组的概念，仅强调其清算活动，不仅不能充分体现出这一机构在破产法上广泛的功能与职责，反而可能容易使人对破产程序与企业和公司法上的普通解散清算程序产生混淆。此外，各国在破产案件中均是根据实际需要确定管理人的设置人数，虽可能是数人，但大多数情况下是一人。而清算组的概念则不同，按照中国的习惯文义理解，至少应在 3 人以上方可称“组”，这种设置既不适合破产案件的实际需要，也不符合各国立法之惯例。所以，《企业破产法》规定在破产程序中实行管理人制度，不再在破产法主体意义上独立使用清算组这种不准确的概念。

我国《企业破产法》公认的亮点之一，就是以管理人制度取代旧法中的清算组制度。管理人概念本身有狭义和广义之分。所谓狭义的管理人是专指在破产宣告以后成立的全面接管破产企业、负责破产财产清算分配的机构，因其职责是专门负责破产清算，所以也被称为破产管理人。广义的管理人除了负责破产清算事务之外，还在企业的重整、和解程序中也履行相应的职能。从管理人的概念分析，旧破产法中的清算组是在狭义上使用的，仅适用于破产清算活动；《企业破产法》的管理人概念是在广义上使用的。

在其他国家立法中，广义的管理人在破产法的不同程序中的称谓是不同的。如其在清算程序中通常被称为临时管理人（破产宣告前或第一次债权人会议召开前）、破产管理人；在和解程序中被称为监督人、监察人；在重整程序中被称为重整人、重整执行人、重整监督人。最初，在《企业破产法》草案中也根据管理人在不同程序里的职责特点，分别确定了相应的名称，包括破产案件受理时的临时管理人，破产宣告后再改称的破产管理人，在和解程序中设置的和解监督人，在重整程序中设置的重整人、重整执行人、重整监督人等。但后来有人认为，在破产程序中从事管理、监督工作的管理机构的不同称谓太过复杂，不易理解，要求简化。此后在《企业破产法》草案中便都改称其为管理人。但是由于在不同的破产程序中，此种广义的管理人的职能实际上是有区别的，统一称为管理人，其在不同程序、不同程序的不同阶段以及承担不同职责的特点就难以被充分表述出来，在立法上难以作具体区别规定，在实施中也可能会影响对其相应职能的理解与发挥，所以，如何规定其称谓为佳，仍值得研究。

二、管理人的法律地位

管理人的法律地位如何界定，存在多种不同学说。在英美法系国家（地区）中占主导地位的学说是信托说。此学说以信托理论为基础，将破产人视为信托人，将破产财产视为信托财产，破产管理人则作为受托人，为受益人即所有债权人的共同利益而管理、处分破产财产。

在大陆法系国家（地区）中，对管理人的法律地位除信托说外，主要还有以下几种学说。

1. 代理说。代理说是关于管理人法律地位最早的一种学说。该学说认为，管理人是代理人，以他人名义行使破产程序中的职务权限。根据主张的代理对象不同，代理说又可细分为破产人代理说、债权人代理说、破产人及债权人共同代理说、破产财团代理说等。代理说的理论认为，破产程序性质上属于债务清偿程序，重在破产人与破产债权人之间的私人清偿关系。管理人虽依法由债权人会议选任或由法院指定，但仍然不失其为私法上之代理人的法律地位。

2. 职务说。该学说认为，破产程序在法律上是为了全体债权人利益对破产人所进行的强制执行程序，强调破产程序中国家强制执行机关与破产人、破产债权人之间存在的公法关系，故管理人的法律地位应类似于强制执行机关工作人员的地位，即公务员的地位，其行为是一种法院指挥下的职务行为。

3. 财团代表说。该学说认为，债务人财产因破产宣告而成为以破产清算为目的而存在的独立财产，这些财产被整体人格化后，则形成类似财团法人性质的破产财团，管理人是这种人格化财产的法定代表机关。

在我国法学界中，对管理人的法律地位也存在多种学说，虽然主张各不相同，但从性质上分析，基本上可以被纳入上述几种观点之下，彼此之间也存在争议。

在破产法理论上，反对代理说的理由主要有三点：其一，如果管理人和破产人的关系是代理与被代理的关系，便无法对管理人就破产人的行为行使撤销权（否认权）作出合理的解释，因代理人是无权否认或撤销被代理人行为的。其二，如管理人是代理人，其对破产财产的管理处分就应以被代理人的名义进行，但法律却规定管理人无须以他人名义对破产财产行使处分权，从而在法律上否认了代理关系的存在。其三，管理人对破产财产的管理、处分和分配等工作，具有实现债权权利的类似执行的性质，而这种公法上的执行性质显然是与代理关系相悖的。

反对职务说的理由主要有：首先，在许多国家中，管理人虽由法院指定选任，但其不是法院的工作人员，而是社会中介机构成员，不具有公务员身份，其权限由破产法规定，而非法院组织法规定。其次，对破产财产的占有、管理等不是管理人行使强制权的结果，因而不能将其同执行机关及其工作人员相提并论。最后，根据破产法的一般理论，管理人是诉讼法上的当事人，如管理人具有公务员身份，将导致国家的执行机关在破产程序中成为诉讼当事人，这显然是与执行法的理论相背离的。[①]

由于代理说和职务说无法圆满地解释管理人之地位、行为及相关的法律现象，因而并未获得学术界的普遍赞同。相比之下，采用破产财团代表说能够相对合理地解释破产法上的诸多法律现象。管理人执行职务发生侵权行为时，采用破产财团代表说也能直接使破产财团对被害人负责，学理上不会产生代理人无法代理侵权行为的难题。同时，因为管理人被解释为破产财团的代表机关，所以，其为法律行为时，除得以代表人地位行使职权外，亦得以法定代理人的地位执行职务。[②] 为此，该学说成为日本法学界的通说，德国、我国台湾地区也有许多学者主张此说，《美国破产法》则明文规定，管理人就是财团的代表人。

本书认为，由于我国立法中目前尚未采用财团法人及破产财团的概念，因而难以直接采用破产财团代表说。但从管理人的法律地位分析，破产财团代表说较其他学说更为合理一些，能够较好地体现出管理人在破产程序中的实际作用与功能，所以，从一般法理上分析，采用此学说较为适宜。《企业破产法》中对管理人职责的规定，也与此学说较为相符。此外，上述学说对管理人法律地位的分析，主要是从传统的破产清算活动出发的，若将重整程序中管理人的相关活动考虑在内，则会出现一些新的特点，值得对管理人的法律地位做进一步研究。

三、旧破产法清算组之立法模式评价

我国旧的《企业破产法（试行）》在破产财产管理上采取清算组制度，这一制度仅适用于破产清算程序，所以，清算组在破产宣告后才产生。旧破产立法在清算组成员的组成、资格要求、职责与法律责任等方面采取了不同于各国破产立法通例的规定或实施惯例，存在诸多弊端。

根据旧破产法的规定，清算组成员由人民法院从企业上级主管部门、政府财政部门等有关部门和专业人员中指定。《破产规定》第 48 条规定："清算组成员可以从破产企业上级主管部门、清算中介机构以及会计、律师中产生，也可以从政府财政、工商管理、计委、经委、审计、税务、物价、劳动、社会保险、土地管理、国有资产管理、人事等部门中指定。人民银行分（支）行可以按照有关规定派人参加清算组。"清算组组长由人民法院指定。《破产规定》第 49 条规定："清算组经人民法院同意可以聘请破产清算机构、律师事务所、会计事务所等中介机构承担一定的破产清算工作。中介机构就清算工作向清算组负责。"在旧破产法立法体系中，没有关于清算组成员积极或消极资格条件的规定，清算组成员可能与案件存在影响公正执行职务的利害关系。

在旧破产法的司法实践中，由于人民法院并不清楚企业的上级主管部门、政府财政部门等有关部门中有哪些人员可以被指定为清算组成员，更无权越过有关部门直接指定具体人员，所以其实际上是无法直接指定清算组成员的，只能向地方政府及有关部门发出成立破产清算组的

① 参见柴发邦主编：《破产法教程》，134 页，北京，法律出版社，1990。
② 参见陈荣宗：《破产法》，167 页，台北，三民书局，1986。

通报，由地方政府及有关部门决定参加清算组的具体人员名单，法院再据此向各有关部门及人员发出参加破产清算组的指定函。所以，清算组成员名为由人民法院指定，实则是由地方政府决定的。

旧破产法规定的以政府官员为主体的清算组构成模式，行政色彩非常浓厚，这是由立法时的社会环境决定的。设立清算组制度的本意主要不是考虑如何保证公平清偿债权人，维护债务人的合法权益，解决债务问题，而是考虑在破产案件中如何解决一些在破产法之外应由政府负责处理的衍生社会问题，如破产企业职工的安置、救济、社会保障，企业破产后在工商、税务等方面出现的问题等。由于这些问题的解决往往需要政府相关部门作出协调工作，所以便把有关政府部门的人员都一一指定为清算组成员，将本应在破产程序之外由政府解决的社会问题放在破产程序之内解决。这种清算组制度的设置主要是从维护地方政府行政利益、财政利益以及工作方便的角度考虑，与世界各国的管理人制度相比在立法定位上存在严重的偏差。

由于破产清算工作具有道德风险大、专业性强、工作量大、期限长等特点，旧破产法之清算组制度的实施在司法实践中产生了诸多弊端。

第一，主要由政府官员临时组成的清算组，组织松散，专业性差，清算组成员除负责破产清算工作外，往往不能完全摆脱其在各政府部门的本职工作，不仅在工作时间上可能发生冲突，而且由于清算工作非其本职工作，所以也难以做到全身心地投入，往往影响破产清算工作的进行。一般而言，此类清算组成员多不具备破产清算工作的专业知识，需要人民法院的指导乃至培训，必然导致人民法院的工作量增加，司法资源浪费，而且使清算效率、质量低下，债权人利益受到不利影响。由于清算组均是由临时人员组成，破产案件终结后即告解散，而每一新的破产案件受理后又需要组成新的清算组，其成员又可能是未办理过破产案件、不具有经验的新人，这就使破产案件的清算工作在相当大程度上陷入低质、低效的循环“怪圈”之中。

第二，根据各国破产法之规定，与破产案件有利害关系者尤其是可能影响公正履行职责者，是没有资格担任管理人的。因此，清算组也存在不符合担任管理人职务应当具备的最基本的资质要求的问题。

法律强调管理人在破产程序中必须能够公正地保护债权人、债务人以及其他利害关系人的正当利益，这就要求其有中立的立场、公正的地位，与破产案件无利害关系。而清算组的主要成员往往是由破产企业的出资人如国有资产管理部门或上级业务主管部门的人员出任，其与破产企业可能存在多方面的利害关系，尤其是与债务人企业破产后一些社会问题的解决有密切的利益关系，这使他们在清算过程中可能会带有较为浓重的地方保护主义、本位主义，难以客观、公正地处理破产案件。在旧破产法实施期间，一些企业的破产案件中存在程度不同的破产欺诈逃债行为、损害债权人利益的行为，而对这些行为，地方政府为了地方利益、政府利益有时也是默许的。指望同样是由地方政府官员组成的清算组能够公正履行职责，对违法行为加以纠正，这是非常困难的。

第三，旧破产法虽然规定清算组对人民法院负责并报告工作，要接受人民法院的监督，但清算组的体制、人员来源决定了其必然是首先向地方政府负责。受政府行政干预的影响，破产清算工作的重大问题往往由政府直接决策，人民法院实际上成了为政府以破产名义办理企业行政关闭手续的辅助机构。这就使破产清算工作往往在地方政府的行政主导与不当干预之下，偏离了保护债权人利益的基本立法目标，而被政府的行政目标与财政利益所取代，在所谓政策性破产中甚至将本应由政府在破产程序之外承担的破产企业职工的安置工作、安置费用等转嫁由人民法院处理、由债权人承担。尤其是在清算组对破产财产的处理与分配中存在的问题更为严重。清算组与其背后的地方政府经常提出，谁能安置破产企业的职工，破产财产就可以以优惠的低价卖给谁，这是以严重损害债权人利益的方式换取地方政府的行政利益。这种清算组制度难以依法维护债权人的利益，而它实际维护的也不是破产企业职工的利益。因为解决职工安置等问题本来就是政府的责任，就应当由地方财政出钱来解决。政策性破产文件规定破产企业的所有财产包括担保财产，均可以优先支付职工安置费用，其实质就是“政府请客，债权人埋单”，由债权人为政府解决缺失必要社会保障造成的财政困难。而在政策性破产与清算组模式下，这些不正当的行政干预可能被推波助澜至极致，导致整个破产法律制度的立法宗旨与实施目标出现错误。

第四，在清算组的体制之下，对清算组及其成员的违法失职、侵权损害行为无法追究法律责任。清算组成员都是从各个政府部门临时抽调的，其参加清算组工作是不领取报酬的，至多只领取少数补助津贴。当出现因清算组违法失职等行为而给债权人或债务人造成经济损失时，难以追究其法律责任。清算组成员所属的政府部门肯定是不会承担法律责任的，因为破产清算根本不属于该部门承担的政府职责范围内的工作，不能认定是该政府部门的失职行为造成的，而且清算组成员的行为也不属于该政府部门的职务行为。当经济损失是由来自多个不同政府部门的清算组成员共同造成时，也不可能在不同的政府部门之间划分责任范围。如果要求清算组成员个人承担责任，又与他们实质上是在履行职务行为的性质不相符，而且要求其在基本上无偿工作的情况下对一般过失行为负责，法律依据是否充分，其承担责任的财产又从何而来，都是难以解决的问题。

此外，旧法在清算组的一般制度设计上也存在很多问题。如清算组在破产宣告后才产生，在破产案件受理后至破产宣告的期间内，债务人财产处于无人专职监管的状态，不仅存在损害债权人利益的风险，也会影响到有挽救希望的债务人的继续正常经营；破产案件受理后，撤销权虽已产生，却因清算组尚未成立而无人能够行使；在和解与整顿程序中，未设置常设的监督人，债权人的权益也无法保障；在破产程序中，缺乏债权人会议对清算组的监督制度；等等。

在《企业破产法》中，取消了清算组制度，创设了管理人制度，这是我国破产法走向市场化、规范化、国际化的一项重大制度改革与创新。旧破产法中存在的种种问题，在《企业破产法》规定的管理人制度中也得到了较好的解决，尽管受历史原因影响保留了清算组也可以担任管理人的内容，但在基本制度上已经有了重大改变。现行管理人制度还需要不断地改革与完善。“管理人是破产程序的主要推动者和破产事务的具体执行者。管理人的能力和素质不仅影响破产审判工作的质量，还关系到破产企业的命运与未来发展。要加快完善管理人制度，大力提升管理人职业素养和执业能力，强化对管理人的履职保障和有效监督，为改善企业经营、优化产业结构提供有力制度保障。”①

① 《破产审判会议纪要》，“三、管理人制度的完善”。

第二节 管理人的选任

一、管理人选任的一般立法例

各国立法规定的管理人选任机制不同。有由法院指定选任的，如日本、法国、意大利等的规定。有由债权人会议选任的，如英国、加拿大等的规定。这是两种基本模式，在两者之间还有具有一定折中性的模式。有的首先由法院指定选任管理人，同时也允许在债权人会议召开时另行选任。如《德国支付不能法》规定，法院受理破产案件后，应当指定一名临时破产管理人；在第一次债权人会议上，债权人可以选举另外一人替代法院指定的管理人，只有在被选举人不适于担任职务时，法院才可以拒绝债权人的选任。笔者在德国考察时了解到，虽然立法作有此规定，但在实践中，很少发生法院指定的管理人被债权人会议所撤换的现象。除法院对管理人的指定通常都是适当的之外，还有一项原因是，管理人在此前可能已设定案件向破产清算还是重整程序发展等基本方向，并已采取对合同的解除措施、对财产的处分行为，若更换破产管理人，案件的发展可能也不具有可逆转性，反而会增加大量成本。当然，也有采取相反做法的国家，以债权人会议选任为原则，以法院等机构选任为补充。法院的选任权仅在债权人会议无法顺利选任管理人时才可以行使。

客观地讲，这两种立法模式各有利弊。由法院直接指定管理人，好处是效率高，且在破产案件受理时就可以及时确定，但如没有规范化的合理指定办法或相关的配套制度，容易出现法官寻租受贿、指定不公等问题，而且存在可能对债权人等利害关系人的意愿考虑不够的缺点。由债权人会议选任管理人的好处，是能够充分体现当事人的意志自由。债权人与破产案件利益最为相关，由债权人会议指定管理人不会出现整体利益上的偏差。但难点是理论上每个债权人可能都想指定自己推荐或选择的中介机构担任管理人，有时会相持不下，或是出现大债权人操纵管理人，管理人在破产案件中不能保持公正地位的问题。而且债权人与管理人有时利益也会出现对立，给管理人的报酬多了，债权人可分配的财产就会减少。如果管理人的指定及报酬的确定，均交给债权人会议决定，有可能出现双方争执不休的现象，不利于提高效率，不利于破产案件顺利、迅速进行。此外，由于在破产案件受理时，债权人会议无法立即召开，往往需要先由法院指定临时管理人，待债权人会议召开时再选任正式管理人，但如果两者人选不一，还需要进行工作交接，使破产管理工作复杂化。

管理人选任方式如何，往往与一国破产立法学说对管理人及债权人会议法律地位的定位相关。以债权人自治理论为主导的立法，通常会规定由债权人会议选任管理人。而强调法院在破产程序中干预职能的立法，更注重管理人的公法权利地位的，则由法院指定管理人。但从破产法的发展历史看，各国破产法在破产管理人的选任主体上，普遍寻求一种融法院指定和债权人会议选任于一体的方法，绝对由法院指定或绝对由债权人会议选任都不是现代破产法的发展趋向。[①]

例如，俄罗斯破产法创设了一种评议制与推荐制相结合的选任程序。根据《俄罗斯破产法》第45条的规定，管理人的选任程序如下：(1) 申请人（债权人会议）向列入全国性名单的管理人的自律性组织（相当于管理人协会）提议由其推举候选人，并提出候选人的具体要求。(2) 该自律性组织按照申请人的要求一次提出3名候选人，并将3人按职业水平递减的顺序排列。(3) 该自律性组织必须采用集体决定的方式，作出推选管理人候选人名单的决议。该自律性组织接受任何人对推选程序的信息查询。(4) 在接到申请人提议5日内，将附有管理人职业水平和推荐理由的结论性报告，送交法院、申请人和债务人。(5) 申请人和债务人有权从候选人名单中各排除一名候选人，余下的候选人由法院指定为破产管理人。(6) 无论申请人和债务人是否行使上述排除权，法院均按候选人名单的职业水平顺序，指定条件最优者为破产管理人。[②]

对担任管理人的资格条件，各国立法规定不一。

首先，从历史上看，多数国家立法规定，破产案件的管理人须由自然人出任，社会组织不能担任管理人。如英国破产法规定，只有自然人才能出任破产案件的管理人，非自然人无资格担任破产管理人；法人组织不能担任管理人，如果法人组织被任命为公司财产的接管人，应被处以罚款。《德国支付不能法》规定管理人仅为自然人，该法第56条“管理人的任命”规定：“应当任命一名就所面临的情况而言为合适的、特别是懂行并且独立于债权人及债务人的自然人为支付不能管理人。”还有的国家虽然没有明文规定管理人由何者担任，但是由相关法条可以推知管理人应由自然人担任。少数国家的破产法规定，管理人不限于由自然人担任，允许法人担任管理人。如《日本破产法》第74条第2款规定：“法人亦可担任破产管理人。”《美国破产法》规定，破产管理人一般应是公民个人（联邦政府的雇员除外），同时其第321条规定，信托公司可以担任管理人。在司法实践中，大多数国家的管理人是由自然人担任的，但允许法人担任管理人的趋势已经有所发展。

其次，许多国家对管理人规定有积极资格和消极资格的要求。英国立法规定，管理人任职的积极条件为参加政府承认的职业团体或曾凭直接申请取得贸工部（亦可译为工商部，本书统一称为贸工部）颁发的个人执业许可。英国政府承认的这类团体有5个（以前为7个），或为会计师协会，或为律师协会。未清偿债务责任的破产人无任职资格。[③] 法国破产程序中的管理人由法院从全国委员会制定的名单上指定，并且只能由这些人员充当管理人，法院得依职权或依申请调换管理人。[④] 日本学者认为，即使符合破产管理人一般性资格条件的人，如与破产案件有利害关系，可能被怀疑是否能公平地执行职务的人，也不应选任之。[⑤] 也有的国家在立法中对管理人的任职资格无特别规定，但在实践中仍基本上是由律师、注册会计师等专业人士出任。

---

① 参见汤维建：《破产程序与破产立法研究》，292页，北京，人民法院出版社，2001。

② 参见奚晓明主编：《最高人民法院关于企业破产法司法解释理解与适用》，81页，北京，人民法院出版社，2007。

③ 参见丁昌业译：《英国破产法》，55页，北京，法律出版社，2003。

④ 参见沈达明等：《比较破产法初论》，241页，北京，对外贸易教育出版社，1993。

⑤ 参见［日］伊藤真：《破产法》，刘荣军等译，63页，北京，中国社会科学出版社，1995。

各国立法对一个案件中指定管理人的人数往往采取灵活规定，可根据破产案件的具体情况确定。在司法实践中，大多只任命一人为管理人，但必要时也可任命多人。如日本尽管在实践中很少选任两个以上的管理人，但其破产法规定，法院认为必要时，管理人可以选任数人。管理人有数人时共同履行其职务，经法院许可，他们可以分管应履行的职务。德国破产法也规定，破产人有不同营业所时，可委任多个管理人。每个管理人对其事务独立管理。在管理人只任命一人的情况下，并非全部破产管理工作就只由其一个人进行，管理人可以聘请会计师事务所、律师事务所或其他人员作为其工作机构与人员，在其指挥下进行破产清算等工作。

在我国《企业破产法》的立法过程中，多数人主张由人民法院指定管理人，也有一部分人主张由债权人会议指定管理人，此外还有多种折中主张。有人提出，采取人民法院选任管理人需经债权人会议确认的方式解决。也有人提出，在破产案件受理后，先由人民法院选任临时性的管理人，在首次债权人会议召开时，债权人有权直接另行选任管理人。还有人主张，在首次债权人会议召开之前，管理人由人民法院选任；在首次债权人会议召开时，如债权人认为管理人与本案有利害关系，可能影响公正行使职权，或管理人有违法或损害债权人利益的行为时，可以要求人民法院撤换管理人；等等。

在提交全国人大常委会进行第一次审议的《企业破产法》草案中规定，在破产案件受理时，由人民法院指定管理人，但其指定的管理人，可以由债权人会议确认或者另行选任，管理人的费用与报酬由债权人会议确定。后在全国人大常委会的审议中，一些人大常委会委员提议改为由人民法院指定管理人，管理人的报酬由人民法院确定。根据上述意见，《企业破产法》第 22 条规定："管理人由人民法院指定。债权人会议认为管理人不能依法、公正执行职务或者有其他不能胜任职务情形的，可以申请人民法院予以更换。"第 28 条规定："管理人的报酬由人民法院确定。债权人会议对管理人的报酬有异议的，有权向人民法院提出。"同时，《企业破产法》规定，指定管理人和确定管理人报酬的办法，由最高人民法院规定。

在《企业破产法》出台以后，全国人大法工委专门向最高人民法院发函，要求尽快依据《企业破产法》的规定制定管理人的指定办法和报酬确定办法。据报道，这是中国立法史上第一次涉及制定司法解释时，由全国人大法工委直接发函督办，这表明我国的立法程序在进一步规范化、制度化。在《企业破产法》实施之前，最高人民法院制定了《关于审理企业破产案件指定管理人的规定》（以下简称《指定管理人规定》）、《关于审理企业破产案件确定管理人报酬的规定》（以下简称《确定管理人报酬规定》）。此外，最高人民法院还出台了《关于〈中华人民共和国企业破产法〉施行时尚未审结的企业破产案件适用法律若干问题的规定》，以解决新、旧破产法的适用衔接问题，包括清算组与管理人制度的衔接问题。

二、《企业破产法》对管理人任职资格的规定

（一）管理人的选任范围

《企业破产法》第 24 条规定："管理人可以由有关部门、机构的人员组成的清算组或者依法设立的律师事务所、会计师事务所、破产清算事务所等社会中介机构担任。人民法院根据债务人的实际情况，可以在征询有关社会中介机构的意见后，指定该机构具备相关专业知识并取得执业资格的人员担任管理人。"为保证对管理人违法失职行为民事法律责任的追究，立法规

定，个人担任管理人的，应当参加执业责任保险。

据此规定，管理人将主要由社会中介组织及专业人员以及清算组出任，包括以下几种情况。

1. 由有关部门、机构的人员组成的清算组

最初在《企业破产法》的草案里，没有允许清算组担任管理人的规定，计划彻底废除清算组制度。但后来国有资产监督管理委员会等部门提出，根据国务院当时的规定，政策性破产在新破产法实施后还要沿用一段期间，以解决国有企业关闭的遗留问题。政策性破产解决的主要是破产衍生的社会问题，而不是债权清偿的问题，由政府官员组成清算组担任管理人更为有利。据此，立法草案中增加了清算组可以担任管理人的规定。

《企业破产法》对清算组可以在哪些案件中担任管理人未作具体规定。在立法时一般认为，国有企业的政策性破产可以由清算组担任管理人，无产可破以及破产财产不多的国有企业的破产案件也可以让清算组担任管理人，因为对由政府官员出任的清算组成员是不用支付报酬的，可以解决中介机构因难以取得合理报酬而不愿担任这些破产案件的管理人的问题。此外，其他一些特殊情况，也可以由清算组担任管理人。但指定清算组为管理人的模式不应是选任管理人的主要形式，对清算组担任管理人的案件范围必须加以限定，不然就可能出现一些人民法院在地方政府的干预下，在大多数的案件中都指定清算组担任管理人，出现“穿新鞋、走老路”的现象。

为明确清算组担任管理人的案件范围，《指定管理人规定》第 18 条规定了可以指定清算组担任管理人的案件范围。

第一，破产申请受理前，根据有关规定已经成立的清算组，人民法院认为符合司法解释有关规定的。这里的“根据有关规定已经成立的清算组”，包括所有在破产申请受理前依有关法律、法规成立的清算组、清算委员会、行政清算组（行政清理组）等。但是，并非上述所有清算组，都可以继续被指定为管理人。人民法院应依照《企业破产法》及司法解释规定的有关条件重新审查清算组成员的适格性。只有经审查认定符合法律规定者，才可以被指定为清算组管理人成员；对于不符合规定者，应依法另行指定管理人，例如清算组主体成员与债权人、债务人存在利害关系，甚至清算组成员本身就是债务人企业的股东或董事等情况。政府有关部门可以在请求人民法院指定清算组担任管理人之前，对不符合法律及司法解释规定的清算组成员加以调整更换，以符合清算组担任管理人的要求。

第二，《企业破产法》第 133 条规定的案件，即纳入国家计划的国有企业政策性破产案件。《企业破产法》立法时之所以允许指定清算组为管理人，主要就是出于对国有企业政策性破产案件特殊需要的考虑。国有企业的政策性破产其实质是政府对企业的行政关闭程序，借破产之名只是为了解决债务豁免、职工安置等问题。所以，尽管由政府有关部门人员组成清算组进行破产清算存在诸多弊端，但在国有企业的政策性破产案件中也有其积极的一面，即使是在其他一些案件中也会发挥特定的作用。政府有关部门参加破产清算，可以为破产企业职工的安置、退休人员移交社会化管理、非经营性资产的移交、工商管理、税收等问题的解决，提供行政上的支持与配合。所以，司法解释针对国有企业政策性破产的特殊情况，规定此类破产案件可以指定清算组担任管理人。

第三，有关法律规定企业破产时成立清算组的。有些在《企业破产法》颁布之前已经施行

的法律，规定在特定企业破产时需成立清算组进行破产清算，如《商业银行法》。《商业银行法》第 71 条中规定："商业银行被宣告破产的，由人民法院组织国务院银行业监督管理机构等有关部门和有关人员成立清算组，进行清算。"

这些立法与相关规定大多是在《企业破产法》颁布之前制定、实施的，当然不可能考虑到与管理人制度的衔接，也不可能将清算组称为管理人，所以从法理上讲，本不需要对其作出特别规定。但是，目前我国对金融机构的破产尚缺乏具体制度规定，虽然《企业破产法》第 134 条规定"金融机构实施破产的，国务院可以依据本法和其他有关法律的规定制定实施办法"，但这些实施办法何时能够出台，尚难以预计。可是在实践中，一些金融机构的破产问题又十分突出，亟待解决，不可能等待实施办法出台后再实施破产。所以，《企业破产法》第 134 条又规定：商业银行、证券公司、保险公司等金融机构有本法第 2 条规定情形的，国务院金融监督管理机构可以向人民法院提出对该金融机构进行重整或者破产清算的申请。国务院金融监督管理机构依法对出现重大经营风险的金融机构采取接管、托管等措施的，可以向人民法院申请中止以该金融机构为被告或者被执行人的民事诉讼程序或者执行程序。为了满足金融监督管理机构和相关行政部门参加金融机构破产程序、进行监督的需要，目前只能通过人民法院指定清算组担任管理人的形式，使这些部门的人员通过作为清算组成员的方式参加到破产程序中。所以，从某种意义上讲，这是一个临时性的变通办法。

此外，这种方式也可以使金融资产管理公司能够借助成为清算组成员的形式担任管理人职务，解决其因不属于社会中介机构，而在某些需要其介入的案件中无法成为管理人的资格难题。

第四，人民法院认为可以指定清算组为管理人的其他情形。此为兜底条款，为人民法院审理上述情形以外的破产案件确需指定清算组为管理人的情况留下一定操作空间。

通常，指定清算组为管理人时，都会有中介机构参加。在人民法院指定担任清算组成员中的中介机构时，可以参照司法解释有关管理人的指定办法进行，以防止出现暗箱操作的现象。

根据司法解释规定，《企业破产法》施行时依据旧破产法已经受理但尚未审结的企业破产案件，人民法院已裁定宣告债务人破产并成立清算组的，人民法院可以指定该清算组为管理人；尚未成立清算组的，人民法院应依照《指定管理人规定》及时指定管理人。此种情况的处理，既涉及清算组担任管理人的案件适用范围与条件问题，也涉及新、旧法的衔接问题。

2. 律师事务所、会计师事务所

由律师事务所、会计师事务所担任管理人，是世界各国破产立法的通例，理由不再详述。只不过，在大多数国家均是由律师或注册会计师个人担任管理人，而我国立法虽也允许律师或注册会计师个人担任管理人，但却是以律师事务所、会计师事务所等中介机构组织担任管理人为主导模式的。

3. 破产清算事务所

破产清算事务所可以担任管理人是我国破产法的特殊规定，在其他国家的立法中较为少见。破产清算事务所的性质应当是商业性中介机构组织，但在实践中，其组织形式不统一，往往也不够规范。另外，取得律师、注册会计师的执业资格都设有法定的资格考试，但对破产清算事务所的工作人员则没有任何资格要求限制与能力考试制度。相关立法对设立律师事务所、会计师事务所规定了较为严格的法定条件，但对设立破产清算事务所则没有规定资质条件。虽然《企业破产法》已规定破产清算事务所可以作为管理人，但对其担任管理人的资格条件等需要加以适当规制，以免出现为了规避法律对律师事务所、会计师事务所设立条件的限制，而滥设破产清算事务所、不当竞争破产案件管理业务的现象。但不允许破产清算事务所担任管理人也是不妥的，这不仅因为《企业破产法》对其可以担任管理人有明文规定，而且还因为有些破产清算事务所曾办理过很多破产案件，具备担任管理人的能力，比没有承办过破产案件的律师事务所等更有经验与效率。

4. 其他中介机构

《企业破产法》在列举规定上述三种可以担任管理人之机构的后面，还规定有一个"等社会中介机构"字样。如何理解这个"等"字，就影响到可以担任管理人的社会中介机构的范围。有的人认为，这个"等"字就是指上述三种社会中介机构，不向外扩张到其他社会中介机构。这种观点可以称为"等"内说。有的人认为，这个"等"字不仅指上述三种社会中介机构，还可以向外扩张到其他社会中介机构，如资产评估机构等，甚至可以延伸至包括金融资产管理公司。这种观点可以称为"等"外说。考虑到"等"外说可能涉及对法律文义的扩大解释，由司法解释规定不适宜，所以《指定管理人规定》实际上采取"等"内说，未规定其他社会中介机构可以担任管理人。

在《企业破产法》立法时，四大金融资产管理公司提出，一些证券公司或具有金融业务的大型企业集团的破产、重整案件由金融资产管理公司担任管理人比较适合。金融资产管理公司可以在破产或重整案件中充分发挥其强大的综合实力解决一些特殊问题，如德隆集团破产案件就是由华融金融资产管理公司承办的，所以，金融资产管理公司也希望能够加入管理人的队伍中。鉴于实践中确实可能存在需要在上述三种社会中介机构之外指定担任管理人的特殊情况，所以立法时也就留了个不太明确的口子，即"等社会中介机构"。但在制定《指定管理人规定》时，对是否允许金融资产管理公司等担任管理人存在不同意见，主要是认为立法规定允许担任管理人的是"中介机构"，而金融资产管理公司显然不能归入"中介机构"之列。最后，《指定管理人规定》第18条采取了变通方式，即通过允许将金融资产管理公司指定为清算组成员的形式，使其可以担任管理人工作，回避了因其不属于社会中介机构而无管理人法定资格的难题，并解决了实践中需要其参加破产管理时的渠道问题。

5. 中介机构中具备相关专业知识并取得执业资格的个人

《企业破产法》规定，中介机构中具备相关专业知识并取得执业资格的个人，也可以担任管理人。

对个人能否担任管理人，在《企业破产法》立法过程中是有争议的。有的人对个人担任管理人持不信任态度，认为个人的能力与信用不足，而且缺乏承担法律责任的财产。这种观点是不妥的。在各国破产法中，个人担任管理人是名副其实的惯例。个人管理人的失职，的确可能给债权人等造成与其个人财产不相应的巨额财产损失，但有职业责任保险等制度作为赔偿责任保障，是可以解决个人担任管理人可能赔偿能力不足的问题的。《企业破产法》为保证个人管理人对其违法失职行为的赔偿责任能够实际实现，特别规定个人担任管理人的，应当参加执业责任保险。而且由于个人管理人是以自己的财产承担责任，所以必然会比以中介机构集体的名义工作并承担责任时更为谨慎、小心，会更加勤勉、负责地处理破产案件。其实，在司法实践中，实际管理破产事务的管理人个人具备什么样的能力、资格和处理破产案件的经验，才是最重要的。

此外，在实践中，有些简单的破产案件由中介组织担任管理人，费用成本会相对较高，由个人担任管理人可以降低费用。所以在《企业破产法》中规定，人民法院根据实际情况，可以在征询有关中介机构意见之后，指定该机构具备相关专业知识并取得执业资格的人来担任管理人。但这一规定与其他法律可能存在冲突，因为律师法、注册会计师法都规定，律师、注册会计师是不能以个人名义办理业务的。这一立法矛盾需要解决。有的人说，可按照后法优先即破产法优先的原则处理。但最终这一问题还是应通过相关立法的协调、修改与完善解决。

《企业破产法》对哪些破产案件适合个人担任管理人未作明确界定。为利于统一执法，《指定管理人规定》规定，对于事实清楚、债权债务关系简单、债务人财产相对集中的企业破产案件，人民法院可以指定管理人名册中的个人为管理人。司法解释没有将指定个人管理人的适用范围限定为小额破产案件，一方面是考虑实践中破产案件的标的额标准复杂、具体数额不易确定，尤其是在破产案件受理时；另一方面，主要是考虑标的额的大小虽可以作为判断案件是否为简单案件的一个因素，但有时虽然案件标的额较大，其并不会增加破产清算工作的难度与复杂性，仍可以由个人担任管理人。

(二) 管理人执业资格的确认

许多国家的立法规定有管理人资格的相应认定方式，因为并非所有的律师、注册会计师都实际具备担任管理人的能力。对管理人资格的认定，有的是通过资格考试或考核，有的是通过参加相应行业协会成为资格会员。还有一些国家名义上没有对管理人资格的特殊限制，但实际上通过市场竞争、专业分工、社会认可、法院接受，而在实践中形成相对固定的管理人队伍。

我国《企业破产法》立法时，在对管理人执业资格的确认方式方面涉及两个争议问题：其一，对具备一般资质的个人的破产执业资格如何确认。有人认为，对管理人资格不作特别规定是不妥的。因为并非所有的律师、注册会计师等都能胜任管理人工作，故应设置管理人的资格考试制度。有人认为，破产管理工作对管理人的实务能力要求较高，仅靠考试不能保证其具有相应能力，所以还应强调对其实务业绩等方面的综合考核，以求将具有丰富实践经验的人吸收到管理人队伍中来。还有的人认为，凡是具有律师、注册会计师资格的人即可取得管理人执业资格，无须再进行考试，否则将会造成新的市场准入障碍，出现业务垄断现象，妨碍公平竞争。

其二，中介机构担任管理人是否需要取得特别的执业资格，如规定律师事务所内获得管理人资格的律师达到多少人等。有的人认为，管理人的执业资格仅指个人的资格，对机构不应再设置执业资格限制。凡依法设立的律师事务所、会计师事务所、破产清算事务所等社会中介机构均可以担任管理人，但其派出的工作人员应当具备管理人的执业资格。有的人则认为，并非所有的律师事务所、会计师事务所、破产清算事务所都能胜任破产管理工作，所以对中介机构也应设置执业资格，并通过考核、年检等制度加以规范。这些不同观点在《企业破产法》起草工作组到各地的调研过程中就有所反映，在全国人大常委会审议法律草案的过程中也有人提出。

没有专门的管理人资格管理制度，可能出现滥竽充数的现象；而设置资格考试等制度，又可能造成市场准入的障碍，影响公平竞争，尤其是在管理人制度实施的初期，甚至可能会导致一些地方没有足够的合格管理人完成破产案件的管理工作。这的确是个两难问题。

本书认为，我国创建管理人制度后，应当进行规范、严格的资格管理。所以，个人以及中介机构要取得担任管理人的资格，应当经过破产法及管理人知识的专业培训，通过相应的考试或考核，考核的标准既要包括法律与理论知识，也要包括司法实践经验。根据司法解释的规定，目前以管理人名册制度作为实际选任管理人的基础。要逐步健全相应的入册考试或考核制度，科学、合理、规范地从众多具备法律规定基本资格的中介机构与个人中，选拔出与司法实践中发生的破产案件数量需要大体相应的管理人进入候选名册，确定管理人办理案件的不同级别，并对管理人名册进行动态调整，以保证管理人制度正确、顺利、长期的发展。

各个国家和地区破产立法中均规定有管理人的消极资格限制，虽内容因具体情况而有差异，但基本原则是相同的，下面作一概括介绍。

1. 英美判例法

英美判例法认为，除与破产债权人或债务人有财产等利害关系者应受任职限制之外，其他不能担任管理人的实质性条件限制还包括：曾有过渎职行为者，曾因不称职而被解除管理人职务者，因不当行为违反大多数债权人意志者等。《英国破产法》第390条规定，未取得法定职业团体（如律师或会计师等团体）成员资格的人，未对其履行管理人职能提供有效担保的人，被判决个人破产或个人财产被裁决扣押的人，受到公司董事资格取消法处分的人，属于精神健康法含义内的病人和按无能力成年人法被指派了监护人的人，均不得担任管理人。

2. 日本

日本立法规定管理人的消极条件为：(1) 犯重罪者；(2) 拒服兵役者；(3) 受破产宣告未复权者。日本学者还指出，被怀疑不能公平地执行职务的人，也不应被选任为破产管理人。

3. 我国香港地区

《香港破产条例》规定："79A 不适合任命为受托人的情况：任何未被解除破产的破产人或法人团体均无资格被任命担任受托人之职"，"79B 影响任命为受托人的舞弊行为：为获得任命或提名，或为获得或阻止对他本人以外之人的任命或提名，而给予或同意或建议给予债务人或破产人的债权人以有价值之对价的人"，"96 (2) 如法庭认为：(a) 经债权人任命的受托人犯有行为不检或未能依本条例履行职责；或 (b) 因对债权人毫无益处而使其受托人职位无须延长；或 (c) 受托人因精神失常或长期患病或连续缺勤而不能履行职责；或 (d) 受托人与破产人或其财产或特定债权人的联系或关系可能使其难于公正行事维护债权人的整体利益"。

4. 俄罗斯

《俄罗斯破产法》第20条规定：有经济犯罪前科或中等严重以上的犯罪前科者、债务人或债权人的利害关系人、处于破产程序中的人员、没有赔偿履行管理人职务时致相关人损失的人员、依法丧失或被剥夺管理职务（含董事、监事、受托理财人）者、未依法参加破产案件参与人损害责任保险的人员，法院不得批准其担任管理人。[①]

在管理人的消极资格方面，我国《企业破产法》借鉴各国立法经验，在第24条第3款规定："有下列情形之一的，不得担任管理人：（一）因故意犯罪受过刑事处罚；（二）曾被吊销

① 转引自奚晓明主编：《最高人民法院关于企业破产法司法解释理解与适用》，100、101页，北京，人民法院出版社，2007。

相关专业执业证书；（三）与本案有利害关系；（四）人民法院认为不宜担任管理人的其他情形。”

最初，在《企业破产法》提交全国人大常委会第一次审议的草案中，管理人消极资格第一项规定的内容是，“受过刑事处罚或者有其他不良记录的”，不得担任管理人。但后来考虑，是否取消受过刑事处罚者担任管理人的资格，还应看当事人所犯的是什么性质的犯罪，如果是过失犯罪，如因交通肇事犯罪，则与管理人的资质、能力没有直接关系，不宜影响其担任管理人的资格。所以，最后立法规定为“因故意犯罪受过刑事处罚”者，不得担任管理人。此外，“有其他不良记录”的规定过于笼统，如因治安违法行为受到处罚（乱扔垃圾等），或者购买商品房在归还贷款过程中存在过违约情况，都应当属于不良记录，但对担任管理人来说，这些并非都构成资格障碍，而且此规定对人民法院来说难以准确把握，所以最后将此部分内容删除。

管理人消极资格的第二项规定是，“曾被吊销相关专业执业证书”的，不得担任管理人。原来《企业破产法》草案曾经直接规定“注册会计师、律师等曾被吊销执业证书”的，不得担任管理人。后来因为立法草案规定律师事务所、会计师事务所以外的“破产清算事务所等社会中介机构”也可以担任管理人，这就难以通过直接列举的方式规定被吊销的执业资格证书应包括哪些种类。于是立法草案一度就不再作列举规定，改为“被吊销执业资格证书”的，不得担任管理人。但是“被吊销执业资格证书”的规定又太宽泛，社会上执业资格证书的适用范围甚广，如医师、各种技师等也有其执业资格证书，但这些执业资格证书的吊销与否显然与能否担任管理人无关。因此，最终《企业破产法》在此又增加了一个限制词，即被吊销“相关专业”的执业证书。

在《企业破产法》草案中，曾一度在管理人任职资格方面规定，董事、经理可以担任管理人。这主要是考虑在重整程序中担任管理人的特殊能力需要。在重整程序中需要管理人具备企业资本运作知识、经营管理能力、市场开拓能力等，从而帮助企业重整成功，避免破产，而律师、注册会计师主要是清算型人才，通常不具备企业经营管理等方面的特长。所以，有少数国家对管理人在重整与清算程序中的任职资格分别作出规定。我国《企业破产法》没有作这种区分规定，但存在同样的问题需要解决。然而，在《企业破产法》草案规定董事、经理可以担任管理人之后，起草工作组经过反复讨论分析，认为仍有不妥。因为在中国，企业董事、经理的职务设置太滥，并不能真正代表其具备相应的资质能力，所以又删除了这一规定。现在，根据《企业破产法》的规定，管理人可以聘请工作人员，故在重整程序中可以由律师事务所或会计师事务所等社会中介机构出任管理人，再由其聘任原企业经营管理人员或专业经理人等作为工作人员，负责经营管理企业，参与企业重整，以这种模式变通解决重整对管理人资质的特殊要求问题。同时，具备条件的中介机构也应当吸收或培养企业经营管理方面的人员，优化管理人结构，提高管理人在重整案件中的执业能力。《破产审判会议纪要》专门指出：“人民法院要指导编入管理人名册的中介机构采取适当方式吸收具有专业技术知识、企业经营能力的人员充实到管理人队伍中来，促进管理人队伍内在结构更加合理，充分发挥和提升管理人在企业病因诊断、资源整合等方面的重要作用。”

管理人消极资格的第三项规定是，“与本案有利害关系”者，不得担任管理人。此项对管理人任职的禁止性规定是各国立法的通例，下面介绍一下各国立法的具体规定。

1. 美国

在美国，所有破产案件的管理人都必须是“非利益相关人”，即要求管理人与债务人或者债务人的破产案件无关系，并且不享有实质性地不利于破产财产的利益。《美国破产法》第101条第13项对“非利益相关人”作出如下定义：“非利益相关人指的是这样的人：(a) 不是债权人、净资产持有人或内部人员；(b) 过去和现在都不是为债务人提供任何流通证券服务的投资银行家；(c) 在提出破产申请之日前三年以内，没有能够成为为债务人提供证券服务的投资银行家或为与购买、出售或发布债务人证券有关的投资银行家服务的代理律师；(d) 在提出破产申请之前两年以内，过去和现在都不是债务人的董事、高级管理人员或雇员，或本款 (b) 或 (c) 详细列明的投资银行家；并且 (e) 由于与本款 (b) 或 (c) 详细列明的债权人或投资银行家有任何直接或间接的利益关系、关联或利益，或任何其他的原因，对破产财团、任何类型的债权人或净资产证券持有人的利益都不具备本质上不利的利益。”

2. 墨西哥

在墨西哥，以下任何情况中的人员不允许在商业重组程序中作为管理人：“(a) 与商业重组中的商人、其债权人的任何人、或监督案件程序的法官，有配偶关系、女性或男性同居关系、或4代以内血缘关系、或2代以内的姻亲关系；(b) 与管理层的成员，如果该商人是一个法律实体时，与负无限责任的股东有配偶关系、女性或男性同居关系、或4代以内血缘关系、或2代以内的姻亲关系；(c) 在未决的诉讼中，是商人的、或其债权人的律师、代理人、或被授权的人；(d) 在即将被任命之前的6个月以内，与商人或其任何的债权人有劳务关系，或在这期间，提供了独立的专业性服务，而不论这种服务是否是次要的；(e) 在其被任命的程序中是商人的、或商人的任何债权人的股东、出租人或承租人；或 (f) 与商业重组有直接或间接的利益关系，或是商人的或其任何债权人的密友或公开的敌人。”

3. 俄罗斯

《俄罗斯破产法》第19条明确规定了“利害关系人”的定义：“(1) 本联邦法律所称的债务人的利害关系人，是指：根据民事立法，作为债务人的母公司或子公司的法人；债务人的经理人，以及债务人的董事会（监事会）成员、债务人的集体执行机构、债务人的总会计师（会计师），其中包括提起破产案件诉讼程序之前一年内被解职的上述人员；联邦法律规定的其他人员。(2) 本联邦法律所称的公民的利害关系人，是指其配偶、直系长辈亲属和直系晚辈亲属、姐妹和兄弟以及姐妹和兄弟的晚辈亲属、配偶的父母、姐妹和兄弟。(3) 在本联邦法律规定下，仲裁管理人、债权人的利害关系人，根据本条第 (1) (2) 款规定的程序确定。”

4. 加拿大

《加拿大破产与倒闭法》规定，下述具备管理人资格的人不得担任某一具体破产案件的托管人：“(a) 托管人现在是，或在过去的两年内的任何时间曾经是：债务人的董事或高级职员；债务人或债务人的董事或高级职员的雇主或雇员；与债务人或债务人的任何董事或高级职员有关；或债务人的审计员、会计师或法律顾问，或债务人的审计员、会计师或法律顾问的合伙人或雇员；(b) 托管人是由债务人或任何与债务人有关的人出具的信托委托书的托管人，或者是经债务人或与债务人有关的人的同意，在《魁北克民法典》的意义内构成抵押权的行为的授权委托书的持有人；或上述段中提到的与托管人或授权委托书持有人有关的人。”①

① 转引自奚晓明主编：《最高人民法院关于企业破产法司法解释理解与适用》，91、92页，北京，人民法院出版社，2007。

我国在《指定管理人规定》的相关条款中对管理人的利害关系问题，借鉴其他国家和地区的法律规定，作出了详细解释。其第 23 条规定："社会中介机构、清算组成员有下列情形之一，可能影响其忠实履行管理人职责的，人民法院可以认定为企业破产法第二十四条第三款第三项规定的利害关系：（一）与债务人、债权人有未了结的债权债务关系；（二）在人民法院受理破产申请前三年内，曾为债务人提供相对固定的中介服务；（三）现在是或者在人民法院受理破产申请前三年内曾经是债务人、债权人的控股股东或者实际控制人；（四）现在担任或者在人民法院受理破产申请前三年内曾经担任债务人、债权人的财务顾问、法律顾问；（五）人民法院认为可能影响其忠实履行管理人职责的其他情形。"第 24 条规定："清算组成员的派出人员、社会中介机构的派出人员、个人管理人有下列情形之一，可能影响其忠实履行管理人职责的，可以认定为企业破产法第二十四条第三款第三项规定的利害关系：（一）具有本规定第二十三条规定情形；（二）现在担任或者在人民法院受理破产申请前三年内曾经担任债务人、债权人的董事、监事、高级管理人员；（三）与债权人或者债务人的控股股东、董事、监事、高级管理人员存在夫妻、直系血亲、三代以内旁系血亲或者近姻亲关系；（四）人民法院认为可能影响其公正履行管理人职责的其他情形。"

管理人在破产案件中提供服务的对象是利益矛盾的双方或多方当事人，所以必须回避任职上的利害关系冲突，这是维护公平的一般要求。《指定管理人规定》对社会中介机构、清算组成员是否与破产案件存在"利害关系"，主要是从经济往来、业务关系、身份关系等方面界定的。须注意的是，所谓不得担任管理人的利害关系，是指达到足以影响公正履行管理人职责程度的利害关系，如果虽然存在一定关系，但没有达到这一程度，则可以不受此限制。所以，在是否与破产案件存在"利害关系"的确认上，人民法院是有一定裁量权的，为此《指定管理人规定》规定，对于"人民法院认为可能影响其公正履行管理人职责的其他情形"，可以由人民法院裁量决定。

有一个实践中的问题需要特别指出：在破产程序特别是重整程序开始前，债务人、债权人或新的战略投资者等可能会聘请律师等中介机构为顺利启动和进行程序而事先提供法律、财务等策划服务。有的人认为，在破产程序启动前存在的这种中介服务属于存在利害关系，该中介机构不得在此后启动的破产程序中再担任管理人，或成为清算组管理人的成员。本书认为，仅仅因为中介机构曾为破产重整提供预先服务，就简单地认定其存在利害关系，不允许其担任管理人，这是不妥的，还应当进行更为细致的分析。首先，应区分不同服务对象，具体分析是否存在实际利害关系，是否会影响到公正履行管理人职责。如果是中介机构曾为债权人或新的战略投资者提供重整预先服务，在破产重整程序启动后让其再担任管理人可能会存在不妥，因为在重整程序中债权人或新的战略投资者与债务人企业可能处于利益博弈冲突的地位。但是，如果中介机构是为债务人提供重整预先服务，原则上不应影响其在破产重整程序启动后担任管理人。其次，从一般原则而言，曾为债务人的破产重整工作提供预先服务，不应视为存在可能影响忠实履行管理人职责的利害关系。原因如下：第一，违背市场客观需要。中介机构为企业破产重整程序提供预先服务，这是市场经济发展的客观需要，也有助于破产法的顺利实施和案件正确审理，是让市场发挥资源配置机制的表现，本应加以鼓励，如果由于中介机构进行了预先服务就禁止其在随后启动的重整程序中担任管理人，就会导致无人愿为当事人提供预先服务，这是不利于重整程序顺利进行的。第二，不符合破产法的发展趋势和运作规律。为了更好地挽救企业，各国不断完善重整制度，提倡实行债务人自行管理程序、预重整程序，而债务人自行管理和预重整程序的进行是肯定需要中介机构的事先策划服务的。将提供预先服务视为中介机构存在利害关系，禁止其在重整程序中担任管理人，将严重影响债务人自行管理和预重整程序的适用，给我国破产立法与实施制度的完善形成实际障碍。第三，违背立法规定本意。为债务人提供破产预先服务，其性质不同于司法解释中规定的禁止任职的“提供相对固定的中介服务”或“担任债务人、债权人的财务顾问、法律顾问”的服务。禁止任职类的服务，通常是在冲突的利益博弈中去维护委托人一方的利益，由于破产程序启动前该独立利益关系的存在而可能影响后续管理人职责的公正履行。而破产预先服务与管理人工作职责并不存在利益冲突，两者在事务性质上具有同一性和延续性，在利益方面具有一致性和相容性。破产预先服务的立足点，是依据公平维护多方当事人权益的《企业破产法》解决企业的挽救或清算问题。预先服务本身并不会形成与破产程序利益以及管理人职责相对立的独立利益，不存在影响忠实履行管理人职责的利害关系矛盾，与破产程序启动后提供的管理人服务也没有本质区别。更何况企业的破产挽救是需要在重整程序内进行协商和博弈的，其间还有人民法院与债权人会议的监督，包括对重整计划草案的表决，对债权人会议决议的批准，乃至对管理人的更换，有足够的制约机制。所以，破产预先服务本身是不具有影响公正、忠实履行管理人职责情形的，反而是有助于管理人职责的顺利实现的。但是，在一般原则之下也会存在例外，如果在前期的破产预先服务中，中介机构不能依法公正、忠实履行服务职责，甚至引发利害关系人之间的矛盾，可能导致其在后续的管理人工作中也难以公正履行职责，人民法院则可以认定其属于《企业破产法》规定的“人民法院认为不宜担任管理人的其他情形”，不予指定，即便指定，人民法院也可以依据债权人会议申请或者法定职权予以更换。①

在进入指定管理人程序后，社会中介机构或者个人发现与本案有利害关系的，应主动申请回避并向人民法院书面说明情况。人民法院认为社会中介机构或者个人与本案有利害关系的，不应指定该社会中介机构或者个人为本案管理人。社会中介机构或者个人有重大债务纠纷或者因涉嫌违法行为正被相关部门调查的，人民法院不应指定该社会中介机构或者个人为本案管理人。此外，管理人在任职之后也不应介入与本案有利害关系或利益冲突的事件。在司法实践中，曾出现有的管理人自认为企业不具备重整条件，便坚决反对债权人或股东提出重整申请的情况，这是错误的。是否提出申请是债权人等当事人的权利，是否应受理债权人的重整申请是由法院决定的事项，而是否同意重整计划草案则是债权人会议表决的事项，这些事项的决定管理人均无权介入。如果管理人在任职之后介入与本案有利害关系或利益冲突的事件，从而与本案发生利害关系，则应当予以撤换。

为顺利执行上述规定，《指定管理人规定》第 9 条还规定了对《企业破产法》中规定的“人民法院认为不宜担任管理人的其他情形”应如何正确理解和执行。根据该条规定，社会中介机构及个人具有下列情形之一的，即属于人民法院认为不宜担任管理人的其他情形，不得担任管理人：“（一）因执业、经营中故意或者重大过失行为，受到行政机关、监管机构或者行业自律组织行政处罚或者纪律处分之日起未逾三年；（二）因涉嫌违法行为正被相关部门调查；（三）因不适当履行职务或者拒绝接受人民法院指定等原因，被人民法院从管理人名册除名之

① 参见王欣新：《破产管理人指定中“与本案有利害关系”的认定》，载《人民法院报》，2014－04－09。

日起未逾三年；（四）缺乏担任管理人所应具备的专业能力；（五）缺乏承担民事责任的能力；（六）人民法院认为可能影响履行管理人职责的其他情形。”

（三）管理人名册制度

根据《企业破产法》的规定，原则上所有法律允许担任管理人的中介机构或其取得执业资格的成员，都有资格请求人民法院指定其担任管理人职务。立法之目的是避免造成新的市场准入障碍与垄断，更快地发展管理人队伍。但在司法实践中，显然并非所有的律师事务所、会计师事务所、破产清算事务所等社会中介机构或其取得执业资格的成员都具有担任管理人工作的实际能力和意愿，各社会中介机构在专业人员的数量、素质、知识结构、承办相关案件的实务经验等方面也存在较大差异，完全不加区别地指定其担任管理人职务是对破产管理工作不负责任的做法，可能会影响破产案件的管理效率与质量。

但是，由于我国破产法中未设置管理人的资格考试、考核与相应管理制度，因而如何确认社会中介机构及个人是否具备担任管理人的能力就较为困难。为此需要建立相应制度，保证所选任的管理人的素质与能力能够实际胜任管理人之职责，保证受理破产案件的法院能够在受理破产申请的有效期间内，公正、高效地完成指定管理人的工作。为此，面对众多形式上具备法定资格的社会中介机构及个人，需要有一个适当的管理人资格与实质能力的预选制度。

此外，在我国的不同地区，破产案件的发生数量、社会中介机构的数量等存在较大差异，设计指定管理人的制度，既要保证其在全国范围内能够得到统一的执行，又要考虑地区间的不平衡状况，使之能够因地制宜地顺利实施。如在《企业破产法》出台的2006年，全国法院共受理企业破产案件4 253件。其中，受理破产案件最多的省份为山东，共受理589件，超过200件的省份有河北、辽宁、吉林、江苏、河南、湖北、湖南、广东等，而海南、西藏、宁夏、青海等省区受理的破产案件却不足10件。各地拥有社会中介机构的数量差异也很大。根据制定管理人指定司法解释时的统计，截至2006年年底，全国共有律师事务所12 400家，会计师事务所6 425家。律师事务所的分布很不均衡，广东有律师事务所1 132家，律师13 684人；北京有律师事务所950家，律师11 994人；而宁夏只有律师事务所61家，律师588人；西藏有律师事务所14家，律师52人。会计师事务所也存在类似分布不均衡的情况。破产清算事务所由于没有全国性的行业协会，没有准确的统计数字，但仅在天津一地就有一百余家。显然，如果所有法律允许的社会中介机构都可以被指定为管理人，而实务中可能一时没有那么多的破产案件，并不需要那么多的管理人，难免会导致恶性竞争，不仅不利于破产管理工作，而且会使单一机构没有充足的破产业务量，难以建立起培育专业化、高水平管理人队伍的社会机制。

在其他国家，即使没有专门的管理人资格考试制度，但是由于已经经过长期的市场竞争与发展，律师事务所、会计师事务所等社会中介机构已经根据自身的资质、能力、资源等情况形成各自的优势与传统业务范围，有相对稳定的业务与利益格局分配，不会出现无序争抢管理人业务的现象。但我国的律师等社会中介行业在一些领域仍处于半无序竞争的状况，业务的专业化程度不高，在管理人这一新的业务源出现后，如不加以适当约束，难免会出现无序竞争的现象。

制定管理人的指定办法涉及不同合理利益诉求的对立与权衡，需要妥善协调解决多种正当价值取向间的冲突。一方面要考虑保持管理人市场的开放性，不能形成垄断市场，这就不能过度地限制符合法律要求的机构成为管理人，并应允许新人不断加入；但另一方面，受破产案件受理数量所限，要考虑长期性、专业化的管理人队伍培养，就要求必须有一小部分律师事务所等社会中介机构经常能有破产案件可办，能够依赖此项业务维持与从事其他业务相平衡的盈利收入，否则，社会中介机构根本不会培养、也无力维持一支从事破产管理的专业化队伍。市场的开放性和业务的专业性在依靠市场机制解决其矛盾之前，难免会发生冲突。

为解决这些问题，《指定管理人规定》借鉴了一些国家的经验，设置了管理人名册制度。人民法院在编制名册时进行管理人的资格审核认定工作，根据破产案件发生的数量适当控制编入管理人名册的人数，进而确定实际指定管理人时的合理选择范围。这样既可以保障人民法院在具体指定管理人工作上的公正与效率，又可以解决要求参加管理人指定的中介机构过多、破产案件数量不足分配的矛盾，并为进一步完善管理人制度打下一定的基础。

根据这一制度，人民法院在指定管理人之前，首先要编制管理人名册，即从申请加入管理人名册的众多中介机构及个人中择优编入管理人名册。人民法院指定管理人，原则上要从列入管理人名册的社会中介机构和个人中指定。进入管理人名册是可以实际被指定担任管理人的一般前提条件。对那些暂时未被编入名册的社会中介机构和个人，并不是否认其依法可以担任管理人的资格，其之所以未被编入名册，只是由于人民法院审理企业破产案件对管理人数量的客观需求有限，因而只能从有资格的社会中介机构和个人中择优先行确定一部分人实际担任管理人工作。人民法院对管理人名册实行动态管理，根据破产案件发生的数量以及社会中介机构和个人的情况变化，适时调整名册，加以增删，以适应审理破产案件的实际需要。

其他采取管理人名册制度的国家或地区，有的是建立专门的管理人名单，如德国制定有一份 1 600 名左右的破产管理人名单，并由法院向管理人颁发选任证书。还有的是将相关行业协会提供的会员名单直接作为管理人名单，如法国的管理人全国委员会制定有一个约 500 人的管理人名单。我国台湾地区是根据律师公会和注册会计师公会提供的名册形成管理人名册。

上述将相关行业协会会员名单直接作为编制管理人名册依据的做法，在我国尚不具备实施条件，这不仅因为破产清算事务所尚没有全国性的行业协会，而且因为我国的社会中介机构专业化分工不强，此种方式仍无法解决指定范围过大的问题。所以，《指定管理人规定》设置的管理人名册编制制度，是具有一定中国特色的必要制度。

根据《指定管理人规定》的规定，高级人民法院应当根据本辖区律师事务所、会计师事务所、破产清算事务所等社会中介机构及专职从业人员数量和企业破产案件数量，确定由本院或者所辖中级人民法院编制管理人名册。人民法院应当分别编制社会中介机构管理人名册和个人管理人名册。在由直辖市以外的高级人民法院编制的管理人名册中，应当注明社会中介机构和个人所属中级人民法院辖区，以便于下级法院可以按照属地原则在一般破产案件中指定管理人。人民法院可以根据本辖区的实际情况，分批确定编入管理人名册的社会中介机构及个人。

人民法院应当通过本辖区有影响的媒体就编制管理人名册的有关事项进行公告。公告应当包括以下内容：(1) 管理人申报条件；(2) 应当提交的材料；(3) 评定标准、程序；(4) 管理人的职责以及相应的法律责任；(5) 提交申报材料的截止时间；(6) 人民法院认为应当公告的其他事项。

管理人名册采取社会中介机构及其个人自愿申请、人民法院依法审定的方式编制。符合《企业破产法》规定条件的社会中介机构及其具备相关专业知识并取得执业资格的人员，均可申请编入管理人名册。申请应向所在地区负责编制管理人名册的人民法院提出，由其审定。人民法院不受理异地申请，但异地社会中介机构在本辖区内设立的分支机构提出申请的除外。

在已被编入机构管理人名册的社会中介机构中，具备相关专业知识并取得执业资格的人员，可以申请编入个人管理人名册。这里的"取得执业资格"，应是指通过司法资格考试（2018年后改为法律资格考试，下同）或注册会计师考试，并取得律师或注册会计师等执业资格证书。由于目前我国没有所谓破产清算师的考试与执业资格证书制度，所以破产清算事务所中的人员要想以个人身份担任管理人，也必须通过司法资格考试或注册会计师考试，并取得律师或注册会计师的执业资格证书。《企业破产法》规定的这一要求，实际上可能会排除破产清算事务所中的人员以个人身份担任管理人的资格。因为根据相关法律规定，要取得律师或注册会计师的执业资格证书，其前提是必须在律师事务所、会计师事务所专职工作，而在破产清算事务所中专职工作的人员一般不可能取得律师或注册会计师的执业资格证书。

社会中介机构和个人申请编入管理人名册的，应当向人民法院提供相关的材料，《指定管理人规定》对此作出了具体规定。因为法律对设立破产清算事务所未规定相应的资质条件，也没有业务主管部门的审批程序，其作为一个行业也没有普遍设立具有全国性或地区性的行业协会自律组织，所以对破产清算事务所申请编入管理人名册应提供的材料要求更多一些。

编制管理人名册的人民法院应当组成专门的评审委员会，决定编入管理人名册的社会中介机构和个人名单。评审委员会成员应不少于7人。评审委员会由审理企业破产案件审判庭的人员、人民法院司法技术辅助工作部门人员、相关审判委员会委员、监察部门人员组成，由司法技术辅助工作部门负责具体工作。

人民法院应当根据本辖区社会中介机构以及社会中介机构中个人的实际情况，结合其执业业绩、能力、专业水准、社会中介机构的规模、办理企业破产案件的经验等因素制定管理人评定标准，由评审委员会根据申报人的具体情况评定其综合分数。人民法院根据评审委员会评审结果，确定管理人初审名册。

人民法院应当将管理人初审名册通过本辖区有影响的媒体进行公示，公示期为10日。对于针对编入初审名册的社会中介机构和个人提出的异议，人民法院应当进行审查。异议成立，申请人确不宜担任管理人的，人民法院应将该社会中介机构或个人从管理人初审名册中删除。公示期满后，人民法院应审定管理人名册，并通过全国有影响的媒体公布，同时逐级报最高人民法院备案。人民法院可以根据企业破产案件受理情况、管理人履行职务以及管理人资格变化等因素，对管理人名册进行适时调整。

设置管理人名册是人民法院顺利指定管理人的重要制度保障，但并不是所有破产案件的管理人都必须从进入管理人名册的社会中介机构和个人中选任，《企业破产法》和《指定管理人规定》还规定了可以指定清算组担任管理人等例外情形。清算组被选任为管理人与其是否已经进入管理人名册无关。

三、管理人的指定办法

（一）中介机构管理人的指定

在制定《指定管理人规定》时，曾考虑到多种目标的实现：（1）保持管理人市场的开放性，不能形成垄断机制；(2) 培养长期性、专业化的高质量管理人队伍，要使专业化的中介机构经常有案可办；(3) 在制度设计上，不能给法官任意指定管理人的过大权力，以防腐败。如何防止法官腐败，曾是当时考虑指定方法的重点。市场的开放性、业务的专业性与指定权力的分散化和随机化，这几者之间客观上存在一定的冲突，难以全部实现。所以，管理人指定办法的规定实际是在多种正当价值之间平衡取舍的结果，也就难免存在各方面的不足。管理人的具体指定办法如下。

首先，受理企业破产案件的人民法院指定管理人，一般从本地管理人名册中指定，这主要是从降低破产费用、保障债权人利益、便于破产案件审理、便于管理人执行职务、便于法院对管理人监督等方面考虑。"本地管理人名册"，是指受理破产案件的人民法院所属中级人民法院辖区的管理人名册，或直辖市的高级法院编制的管理人名册。

同时，由于人民法院指定管理人还应当考虑其能力与破产案件的难易程度相适应的问题，所以，《指定管理人规定》规定，对于商业银行、证券公司、保险公司等金融机构以及在全国范围内有重大影响、法律关系复杂、债务人财产分散的企业破产案件，人民法院可以从所在地区高级人民法院编制的管理人名册列明的其他地区管理人或者异地人民法院编制的管理人名册中指定管理人。

对此，《破产审判会议纪要》指出，要在更大幅度上探索管理人跨区域执业。"除从本地名册选择管理人外，各地法院还可以探索从外省、市管理人名册中选任管理人，确保重大破产案件能够遴选出最佳管理人。两家以上具备资质的中介机构请求联合担任同一破产案件管理人的，人民法院经审查符合自愿协商、优势互补、权责一致要求且确有必要的，可以准许。"如果对管理人仅是从受理破产案件法院本地制定的管理人名册中指定，这既导致优秀的管理人不能跨地域执业从而无法形成有效竞争，又产生了由于本地管理人能力不强使破产案件审理受阻等问题。探索扩大管理人的跨区域执业，既有利于从个案中遴选出最佳管理人，更有利于管理人在更加广泛的市场开展竞争，促使管理人素质得到提升。①

其次，在社会中介机构与个人之间，人民法院指定管理人，一般案件可先考虑指定社会中介机构担任，对符合法律规定的破产案件，可以指定社会中介机构中具备相关专业知识并取得执业资格的人员担任管理人。

根据《指定管理人规定》，目前管理人的具体指定有随机方式、竞争方式、接受推荐三种方式。

第一，随机方式。随机方式是一般破产案件指定管理人的主要方式。随机方式包括轮候、抽签、摇号等形式。

"轮候方式指定管理人"，是指将有关中介机构管理人名单、个人管理人名单按一定顺序编列，人民法院按照破产案件立案的顺序，依次从名单中指定管理人。如我国台湾地区的"台湾'高等'法院所属各地方法院及其分院选任破产管理人注意事项"，设置的就是轮候制的选任方式。其第2条规定："法院选任会计师或律师为破产管理人时，得依其确信就会计师公会或律师公会造送之……名册所列顺序依次选任之。"如果轮到某一中介机构，而其无正当理由拒绝担任管理人，则本轮对其轮空；如第二次轮到仍拒绝担任管理人的，便取消其担任管理人的资

---

① 参见杜军：《管理人制度完善的路径与思考》，载《人民法院报》，2018-03-21。

格。但这种方式缺少对管理人自身意愿的尊重，而且仍有不公正操作的可能，如同时有两个以上的破产案件需要立案，“肥瘦不一”，哪个在先，哪个在后，在案件受理顺序上稍微做点手脚就可影响管理人轮候排队的结果。因此，这种方式也不能绝对保证公平、合理。

“抽签、摇号方式指定管理人”，是指对管理人名册中的中介机构管理人名单、个人管理人名单进行随机摇号或抽签，人民法院根据摇号或抽签的结果指定管理人。这种方式可以保证形式上的公平，但与培养专业化队伍的目标存在一定冲突，还可能出现被选任管理人的资质与能力不符合案件之实际需要的现象。

随机指定管理人的方式，一般可阻断人为地判断和参与，其程序公开、透明，可以较为有效地防止人民法院的有关人员不当行使权力的现象发生。不同的随机指定管理人的方式，适用不同的规则，人民法院可以预先规定。有的人还建议，为保证管理人选任的公平，可以考虑本轮被选中管理人的，不再参加下一次的抽签、摇号；或者候选人被选中的，不再参加其他破产案件的抽签、摇号，直至管理人名册中愿意担任管理人的全部候选人都被轮流选定过一轮为止。这样可以防止出现一段时间内个别候选人被多次选中的极端现象，使全体候选人的机会更加平等。此外，也可减少一人同时兼任多个破产案件管理人的情况。尽管破产法并未禁止管理人同时兼任多个破产案件，但毕竟身兼过多案件可能会影响其工作效率与时间，所以应尽量予以避免。我国台湾地区“台湾各地方法院选任破产管理人统一办法”第 4 条对此问题作出了规定：凡被选任为破产管理人之会计师或律师，在指定之案件终结之前，不得再选任为另案破产管理人，但管辖区域内无其他适当之人选者，不在此限。①

第二，竞争方式。《指定管理人规定》第 21 条规定：对于商业银行、证券公司、保险公司等金融机构或者在全国范围有重大影响、法律关系复杂、债务人财产分散的企业破产案件，人民法院可以采取公告的方式，邀请编入各地人民法院管理人名册中的社会中介机构参与竞争，从参与竞争的社会中介机构中指定管理人。由于采取随机指定方式，无法保证被指定者是最有资格与能力、最适宜处理特定案件的管理人，所以《破产审判会议纪要》强调指出，要建立竞争选定管理人工作机制。以竞争机制选任管理人，有助于提升破产案件管理质量。上市公司破产案件、在本地有重大影响的破产案件或者债权债务关系复杂，涉及债权人、职工以及利害关系人人数较多的破产案件，在指定管理人时，一般应当通过竞争方式依法选定。

为形成真正的竞争，确保择优选任，参与竞争选聘管理人的社会中介机构不得少于 3 家。采取竞争方式指定管理人的，人民法院应当组成专门的评审委员会。评审委员会应当结合案件的特点，综合考量社会中介机构的专业水准、经验、机构规模、初步报价等因素，从参与竞争的社会中介机构中择优指定管理人。被指定为管理人的社会中介机构应经评审委员会成员 1/2 以上通过。因竞争指定方式程序复杂、耗时费力，一旦出现管理人不能履行职责需要更换的情况，可能会使债务人财产的管理工作出现较长时间的空白。所以，采取竞争方式指定管理人的，人民法院应当确定一至两个备选社会中介机构，作为需要更换管理人时的接替人选。

需注意的是，一些金融机构破产案件（如证券公司破产案件）往往设有前置行政处置程序，在破产案件受理前，竞争指定管理人的时间相对较宽裕，采取竞争方式没有问题，但其他

---

① 参见奚晓明主编：《最高人民法院关于企业破产法司法解释理解与适用》，83 页，北京，人民法院出版社，2007。

破产案件有可能缺少足够的时间，难以在规定的案件受理期限内通过竞争方式指定管理人。为此，需要适当简化竞争指定管理人的程序，强化法院遵守法定期限的意识，提前准备资料，及早启动竞争指定程序，设定合理的流程，保证在法律规定的期限内完成管理人的指定工作。

此外，《商业银行法》第 71 条中规定："商业银行被宣告破产的，由人民法院组织国务院银行业监督管理机构等有关部门和有关人员成立清算组，进行清算。"如果相关监督管理机构依据上述立法规定要求参加破产清算工作，目前只能通过先指定清算组为管理人，再由人民法院将监督管理机构的成员指定为清算组成员的方式进行。在此类案件中，当人民法院从编入管理人名册的社会中介机构中指定清算组的其他成员时，也应当考虑采取竞争方式。

第三，接受推荐的方式。对于经过行政清理、清算的商业银行、证券公司、保险公司等金融机构的破产案件，人民法院可以在金融监督管理机构推荐的已编入管理人名册的社会中介机构中指定管理人。通常，金融监管部门推荐的管理人往往参加了对该金融机构破产前的部分行政处置工作，或者参加过对其他金融机构的破产管理工作，对金融企业的情况比较熟悉，由其担任管理人，可以节省破产费用与时间，保障处理质量。

为保持竞争机制，人民法院可要求金融监督管理机构推荐的管理人候选人选在 3 个以上，并作出排序，尤其是在原参加行政处理工作的社会中介机构未被推荐的情况下，以便由人民法院从中择优指定管理人，并在必要时设定管理人的备选人选。

人民法院指定管理人应当制作决定书，并向被指定为管理人的社会中介机构或者个人、破产申请人、债务人、债务人的企业登记机关送达。决定书应与受理破产申请的民事裁定书一并公告。受理企业破产案件的人民法院应当将指定管理人过程中形成的材料存入企业破产案件卷宗，债权人会议或者债权人委员会有权查阅。

管理人无正当理由，不得拒绝人民法院的指定。各国家和地区立法规定，被指定的管理人无正当理由拒绝担任管理人的，应当给予一定的处罚。如我国台湾地区的相关"立法"就规定，无故拒绝担任破产管理人者，3 年内不得再被选任为破产管理人。《指定管理人规定》第 39 条对管理人拒绝指定行为规定了相应处罚，可以决定停止其担任管理人 1 年至 3 年，或将其从管理人名册中除名。

管理人一经指定，不得以任何形式将管理人应当履行的职责全部或者部分转给其他社会中介机构或者个人。这里的不允许"转给其他社会中介机构或者个人"，是指管理人将自己应当而且能够履行的职责，以聘请工作机构或人员等形式进行转移。因为，管理人聘请工作人员的报酬，是可以作为破产费用从破产财产中另行支付的，不影响管理人的报酬。如果允许管理人将自己应当履行的职责全部或者部分转给其他社会中介机构或者个人，管理人将成为破产管理事务的专业批发人，成为自己不干事、却从中赚取报酬差价的"皮包公司"，这将破坏整个管理人制度。

但是，管理人在履行职责的过程中，是可以聘请其他专业机构作为工作人员，进行自己无力完成的管理人工作的。如律师事务所作为管理人时，可以聘请会计师事务所进行资产评估和财务审计工作，这不属于转移管理人的职责。

(二) 清算组的指定

对清算组的指定方法，《指定管理人规定》作出了特别规定。其第 19 条规定："清算组为管理人的，人民法院可以从政府有关部门、编入管理人名册的社会中介机构、金融资产管理公司中指定清算组成员，人民银行及金融监督管理机构可以按照有关法律和行政法规的规定派人参加清算组。”

据此规定，清算组成员由下列人员构成。

1. 政府有关部门成员

与旧法相比，《企业破产法》的此条规定未将破产企业的上级政府主管部门列举为可以指定为清算组成员的范围。这是因为清算组要保持独立的法律地位，公正地执行管理事务。而破产企业的上级主管部门往往是破产企业的出资人、实际控制人，甚至还可能是债权人，与破产企业有多方面直接或间接的利害关系，由企业上级主管部门担任清算组成员将损害管理人处理破产事务的中立性和公正性。其他清算组成员的指定，也应贯彻同样的原则。对其他政府有关部门成员的指定，在实践中是由政府有关部门提供可指定的名单，由人民法院根据案件的需要决定。

2. 编入管理人名册的社会中介机构

通常，在清算组成员中有律师事务所、会计师事务所等社会中介机构，以处理其专业范围内的特殊事项。《企业破产法》实施后，被指定为清算组成员的社会中介机构，原则上应当是编入管理人名册者。但对于管理人需要聘请的财务顾问等机构，由于破产法并未将其列入可担任管理人的范围，所以不存在依据名册指定的问题。

3. 金融资产管理公司

如前所述，在《企业破产法》以及司法解释的起草过程中，国务院有关部门曾提出对证券公司以及具有金融业务的大型企业集团的破产，可以考虑由金融资产管理公司担任管理人的意见。对此，最高人民法院司法解释起草工作组认为，财政部会同银监会于2004年印发的《金融资产管理公司委托代理业务风险管理办法》第5条规定，金融资产管理公司可以接受委托，从事经金融监管部门批准的金融机构关闭清算业务；接受财政部、中国人民银行和国有银行的委托，管理和处置不良资产；接受其他金融机构和企业的委托，管理和处置不良资产；从事经主管部门批准的其他委托代理业务。由金融资产管理公司参与有关金融机构等特殊类型企业的破产清算，有利于这些案件的前期清算与破产清算工作的衔接，降低破产成本，提高清算效率，减轻人民法院的工作压力。但对于并非中介机构的金融资产管理公司能否直接作为管理人的一种类型、以其机构的名义担任管理人，则存在不同的意见。最终司法解释采取了折中方式，规定金融资产管理公司虽不能直接作为管理人，但可以通过参加清算组的形式成为特殊案件管理人的成员。

最终，要规范解决金融机构破产的问题，还是要依据《企业破产法》第134条第2款的规定：“金融机构实施破产的，国务院可以依据本法和其他有关法律的规定制定实施办法”，以制定金融机构破产实施办法的制度化、规范化方式，处理其特殊法律问题。

（三）管理人的解任与更换

管理人被选任后，如果发生法律规定的不应继续任职的情况，应当依法对管理人进行变更，即对管理人解任及重新选任。许多国家和地区的破产法对管理人的变更问题作出了相应规定，但具体情况有所不同。有的可以依据法院作出的决定直接更换管理人，有的则需根据有关当事人提出的申请，或依据债权人会议作出的决议更换管理人。如《德国支付不能法》第59条“支付不能管理人的免职”规定：支付不能法院可以因重大事由而免除支付不能管理人的职务。此项免职可以依职权进行，或者依管理人、债权人委员会或债权人会议的申请进行。《日本破产法》第167条规定，法院可以根据债权人会议的决议、监察委员申请或依职权解任破产管理人。我国台湾地区“破产法”第85条规定，法院因债权人会议之决议或监查人之申请或依职权，得撤换破产管理人。

各国破产法关于管理人解任理由的立法模式主要有三种：第一种是立法无明文规定，由法院裁量解决。如《美国破产法》第324节，没有明确规定法院解任管理人的具体理由，但学者一般认为解任的理由是没有履行第704节所规定的职责，如没有及时收集和清算财产，没能尽快地结清财团，没能保护好财产以及没能提交财务报告。再如澳大利亚破产法对解任理由也没有明文规定，但在澳大利亚的司法实践中，有人对撤换理由提出如下建议：其一，“如果该管理人被他人代替，将会管理得更好”；其二，“该管理人不能做到公平无私”。

第二种是对解任管理人的理由虽然有规定，但是不够明确。如《德国支付不能法》第59条“支付不能管理人的免职”规定：支付不能法院可以因重大事由而免除支付不能管理人的职务。

第三种是对解任管理人的理由明文加以规定。如《英国破产法》第95条规定，破产管理人有下列行为之一的，可以依法撤换：(1) 在破产清算期间，实施违法行为而构成犯罪或者不依法履行职责的；(2) 破产管理人任期届满而没有延长任期必要的；(3) 因患精神病、其他疾病或其他原因而不能履行职务的；(4) 因与破产人、破产财团或者个别债权人有关联而难以代表债权人全体利益公正履行职责的。

联合国国际贸易法委员会《破产法立法指南》立法条文第122条中规定，法律应当确定解除破产代表职务的理由和解职的程序。解职的理由可包括：(1) 不胜任、未能履行其权力和职能或在履行其权力和职能时未能表现出适当程度的细心；(2) 没有履行的能力；(3) 缺乏特定案件所要求的特殊资格或专门资格；(4) 从事非法行为或活动；(5) 利益冲突或缺乏独立性从而理应解职；(6) 破产代表的职能发生变化（例如，由清算程序转为重组程序）。[①]

《企业破产法》第22条第2款规定，管理人“不能依法、公正执行职务或者有其他不能胜任职务”情形的，债权人会议可以申请人民法院予以更换。管理人由人民法院指定并受人民法院监督，所以，除依债权人会议的申请更换管理人外，人民法院也可以依职权决定更换管理人。《指定管理人规定》对《企业破产法》规定的管理人的更换方式和程序作出了具体规定。其第31条规定：“债权人会议根据企业破产法第二十二条第二款的规定申请更换管理人的，应由债权人会议作出决议并向人民法院提出书面申请。人民法院在收到债权人会议的申请后，应当通知管理人在两日内作出书面说明。”第32条规定：“人民法院认为申请理由不成立的，应当自收到管理人书面说明之日起十日内作出驳回申请的决定。人民法院认为申请更换管理人的理由成立的，应当自收到管理人书面说明之日起十日内作出更换管理人的决定。”

《指定管理人规定》以列举的方式分别对机构管理人和个人管理人的法定更换事由作出明

---

① 参见奚晓明主编：《最高人民法院关于企业破产法司法解释理解与适用》，119、120页，北京，人民法院出版社，2007。

确规定，主要包括执业资格丧失、执业能力丧失、与本案有利害关系、因故意或者重大过失损害债权人利益等情况。其第 33 条规定：“社会中介机构管理人有下列情形之一的，人民法院可以根据债权人会议的申请或者依职权径行决定更换管理人：（一）执业许可证或者营业执照被吊销或者注销；（二）出现解散、破产事由或者丧失承担执业责任风险的能力；（三）与本案有利害关系；（四）履行职务时，因故意或者重大过失导致债权人利益受到损害；（五）有本规定第二十六条规定的情形。清算组成员参照适用前款规定。”第 34 条规定：“个人管理人有下列情形之一的，人民法院可以根据债权人会议的申请或者依职权径行决定更换管理人：（一）执业资格被取消、吊销；（二）与本案有利害关系；（三）履行职务时，因故意或者重大过失导致债权人利益受到损害；（四）失踪、死亡或者丧失民事行为能力；（五）因健康原因无法履行职务；（六）执业责任保险失效；（七）有本规定第二十六条规定的情形。清算组成员的派出人员、社会中介机构的派出人员参照适用前款规定。”

根据《指定管理人规定》的规定，人民法院在收到债权人会议更换管理人的申请后，应当通知管理人在两日内作出书面说明，允许其就更换事由进行说明和申辩。这是各国破产法的通行做法。如《德国支付不能法》第 59 条“支付不能管理人的免职”规定：在法院裁判免除支付不能管理人的职务之前，应当听取管理人的意见。《美国破产法》第 324 节规定，除联邦受托人以外，法院可以在举行听证会后解任管理人。《日本破产法》规定，解任破产财产管理人时，必须对其询问。通常，申请更换管理人应在破产财产分配完毕之前进行，如财产已经分配完毕，再申请更换管理人往往也就没有实际意义了。但是，对于法院依职权作出的更换管理人的决定，我国立法未规定异议程序，笔者认为，应当允许当事人有说明并表示异议的权利。

根据《指定管理人规定》，债权人会议只有更换管理人的建议权，是否更换取决于人民法院的决定，但在债权人会议已决议认为管理人不能依法、公正执行职务或者不能胜任职务，对其失去信任的情况下，人民法院在可以更换管理人的情势下，原则上应当采纳债权人会议的意见。更换管理人时，新管理人的产生程序应与原管理人的产生程序一致。人民法院决定更换管理人的，应将决定书送达原管理人、新任管理人、破产申请人、债务人以及债务人的企业登记机关，并予公告。

人民法院决定更换管理人的，原管理人应当在人民法院监督下自收到决定书次日起向新任管理人移交全部资料、财产、营业事务及管理人印章，并及时向新任管理人书面说明工作进展情况。原管理人不能履行上述职责的，新任管理人可以直接接管相关事务。在破产程序终结前，原管理人应当随时接受新任管理人、债权人会议、人民法院关于其履行管理人职责情况的询问。

除人民法院可以依债权人会议的申请或依职权决定更换管理人外，管理人有正当理由即出现法律或司法解释规定应当更换管理人的情况时，可以向法院申请辞去职务。各国破产法对此均有规定。《日本破产法》第 160 条规定，破产管理人欲辞任时，必须向法院提出申请。《英国破产法》第 19 条“辞去职务”规定：公司管理人可以在任何时候被法院命令辞退或者在规定的情况下通知法院辞去职务。如果有下列情形，则管理人应辞去职务——他不再有资格担任公司的破产执业人；或者管理令被撤销。[1]

---

[1] 参见奚晓明主编：《最高人民法院关于企业破产法司法解释理解与适用》，126 页，北京，人民法院出版社，2007。

各国破产法同时规定，管理人无正当理由不得辞职。限制管理人的任意辞职，是为维持破产事务管理的连续性和统一性，保障破产程序顺利进行。因为更换管理人必然会使破产程序因交接管理工作而被延误，破产费用可能增加，影响债权人利益，并加重人民法院的工作负担。

但是，管理人无正当理由申请辞去职务，人民法院不予许可时，其仍坚持辞去职务并不再履行管理人职责的，人民法院应当决定更换管理人，以保障破产程序顺利进行。

管理人未获人民法院许可，坚持辞职并不再履行管理人职责，或者人民法院决定更换管理人后，原管理人拒不向新任管理人移交相关事务的，人民法院可以根据《企业破产法》第130条的规定，决定对管理人罚款。对社会中介机构为管理人的，罚款为5万元至20万元人民币；对个人为管理人的，罚款为1万元至5万元人民币。管理人有上述行为或者无正当理由拒绝人民法院指定的，编制管理人名册的人民法院可以同时决定停止其担任管理人1年至3年，或将其从管理人名册中除名。如果债权人利益因管理人停止履行职责而受损害，管理人还应承担相应的赔偿责任。

管理人不服人民法院罚款决定的，可以向上一级人民法院申请复议。上级人民法院应在收到复议申请后5日内作出决定，并将复议结果通知下级人民法院和当事人。

（四）管理人无合理报酬或无报酬案件的指定难题

从各国破产案件中管理人获取报酬的实际情况看，大部分、甚至80%左右的破产案件尤其是个人破产案件是赚不到多少钱的。从我国的情况看，在破产案件中，管理人可能得到较高报酬的是采取竞争和推荐方式指定管理人的金融机构、大型企业的破产案件，而以随机方式指定管理人的案件，往往是报酬情况并不丰厚或无合理报酬甚至无报酬可支付的案件。管理人办理的破产案件必然是有“肥”有“瘦”，有的赚钱，有的不赚钱，但不管赚不赚钱，所有的破产案件都需要指定管理人办理。虽然根据《企业破产法》第43条第4款的规定，对债务人财产不足清偿破产费用的，管理人应当提请人民法院终结破产程序，但也是需要在指定管理人之后，由其查明债务人财产不足清偿破产费用，并由其提请人民法院终结破产程序，对此管理人仍要付出一定的劳动。而市场化的中介机构管理人是要靠取得劳务报酬维持生计的，这就需要建立适当的社会机制解决市场一般调节失灵的问题，即解决无合理报酬或无报酬案件的管理人指定难题。

需要解决的问题有两个：其一，如何保证在基本上无产可破或无报酬可支付的案件中对管理人指定的公平，或曰损失分担问题；其二，对那些基本上无产可破的案件，包括无产可破但又有必要继续进行破产程序的案件，如何解决无足够财产支付管理人合理报酬以及破产费用的问题。若完全采取随机方式指定管理人，就有可能出现一些中介机构总是承办“无钱可赚”案件的情况，而法官在指定管理人时也没有办法主动进行案件的“肥瘦调配”以求公平。而其他中介机构可能会以此为前车之鉴，将管理人业务视为畏途，对于担任管理人工作采取怀疑、消极态度，甚至退出此业务领域。在一些地方的司法实践中已经发生此种情况。

有些国家如英国，采取专门设置官方管理人的制度解决这一问题。实践中，英国也经常遇到债务人无足够财产支付破产费用包括管理人报酬的情况，其解决方法是将这些案件交由政府机关——破产署，由其指派领取国家工薪的官方管理人负责办理。在英国，原则上，赚钱的案件指定私人管理人办理，赚不到钱的案件就指定官方管理人办理。政府从所有破产人的不动产处置价款中收取一定（17%）的比例作为破产和清算不动产基金，用于无财产破产案件的管理支出。但这一制度不适用于依法院令进行的IVA程序案件，即自然人破产案件中适用个人自愿安排债务清偿程序的案件。此外，政府作为基金受托人还要从基金中收取一定的费用。

在笔者随全国人大财经委去英国考察破产立法问题时，英国破产署当时每年的费用支出约1亿英镑，约60%取之于从破产案件不动产处置价款中收费设立的基金，其他部分由基金的投资收益、对被取消资格董事的罚款以及政府拨款等支出。根据破产署统计，其在2003年至2004年年度的费用支出为1.01亿英镑，总收入为1.006亿英镑，政府仅承担40万英镑的财政赤字补贴。应当说，英国对"无产可破"案件处理所需的破产费用采取的是取之于社会、用之于社会的运作模式，是非常有效率和十分成功的，值得我国借鉴。

德国则采取另外一种模式解决这个问题。在德国，管理人完全由法官自行指定，法官有绝对的决定权，可以根据破产案件情况决定指定其认为合适的律师担任管理人，而且指定案件时可以"肥瘦搭配"，即在指定律师承办几个不赚钱的案件后，法官就可以决定再给他几个赚钱的案件，使其能够有适当的收入，维持正常业务运转。德国法律没有规定法官选任管理人的具体标准，通常，管理人管理的案件有较好的工作质量、较高的清偿率、较少投诉以及案件的复杂程度等均是考虑因素。法官选任管理人不受宪法规定的自由裁判权保护，所以如果选择不当是要承担法律责任的。但据笔者在德国访问时接触的律师事务所介绍，自德国的新破产法实施后至笔者2015年随全国人大常委会考察时，还没有出现法官因为在管理人指定问题上滥用职权、谋取私利而被追究法律责任的情况。

笔者在德国考察时，一家从事破产业务的律师事务所有13个管理人，每年受理1 000件至1 200件破产案件，其中80%至90%是不赚钱的自然人破产案件，但是办理40件企业破产案件的收费就可以维持律师事务所的正常运行。所以，通过法官指定管理人的自由裁量权也可以解决这个问题，但前提是法官能够保持公正，不谋取私利。

目前摆在我国法院面前的问题是，一方面没有设置官方管理人制度，没有官方管理人去承办无足够财产支付管理人合理报酬的破产案件；另一方面，又没有建立法官在指定管理人时进行案件"肥瘦调配"的机制。所以，《企业破产法》实施后，仅靠社会中介机构为取得破产案件办理经验、得到以后对新案件的指定的不确定预期，对无钱可赚案件的临时承办热情，是不可能维持多长时间的。现在无钱可赚的案件难以指定管理人办理的问题在司法实践中已经暴露出来，未来甚至可能影响整个管理人制度的正常运转。所以，必须尽快设置新的机制解决这一问题。有人建议，我国也可仿效英国设置破产署以及官方的管理人，由官方管理人对无钱可赚的案件进行管理工作，完成相应的社会任务。此外，我国必须尽快设立无产可破案件费用基金或管理人报酬基金，以解决破产费用和管理人报酬的支付来源问题，保障管理人的指定顺利进行。

四、管理人指定制度的改革与完善

(一) 管理人指定制度立法理念的转换与调整

要想使管理人指定制度得到发展与创新，首先要在制度的立法理念、基本原则上进行一些必要的转换与调整。

第一，从目前注重保障管理人指定制度的形式公平，转换为进一步致力于保障制度实施的实质公平。目前在多数情况下，对一般案件通过随机指定管理人的形式公平就可以基本上实现实质公平，达到立法目的，两者是一致的。但有时形式公平与实质公平之间也会出现偏差，仅做到形式公平尚不足以实现法律实施的实质公平，尤其是保障破产法的顺利实施，这就需要对制度实施的形式与方法进行调整改进。例如，随机指定管理人难以做到被指定者与案件所需能力最为匹配适当，导致案件的处理可能失去质量与效率、失去实质公平。为此需要转换管理人指定的理念，适当打破形式公平的过度束缚，适用实质公平优先的原则对管理人指定制度进行不断的创新与发展。

第二，从单纯强调制度的公平优先，转换为效率与公平兼顾。2015 年《中央经济工作会议公报》提出，"加快破产清算案件审理"。公平是法律追寻的目标，但任何时候对公平的追求都不应以过度牺牲效率与效益为代价，尤其是在企业债务清偿最后环节的破产案件中。没有效率与效益的所谓公平，往往会构成对当事人尤其是债权人权益的实质损害。过度迟延实现的公平，对当事人已经不再是真正的公平。当公平的成本超过当事人期望的效率与可能得到的效益时，公平就成为普通人无法承受的奢侈品而失去其本意。实践中一些破产案件由于随机指定的管理人能力与案件需要不匹配、不尽职等而久拖不决，以至于部分人失去对破产法的信任与尊重，不愿再寻求破产法的保护与救助。所以在破产法尤其是关系着破产程序进程的管理人指定制度的改革与完善中，一定要从管理人指定、更换与责任追究等方面，致力于提高管理人指定的效率、促进提升管理人的工作素质以及监督破产程序运行的效率，使公平与效率和效益同时体现在每一个破产案件中。

第三，转换指定管理人方式思维的基点，从最初的重点主要是制约权力、防范腐败、保护法官，转换为保障破产程序顺利进行，保障破产法立法目标即公平与效益的实现。再严格的制度在人的操作之下也难免会有腐败的缝隙，即使是目前法官权力难以直接渗透的管理人随机指定制度也会有可以钻营的漏洞。如有的破产法官反映，一些法院的随机指定管理人摇号程序的规则不明确、程序不公开透明，缺乏检查监督，仍存在暗箱操作的可能；管理人名册制度在入册标准、机构评审等问题上也存在利益输送的风险。所以，虽然管理人制度在设计时要注意不给司法权力留下滥用的空间，但对司法界的反腐倡廉问题还是应当由其他法律如监察法乃至刑法等相关的主导法律制度去调整，即由相关的党纪国法来解决。管理人制度建立的目的是要保障破产程序的顺利进行，而不能将管理人的指定设计成以制约司法腐败为主要导向的制度。在很多国家即使是采用由法官直接自由指定管理人的方式也没有出现明显的腐败问题，我们在改革管理人指定方式等制度时也应当调整这一被扭曲的观念，摆脱其不当约束。

(二) 管理人指定方式的调整

为了实现破产法建立市场化、法治化、国际化管理人制度的立法目标，应根据实际需要调整管理人指定的方式与规则，不断对管理人制度进行改革与完善。目前需要调整的重点领域包括以下几个方面。

1. 在管理人人选的选任范围方面，要确立由社会中介机构担任管理人的市场化主导模式，以此为发展方向，逐步废止旧破产法遗留的由清算组担任管理人的行政主导模式。在目前的司法环境下，实现这一目标的关键，是尽快健全企业破产引发的各种衍生社会问题的解决机制与制度，以实现2015年《中央经济工作会议公报》提出的目标，“要依法为实施市场化破产程序创造条件”。实践中，中介机构担任管理人经常遇到的一个难题，或者反过来讲，一些人热衷于主张指定政府清算组担任管理人的一个重要理由，就是因涉及企业破产衍生社会问题解决的各项市场化社会配套制度不够健全，由中介机构独立担任管理人，在需要协调地方政府解决破产衍生社会问题时因政府不配合存在诸多困难。而由政府官员担任清算组作为管理人直接介入破产案件，可以迫使政府不得不出面处理本应由其负责解决的社会问题，客观上有利于破产程序较为顺利地进行。

破产衍生社会问题的存在以及社会配套解决法律制度的不健全是客观事实，关键不是社会问题要不要解决、政府要不要发挥作用，而是政府应当通过何种方式解决问题、发挥作用。解决问题的正确方法，不是向后退缩到固化由政府清算组担任管理人的模式，将政府重新推向行政直接干预企业破产的前台，走非市场化、非法治化的政策性破产老路，而是应当督促、协助政府尽快建立起完善的社会配套制度，如常态化的政府财政支持企业破产社会费用制度，建立职工工资保障基金、管理人报酬保障基金等制度，以及在市场监管、重整证券发行融资、重整企业信用修复、破产税务合理调整、企业破产注销、企业档案保存管理等方面及时进行适应企业破产需要的全面改革，建立相应的调整机制，从根本上解决问题。在能够以法律和制度统一解决问题前的过渡阶段，应当采取浙江省等地区建立的“府院联动”等机制，对企业破产提供全面的临时性协同处理和个案支持，尤其是对中介机构管理人工作予以大力支持，同时通过政府发布相关文件、达成各方的会议纪要、建立相应制度等方式逐步建立起常态化调整机制。其实，在一些地方如浙江省、深圳市，在破产案件中全面停止使用政府清算组管理人模式，反而促进了地方政府以市场化、法治化方式建立对破产衍生社会问题的常态化调整制度和机制的步伐，向实现中央“为实施市场化破产程序创造条件”的要求迈进。

2. 实行管理人分级管理

《破产审判会议纪要》指出，“高级人民法院或者自行编制管理人名册的中级人民法院可以综合考虑管理人的专业水准、工作经验、执业操守、工作绩效、勤勉程度等因素，合理确定管理人等级，对管理人实行分级管理、定期考评。对债务人财产数量不多、债权债务关系简单的破产案件，可以在相应等级的管理人中采取轮候、抽签、摇号等随机方式指定管理人。”根据这一规定，在实行分级管理之后，不同级别的管理人承办不同资产负债规模和复杂程度的案件。管理人的级别实行动态管理，定期考评进行升降级调整。

浙江省高级人民法院在这方面有较好的经验。2013年8月，浙江省高级人民法院下发《关于建立省级管理人履职资料库的通知》（浙高法办发〔2013〕8号），确定将省高院名册的中介机构中整体实力和履职能力较强的22家中介机构列入省级管理人履职资料库（其中律师事务所14家、会计师事务所8家）。这些省级管理人履职资料库的中介机构可以跨中级法院辖区参与当地有重大影响的企业破产案件管理人的竞争，也可以跨中级法院辖区与当地列入管理人名册的中介机构合作，参加随机方式指定联合管理人的挑选。①

① 2014年6月，国务院发布《关于促进市场公平竞争维护市场正常秩序的若干意见》（国发〔2014〕20号），作出了“推行竞争性选任破产管理人的办法”的部署。浙江法院推进竞争方式指定管理人的工作，也是在落实国务院的部署要求。

3. 实现管理人指定制度的改革。在不影响案件公正处理的前提下，应给予债权人包括债权人会议、债务人在指定管理人方面以一定的参与权，如允许债权人、债务人在提出破产申请时，向人民法院推荐具备相应资质条件的社会中介机构或者个人参与选任管理人的竞争；债权人会议对人民法院指定的管理人有异议，可以同时向人民法院推荐具备相应资质条件的社会中介机构或者个人担任管理人的。人民法院在审核后可以指定被推荐的社会中介机构或者个人担任管理人。管理人的指定要以随机方式为主（正如有的人指出的，从严格的意义上讲，随机方式并不具有法院“指定”的词义与作用，而是一种运气指定），在对管理人实行分级管理后，在较为重要的破产案件中充分发挥竞争指定方式的作用，并创新指定方式，实行对管理人指定制度的综合性改革。

有的人认为，采用竞争方式指定管理人，会造成部分先行进入破产服务领域、具有竞争优势的中介机构垄断案件，出现马太效应，使强者恒强、弱者愈弱，所以应当对其担任管理人予以一定限制。本书认为，对这个问题要予以公允评价，而这种顾虑则是不必要的。中国管理人队伍的专业水平在世界上还是相对落后的，要形成在国际上具有竞争力的破产管理人团队，不是阻断高水平机构的发展机会，把它们拉下来，而是要将低水平机构的能力提上去，更不能降低在重大、疑难破产案件中指定的管理人的能力水平标准。此外，高端中介机构专业水平的发展、主辅联合管理人等制度的适用，也有助于提升管理人队伍的整体水平。竞争的公平、社会的发展，从来也不是以对优胜者的遏制和对弱者的过度保护为手段实现的。

在改革管理人指定方式时，还要注意解决可能出现的伴生问题，如以竞争尤其是“竞争＋随机”方式指定管理人时，存在的程序复杂、参与成本大（无论是法院还是中介机构）、负担重、期间长、效率低等问题。为此要适当简化竞争及评审程序，降低各方成本与中介机构参与竞争指定的不确定性风险，采取参与竞争者的评审分数差距较大时直接指定优胜者等措施完善。

第三节 管理人的职责与报酬

一、管理人的职责

各国破产立法多以列举方式具体规定管理人的职责。多数国家的立法均采取狭义的破产管理人概念，将管理人的活动限定在破产清算程序中，所以对其职责也多是从破产清算的角度设置，对重整等其他破产程序中广义管理人的职责，则规定在重整人、监督人的名义下。这一点是与我国《企业破产法》有所不同的，在比较研究管理人职责时要加以注意。

从其他国家的立法看，管理人的职责主要是行使对破产财产及破产事务的管理权与处分权。如《日本破产法》第 78 条“破产管理人职责”规定：“（一）破产程序开始之后，破产财团财产的管理权与处分权专属于法院选任的破产管理人。（二）破产管理人的以下行为须经法院许可：（1）任意变卖不动产物权和应登记船舶；（2）任意变卖矿业权、渔业权、专利权、外观设计权、实用新型权、设计权、商标权、集成电路利用权、著作权及其邻接权；（3）转让营业或事业；(4) 总括变卖商品；(5) 借款；(6) 承认依第二百三十八条第（二）项规定表示的继承抛弃；承认依第二百四十三条规定表示的概括遗赠抛弃；承认依第二百四十四条规定表示的特定遗赠抛弃；(7) 任意变卖动产；(8) 让与债权及有价证券；(9) 请求第五十三条第（一）项规定的履行；(10) 提起诉讼；(11) 缔结和解及仲裁合同；(12) 抛弃权利；(13) 承认财团债权、取回权及别除权；(14) 收回别除权标的；(15) 法院指定的其他行为。（三）作为特例，前项第（7）至（14）号行为在下列情形下无须经法院许可：(1) 标的价值在最高法院规定限额之内；(2) 法院准许特定事项不必经过许可时。（四）法院在许可转让营业或事业时，必须征求第三十二条规定的劳动组合或代表人的意见。（五）在第（二）项情形下，未经许可行为无效，但不得对抗善意第三人。（六）破产管理人在第（二）项情形下必须征求破产人意见，除非有延误之虞，或存在第（三）项所列特例。”

我国《企业破产法》在第 25 条、第 26 条、第 69 条等条款中，对管理人的职责作了规定。其第 25 条对管理人职责作出集中列举性规定：“管理人履行下列职责：（一）接管债务人的财产、印章和账簿、文书等资料；（二）调查债务人财产状况，制作财产状况报告；（三）决定债务人的内部管理事务；（四）决定债务人的日常开支和其他必要开支；（五）在第一次债权人会议召开之前，决定继续或者停止债务人的营业；（六）管理和处分债务人的财产；（七）代表债务人参加诉讼、仲裁或者其他法律程序；（八）提议召开债权人会议；（九）人民法院认为管理人应当履行的其他职责。本法对管理人的职责另有规定的，适用其规定。”下面逐项进行分析。

（一）接管债务人的财产、印章和账簿、文书等资料

这是管理人就任后的首要工作，目的是在债务人因破产程序启动已经丧失对其财产与事务管理、决定权的情况下，立即实现对债务人财产与事务的全面控制与保全，防止损害债权人利益的行为与情况发生，保障财产管理等工作的顺利进行。实践中经常遇到的一个问题是，如果债务人拒绝交出其财产、印章和账簿、文书等资料，或进行消极抵制，不予配合，管理人应如何解决，能否申请法院强制执行。

有的学者认为，破产程序开始的裁定中对于具体交付的内容并不像具有执行名义的判决那样规定得具体明确，执行机关难以判断执行的具体内容，可能产生执行争议，所以当债务人拒不移交财产或有关财产的账簿时，破产管理人不能直接请求执行，而应向法院提起诉讼，请求交付。[①] 本书认为，破产程序从实现债权清偿的角度讲，本属于一般的执行程序，应当具有相应的执行力。管理人接管债务人的财产、印章和账簿、文书等资料，是履行清偿债权等管理职责的一部分。所以如果债务人拒绝交出其财产、印章和账簿、文书等资料，管理人可以直接申请法院强制执行，不必另行提起诉讼解决。此时的执行标的是十分明确的，就是“债务人的财产、印章和账簿、文书等资料”，不存在因标的不明难以执行的问题，这是破产程序顺利、迅速进行的基本保障。一些国家之立法对此作出了明文规定，如《德国破产法》第 148 条第 2 款规定：财物处于债务人管束之下的，管理人可以根据具有执行力的程序开始裁定的正本以强制执行方式请求交付。

① 参见李永军：《破产法律制度》，163 页，北京，中国法制出版社，2000。

（二）调查债务人财产状况，制作财产状况报告

及时调查债务人财产状况，并制作财产状况报告，向人民法院和债权人会议进行报告，是进行破产清算、和解以及重整的必要条件，必须由管理人尽快完成。在财产调查过程中，如果涉及的有关部门不予协助，人民法院可以签发调查令。

（三）决定债务人的内部管理事务

在破产程序中，有许多债务人的内部管理事务需要决定，例如，对企业必要留守工作人员的确定，及时解除无须留守职工的劳动合同，对企业及其财产各项日常管理工作的分工等。

（四）决定债务人的日常开支和其他必要开支

在破产程序的进行中，尤其是在继续债务人的营业时，债务人将有大量的日常开支和其他必要开支，这些开支由管理人决定。

（五）在第一次债权人会议召开之前，决定继续或者停止债务人的营业

企业进入破产程序后是否继续营业对债权人的利益影响重大，从国外立法通例看，这一事项多由债权人会议决定。我国《企业破产法》规定，决定继续或者停止债务人的营业，属于债权人会议的职权。但是，若在破产案件受理后、第一次债权人会议召开之前，就需要立即决定继续或者停止债务人的营业，这时只能由接管债务人财产的管理人作出决定。为维护债权人的权益，避免管理人的擅权，《企业破产法》第26条规定，在第一次债权人会议召开之前，管理人决定继续或者停止债务人的营业，应当经过人民法院许可。

管理人在判断是否继续营业对债权人的利益影响时，不仅要考虑即时的影响，也要考虑综合与长远的因素。例如，在重整程序中，企业继续营业可能产生一定的亏损，但是如果停止营业将使企业的原材料供应、产品销售等业务渠道全部丧失，以致难以再实现重整挽救目的，则应当考虑继续营业。

（六）管理和处分债务人的财产

管理和处分债务人的财产，是管理人最为重要的职权。此项职权涉及面甚广，例如，清理、回收债务人的财产、债权等，决定解除或继续履行债务人与对方当事人均未履行完毕的合同，对破产财产中非货币财产进行处理变现，审查、确认取回权、抵销权、别除权等权利，行使撤销权，等等。

（七）代表债务人参加诉讼、仲裁或者其他法律程序

根据《企业破产法》的规定，在破产申请受理前，涉及债务人的未结诉讼、仲裁或其他法律程序，在案件受理时需中止，待管理人就任后，由其代表债务人继续参加诉讼、仲裁或者其他法律程序。此外，破产案件受理后，所有新提起的与债务人财产有关的诉讼、仲裁或者其他法律程序，也均由管理人作为债务人的法定代表进行。

（八）提议召开债权人会议

在管理人认为必要时，可以依法提议召开债权人会议，及时议决破产程序中的重要事项。

（九）人民法院认为管理人应当履行的其他职责

立法中虽然对管理人职责作了列举性规定，但难免有所遗漏，此项规定为对人民法院的授权性兜底规定，允许人民法院根据案件具体情况决定管理人应当履行的其他职责。

此外，在《企业破产法》中对管理人的其他职责还有相关条款作有规定，如第 79 条规定，管理人应当自人民法院裁定债务人重整之日起 6 个月内，同时向人民法院和债权人会议提交重整计划草案；第 90 条规定，管理人负责监督重整计划的执行；第 111 条规定，管理人应当及时拟订破产财产变价方案，提交债权人会议讨论；等等。对这些涉及管理人职责的规定，《破产审判会议纪要》也作出了补充性规定，其第 9 条就"进一步落实管理人职责"规定："在债务人自行管理的重整程序中，人民法院要督促管理人制订监督债务人的具体制度。在重整计划规定的监督期内，管理人应当代表债务人参加监督期开始前已经启动而尚未终结的诉讼、仲裁活动。重整程序、和解程序转入破产清算程序后，管理人应当按照破产清算程序继续履行管理人职责。"

实践中，在管理人职责的正确理解和履行方面仍存在一些问题，主要是"管理人职责及与法院职能划分不清晰。管理人'缺位'与法院'越位'现象并不鲜见，管理人怠于履行职责容易导致其从破产程序中的决策者变为简单的执行者。"① 为此，《破产审判会议纪要》强调要进一步廓清管理人职权范围，落实管理人职责。"管理人是破产程序的主要推动者和破产事务的具体执行者。管理人依法行使职权、切实承担管理责任是企业破产有效进行的重要保障。《纪要》第 8 条、第 9 条、第 11 条在管理人职权和责任方面提供了指引。第一，管理人要切实承担其职能。有的管理人对破产企业的日常费用开支计划均报请法院（法官）批准，法院（法官）如果不作出指令，管理人便不采取行动。对于一些本应由管理人作出商业判断的事项，管理人也常常提请法院决策。对此，《纪要》明确指出法院不得代替管理人作出本应由管理人自己作出的决定，管理人也不得将职责进行转让。目的是确认并树立管理人法定主体地位，促进改善法院对管理人的监督方式，避免法院从程序的督导推动者变为破产事务的主导决策者。第二，明晰重整管理人的特定职责。企业重整中债务人自行管理时，管理人有时缺乏积极、审慎履职的动力，往往对债务人自行管理行为得过且过，仅仅充当橡皮图章或法院的'传声筒'。《纪要》第 9 条要求法院督促管理人制定监督债务人的具体制度，主要是真正落实管理人监督职责，避免因管理方式不同而导致破产质效迥异。同时，《纪要》还对重整监督期间、重整等破产程序转化时管理人的职责进行了明确。"②

管理人就任之后，以该债务人企业管理人的名义对外执行职务。管理人凭人民法院的指定管理人决定书、按照国家有关规定刻制管理人印章，并交人民法院封样备案后启用。管理人印章只能用于所涉破产事务。管理人根据破产法的规定终止执行职务后，应当将管理人印章交公安机关销毁，并将销毁的证明送交人民法院。

---

①② 杜军：《管理人制度完善的路径与思考》，载《人民法院报》，2018－03－21，第 7 版。

二、对管理人的监督

《企业破产法》第23条规定："管理人依照本法规定执行职务，向人民法院报告工作，并接受债权人会议和债权人委员会的监督。管理人应当列席债权人会议，向债权人会议报告职务执行情况，并回答询问。"

对管理人的监督主要来自人民法院与债权人两个方面。人民法院对管理人的监督，是监督其依法执行职务，监督方式主要是由管理人向人民法院报告工作。其中包括定期性的常规工作报告与对特定事项的临时性报告。前者由人民法院确定报告的周期，后者则根据法律规定或案件具体情况确定。其中有些事项报告人民法院后，还需要其许可才能执行，例如，管理人在第一次债权人会议召开之前，决定继续或者停止债务人的营业，聘用必要的工作人员等。

债权人对管理人的监督，主要来自债权人会议和债权人委员会，个别的债权人也可以依法对管理人进行监督。管理人应当列席债权人会议，向债权人会议报告职务执行情况，并回答询问。有需要紧急处理事项时，管理人可以向债权人会议主席提议召开债权人会议，以汇报工作。此外，管理人制定的债务人财产管理方案、破产财产变价方案、破产财产分配方案，均需由债权人会议表决通过后，才可以执行。

在债权人会议的闭会期间，债权人会议设置债权人委员会的，由债权人委员会负责对管理人的日常监督工作。为更好地维护债权人的利益，《企业破产法》第69条规定，管理人实施涉及债务人的土地、房屋等不动产权益，探矿权、采矿权、知识产权等财产权以及全部库存或者营业的转让、借款、设定财产担保等重要财产性管理行为，应当及时报告债权人委员会。在第一次债权人会议召开之前，或债权人会议未设立债权人委员会的，管理人有上述行为之一的，应当经人民法院许可。值得注意的是，日本破产法规定，管理人进行上述性质的行为，还必须征求破产人意见，其对破产人的权利也给予了相应保护。

此外，还有必要成立管理人协会，加强管理人的自律约束。《破产审判会议纪要》指出，"人民法院应当支持、引导、推动本辖区范围内管理人名册中的社会中介机构、个人成立管理人协会，加强对管理人的管理和约束，维护管理人的合法权益，逐步形成规范、稳定和自律的行业组织，确保管理人队伍既充满活力又规范有序发展。"

三、管理人报酬的确定主体及一般确定办法

（一）管理人取得报酬的权利及报酬确定主体

各国破产立法均规定，管理人享有取得报酬的权利，作为其所付出劳动和承担风险责任的对价，从而激励管理人更好地在破产案件中提供服务。

多数国家或地区的破产法规定，管理人的报酬由法院决定，如美国、德国、日本及我国台湾地区的规定。《德国支付不能法》第64条"由法院确定"第1款规定："支付不能管理人的报酬和应当向其归还的垫款由支付不能法院以裁定确定。"《日本破产法》第166条"费用的预付、报酬"规定："破产财产管财人得接受费用的预付及报酬，其数额由法院确定。"通常，法院确定报酬数额时，要考虑破产案件的复杂程序、破产财产的规模大小、破产分配的比率高

低、管理人花费时间与精力的多少以及其努力程度、同业收费标准等多种因素。在美国，为了防止托管人收取过高的费用，破产法对托管人的收费定有最高限额，收费不得超过破产财产总额的3%至15%，而且，这只是最高限额，法院有权根据实际情况确定一个更低的数额。[①]

也有一些国家的立法规定，由债权人会议或者其他机构决定管理人的报酬，如英国、澳大利亚、加拿大等国的立法。《英国破产法》规定，管理人由贸工部指定产生的，其报酬由贸工部确定。否则，管理人的报酬由债权人会议或由其授权监察委员会确定。1/4以上的债权人或者代表1/4以上债权额的债权人不同意其他债权人确定的管理人的过高报酬数额时，或者经破产人请求，可由贸工部确定其报酬数额。上述国家往往同时规定，如果债权人会议未能作出关于管理人报酬的决定，则由法院或有权机关依据管理人的申请决定。澳大利亚法律规定，管理人的报酬由债权人在第一次债权人会议或者审议管理人提出的关于公司前途建议的债权人会议上确定；如果债权人没有确定其报酬，管理人可以请求法院决定。

我国《企业破产法》在确立由社会中介组织及专业人员为主体出任管理人的同时，也明确规定管理人有取得报酬的权利。但是，在管理人的报酬由谁确定这一问题上，立法时存在不同观点。在提交全国人大常委会第一次审议的《企业破产法》草案中曾规定，管理人的报酬由债权人会议决定；在第一次债权人会议召开之前，管理人报酬由人民法院决定。而在其他稿本的法律草案中，均将对管理人报酬的决定权交由人民法院行使。

经反复讨论之后，《企业破产法》第28条规定："管理人的报酬由人民法院确定。债权人会议对管理人的报酬有异议的，有权向人民法院提出。"管理人报酬的决定权虽在法院，但债权人会议对管理人报酬的确定有知情权、协商权和异议权。这主要是考虑由债权人会议确定管理人的报酬，可能出现双方利益冲突，而且在破产案件受理需要确定管理人报酬的基本方案之时，债权人会议尚未召开，无法及时参与管理人报酬方案的确定。即便采取管理人报酬先由人民法院决定，在债权人会议召开时再由其决定的方法，也可能出现因债权人会议决定的报酬与法院决定的报酬相差过大，使管理人无法接受而拒绝出任，不得不更换管理人的现象，这会影响破产程序顺利进行。此外，由有权指定管理人的机构决定其报酬，也是正常的逻辑结论。

（二）管理人报酬的一般确定办法

根据《确定管理人报酬规定》的规定，管理人获得的报酬是纯报酬，即纯粹是因其付出劳动而获得的报酬，其中不包括因进行破产管理工作需支出的其他费用。

《确定管理人报酬规定》第2条规定："人民法院应根据债务人最终清偿的财产价值总额，在以下比例限制范围内分段确定管理人报酬：（一）不超过一百万元（含本数，下同）的，在12%以下确定；（二）超过一百万元至五百万元的部分，在10%以下确定；（三）超过五百万元至一千万元的部分，在8%以下确定；（四）超过一千万元至五千万元的部分，在6%以下确定；（五）超过五千万元至一亿元的部分，在3%以下确定；（六）超过一亿元至五亿元的部分，在1%以下确定；（七）超过五亿元的部分，在0.5%以下确定。担保权人优先受偿的担保物价值，不计入前款规定的财产价值总额。高级人民法院认为有必要的，可以参照上述比例在30%的浮动范围内制定符合当地实际情况的管理人报酬比例限制范围，并通过当地有影响的媒

① 参见潘琪：《美国破产法》，143页，北京，法律出版社，1999。

体公告，同时报最高人民法院备案。”

确定管理人报酬的具体标准，是对管理人和债权人利益平衡点的选择。如果报酬标准过高，必然会影响债权人的分配利益，但如报酬标准过低，则会影响管理人的工作积极性，而且很难吸引高素质的人才从事破产管理工作，不利于提高破产案件的管理质量、促进管理人队伍的发展，实际上也不利于保护债权人的利益。目前，各国确定管理人报酬的方法主要有两种，即按时计酬法和按标的额计酬法，两种方法往往可以并存，由当事人选择适用。

1. 按时计酬法，即依据不同级别管理从业人员的每小时报酬基数，按照管理人花费的总工作时间计算报酬。

按时计酬法是律师事务所、会计师事务所采用的常规业务收费方式之一，其优点是可以避开因案件复杂程度、财产状况不同而造成的管理人报酬计算的复杂性与不确定性，但其缺点是道德风险较高，如无合理的具体制度加以制约可能成为反向刺激因素，导致管理人故意拖延案件，增加计酬时间，却不一定能使破产财产获得增值，甚至出现奖励笨人、亏待能人的现象。所以，采取按时计酬法，要求有完善、具体、具有可操作性的制度保障，要求中介机构与专业人员有较高的道德水准与业务能力，否则难以取得债权人的信任，且颇易产生争议。

2. 按标的额计酬法，即根据破产财产或可分配的破产财产（或两者兼有）价值的一定百分比计酬。

按标的额计酬法的优点是可以鼓励管理人更多地回收破产财产，保障债权人的利益。但对于管理人而言，这种报酬计算方法在其接受案件指定时往往缺少确定性，因为其以后进行的破产管理工作量不一定与可供分配的破产财产价值的增加成正比。这种方法如无其他制度加以制约，还可能诱使管理人采取“以最小成本取得相对最大回报”的管理办法，放弃与增加可分配破产财产价值即与增加自己报酬无直接关系或成本过高的工作，如放弃具有较大不确定性及较高成本的财产追回诉讼，消极对待有关监管机构调查债务人与财产无关的违法行为等。

在按标的额计酬的具体计算方法上，各国的基本原则是以财产价值为基础、分段计算、高额递减。如美国是根据管理人对债权人的分配财产数额计算，对首个 5 000 美元分配财产允许收取不超过 25%的费用，对超过 5 000 美元低于 50 000 美元部分允许收取不超过 10%的费用，对超过 50 000 美元低于 1 000 000 美元部分允许收取不超过 5%的费用，对超过 1 000 000 美元部分允许收取不超过 3%的费用。同时，允许法官根据个案情况在基本费用的基础上进行上下浮动调整。

在起草《确定管理人报酬规定》时，对采取何种方式确定管理人报酬，尤其是对是否采取按时计酬法存在不同意见。最终，司法解释放弃了采取按时计酬法，只采取按标的额计酬法一种方法。这主要是考虑当时实行按时计酬法的社会条件尚不成熟，缺乏配套制度，道德风险过高，社会认知度差，易生矛盾，难以规范解决。

采取按标的额计酬法，涉及以何为确定标的额的标准、以何种方法确定管理人的报酬比例、担保物的价值是否计入标的额、管理人报酬比例如何限制与调整、禁止重复计酬等一系列问题，需要妥善解决。

1. 以最终清偿财产额为计酬标的、以差额定率累进方式计算报酬比例

实施按标的额计酬法的关键是作为计酬标准的标的额如何确定。在破产案件中，存在破产财产总额、最终对普通破产债权人清偿的财产总额、普通破产债权总额、担保债权总额等不同的标的额。在旧破产法的司法实践中，多数案件是以破产财产总额为基础计酬的。但在破产财产总额中往往包括应支付的破产费用和共益债务、设置物权担保的财产、抵销的债权额和不可变现的财产等无法使普通破产债权人获益的部分，而最终清偿的财产总额则为对普通破产债权人实际分配的财产数额，两者对管理人、债权人的意义大不相同。

在司法解释制定过程中，主导性意见认为，应当以最终清偿的财产额而不是破产财产的总额作为计算管理人报酬的标的额。以破产财产的总额确定管理人的报酬，不仅使计酬标准过高，而且无论对债权人的最后清算分配结果如何，管理人均可在一定范围内“旱涝保收”，不利于发挥管理人维护债权人利益的积极性。据此，《确定管理人报酬规定》第 2 条规定，以债务人最终用于清偿普通破产债权人的财产价值作为标的额。这有助于形成良好的激励机制，鼓励管理人认真清查债务人的资产和业务情况，纠正债务人进行欺诈逃债或偏袒性清偿的违法处分财产的行为，努力追回应收债权，通过管理人追求报酬最大化的动机，实现债权人清偿利益的最大化。

根据我国的实际情况并参考国外的相关立法例，《确定管理人报酬规定》规定了差额定率累进计费方式。这种方式在许多行业均有采用，如人民法院的诉讼收费办法、资产评估的收费办法等。差额定率累进计费方式将管理人计酬的标的额从 100 万元以下至 5 亿元以上共分七档，每档分别规定了不同的计费系数比例，最高为 12%，最低为 0.5%。

2. 管理人报酬的比例限制

《确定管理人报酬规定》第 2 条规定了管理人报酬比例的上限，但未规定下限。如不设定上限，可能会导致管理人的报酬无法控制，损害债权人的利益，所以必须作出明确规定。但对于管理人报酬是否设定下限，则存在不同观点。有的人主张设置管理人报酬的下限，以给管理人利益最低限度的保障。但考虑到其他一些国家对管理人报酬是不规定下限的，即使在规定下限的国家，其下限数额往往也很低，仅具有象征意义，如美国规定管理人报酬的下限为 60 美元，德国的为 500 欧元，并不能起到保护管理人基本利益的作用。如果我国将管理人报酬的下限规定过高，又可能造成实际上难以实施，甚至出现损害债权人利益的不公平问题，因此，司法解释最终未规定管理人报酬的下限。此外，如果债权人会议在明知的情况下决议同意在管理人报酬比例的上限之外再给予一定的奖励，这也是允许的，法院不必加以限制。

鉴于我国各地区之间的经济发展水平差异较大，对管理人报酬还需要有一个因地制宜、灵活调整的机制。《确定管理人报酬规定》规定，高级人民法院认为有必要的，可以参照司法解释规定的比例，在 30%的浮动范围内制定符合当地实际情况的管理人报酬比例限制范围。调整后的方案，高级人民法院应在当地有影响的媒体上公告，并报最高人民法院备案。

（三）担保物价值是否计入计酬标的额

对于担保物的价值是否计入管理人报酬计酬基数内，不同国家和地区的规定有所不同。美国以管理人对债权人（包括有担保债权人）的分配财产数额作为基数。加拿大规定，管理人有权收取的报酬不超过扣除担保债权后的变现资产的 7.5%，担保物的价值不计入计酬标的额。我国香港地区规定，以清盘人变现并入账的资产总额作为对其报酬的计酬基数，但须扣除向有抵押债权人就其抵押权而支付的任何款项。

在我国的破产案件中，担保物往往是破产企业最主要的破产财产。担保物价值是否纳入管理人的计酬标的额，关系到其收取报酬的范围大小与数额多少问题，会影响管理人的工作积极性，也会影响担保债权人的利益。经过反复衡量后，在制定《确定管理人报酬规定》时，最终确定原则上担保权人优先受偿的担保物价值不计入管理人报酬的标的额，同时在其第13条中规定：管理人对担保物的维护、变现、交付等管理工作付出合理劳动的，有权向担保权人收取适当的报酬。管理人与担保权人就上述报酬数额不能协商一致的，人民法院应当参照本规定第2条规定的方法确定，但报酬比例不得超出该条规定限制范围的10%。

1. 管理人从担保物价值中收取报酬的范围

根据《企业破产法》的规定，担保物也属于破产财产。在司法实践中，破产案件受理后，有些担保财产如抵押物会处于管理人的管理之下，但也有些担保物如质押物、留置物因被债权人占有，无须管理人的管理工作，只要管理人确定不赎回担保物，债权人就可以通过对担保物的执行实现其权利。两者的主要区别在于是否需要移转对担保物的占有。凡是需要移转占有的担保，则如担保物的管理、变价、支付等工作，均可以由债权人自行完成，并从担保物变价款中支付所有费用，因管理人未付出劳动所以无权从中收取任何报酬或费用。只有不移转担保物占有的担保，才可能存在因管理人进行必要的管理工作而由债权人支付适当报酬的问题。

此外，有些不需要移转占有的担保物，如土地使用权、专利权、商标权等，本身一般不存在日常管理、维护工作，至多是在财产变价处分时，可能需要管理人做一些简单工作，涉及的拍卖费用等也是可以从担保物变价款中支付的。所以这一部分担保物，除管理人付出有效劳动的情况外，原则上也不需向管理人支付报酬。

2. 管理人涉及担保物的可以收取报酬的管理活动

判定管理人的哪些管理活动可以向担保权人收取报酬的基本原则，就是这些管理活动是否是为担保权人的利益而进行的。如果管理人出于维护担保权人利益的目的，为担保物的维护、变现、交付等管理工作付出了必要的劳动，就可以收取一定的报酬。据此，管理人对于担保关系是否存在而进行的审查确认工作，不得作为对担保权人收取报酬的理由。因为担保权人对于自己的权利存在是不存在任何疑问的，也是不需要别人鉴别的，对其债权的确认活动虽然影响到其利益，但实际是为全体无物权担保债权人的利益进行的，而不是为担保权人的利益进行的，所以应当从破产财产中支付其费用。如果管理人为担保物权是否成立而与担保权人进行了债权确认诉讼，则更是无权要求从担保物的变价款中支付费用与报酬（担保权人败诉时依法需承担的诉讼费等除外），否则即变成担保权人出钱雇人与自己作对打官司。另外，还要看管理人的管理活动对于担保物的管理、维护、变现、交付是否确属必要，不必要的、可有可无的管理活动，即使进行了，也不得收取报酬，否则将发生道德风险。

除此之外，如果管理人对其管理下的担保物在管理、维护、变现、交付过程中做了工作，就理应从担保物的变价款中得到相应的报酬。这一问题在破产案件中具有重要的现实意义。在普通案件中，债务人未偿还到期债务时，债权人有权行使担保权。此间，债务人对担保物的管理、维护等工作属合同义务，履行该义务发生的成本亦应由债务人承担。债务人对自己应履行的义务，当然不存在额外收取费用或报酬的问题。而在破产案件中，管理人对担保物的管理、维护等工作付出劳动则应获得报酬，但由于这些工作一般并不会给普通债权人带来利益，显然不能从债务人无担保财产中支付，而只能从担保财产的变价款中支付上述管理人劳动的报酬，否则就可能出现不公平问题。

再者，《物权法》第173条规定："担保物权的担保范围包括主债权及其利息、违约金、损害赔偿金、保管担保财产和实现担保物权的费用。当事人另有约定的，按照约定。"即在一般情况下，保管担保财产和实现担保物权的费用，属于担保范围之内，应在担保物的变价款中支付。在《担保法》中也有相同的规定。此规定延续到破产程序中，便构成保管担保财产和实现担保物权的费用应在担保物的变价款中支付，以及应对管理人相应的管理劳动支付报酬的法律依据。

3. 报酬确定程序

依照《确定管理人报酬规定》的规定，在应当支付管理人报酬的情况下，首先由双方就支付数额进行协商，即管理人与担保权人的协商机制优先于人民法院的决定，这体现了对当事人意志自由的尊重。人民法院不应主动干预报酬问题的确定，仅在管理人与担保权人协商后未能达成一致意见时，才需要由人民法院及时确定管理人就担保物管理应得的报酬，但报酬比例不得超出司法解释规定的一般报酬标准的10%。在此问题上，不需要管理人与担保权人另行通过诉讼解决。

4. 担保物价值不计入管理人报酬标的额绝对化后的困境与改革

在司法实践中，时常会出现债务人全部（或几乎全部，下同）财产都被设置了物权担保，没有无担保财产分配给无担保债权人，无可供支付管理人报酬的债权清偿基数或基数极低的情况。这是世界范围内的普遍现象，"在绝大多数国家，随着担保制度的完善和担保物范围的扩张，企业破产时，其绝大多数资产上通常都会附有各种各样的担保物权。"① 由于没有无担保财产或其价值很小，因而连破产费用和共益债务都不足支付。因为如果破产费用（包括管理人报酬）和共益债务不属于为担保财产、利益支付的，不能从担保财产中支付。《企业破产法》第43条4款规定："债务人财产不足以清偿破产费用的，管理人应当提请人民法院终结破产程序"。但破产程序如因此终结，即使债务人还有大量担保财产，也无法通过破产程序处置，担保债权人的利益也难以顺利实现；而不终结破产程序，费用又无从支付，这就会形成死循环。因此时管理人的计酬标准甚低，无法获得合理报酬，且难以与担保债权人协商解决，必然会使其失去担任管理人和履行职责的财务基础和积极性。②

显然，在管理人报酬支付的正常利益格局发生逆变的情况下，仅靠原有的例外规定已不足以解决问题，需要考虑新的解决办法。市场交易中一个公平的原则是谁受益谁付费。破产程序为谁的利益进行，费用就应由谁承担。本书认为，当担保物基本覆盖债务人全部财产时，破产程序已是为担保债权人的利益而进行，尤其是破产清算程序，所以担保债权人应承担无担保财产不足以支付的全部破产费用和共益债务，包括合理的管理人报酬。当担保债权人有多人时，对上述费用原则上应按照担保债权获得清偿的比例分担。但担保权人占有担保物的担保，如留置、动产质押，在对担保物的保管、维护、变价、清偿等相关费用都是由担保权人自行承担的情况下，不必再承担其他与其无关的破产费用和共益债务。

由于此时管理人的工作主要是为担保债权人保管、处置、分配担保物，解决担保债权人之

① 许德风：《论担保物权在破产程序中的实现》，载《环球法律评论》，2011 (3)，49页。

② 参见王欣新：《破产费用、共益债务与物权担保债权间的清偿关系》，载《人民法院报》，2015-09-02，第7版。

间的利益分享、担保物变现、费用分担等问题，所以其报酬也应从担保物变价款中支付。报酬的数额与比例可以按照最高人民法院对于正常情况规定的同等标准执行。此外，对于虽然无担保财产可以支付其他破产费用和共益债务，但基本无财产或只有很少财产对无担保债权人分配，以至于按照《确定管理人报酬规定》的规定管理人不能获得合理报酬的情况，也应当考虑按照上述原则解决。为此，对最高人民法院关于管理人报酬的规定应当及时予以修订，可考虑按照担保财产与无担保财产彼此的比例以及管理人工作应得到报酬的合理数额等，设定启动线并划分若干档次标准，作为担保债权人合理分担破产费用和共益债务包括管理人报酬的调整方案。

前述清偿原则适用于破产清算程序是具有合理性的，但对其适用于重整程序时，仍存在不同认识。有的人认为，重整程序通过挽救债务人企业而提升的重整价值与利益主要归属于普通债权人，可能还包括股东，而担保物权人通过重整得不到什么额外利益。从某种意义上讲，由于担保债权人对担保物的权利行使可能受到限制，延迟了清偿时间，反而是不利的。在这种情况下启动重整程序并让担保债权人承担程序费用，其合理性需要解释。

本书认为：第一，在债务人财产全部设置担保的情况，即使是清算程序，担保权人也要承担相关破产费用，所以重整程序并没有增加其负担。由于重整程序通常不对担保物实际出售，还可减少担保权人承担的拍卖、变现等费用，增加其可得利益，尤其是在担保物不足以清偿担保债权的情况下。第二，重整程序在提升债务人财产整体价值的同时，也可能使担保财产的市场价值有所增加，还可以避免在清算程序中担保物快速变现而可能造成的损失，尤其是在担保物难以变现或分散变现损失过大的情况下。第三，立法规定对担保权人在重整程序中的权利行使给予一定限制，但即使是在清算程序中，不受权利行使限制的那些担保物权（不移转占有的担保物权）也往往由于担保物与其他债务人财产的整体性关联以及变价、保值密不可分，而受到变现条件的制约，所以其权利同样是难以及时行使的，重整程序并没有过度增加其负担。第四，普通债权人以及股东得到的利益，在债务人财产全部设置担保的状况下，一方面可能来自重整成功导致的企业财产运营价值的增加；另一方面，则主要是来自新的战略投资者对债务人企业的投入，包括对普通破产债权人还债资金的投入，而不是通过减损担保债权人利益的方式实现的。重整程序设置的目的主要是挽救债务人企业，使普通债权人得到比破产清算更多的利益，并在可能的情况下惠及股东，同时也保障担保债权人的合法权益在重整程序中不受减损乃至有所增加。若能够达到此目的，重整程序就有进行的必要，让担保债权人在债务人全部财产均设置物权担保的情况下实际承担程序费用就具有合理性。[①]

（四）禁止管理人重复计酬

《确定管理人报酬规定》第 14 条规定："律师事务所、会计师事务所通过聘用本专业的其他社会中介机构或者人员协助履行管理人职责的，所需费用从其报酬中支付。破产清算事务所通过聘用其他社会中介机构或者人员协助履行管理人职责的，所需费用从其报酬中支付。"

《企业破产法》第 41 条规定，管理人执行职务的费用、报酬和聘用工作人员的费用为破产费用。据此，管理人的报酬不包括其执行职务和聘用工作人员的费用，这些费用应当作为破产

① 参见王欣新：《破产法前沿问题思辨》，441～443 页，北京，法律出版社，2017。

费用从债务人财产中优先支付。为避免管理人重复计酬收费，必须对破产费用的支出进行鉴别，加以限定，其中最可能发生重复计酬问题的是管理人聘请工作人员的费用。

依据《企业破产法》第28条的规定，管理人经人民法院许可，可以聘用必要的工作人员。实践中，管理人聘用的工作人员有多种情况：第一种是管理人自己的员工。社会中介机构担任破产案件的管理人时，需要形成工作团队，团队中的每个人广义上也都是管理人所聘用的人员，但其工资应由该社会中介机构支付。第二种是为了维持破产企业的日常继续经营或者破产财产维护而在管理人团队之外聘用的工作人员，一般是破产企业原管理人员和财务人员、专业技术工作人员等必要的留守人员。因其工作是管理人难以完成的，在人民法院同意管理人聘用时，其劳动报酬应作为破产费用从破产财产中支出。第三种是专业机构。管理人为执行职务可以聘用律师事务所、审计机构、评估机构和拍卖机构等从事专业工作。其中的评估机构和拍卖机构往往是处理破产财产时需要的中介机构，其聘用费用不纳入管理人报酬的范围，应作为破产费用从破产财产中优先支付。实践中可能产生争议的主要是聘用律师事务所、审计机构的费用问题。其他国家的立法原则上禁止管理人以由破产费用中支付报酬的方式聘用与自己相同专业的人员。如美国管理人手册规定，管理人如果聘用专业人员如律师、会计师、评估师、拍卖公司等，费用另行支付，但如该业务是管理人本身能从事的（如律师或会计师担任管理人时），则禁止聘用他人进行，防止两面沾光（double-dipping）。英国破产法规定，如果管理人（个人）是某律师事务所的律师，聘用某事务所或者所里的其他合伙人从事破产中的事务，不得从破产财产中支付费用，除非债权人或者法院明确允许。

我国司法解释规定，律师事务所、会计师事务所可以聘用本专业的其他社会中介机构或人员协助履行管理人职责，但是所需费用从其报酬中支付，不得作为破产费用支付。破产清算事务所通过聘用其他社会中介机构或者人员协助履行管理人职责的，聘用所需费用从其报酬中支付，不得作为破产费用支付。据此，律师事务所、会计师事务所担任管理人时，不得以由破产费用中支付报酬的方式聘用与自己同专业的人员，但至少还可以聘用另一家非本专业的会计师事务所或是律师事务所，并从破产财产中支付报酬。而破产清算事务所无论是聘用会计师事务所还是律师事务所，所需费用都要从其报酬中支付，不得作为破产费用支付。这也许是对破产清算事务所缺乏任何法定专业资质、却又可以担任管理人的地位的一种变相利益平衡。当然，上述规定也会存在一些例外情况，如在境外聘请律师事务所进行必要的诉讼或仲裁等。

《破产审判会议纪要》对此问题十分重视，该纪要指出要健全管理人聘用其他人员费用负担的规制。管理人经人民法院许可聘用企业经营管理人员，或者管理人确有必要聘请其他社会中介机构或人员处理重大诉讼、仲裁、执行或审计等专业性较强工作，如所需费用需要列入破产费用的，应当经债权人会议同意。由于破产费用的支付会影响债权人的利益，所以对此特别规定要经债权人会议同意。

四、特殊情况下管理人报酬的确定

（一）以竞争方式指定管理人时报酬的确定

人民法院采取竞争方式指定管理人时，参与竞争者必须提出自己的报酬报价。在选择管理人时，报酬报价是一个重要的考虑因素。社会中介机构的报价表明了其对报酬的预期，应具有约束力，故《确定管理人报酬规定》第5条规定："人民法院采取公开竞争方式指定管理人的，可以根据社会中介机构提出的报价确定管理人报酬方案，但报酬比例不得超出本规定第二条规定的限制范围。上述报酬方案一般不予调整，但债权人会议异议成立的除外。"

在以竞争方式指定管理人时，人民法院应将在破产立案审查时已经了解的债务人的资产与债务状况、财产担保等相关情况，告知参与竞争的社会中介机构，以便其在知晓情况和风险的基础上作出报酬报价。人民法院应审查竞争者报价的合理性，要制止恶意的压价竞争，否则，恶意低价竞争者一旦被指定为管理人，因为难以弥补其工作成本、获得合理收益，可能会怠于履行职务或通过其他不正当手段在破产管理工作中谋取利益，损害债权人利益，影响破产程序公正进行。

（二）清算组的报酬问题

《确定管理人报酬规定》第15条规定："清算组中有关政府部门派出的工作人员参与工作的不收取报酬。其他机构或人员的报酬根据其履行职责的情况确定。"清算组管理人的人员构成可能包括两方面：一是政府部门包括人民银行及金融监督管理机构，二是社会中介机构和金融资产管理公司。

政府有关部门派出的工作人员担任清算组成员期间，由原单位继续支付工资，实际上是国家承担了这些人员参与清算的费用，因此他们不应再领取额外的报酬。其他机构或人员主要是指律师事务所、会计师事务所、破产清算事务所等社会中介机构或人员以及金融资产管理公司，他们担任清算组成员应当取得报酬。其报酬数额应当由人民法院根据其履行职责的情况，参照司法解释规定的管理人报酬标准，将有关政府部门人员完成的工作量扣除后裁量决定。

（三）管理人更换或承继时的报酬确定

《确定管理人报酬规定》第16条规定："管理人发生更换的，人民法院应当分别确定更换前后的管理人报酬。其报酬比例总和不得超出本规定第二条规定的限制范围。"更换管理人需要重新确定管理人报酬，无法继续适用原来的报酬方案，也不能简单交由更换前后的管理人根据最初决定的管理人报酬方案自行协商确定。由人民法院直接确定更换前后的管理人报酬，可以迅速解决双方之间可能存在的利益冲突，避免因发生纠纷而影响管理人工作和破产程序顺利进行。

管理人的承继，是指依其他法律参与企业破产案件受理前的企业解散清算或行政清算的社会中介机构，继续在破产程序中被人民法院指定为管理人。管理人承继时的报酬问题也较复杂，《确定管理人报酬规定》对此未作具体规定。通常认为，企业清算程序中有许多工作与破产清算是相似的，如通知债权人、接受申报并确认债权、收集并管理债务人财产等，当企业从一般清算转为破产清算时，其破产管理的实际工作量会有所减少。考虑到社会中介机构担任清算组织期间的这些工作量已经在前期清算程序中给付过报酬，所以不应再在破产程序中重复计算。对管理人承继的报酬，由受理破产案件的人民法院根据承继前后的工作量、工作成果以及工作性质是否具有重复性等因素，对管理人的报酬标准适当调整确定。

五、当事人对报酬方案的知情权、协商权与异议权

（一）管理人报酬方案

破产案件情况复杂，对管理人报酬的最初预计方案与最终实际结果之间存在一定变数，所以管理人的报酬数额难以在案件受理时就完全确定。为解决这一问题，多数国家和地区都采取事先确定标准、事中观察调整、事后确定数额的做法，赋予法官一定的自由裁量权，从而使管理人所得的报酬与复杂变化的工作过程、工作结果相适应。

为此，《确定管理人报酬规定》第 4 条规定，人民法院受理企业破产申请后，应当对债务人可供清偿的财产价值和管理人的工作量作出预测，初步确定管理人的报酬方案，包括管理人报酬比例和收取时间等。人民法院可以根据案件的实际情况，确定管理人分期或者最后一次性收取报酬，但是不能全部预付。这一报酬方案仅是预案，最终管理人收取的报酬还可以根据破产案件的进展变化情况而进行调整。由于当时可分配财产的数额本身仍不确定，故在管理人报酬预案中主要是根据当时债务人财产的状况预测确定报酬的领取比例，而不是报酬的具体数额。当破产案件的进展情况与最初的预计相比发生较大变化时，《确定管理人报酬规定》第 8 条、第 9 条规定了法院对管理人报酬方案的调整权力。

（二）当事人对报酬方案的知情权与协商权

债权人会议和管理人对于人民法院决定的管理人报酬方案享有知情权与协商权。《确定管理人报酬规定》第 6 条规定："人民法院应当自确定管理人报酬方案之日起三日内，书面通知管理人。管理人应当在第一次债权人会议上报告管理人报酬方案内容。"

债权人对管理人的报酬方案有发表意见的权利。联合国国际贸易法委员会《破产法立法指南》在管理人报酬的规定中，专门提到了债权人的介入，指出："在有些国家，可能要求债权人（或债权人委员会）在确定或批准报酬数额方面发挥作用，其中要求考虑到案件的复杂性、破产管理人职责的性质和程度及其履行效果以及破产财产中资产的价值和性质。债权人的介入可有助于克服上文讨论过的一些困难，因为债权人对所涉及的问题有更多的了解并有机会参与确定和批准报酬。还可在程序进行过程中对报酬进行定期审查，以便或许通过仲裁或破产管理人与债权人之间的一些其他纠纷解决形式，在产生任何问题时加以处理和解决。"

我国债权人方面对决定管理人报酬事项进行介入的方式有两种：一是依据《企业破产法》第 28 条规定，债权人会议对管理人的报酬有异议的，有权向人民法院提出。这是以行使异议权的方式保障债权人的利益。二是依据《确定管理人报酬规定》第 7 条规定，管理人、债权人会议对管理人报酬方案有意见的，可以进行协商。双方就调整管理人报酬方案内容协商一致的，管理人应向人民法院书面提出具体的请求和理由，并附相应的债权人会议决议。人民法院经审查认为上述请求和理由不违反法律和行政法规强制性规定，且不损害他人合法权益的，应当按照双方协商的结果调整管理人报酬方案。这一协商机制体现了当事人意思自治的原则。债权人会议的异议权和协商权，实际在一定程度上形成了融人民法院、债权人会议、管理人在内的管理人报酬混合决定机制。

需要注意的是，债权人会议与管理人自行协商确定的报酬方案原则上可以超出《确定管理

人报酬规定》规定的报酬标准。管理人的报酬来自破产财产，破产财产分配之时属于债权人，如果债权人会议决定给管理人高于规定标准的报酬，属于债权人会议对自己财产的自愿处分，在不损害他人合法利益的情况下，应予准许。人民法院对双方协商结果有审查权，如果经审查认为双方确定报酬的内容违反法律和行政法规的强制性规定，或者损害他人合法权益的，就不应同意调整报酬方案的申请。对于管理人与债权人会议协商形成的报酬标准，人民法院在确认之后，不应再依职权对该方案进行调整，除非债权人会议与管理人再次协商一致，请求调整。

（三）债权人会议对管理人报酬异议的处理

《确定管理人报酬规定》第17条规定："债权人会议对管理人报酬有异议的，应当向人民法院书面提出具体的请求和理由。异议书应当附有相应的债权人会议决议。"但是立法对管理人对于人民法院确定的报酬方案没有规定异议权。因为人民法院在确定报酬方案时通常是直接征询管理人意见，管理人有意见的可以及时反映，无须通过行使异议权的方式表达。

债权人对管理人报酬的异议权应通过债权人会议决议的形式行使，此项债权人会议决议应为一般性决议。债权人会议可以对管理人报酬的比例、数额和收取时间等提出异议，而不限于具体的报酬数额。一般情况下，异议权行使时间应在破产财产最终分配方案通过前。债权人会议行使异议权，必须提出书面申请，说明具体的请求和理由，并附上相应的证据材料，如认为管理人报酬过高，则应提出相应的可比市场价格，或者提出具体的需要调整的因素，如管理人未尽职责的情形等。

《确定管理人报酬规定》第18条规定："人民法院应当自收到债权人会议异议书之日起三日内通知管理人。管理人应当自收到通知之日起三日内作出书面说明。人民法院认为有必要的，可以举行听证会，听取当事人意见。人民法院应当自收到债权人会议异议书之日起十日内，就是否调整管理人报酬问题书面通知管理人、债权人委员会或者债权人会议主席。"

六、人民法院依职权调整管理人报酬方案

根据国际通行做法，管理人报酬方案的调整分为三种：法院主动调整、根据当事人协商结果调整、通过对债权人会议的异议审查调整。人民法院最初决定的管理人报酬方案，是建立在对管理人工作量的预测基础上，如果案件实际情况与当初预测有明显出入，不调整显失公平的，则应主动依职权予以调整。为此，《确定管理人报酬规定》第8条规定："人民法院确定管理人报酬方案后，可以根据破产案件和管理人履行职责的实际情况进行调整。人民法院应当自调整管理人报酬方案之日起三日内，书面通知管理人。管理人应当自收到上述通知之日起三日内，向债权人委员会或者债权人会议主席报告管理人报酬方案调整内容。"

在人民法院决定调整管理人报酬之前，可以征求管理人的意见。人民法院听取管理人反映意见，是了解破产案件和管理人履行职责实际情况的重要渠道，但这不属于异议审理程序。人民法院作出对管理人报酬的调整之后，必须保障管理人与债权人的知情权。

许多国家立法赋予法院对管理人报酬的自由裁量权，法院可以在综合考虑各种因素后确定或调整管理人报酬。如《英国破产法》规定，非官方管理人的报酬由债权人会议决定，双方发生争议则由法院决定。法院决定管理人报酬时一般需要考虑：（1）案件复杂性；（2）管理人承

担的义务；(3) 管理人的效率；(4) 管理人所处理财产的价值与性质。《日本破产法》规定，法院根据管理人分配的资产来计算管理人报酬，并适当考虑下列因素：(1) 破产案件的复杂性；(2) 管理人的勤勉程度与实际表现；(3) 指定管理人的数量；(4) 清偿率的高低。《韩国破产法》第 30 条规定了破产管理人有权取得支出的预付款、报酬、特殊报酬。破产管理人的报酬与特殊报酬由法院决定，并应与管理人的任务和责任相适应。一般来说，破产管理人报酬根据变现资产的数额按比例计算，特殊报酬则由法院考虑下列因素后决定：(1) 任务的难度；(2) 履行职责的态度与能力；(3) 破产回收率；(4) 管理人数量；(5) 商品价格（物价指数）。

我国《确定管理人报酬规定》第 9 条规定："人民法院确定或者调整管理人报酬方案时，应当考虑以下因素：(一) 破产案件的复杂性；(二) 管理人的勤勉程度；(三) 管理人为重整、和解工作做出的实际贡献；(四) 管理人承担的风险和责任；(五) 债务人住所地居民可支配收入及物价水平；(六) 其他影响管理人报酬的情况。"

《确定管理人报酬规定》第 10 条规定："最终确定的管理人报酬及收取情况，应列入破产财产分配方案。在和解、重整程序中，管理人报酬方案内容应列入和解协议草案或重整计划草案。"因为管理人的报酬属于破产费用，需从破产财产中清偿。在决定破产财产分配方案、和解协议或重整计划草案之时，必须确定包括管理人报酬数额在内的破产费用，才能进一步确定可供分配的破产财产数额。而且，将最终确定的管理人报酬及收取情况列入破产财产分配方案，也有利于债权人等对管理人报酬的收取情况进行监督。

在和解或重整程序中，管理人的报酬及收取情况应列入和解协议草案或重整计划草案，交由债权人会议或其分组会议决定。从国外的情况看，对管理人采取按标的额计酬的国家大多不对和解或重整程序中的计酬方法作特别规定，但可以通过计酬比例进行一定的调节。还有的国家对重整程序中的管理人或社会中介机构的报酬完全采取市场化的方式协商确定，如美国。

和解协议草案、重整计划草案为债权人会议表决通过，并经人民法院认可或批准的，管理人按和解协议、重整计划中约定的方案收取报酬；未获人民法院批准，和解、重整程序转换为清算程序的，人民法院可以根据实际情况维持或调整管理人报酬方案。在破产财产分配方案、和解协议草案、重整计划草案表决通过之后，人民法院一般不再调整管理人报酬。

《确定管理人报酬规定》第 11 条规定了管理人报酬的支付程序："管理人收取报酬，应当向人民法院提出书面申请。申请书应当包括以下内容：(一) 可供支付报酬的债务人财产情况；(二) 申请收取报酬的时间和数额；(三) 管理人履行职责的情况。人民法院应当自收到上述申请书之日起十日内，确定支付管理人的报酬数额。"为发挥管理人报酬的激励和约束作用，《破产审判会议纪要》指出："人民法院可以根据破产案件的不同情况确定管理人报酬的支付方式，发挥管理人报酬在激励、约束管理人勤勉履职方面的积极作用。管理人报酬原则上应当根据破产案件审理进度和管理人履职情况分期支付。案情简单、耗时较短的破产案件，可以在破产程序终结后一次性向管理人支付报酬。"

七、"无产可破"案件的报酬处理

《确定管理人报酬规定》第 12 条规定："管理人报酬从债务人财产中优先支付。债务人财产不足以支付管理人报酬和管理人执行职务费用的，管理人应当提请人民法院终结破产程序。

但债权人、管理人、债务人的出资人或者其他利害关系人愿意垫付上述报酬和费用的，破产程序可以继续进行。上述垫付款项作为破产费用从债务人财产中向垫付人随时清偿。”

尽管是在“无产可破”的特殊情况下，许多国家破产法仍设法鼓励各方当事人尽力将破产程序进行下去，以实现破产法的其他价值目标。这是因为，破产法的作用不仅仅是将现有的破产财产分配给债权人，而且强调管理人通过行使撤销权，回收被债务人非法处分的财产，维护债权人的利益，并通过调查和规制措施去适应“商业道德的要求”（the demands of commercial morality）[①]。世界银行在2003年制定的《有效的破产和债权人权利制度的原则与指南》中指出：“关于管理董事和高级职员对其在企业处于财务困境或破产情况下作出有害于债权人的决定承担责任的法律规则，将有助于增进有责任感的公司行为并培育理性的风险决策。”[②] 目前，在世界范围内已经达成共识，即应当通过破产程序检验债务人是否存在欺诈行为，并通过撤销权等手段追索被债务人隐匿、非法转移的财产。对此，破产监管人国际协会（the International Association of Insolvency Regulators）的一份报告指出[③]，破产程序提供了一次绝无仅有的良机，以检验破产的公司是否存在欺诈或有违管理职责的情况，以便将作奸犯科者绳之以法。因此提倡各国设计相应的程序，在“无产可破”时通过各种办法将破产程序进行下去。如果将债务人“无产可破”的案件一律排除在破产程序门外，反而会形成鼓励债务人逃债行为的错误机制。债务人欺诈行为越严重，将财产转移得越彻底，留下的财产越少，则由于无财产可支付管理人报酬和破产费用以追查债务人的破产欺诈行为，在破产程序中追究债务人违法犯罪行为、追回逃债财产的可能性就越低。这将形成债务人逃债越严重、越彻底，反而越安全的逆选择漏洞，必须设置相应法律制度予以解决。

从理论上讲，在债务人“无产可破”时可以采取多种方式解决管理人报酬与破产费用的支付问题，继续进行破产程序：第一，交叉补贴，即在有产可破案件中多收取费用建立基金，以弥补无产可破案件的支出；第二，政府财政拨款补贴；第三，设置特殊的税收取得资金；第四，用法院收取的破产案件受理费补贴；第五，由各方利害关系人垫款，包括国家作为利害关系人时的垫款。这些方法可以同时交叉适用。经破产监管人国际协会调查，下述国家和地区（调查的国家和地区是澳大利亚、英属维京群岛、加拿大、芬兰、爱尔兰、墨西哥、新西兰、泰国、英国、北爱尔兰、美国、中国香港等）的公司与个人的破产司法实践中，目前适用上述方法一、二的有6个国家和地区，适用方法五的有9个地区，而方法三、四则几乎没有国家适用。[④]

在破产法相关司法解释起草过程中，起草组一致认为，我国应当借鉴其他国家的有益经验，在债务人企业“无产可破”时努力使破产程序继续进行，尤其是在我国破产欺诈较为严重的情况下，这种规定具有重要的意义。在认真进行比较研究之后，当时起草组认为，近期采第五种方法较为可行。因为债务人转移财产等欺诈行为必然会影响利害关系人的权益，这些利害

① Report of the Review Committee on Insolvency Law and Practice, Cmnd 8558, 1982 (“Cork Report”), para. 235.

② The World Bank, Principles and Guidelines for Effective Insolvency and Creditor Rights Systems, 2003, principle 6.

③ 破产监管人国际协会出台的报告名称为：Assetless Insolvencies，见 http://www.insolveyreg.org。

④ 参见奚晓明主编：《最高人民法院关于企业破产法司法解释理解与适用》，174、175页，北京，人民法院出版社，2007。

关系人具有在破产程序中通过管理人行使撤销权、挽回经济损失的利益驱动。由这些利害关系人垫付一部分款项使破产程序继续进行，符合包括垫付人在内的各方当事人的合法利益。上述垫付的报酬，在后续获得财产的情况下应作为共益债务从债务人财产中向垫付人随时清偿。从长远机制来看，还应当借鉴英国等国家的经验，由政府组织成立“破产基金”，资金一部分可由国家提供，另一部分从破产企业不动产的变卖价款中收取一定比例，从其他破产案件管理人高额报酬中提取一定比例，并收集破产程序中对违法者的罚款，在无人愿意垫付破产费用的情况下，根据管理人的申请和人民法院的决定，拨付基金弥补特定案件中破产费用的不足，使破产程序得以继续。设立专项基金解决“无产可破”但又有必要继续进行破产程序的企业的破产费用问题，是我国完善破产管理人制度的发展方向。

《破产审判会议纪要》也着重指出，要推动建立破产费用的综合保障制度，“各地法院要积极争取财政部门支持，或采取从其他破产案件管理人报酬中提取一定比例等方式，推动设立破产费用保障资金，建立破产费用保障长效机制，解决因债务人财产不足以支付破产费用而影响破产程序启动的问题。”

此外，对管理人的报酬确定方法也需要进行必要的调整，应允许人民法院在特定情况下如基本无产可破的案件中，根据管理人工作的时间以按时计酬法确定管理人的报酬，或确定一个基本报酬标准，而不采用按标的额计酬的方法。这可以摆脱管理人的报酬支付与债权人能否得到财产分配绝对挂钩的状况，从而解决管理人付出劳动，但债权人未获得分配，以致出现无法按照司法解释规定的方式支付管理人报酬的难题。

八、管理人的义务与责任

各国立法均规定，管理人应当勤勉尽责，忠实执行职务，应尽善良管理人的注意义务。管理人违反法律职责与义务给债务人财产或债权人造成损害的，应当承担赔偿责任。如《德国支付不能法》第58条第2款规定：“管理人不履行自己义务的，法院在先行警告后可以对其科处罚款。一次罚款不得超过5万德国马克的金额。”

界定管理人的注意义务及其相应责任，是管理人制度中一个重要的问题。联合国国际贸易法委员会《破产法立法指南》规定：破产管理人采用的细心标准及其个人赔偿责任对于破产程序的进行具有重要意义。由于大陆法系和英美法系对管理人的选任方式、法律地位等问题有不同的认识，对管理人注意义务的规定也不尽相同。

大陆法系国家和地区的破产法中一般规定管理人负有善良管理人的注意义务。如《德国支付不能法》第60条明文规定：“破产管理人负有善良管理人应尽的义务。破产管理人因其犯有过失违反本法规定的义务，应向所有相关人员承担赔偿责任。”《韩国破产法》第154条“注意义务”规定：“破产管财人应以优良的管理者的注意履行其职务；破产管财人玩忽前项之职守时，该破产管财人对利害关系人有赔偿损失的责任。”《日本破产法》第85条“破产管理人的注意义务”规定：“（一）破产管理人负有善良管理人应尽的注意义务。（二）破产管理人违反上述义务，给利害关系人造成损害，须承担连带赔偿责任。”我国台湾地区“破产法”第86条规定，破产管理人，应以善良管理人之注意，执行其职务；所谓善良管理人之注意，即一个抽象的、聪明能干、具有相当知识和经验技能的人应当达到的注意程度。日本学者认为，诸如怠于回收属于破产财团的债权，迟延税务申告使破产财产蒙受损失等，均属于违背善良管理人之注意义务，并认为广义上的善良注意义务还包括公正、中立义务和忠实义务的内容。

英美法系国家中管理人的注意义务适用信托法关于受托人的注意义务，主要包括谨慎义务和忠实义务。其中，受托人的谨慎义务是以善良管理人的注意义务为底线的，因此其要求实际上要高于大陆法系中的善良管理人义务的要求。受托人的忠实义务主要包含两项内容：一是就属于其所提供之劳务范围内的任何事项，受托人不得有其个人的利益或与第三人达成与此项义务不一致的约定；二是受托人不得为自己或第三人之可能利益而利用其地位或该地位产生的机会或权力。受托人违反忠实义务的，受益人有权在合理的时间内行使撤销权，从而将受托人的不当收益收归信托财产。也有观点认为，大陆法系的善良管理人的注意义务也含有忠实义务的内容。①

我国《企业破产法》第27条规定，管理人应当勤勉尽责，忠实履行职务。所谓勤勉尽责，即要求其履行善良管理人的注意义务；所谓忠实履行职务，即要求其履行忠实义务。管理人因玩忽职守或者其他违法行为，造成债权人、债务人或者第三人经济损失的，应当依法承担赔偿责任。如果管理人为多数人时，彼此间应承担连带责任。

联合国国际贸易法委员会《破产法立法指南》规定："在许多法律制度中，破产管理人将因其失职或渎职造成的损害而在民事诉讼中承担责任，不过在确定必要的标准方面采取了不同的做法。在一定程度上，采用哪种标准将取决于指定破产管理人的方式和指定的性质（例如，是私人从业人员还是政府雇员）。一种做法可能是要求破产管理人遵守对债务人在非破产状态下正常经营业务活动时所预期适用的同样的严格标准，即在这种情形下审慎行事者所适用的标准。然而，有些国家可能要求在这类情形下采用更高的审慎行事标准，这是因为破产管理人所处理的不是自己的资产，而是属于另一个人的资产。另一种做法是立足于期望破产管理人将为正当目的而本着诚信行事。再一种做法可以是依据必要的细心标准确定过失。"我国对于管理人的义务与责任在很多方面都还需要进行更为详细具体的规定，才能保障其顺利的实施。

问题与思考

1. 如何理解管理人的概念及其法律地位？
2. 当代各国关于管理人的选任一般都有哪几种立法例？
3. 我国《企业破产法》对管理人任职资格作了哪些规定？
4. 根据最高人民法院的司法解释，管理人应以何种方式指定？
5. 如何解决"无报酬支付"案件的管理人指定难题？
6. 依据我国《企业破产法》的规定，管理人具有哪些职权、义务及责任？
7. 如何理解管理人报酬的计算标准？
8. 分析当事人对报酬方案的知情权、协商权与异议权。
9. 如何完善对管理人的监督机制？

① 参见奚晓明主编：《最高人民法院关于企业破产法司法解释理解与适用》，134、135页，北京，人民法院出版社，2007。

第四章 债务人财产

本章概要

债务人财产是指在破产程序启动时，以及自该时点至破产程序终结前，属于债务人的财产。在债务人财产的构成范围上，各国破产法主要有固定主义与膨胀主义两种立法主义。我国《企业破产法》规定，债务人财产包括破产申请受理时属于债务人的全部财产，以及破产申请受理后至破产程序终结前债务人取得的财产，即采取膨胀主义的立法主义。

破产撤销权作为体现破产法公平原则的一项关键制度，在保障破产立法宗旨实现、维护诚实信用原则、纠正债务人损害债权人利益的行为等方面具有不可替代的重要作用。我国《企业破产法》借鉴各国破产立法之经验，结合具体国情与司法实践，建立起较为健全的撤销权制度。本章第二节主要从破产撤销权的概念与特征、撤销权的行使主体、行使方式、相应的法律后果，以及欺诈行为、偏袒性清偿等各种可撤销行为的规制等方面进行了分析，并对破产撤销权制度的完善提出立法建议。

破产法上的取回权分为一般取回权与特别取回权。对一般取回权，各国破产法中均有规定。特别取回权通常包括出卖人取回权、行纪人取回权和代偿取回权，我国《企业破产法》对出卖人取回权作了明文规定。本章第三节主要介绍了我国《企业破产法》中关于一般取回权规定的具体含义及其司法运用，并重点分析了出卖人取回权的设置目的、构成要件，对法律条文的正确理解，以及适用中的问题。

破产抵销权是由民法抵销权发展而来的，同时根据破产程序的特征，进行了必要的调整，以适应企业破产之需要并防止被滥用。我国《企业破产法》也确立了破产抵销权制度。本章第四节主要介绍了破产抵销权之意义与行使特点、特殊破产抵销权的行使、破产抵销的禁止等问题。

关键术语

债务人财产　破产财产　破产财团　法定财团　现有财团　分配财团　权利客体说　权利主体说　破产撤销权　破产无效行为　破产欺诈行为　偏袒性清偿行为　取回权　一般取回权　特别取回权　出卖人取回权　行纪人取回权　代偿取回权　破产抵销权

第一节　债务人财产概述

一、债务人财产的概念与性质

债务人财产是我国《企业破产法》中新增加的概念，在旧破产法中使用的是破产财产的概念。破产财产的概念，一般适用于债务人被宣告破产后对其财产的称谓；债务人财产的概念，则适用于债务人的破产案件受理后至破产宣告之前对其财产的称谓。债务人财产在破产宣告后便改称破产财产。两个概念从财产范围意义上讲并无本质区别，区别在于其表明债务人即财产主体在破产程序中不同阶段的法律地位的不同。为了与其他国家通常使用的破产财产概念相衔接，且不改变引用文献中对破产财产概念的使用，所以后文中使用的破产财产概念在相应情况下与债务人财产的概念具有同一意义。

对债务人财产即破产财产的概念，可从形式意义与实体意义两方面加以界定。从形式意义上讲，债务人财产是指在破产程序中用于清偿还债的债务人的财产，其着眼点在于财产的分配程序与去向。这一概念主要是学理上的解释，不一定体现在法律的具体规定中，故可称为学理概念。从实体意义上讲，债务人财产是指在破产申请时，或者破产宣告时（视该国对破产程序启动时点的规定确定），以及在该时点，或者自该时点起至破产程序终结前（视该国所采立法原则确定），债务人所有的供破产清偿的全部财产，其着眼点是财产的构成与来源。通常，这一概念都明确规定在法律中，以便实际执行，故可称为法律概念。鉴于破产主要是指债务人丧失清偿能力时对其财产清算分配的一种特别程序，而且各国法律上规定的债务人财产的实体概念并不完全相同，所以，本书便将形式意义上的债务人财产作为其概念，而将实体意义上的债务人财产称为债务人财产的构成范围。

在其他国家，债务人财产多被称为破产财产或破产财团。破产财产主要是英美法系国家使用的概念，在大陆法系国家中往往称之为破产财团。我国因尚未在立法上承认财团法人，所以在破产法中使用债务人财产和破产财产的概念。在大陆法系国家的破产法理论上，破产财团存在三种意义，即法定财团、现有财团和分配财团。

法定财团，是指由破产法规定应属于破产财产的全部财产组成的财团。现有财团，是指破产程序启动时，现实在管理人管理下的财产组成的财团。分配财团，是指管理人在破产清算后，实际用于对破产债权分配的财产组成的财团。破产程序启动后，管理人接管破产企业时管理下的现有财团，与法定财团的范围通常是不一致的，需要由管理人加以清理，收回在外的财产，返还占有的他人财产，使现有财团的范围与法律规定的相一致。管理人对符合法律规定的现有财团，经过清理、处理、变价等工作，支付破产费用和共益债务，清偿有优先受偿权的债权，并在债权人行使抵销权后，方组成可供破产分配的分配财团。此外，在自然人进入破产程序时，法律规定，专属于破产人的财产和为维护破产人生计等不纳入破产财产范围的保留财产，属于自由财团，由破产人自由支配。

我国破产法中对债务人财产尤其是破产财产的法律地位未作明文规定。从法学理论上讲，在破产财产的性质上，大陆法系国家的破产法理论从大的方面讲主要有两种观点。其一是“权利客体说”，即破产财产本质上只是权利客体的理论。这种理论认为债务人被宣告破产后，虽丧失对破产财产的管理与处分权，但破产财产的所有权仍属于破产人，破产财产只是破产人权利的客体。其二是“权利主体说”，即破产财产自身即构成权利主体的理论。这一理论的基础是财团法人制度，主张破产财产本身即构成权利主体，可享有权利，其作为主体属于财团法人的性质，具有民事主体的资格。由于分析角度不同，上述学说又形成不同的分支学派。

本书认为，由于我国现行民事立法中尚无对财团法人的具体规定，因而债务人财产不能视为依据破产法自动成立的法人，也不可能属于可以依据相关法律登记设立的法人。在现行立法体系下，认为破产财产自身即构成权利主体的理论尚缺乏制度支持，相对而言，“权利客体说”更符合我国的法律体系。但近年来“权利主体说”在一些国家有逐渐兴起的趋势。

依英美法系的财产权理论，同一财产之上可以存在多种不同层次的财产权利，尤其是在信托关系之下，可以存在某种意义上的双重所有权。但根据大陆法系的所有权理论，任何财产都必须也只能有一个所有权主体。对破产案件受理后债务人财产的所有权问题，我国立法没有作明文规定，学者间的观点存在分歧。除认为债务人财产自身即构成权利主体的“权利主体说”外，在持“权利客体说”的学者之中，债务人财产的所有权仍属于债务人的观点占据主流位置。此外还存在一些不同观点：有人认为，债务人被宣告破产后（即在破产清算程序中），对破产财产不应再享有所有权，破产财产的所有权应属于债权人或管理人（地位为信托法上的受托人）。本书认为，这种观点在法律上是不能成立的。在破产案件受理后或债务人被宣告破产后，破产财产在法律上仍应属于债务人所有，但破产财产的管理权与处分权则由管理人行使（通常须受到债权人会议的一定的制约）。由于破产财产在破产清算程序中最终可能要全部被用于对债权人分配，所以，破产财产的实际受益人是债权人，但这并不等于破产财产的所有权属于债权人，无论是个别债权人、全体债权人还是债权人会议。即使是在债务人破产的情况下，债权人只对债务人享有债权。不能因为债务人将用其全部财产归还所欠债权人的债务，便在清偿之前就将债务人的财产认定为债权人所有。破产法将对破产财产处理与分配方案的决定权列入债权人会议的职权范围，也只是因其关系到债权人的利益，而与所有权的归属无关。债权人享有对破产财产的所谓最终权益，但那是在破产分配后才实现的权益，在破产分配之前，债权人对破产财产并不享有所有者的权益。如果债权人对破产财产直接享有所有权，就不需对已经属于债权人的财产进行分配，其他破产程序也无须进行。

至于管理人就更不可能享有对破产财产的所有权。管理人仅是为执行破产清算分配任务而成立的临时性破产机关，是破产财产的管理人，而不是所有人。为履行清算职责，管理人必须对破产财产享有一定的管理及处分权利，但这显然不同于法律上的所有权。破产法规定，破产案件受理后由管理人接管债务人财产，并非否认债务人对破产财产的所有权，更不是将所有权转让给财产的管理人。

在以信托关系解释管理人与债务人关系的英美法系国家中，管理人作为法定信托人，享有对破产财产法律上的形式所有权。在大陆法系国家中，立法对管理人一般未赋予其信托法上的受托人地位，在法律制度的设计上也是如此。按照我国破产法的规定，在管理人的职责中，尤其是对破产企业或对债权人所承担的责任中，没有使用信托概念。管理人不是破产企业的法定信托人。我国的管理人是由人民法院指定的，对人民法院负责。虽然管理人要定期向债权人会议报告，但其并不对债权人和债务人承担信托法上的责任，这与英美法国家中的信托人和受益人的关系是不同的。管理人对破产财产的管理权、处分权等不影响债务人对其财产继续享有所有权。虽然在破产案件受理后，债务人处置其财产的权利被禁止行使，企业的管理机关和法定代表人代表管理企业的权利也由管理人接替，但在法律上，破产人仍然是其财产的所有者。

本书认为，从我国《企业破产法》第30条的规定中，也可推导出债务人对破产财产享有所有权。该条规定，在破产申请受理后至破产程序终结前债务人所取得的财产，属于债务人财产。这里的"取得"财产即指新取得财产的所有权。既然在破产申请受理后或破产宣告后，债务人还能对一些财产取得新的所有权，如对原有财产之法定孳息或天然孳息的所有权，那么债务人对产生孳息之原有的破产财产当然也应当享有所有权，否则新取得财产便没有了法律依据。法律在此明文规定，是债务人而不是债权人或管理人享有取得财产的权利。此外，破产财产清算、分配后如有剩余（尽管这种情况甚少发生），仍应归债务人（或其股东）所有，由其管理、处分；自然人破产时自由财产的存在等，都说明尽管债务人在破产程序启动后的财产权利要受到严格的限制，但仍然在法律上对其财产享有所有权。

二、债务人财产的构成范围

（一）对债务人财产构成范围的不同立法原则

在债务人财产即破产财产的构成范围上，各国破产法采取的主要有固定主义与膨胀主义两种立法主义。

固定主义以破产程序启动时（根据各国立法不同，分别为破产案件受理时或破产宣告时。在评述不同主义概念时，为与有关引文所用概念相一致，下文中依引文简称为破产宣告时，但两者意义相同）债务人所有的财产包括将来行使的财产请求权为破产财产。所谓固定，是指破产程序启动时破产财产的范围即已确定。日本、德国、美国等国采用这一立法方式。如《日本破产法》第6条第1款规定，于破产宣告时归破产人所有的一切财产，为破产财团；该条第2款规定，破产人基于破产宣告前产生的原因而于将来可行使的请求权，属于破产财团。

膨胀主义是指破产财产不仅包括债务人在破产程序启动时所有的财产，而且包括其在破产程序终结前所新取得的财产，破产财产的范围在破产程序启动后仍有所扩大膨胀。英国、法国等国及我国台湾地区的破产法采用这一立法主义。如我国台湾地区"破产法"第82条规定："左列财产为破产财团：一、破产宣告时属于破产人之一切财产，及将来行使之财产请求权。二、破产宣告后，破产终结前，破产人所取得之财产。专属于破产人本身之权利及禁止扣押之财产，不属于破产财团"。

客观而言，两种立法方式各有利弊。固定主义因在破产程序启动时便将用于分配的财产范围确定，破产管理人的工作较为简单，有助于破产程序迅速进行，可以使债权人早受分配。破产人尤其是自然人在破产程序启动后新得到的财产不用于破产清偿，由其自由支配，可鼓励其在破产过程中恢复经济活动，维持自身生活，减轻社会负担，有利于社会安定。同时，以破产程序启动前的财产清偿破产程序启动前的债权，以破产程序启动后的新得财产清偿破产程序启动后的新生债权，使不同债权的相互责任财产对应，相对较为公平。此外，在破产人新得财产不属于破产财产的情况下，债务人仍有财产让步余地，有利于促进债权人会议与破产人达成和解，避免破产。但固定主义的弊病在于对债权人利益保障不足，给予清偿较少，且破产人在已启动的破产程序终结前进行新的经济活动失败时可能导致二次破产，反使案件复杂化，还可能出现破产人利用破产程序启动与新得财产取得的时间差来规避债务，侵害债权人利益的欺诈现象。

膨胀主义通过将破产终结前破产人所新取得的财产纳入破产财产，可增加对债权人的分配，防止出现债务人实际上有钱却不还的不公平现象，制止欺诈行为，杜绝二次破产的发生。但破产程序终结前破产财产可能不断增加，这将使破产财产的管理、变价、分配等工作变得较为复杂，破产程序的时间相对延长。而且，由于破产人在破产程序启动后新得到的财产也用于破产分配，在破产终结之前，破产的自然人难以恢复正常的经济活动，会造成社会的救济负担，因而也有其不利之处。

就两种主义而言，固定主义在理论上较为合理，膨胀主义则更为实用。为此，有的学者主张，在这两种主义之间采取折中做法，对破产人在破产程序启动后新得到的财产加以区分，凡是通过劳动得到的工资等收入，不纳入破产财产范围，而非经其努力得到的新得财产，如通过继承、接受赠与等得到的财产，纳入破产财产范围，以鼓励破产人积极参加社会生产活动，并借以平衡膨胀主义与固定主义之利弊。本书认为，在我国将来制定涉及自然人破产的立法时，可以考虑采取此种立法模式，以公平保护各方当事人的利益。

一国之破产立法采取何种立法主义，须根据本国的具体情况而定。从世界各国的立法趋势看，有从膨胀主义向固定主义转化的倾向。这种变化反映出破产法的立法宗旨在从债权人本位逐步向债务人本位与社会利益本位转变。

一国的破产立法在破产财产问题上采取固定主义还是膨胀主义，在实践中的意义主要表现在破产人为自然人的情况下。因为法人将因破产清算而终止，不存在以其名义再恢复经济活动的问题。只有在破产人为自然人的情况下，才存在因破产程序终结后仍要继续生存而需恢复正常的经济活动，以及是否会造成社会负担等问题。此外，法人在破产程序启动后仍能新得到财产的情况很少，而自然人则可能因进行新的经济活动、继承、接受赠与等得到新的财产。

我国破产法在破产财产范围上采用的是膨胀主义。如前所述，在破产法的适用范围仅为法人型企业的情况下，由于破产人在破产过程中新得财产的可能性并不大，所以膨胀主义立法对破产分配也没有什么重要的影响。但在法律上对这些可能出现的新的财产的归属，应当有一个明确而合理的规定。膨胀主义更适合我国目前的实际情况，有助于制止破产欺诈行为，保证公平原则，有利于保障经济秩序，维护债权人的合法权益，防止出现法律调整空当。由于企业法人破产后新得财产的可能性不大，对破产进程的时间也无不利影响，而且因法人破产后即告消灭，无须采固定主义来鼓励其开展新的经济活动，与自然人破产有别，所以，在我国破产法中采用膨胀主义可扬长避短，并能适应将来破产制度扩大适用到自然人企业乃至自然人的发展趋势。

（二）我国立法对债务人财产范围的规定

破产财产的构成范围涉及两个问题：第一个是债务人在何期间内拥有的财产属于破产财产；第二个是在破产程序启动时，债务人占有的财产中，哪些财产属于破产财产，哪些财产不属于破产财产。

在前一个问题上，首先是要确定时间的起点。以破产宣告为破产程序开始的国家，其破产立法统一规定，破产人在破产宣告时所有的财产属于破产财产。以提出破产申请或案件受理为破产程序开始的国家，其破产立法一般规定，破产人在破产案件受理时所有的财产属于破产财产，如美国。其次是要确定终点时间。各国立法对此规定的区别在于：破产人在破产宣告后至破产程序终结前所取得的财产是否属于破产财产。如前所述，这涉及一国破产法采取固定主义还是膨胀主义的问题。采取固定主义时，确定破产财产范围的时间终点与始点相同。采取膨胀主义时，破产财产的范围确定以破产程序终结时为终点。

在后一问题上，涉及各国破产法根据本国具体情况而作的一些特别规定。通常在债务人为自然人时，为保障其生活需要，对其财产在破产清算时作出一定的保留，不纳入破产财产的范围。

《企业破产法》第30条规定，债务人财产包括破产申请受理时属于债务人的全部财产，以及破产申请受理后至破产程序终结前债务人取得的财产。新破产法与旧破产法对债务人财产范围规定的不同之处，其一是将确定债务人财产范围的时点从破产宣告时改为破产申请受理时。其二是旧破产法规定，已作为担保物的财产不属于破产财产，而新破产法在上述规定中则未将作为担保物的财产排除出债务人财产即破产财产。《破产法解释二》第3条还特别规定："债务人已依法设定担保物权的特定财产，人民法院应当认定为债务人财产。对债务人的特定财产在担保物权消灭或者实现担保物权后的剩余部分，在破产程序中可用以清偿破产费用、共益债务和其他破产债权。"此外，新破产法还修正了旧破产法中关于破产财产的一些表述错误。

《破产法解释二》对债务人财产的范围从正反两个方面作出更为具体的列举性规定。其第1条规定："除债务人所有的货币、实物外，债务人依法享有的可以用货币估价并可以依法转让的债权、股权、知识产权、用益物权等财产和财产权益，人民法院均应认定为债务人财产。"此条从财产的不同表现形态上对债务人的财产范围作出界定，即凡可以用货币估价并可以依法转让者，均属于债务人财产。其第2条规定："下列财产不应认定为债务人财产：(一）债务人基于仓储、保管、承揽、代销、借用、寄存、租赁等合同或者其他法律关系占有、使用的他人财产；(二）债务人在所有权保留买卖中尚未取得所有权的财产；(三）所有权专属于国家且不得转让的财产；(四）其他依照法律、行政法规不属于债务人的财产。"其中第一项中的财产，虽然为债务人所占有、使用，但所有权属于他人，是财产权利人可以在破产程序中行使取回权取回的财产。第二项财产专指债务人在所有权保留买卖中尚未取得所有权的财产，对破产程序中此类财产应如何处置，《破产法解释二》作出了具体规定，本书后文将有详述。第三项不属于债务人财产的是所有权专属于国家且不得转让的财产。此项财产的构成包括两个条件。其一是所有权专属于国家，例如，《物权法》规定，矿藏、水流、海域属于国家所有；城市的土地，属于国家所有；法律规定属于国家所有的农村和城市郊区的土地，属于国家所有；森林、山岭、草原、荒地、滩涂等自然资源，属于国家所有（但法律规定属于集体所有的除外）；无线电频谱资源属于国家所有；等等。其二是该财产属于国家所有且不得转让。有些财产虽然属于国家所有，但可以转让。还有一些财产的所有权的部分权能如占有权、使用权可以转让，例如土地使用权等。这些财产在企业破产时仍然可能被认定为债务人财产，如出让土地使用权。第四项则是法律中的兜底条款，将其他依照法律、行政法规不属于债务人的财产均纳入其中。

《破产法解释二》第4条还对涉及债务人的共有财产的处理与归属作出规定："债务人对按

份享有所有权的共有财产的相关份额，或者共同享有所有权的共有财产的相应财产权利，以及依法分割共有财产所得部分，人民法院均应认定为债务人财产。人民法院宣告债务人破产清算，属于共有财产分割的法定事由。人民法院裁定债务人重整或者和解的，共有财产的分割应当依据物权法第九十九条的规定进行；基于重整或者和解的需要必须分割共有财产，管理人请求分割的，人民法院应予准许。因分割共有财产导致其他共有人损害产生的债务，其他共有人请求作为共益债务清偿的，人民法院应予支持。”

此外，其他法律对债务人财产范围有特别规定的，依该规定执行。如《农民专业合作社法》第 53 条规定：“农民专业合作社接受国家财政直接补助形成的财产，在解散、破产清算时，不得作为可分配剩余资产分配给成员，具体按照国务院财政部门有关规定执行。”

在各国有关执行的法律中，均对自然人债务人的哪些财产属于不受执行的财产作出明确规定。破产程序属于一般的执行程序，所以也受这些法律规定的限制。故一些国家的破产法也规定，自然人破产人财产中的相应部分不属于破产财产范围。这些财产在破产程序中被称为自由财产或自由财团，在破产程序启动后仍由破产人自由支配。

不受破产执行的财产，仅存在于自然人破产的案件中，目的是为破产人今后的生活提供基本保障。我国《民事诉讼法》第 243 条第 1 款规定：“被执行人未按执行通知履行法律文书确定的义务，人民法院有权扣留、提取被执行人应当履行义务部分的收入。但应当保留被执行人及其所扶养家属的生活必需费用”。该法第 244 条第 1 款规定：“被执行人未按执行通知履行法律文书确定的义务，人民法院有权查封、扣押、冻结、拍卖、变卖被执行人应当履行义务部分的财产。但应当保留被执行人及其所扶养家属的生活必需品”。

对自由财产的具体范围，各国家和地区立法的规定存在一定的差异。《美国破产法》对自由财产的范围规定得十分详细，具体列明了不受执行的财产的种类及价值上限，如不超过 15 000 美元的房产，不超过 2 400 美元的汽车，以及其他家庭日常用品，具有精神价值或对家庭具有特殊纪念意义的物品，如结婚戒指、家庭照片以及家庭养的猫、狗等宠物，都在保留之列。我国台湾地区“破产法”第 82 条第 2 款规定：“专属于破产人本身之权利及禁止扣押之财产，不属于破产财团。”所谓专属于破产人本身之权利，包括：因不法侵害身体、健康、名誉或自由之损害赔偿请求权，终身定期金之权利，受扶养之权利等。所谓禁止扣押之财产，包括：破产人及其家属所必需之衣服、寝具、职业上或教育上所必需之器具物品、遗像、牌位、墓碑及其他祭祀礼拜所用物品等。因为我国破产法目前不适用于自然人，所以对自由财产问题尚无规定。

第二节　破产撤销权

一、破产撤销权之概念与立法模式

破产撤销权是各国破产法中均作出了规定的重要制度。在我国的旧破产法中，对撤销权制度的规定不够明确、完善，导致实践中破产欺诈逃债、偏袒性清偿行为泛滥，严重侵害债权人利益，损害破产企业职工利益，破坏经济秩序，已引起债权人及社会各界的强烈不满，并引发社会信用危机。对债务人来说，“破产已不是威胁，而是一种诱惑”[①]。如不坚决制止破产欺诈行为，破产法的实施将会陷入可悲的误区。为此，《企业破产法》借鉴各国破产立法之经验，结合我国具体国情与司法实践，建立起较为健全的撤销权制度。

1. 破产撤销权的概念与意义

破产撤销权（以下简称撤销权，与民法撤销权对称使用时称破产撤销权），指债务人财产的管理人对于债务人在破产申请受理前的法定期间内进行的欺诈债权人或损害对全体债权人公平清偿的行为，有申请法院予以撤销并追回财产的权利。

在各国（地区）破产立法中，撤销权之称谓略有不同。我国台湾地区“破产法”称之为撤销权，日本破产法称之为否认权，在英美法系的一些国家，称之为可撤销交易制度。

撤销权的设立，是为了防止债务人在丧失清偿能力的情况下，通过无偿转让、非正常交易或者偏袒性清偿债务等方法损害全体或多数债权人的利益，破坏破产法的公平清偿原则。通常，只有债务人在破产程序启动时所有的财产才受破产法之约束，才属于债务人财产即破产财产。在破产程序启动前债务人已经转让的财产不属于破产财产，否则可能会影响交易安全与经济秩序。但一些债务人陷于破产境地后，由于其对破产财产已经丧失实际利益（财产将全部用于对债权人清偿），出于种种不良利益动机易发生道德风险，因而其往往会在破产案件受理前竭力转移财产、逃避债务，或对个别债权人进行偏袒性清偿。一些债权人也利用各种不正当手段争夺清偿，从而造成经济秩序混乱，使破产法公平清偿之目的无法实现。由于破产程序启动后，管理人即接手债务人的财产与管理事务，债务的个别清偿均被中止，所以上述违法行为集中发生在破产案件受理前夕、债务人仍控制其财产的一段期间内。要实现破产法保障公平清偿的宗旨，就必须制定相应的行为规则，迫使债务人诚信地承担债务责任，并对债务人在此期间进行的不当财产处分行为采取必要的法律措施加以纠正，恢复、保全债务人的责任财产，实现破产财产在全体债权人之间的公平、有序分配，这便是设置撤销权的目的。

公平是人类恒久的追求。法律以实现公平为己任，而破产法尤需体现公平原则。撤销权作为体现破产法公平原则的一项关键制度，在保障破产法宗旨实现、维护诚实信用原则、纠正债务人损害债权人利益的行为等方面具有不可替代的作用，为各国破产立法所重视。如英国即将“制定撤销不公平的损害债权人整体利益的转移与交易的规则”视为破产法最重要的目标。[②]美国著名的破产法权威——麦克拉兰（Maclachlan）教授认为，可撤销交易制度是破产法对商法最重要的贡献，这不仅仅是因为该制度促进了破产法的平等分配原则的实现，而且它减少了对债权人从智力竞争中得益的刺激，促进了合理的商业活动。[③]

2. 撤销权的立法模式

各国立法中的民事撤销权，分为对意思表示不真实等法律行为的一般撤销权（如我国《合同法》第 54 条的规定）和债权人的特别撤销权（如我国《合同法》第 74 条的规定）。债权人撤销权又可分为破产法上的撤销权和破产法外的撤销权即民法上的撤销权，分别规定在破产法

① 世界银行东亚太平洋地区私营部门发展局：《中国国有企业的破产研究：改革破产制度的必要性和途径》，1 页，北京，中国财政经济出版社，2001。

② 参见沈达明等：《比较破产法初论》，129 页，北京，对外贸易教育出版社，1993。

③ 参见石静遐：《跨国破产的法律问题研究》，268 页，武汉，武汉大学出版社，1999。

与民法典或其他相关单行立法中。如《法国商法典》在第442条以下的条款中规定了破产撤销权，其民法撤销权则规定在《法国民法典》"契约对第三人的效果"标题之下的第1167条中。德国、日本等国之立法也是如此。

债权人撤销权最初源于罗马法的"废罢诉权"制度，是"债权人对于债务人所为有害债权之行为，得请求撤销的权利也"①，并未规定在破产程序中适用。查士丁尼《法学总论》第六篇"诉权"规定："债务人为了欺骗债权人，将其所有物交付他人，而其物业经总督命令由债权人占有者，债权人得主张撤销交付，并诉请恢复该物，这就是说，可主张该物未曾交付，从而它仍属于债务人财产的一部分。"② 这一制度发展延伸后形成破产撤销权。

各国破产法对撤销权有两种立法模式：其一为列举主义，即将可撤销之行为逐一列举规定，法官据此判定，无自由裁量权。其二为列举加概括主义，即除列举规定可撤销行为外，还对其性质加以抽象地概括规定，法官可根据概括规定享有一定的自由裁量权。如《德国支付不能法》第129条规定："对于在支付不能程序开始之前实施的，并且使支付不能债权人受到不利益的法律行为，支付不能管理人可以依第130条至第146条撤销。"随后又在相应条款中列举规定了常见的典型违法行为。前一种立法模式有利于统一执法，但难免挂一漏万，在执法时会显得较僵化，难以充分适应调整不断变化的社会生活之需要。后一种立法模式较为灵活，但对法官的素质要求较高，否则可能会放任对撤销权滥用的情况，反而会影响交易安全。

我国新、旧破产法对撤销权的规定均采取单一的列举主义。本书认为，我国司法实践中破产欺诈行为较为严重，形式多样，且时时花样翻新，破产立法应采取列举加概括的模式，以加强对不法行为的打击力度，否则，可能会使一些新型破产欺诈行为因立法无规定或者规定不明而逃脱法律制裁。

二、破产撤销权与破产无效行为制度

破产无效行为制度，是规定债务人在破产案件受理前的法定期间内进行的损害债权人共同利益或破坏公平清偿的行为无效的制度。基于破产无效行为转让的财产或者权利，应收归破产财产，供全体债权人公平分配。破产无效行为制度与撤销权制度均是纠正债务人在濒临破产期间所为损害债权人利益、破坏公平清偿行为的制度，具有共通之作用。之所以在不同国家中出现对债务人相同危害行为进行不同法律调整的制度，是因为各国在此问题上奉行不同的破产立法主义。

对于破产程序启动（如破产宣告）之效力有无溯及力，在各国破产法理论上存在溯及主义与不溯及主义两种立法主义。溯及主义认为，破产宣告之效力溯及破产人在破产宣告前已发生破产原因时所为之行为。此种立法主义以英国破产法为代表，为一些英美法系国家的破产立法所采用。不溯及主义则认为，破产宣告裁定自作出时生效，只及于破产人在破产宣告后所为的行为，不溯及其在此前所为行为，即使其当时已经发生破产原因。在以案件受理为破产程序起点的立法模式下，破产程序之效力则从受理案件裁定作出时发生。此种立法主义以德国破产法

---

① 史尚宽：《债法总论》，456页，台北，荣泰印书馆，1986。

② ［古罗马］查士丁尼：《法学总论》，张企泰译，207页，北京，商务印书馆，1989。

为代表，为多数大陆法系国家的破产立法所采用。

遵循不同的立法主义便产生了对破产人在破产宣告前的临界期间内所为有害债权人利益行为的两种不同的实体法调整制度，即破产无效行为制度与撤销权制度。我国台湾地区学者耿云卿指出："凡破产宣告之效力，溯及于债务人有破产原因之时发生者，曰溯及主义，此可使债权人受较厚之保护，防止债务人于破产宣告前恶意处分财产，英国破产法采之。若破产宣告之效力自破产宣告时发生，而不溯及以前者，曰不溯及主义，此制对债务人有利，德国破产法采之。不溯及主义，易予债务人脱产或私肥少数债权人之机会，有害债权人公平受偿之精神，故各国多赋予破产管理人以撤销权和否认权，以资救济。"①

虽然破产无效行为制度与撤销权制度都是为了保护债权人的整体利益，纠正破产程序开始前的债务人加害行为，具有相同的功能，但作为不同法律属性下的实体制度，二者在权利的性质与效力、行使权利的主体与方式等方面存在一定区别。

1. 产生的法学理论基础不同。如前所述，破产无效行为制度源于破产法上破产程序启动效力的溯及主义，撤销权制度则源自不溯及主义。

2. 权利人对行为性质的影响不同。依一般之法理，在破产无效行为制度下，债务人的违法行为随破产程序的启动而依法律规定自动成为无效行为，不因权利人的承认等意思表示、时效的超过或无效原因消灭等而变为有效，其强调的是国家对违法行为的主动干预与制裁。而在撤销权制度中，在强调国家对清偿秩序保护的同时，更突出对当事人自由意志的尊重。通常撤销权人对是否行使撤销权享有判断选择权，不管出于何种原因，在其不行使撤销权时，国家不得主动干预撤销，那些本可撤销的行为将按照撤销权人的意思继续维持其有效存在。

3. 权利行使的主体不同。根据民法对无效行为的处理原则，对绝对无效的法律行为，任何人均可主张其无效；对相对无效的法律行为，虽然仅当事人中享有相应权利者可以提出行为无效的主张，但法院仍可在无人申请的情况下主动进行审查，并宣布行为无效。而对可撤销行为则只有享有撤销权者可以提出撤销主张，其他人无权提出撤销请求，法院也无权在无申请的情况下主动撤销该行为。需要注意的是，破产撤销权的行使主体与民法撤销权的有所不同。民法撤销权由债权人即直接利害关系人行使，而对于破产撤销权，各国通常规定由破产管理人代表债权人行使。由于破产管理人并非直接利害关系人，而是依法行使包括撤销权在内的破产事务管理职权，实质上是为债权人的利益工作的，所以对其而言，及时依法行使撤销权就不仅是一项权利，而且也是一项义务，并在违背义务时要承担相应的法律责任。《破产法解释二》第9条规定："管理人依据企业破产法第三十一条和第三十二条的规定提起诉讼，请求撤销涉及债务人财产的相关行为并由相对人返还债务人财产的，人民法院应予支持。管理人因过错未依法行使撤销权导致债务人财产不当减损，债权人提起诉讼主张管理人对其损失承担相应赔偿责任的，人民法院应予支持。"

4. 涉及的行为范围有所不同。破产撤销权指向的行为范围比较宽泛，只要行为有害于债权人整体利益，均可以被撤销。按照学界的一般认识，其可以是法律行为，也可以是事实行为；可以是私法行为，也可以是公法行为（如执行行为、诉讼行为等）。而采取破产无效行为

① 耿云卿：《破产法释义》，15页，台北，五南图书出版公司，1993。

制度的立法一般将无效行为限定为法律行为，范围比较狭窄。[①]

5. 权利除斥期间或时效期间不同。各国破产立法对撤销权的行使均规定有除斥期间或时效期间。如《日本破产法》第 85 条规定："否认权自破产宣告日起 2 年间不行使时，因时效而消灭。自行为之日起经过 20 年时，亦同。"[②]《德国支付不能法》原第 146 条"撤销权的消灭时效"规定："撤销权请求权自支付不能程序开始时起经二年时效消灭。即使撤销权请求权已因时效而消灭，对于因可撤销的行为而产生的给付义务，支付不能管理人仍可以拒绝履行。"[③]我国《企业破产法》规定，破产撤销权的行使时效为破产程序终结后 2 年。而对破产无效行为的追究原则上不存在除斥期间或消灭时效，无论该行为何时被发现均可认定为无效。

各国根据本国国情在破产立法中分别采纳破产无效行为制度或撤销权制度。

我国在旧破产法中对此项制度未冠以明确名称，所以学者对此项制度的称谓也不一致：有称之为破产无效行为者，有称之为撤销权者，有称之为否认权者，还有称之为追回权者，但以称撤销权者居主流。对此制度称谓混乱的原因，一方面是各国立法有不同模式，存在学理上的不同观点；另一方面，则主要是由于旧破产法对其法律性质的规定混乱不清，使其性质难以界定。旧破产法第 35 条在文字上规定违法行为"无效"，但在行为内容上却将绝对无效行为与可撤销行为混杂规定在一起，并采取撤销权的处理模式解决问题。如对无效行为本不应存在除斥期间，但旧破产法规定，在破产程序终结满 1 年后就不得再追回被非法转让的财产，包括隐匿、私分的财产；对无效行为，人民法院发现时可以主动认定其无效，而旧破产法却规定只有特定的主体——清算组才能行使权利，不允许他人主张行为无效，也不允许人民法院主动认定行为无效；旧破产法仅规定"清算组有权向人民法院请求追回财产"，而未如《民法通则》那样规定无效行为相对人的主动返还义务；等等。本书认为，即使在旧破产法中，该项制度的实质也应被认定为撤销权制度，只有撤销权之称谓才能准确反映出其权利本质。

对我国而言，撤销权制度更符合国情与立法传统，在与其他制度的衔接上也更为顺畅，所以在《企业破产法》中明确采用了撤销权制度，并对若干民事无效行为作出强调性单独规定，从而最终结束了这一争论。

三、破产撤销权与民法撤销权之比较

我国的撤销权制度从立法角度可分为破产法上的撤销权和民法及合同法上的撤销权，彼此间既有联系又有区别。

民法上涉及可使民事行为归于无效结果的包括无效民事行为与可撤销民事行为两类制度。前者为《民法通则》第 58 条规定列举之无效行为：（1）无民事行为能力人实施的；（2）限制民事行为能力人依法不能独立实施的；（3）一方以欺诈、胁迫的手段或者乘人之危，使对方在违背真实意思的情况下所为的；（4）恶意串通，损害国家、集体或者第三人利益的；（5）违反

---

① 参见常鹏翱：《破产撤销权：破产法中的一个制度选择及其合理性探讨》，见中国法学网：http://www.iolaw.org.cn，"学者专栏"，2007-08-09。

② ［日］石川明：《日本破产法》，何勤华、周桂秋译，264 页，北京，中国法制出版社，2000。

③ 据笔者到德国考察时德国专家介绍，该条法律已作修改，撤销权的消灭时效已经改为自破产程序开始后、债务人的违法行为被发现后 3 年，以求更好地保护债权人的利益。

法律或者社会公共利益的；(6) 以合法形式掩盖非法目的的。后者为其第 59 条规定之可撤销的民事行为：(1) 行为人对行为内容有重大误解的；(2) 显失公平的。需要注意的是，《民法通则》将以欺诈、胁迫的手段或者乘人之危，使对方在违背真实意思的情况下所为的行为均纳入了无效行为的范围。这样规定有不妥之处，不仅可能使当事人的意思自治受到影响，而且由于其行为无效的原因更多地受当事人主观因素的影响，当事人以外的其他人包括法院往往难以独立举证证明并主动干预，实践中仍然需要行为对方当事人的积极行为方可认定，所以与撤销权的行使方式和效果实质上并无差异。此外，将其列为无效行为对交易安全也可能带来不确定因素，存在一定的消极影响，故除特殊情况外，不宜作此种规定。在《民法通则》中未规定债权人撤销权。

《民法总则》中对一般可撤销的民事行为作出了更为详尽、严谨的规定。其第 147 条规定："基于重大误解实施的民事法律行为，行为人有权请求人民法院或者仲裁机构予以撤销。"第 148 条规定："一方以欺诈手段，使对方在违背真实意思的情况下实施的民事法律行为，受欺诈方有权请求人民法院或者仲裁机构予以撤销。"第 149 条规定："第三人实施欺诈行为，使一方在违背真实意思的情况下实施的民事法律行为，对方知道或者应当知道该欺诈行为的，受欺诈方有权请求人民法院或者仲裁机构予以撤销。"第 150 条规定："一方或者第三人以胁迫手段，使对方在违背真实意思的情况下实施的民事法律行为，受胁迫方有权请求人民法院或者仲裁机构予以撤销。"第 151 规定："一方利用对方处于危困状态、缺乏判断能力等情形，致使民事法律行为成立时显失公平的，受损害方有权请求人民法院或者仲裁机构予以撤销。"《民法总则》中同样未规定债权人撤销权。

《合同法》中规定的撤销权有两种：第一种是依据《民法通则》在《合同法》中所作的相应规定，表现为因意思表示不真实而可变更、撤销的合同。《合同法》第 54 条规定："下列合同，当事人一方有权请求人民法院或者仲裁机构变更或者撤销：(一) 因重大误解订立的；(二) 在订立合同时显失公平的。一方以欺诈、胁迫的手段或者乘人之危，使对方在违背真实意思的情况下订立的合同，受损害方有权请求人民法院或者仲裁机构变更或者撤销。当事人请求变更的，人民法院或者仲裁机构不得撤销。"《合同法》第 52 条对《民法通则》将以欺诈、胁迫的手段或者乘人之危进行的行为纳入无效行为的做法进行了修改，规定只有在一方以欺诈、胁迫手段订立合同，损害国家利益时，才认定合同无效，其他情况则属于可撤销行为。

第二种是《合同法》第 74 条规定的债权人撤销权，这是对《民法通则》规定遗漏的补充。该条规定："因债务人放弃其到期债权或者无偿转让财产，对债权人造成损害的，债权人可以请求人民法院撤销债务人的行为。债务人以明显不合理的低价转让财产，对债权人造成损害，并且受让人知道该情形的，债权人也可以请求人民法院撤销债务人的行为。"这种撤销权与破产撤销权在法理基础上是相同的，不同的是，其以债务人处分财产的行为对个别债权人造成损害为适用条件，而破产撤销权是以债务人在被认定丧失清偿能力的法定期间处分财产行为损害全体债权人利益或损害公平清偿且破产案件为法院受理为适用条件。

我国的民法撤销权在破产程序中也具有适用的效力（不过通常是依民事诉讼程序行使），原则上并不因破产程序的启动而被排除适用，但在其与破产撤销权竞合时，应适用破产撤销权。破产撤销权是依据民法撤销权的原理、针对破产之特殊情况设置的，故其对民法撤销权在破产程序中的适用（如意思表示不真实行为的撤销）未作重复规定。两类撤销权之间存在密切的联系，也存在一定的区别。

其一，破产撤销权是专门针对债务人丧失清偿能力的特殊情况设置的，是破产立法无溯及主义的产物，目的在于纠正债务人在破产程序开始前法定期间内的不当财产处分行为，其适用对象范围同民法撤销权的有较大区别。破产法规定的一些可撤销行为，有些是在债务人具有正常的债务清偿能力时有权进行的、对自己民事权利的正常处分行为，如对原来没有财产担保的债务提供财产担保，对未到期的债权提前清偿等。但在债务人已经发生破产原因的法定期间内，由于违反破产法的公平清偿原则，所以这些行为可被认定为诈欺行为或偏袒性清偿行为，应予以撤销。

其二，在可撤销行为的主观构成要件的要求上有所不同。《合同法》规定，债务人以明显不合理的低价转让财产，对债权人造成损害时，以受让人知道该情形为撤销的前提。而我国立法对破产撤销权未规定当事人包括相对人的主观构成要件。

其三，合同法规定的撤销权构成，依对个别债权人造成损害这一实质性要件认定，其行使是为维护个别债权人的利益，所以与个别债权人的债权有依附关系。为此，个别债权人要行使撤销权应当具备一定的要件，如债权发生在债务人可撤销行为之前、以财产给付为标的、因清偿责任财产减少而受到损失等。破产撤销权的构成，主要依在法定可撤销期间内进行了特定行为这一形式要件认定，其他要件在债务人破产的情况下通常已经无须再加以证明。破产程序强调的是集体公平清偿，破产撤销权要解决的是对损害全体债权人利益或妨碍对多数债权人公平清偿的行为的纠正，是对债权人集体的保护。从这一意义上讲，破产撤销权依附于集团债权，但与个别债权人的利益可能有所分离，在撤销个别债权人获得的偏袒性清偿时甚至存在对立性矛盾。

其四，民法撤销权的行使权利主体为一方当事人或债权人，而破产撤销权一般只能由管理人行使，仅在特殊情况下才可以由其他人行使。由于管理人并非撤销权的实际权利人或受益人，撤销权对管理人就不再是一种可以行使、也可以放弃的权利，而是必须履行的法定职权。

其五，撤销权的行使范围不同。民法撤销权的行使范围在债务人的处分行为为可分行为的情况下，应当与申请撤销之个别债权人的债权相当；而破产撤销权的行使范围原则上不受相关个别债权数额的限制。

其六，在诉讼时效或除斥期间方面也存在一定区别。《合同法》第 75 条规定，撤销权自债权人知道或者应当知道撤销事由之日起 1 年内行使。自债务人的行为发生之日起 5 年内没有行使撤销权的，该撤销权消灭。此项期间的性质属于消灭时效。而破产法的规定则不同。《企业破产法》第 123 条规定，在破产程序终结后 2 年内，债权人发现因债务人可撤销行为应予追回的财产，可以请求人民法院追回财产，进行追加分配。此项期间的性质则应属于除斥期间。

此外，在权利行使方式等方面，两类撤销权也存在一定区别。

为维护债权人的权益，在破产程序中还应注意对民法撤销权与破产撤销权的综合运用。早在旧破产法实施期间，最高人民法院在《关于哈尔滨百货采购供应站申请破产一案的复函》（1995 年 5 月 4 日，法函〔1995〕48 号）中就曾指出，债务人的逃债行为虽发生在人民法院受理破产案件前 6 个月以外，不能依据破产法行使撤销权，但破产申请受理后，管理人未依据《企业破产法》第 31 条的规定请求撤销债务人无偿转让财产、以明显不合理价格交易、放弃债权行为的，债权人依据《合同法》第 74 条等规定提起诉讼，请求撤销债务人上述行为并将因此追回的财产归入债务人财产的，人民法院应予受理。仍可依据《民法通则》的规定予以撤销。《企业破产法》实施后，《破产法解释二》第 13 条也明确规定："破产申请受理后，管理人未依据企业破产法第三十一条的规定请求撤销债务人无偿转让财产、以明显不合理价格交易、放弃债权行为的，债权人依据合同法第七十四条等规定提起诉讼，请求撤销债务人上述行为并将因此追回的财产归入债务人财产的，人民法院应予受理。相对人以债权人行使撤销权的范围超出债权人的债权抗辩的，人民法院不予支持。"

四、我国破产撤销权之构成要件

《企业破产法》第 31 条规定："人民法院受理破产申请前一年内，涉及债务人财产的下列行为，管理人有权请求人民法院予以撤销：（一）无偿转让财产的；（二）以明显不合理的价格进行交易的；（三）对没有财产担保的债务提供财产担保的；（四）对未到期的债务提前清偿的；（五）放弃债权的。"第 32 条规定："人民法院受理破产申请前六个月内，债务人有本法第二条第一款规定的情形，仍对个别债权人进行清偿的，管理人有权请求人民法院予以撤销。但是，个别清偿使债务人财产受益的除外。"

债务人的可撤销行为通常是在其已经发生破产原因（或因该行为而引发破产原因）的情况下进行的，有侵害债权人利益的客观后果，并可推定具有欺诈或偏袒性清偿的不公平性质。撤销权构成的法理依据，关键是债务人的行为在客观上造成债权人所获清偿减少的结果，或是导致出现清偿不公的现象，具有道德风险的因素。债务人在破产案件受理前的财产减少，还可能是由于法律规定可撤销行为之外的经营失误、管理不善、交易损失等其他正常市场风险，此时债权人利益虽也可能受损，但对之没有撤销权利。

（一）撤销权构成的客观要件

1. 债务人有损害债权人利益的行为且继续有效存在

破产法中规定的可撤销行为均是以财产或财产性权利为标的的，不具有财产性内容的行为不属于破产法规定的撤销行为。因为在破产程序中，只有财产或财产性权利才对债权人的清偿利益具有实际意义，才有必要通过撤销权加以维护。对债务人不涉及财产性内容的违法行为的撤销，可按照其他相关法律进行。

撤销权设置的目的是纠正债务人不当处分财产的行为，恢复其责任财产，防止债权人的利益受到非法损害。所以，单纯从理论上讲，撤销权构成的前提应是存在或可以推定存在因债务人的可撤销行为使债权人受偿利益受到损害的客观事实。如果在债务人进行某一行为时，企业经营与债务清偿能力状况正常，并无破产之虞，其行为未损害债权人利益，那么即使以后发生亏损导致破产，对该行为也不得撤销。

债务人行为对债权人利益的损害可以从两个方面评价：其一为财产标准，即该违法行为使债务人作为履行债务担保的一般责任财产减少，导致债务人丧失清偿能力而破产，或者使债权人在此后开始的破产程序中可以得到的清偿减少。其二为债权人地位标准，即该违法行为使个别债权人得到偏袒性清偿，使其获得本不应有的较该行为发生前更为有利的受偿地位，破坏对全体债权人的公平清偿。如《美国破产法》规定，如果债务人对某一债权人或为某一债权人的利益进行转移，转移的结果使该债权人取得多于他在第 7 章程序中可能得到的分配额，即转移改善了其受偿地位，此即构成一种无效的优惠转移，可以被申请撤销。①

需注意的是，在认定债务人行为具有危害性时，该行为应是有效行为，且其危害性于撤销权行使时仍然存在。若该行为未成立、为无效行为或嗣后失去效力，均无行使撤销权之必要。如果某一行为在成立时对债权人有害，但在行使撤销权时其危害性已经消失，则行使撤销权也无任何意义。② 如债务人曾经低价出售财产，本可撤销，但现时其已出售之财产的市价较之债务人原出售的价格更低，行为的危害性已经不复存在，则不应再行使撤销权。但是，对当时低价处分财产的责任人，可以追究其相应的赔偿责任。

此外，我国台湾地区学者史尚宽认为，保证人进行可撤销行为，保证债权人可以对其行使撤销权，但如保证人主张且证明其主债务人有充分的清偿能力，即使保证人丧失清偿能力，债权人也不得对之行使撤销权。③

2. 行为发生在破产程序开始前的法定可撤销期间内

立法如采用上述以存在债权人利益受到损害的客观事实作为判断撤销权是否成立的实质判断原则，则较为公平，也有利于保障正常的经济秩序、维护民事关系的稳定，但由于存在债权人举证困难、责任原因不易划分等问题，在实践中很难实行。例如，美国旧破产法曾经规定，托管人（即管理人）必须证明可撤销行为是在债务人已丧失清偿能力的情况下发生的，但在司法实践中发现这是很难做到的。美国国会在修改破产法的一项报告中说，在每一个破产案件中，在涉及优惠性清偿时，失去清偿能力几乎总是存在的，但又几乎总是无法确切证明的。所以美国新破产法规定，在破产申请提出后的法定期间内，债务人被假设为已丧失清偿能力。如果任何债权人想要保住被指责为“优惠性”的清偿，必须反驳倒这项假设。④ 为使人民法院及管理人等对债务人的行为是否给债权人利益造成损害、应否撤销有一个易于举证和判断的标准，我国破产法采用程序判断原则，即设置在破产程序开始前的法定撤销期即嫌疑期制度，以在立法规定的特定期间内进行的相应行为为撤销权行使对象，原则上不再对该行为实施时债务人是否发生破产原因、是否实际损害债权人的利益作实质判断，只是在《企业破产法》第 32 条中特别规定，个别清偿使债务人财产受益的除外，形式上具有实质判断原则的性质。破产法的上述规定，一方面可以解决举证责任等问题，有利于维护债权人利益，另一方面，对违法行为的构成期间加以确定，也有利于维护交易安全，保障市场经济秩序的稳定。

各国破产法对嫌疑期的规定存在两种立法模式。其一是单一主义，即对各类可撤销行为规定一个统一撤销期间，如我国旧破产法。其二是区分主义，即根据各种可撤销行为社会危害性的轻重不同，设置长短不同的撤销期间，如德国、美国等大多数国家的立法。

对各种可撤销行为嫌疑期的长短，不同国家和地区立法也规定不一。《美国破产法》规定，与一般人进行的某些可撤销行为，可追溯撤销的期间为破产申请前 90 天内；若该行为是与债务人的内部人或亲属等进行的，可追溯撤销的期间则为自破产申请之日起 1 年。《德国支付不能法》第 134 条规定，对债务人的无偿给付行为可撤销的期间为申请开始支付不能程序之日起

---

① 参见石静遐：《跨国破产的法律问题研究》，270 页，武汉，武汉大学出版社，1999。

② 参见史尚宽：《债法总论》，465～469 页，台北，荣泰印书馆，1986。

③ 参见史尚宽：《债法总论》，472 页，台北，荣泰印书馆，1986。

④ 参见潘琪：《美国破产法》，157 页，北京，法律出版社，1999。

前 4 年；其第 135 条规定，对替代资本的贷款，即为合伙人或股东享有的、以返还替代资本的借贷为内容的债权提供担保的，或为具有同等地位的债权提供担保的，可撤销的期间为申请开始支付不能程序之前的最后 10 年内；若为上述债权提供清偿的，则可撤销的期间为破产申请前 1 年内。日本破产法将撤销权称为否认权，并将否认分为故意否认、危机否认与无偿否认。故意否认即对破产者明知有害于债权人而实施行为的否认，不问其行为的时间如何均可撤销；危机否认则限定在破产人停止支付或破产申请后或在此之前 30 日内；无偿否认则是指在破产的危机发生后或之前 6 个月内作出的无偿行为或等同于无偿行为的否认。① 我国台湾地区“破产法”规定可撤销期间为破产程序开始前 6 个月。

我国旧的《企业破产法（试行）》规定的可撤销期间为破产案件受理前 6 个月到破产宣告之日，期限设置过短，且未考虑行为的危害性质轻重区分规定期间，不利于对债权人利益的保护。所以，《企业破产法》将可撤销期间适当延长，并根据可撤销行为的不同社会危害性，规定了自人民法院受理破产申请时起 1 年或 6 个月不同的可撤销期间。如对无偿转让财产的，以明显不合理的价格进行交易的，对原来没有财产担保的债务提供财产担保的，对未到期的债务提前清偿的，放弃债权的行为，撤销期间从原规定的受理破产案件前 6 个月延长至人民法院受理破产申请前 1 年内。② 对债务人已知其不能清偿到期债务，仍对个别债权人进行清偿，损害其他债权人利益的行为，管理人请求人民法院予以撤销的期间，为人民法院受理破产申请前 6 个月内。③

从理论上讲，破产申请受理后，管理人接管债务人财产，债务人便无法再进行各种可撤销行为了。但如因种种原因，立法规定的债务人可撤销行为如发生在破产申请受理后，其性质则发生变化，因此时债务人已无财产处分权利，所以其进行的违法行为不再是可撤销行为，而应属于无效行为。

3. 撤销权在法定期间内行使

通常，破产撤销权在破产程序启动后方可构成并可行使。也就是说，破产撤销权行使的起算点是破产程序启动之时。但是，在法律明文规定的情况下，起算点可以提前，以适应实践中特殊情况的需要，以公正地维护债权人的权益。《破产法解释二》第 10 条规定：“债务人经过行政清理程序转入破产程序的，企业破产法第三十一条和第三十二条规定的可撤销行为的起算点，为行政监管机构作出撤销决定之日。债务人经过强制清算程序转入破产程序的，企业破产法第三十一条和第三十二条规定的可撤销行为的起算点，为人民法院裁定受理强制清算申请之日。”这是因为，对于证券公司等金融企业的破产，往往需要先行经过行政监管机构的行政清理程序，然后再转入破产程序。这时，前期行政清理程序的进行占用了较长时间，就可能使破产程序启动时那些可撤销行为超过了撤销权行使的追诉期间，从而使债权人的利益受到损害，所以司法解释将可撤销行为的起算点，确定为行政监管机构作出撤销决定之日。债务人经过强制清算程序转入破产程序的情况与之相似，所以也被纳入调整可撤销行为的起算点的范围，即以人民法院裁定受理强制清算申请之日为起算点。

---

① 参见［日］石川明：《日本破产法》，何勤华、周桂秋译，173 页，北京，中国法制出版社，2000。

② 参见《企业破产法》第 31 条。

③ 参见《企业破产法》第 32 条。

各国破产法均规定了撤销权的消灭时效或除斥期间。破产撤销权只有在破产程序开始后方可行使，但是否在整个破产程序中均可行使，各国对此的规定不同。《日本破产法》第85条规定，否认权自破产宣告日起2年间不行使时，因时效而消灭。自行为日起经过20年时，亦同。据此，当破产程序的延续时间超过否认权时效时，即使在破产程序中，该权利也不能再行使。《德国支付不能法》原第146条规定，撤销权自破产程序开始起，2年不行使的，时效消灭。但考虑到一些大型、复杂的破产案件的审理时间可能会超过2年，而管理人及债权人未必能够在破产程序开始后及时发现债务人的违法行为，并加以撤销，将撤销权的时效规定为自破产程序开始起2年则显得过短，可能会影响撤销权的正常行使。因此德国于2004年年底对此规定作了修改，撤销权消灭时效为自破产程序启动后、债务人行为被发现时开始起3年。规定撤销权行使期间之目的，是使涉及债务人的交易关系不致因对少数债权人利益之保护而过长地处于不稳定状况，从而维护交易安全，保障社会经济关系的稳定。

我国破产欺诈逃债现象较为严重，必须予以严厉打击，若时效期间过短，则不利于保护债权人利益。所以，《企业破产法》对撤销权在破产程序中的行使没有任何时间限制，破产申请受理、管理人就任后即可以行使撤销权。同时，《企业破产法》第123条规定，在破产程序终结后2年内，债权人可以请求人民法院行使撤销权，追回财产，进行追加分配。据此，本书认为，在破产程序进行过程中，均应视为撤销权之诉讼时效中断期间。重新起算债权人行使破产撤销权权利期间的时间，应依《企业破产法》之规定，以破产程序终结为起点，只不过重新起算的期间不再是诉讼时效，而是除斥期间。

需注意的是，在旧破产法中，撤销权的行使期间与其行使主体——清算组的成立时间不相协调。我国以案件受理为破产程序开始，这时撤销权即告产生，但清算组却在破产宣告后才成立，在此前无人能行使已经产生的撤销权，这显然是不利于保护债权人权益的。撤销权行使得越早，越有利于挽回损失，如果破产案件虽已受理但只能等到破产宣告后才可以行使撤销权，恐怕有些财产损失已经无法挽回了。尤其是依旧破产法规定，破产案件受理后，债务人还可能会在经过长达2年的和解、整顿后才被宣告破产，撤销权才可能行使；而在和解、整顿成功时，则因债务人未经破产宣告，不存在清算组，根本无法行使撤销权。新《企业破产法》对此立法疏漏作了纠正，将管理人的选任时间规定为破产案件受理的同时，并规定了撤销权在各类破产程序包括重整与和解程序中均可以行使。

（二）撤销权构成的主观要件

撤销权的主观构成要件，是指债务人（破产人）、交易相对人以及转得人在进行行为时具有的主观意思对撤销权的构成有无影响。撤销权的行使涉及对善意第三人利益的适当维护。在古罗马时，立法曾将可撤销行为分为有偿行为与无偿行为，对无偿行为的撤销不必考虑主观因素，对有偿行为则以债务人主观上具有恶意和受益人明知欺诈事实存在为撤销权的构成要件。但在14世纪以后，意大利沿海城市的立法中开始出现完全不考虑债务人主观要件的撤销权。目前，对可撤销行为的构成要件是否应当包含当事人主观上的恶意，各国立法规定不一，而且各国立法对破产撤销权和民法撤销权的主观要件规定也可能有所不同。

（1）有的国家立法规定，破产撤销权的成立是无须主观要件的，债务人与交易相对人或转得人在行为时主观上为善意或恶意，不影响撤销权的构成与行使。美国破产法上的优惠无效制度（即撤销权制度——笔者注）具有一个重要特点，即债务人和有关被优惠的债权人的意识状态是无关紧要的。法律并不要求以恶意的动机和不合适的商业行为的存在作为优惠无效的理由。[①] 对善意的受让人也可以追回财产，但该受让人在其付出的价值范围内，对被转让的财产享有担保权益，即有优先受偿权。据此，善意受让人虽不能得到原有的优惠，但也不至于因此而受到损失。

（2）有的国家立法规定，债务人尤其是交易相对人和转得人的主观意思是否为恶意，对撤销权的构成具有一定影响，如德国、英国等。这些国家的立法将可撤销行为分为无偿转让财产行为和有偿转让财产行为，分别确定可撤销行为的构成与当事人主观意思间的关系。

对于无偿转让财产行为，只要客观上损害了债权人利益即可撤销，无须再证明当事人的主观恶意。因为在债务人丧失清偿能力的情况下，任何无偿转让财产行为必将有害于债权人利益，该行为本身已足以证明债务人存在恶意。对无偿取得财产的交易相对人或转得人而言，即使他是善意的，因其未对取得的财产支付对价，也应当返还财产。日本破产法即规定，当转得人无偿取得转让或相当于无偿转让时，不论其是否具有主观上的恶意，只要其前手有被否认的原因时，即得对之行使否认权。[②]

对一些有偿行为可撤销性的认定，则以交易相对人尤其是转得人存在主观恶意为必要条件。这是为了保护善意第三人的利益，维护市场交易的安全与秩序。所谓恶意第三人，指明知或应知财产转让非法的交易相对人和转得人，转手次数多少则不论。对以正常价格有偿取得财产的善意第三人尤其是转得人，原则上不能追回财产，因其既无侵害债权人利益之故意，在交易中也无不当得利，这时，受害人只能向违法行为的责任人追究赔偿责任。如日本破产法规定，若转得人系有偿取得，则在当他知道其前手有被撤销的原因时，才能对之行使撤销权。[③]《德国支付不能法》第 145 条规定，在权利取得人明知其前权利人的取得行为有可以撤销的事由，或取得物为无偿方式时，可以对之主张行使撤销权。

对转得人而言，通常，只要第一取得人即交易相对人为善意，即使此后的转得人为恶意，亦不能行使撤销权。只有第一取得人为恶意，转得人亦为恶意时，才能对转得人行使撤销权。如果转得人前后有数人时，须数个转得人全部为恶意，若其中一人为善意，其后的转得人纵为恶意，亦不能对之行使撤销权。数人共同为转得人时，转得物为可分物的，仅能对恶意转得人行使撤销权。其数人为共有时，唯对恶意的共有人就其应有部分行使撤销权。[④]

在如何确定债务人民事行为的主观恶意上，存在观念主义和意思主义两种学说。前者认为，恶意是指债务人对其行为可能造成履行无资力，从而有害于债权的后果具有一定的认识，不必要有诈害的意思；后者认为，债务人不仅要对损害后果有一定的认识，而且主观上要有诈害他人的意思。[⑤] 对破产撤销权而言，如果需要以主观恶意作为其构成要件，则采纳观念主义的学说更为适宜。

从理论上讲，除无偿行为外，对转得人的善意行为原则上不应产生撤销权。但由于代表债

---

① 参见石静遐：《跨国破产的法律问题研究》，272、273 页，武汉，武汉大学出版社，1999。

②③ 参见［日］石川明：《日本破产法》，何勤华、周桂秋译，191 页，北京，中国法制出版社，2000。

④ 参见史尚宽：《债法总论》，474～475 页，台北，荣泰印书馆，1986。

⑤ 参见王利明：《撤销权的若干问题探讨》，载《民商法研究》（修订本），第 3 辑，651～652 页，北京，法律出版社，2001。

权人行使撤销权的管理人对其主观心理状态是难以举证证明的，所以行使破产撤销权只要求管理人证明转得人客观上进行了有害债权人的行为，就可以推定其主观上具有损害债权人的恶意。但转得人可以提供反证，证明其主观上的善意以及行为的合理性。

（3）我国破产法对撤销权采取形式判断原则，故对破产撤销权的构成未规定主观要件要求，但《合同法》对撤销权的规定则涉及一定主观要件之内容。[①] 是否可对善意第三人行使撤销权，体现出立法在保护债权人利益和保护善意第三人利益之间的价值选择倾向。由于我国目前破产欺诈行为较为严重，需强化对债权人利益的保护，所以，在《企业破产法》中未要求撤销权以当事人包括转得人交易时存在主观恶意为构成条件，对善意受让的转得人也可以追回财产。但对转得人的正当权益，法律也应予以适当保护。本书认为，可以借鉴美国的做法，允许转得人将所付出的对价作为共益债务享有优先受偿权。此外，对一些特殊情况下可撤销行为的构成，也可以将主观要件列入考虑范围内，并采取由第三人提出反证的方式解决举证责任问题。

五、撤销权的当事人

（一）撤销权的行使主体

1. 破产程序中撤销权的行使主体

撤销权是为债权人之利益设立的，所以撤销权的权利主体即实质主体是债权人。但各国立法通常规定，在破产程序中，撤销权的行使主体为管理人，故破产撤销权的权利主体与行使主体存在分离的现象。管理人之所以可以行使撤销权，不是基于其自身享有此项民事权利，而是基于法律规定的职权。在破产程序中，管理人依法接管债务人财产，并为全体债权人的共同利益进行管理工作，包括破产清算分配工作。撤销权设置之目的即在于增加可供债权人分配的破产财产，维护债权人之利益，此事项本属于管理人的职权范围，加之债权人群体是由不特定多数之可能存在利益冲突的个体组成的，所以应由管理人统一行使撤销权。

管理人对撤销权的行使是其一项独立的职权，不需经过债权人或债权人会议的同意或授权，对某一项行为是否予以撤销原则上完全应由其自行决定。有的人认为，破产撤销权是由债权人决定是否行使的，而且是由管理人代表债权人去行使权力。[②] 这一观点是不妥的，破产撤销权是不可能由债权人决定是否行使的。如果这里的债权人指个别的债权人，则是与破产法有关破产事务由债权人集体决定的基本原则相违背的，更何况在债权人之间对撤销权可能存在不同甚至对立的利益，所要撤销的行为可能就是对某一债权人的偏袒性清偿行为，由个别债权人决定是否行使撤销权，难免会因债权人利益冲突使管理人无所适从，所以这种主张也是不具有可操作性的。如果这里的债权人指债权人会议，那么在法律规定的债权人会议职权中就必须有决定是否行使撤销权这一重要内容，但这不仅在我国新、旧破产法中均无规定，而且也尚未见到其他国家的破产法中有此种规定。此外，如果管理人行使撤销权的行为都要经过债权人会议

① 《合同法》第74条规定："债务人以明显不合理的低价转让财产，对债权人造成损害，并且受让人知道该情形的，债权人也可以请求人民法院撤销债务人的行为。"

② 参见齐树洁主编：《破产法研究》，384页，厦门，厦门大学出版社，2004。

表决决定，不仅毫无效率，耗费时间，损失机会，使可能追回的财产也难以追回，还将大大增加债权人参与破产程序的成本，而且在第一次债权人会议召开之前，管理人将无法行使撤销权，这显然对维护债权人利益是不利的。所以，决定对一项行为应否行使撤销权，是管理人的法定职权。但是，在管理人确定某项行为属于应当行使撤销权的行为后，因为此项撤销权行使成功的可能性较小，而又存在相应的费用和时间成本，对债权人利益影响重大的情况，为避免使债权人利益受损害，也可以将其作为《企业破产法》第69条规定中的放弃权利事项报告债权人委员会，或提交债权人会议表决，决定是否愿意承担行使撤销权相应的风险。

撤销权由管理人行使，这是一项一般性原则。同时，有些国家的破产法规定，在某些特殊破产程序中或特殊情况下，撤销权的行使主体可以有所不同。如《德国支付不能法》第280条规定，在债务人对财产的“自行管理”程序中，由于未设立管理人，便由财产监督人行使撤销权。其第九编规定，在消费者支付不能程序中适用简易破产程序（简易破产程序不设管理人）的，撤销权由债权人行使，债权人会议可以委托个别债权人行使撤销权。《美国破产法》规定，在第11章下的重整程序中，不指定托管人即管理人的案件由经管债务人行使管理人的职权，所以，此时撤销权由经管债务人行使。其第12章适用于有固定收入的家庭农场主，虽其程序中均要指定管理人，但债务人可以同时作为经管债务人存在，同样被明确授予管理人的撤销权，既可以与管理人共同享有撤销权，也可以单独享有撤销权。如果债权人要求行使撤销权，但经管债务人因利益冲突而拒绝行使，美国第八巡回法院认为，单个债权人可以申请法院许可债权人自己实施撤销行为。[①]

我国破产法规定，撤销权应由管理人统一行使。《企业破产法》中未规定不设置管理人的简易破产程序，但是在重整程序中借鉴了美国的经管债务人制度，规定债务人可以在管理人的监督下自行管理财产和营业事务。与美国不同的是，我国在经管债务人制度下同样设置有管理人，主要负责监督事宜。在此种情况下，撤销权应由谁行使便需要进一步加以明确。本书认为，考虑到撤销权的行使可能与经管债务人的利益发生冲突，而我国目前债务人的破产欺诈行为较为严重、诚信不足，所以撤销权不宜由经管债务人自行行使，仍应由管理人统一行使。但是，管理人对撤销权的行使，要与经管债务人管理财产和营业事务的活动相互协调，当双方发生冲突时，应由人民法院决定。

2. 破产程序终结后的撤销权行使主体

管理人一般随破产程序的终结而解散，终止履行职务，但可撤销的违法行为有可能在破产程序终结后才被发现，这时撤销权的行使主体便只能另寻他人了。我国《企业破产法（试行）》第40条规定，可撤销违法行为在破产程序终结之日起1年内被查出的，由人民法院直接予以撤销，追回财产，对债权人追加分配。这一规定将管理人终止职务后的撤销权交由法院行使，虽很实用，但却不合法理。撤销权的称谓，就意味着它属于由当事人主动行使的权利，无当事人的申请，法院不得自行作出撤销某一法律行为的裁判。由法院直接代当事人行使撤销权显然是不妥的，与法院之中立裁判地位不相符。所以，《企业破产法》对此作出修改，规定破产程序终结后2年内，债权人可以请求人民法院对可行使撤销权的财产予以追回，进行分配。

---

① 参见［美］大卫·G. 爱泼斯坦等：《美国破产法》，韩长印等译，278、279页，北京，中国政法大学出版社，2003。

3. 在破产程序中债权人能否自行行使撤销权

在司法实践中，可能出现债权人要求管理人行使撤销权，但管理人拒绝行使的情况，此时债权人能否自行提起撤销权诉讼呢？对此，日本判例认为应该进行消极地解释（大审院 1929 年 10 月 23 日判决，载《民事判例》第 8 卷第 787 页；大审院 1937 年 7 月 9 日判决，载《民事判例集》第 16 卷第 1145 页），不允许债权人提起撤销权诉讼。其理由在于：（1）财团的管理权专属于管财者（即管理人）而不属于破产债权者；（2）否认权与债权人撤销权的目的是相同的，因此，既然承认了否认权，就不允许债权人再提起撤销诉讼。[①]

但在我国有关旧破产法的司法解释中曾对债权人行使撤销权问题作出规定。最高人民法院《关于人民法院在审理企业破产和改制案件中切实防止债务人逃废债务的紧急通知》（2001 年 8 月 10 日，法〔2001〕105 号）第 6 条规定：债务人有多个普通债权人的，债务人与其中一个债权人恶意串通，将其全部或者部分财产抵押给该债权人，因此丧失了履行其他债务的能力，损害了其他债权人的合法权益，受损害的其他债权人请求人民法院撤销该抵押行为的，人民法院应依法予以支持。根据此通知的内容，可以得出债权人在破产程序中可以行使撤销权的结论。

在我国的司法实践中，已经发生债权人在破产案件中自行行使撤销权的案例。据《人民法院报》报道[②]，四川省彭州市凤鸣电业公司于 2003 年 7 月 3 日被宣告破产，在同年 10 月 22 日召开的第一次债权人会议上，债权人彭州市通济农村信用合作社向法院提出请求称：债务人在普通债权人的绝大多数债务已到期而不能按期偿还的情况下，与个别债权人恶意串通，违背诚实信用原则，订立事后抵押合同，损害了其他众多债权人的利益，请求行使撤销权，以撤销凤鸣电业公司与农业银行彭州支行、建设银行彭州支行签订的抵押合同。法院经审查查明，通济农村信用合作社是享有撤销权的债权人，且撤销权并未消灭。凤鸣电业公司与农业银行彭州支行、建设银行彭州支行签订抵押合同时，凤鸣电业公司已处于资不抵债的状态，濒临破产，且两家银行对凤鸣电业公司有其他债权人和凤鸣电业公司已陷入支付危机的状态知悉，两家银行对于在凤鸣电业公司财产上设定抵押对其他债权人的影响显属明知，但仍订立事后抵押合同，损害了其他众多债权人的利益，构成恶意串通。法院认定恶意抵押成立，遂依法作出裁定，撤销了该案中凤鸣电业公司与农业银行彭州支行、建设银行彭州支行签订的抵押合同，并将该抵押合同的抵押财产列为破产财产予以清算清偿。

由于在案例的报道中未说明该事后抵押合同的订立是否在破产法规定的可撤销期间内，所以无法判断该撤销行为是否属于破产撤销权的行使范围。如果可以排除报道不明确的因素，本书分析，第一种可能，即从法院在破产程序中未依据破产法确认管理人的撤销权看，有可能是因无法认定该行为属于破产撤销权的行使对象（如超出可撤销期间），从而只能认定其属于合同法或担保法上的撤销权。所以，该案中撤销权的行使主体为债权人，其直接法律依据是担保法及其司法解释。[③] 第二种可能，即法院虽认定该行为属于破产撤销权的行使对象，但却依据

---

① 参见［日］石川明：《日本破产法》，何勤华、周桂秋译，197 页，北京，中国法制出版社，2000。

② 参见王鑫、米文勇：《恶意串通损害他人权益的抵押行为可申请撤销》，载《人民法院报》，2003－12－18。

③ 最高人民法院《关于适用〈中华人民共和国担保法〉若干问题的解释》第 69 条规定：债务人有多个普通债权人的，在清偿债务时，债务人与其中一个债权人恶意串通，将其全部或者部分财产抵押给该债权人，因此丧失了履行其他债务的能力，损害了其他债权人的合法权益，受损害的其他债权人可以请求人民法院撤销该抵押行为。

前述司法解释允许债权人自行行使撤销权。①

对第一种可能，前文已经谈到，民法撤销权在破产程序中仍可以行使。当其与破产撤销权不重合时，如适用的对象不同，或者发生在破产撤销权无法适用的情况下（如超出破产撤销追溯时效等），民法撤销权即可以独立适用。本书认为，这时如果管理人不提出撤销请求，债权人可以依据民法、合同法或担保法关于撤销权的规定向人民法院提出撤销请求，人民法院应当允许。但也有学者认为，在破产程序中，撤销权包括民法撤销权均应由管理人统一行使。我国台湾地区“破产法”第78条规定：“债务人在破产宣告前所为之无偿或有偿行为，有损害于债权人之权利，依民法规定得撤销者，破产管理人应声请法院撤销之。”美国破产法也不允许债权人在破产程序中自行行使其依据州法可以行使的撤销权②，即民法撤销权，而只能由管理人行使。由管理人统一行使各类撤销权的好处是可以与对债务人财产的统一管理和分配相协调，提高工作效率。但在我国，由于民法撤销权已经超出破产法的调整范围，此项撤销权的行使是否属于管理人的职权范围法律规定不明，管理人可能对此持消极态度。如在允许管理人行使撤销权的同时，也允许债权人自行行使民法撤销权会更有利于维护其权益。

若案例中发生的是后一种情况，则产生破产撤销权能否由债权人行使的问题。本书认为，破产撤销权的行使主体是管理人。当债权人向法院提出行使撤销权的请求时，法院应告知其请求管理人行使。如果管理人接到债权人请求后拒绝行使撤销权，或在一定期限内不予答复，债权人可以向人民法院提起强制管理人履行职责、行使撤销权的请求，由人民法院裁定解决。必要时，债权人方面还可以申请人民法院撤换管理人。有人主张，在此种情况下可允许债权人自行行使破产撤销权，以完善对债权人权利的救济，保障撤销权功能的顺利实现。但本书认为，在破产法明文规定撤销权由管理人行使的情况下，不宜由个别债权人直接行使撤销权，否则不仅会使债权人与管理人出现权利竞合，各行其是，可能影响破产程序进行的统一性，而且还可能出现债权人之间的利益冲突（如撤销对个别债权人的偏袒性清偿行为），使破产法律关系复杂化，矛盾难以解决。

但是，如果一项行为既构成破产撤销权，同时也构成民法、合同法撤销权，若管理人拒绝行使破产撤销权，则具有民法、合同法撤销权的债权人可以对之独立行使民法、合同法撤销权。《破产法解释二》第13条规定：“破产申请受理后，管理人未依据企业破产法第三十一条的规定请求撤销债务人无偿转让财产、以明显不合理价格交易、放弃债权行为的，债权人依据合同法第七十四条等规定提起诉讼，请求撤销债务人上述行为并将因此追回的财产归入债务人财产的，人民法院应予受理。相对人以债权人行使撤销权的范围超出债权人的债权抗辩的，人民法院不予支持。”

（二）撤销权的行使方式及由此产生之诉讼的被告

管理人可直接向可撤销行为的相对人主张行使撤销权，追回财产，但如对方不予承认，便只能以诉讼方式行使撤销权。反之，如果相对人依据可撤销行为向管理人主张行使相应权利，

---

① 对此案撤销权的性质存在不同观点。一种观点认为，应为合同法上的债权人撤销权。其理由是，该案中撤销权的行使主体为债权人，所依据的法律是担保法及其司法解释。另一种观点认为，应系破产撤销权。其理由是，该案发生在破产程序中，债权人并未提起合同法上的撤销权诉讼，法院对此亦未以普通程序加以审理。

② 参见［美］大卫·G. 爱泼斯坦等：《美国破产法》，韩长印等译，278页，北京，中国政法大学出版社，2003。

如抵押权等，甚至据此提起诉讼，管理人则可以撤销权进行抗辩，予以拒绝。《日本破产法》第76条规定："否认权由破产管理人以诉讼或抗辩行使。"有的人认为，在相对人不返还财产的情况下，管理人可以申请法院强制执行。① 这种主张是错误的，在未经诉讼确认权利的情况下就可以申请法院强制执行，是对相对人诉讼权利的严重侵害。

在我国旧破产法的司法实践中，撤销权的行使程序不够统一、规范。多数地方法院是以裁定方式判令相对人返还财产，该裁定不得上诉，此种方式忽视了对相对人诉讼权利的保护。所以，《企业破产法》规定，对撤销权等涉及当事人实体权利的争议应以诉讼方式解决。对于债务人一般违法行为的撤销诉讼可统一由受理破产案件的法院受理，但对其恶意以司法执行方式所为行为的撤销，则因涉及法院裁判效力问题将在后文中探讨。

对于撤销权的法律性质存在（返还）请求权说或债权说、形成权说或物权说、折中说等多种学说，多数学者认为，以折中说更为妥当。受不同学说影响，对于撤销权诉讼的性质也存在不同观点。依折中说之观点，仅要求撤销债务人行为者，为形成之诉，同时请求撤销及财产返还者，为形成之诉与给付之诉的结合。② 对在撤销权诉讼中应以何人为被告也存在不同的主张。在我国台湾地区学者之中，有的认为，如该撤销之行为为单方行为，仅须以破产人为被告即可，若为双方行为亦以行为相对人为被告已足，不必以破产人及行为相对人为共同被告。③ 有的认为，无论可撤销行为是双方行为还是单方行为，均须以债务人为被告，绝无仅列相对人为被告之理。④ 根据我国台湾地区学者史尚宽之总结，对于撤销之诉何人为被告存在多种观点："1. 有谓以受益人一人为被告者，其理由谓撤销原则上应向相对人为之。然裁判上对于债务人与第三人间行为之撤销，究与普通撤销不同。2. 有谓应以受益人或转得人为被告，无论如何，债务人不为被告。其理由有以撤销权为财产返还请求权（债权说）或有以撤销之效力为物权的相对的无效，即惟对于债权人与受益人或债权人与转得人之间发生效力（近来日本判例采此说）。3. 有谓应以行为之当事人为被告，即在单独行为以债务人为被告，契约以债务人及相对人为被告。无论如何转得人不为被告。此为以撤销之诉为绝对形成之诉之当然结论。4. 有谓应以债务人、受益人为共同被告。如有转得人时，其转得人亦为共同被告。此为以撤销之诉为形成及给付之诉之主张（日本过去判例采此说）。5. 有主张撤销之诉仅为形成之诉时，以行为之当事人为被告。兼有给付之诉时，并以受益人或转得人为被告。依余之见，以上各说以第五说较为可采。即仅撤销债务人之行为者，单独行为以债务人为被告。双方行为以债务人及债务人之相对人为被告。兼为财产返还之请求者，单独行为以债务人及受益人为被告。双方行为以债务人及债务人之相对人与受益人或转得人为被告（最后恶意之转得人）。"⑤ 日本破产法学者认为，被告应是受益者或转得者。破产者不能成为被告人。在对转得人进行否认时，可将受益者作为共同被告。此时，在两者之间通常形成共同诉讼的关系。⑥

---

① 参见齐树洁主编：《破产法研究》，386页，厦门，厦门大学出版社，2004。

② 参见史尚宽：《债法总论》，458～461页，台北，荣泰印书馆，1986。

③ 参见刘清波：《破产法新论》，206页，台北，东华书局，1984；钱国成：《破产法要义》，94页，台北，三民书局，1995。

④ 参见陈荣宗：《破产法》，267页，台北，三民书局，1986。

⑤ 史尚宽：《债法总论》，477页，台北，荣泰印书馆，1986。

⑥ 参见［日］石川明：《日本破产法》，何勤华、周桂秋译，94页，北京，中国法制出版社，2000。

我国破产法中对此问题未作规定。综观上述各种观点，本书认为，史尚宽先生之观点可为借鉴。原则上，如果只涉及对债务人行为的撤销，如撤销财产担保等，不存在追回财产问题，则可仅以行为债务人为被告。如果行使撤销权的同时还涉及对已经转移财产的追回，如撤销无偿转让财产行为，则需要增加交易相对人或转得人为共同被告，否则判决效力不涉及该当事人，无法对其采取执行措施。

六、撤销权行使的法律后果

撤销权行使的法律后果，是使债务人在破产申请受理前法定期间内实施的损害债权人利益的行为，因被撤销而丧失效力，管理人收回被处分的财产或恢复被处分的权利，利益归于破产财产，用于对全体债权人分配。如《德国支付不能法》第143条“法律后果”规定：“(1) 以可撤销的行为由债务人的财产让与财物、给出财物或抛弃财物的，必须将其返还给支付不能财团。准用关于受领人明知不具有法律原因情况下不当得利的法律后果的规定。(2) 无偿给付的受领人只有在自己因无偿给付而得利的情况下，才应当返还无偿给付。一俟受领人明知，或依情形应当知道无偿给付使债权人受到不利益的，即不适用此种规定（即未因无偿给付而得利也应当返还无偿给付——笔者注）。”《日本破产法》也规定，否认权的行使，使破产财团恢复原状（第77条）。根据日本学者之通说，否认的效果在审判上行使否认权之时产生，作为否认对象的行为，在与对方当事人的关系上，溯及性地失去效力，财产权当然复归于财团（物权性相对无效说）。①

撤销权的行使因被撤销行为的具体情况不同，随原状的恢复，产生使行为相对人丧失被撤销权利、恢复原有权利的效果。如《德国支付不能法》第144条规定：可撤销给付的受领人返还所取得的物的，其债权恢复。以对待给付在支付不能财团中尚可区分为限，或以财团因得利而使自己的价值得到增加为限，应当由支付不能财团返还对待给付。除此之外，可撤销给付的受领人只能作为支付不能债权人主张返还对待给付的债权。《日本破产法》也对相对人地位的恢复作了规定：在破产人行为被否认的情形下，如其所受对待给付现存于破产财团，相对人可以请求其返还；因对待给付产生的利益现实存在时，则于该利益限度内，相对人可以作为财团债权人行使其权利。因对待给付产生的利益现已不存在时，相对人可以就其价额的偿还，作为破产债权人行使其权利。对待给付价额大于现存利益时，其差额亦同（第78条）。对相对人债权的恢复，《日本破产法》第79条规定：于破产人的行为被否认情形，相对人在返还其所受给付或偿还其价额后，其债权因此而恢复原状。②

我国《企业破产法》中对此问题未作具体规定，但在撤销权行使后，相对人因违法行为被撤销而恢复相应权利应是其自然产生的法律后果。据此，《破产法解释二》第11条规定：“人民法院根据管理人的请求撤销涉及债务人财产的以明显不合理价格进行的交易的，买卖双方应当依法返还从对方获取的财产或者价款。因撤销该交易，对于债务人应返还受让人已支付价款所产生的债务，受让人请求作为共益债务清偿的，人民法院应予支持。”但是，司法解释未规

① 参见［日］石川明：《日本破产法》，何勤华、周桂秋译，198～199页，北京，中国法制出版社，2000。

② 参见［日］石川明：《日本破产法》，何勤华、周桂秋译，263页，北京，中国法制出版社，2000。

定对其他违法行为撤销后，相对人是否以及如何恢复权利的问题。

本书认为，上述各国立法规定的原则可资借鉴。在撤销权行使之后，对债务人所作的无偿转让财产或财产权利的行为、对原来没有财产担保的债务提供财产担保的行为以及放弃债权的行为，不存在相对人恢复权利问题。对于相对人在可撤销行为履行中所作的对待给付，如仍存在于债务人财产中，应当予以返还。如果已经无法返还，则应允许其在付出对价的范围内作为共益债务优先受偿。如果被撤销的是债务人对未到期债务的提前履行行为或对债务的偏袒性个别清偿，则撤销权的相对人在将其所受清偿的财产返还后，其因被撤销的债务清偿行为而消灭的债权和保证担保均予恢复，可以申报债权参加破产分配。至于对存在物权担保债权的个别清偿或提前清偿，在担保物的市价范围内不得予以撤销。

七、可撤销行为详析

破产制度发展至今，各国立法规定的可撤销行为的具体种类已经大同小异，但对具体分类、构成要件，尤其是可撤销期间的规定则有所不同。通常在破产法理论上，根据可撤销行为所损害利益的当事人范围不同，将其分为两大类：一类是欺诈行为，又称诈害行为，指损害全体债权人利益的行为，如无偿转让财产或财产权利、非正常交易、放弃债权等；另一类是偏袒行为，又称偏袒性清偿、优惠性清偿行为，指给个别债权人以优惠而损害多数债权人利益的行为，如对原来没有财产担保的债务提供财产担保、对未到期债务的提前清偿等。美国破产法就据此将可撤销行为分为欺诈性转让与偏袒性清偿两大类。

但也有的国家以其他标准分类，日本破产法将否认权（即撤销权）涉及的违法行为，按照行为自身特点分为故意否认、危机否认和无偿否认三种类型。故意否认是对破产者在明知侵害破产债权人利益的情况下进行的行为的否认，其否认以具有主观欺诈故意为前提，但不问行为之实施时间。危机否认是以破产者在有支付停止或破产申请后，或在此前30日以内进行的一定行为为对象的否认。无偿否认是对破产危机发生后或之前6个月以内进行的无偿行为或等同于此的有偿行为的否认。①

我国破产法对破产可撤销行为没有做理论上的分类，而仅以列举的方式加以规定。但在学术界通常采用欺诈行为与偏袒性清偿的分类方式，因为其与我国立法规定的可撤销行为要件之内容较为契合。

（一）旧破产法对可撤销行为的规定

我国《企业破产法（试行）》第35条规定："人民法院受理破产案件前六个月至破产宣告之日的期间内，破产企业的下列行为无效：（一）隐匿、私分或者无偿转让财产；（二）非正常压价出售财产；（三）对原来没有财产担保的债务提供财产担保；（四）对未到期的债务提前清偿；（五）放弃自己的债权。破产企业有前款所列行为的，清算组有权向人民法院申请追回财产，追回的财产，并入破产财产。"

旧破产法的这一规定将民法上的无效行为与破产法上的可撤销行为混杂规定在一起，对债

① 参见［日］石川明：《日本破产法》，何勤华、周桂秋译，173页，北京，中国法制出版社，2000。

务人违法行为的法律性质表述混乱，存在严重的立法失误。

其一，立法文字规定，“破产企业的下列行为无效”，也就是说，条款中所有列举之行为均应是无效行为。但是实际上除隐匿、私分财产行为在民法上可能属于无效行为外，其他行为的法律性质应属于可撤销行为（依《民法通则》《合同法》之规定），最关键的是，立法对其规定的处理制度是按照可撤销行为设置的。如规定了撤销权行使的特定时效期间，只能由特定的撤销权人行使权利，无权利人申请时法院不能主动认定行为无效，等等，这些制度与法律对无效行为的处分原则是相对立的。

其二，如根据立法规定的实质属性认定其属于撤销权制度，则其规定中的隐匿、私分财产也变成了可撤销行为，这显然是不妥的。隐匿、私分财产的行为人，主观上具有明显的侵害债权人（名义上是债务人）利益的欺诈故意，即使在债务人未丧失清偿能力的情况下，这些行为也是非法的。在法理上，如果讲效力，无论这些行为发生在何时，都是绝对无效行为，均可追回被非法转让的财产，而且无须当事人的申请，司法机关发现时也可主动追回财产。旧破产法将此类行为按照可撤销行为处理，使两类法律性质完全不同的行为混杂在一起，并统一规定只有行为发生在破产案件受理前 6 个月内时才能行使撤销权，而撤销权行使的终止时间为破产程序终结后 1 年，这就使发生在撤销期间之外的无效行为无法得到纠正，甚至使其在时效期满后反成为有效行为，这显然是错误的，会起到放纵违法行为的恶劣后果。

此外，旧破产法在对撤销权的规定中还存在其他问题，本书已在或将在相关部分中评述。《企业破产法》纠正了旧法的错误规定，分别对无效行为与可撤销行为作出规定。由于新、旧破产立法在无效行为与可撤销行为的规定上存在一定的关联关系，所以在此对无效行为一并分析介绍。

（二）破产无效行为

《企业破产法》将破产申请受理前债务人的违法行为分为无效行为和可撤销行为两类加以规定，纠正了旧破产法对违法行为定性混乱的问题，消除了因将无效行为纳入可撤销行为而使人们对法律规定的性质产生的困惑。《企业破产法》对破产案件中无效行为的规定，是针对《民法通则》《合同法》中规定的无效民事行为在破产程序中表现的特点作出的，体现了国家对当事人意思表示性质彻底的否定性评价。对这些无效行为，在其他立法中已有原则规定，从严格意义上讲，本不需要在破产法中单独再作出规定，只是因为司法实践中的破产欺诈逃债行为较为严重，才作出这种强调性规定。需注意的是，我国破产法中规定的无效行为与采取破产效力溯及主义的国家所设置的破产无效行为制度的性质是完全不同的，其所涉及的范围只限于在任何时候依法律规定均属于无效之行为，不包括撤销权行使的对象行为，所以不具有对撤销权制度的替代作用。

根据《企业破产法》第 33 条规定，破产无效行为包括为逃避债务而隐匿、转移财产的行为以及虚构债务或者承认不真实的债务的行为。根据民事法律的基本原则，无效行为是因其本质具有违法性，所以自始不发生法律效力的行为。对无效行为无论何时发现，均可追回被行为人非法处分的财产，而且任何人均得主张其行为无效，人民法院也应主动进行审查，不以利害关系人提出请求为认定行为无效、追回财产的前提。

1. 为逃避债务而隐匿、转移财产的行为

隐匿是指将债务人财产秘密藏匿或转移至他人无法找到或自认为他人无法找到的处所，或者隐瞒不报债务人财产，使之不能依破产程序被管理人接管和处分。对隐匿的财产应作广义理解，包括财产与财产性权利，如对债权的隐匿不报等。隐匿财产的行为是多种多样的，既包括积极藏匿财产的行为，也包括消极隐瞒的行为，如对财产不在财务报表上作相应记载或者作不真实的记载，对财产去向隐匿不报，在接受有关财产情况的询问时不如实回答等。隐匿并不以转移财产所在地为要件，只要是秘密藏匿，意欲不为管理人、债权人和司法机关知晓，不论财产被留在原处还是转藏他处，均构成隐匿行为。

根据《企业破产法》第 8 条、第 11 条规定，债务人提出破产申请时，或债权人提出的破产申请为人民法院受理时，债务人应当向人民法院提供财产状况说明等证据材料。凡债务人未将企业财产列入财产清单的，在没有相反证据的情况下，均属于隐匿财产的行为。

转移财产是指将债务人企业的财产转移至原所在地之外或债务人企业的控制之外，使管理人无法接管和处分。转移必涉及财产的移动，所以其适用的范围一般为动产。若从广义上讲，隐匿财产可以涵盖转移财产行为，只不过“转移财产”不强调其行为的秘密性。

通常，被隐匿、转移的财产仍处于债务人或债务人的控制人如法定代表人、高管人员的直接或间接控制之下，完全摆脱债务人控制的，则有可能构成财产的非法赠与、转让行为。

旧破产法在其规定中尚包括私分财产行为，新破产法不再将此行为单独列为破产法上的无效行为。因为私分财产属于非法侵害债务人财产权（背后是债权人的债权）的行为，而冠之以“私分”，只是为突出违法行为的具体方式，强化其主要在企业人员内部之间进行的特征。此类违法行为并不具有破产特殊性，依据其他相关立法即可予以处理，无须在破产法中再作单独规定。

在此需强调的是，虽然法律规定，应认定为无效的是“为逃避债务”而隐匿、转移财产的行为，但即使债务人是出于其他动机，不是“为逃避债务”而隐匿、转移财产，同样是无效行为。立法规定的“为逃避债务”之动机，对无效行为的构成不具有否定性意义，不过是宣示性强调内容，若从立法严谨的角度说，则属画蛇添足，若从实践适用的角度讲，则是画虎不成反类犬，使违法者可能得到逃脱处罚的借口。

2. 虚构债务或者承认不真实的债务的行为

《企业破产法》第 33 条规定，虚构债务或者承认不真实的债务的行为也属于无效行为，这是较旧破产法而言增设的内容。由于债务人在破产之时其全部财产已不足以清偿债务，此时债务的虚假增加对其本人已经没有实际利益影响，损害的只是其他债权人的利益。所以，债务人就可能通过虚构债务或者承认不真实的债务，恶意串通，向其他人转移利益，变相抽逃财产，逃避债务。对此种欺诈行为应加以严厉打击。

此外，《企业破产法》第 36 条还规定，债务人的董事、监事和高级管理人员利用职权从企业获取的非正常收入和侵占的企业财产，管理人应当追回。

对无效行为涉及的债务人财产，管理人应当予以追回。《破产法解释二》第 17 条规定：“管理人依据企业破产法第三十三条的规定提起诉讼，主张被隐匿、转移财产的实际占有人返还债务人财产，或者主张债务人虚构债务或者承认不真实债务的行为无效并返还债务人财产的，人民法院应予支持。”

在《企业破产法》的制定过程中，有人提出，债务人隐匿、转移财产的行为不属于法律行为，因为它不涉及财产所有权的转移，也没有行为相对人，只是债务人个人对财产的恶意处置。这些行为属于事实行为，不存在对外的法律效力问题，所以从其法律性质上讲，既不属于无效行为，也不属于可撤销行为，应由管理人直接向债务人追收相关财产。此种观点确有其道理。本书以为，《企业破产法》之所以将这些行为规定为无效行为，一方面是对旧法中对此所作的禁止性规范的习惯性沿用，另一方面则是在实践中破产欺诈行为严重的情况下，突出对违法行为的打击。

本书认为，《企业破产法》在对无效行为的调整上存在重大的失误，其第 123 条规定，在破产程序因债务人财产不足清偿破产费用、因无财产可供分配或财产分配完毕而终结后，发现因无效行为而应追回的财产时，只能在破产程序终结之日起 2 年内追回，超过此期间就不得再追回，至少法律未规定可以追回。这一规定存在两个错误。

第一，对因无效行为而应追回的财产，如隐匿、转移的财产或对虚构债务、不真实债务分配的财产，不应受诉讼时效或除斥期间的限制，无论何时发现均可追回。否则，债务人只要将其财产隐匿、转移起来，并在破产程序终结后 2 年内未被发现，以后就可以成为其合法财产，公开地享受。这样的立法是在鼓励、包庇违法者，必须加以纠正。

第二，将可追回财产的破产程序的终结方式，规定为因债务人财产不足清偿破产费用、因无财产可供分配或财产分配完毕而终结三种情况，未规定在破产程序因重整计划通过并获得法院批准（《企业破产法》第 86 条、第 87 条）、达成和解协议并获得法院裁定认可（《企业破产法》第 98 条）或自行达成协议并获得法院裁定认可（《企业破产法》第 105 条）而终结的情况下，也可以追回被非法处分的财产，这也是不妥的。尽管在上述达成重整或和解协议的情况下，破产程序都是因当事人，尤其是债权人的同意而终结的，但不能排除债务人存在未被发现的无效行为的可能，如不允许在破产程序终结后追回财产，将可能出现债务人在破产申请前隐匿、转移财产，然后再设法通过重整或和解终结破产程序，减少对债权人的清偿，从而使非法处分之财产得以保留，损害债权人权益的现象。该条关于撤销权的同样规定中，也存在此种错误，需要加以纠正。

（三）可撤销行为

《企业破产法》第 31 条、第 32 条对可撤销行为进行了列举性规定。其第 31 条规定：“人民法院受理破产申请前一年内，涉及债务人财产的下列行为，管理人有权请求人民法院予以撤销：（一）无偿转让财产的；（二）以明显不合理的价格进行交易的；（三）对没有财产担保的债务提供财产担保的；（四）对未到期的债务提前清偿的；（五）放弃债权的。”第 32 条规定：“人民法院受理破产申请前六个月内，债务人有本法第二条第一款规定的情形，仍对个别债权人进行清偿的，管理人有权请求人民法院予以撤销。但是，个别清偿使债务人财产受益的除外。”

本书将上述各种可撤销行为分为欺诈行为与偏袒性清偿行为两类，分别论述。

1. 欺诈行为

欺诈行为包括《企业破产法》第 31 条规定的无偿转让财产、放弃债权、以明显不合理的价格进行交易的行为。

（1）无偿转让财产行为

无偿转让财产行为，指无对价或实质上无对价的转让财产行为。在其他国家的破产法中，对此项可撤销行为通常规定为无偿行为。从立法的文字表述上，可以看出我国此项立法存在涵盖面不够的问题，仅仅将可撤销的无偿行为限定为“转让财产”行为，使不涉及转让性质的无偿行为脱离了法律的调整范围，难以依据此条款对之加以撤销，如无偿设置用益物权的行为（对房屋等财产的长期无偿借用等），无偿使用专利权、商标权、著作权的行为等。所以，我国立法应当借鉴其他国家立法之规定，将可撤销行为中的“无偿转让财产行为”修改为“无偿行为”。

对财产的无偿转让，是指在破产申请受理前的法定期间内按照当时尚属合法的形式进行的财产转让。如是以非法形式进行的财产无偿转让本属于无效行为，依法应恢复原状，无须以撤销权方式追回财产。此项可撤销行为的构成仅依据财产转让是否无偿确认，不考虑当事人主观上有无恶意。无偿转让还包括形式上是有偿的，但实质上是无对价的无偿行为。如日本破产法就无偿否认作出了规定：破产者在有支付停止或破产申请后或在此之前6个月以内作出的无偿行为及与此相等的有偿行为可以被否认，此种否认不需要以破产者、受益者的意思的主观要素为要件，而只要以行为的时期与无偿性的客观要件为理由即可，故是客观主义的否认。[①]《美国统一欺诈性产权转让法》也规定，如果产权转让或招致义务没有一个公平的对价，一个正在或必然导致无力清偿债务的人所做的每一笔产权转让或招致的每一项义务对债权人都是欺诈性的，而不管其实际意图如何。

无偿转让的财产除有形财产外，还包括债权、专利权、商标权等财产性权利。所谓转让也是广义的，泛指财产权包括部分财产权能的变更，既包括积极的作为行为，如无偿转让债权，也包括消极的不作为行为，如放弃债权。所以各国破产立法通常规定的是可撤销各种无偿行为，而不限定于无偿“转让”这一种形式，尤其不以列举方式对无偿行为的范围作出限定。如日本破产法学者认为，无偿行为是指破产者不根据对价而单方面减少财产（如债务免除、权利放弃）、增加债务（赠与）的行为。[②] 在实践中，无偿行为的形式是多种多样的，除其典型形式赠与财产外，债务免除、放弃权利、对消灭时效完成后的债权清偿之承认、无偿设定用益物权、不为诉讼时效的中断、撤回诉讼、对诉讼标的之舍弃等均属于无偿行为之列[③]，但为保证撤销权行使的公平合理，《德国支付不能法》第134条第2款规定，如果无偿给付的是低值常见随意性赠与物品，则不得撤销。例如，参加婚礼所习惯赠与的礼金等。《英国破产法》第242条“无偿转让（苏格兰地区）”也规定，无偿赠与的财产如果是“生日、圣诞节或其他传统礼物；或者是为慈善目的向非公司的员工之外的人赠送的礼物”，视为合理转让，不得撤销。我国破产法也应借鉴各国立法之规定，对合理赠与问题加以规定，以免背离世事人情，也有助于和谐社会的构建。

对为他人债务无偿提供担保是否属于可撤销的无偿行为，学者间观点不一。有人认为，债务人为他人提供担保并无任何经济利益，且在担保契约成立时，债务人并未获得任何求偿权，故应属无偿行为。有人则认为是有偿行为，因为债务人提供担保的，可以将来的求偿权对被保

---

①② 参见［日］石川明：《日本破产法》，何勤华、周桂秋译，185页，北京，中国法制出版社，2000。

③ 参见陈荣宗：《破产法》，再版，256页，台北，三民书局，1986。

证人行使追偿权。[1] 日本判例认为，对于他人的债务没有义务，但却在没有保证金（没有对价）等的情况下进行了保证或提供了担保，由于求偿权不应该是在进行了此种保证之时产生的，因而即使根据保证债务的履行而产生求偿权，以此也不应该认为是有偿行为。[2] 而且从司法实践的情况看，在担保人真的需要代债务人清偿时，往往债务人已丧失清偿能力，虽然可以行使求偿权，但其权利实现的可能性很小，所以将其解释为无偿行为，可以予以撤销，显然更为适宜。

需要注意的是，债务人对可能得到的财产利益的拒绝，如拒绝接受赠与、抛弃继承、拒绝第三人对其债务的承担等，虽然客观上使债权人可能得到的清偿减少，但不属于可撤销行为。因为此类行为仅是未增加债务人的责任财产，并未减少债务人原有的责任财产，未对债权人的既得利益造成损害，所以不得撤销。

无偿行为对债权人利益的危害性最为明显，因其必然使债务人的责任财产减少，所以各国立法往往对之规定较长的可撤销期间，如德国规定的可撤销期间为支付不能程序开始前 4 年内。我国《企业破产法》规定的可撤销期间为破产申请受理前 1 年，显然时间仍嫌过短，应再适当予以延长，方可适应打击破产欺诈行为之需要。

对债务人一般性无偿转让财产的行为可以撤销，这是没有争议的。但是对债务人以公益性捐赠方式进行的无偿转让财产行为，破产程序中的管理人是否有权请求人民法院予以撤销，在实践中则存在不同观点。

有的人认为，公益性捐赠行为虽然也是无偿转让财产行为，但是不属于可撤销的行为。其理由如下：第一，撤销债务人的公益性捐赠行为违反《合同法》规定。《合同法》第 186 条规定："赠与人在赠与财产的权利转移之前可以撤销赠与。具有救灾、扶贫等社会公益、道德义务性质的赠与合同或者经过公证的赠与合同，不适用前款规定"。据此，公益性捐赠行为是不可撤销的（但非公益性赠与合同无论是否经过公证均可撤销）。而且该法第 188 条还规定："具有救灾、扶贫等社会公益、道德义务性质的赠与合同或者经过公证的赠与合同，赠与人不交付赠与的财产的，受赠人可以要求交付。"此条规定更表明立法对公益性捐赠行为的特殊保护宗旨。法律对公益性捐赠行为的特殊保护效力应当延续到破产法的实施中。第二，撤销债务人的公益性捐赠行为不具有可操作性。当债务人的公益性捐赠的财产已经实际用于公益性事业时，再想予以撤销是基本上不可能的，会引发社会矛盾。

有的人认为，公益性捐赠行为也是无偿转让财产的行为，所以应当属于破产法上的可撤销行为。其理由如下：第一，根据《企业破产法》第 31 条之规定，属于无偿转让的公益性捐赠行为应当撤销，而且最高人民法院《关于贯彻执行〈中华人民共和国民法通则〉若干问题的意见（试行）》第 130 条也规定，赠与人为了逃避应履行的法定义务，将自己的财产赠与他人，如果利害关系人主张权利的，应当认定赠与无效。因此，撤销公益性捐赠行为有充分的法律依据。第二，如果对公益性捐赠行为不能撤销，将会损害严重债权人的利益，并使其丧失任何法律救济渠道，而且还将鼓励、放纵债务人的欺诈行为。第三，如果任何债务人在面临破产之际都可以借助所谓的公益性捐赠行为，逃避债务履行，甚至还可以沽名钓誉，将使社会经济秩序

---

① 参见陈荣宗：《破产法》，再版，257 页，台北，三民书局，1986。

② 参见［日］石川明：《日本破产法》，何勤华、周桂秋译，185 页，北京，中国法制出版社，2000。

受到严重的危害。

本书认为，对债务人的公益性捐赠行为（即使是具有欺诈性的）能否撤销不能绝对而论，必须根据具体情况作具体分析。与《合同法》相比，破产法属于特别法，在法律适用上应当具有优先效力。对违法的欺诈性公益性捐赠行为如果不能撤销，不仅会损害债权人利益，而且不利于公益慈善事业的健康正常发展。所以，从原则上讲，债务人的公益性捐赠行为如触犯破产法之禁止规定，是可以撤销的。但考虑到社会效应、实际可操作性、公益性捐赠付诸使用后的不可逆性等因素，此种撤销权的行使也要受到一定限制。

本书认为，在下列情况下，对公益性捐赠行为可以撤销。

第一，受赠人与债务人存在串通欺诈行为，或受赠人存在过错，知道或应当知道债务人存在欺诈债权人的故意，知道或应当知道捐赠行为客观上损害了债权人的利益。

第二，公益性捐赠行为尚未实际履行。虽然《合同法》第188条将公益性捐赠规定为诺成合同，但是《合同法》第195条还规定："赠与人的经济状况显著恶化，严重影响其生产经营或者家庭生活的，可以不再履行赠与义务"。所以，如果公益性捐赠行为尚未实际履行，管理人是完全可以申请法院予以撤销的。

第三，财产虽然已经捐赠到社会慈善机构如基金会等，但尚未实际拨付使用于具体的慈善事业。本书认为，在捐赠财产尚未实际使用的情况下，尚不存在实质意义上的善意第三人，此时社会慈善机构的地位类似于中介机构，对其接受的具有欺诈意义的捐赠不过是代管而已，故可以追回。为此，债权人如果发现债务人在丧失清偿能力时有恶意利用公益性捐赠逃避债务的行为，应当立即申请其破产，以便在捐赠财产实际使用前及时督促管理人行使撤销权追回财产。但是，如果捐赠财产已经实际使用，原则上不得再予以撤销，追回财产。因为这时的撤销会损害真正使用捐赠财产的善意第三人的正当权益，而且不具有可操作性，其社会成本过高。试想，当捐赠的款项已经用于希望小学建设、已经用于病人医疗救助，或者已经购买了救灾帐篷等物资实际发放给灾民等众多不特定主体时，再予以撤销实际是不可能的。这时，债权人就只能追究对债权人损失负有责任的个人如公司的董事、经理乃至控股股东等人的赔偿责任。

判断捐赠财产是否已经实际使用，要根据捐赠的具体情况而定。捐赠在相对意义上可分为特定化（指定项目、人员等）捐赠与非特定化捐赠。特定化捐赠财产的账户独立、使用专一，判断其是否已经实际使用较为简单，如特定的某地希望小学是否已经施工建设，甚至竣工使用，特定的某个病人是否已经使用捐赠款项进行治疗等。非特定化捐赠如对救灾、扶贫的捐赠，一般为统一账户、统一调配、统一使用，债务人的捐赠与他人的捐赠是无法区分的。所以，只要受捐赠的慈善机构账户中有足够的款项可供退还，就不视为捐赠财产已经实际使用，仍可撤销。

为避免出现捐赠人在捐赠后反悔，利用破产程序撤销以规避捐赠义务，在破产程序启动而撤销公益性捐赠后又被法院驳回破产申请的，原已经被撤销的公益性捐赠应当予以恢复。另外，如债务人的关联债权人利用其高额债权通过破产和解程序（包括重整程序）撤销公益性捐赠，然后再通过和解协议维持债务人继续存续，对此种情况也应加以限制。

欺诈性的公益性捐赠行为能否被撤销确是一个难题。一方面，关心、赞助慈善公益事业，是企业承担社会责任的一种主要方式；另一方面，保护债权人合法权益又是市场经济正常运转的基础。对这一矛盾，各国是根据国情、通过立法逐步解决的。如美国社会信用体系较为健全，法律完善，欺诈现象相对较少，所以立法对公益性捐赠行为较为宽容。其破产法规定，如果债务人对慈善团体的捐款总额没有超过当年收入的15%，或者虽超过15%，但与其一贯的捐款行为相一致，不认定为欺诈性转让。本书认为，目前我国社会信用体系尚不健全，法律亦不完善，欺诈现象较多，所以立法对公益性捐赠行为的规制应较为严格。

最后要指出的是，如果对违法的欺诈性公益性捐赠行为由于种种原因已经无法实际撤销，则必须在捐赠关系中改变捐赠者的姓名或名称，将债务人改为全体债权人。因为真正的捐赠者是实际承担捐赠财产负担的全体债权人，欺诈之债务人无权再以捐赠者的名义欺世盗名，反之，应让其恶名远扬。①

（2）放弃债权

如上所述，放弃债权行为的法律性质也属于无偿行为，所以其他国家立法通常将其纳入无偿行为之列，但我国新、旧破产立法均将其列为一项独立的可撤销行为，故本书也对其进行单独分析。

放弃债权的行为有积极放弃与消极放弃两种形式。积极放弃是指债务人以主动的行为即作为方式表示对债权的放弃，如通知其债务人放弃债权，与其债务人签订免除债务的协议，以及撤销诉讼、放弃诉讼标的等各种主动放弃追索债权的诉讼权利的行为。消极放弃是指债务人以不作为的方式放弃债权，主要是债务人在其债权诉讼时效届满前有意不采取保全措施，以使债权超过诉讼时效的方式放弃债权，以及对支付令不提出异议、不提出诉讼抗辩等各种消极放弃诉讼权利的行为。在此需注意的是，不作为方式的行为同样可以成为撤销权行使的对象。《德国支付不能法》第129条第2款规定，"不作为视同法律行为"。债务人在有清偿能力的情况下放弃自己的债权，是法律允许的有效行为，但在丧失清偿能力的情况下放弃自己的债权，则会减少其责任财产，实际上是在损害全体债权人的清偿利益，所以应予撤销。债务人放弃的债权是否到期，不影响撤销权的构成与行使。

债务人积极放弃债权的行为属于无偿行为，管理人可予以撤销，不以当事人存在主观恶意为前提。但对债务人消极放弃债权的行为，本书认为，除有证据可以证明或推定是债务人有意进行的，不宜再由管理人撤销。在"放弃债权"这一概念中，"放弃"一词即明确包含有债务人的主观意思表示在内。而在实践中，债务人的债权超过诉讼时效，有可能是由债务人有意消极放弃债权行为造成的，但也可能是无意的过失行为造成的。如果不加区分一律都可以撤销，则等于宣告进入破产程序之债务人的债权在法定可撤销期间内不受时效制度约束。这不仅将损害善意第三人的正当利益，还会影响整个诉讼时效制度的实施与效力，影响交易安全和社会经济关系的稳定，与其可能保护的利益相比，显然有所失当。但是，对于债务人消极放弃与其存在利害关系者的债权，管理人可予以撤销，在举证责任的配置上，应当要求由债务人举证证明其消极放弃债权的行为并非恶意，以达公平。

面对这一难题，《破产法解释二》没有从撤销权的角度去作规定，而是从诉讼时效入手处理，以期达到基本相同的效果。其第19条规定："债务人对外享有债权的诉讼时效，自人民法院受理破产申请之日起中断。债务人无正当理由未对其到期债权及时行使权利，导致其对外债权在破产申请受理前一年内超过诉讼时效期间的，人民法院受理破产申请之日起重新计算上述

① 参见王欣新：《论破产程序中公益性捐赠行为之撤销》，载《人民法院报》，2009-01-15。

债权的诉讼时效期间。”这里的关键是什么叫作“正当理由”。在司法实践中，债务人忘记及时行使权利能否作为合理理由？如果认为这是合理理由，由于没有办法对债务人所谓的忘记及时行使权利，到底是真的忘记还是为了恶意放弃债权所找的借口进行区分认定，所有诉讼时效的超过都可以认为是有合理理由的。如果认为这不是合理理由，由于债务人很难举证说明自己还有其他正当理由导致了未对到期债权及时行使权利，因而债务人在破产申请受理前一年内超过诉讼时效期间的所有对外债权，在人民法院受理破产申请后，都可能被纳入重新计算诉讼时效期间的范围。这对债务人的债务人而言，显然是不够合理的。所以，要想使这一规定得到正确的实行，还需要对之作出进一步的详细解释。

（3）以明显不合理的价格进行交易的行为

以明显不合理的价格进行交易，指债务人违反正常经济原则处分其财产的交易行为。在其他国家的破产法中，对此项可撤销行为通常规定为非正常交易行为。从立法的文字表述上可以看出，我国立法在此项规定上也存在涵盖面不够的问题。在实践中，非正常的交易主要表现在价格方面，但是不能排除在其他方面也存在损害债权人利益的明显不合理的交易因素，如付款条件。两个交易价格同为100万元的合同，但付款条件一个是签订合同后三天内付清全款，另一个则是每年付1万元，持续付100年，后者显然是明显不合理的交易条件。所以仅仅将可撤销的行为限定为以“明显不合理的价格进行交易的行为”，会使不涉及价格的不正当交易行为脱离法律的调整范围，难以对之加以撤销。所以，我国立法应当借鉴其他国家立法之规定，将“以明显不合理的价格进行交易的行为”修改为“非正常交易行为”。

在债务人丧失清偿能力的情况下，以明显不合理的价格进行交易，会损害债权人的清偿利益，其性质属于欺诈性转让。在旧破产法中将其规定为非正常压价出售财产的行为，但实际上还存在其他转让财产或财产权利的合同权利义务明显不对等的情况，如以非正常高价购买物品、以明显不合理的价格以物抵债等，这些行为的性质也属于非正常交易。旧法规定的适用范围过窄，存在明显的疏漏，导致司法实践中有的债务人挖空心思采取法律规定外的其他方式恶意处分财产，损害债权人利益，但对这些行为由于立法无规定而难以顺利撤销。为此，《企业破产法》进行了修改完善，将此类可撤销行为扩大规定为“以明显不合理的价格进行交易”，以加强对破产欺诈行为的打击力度。

判断是否属于非正常交易的标准是交易条件，尤其是价格是否公平合理、交易是否对债务人的财产或清偿能力造成损害。根据《英国破产法》第238条“低价交易”第4款的规定，所谓低价交易是指，公司与该人进行交易的金钱或非金钱对价严重低于公司提供的金钱或非金钱对价的价值。[①] 我国破产法中对这类行为的判断标准尚无具体规定，这使司法实践中有时难以确定行为是否违法。例如，以明显不合理的低价出售财产，所谓“明显不合理”究竟是指压价20%、40%，还是60%？目前商业企业常年以各种方式进行所谓“低价”促销，对其正常价格又该如何合理确定？债务人企业在破产案件受理前因资金困难，往往要出售部分财产以发放工资、清偿债务、筹集运营资金，而此时财产出售的价格一般均在其市场价值之下，这是否属于非正常交易？如果对“非正常交易价格”没有一个具有可操作性的判断标准，人民法院便难以准确执法，各方当事人的正当权益也难以得到维护。

---

① 参见《英国破产法》，丁昌业译，176页，北京，法律出版社，2003。

在美国破产法中，低价转让等行为属于可撤销的欺诈性转让。所谓欺诈性转让，是指在破产前的1年内，债务人为了欺诈债权人而作的转让，以及那些在债务人丧失清偿能力的情况下所作的低价转让。①在美国的一些破产案例中，法院认为，要求每一次转让都能够实现财产的充分价值是不可能的，“非正常交易价格”一般是指转让价格低于正常市场价格的70%。

对于以明显不合理的低价转让财产损害债权人利益的行为，《合同法》也规定了撤销权。《合同法》第74条规定：“因债务人放弃其到期债权或者无偿转让财产，对债权人造成损害的，债权人可以请求人民法院撤销债务人的行为。债务人以明显不合理的低价转让财产，对债权人造成损害，并且受让人知道该情形的，债权人也可以请求人民法院撤销债务人的行为。撤销权的行使范围以债权人的债权为限。债权人行使撤销权的必要费用，由债务人负担。”为解决“明显不合理的低价”的判断标准，最高人民法院《关于适用〈中华人民共和国合同法〉若干问题的解释（二）》第19条规定：“对于合同法第七十四条规定的‘明显不合理的低价’，人民法院应当以交易当地一般经营者的判断，并参考交易当时交易地的物价部门指导价或者市场交易价，结合其他相关因素综合考虑予以确认。转让价格达不到交易时交易地的指导价或者市场交易价百分之七十的，一般可以视为明显不合理的低价；对转让价格高于当地指导价或者市场交易价百分之三十的，一般可以视为明显不合理的高价。债务人以明显不合理的高价收购他人财产，人民法院可以根据债权人的申请，参照合同法第七十四条的规定予以撤销。”这一规定可以为破产撤销权行使中判断价格的合理性提供参考。

本书认为，为进一步明确规制“以明显不合理的价格进行交易”的行为，还应通过破产法司法解释对确认正常价格的标准与交易的正当程序加以规定，从实体与程序两方面解决如何正确执法问题。以出售财产为例，首先应先考虑该财产在当时的价值、可售价格与市场情况，同时也要适当考虑债务人出售财产的必要性与合理性，以及交易当事人之间的关系，确定一个允许降价的合理比例。其次，可以通过出售财产的特定程序来确认行为是否合法。若通过公开拍卖等可以保证交易公平的竞价方式出售财产，即使售价较低，也可认定其不属于非正常压价出售财产。此外，如果在有机会以较高价格出售时反以低价出售的，若没有合理理由，即使是在规定的可降低的最低价格之上，也应认定其属于低价出售财产。

《企业破产法》将旧法中规定的“非正常压价出售财产”修改为“以明显不合理的价格进行交易”，弥补了立法上明显的漏洞，有利于打击破产欺诈行为。但如前所述，这一规定仍有完善之余地。因为实践中以交易形式进行的破产欺诈行为还可能包括其他方面，如以正常的价格与明显缺乏支付能力者进行交易，并先行履行义务，但实际上根本得不到交易对价，或者约定其他明显不合理的交易条件等。所以我国立法还应当对此项规定进一步加以完善，以全面规范债务人的交易行为。

此外，如果债务人在破产申请受理前无偿或以明显不合理的价格转让了由其控制的他人财产，由于该财产不属于破产财产，所以不适用破产法上的撤销权。但如属于无效行为或符合民法撤销权的规定，则该财产的权利人可以行使相应权利追回其财产。如果不能为在此种情况下受到损害的权利人提供合理的救济渠道，就可能出现债务人在破产申请受理前恶意地向其亲属或关联人转让其控制下的他人财产，使他人的取回权被迫转化为破产债权，进而逃债谋利的

① 参见潘琪：《美国破产法》，186页，北京，法律出版社，1999。

现象。

2. 偏袒性清偿行为

偏袒性清偿，又称优惠性清偿（因各文献对此称谓不同，在后面的引文中仍保留原文称谓），指债务人在法定期间内，以提前偿还未到期债务、对原无财产担保的债务提供财产担保等方式，使特定债权人取得原先没有的优先受偿地位、获得更多清偿。这类行为是为庇护特定债权人而进行的，它违背了对全体债权人公平、有序清偿的原则，侵害了其他债权人的合法权益，故为各国立法所禁止。

对偏袒性清偿的具体构成，各国立法规定存在差异。美国破产法上的优惠性清偿，是指“在清算申请提出前 90 天内并且是在债务人失去清偿能力的情况下，向某个债权人就已经存在的债务转让债务人的财产或权益，并且此种转让使该债权人获得大于在无此种转让时，该债权在债务人清算程序中本可获得的清偿”①。特定债权人的受偿地位是否因某项行为得到个别的改善，是判断是否构成优惠性清偿的标准。同时，为了保障撤销权行使的公平、合理，美国破产法对可能符合形式要件的优惠性清偿还规定了若干种例外情况，可不予撤销，如债权的发生与清偿均在可撤销期间内、为正常经营活动的付款、小额消费债务（600 美元以下）付款、抚养费的支付、对贷款购买财产的担保设置等。

《德国支付不能法》将偏袒性清偿称为直接歧视性行为（或直接不利益的法律行为，译文用词不一——笔者注）。其第 132 条规定，直接歧视性行为是指无视债权人的利益与第三人为非正当交易的行为。该行为须具备以下条件：（1）债务人有直接歧视其他破产债权人的行为，包括因债务人的不行为或行为而使其失去利益，但另一方因此而取得利益的行为；（2）债务人在行为时已经支付不能；（3）债务人的行为发生在法律规定的期限内，即破产申请前 3 个月内或破产申请后；（4）相对人为恶意，即在交易时知道债务人已经陷入支付不能或已经提出破产申请。②

一些国家如美国、英国还将清偿的优惠分为直接优惠与间接优惠两种情况。直接优惠是指债务人向债权人直接提供的优惠，如为原无财产担保债权人提供担保、对未到期债务提前清偿等。间接优惠是指因债务人的行为而使某些债权人间接得到利益。如对有保证担保的债权提前清偿，不仅使债权人得到提前清偿的额外利益，构成了直接优惠，而且使保证人因此而免除保证责任，对其构成间接优惠。撤销权的行使不仅及于受直接优惠者，而且及于受间接优惠者。针对上述情况，英国 1986 年破产法规定，法院得直接对保证人作出付款裁定或恢复他对债权人的保证责任。对于仅为优惠保证人而清偿债务的，法院得命令债权人返还所受的清偿。对于仅为优惠债权人而清偿的，保证人则可主张善意抗辩而拒绝返还。③

我国《企业破产法》规定的偏袒性清偿行为主要有以下几种形式。

（1）对未到期的债务提前清偿

所谓“未到期”的债务，应是指在破产申请受理前尚未到期的、无债务人提供财产担保的债务。在债务人有清偿能力时，法律允许其在不损害其他债权人利益的情况下，对未到期的债

① 潘琪：《美国破产法》，185 页，北京，法律出版社，1999。

② 参见谢芝玲：《德国破产法撤销权制度述评》，载《比较法研究》，2003（3）。

③ 参见沈达明等：《比较破产法初论》，197 页，北京，对外贸易教育出版社，1993。

务提前清偿。但在债务人丧失清偿能力的情况下，其未到期的债务若延续至破产程序中到期清偿，则只能作为破产债权得到部分清偿，甚至得不到清偿。债务人为使该债权人得到优惠待遇，在进入破产程序之前，对尚无清偿义务的未到期债务提前清偿，减少其责任财产，损害了其他债权人的利益，故应予撤销。从立法本意看，所谓“未到期”应是指在破产申请受理时尚未到期。如果债务人虽对债务的实际清偿有提前行为，但该债务在破产申请受理之前已经到期，则应认定为是对到期债务的清偿，不属于此项规定下的可撤销行为，但对其仍存在是否构成《企业破产法》第32条规定的可撤销行为的问题。为了明确“未到期”的概念，《破产法解释二》第12条规定：“破产申请受理前一年内债务人提前清偿的未到期债务，在破产申请受理前已经到期，管理人请求撤销该清偿行为的，人民法院不予支持。但是，该清偿行为发生在破产申请受理前六个月内且债务人有企业破产法第二条第一款规定情形的除外。”

对债务人提供有物权担保的债权在担保物价值之内的提前清偿，不属于可撤销行为之列，因该债权在破产程序中享有优先受偿权，对其提前清偿不影响其他债权人的利益。

(2) 对没有财产担保的债务提供财产担保

破产申请受理后，对债务人的无财产担保债权只能作为破产债权受偿。如债务人在可撤销期间内为原来无担保的债权人补充提供财产担保，将使其对特定财产享有优先受偿权，得到个别优惠性清偿，故应予撤销。

第一，可撤销的担保仅限于债务人提供的约定担保如抵押、质押，法定担保权如留置权在可撤销期间内仍可成立，原则上不存在撤销问题。但是，也要防止债务人与他人串通恶意，以留置的方式达到为原没有财产担保的债务实际补充提供财产担保的偏袒性清偿效果。例如，债务人与债权人存在长期由债务人提供原材料的加工承揽关系，但存在未支付部分加工费的情况。陷于破产困境后，为了使以前已发生的加工费能够得到优先受偿，债务人再次将大量原材料交由债权人加工并不付费用，从而使债权人对此批原材料有权进行留置，并将留置的优先权以同一或连续性合同的名义直接扩展到原已发生的加工费之上。对于企业而言，即使不以同一连续合同的名义，留置权也可以成立。[①] 所以，对于留置权的优先行使范围等，也要进行必要的识别。

第二，可撤销的担保仅限于债务人以自己的财产为自己的债务设定的担保。他人为债务人的债务提供物权担保的，与破产公平清偿无关，不在可撤销行为之列。反过来，如果是破产的债务人为他人的债务而不是自己的债务提供物权担保，也不能适用这一规定加以撤销。因为债务人的对外担保行为并没有造成在自己的破产债权人之间的清偿不公。不过这种为他人债务提供物权担保的行为如果具有无偿性质、恶意串通等情况，在性质上可归属于无偿行为，可考虑适用破产法对无偿行为的规定予以撤销。

第三，此项规定要求撤销的是对已经设立的原无财产担保的债务补充设置担保的行为，同时担保行为不予撤销。同时担保行为也被称为同期交易、即付交易。在可撤销期间内签订主合同的同时签订抵押等担保从合同的，不在可撤销行为之列，因其不是对原无财产担保的债权补充提供担保，不具有改善某一债权人原有清偿地位的偏袒性清偿的不公平性质，而且抵押担保合同的签订是具有主合同对价利益的。否则，在破产申请受理前的生产经营过程中，债务人便

① 《物权法》第231条规定：“债权人留置的动产，应当与债权属于同一法律关系，但企业之间留置的除外。”

可能因缺乏信用手段，难以维持必要的经济活动。德国学者也认为，“如果是基于合同进行等价给付的交换，且给付与对待给付直接关联，即成立规则中的即付交易”[①]，对即付交易不予撤销。

第四，同时担保行为的认定。担保权的设立通常是一个持续完成的系列行为，从签订担保合同到办理担保物权登记需要一定时间，有时还可能出现意外延误。“同时担保行为”往往不太可能做到主合同的签订与物权登记的办理同时（同一天）完成，会存在一定时间差。当这一时间差较长且（或）其始末两点跨越了法定可撤销期间之前后时，对担保物权是否成立存在不同观点。有的人认为，“同时担保行为”应是合同的签订与担保物权的登记均在可撤销期间之前完成，否则管理人有权申请法院予以撤销。有的人认为，只要做到合同的签订与担保物权的登记均在破产案件受理之前完成，就可认定为“同时担保行为”，不得再予撤销。还有的人认为，担保的“同时”，是指主合同与物权担保合同签订的同时，即使在破产案件受理时尚未办理担保登记，也属于“同时担保行为”，具有设定物权担保的效力。[②]

本书认为，要求合同签订与担保物权登记两者均在可撤销期间前完成的观点显然是不妥的，因为对这样的担保不需要借助“同时担保行为”，其也不属于可撤销的担保行为。而只要合同签订与担保物权登记均在破产案件受理前完成，就可认定为“同时担保行为”的观点，又忽视了两者之间可能存在不合理的过长时间差，以及虽同时签订主合同与担保合同但因时间距离破产案件受理过短而未来得及办理担保登记等特殊情况。至于只要签订担保合同，在破产案件受理时担保物权未登记也属于“同时担保行为”的观点，显然也是存在适用漏洞的。对此问题必须根据《企业破产法》的立法本意、《物权法》等相关立法的有关规定以及实务中的具体情况区别处理。

其一，根据物权担保设立生效时间确定担保效力。依据《物权法》的规定，抵押权的设立分为自抵押登记时设立和自抵押合同生效时设立两种情况。第一种情况适用于不动产担保，抵押权的登记是生效要件，而不仅是对抗要件。第二种情况适用于动产浮动抵押担保，根据《物权法》第 181、188、189 条的规定，以现有的或者“现有的以及将有的生产设备、原材料、半成品、产品”，“交通运输工具”，“正在建造的船舶、航空器抵押的”，抵押权自抵押合同生效时设立；未经登记，不得对抗善意第三人。在此种情况下，抵押权的登记不是生效要件，仅是对抗要件。需注意的是，在抵押权自抵押合同生效时设立的情况下，其他破产债权人原则上不被视为善意第三人。善意第三人的问题只有在第三人就抵押权标的存在直接交易的前提下才会产生，只有在交易中产生直接利益，具有直接法律关系的当事人才有可能成为善意第三人。

据此，法律规定“抵押权自抵押合同生效时设立”的，抵押权的登记延迟至可撤销期间之内，抵押权依然成立，不得依破产法予以撤销。因延迟登记并不影响其已在可撤销期间之前生效成立的事实，而在破产案件受理前的登记又使其效力得以补全，故不得撤销。

其二，为办理担保物权登记预留合理宽限期间。对于法律规定“抵押权自登记时设立”的，同时担保的抵押合同签订后，无正当理由在可撤销期间内将登记时间不适当地拖延，以至于有理由视为具有补充提供担保的，可以依法撤销。但是，应当给当事人预留从抵押合同签订

① ［德］莱因哈德·波克：《德国破产法导论》，王艳柯译，6 版，115 页，北京：北京大学出版社，2014。

② 参见王欣新：《论“对没有财产担保的债务提供财产担保”行为的认定》，载《人民法院报》，2016-01-27。

至到登记机关办理抵押权登记手续的合理期间。凡是在合理期间内完成登记的，即使是在可撤销期间内，也应视为“同时担保行为”。根据联合国国际贸易法委员会《担保交易立法指南》的建议，办理担保登记的宽限期为 20 至 30 天。[1] 我国的物权担保登记制度建立时间较短，很多方面尚不完善，所以登记宽限期间应当较之其他国家的更长一些方为合理。对于债务人与债权人在可撤销期间内签订主合同的同时签订抵押等担保从合同，但在破产案件受理前未能及时办理担保权登记的，如果间隔期在登记宽限期内，也应考虑允许其在案件受理后办理担保权登记，并应视为担保权成立，以保障“同时担保”债权人的正当权益。需要注意的是，“抵押权自抵押合同生效时设立”的动产担保登记，原则上不受须在宽限期内完成的限制。

对未能在宽限期内办理物权担保登记的，还需看其延误登记的原因，如果是登记机关的过错或者其他不应归咎于担保权人的客观原因如不可抗力等造成的，则不应对物权担保予以撤销，但需防止有人利用此点作为欺诈性设置物权担保的挡箭牌。

第五，在破产程序启动前，债务人企业为了摆脱债务困境，往往向银行请求进行新旧贷款更替，这时的设置担保是否构成可撤销行为，需要区分情况认定。本书认为，如果债务人先还清无财产担保的旧贷款，再在向银行申请获得新贷款的同时为新贷款提供财产担保，也就是通常所说的“还旧借新”，应属于同时担保行为。但如果债务人采取“借新还旧”的模式，即先行向银行借款，然后用新贷款清偿欠付银行的旧贷款债务，并由债务人以自己的财产为新贷款提供担保。这时所谓新旧贷款名义上是两个合同，但实质上是对原贷款合同的延期，并补充提供了原不存在的担保，可以认定其构成实质性的“对没有财产担保的债务提供财产担保”，应当予以撤销。

（3）危机期间的个别清偿行为

《企业破产法》第 32 条规定：“人民法院受理破产申请前六个月内，债务人有本法第二条第一款规定的情形，仍对个别债权人进行清偿的，管理人有权请求人民法院予以撤销。但是，个别清偿使债务人财产受益的除外。”据此，债务人已知自己不能清偿到期债务，并且资产也不足以清偿全部债务，仍在破产危机期间恶意对个别债权人进行清偿，损害其他债权人的利益，所以对其行为应予以撤销。需要注意的是，这里规定的“对个别债权人进行清偿”，是指对无财产担保债权人的个别清偿，对债务人就该项债务提供有物权担保的债权人在担保物市价范围内进行的清偿不在此限。因有财产担保的债权人即使在破产程序中仍享有优先受偿权，可以个别受偿。但在担保财产价值不足以清偿担保债权的情况下，债权清偿中超出担保财产价值的部分属于偏袒性清偿。此外，所谓个别清偿仅指对已形成之债权的清偿，不包括同时履行行为，如即时清结的买卖。

对破产案件受理前，债务人在明知已丧失清偿能力的情况下对到期债务的清偿行为能否撤销，不同国家和地区的立法规定不一。依我国台湾地区“破产法”之规定，对到期债务的清偿不属于可撤销行为，因此时的清偿仍属于债务人应履行的法定义务。我国台湾地区学者史尚宽先生认为，“对于已届清偿期之债权为清偿结果，致其剩余财产不足清偿其他债权时，虽有主张此时亦得为撤销，然依债务之内容为清偿者，应不为有害行为。盖清偿已存之债务为债务人义务之履行，对于债务人的总财产并无所增减。债权人平等之原则并非限制债务人之自由为清

---

[1] 参见联合国国际贸易法委员会《担保交易立法指南》，375 页。

偿，债权人如欲求平等比例之清偿，则应依破产程序为之”①。但也有一些国家采相反做法，如《德国支付不能法》第130条规定，对到期债务的恶意清偿也可以被撤销；日本破产法基于本意清偿之学说，也有相似规定。

目前在我国的司法实践中，一些债务人出于逃避债务、偏袒清偿等原因，往往在破产申请之前恶意地优先清偿其关联企业或亲朋好友等特定债权人的到期债务，使其他债权人的利益在随后启动的破产程序中受损。《企业破产法》第32条的规定，解决了对此类恶意清偿行为的撤销问题。不过，此项规定乃一柄“双刃剑”。它虽然具有制约恶意优先清偿之作用，但同时也会使债务人在此期间内所有的自愿或非自愿的清偿行为面临可能被撤销的风险，损害善意第三人的权益，可能影响交易的安全和经济秩序的稳定。

根据该条规定，个别清偿使债务人财产受益的除外，不予撤销。但在债务人已知其不能清偿到期债务时对个别债权人进行的清偿，从理论上讲，一般是不可能使债务人财产受益的。有的人认为，只要是低于债务数额的清偿就是使债务人财产受益，如债务本金利息合计100万元的，只需清偿本金80万元，免除利息20万元，就是使债务人财产受益。这种计算方法是错误的。判断债务人财产是否受益的标准，不是实际清偿数额是否低于债务名义数额，而是实际清偿数额是否低于该债权额在破产程序中可能得到的清偿数额。对此项规定的适用范围应当予以限定，若不加限制地普遍实施，债务人陷入财务困境后只要对某一债权人清偿，其他未得到清偿的债权人就可以提出破产申请，并在案件受理之后，立即要求撤销对该债权人的清偿。所有债权人依法本应得到的清偿都将变成不确定的，这对人们的经济活动预期将产生严重的不良影响，正常的债务清偿活动也将无法进行，该项规定对债务清偿秩序所产生的不利影响，与其可能保护的正当权益相比，显然是不相对应的。

本书认为，对此类行为的撤销应限定在债务人恶意所为的范围内，并需对恶意的认定作出完善规定。第一，债务人与接受清偿的债权人均已知道债务人发生破产原因、不能清偿到期债务，双方仍恶意串通对债务进行清偿的，应予以撤销。第二，虽然债务人已经发生破产原因，但为维系其基本生产、生存的需要而进行的个别清偿行为，如对水、电、燃气等费用的支付，对职工工资等劳动报酬的清偿，不应属于可撤销的范围。第三，对清偿是否存在恶意，还可以根据被清偿的债权人与债务人有无关联关系或其他特殊利益关系来确认。债务清偿是基于双方存在关联关系或其他特殊利益关系而进行的，应予以撤销。

为解决对合理清偿的保护问题，《破产法解释二》第16条规定：“债务人对债权人进行的以下个别清偿，管理人依据企业破产法第三十二条的规定请求撤销的，人民法院不予支持：（一）债务人为维系基本生产需要而支付水费、电费等的；（二）债务人支付劳动报酬、人身损害赔偿金的；（三）使债务人财产受益的其他个别清偿。”这一规定从不予撤销的角度体现了对到期债务合理清偿的基本保护，尤其值得注意的是，将人身损害赔偿金的清偿列入不可撤销的范围，实际上使其获得了某种意义上优先的清偿顺位，体现了对生存权、健康权等特殊社会权利的保护。

① 史尚宽：《债法总论》，471页，台北，荣泰印书馆，1986。

（四）对司法与执行行为的撤销

在司法实践中，某些债务人为达到破产欺诈、偏袒性清偿的目的，在可撤销期间内利用双方合谋提起的诉讼或仲裁程序，对于依法可撤销的违法行为如对到期债务的偏袒性清偿、对原来没有财产担保的债务提供财产担保等，通过法院的判决、裁定、调解书或仲裁裁决等形式获得法律执行效力，借助法院的司法执行效力实现可撤销行为的合法化，损害债权人的利益，由此便产生对执行行为的撤销问题。

对以执行方式进行的可撤销行为（包括已经取得执行名义的法院判决书、调解书等确定的权利义务），一些国家的破产立法规定其是可以撤销的。如《日本破产法》第 75 条“执行行为的否认”规定：“就欲否认的行为，虽有有执行力的债务名义，或其行为系基于执行行为者，亦不妨碍否认权的行使。”①《德国支付不能法》第 141 条“执行名义”也规定：“对法律行为已经取得具有执行力的债务名义，或行为系因强制执行所取得的，不因此而排斥撤销权。”所以，在这些国家中，可撤销的行为中包括基于执行行为、法院裁判等发生的财产变动行为。在我国的《企业破产法》中未对执行行为能否撤销作出规定，学者对此问题也观点不一。本书认为，在债务人具有清偿能力的情况下，自动履行生效裁判或被强制执行是债务人的法律义务，也是法院生效裁判执行力的体现。所以，除法院依法定程序可以撤销执行行为外，其他人是无权否认其效力并加以撤销的。但在债务人丧失清偿能力的情况下，其在可撤销期间内为达到对个别债权人偏袒清偿等非法目的而利用执行名义进行的可撤销行为，尤其是恶意操纵制造执行力效果者，违背破产法公平受偿的基本原则，损害多数债权人的利益，所以应予以撤销。但是，自动履行或被强制执行生效裁判在法律形式上毕竟是债务人的义务，如执行行为可以任意被推翻，也将影响到交易安全和经济秩序，所以对其虽可行使撤销权，但法律应设置严格的条件，即以当事人存在主观恶意为前提。

对执行行为行使撤销权的方式，从理论上讲有两种：第一，由管理人通过再审程序等相应程序撤销错误的判决等作为执行依据的法律文书，行使撤销权。第二，由管理人依据破产法直接向受理破产案件的人民法院起诉请求行使撤销权，撤销债务人的财产处分行为。第一种方式在传统法律体系框架之内，无须多加分析，但在权利行使方面可能会遇到繁复程序和地方保护主义，耗时甚长，较为困难，不太有利于对债权人利益的维护。如果撤销权的行使确须通过此种方式解决，则对管理人提出的破产撤销权再审申请的条件应适当予以放宽，法院接到再审申请原则上应当予以受理，并依据破产法有关撤销权的规定进行审理，尽快作出判决。第二种方式有利于充分体现破产撤销权的作用，维护债权人的利益，但是在形式上可能与目前的民事诉讼法体系存在不协调的问题，需要有法律依据作为支撑。此外，在第二种方式中，破产撤销权的实质是对债务人违法财产处分行为的撤销，撤销的是债务人的行为，而不是原生效的法律文书，所以对违法行为行使的破产撤销权与原执行行为是基于两个不同的法律、不同的法律事实而进行的行为，破产撤销权的行使可以不涉及对原执行依据法律文书的撤销和执行回转。

针对这一问题，《破产法解释二》第 15 条规定：“债务人经诉讼、仲裁、执行程序对债权人进行的个别清偿，管理人依据企业破产法第三十二条的规定请求撤销的，人民法院不予支

---

① ［日］石川明：《日本破产法》，何勤华、周桂秋译，263 页，北京，中国法制出版社，2000。

持。但是，债务人与债权人恶意串通损害其他债权人利益的除外。”对这一规定，在理解与执行上需注意以下几点。第一，本条规定适用于《企业破产法》第32条规定的情况，不适用于其第31条规定的情况（本书认为这一限制是不妥的）。第二，对债务人经诉讼、仲裁、执行程序对债权人进行的到期债务个别清偿，以不撤销为原则，以撤销为例外。第三，例外的情况限于债务人与债权人恶意串通损害其他债权人利益。第四，在债务人与债权人恶意串通损害其他债权人利益的情况下，从本条规定的文字与逻辑上可以看出，管理人可以对此直接提出撤销权诉讼，而不是提起再审程序，这是本条的一个关键性内容。

此外，《破产法解释三》第7条第2款规定：“管理人认为债权人据以申报债权的生效法律文书确定的债权错误，或者有证据证明债权人与债务人恶意通过诉讼、仲裁或者公证机关赋予强制执行力公证文书的形式虚构债权债务的，应当依法通过审判监督程序向作出该判决、裁定、调解书的人民法院或者上一级人民法院申请撤销生效法律文书，或者向受理破产申请的人民法院申请撤销或者不予执行仲裁裁决、不予执行公证债权文书后，重新确定债权。”根据此规定，在撤销权行使中涉及生效法律文书等存在错误的，只能通过审判监督程序或申请撤销或者不予执行仲裁裁决、不予执行公证债权文书等方法解决。两个司法解释之间似存在不协调的问题。

（五）对债务人与其关联人交易行为的撤销

我国破产法对债务人与其关联人进行的有损债权人利益行为的撤销未作特殊规定，这就使撤销权对债权人权益的保护存在重大漏洞。因为对非关联关系下的可撤销行为的法律调整，是建立在行为当事人均为独立利益主体的前提下，而债务人与其关联人之间通常可能存在共同利益，甚至彼此就是统一的利益共同体。所以，当可撤销行为发生在债务人与其关联人之间时，往往具有潜伏期更长、隐蔽性更强、对债权人损害更大等特征，故许多国家的破产法对之作出了更为严厉的特殊规定，如更长的可撤销期间、更广泛的撤销范围等。

《美国破产法》规定，一般违法行为的可撤销期间是在申请破产前的90日内，但如果其行为人是破产法第101条（定义）第30项中规定的内部人，则此期限将延长至1年。内部人包括：

1. 如果债务人是个人，下列人员为内部人：债务人或债务人是一般合伙人的亲属；债务人是其一般合伙人的合伙企业；债务人的一般合伙人；或者债务人是公司的董事、高级管理人员或者控制人。

2. 如果债务人是法人，下列人员为内部人：债务人的董事；债务人的高级管理人员；债务人的控制人；债务人在其中是一般合伙人的合伙企业；债务人的一般合伙人；或债务人的一般合伙人、董事、高级管理人员或控制人的亲属。

3. 如果债务人是合伙企业，下列人员为内部人：债务人中的一般合伙人；合伙企业中的一般合伙人，合伙企业中的一般合伙人或合伙企业的控制人的亲属；债务人是其一般合伙人的合伙企业；债务人的一般合伙人；或债务人的控制人。

4. 如果债务人是债务人的市政当局选举产生的官员及其亲属。

5. 关联公司，或关联公司的内部人，关联公司视为债务人。

6. 债务人的经理人。[①]

我国破产法也应当借鉴其他国家立法之有益经验，参考在《证券法》《公司法》等相关法律、法规中对关联人所作的界定，对债务人与其关联人之间行为的撤销作出相应特别规定，尤其是需要规定更长的可撤销期间、对行为人主观恶意的推定等，以更好地维护债权人的利益。

八、可撤销行为的法律责任

债务人及其相关人员进行可撤销的违法行为，应当追究其法律责任。《企业破产法》第128条规定，债务人有法律规定的无效行为和可撤销行为，损害债权人利益的，债务人的法定代表人和其他直接责任人员依法承担赔偿责任。《破产法解释二》第18条规定："管理人代表债务人依据企业破产法第一百二十八条的规定，以债务人的法定代表人和其他直接责任人员对所涉债务人财产的相关行为存在故意或者重大过失，造成债务人财产损失为由提起诉讼，主张上述责任人员承担相应赔偿责任的，人民法院应予支持。"《企业破产法》第131条规定："违反本法规定，构成犯罪的，依法追究刑事责任。"

本书认为，我国破产法还应进一步完善有关民事法律责任的规定，适当扩大对违法行为的处罚对象范围。因破产企业的一些违法行为是在与行为对方当事人合谋下进行的，对这些债务人企业之外违法人员的行为也必须给予相应的处罚，尤其是强化对其民事责任的追究。所以，在受让人明知或应知其与债务人进行的可撤销行为会损害债权人利益时，应视为其具有共同侵权故意，对其造成的债权人财产损失应与破产企业的行为人承担连带赔偿责任。此外，在将来破产法适用于自然人时还应规定，对恶意进行可撤销行为的破产人不予免责，对其在公、私法上所受的权利或资格限制不予复权，以此树立一种利益导向，在全社会大力倡导诚实守信之理念。

对破产欺诈行为刑事责任的规定，不是破产法自身所能解决的。为此，《企业破产法》起草工作组在进行破产立法时建议，由全国人大常委会制定相应的刑法修正案，对破产犯罪问题及时作出规定，以保证《企业破产法》的顺利实施。

2006年6月29日，第十届全国人民代表大会常务委员会第二十二次会议通过了《中华人民共和国刑法修正案（六）》，自公布之日起施行。该修正案的第6条规定："在刑法第一百六十二条之一后增加一条，作为第一百六十二条之二：'公司、企业通过隐匿财产、承担虚构的债务或者以其他方法转移、处分财产，实施虚假破产，严重损害债权人或者其他人利益的，对其直接负责的主管人员和其他直接责任人员，处五年以下有期徒刑或者拘役，并处或者单处二万元以上二十万元以下罚金。'"

这一规定对于打击欺诈破产犯罪，制止实践中严重的虚假破产逃债行为，保障破产法的正确实施，起到了重要的作用。而且由于其在对破产违法行为作列举规定的同时还概括性地规定，"以其他方法转移、处分财产""严重损害债权人或者其他人利益的"行为也构成犯罪，因而更有利于灵活运用法律打击实践中多种多样的欺诈破产犯罪行为。

但是，这一规定也存在需要修改完善之处，其问题出在修正案规定的"虚假破产"一词

① 参见李飞主编：《当代外国破产法》，454、455页，北京，中国法制出版社，2006。

上。所谓“虚假破产”，在法律上尤其是破产法上是有特定含义的，它是指债务人未发生破产原因而在隐匿、转移财产后通过虚假破产的行为逃避债务。在司法实践中的确存在虚假破产的逃债行为，但更为大量存在的是债务人确实已经发生破产原因，在真实的破产而非虚假的破产中，通过隐匿财产、承担虚构的债务或者以其他方法转移、处分财产，严重损害债权人或者其他人利益。因为在虚假的破产中，债务人对其财产还存在一定的以净资产等方式体现的实质利益，而企业的破产将使其丧失这部分实质利益，即只有损失这部分实质利益才能进行破产欺诈行为。而在真实的破产中，债务人对其财产已经完全丧失实质利益，更易引发破产欺诈行为等道德与法律风险。按照前述刑法修正案的文字规定，以“实施虚假破产”作为犯罪构成要件之一，将使这部分“真实破产”情况下的欺诈犯罪无法被纳入追究刑事责任的范围之内，从而使法律对破产犯罪的调整存在巨大的漏洞。

据《法制日报》2006年6月25日报道，原提交全国人大常委会审议的刑法修正案的规定是，公司、企业“为通过破产逃避债务而隐匿财产、承担虚构的债务或者以其他方式转移、处分财产，严重损害债权人或者其他人利益”的行为构成犯罪。尽管这一规定方式也存在不够完善之处，例如将“为通过破产逃避债务”设定为犯罪目的，未能将给特定债权人欺诈性优惠清偿等非逃避债务型的破产欺诈行为涵盖在内，但其却可以将“虚假破产”和“真实破产”情况下的破产欺诈犯罪均纳入追究刑事责任的范围之内。生效的刑法修正案规定产生的后果是，最高人民法院和最高人民检察院在依照《中华人民共和国刑法修正案（六）》确定罪名时，只能将罪名确定为虚假破产罪，而不是其他国家普遍规定的破产欺诈罪。

除此之外，本书认为，为进一步完善破产刑事法律责任的规定，应当借鉴其他国家的有关立法，扩大对破产欺诈逃债行为的处罚对象范围。如前所述，破产企业的一些违法犯罪行为只能是在与相对人（包括个别债权人）共谋下进行，而将破产犯罪的处罚对象仅仅局限于公司、企业中直接负责的主管人员和其他直接责任人员，无法涵盖实践中复杂的违法犯罪行为主体。只有立法规定对其他破产违法犯罪人员的行为也给予相应的处罚，方能切实全面打击目前司法实践中猖獗的破产欺诈行为，保证我国破产法的顺利实施，维护社会经济秩序。

在完善可撤销行为法律责任的同时，我国还应建立保障撤销权制度的法律监督机制，对此，必须加强上级法院对下级法院的司法监督。破产案件的审理具有不可逆转性，如何在不影响破产案件审理效率的情况下合理解决监督机制，使破产案件中存在的破产欺诈等问题能够得到及时纠正，是破产立法必须进一步考虑加以解决的问题。

九、建立撤销权的合理制衡机制

早期的破产法完全是从保护债权人利益的角度解决债务人丧失清偿能力时的清偿问题。此后，随着社会的发展，破产法的理念逐渐发生变化。如果从立法的本位角度考查，我们可以说破产法是经历了从债权人本位到债权人与债务人的利益平衡本位，再到社会利益与债权人、债务人利益并重的变化和发展过程。随着免责制度、股东有限责任制度、和解、重整等制度的建立，破产法所寻求的，已不再是债权人和债务人两极间的平衡，而是加入了社会力量，形成在三维方向和三极层面上作用力量的平衡关系。这种平衡关系同样应当在撤销权制度上得到体现，只有通过科学、合理地协调债务人与债权人的关系、多数债权人与个别债权人的关系、债权人与可撤销交易相对人的关系，解决诸多利益冲突，方能真正彰显破产法的公平本质。

破产撤销权之设置是以维护债权人整体利益、保证公平清偿为基础的，所以其不得不在一定程度上舍弃对债务人与行为相对人交易自由的保护，通过对债务人无偿转让、非正常交易、偏袒性清偿等债务人具有清偿能力时在民法上有效行为的撤销，来维护债务人与债权人之间、债权人相互之间的实质平等，实现破产财产分配上的公平与正义。为此，撤销权的行使难免与民法上的契约自由等原则发生冲突，需要人们在公平、正义、平等的价值观念之间以及债权人的整体利益与个别利益的维护方面进行权衡并作出选择。利益法学派的先驱博登海默曾指出："为了使利益得到正当的平衡，法官必须仔细考量占支配地位的道德情感和探究当时当地的社会经济条件。法官应当尽可能地尊重当事人的自主意志——如在合同、遗嘱和其他交易中所表示出来的那些意志，但是他应当注意，当事人的这种自主意志不能与公共秩序的基本原则发生冲突。"①

对当事人行为的撤销必然会影响到交易的安全与稳定，所以如果在设置撤销权时过于强调债权人（整体）的利益而忽视其他主体的正当利益，同样可能会造成市场经济秩序的混乱。著名破产法学者 R. M. Goode 曾指出，撤销权法律规范在本质上具有多样性，对可撤销行为的调整必须采用诸多的方式，而且撤销权的立法政策和哲理基础也往往不清晰明了，而是包含了许多的例外。② 为此，必须强调在撤销权上的利益平衡，对于某些当事人以诚实善意进行的行为，虽然可能减损了债务人的责任财产，影响了债权人的整体利益，也不宜简单地予以撤销。这便是诚实信用原则在破产法中的体现，只有恰当地平衡各方当事人的利益，才能保证撤销权制度的立法价值得以顺利实现，这也是我国破产法今后仍需不断努力完善的方向。

第三节 债务人财产的收回与清理

一、债务人财产的收回

管理人在就任之后，其一项重要的职责就是要尽力收回、清理债务人的财产，使债权人得到更多的清偿。除收回债务人在外的财产、追讨其债权等一般性清算工作之外，破产立法还对债务人的财产收回、清理作出了一些特殊规定。

《企业破产法》第 35 条规定："人民法院受理破产申请后，债务人的出资人尚未完全履行出资义务的，管理人应当要求该出资人缴纳所认缴的出资，而不受出资期限的限制。"根据《公司法》规定，出资人可以分期履行缴纳出资的义务。实践中，可能出现在人民法院受理破产申请后，债务人的出资人尚未完全履行出资义务的情况，其中包括因尚未到出资缴纳期限而未履行出资义务以及已到出资缴纳期限而未履行出资义务等不同情况。由于修改后的《公司

---

① ［美］博登海默：《法理学、法律哲学与法律方法》，邓正来译，145 页，北京，中国政法大学出版社，1999。

② 转引自常鹏翱：《论撤销权》，载梁慧星主编：《民商法论丛》，第 19 卷，135 页，香港，金桥文化出版（香港）有限公司，2001。

法》规定，出资人是以其认缴或认购的出资额对公司承担法律责任，而不是以实缴的出资额承担责任，所以在破产案件受理后，管理人应当要求债务人的尚未完全履行出资义务的出资人，立即缴纳所认缴而未缴纳的出资，用于对债权人的清偿，而不受出资期限是否已到的限制。

为更为好地解决出资人欠缴出资的问题，《破产法解释二》第 20 条规定："管理人代表债务人提起诉讼，主张出资人向债务人依法缴付未履行的出资或者返还抽逃的出资本息，出资人以认缴出资尚未届至公司章程规定的缴纳期限或者违反出资义务已经超过诉讼时效为由抗辩的，人民法院不予支持。管理人依据公司法的相关规定代表债务人提起诉讼，主张公司的发起人和负有监督股东履行出资义务的董事、高级管理人员，或者协助抽逃出资的其他股东、董事、高级管理人员、实际控制人等，对股东违反出资义务或者抽逃出资承担相应责任，并将财产归入债务人财产的，人民法院应予支持。"据此，无论是未缴付出资，还是抽逃出资，出资人都必须承担相应的法律责任，而且管理人追缴出资的诉讼不适用时效规定。此外，对出资人欠缴出资负有连带责任者、负有监督义务者，以及协助抽逃出资者，管理人均可以主张要求其承担相应责任，这可以更有利于维护债权人权益。

为维护债权人及债务人的合法权益，《企业破产法》第 36 条规定："债务人的董事、监事和高级管理人员利用职权从企业获取的非正常收入和侵占的企业财产，管理人应当追回。"所谓"非正常收入"，不是非法收入。通常是指在企业经营正常的情况下属于正常收入，但在企业陷于破产境地、发生破产原因时，则因其取得具有不合理性而成为非正常的收入。为明确非正常收入的范围，《破产法解释二》第 24 条规定："债务人有企业破产法第二条第一款规定的情形时，债务人的董事、监事和高级管理人员利用职权获取的以下收入，人民法院应当认定为企业破产法第三十六条规定的非正常收入：（一）绩效奖金；（二）普遍拖欠职工工资情况下获取的工资性收入；（三）其他非正常收入。债务人的董事、监事和高级管理人员拒不向管理人返还上述债务人财产，管理人主张上述人员予以返还的，人民法院应予支持。债务人的董事、监事和高级管理人员因返还第一款第（一）项、第（三）项非正常收入形成的债权，可以作为普通破产债权清偿。因返还第一款第（二）项非正常收入形成的债权，依据企业破产法第一百一十三条第三款的规定，按照该企业职工平均工资计算的部分作为拖欠职工工资清偿；高出该企业职工平均工资计算的部分，可以作为普通破产债权清偿。"这一规定可以有效地解决在企业已经发生破产原因的情况下，债务人的董事、监事和高级管理人员却仍可利用职权获取绩效奖金，或在普遍拖欠职工工资的情况下却不拖欠自己的工资，或获取其他非正常收入的不合理现象，同时也对非正常收入的合理处理作出相应规定。

在人民法院受理破产申请后，管理人可以通过清偿债务或者提供为债权人所接受的担保，取回债权人占有的质物、留置物。因为设置有质权、留置权的债权就质物、留置物享有优先受偿权，所以在担保物的价值范围内清偿这些债权不会造成不公平清偿的情况。在重整、和解程序中，管理人为继续生产经营，需要使用质物、留置物时，可以采取上述办法。管理人所作的债务清偿或者替代担保，在质物或者留置物的价值低于被担保的债权额时，以该质物或者留置物当时的市场价值为限。否则，就可能出现对无担保债权不公平清偿的情况。为维护债权人的利益、保障对上述事务处理的正当程序，《破产法解释二》第 25 条规定："管理人拟通过清偿债务或者提供担保取回质物、留置物，或者与质权人、留置权人协议以质物、留置物折价清偿债务等方式，进行对债权人利益有重大影响的财产处分行为的，应当及时报告债权人委员会。

未设立债权人委员会的，管理人应当及时报告人民法院。”

二、代位权等诉讼的处理

为了规范对破产申请受理前人民法院受理的就债务人财产提起的代位诉讼等个别清偿诉讼的审理，《破产法解释二》第21条规定：“破产申请受理前，债权人就债务人财产提起下列诉讼，破产申请受理时案件尚未审结的，人民法院应当中止审理：（一）主张次债务人代替债务人直接向其偿还债务的；（二）主张债务人的出资人、发起人和负有监督股东履行出资义务的董事、高级管理人员，或者协助抽逃出资的其他股东、董事、高级管理人员、实际控制人等直接向其承担出资不实或者抽逃出资责任的；（三）以债务人的股东与债务人法人人格严重混同为由，主张债务人的股东直接向其偿还债务人对其所负债务的；（四）其他就债务人财产提起的个别清偿诉讼。债务人破产宣告后，人民法院应当依照企业破产法第四十四条的规定判决驳回债权人的诉讼请求。但是，债权人一审中变更其诉讼请求为追收的相关财产归入债务人财产的除外。债务人破产宣告前，人民法院依据企业破产法第十二条或者第一百零八条的规定裁定驳回破产申请或者终结破产程序的，上述中止审理的案件应当依法恢复审理。”第22条规定：“破产申请受理前，债权人就债务人财产向人民法院提起本规定第二十一条第一款所列诉讼，人民法院已经作出生效民事判决书或者调解书但尚未执行完毕的，破产申请受理后，相关执行行为应当依据企业破产法第十九条的规定中止，债权人应当依法向管理人申报相关债权。”

在破产案件受理前，“债务人可能存在怠于行使自身权利或者在股东的控制下侵害债权人利益的情形，比如怠于向债务人自身的债务人主张到期债权，怠于向出资人、发起人或者负有监督股东履行出资义务的董事、高级管理人员或者协助抽逃出资对的其他股东、董事、高级管理人员、实际控制人等主张出资不实、抽逃或者协助抽逃出资等责任，或者受出资人控制，与出资人存在人格混同等情形。此时，为了保护债权人的利益，法律赋予债权人相关权利，直接向有关当事人主张权利。但在基于债务人财产而提起的诉讼尚未审结的情形下，如果法院受理了破产申请，这些未结诉讼的处理则涉及到破产程序中公平清偿债权的原则问题。此时，法律需要综合考虑债务人与个别债权人之间、个别债权人与全体债权人之间利益的平衡。”[①]《破产法解释二》第21条、第22条便是专门对此问题作出的规定。处理的基本规则是，在破产程序中停止所有损害破产公平清偿原则的个别清偿，为此针对不同情况规定了中止审理、驳回诉讼请求、恢复审理以及中止执行的措施，并对债权人在一审中变更其诉讼请求，将追收的相关财产归入债务人财产、不影响破产公平清偿的情况作为例外处理。

《破产法解释二》第23条还对破产申请受理后债权人就债务人财产提起上述诉讼的处理作出规定，指出“破产申请受理后，债权人就债务人财产向人民法院提起本规定第二十一条第一款所列诉讼的，人民法院不予受理。债权人通过债权人会议或者债权人委员会，要求管理人依法向次债务人、债务人的出资人等追收债务人财产，管理人无正当理由拒绝追收，债权人会议依据企业破产法第二十二条的规定，申请人民法院更换管理人的，人民法院应予支持。管理人

① 奚晓明主编：《最高人民法院关于企业破产法司法解释理解与适用》，274、275页，北京，人民法院出版社，2013。

不予追收，个别债权人代表全体债权人提起相关诉讼，主张次债务人或者债务人的出资人等向债务人清偿或者返还债务人财产，或者依法申请合并破产的，人民法院应予受理。”据此，首先，破产申请受理后，为个别清偿目的而提起的诉讼不再被受理。其次，为破产集体共同清偿目的，债权人可以通过债权人会议或者债权人委员会要求管理人追收债务人财产。再次，管理人无正当理由拒绝追收的，债权人会议可以申请人民法院更换管理人。最后，管理人不予追收时，个别债权人还可以代表全体债权人提起相关诉讼，或者依法申请合并破产，以维护债权人共同清偿利益。

三、取回权

破产法上的取回权分为一般取回权与特别取回权。一般取回权，是指在管理人接管的债务人财产中有属于他人财产时，该财产的权利人享有的不依破产程序取回其财产的权利。对于一般取回权，各国破产法中均有规定。

特别取回权通常包括出卖人取回权、行纪人取回权和代偿取回权，并非所有的国家之立法对各项特别取回权均有规定。出卖人取回权，在我国《企业破产法》中有规定，其内容将在后文中详述。行纪人取回权，是指行纪人受委托人的委托购入货物，于异地向委托人发送，委托人尚未收到又未付清价款时进入破产程序，行纪人享有取回委托物的权利。行纪人取回权与出卖人取回权在法理上是相同的，其独立意义不大，故本书不再赘述。代偿取回权，是指当取回权的标的财产被非法转让或灭失时，该财产的权利人有权取回转让其财产所得到的对待给付财产或补偿金。对于代偿取回权，目前我国《企业破产法》中虽然尚无明确规定，但是因为其在一般民事法理上是可以成立，所以《破产法解释二》对其作出了原则规定，在司法实践中也都是予以承认的。

（一）一般取回权

《企业破产法》第 38 条规定：“人民法院受理破产申请后，债务人占有的不属于债务人的财产，该财产的权利人可以通过管理人取回。但是，本法另有规定的除外。”这是我国立法对一般取回权的规定。

各国（地区）学者对一般取回权概念的理论表述基本相同，如我国台湾地区学者陈荣宗认为，取回权系指破产管理人占有不属于破产财团之他人财产，财产之权利人得不依破产程序，直接对该项财产行使权利，从破产财团取回其财产之权利。[①]

取回权是基于民事法律产生的。管理人管理的财产范围应以债务人的财产为限，如误将他人财产划入，则是对该财产权利人的侵害。但是，管理人在接管债务人财产时，时间紧迫，不可能立即查明债务人占有的所有财产中哪些属于债务人，哪些不属于债务人，并立即将非债务人财产主动归还权利人。在实践中，为维护全体债权人的利益，管理人只能将债务人占有的全部财产不加区分地一并先予接管，然后再甄别处理，这就有可能将原不属于债务人的他人财产也纳入其管理之下。依据民事法律规定，在这种情况下，权利人有权要求返还其原物，破产法

① 参见陈荣宗：《破产法》，再版，218 页，台北，三民书局，1986。

上的取回权即是依此产生的。管理人的一项重要职责，就是要使其实际占有、管理的债务人财产范围，与破产法规定的债务人财产范围一致。所以，从本源上讲，这一权利并非为破产法所创设，只是因其在破产程序中的行使特点，而称之为取回权。

在破产程序中，取回权是针对特定物行使的一种优先权利。在行使对象为特定物这一点上，取回权与别除权相同，但两者行使对象的财产所有者却不同。取回权是权利人对自己的财产行使权利，所以只要该财产存在，通常就没什么损失风险。而别除权是对债务人的担保财产行使优先受偿权利，不易控制，且可能出现担保物价款不足清偿债权的情况。

取回权的基础权利主要是物权，尤其是所有权，但也不能完全排除依债权产生取回权的情况。司法实践中，取回权主要表现为加工承揽人破产时，定作人取回定作物；承运人破产时，托运人取回托运货物；承租人破产时，出租人收回出租物；保管人破产时，寄存人或存货人取回寄存物或仓储物；受托人破产时，信托人取回信托财产；等等。所有权以外的其他物权，如占有权、质权、留置权等，也可构成取回权。取回权的标的物既包括被债务人合法占有的他人财产，也包括被债务人不法占有的他人财产。此外，在个别情况下，取回权的标的财产已经为取回权人所占有（如出租物因交由取回权人维修而占有），当管理人要求返还时，取回权人则可通过主张取回权予以拒绝。

一般取回权在破产案件受理后即形成，其行使不受破产程序限制，既不需要依破产程序向法院或管理人申报权利，也不需要等待破产财产之分配。由于取回权标的物之财产处于管理人占有之下，权利人必须以管理人为相对人，通过其取回财产。行使一般取回权，在双方无争议时，可由权利人直接向管理人提出取回财产；如有争议，按照《企业破产法》的规定，则应通过诉讼解决。《破产法解释二》第 27 条规定："权利人依据企业破产法第三十八条的规定向管理人主张取回相关财产，管理人不予认可，权利人以债务人为被告向人民法院提起诉讼请求行使取回权的，人民法院应予受理。权利人依据人民法院或者仲裁机关的相关生效法律文书向管理人主张取回所涉争议财产，管理人以生效法律文书错误为由拒绝其行使取回权的，人民法院不予支持。"但是，案件符合再审条件的，管理人可以提起再审程序纠正其认为存在的错误。权利人在取回定作物、保管物等财产时，如果存在相应的对待给付义务，则应向管理人交付加工、保管等费用后才可以取回财产，否则管理人可以行使留置权。《破产法解释二》第 28 条规定："权利人行使取回权时未依法向管理人支付相关的加工费、保管费、托运费、委托费、代销费等费用，管理人拒绝其取回相关财产的，人民法院应予支持。"根据《破产法解释二》第 26 条的规定，权利人行使一般取回权，应当在破产财产变价方案或者和解协议、重整计划草案提交债权人会议表决前向管理人提出。权利人在上述期限后主张取回相关财产的，应当承担延迟行使取回权增加的相关费用。

一般取回权的行使通常只限于取回原物，所以取回权标的物的存在是行使权利的一般性前提。但是，为了践行保护取回权人的利益与维护社会财富利益的原则，《破产法解释二》第 29 条规定："对债务人占有的权属不清的鲜活易腐等不易保管的财产或者不及时变现价值将严重贬损的财产，管理人及时变价并提存变价款后，有关权利人就该变价款行使取回权的，人民法院应予支持。"这是对取回原物的特别例外规定，其关键点是变价后必须提存变价款。如果管理人未对变价款进行提存，使之与债务人其他财产混同难以作为特定化款项直接取回，则应当作为共益债务及时予以清偿。

在破产案件受理前，如取回权标的物已被债务人转让或灭失，权利人无法取回该财产的，其取回权即告消灭，只能以物价即直接损失作为破产债权要求清偿，但符合法律允许行使代偿取回权的情况除外。在破产案件受理后，因管理人等的原因造成取回标的物被转让或毁损、灭失，权利人无法取回该财产的，其取回权则转化为共益债务，从破产财产中优先受偿。但取回权标的物是因不可抗力而灭失的，除非当事人之间就其风险承担另有约定，债务人或者管理人不承担损害赔偿责任。《破产法解释二》第30条规定："债务人占有的他人财产被违法转让给第三人，依据物权法第一百零六条的规定第三人已善意取得财产所有权，原权利人无法取回该财产的，人民法院应当按照以下规定处理：（一）转让行为发生在破产申请受理前的，原权利人因财产损失形成的债权，作为普通破产债权清偿；（二）转让行为发生在破产申请受理后的，因管理人或者相关人员执行职务导致原权利人损害产生的债务，作为共益债务清偿。"对于取回权标的物被转让后，权利人可以取回该财产时的处理，《破产法解释二》第31条规定："债务人占有的他人财产被违法转让给第三人，第三人已向债务人支付了转让价款，但依据物权法第一百零六条的规定未取得财产所有权，原权利人依法追回转让财产的，对因第三人已支付对价而产生的债务，人民法院应当按照以下规定处理：（一）转让行为发生在破产申请受理前的，作为普通破产债权清偿；（二）转让行为发生在破产申请受理后的，作为共益债务清偿。"对代偿取回权及相关问题，《破产法解释二》第32条规定："债务人占有的他人财产毁损、灭失，因此获得的保险金、赔偿金、代偿物尚未交付给债务人，或者代偿物虽已交付给债务人但能与债务人财产予以区分的，权利人主张取回就此获得的保险金、赔偿金、代偿物的，人民法院应予支持。保险金、赔偿金已经交付给债务人，或者代偿物已经交付给债务人且不能与债务人财产予以区分的，人民法院应当按照以下规定处理：（一）财产毁损、灭失发生在破产申请受理前的，权利人因财产损失形成的债权，作为普通破产债权清偿；（二）财产毁损、灭失发生在破产申请受理后的，因管理人或者相关人员执行职务导致权利人损害产生的债务，作为共益债务清偿。债务人占有的他人财产毁损、灭失，没有获得相应的保险金、赔偿金、代偿物，或者保险金、赔偿物、代偿物不足以弥补其损失的部分，人民法院应当按照本条第二款的规定处理。"

《破产法解释二》第33条还针对取回权转为共益债务后债务人财产不足清偿以及管理人等的赔偿责任问题作出规定："管理人或者相关人员在执行职务过程中，因故意或者重大过失不当转让他人财产或者造成他人财产毁损、灭失，导致他人损害产生的债务作为共益债务，由债务人财产随时清偿不足弥补损失，权利人向管理人或者相关人员主张承担补充赔偿责任的，人民法院应予支持。上述债务作为共益债务由债务人财产随时清偿后，债权人以管理人或者相关人员执行职务不当导致债务人财产减少给其造成损失为由提起诉讼，主张管理人或者相关人员承担相应赔偿责任的，人民法院应予支持。"

在一般取回权的行使过程中，一个特殊的问题就是所有权保留买卖合同的处理。所谓所有权保留，是指出卖人与买受人约定，由买受人对买卖标的物占有、使用、收益，但在履行支付全部价金等合同条件成就之前，出卖人仍然保留其为标的物所有人地位的法律制度。我国《合同法》第134条规定："当事人可以在买卖合同中约定买受人未履行支付价款或者其他义务的，标的物的所有权属于出卖人。"

对于所有权保留买卖合同中所有权保留的法律性质如何，存在不同观点。有的学者主张，所有权保留的性质属于担保物权，即动产抵押，其设定目的在于保障出卖物价款的实现，在买受人未付清全部价款而破产的情况下，出卖人享有担保物权人的权利，即享有别除权；在出卖人破产时，买受人在支付全部价款后则享有法律权属上的取回权。也有学者主张，所有权保留的性质属于附停止条件的所有权移转，在买受人未付清全部价款而破产的情况下，出卖人享有所有权，可以主张取回权；在出卖人破产时，买受人则享有对已付价款的别除权即优先受偿权。我国台湾地区学者陈荣宗认为，“依德国通说，保留所有权之动产系附停止条件移转所有权。于买受人破产之情形，出卖人因买卖价金尚未全部受偿而仍然为物之所有权人，故保留所有权之出卖人，得主张取回权。惟破产管理人得清偿买卖价金，使停止条件成就而取得所有权。于出卖人破产之情形，出卖人仍然为物之所有权人，买受人尚未取得所有权，故买受人不能主张取回权。惟买受人得清偿买卖价金而取得所有权”①。一些国家的破产法也如此规定，如法国《困境企业司法重整与清算法》第121条第2款规定：“如果买卖双方在交货之前书面约定在支付全部价金后所有权始得转让，并且标的物仍以实物存在，出卖人可以请求返还。”本书认为，第二种观点较为符合所有权保留条款规定的文字含义，可为我国破产法之立法与实践所借鉴适用。但是，我们也必须考虑到，所有权保留条款毕竟是在买卖合同中做的规定，其根本目的或曰真实意思表示不是阻止买卖标的物所有权的转移，而是保障出卖人可以获得货款，实际通过所有权保留条款起到的是担保效应。所以在解决这一问题时，也应当在保障各方当事人合法权益的前提下，尽量考虑如何实现当事人的本意。

在所有权保留买卖合同标的物的所有权未依法转移给买受人前，一方当事人破产的，该买卖合同属于双方均未履行完毕的合同，管理人有权决定解除或者继续履行合同。具体处理方法随合同当事人破产方的不同以及解除或继续履行合同的差异而不同，《破产法解释二》针对不同情况逐条作出规定。

《破产法解释二》第35条规定了出卖人破产，其管理人决定继续履行所有权保留买卖合同时的处理。根据该规定，买受人应当按照原买卖合同的约定支付价款或者履行其他义务。买受人未依约支付价款或者履行完毕其他义务，或者将标的物出卖、出质或者作出其他不当处分，给出卖人造成损害，出卖人管理人依法主张取回标的物的，人民法院应予支持。但是，买受人已经支付标的物总价款75%以上或者第三人善意取得标的物所有权或其他物权的除外。出卖人管理人因此未能取回标的物，有权主张买受人继续支付价款、履行完毕其他义务，以及承担相应赔偿责任。

《破产法解释二》第36条规定了出卖人破产，其管理人决定解除所有权保留买卖合同时的处理。出卖人管理人有权要求买受人向其交付买卖标的物。买受人以其不存在未依约支付价款或者履行完毕其他义务，或者将标的物出卖、出质或者作出其他不当处分情形抗辩的，人民法院不予支持。买受人依法履行合同义务并将买卖标的物交付出卖人管理人后，买受人已支付价款损失形成的债权作为共益债务清偿。但买受人存在违反合同约定行为的，其上述债权作为普通破产债权清偿。这一规定的特点是，在买卖标的物交付出卖人管理人后，对买受人已支付价款损失形成的债权作出了区分处理：买受人依法履行合同义务的，其债权作为共益债务清偿；买受人存在违反合同约定行为的，其债权作为普通破产债权清偿。但这一规定存在不合理的内

① 陈荣宗：《破产法》，再版，221页，台北，三民书局，1986。

容。按此规定，管理人解除合同时，买受人将买卖标的物交还出卖人管理人后，其已支付的价款作为共益债务清偿。也就是说，买受人拿到买卖标的物后可以一分钱不花而白白使用，退回时则一分钱不少地返还，对买卖标的物的损耗也不承担责任，这显然是不妥的。所以，在退还买受人已支付价款时，应当扣除买卖标的物的损耗，方才公平。

《破产法解释二》第 37 条规定了买受人破产，其管理人决定继续履行所有权保留买卖合同时的处理。这时，原买卖合同中约定的买受人支付价款或者履行其他义务的期限在破产申请受理时视为到期，买受人管理人应当及时向出卖人支付价款或者履行其他义务。买受人管理人无正当理由未及时支付价款或履行完毕其他义务，或者将标的物出卖、出质或作出其他不当处分，给出卖人造成损害的，出卖人有权取回标的物。但是，买受人已支付标的物总价款 75%以上或者第三人善意取得标的物所有权或者其他物权的除外。因上述原因出卖人未能取回标的物，有权要求买受人继续支付价款、履行完毕其他义务，以及承担相应赔偿责任。对因买受人未支付价款或者未履行完毕其他义务，以及买受人管理人将标的物出卖、出质或者作出其他不当处分导致出卖人损害产生的债务，出卖人有权主张作为共益债务清偿。

《破产法解释二》第 38 条规定了买受人破产，其管理人决定解除所有权保留买卖合同时的处理。这时，出卖人有权取回买卖标的物，买受人管理人有权要求出卖人返还已支付价款。取回的标的物价值明显减少给出卖人造成损失的，出卖人可从买受人已支付价款中优先予以抵扣后，将剩余部分返还给买受人；对买受人已支付价款不足以弥补出卖人标的物价值减损损失形成的债权，出卖人主张作为共益债务清偿的，人民法院应予支持。这一规定就解决了前述买受人无偿使用买卖标的物的问题。

此外，与之类似的是在取回权标的物上存在让与担保时的处理。让与担保，是指债务人将其特定财产的所有权转移给债权人作为债务担保，但该物一般仍由债务人实际占有，债务人有权在清偿债务后向债权人请求返还特定财产的所有权。在取回权标的物上存在让与担保时，让与担保的债务人未偿清债务时进入破产程序，担保权人对债务人占有下的担保物是否享有取回权，是破产案件中必须解决的问题。对此也存在不同观点，我国台湾地区学者史尚宽认为，让与担保权人享有取回权。① 而陈荣宗则认为，在这种情况下，让与担保权人没有取回权，但可享有别除权。② 本书认为，根据财产的所有权权利状况以及当事人设定让与担保时的本意，认定让与担保权人享有取回权，较为妥当。日本《公司更生法》也是如此规定的，该法第 63 条规定："于更生程序开始前向公司让与财产者，不得以担保权标的为理由，取回其财产。"③ 但此时管理人有权要求清偿债务，取得担保标的物之所有权。如管理人未清偿债务，为维持公平起见，担保标的物之价款超过被担保债权的差额部分或者债务人已作清偿的部分款项，应当返还债务人，用于对全体债权人的破产清偿。

此外，《破产法解释二》第 40 条规定："债务人重整期间，权利人要求取回债务人合法占有的权利人的财产，不符合双方事先约定条件的，人民法院不予支持。但是，因管理人或者自行管理的债务人违反约定，可能导致取回物被转让、毁损、灭失或者价值明显减少的除外。"

① 参见史尚宽：《物权法论》，388 页，台北，荣泰印书馆，1979。

② 参见陈荣宗：《破产法》，再版，223 页，台北，三民书局，1986。

③ 《日本商法》，王书江等译，北京，煤炭工业出版社，1994。

据此，在重整程序中，取回权的行使与非破产程序的相同，依据双方事先约定的条件行使，不产生破产程序启动后对未到期合同的加速到期效应。

(二) 出卖人取回权

《企业破产法》第 39 条规定："人民法院受理破产申请时，出卖人已将买卖标的物向作为买受人的债务人发运，债务人尚未收到且未付清全部价款的，出卖人可以取回在运途中的标的物。但是，管理人可以支付全部价款，请求出卖人交付标的物。"这是我国立法对特别取回权中出卖人取回权的规定。据此规定，出卖人取回权，是指在隔地动产买卖合同中，卖方已经发货，买方尚未收到，也未付清货款，这时买方之破产案件为法院所受理，卖方有权取回货物。但管理人有权要求付清货款、交付货物。

设置出卖人取回权的目的，是合理地保障卖方的权益。在此项法律关系中的标的物显然为动产，在法律或合同无特别约定的情况下，依转移占有而发生所有权变更。买方在进入破产程序时，尚未付清货款，也没有收到货物，未取得所有权。如不允许卖方将当时尚属于自己的货物取回，其未得到支付的货款便只能作为破产债权得到不完全的清偿，有失公平。为此，英国于立法中设置了中途停止权；法国、德国采纳后，设置了追及权制度；而日本则设立了出卖人取回权。[①] 从总体上看，在大陆法系国家中普遍采取取回权制度，尽管保护程度有所差异，且称谓可能也有所不同。

为保障出卖人权益，我国《合同法》第 308 条规定，"在承运人将货物交付收货人之前，托运人可以要求承运人中止运输、返还货物、变更到达地或者将货物交给其他收货人"。第 134 条规定："当事人可以在买卖合同中约定买受人未履行支付价款或者其他义务的，标的物的所有权属于出卖人。"据此，出卖人通过行使对在途货物的中止运输、返还货物等指示权，采取所有权保留条款等综合措施，在一定程度上也可以起到与出卖人取回权类似的保护作用，尽管保障程度上存在漏洞与不足。

在我国《企业破产法》的立法过程中，对是否设置出卖人取回权也存有争议。有的学者认为，《合同法》的中止运输权等就可以解决对出卖人的权利保护，不必再设置出卖人取回权；但大多数学者主张设置出卖人取回权。本书认为，从破产法立法体系的完整性，以及向当事人提供更为完备的权利保障考虑，应当设置出卖人取回权。中止运输权并不能顺利解决全部问题，例如，由于运输方式等原因所限，出卖人可能无法行使中止运输权，买方在其破产案件被法院受理后仍收到并控制货物，这时出卖人就必须依靠取回权维护其利益。再如，根据《合同法》第 133 条的规定，当事人可以约定，货物的所有权以单证的交付而非实物的交付为转移。在出卖人先行交付单证的情况下，仅运用中止运输权便无法维护出卖人的权益了。因为即便停止了货物的运输，货物所有权也已属买方所有，成为破产财产。在上述这些情况下，中止运输权是无法取代出卖人取回权对出卖人权益的维护作用的。

通常认为，出卖人取回权的构成要件有三个。

第一，隔地动产买卖合同。此种取回权的实质，是要保障在卖方发货至买方收货的时间差中，买方进入破产程序时卖方的权益。这个时间差一般只存在于隔地买卖合同中，在同城交易

① 参见陈荣宗：《破产法》，再版，225 页，台北，三民书局，1986。

中，交货直接、迅速，若买方破产，卖方可不发货，若卖方已经发货一般也根本没有取回的时间余地。但在特殊情况下，能否在同城交易中构成出卖人取回权，则需依据法律规定的其他要件进行具体分析。

第二，买方尚未付清货款。如买方已付清货物价款，卖方权益未受损失，自然也无取回货物之权。如果卖方要求取回货物，而管理人要求付清货款、交付货物时，在货款付清后卖方自然也就无权取回货物了，因其权利已完全实现，取回权不复存在。所谓未付清货款，并不问原定的支付期限是否已到，因为无论清偿期是否已到，买方破产的事实已使卖方可能无法获得全部货款。

第三，买方在尚未收到货物时进入破产程序。因为在买方收到货物后，通常所有权便发生转移。这时即使买方进入破产程序，卖方也不能对已属破产人所有的财产行使取回权了，其债权只能作为破产债权受偿。原则上，取回权是以被取回财产的所有权等物权属于取回人为前提而存在的。所谓“买方尚未收到”，是指货物尚未被其现实地占有。需注意的是，出卖人向买方交付提单或载货证券，不能视为买方已经收到货物。即使法律规定或当事人约定交付提单或载货证券视为交货，或者约定货物交付托运人时，买方即取得所有权，也不影响破产法上出卖人取回权的形成与行使。因为这是特别法的强制性效力，即便当事人事先有相反约定亦属无效，不适用于买方破产的情况。此外，买方于进入破产程序前，违背合同之约定，恶意地提前在运途中接收货物，也不能视为收到货物，不影响出卖人行使取回权。

有的学者认为，出卖人取回权只适用于取回所有权已移转的买卖标的物的情况。买卖标的物的所有权未移转的，出卖人无须借助所有权以外的权利主张对标的物的回复占有，唯有标的物的所有权已经转移，出卖人不能再以所有权人的身份行使权利时，才会借助非所有权的救济。同时，出卖人发运标的物的行为，又使其丧失了对买卖标的物的留置权。为了保全出卖人收取买卖价款的权利，法律才特别赋予出卖人取回权以对抗已取得买卖标的物所有权的买受人。①

本书认为，这一观点是不妥的。其一，《合同法》第 133 条规定，“标的物的所有权自标的物交付时起转移，但法律另有规定或者当事人另有约定的除外”。也就是说，所有权自标的物交付时转移，是法律规定与实践之常态，其他情况则为例外。该观点将非法律常态理解为常态，本身就是不妥的。而且，任何立法之规定，均是为了调整社会之常态，在此基础之上才可能考虑例外情况的调整。如按照该观点之解释，则破产法设置出卖人取回权之目的，仅仅是适用于法律规定和实践中的极个别例外情况，这不仅大大贬低了出卖人取回权的社会意义，而且显然与立法之本意和一般规律不符。其二，该观点认为，“唯有标的物的所有权已经转移，出卖人不能再以所有人的身份行使权利时，才会借助非所有权的救济”，即借助出卖人取回权以求救济。此观点也是不妥的，有违取回权之法理。取回权之名称就表明被取回物的所有权仍属于取回权人。因为不管是一般取回权还是特别取回权，其一般法理基础均建立在标的物的物权尤其是所有权仍属于取回权人之上（个别例外情况除外），否则其根本无权取回财产。即便在法律另有规定或者当事人另有约定、所有权在标的物交付之前转移的例外情况下，依据破产法之特别规定优先适用，权利人也可以行使取回权。从本质上讲，取回权是要取回权利人占有状

---

① 参见邹海林：《破产程序和破产法实体制度比较研究》，295、296 页，北京，法律出版社，1995。

态被改变之情况下的财产，也就是说，取回的是失去占有的财产，而不是所有权已经变化的财产。

此外，还有学者认为，出卖人提出解除买卖合同，也是出卖人取回权的构成要件。我国台湾地区“破产法”第111条规定：“出卖人已将买卖标的物发送，买受人尚未收到，亦未付清全价而受破产宣告者，出卖人得解除契约，并取回其标的物。”有的台湾地区学者据此认为，出卖人行使取回权，应当以其主张解除买卖合同为要件。出卖人只有在依法解除买卖合同并退回已收取的部分对待给付的前提下，才能行使取回权，收回标的物。但也有学者认为，出卖人取回权成立于对买受人的破产程序启动之后，出卖人对标的物的取回权是物权性权利，无须以解除买卖合同为前提。本书认为，后一观点更有利于维护权利人的权益，也与我国破产法未要求须先解除买卖合同之规定相符，应予采纳。

正确理解执行《企业破产法》关于出卖人取回权规定的关键，是对法律规定的“出卖人可以取回在运途中的标的物”作出正确理解，尤其是对“在运途中”概念作出正确理解。对所谓“在运途中”，可以有三种理解：第一，是指行使取回权取回标的物时，标的物的状态。也就是说，出卖人实际行使取回权取到标的物时，该标的物必须是尚在运途之中，如果被管理人占有就不得取回。第二，是指出卖人向管理人表示要行使取回权时，取回之标的物的状态。也就是说，出卖人向管理人表示要行使取回权时，其要取回之标的物应尚在运途中，但将来实际取到该标的物时，并不以标的物仍在运途之中为限。出卖人提出行使取回权的主张后，管理人收到并控制标的物，并不影响出卖人再实际取回标的物。第三，“在运途中”，是指买受人在进入破产程序时，取回之标的物的状态。也就是说，只要买受人在进入破产程序时，尚未收到货物，即取回权之标的物尚在运途中，出卖人即享有取回权。出卖人向管理人主张行使取回权的时间，不限于标的物仍在运途中时，在管理人收到货物之后，出卖人表示行使取回权的，其取回权也可构成。三种不同的理解，对出卖人权益的保护程度大有差异。

对此问题存在不同观点。有的学者认为，在管理人收到货物后，出卖人不再享有取回权，因为这时该标的物已经转归破产财产。本书认为，这种理解是不妥的。只要出卖人向管理人表示行使取回权，即发生取回之法律效力，并不要求出卖人必须在买方收到标的物前实际控制并取回标的物。在出卖人向管理人表示行使取回权后，管理人即使收到货物，也仅处于保管人的地位。否则，在出卖人主张取回权后，由于运输等方面的原因使其无法实际控制并取回在途中的标的物，便不承认其取回权，显然是不合理的。而且，这种解释将使出卖人取回权的规定失去存在的必要。因为在管理人未收到标的物的情况下，标的物的所有权和控制权理论上仍在出卖人手中，这时只要援引《合同法》上的中止运输权或抗辩权不予交付即可解决问题，不存在取回的问题。所谓“取回”，只有在标的物被他人占有的情况下才会存在，如果标的物一直未被管理人占有，根本就不存在取回的问题，也就无须再设置取回权。所以，日本、德国以及我国台湾地区的学者，一般均认为此种情况下出卖人应享有取回权。

与之相关的更深一层的问题，是出卖人应在何时向管理人主张取回权，权利才能成立。如前所述，对此存在两种观点。我国台湾地区学者陈计男认为，出卖人应在买方被宣告破产后（在我国大陆则为破产程序启动后）、收到货物前，向破产管理人主张取回权。[①] 我国台湾地区

---

① 参见陈计男：《破产法论》，205页，台北，三民书局，1980。

学者陈荣宗认为，出卖人于法定情况下即可取得取回权，取回权的行使无须限定在买方收到货物前，因为出卖人取回权对出卖人保护的作用，主要就是在买方收到货物之后发挥。德、日学者鲜有持前一种主张（出卖人只能在买方收到货物前主张取回权）的。① 本书认为，从理论上分析，限定出卖人必须在买方收到货物前向破产管理人主张取回权，不利于对出卖人权益的维护，陈荣宗先生的观点较为妥当。

有些国家的破产法对出卖人取回权保护得更为周全。如《美国破产法》规定，出卖人在交付货物后10天内可以提出追回货物的要求，即使这时债务人已被宣告破产，货物也已经收到，法院仍应允许出卖人取回货物。如果货物是债务人重整程序进行所必需的，法院可将出卖人的债权作为无担保第一优先债权或担保债权。但是，在出卖人向买方表示行使取回权前，买方已经收到货物并将其出卖者除外，因为货物已经不复存在，取回权也随之丧失。② 加拿大破产法则规定，未受偿的售货商有权收回供给破产企业的货物，只要这些货物在清算中能够被辨认，而且是在破产前30天内交付的，农民、渔民、水产养殖人在破产前5天内向破产企业供应货物的，其所交付的财产可申请一项特殊担保，从清算出的债务人财产中优先给付。③ 对比这些国家立法对出卖人权益的保护措施，我国破产法上的出卖人取回权，仍有继续完善之余地。

为正确理解与执行出卖人取回权制度，《破产法解释二》第39条规定："出卖人依据企业破产法第三十九条的规定，通过通知承运人或者实际占有人中止运输、返还货物、变更到达地，或者将货物交给其他收货人等方式，对在运途中标的物主张了取回权但未能实现，或者在货物未达管理人前已向管理人主张取回在运途中标的物，在买卖标的物到达管理人后，出卖人向管理人主张取回的，管理人应予准许。出卖人对在运途中标的物未及时行使取回权，在买卖标的物到达管理人后向管理人行使在运途中标的物取回权的，管理人不应准许。"据此，司法解释允许行使出卖人取回权的情况有两种。第一种是对在运途中的标的物主张了取回权但未能实现，此处所谓主张取回权不是向管理人提出了主张，而是向承运人或者运途中的实际占有人提出主张。第二种是在货物未运达前向管理人提出取回在运途中的标的物的主张。在这两种情况下，买卖标的物到达管理人后，出卖人有权主张取回。否则，不准许主张取回权。就第一种情况而言，是出卖人以实际行为表明要取回在运途中的标的物而未果，其主张取回的相对人不是管理人，某种意义上讲，可以说是与破产程序中的出卖人取回权无关的。所以本书认为，在此种情况下，若出卖人要向管理人取回买卖标的物，还是应当向管理人提出行使取回权的主张。为保险起见，出卖人在采取通知承运人或者实际占有人中止运输、返还标的物、变更到达地，或者将标的物交给其他收货人等非出卖人取回权的方式挽救损失的同时，应当也向管理人提出对运途中的标的物行使取回权的主张，以确保权利实现。第二种情况实际上是采取了前述对"在运途中"概念的第二种理解。

行纪人取回权的法律性质与出卖人取回权基本相同，一些国家之破产法专门规定了行纪人取回权，如德国、日本，本书在此不再赘述。

---

① 参见陈荣宗：《破产法》，再版，229、230页，台北，三民书局，1986。

② 参见潘琪：《美国破产法》，205页，北京，法律出版社，1999。

③ 参见刘艺工主编：《加拿大民商法》，219页，北京，民族出版社，2003。

(三) 代偿取回权[①]

1. 代偿取回权概说

代偿取回权，是指当取回权的标的财产被非法转让或灭失时，该财产的权利人有权取回转让其财产所得到的对待给付财产或补偿金。日本学者伊藤真认为，代偿取回权是标的物已转让给第三人，并未现存于破产财团中且不可能返还时，就替代标的物的对待给付或其请求权承认取回权的一种特殊取回权。[②]

一般取回权是以取回物仍然存在于债务人处为基础而成立、行使的。代偿取回权则是在取回权标的物毁损、灭失或者被非法转让，一般取回权无法行使时，权利人依法对取回权标的物的代偿财产行使取回权的制度。若没有代偿取回权，一般取回权人只能以取回权标的物的损害赔偿请求权作为破产债权要求清偿，从而受到损失。所以，代偿取回权是对一般取回权制度的必要补充。代偿取回权适用于取回权标的物被债务人或管理人不当转让，或者因自然原因、第三人责任而毁损、灭失存在赔偿的情况。

目前关于代偿取回权的学术观点可大致分为三种，主要是对取回权的行使是否可延伸到代偿财产之上以及可延伸到何种代偿财产之上存在不同的认识。第一种观点不承认代偿取回权。该观点认为，取回权的行使必须以取回权标的财产的存在为前提。如果该财产毁损、灭失或被非法转让，取回权人只能以该财产的物价主张损害赔偿，即作为破产债权受偿。这种观点忽视了取回权标的物与代偿财产之间存在的法律与事实上的联系，忽视了破产程序中取回权与赔偿请求权即破产债权在权利实现上的巨大差异，不利于对取回权人正当利益的保护。第二种观点主张设置代偿取回权，但认为其仅能适用于权利人的财产被债务人或者管理人转让，且受让人未支付价金的情形。[③] 这种观点将代偿取回权理解为权利人向财产受让人（而非管理人）请求转让支付未付价金的权利，如债务人或管理人已受领代偿财产，则认为代偿取回权不复存在。这种观点忽视了债务人或管理人受领之代偿财产仍可与债务人其他财产相区别、可以取回的情况，对代偿取回权适用范围的理解过窄。第三种观点认为，代偿取回权既包括请求债务人或管理人转让对受让人的请求权的权利，也包括请求管理人转让已经接受的对待给付财产的权利。

此外，在承认代偿取回权的学者中，对取回权可延伸及的代偿财产是否必须是特定物也存在不同观点。有的学者认为，只有破产人或管理人已接受的对待给付财产为特定物时才可行使代偿取回权。[④] 有的学者主张，可行使取回权的代偿财产不必是特定物，但应能够与债务人的财产相区分。

本书认为，我国破产法应当设置代偿取回权，因为取回权标的物与代偿财产之间存在着法律与事实上的相互联系，具有代偿性。而在破产程序中，代偿取回权与赔偿请求权即破产债权对于权利人权益的实现程度有重大差别，两权虽可以并存，但不能互相代替。为公平维护取回权人的正当权益，必须设置代偿取回权。

第一，代偿取回权是物权行使的特殊方式，具有优先效力，即可以将代偿财产从债务人财

---

① 本部分是在笔者与中国人民大学博士生孙向齐合作的论文《破产代偿取回权研究》的基础上增补完成的。

② 参见［日］伊藤真：《破产法》，刘荣军等译，187页，北京，中国社会科学出版社，1995。

③ 参见吴合振主编：《企业破产清算》，210页，北京，人民法院出版社，2002。

④ 参见邹海林：《破产程序和破产法实体制度比较研究》，294页，北京，法律出版社，1995。

产中区分出来优先由权利人取回。其权利行使不与一般破产债权行使相混淆、交叉。而赔偿请求权是无优先权的普通破产债权，和其他破产债权处于对债务人无担保财产平等的清偿地位。

第二，代偿取回权以一般取回权为基础，具有保护一般取回权在非正常情况下实现的特殊功能。代偿取回权将取回权人所享有的优先权由原标的财产延伸到其毁损、灭失或者被转让之后的代偿财产，从而可以在最大的合理限度内避免取回权人的损失，并防范债务人的侵权与欺诈行为。而赔偿请求权作为普通破产债权则不具有此种作用。

第三，代偿取回权的标的财产是取回权标的物的转化形式，本不属于债务人财产，加之代偿取回权行使的标的是可以同债务人财产相区分的代偿财产，所以代偿取回权的行使不会对债务人财产造成实质不利影响。而赔偿请求权的标的是原标的财产因毁损、灭失或者被转让而造成的损失，该损失只能以货币衡量，没有特定性，应从债务人财产中分配。代偿财产的多少是一个事实判断，它由原标的财产的转化物的客观价值所决定，与行为人的过错无关。而赔偿请求权标的之多少是一个价值判断，通常要考虑受害人损失、加害人过错等因素。

据此，代偿取回权和赔偿请求权具有不同的功能。当取回代偿财产仍不足以弥补取回权人的损失时，取回权人仍享有对其余损失主张赔偿的权利，但赔偿请求权作为破产债权没有优先受偿的效力。如债务人故意将他人的市价为 10 万元的车辆，以 6 万元的价格转让给第三人或者换回一台价值 5 万元的机器。这里的转让款或作为对价的机器均可以视为原标的物的代偿财产，只要符合代偿取回权的行使条件，都应当允许取回权人取回。但是，对债务人故意进行无权处分行为给权利人造成的差价损失，权利人只能主张赔偿请求权。

承认代偿取回权制度有利于维护破产程序的公平性。如对取回权标的物毁损、灭失或者被转让的情况不加区分，均将权利人视为一般债权人，不仅会使本可取回的财产不能被取回，甚至可能诱发破产欺诈行为。如债务人在发生破产原因后，故意将租赁、保管的他人汽车、机器设备等财产进行非法转让。如不承认代偿取回权，只允许提出赔偿请求权，则因债务人已丧失清偿能力，权利人最终获得清偿数额有限，甚至可能分文不获。此时法律如不作特殊规制，取回权人的利益将难以得到保障。

2. 各国代偿取回权的立法例

德国、日本、瑞士、韩国等大陆法系国家在其破产法中明确规定了代偿取回权制度。《德国破产法》第 48 条规定：本可要求取回之物在破产宣告前被债务人或者破产宣告后被管理人不当出售时，若对方尚未给付，取回权人可要求让与对对方给付之请求权。已向破产财产给付而能加以识别的，他可要求从破产财产中取回该项对方给付。[1] 2004 年《日本破产法》第 64 条“代偿取回权”规定：“（一）破产人（已发布保全管理命令时的保全管理人）于破产宣告前将取回权标的财产转让时，取回权人可以请求转移对待给付请求权。破产管理人将取回权标的财产转让时亦同。（二）于前项情形，如果破产管理人已受对待给付，取回权人可以请求给付破产管理人所受的对待给付财产”。《瑞士破产法》第 202 条规定：“债务人出售第三人所有的财产，在破产宣告时尚未收取货款的，则原所有人可以通过向债务人支付应得报酬要求转让对

---

① 参见《德国破产法》，刘汉富译，载王保树主编：《商事法论集》，第 5 卷，551 页，北京，法律出版社，2000。

买方的货款债权或者货款已为破产管理人收取的，要求发还货款。”① 韩国破产法也有类似的规定。

我国《企业破产法》中没有规定代偿取回权。如前所述，在《破产法解释二》第 32 条第 1 款中对代偿取回权作出了规定，“债务人占有的他人财产毁损、灭失，因此获得的保险金、赔偿金、代偿物尚未交付给债务人，或者代偿物虽已交付给债务人但能与债务人财产予以区分的，权利人主张取回就此获得的保险金、赔偿金、代偿物的，人民法院应予支持。”

3. 代偿取回权的标的

确定在什么情况下对代偿财产可以行使取回权，是公正设置权利的关键。笔者认为，能否行使代偿取回权的标准，不是代偿财产是种类物还是特定物，关键是代偿财产能否与债务人的财产相区分。只要代偿财产是对原取回权标的物的对待给付，且能够与破产人财产相区分，即便是种类物或者货币如货款、保险金、补偿金，也应当允许权利人对代偿财产行使取回权。但在代偿财产与破产人财产相混同且无法区分时，行使所谓代偿取回权是从破产财产中取回与取回权标的物相等价值的财产，其实质是一种个别清偿，可能会损害其他破产债权人的利益，所以只能作为破产债权清偿，不应允许“取回”，但构成共益债务应予以优先清偿的情况除外。

代偿取回权的标的不应限定为特定物的理由如下。

第一，取回权人财产遭遇毁损、灭失或被转让后，其代偿财产的形式是多种多样的，既可能是特定物，也可能是种类物；既可能表现为物权，也可能表现为债权。不管代偿财产的形式如何，其性质都是不应当被纳入破产分配的他人财产。在取回权标的物毁损、灭失或被转让之前，债务人或者管理人仅是财产的占有者；在取回权标的物毁损、灭失或被转让之后，债务人或者管理人则是代偿财产的代管人。无论在何种情形下，债务人或者管理人都不是财产的所有人。若限制权利人对代偿财产行使取回权，必然造成债务人的不当得利。

第二，特定物、种类物，尤其是货币，都是财产的表现形式。转让财产的对待给付或者财产毁损、灭失后的补偿一般都是货币，虽然并非在所有情况下均可以取回，但若将代偿取回权的标的物限定为特定物，将会使其权利适用失去普遍性意义。代偿取回权是特殊的取回权，其特殊之处就在于它行使的标的对象不是财产之原态，而是其转化形态，如果是财产的原态，则仍为一般取回权。

第三，我国《物权法》第 174 条规定：担保期间，担保财产毁损、灭失或者被征收等，担保物权人可以就获得的保险金、赔偿金或者补偿金等优先受偿。被担保债权的履行期未届满的，也可以提存该保险金、赔偿金或者补偿金等。担保法规定，抵押物或者质物灭失后，因原物灭失所得的赔偿金，应当作为抵押财产或者出质财产，抵押权人和质权人可以对原物灭失所获得的赔偿金行使权利。② 可见，原物毁损、灭失后，他物权人对原物的代偿财产具有与原物相同的优先权，物权的优先效力并未因此而绝对消灭，而是可以延伸到其代位物，即便代位物是货币形态的赔偿金。据此，举轻以明重，如果取回权人对取回权标的毁损、灭失所转化的赔偿金不能享有代偿取回权，只能行使赔偿请求权，则势必造成对所有权人的保护力度反不及担

① 《瑞士联邦债务执行与破产法》，刘汉富译，载王保树主编：《商事法论集》，第 5 卷，498 页，北京，法律出版社，2000。

② 参见《担保法》第 58 条和第 73 条。

保物权人的情形。为维护立法逻辑的统一，应当承认取回权人对取回权标的物转化而来的代偿赔偿在特定情况下享有代偿取回权。此外，德国、日本等国立法并未将代偿取回权的标的限定为特定物，有合理的立法例可供借鉴。如依前文所列之各国立法规定，代偿之给付能够在破产财产中被加以识别的，权利人仍有权从破产财产中取回，并没有否定对种类物的取回权。尤其值得注意的是，瑞士破产法还允许原财产所有人在管理人转让其财产并取得货款时，可以请求管理人直接返还货款[①]，将货款也明确规定为允许取回的代偿财产。

第四，取回权标的财产遭遇毁损、灭失或者被转让，除不可抗力或意外事故外，主要是因债务人的恶意无权处分行为或者管理人未尽到善管义务而造成。如果不允许取回权人对代偿物行使取回权，将会纵容过错行为，甚至会起到鼓励债务人恶意处分他人财产、欺诈获利的后果。

根据上述分析，代偿取回权的标的可分为三类：第一类，特定物。既包括原财产被转让后，受让人支付给债务人或者管理人的作为对价的特定物，也包括第三人赔偿的特定物。如债务人借用他人一辆宝马车，在使用中因第三人责任撞毁，第三人将其一辆奔驰车作为赔偿交给债务人。在债务人破产时，出借人可以奔驰车为标的向管理人请求行使代偿取回权。第二类，货币等种类物。包括原财产被转让或者发生毁损、灭失而由受让人、保险公司、第三人针对该财产而支付的价金、保险金、补偿金、赔偿金等。对此类代偿财产行使取回权一般应符合能够与债务人其他财产区分的条件，以防止滥用取回权造成对其他债权人的损害。第三类，原财产被债务人或管理人转让，在受让人尚未支付对价时债务人破产，权利人可以要求管理人移转对受让人之请求权，即要求管理人作出移转的意思表示和发出作为对抗要件的债权转让通知。[②]这种请求权的转让也属于行使代偿取回权的一种方式。

4. 代偿取回权的行使

（1）分析在不同情况下代偿取回权的构成

第一，因债务人在破产程序启动前转让取回权标的物而发生的代位求偿权。在债务人非法转让取回权标的物时，因其行为属无权处分行为，所以权利人可以主张合同无效，取回其财产。但如受让人符合善意取得的条件，或者无法返还财产时，权利人在进入破产程序后，可以行使代偿取回权；在无法行使代偿取回权的情况下，则只能以赔偿请求权申报破产债权受偿。

如果债务人在破产案件受理之前转让权利人财产，受让人于管理人接管财产时仍未向债务人支付对价的，权利人可以向管理人请求对受让人的给付之请求权行使代偿取回权。管理人应为之办理债权转让手续。有学者认为，取回权人在财产被转让而未支付对价时，应向财产受让人请求返还原物或者请求支付价金，以替代向破产人求偿的权利。[③]这种理解是不妥的，因取回权人与受让人尤其是善意受让人之间并无合同关系，无权直接向其要求支付对价，代偿取回权只能以管理人为相对人行使。如果取回权人以物权的追及力为理由，要求受让人返还原物，则需先依法确定原转让合同无效，但是这时其要求行使的权利性质已不再是代偿取回权了。如果债务人在破产程序开始之前已经取得受让人支付的代偿财产，进入破产程序后则应分情况处

---

① 参见《瑞士联邦债务执行与破产法》第202条。转引自《瑞士联邦债务执行与破产法》，刘汉富译，载王保树主编：《商事法论集》，第5卷，498页，北京，法律出版社，2000。

② 参见［日］伊藤真：《破产法》，刘荣军等译，188页，北京，中国社会科学出版社，1995。

③ 参见吴合振主编：《企业破产清算》，210页，北京，人民法院出版社，2002。

理。代偿财产是特定物，或虽是种类物、货币但能够与债权人财产相区分，如采取提存、独立保管措施，或者通过特定标识能够同破产财产相区分，或虽与债务人财产一起存放但仍可以相区分，权利人可以向管理人请求行使代偿取回权。如果债务人取得的对价财产已与债务人的其他财产完全混同，且无法区分，权利人不能再行使代偿取回权，只能以赔偿请求权申报破产债权受偿。

第二，因管理人转让取回权人的财产发生的代偿取回权。如是管理人在接管债务人财产后误将他人享有取回权的财产转让，作为无权处分行为，该转让合同无效，受让人应返还原物。如受让的第三人已善意取得财产所有权，原权利人无法取回该财产，但受让人尚未支付价金时，权利人可以要求管理人转让对受让人的请求权，以该请求权为对象行使代偿取回权。如果管理人已从受让人处取得对价财产，且该对价财产能够同债务人财产相区分，权利人也可以请求对该财产行使代偿取回权。如果管理人取得的对价财产已混同于债务人其他财产而无法区分，则无法行使代偿取回权。此时，该项损失应列为共益债务，由债务人财产优先支付。

第三，取回权人的财产因自然原因或者第三人原因遭遇毁损、灭失后的代偿取回权。在此种情况下，如果权利人为被保险人，但保险金由债务人或者管理人受领的，权利人可向管理人请求交还保险金。取回权人的财产于债务人或者管理人控制之下受到第三人的损害，第三人就此支付赔偿金时，权利人可请求债务人或者管理人交还该项赔偿金。但是，保险金或者赔偿金被债务人在破产案件受理前领取时，权利人享有代偿取回权的前提，是上述金额能够同债务人的其他财产相区分。

（2）考虑代偿取回权的选择性行使

在取回权标的被债务人或者管理人转让的场合，受让人是否为善意第三人，影响到转让合同是否有效、受让人能否成为受让财产的合法所有人。如果受让人为善意第三人，转让合同被确定为有效，则权利人只能依法对管理人行使代偿取回权。如果受让人即时取得尚未成立，原物仍有可能从第三人那里取回，在此场合，权利人可选择行使一般取回权或者代偿取回权。[①] 即取回权人可以通过管理人阻止受让人善意取得的成立，如在未支付价款的情况下，及时宣布转让合同无效，在管理人追回财产后，取回权人再行使取回权。取回权人也可以允许转让合同发生效力，等待管理人取得对待给付财产后，行使代偿取回权。

（3）分析代偿取回权的具体行使方式

代偿取回权可以通过诉讼和非诉讼途径来行使。如果管理人承认代偿取回权，权利人可通过管理人直接取回代偿财产。但为了防止管理人滥用此项权利，损害债权人的权益，一些国家和地区的破产法规定，管理人承认取回权人的权利请求，须经监察人（即我国《企业破产法》中的债权人委员会）同意，在没有监察人或者监察人未确定时要经法院同意。我国《企业破产法》第 69 条规定的管理人应向债权人委员会报告的事项中，未明确以列举的方式规定同意取回权人行使代偿取回权也在其内。但因该项事项与其他应报告债权人委员会的事项的重要性相同，故仍有可能被视为法律规定的“对债权人利益有重大影响的其他财产处分行为”，而要求其作为管理人的决定接受债权人委员会的监督。

如管理人对代偿取回权的行使存在争议，取回权人可以向受理破产案件的人民法院提起诉

---

① 参见［日］石川明：《日本破产法》，79 页，上海，上海社会科学院出版社，1995。

讼解决。如果法院判决未认定权利人具有代偿取回权，权利人仍可主张赔偿请求权。

代偿取回权人在取回代偿财产时，若存在相应给付义务，如支付仓储费、保管费、加工承揽费等费用，应履行给付义务，否则管理人可以拒绝其行使代偿取回权。

此外，代偿取回权在重整程序中的行使有一定的特殊性。《企业破产法》第 76 条规定："债务人合法占有的他人财产，该财产的权利人在重整期间要求取回的，应当符合事先约定的条件。"据此，一般取回权在重整程序中的行使，需符合事先约定的取回条件，不能因破产程序的启动而加速到期、提前行使。但重整程序中对一般取回权行使的限制不及于代偿取回权。因为在行使代偿取回权时，原财产已不存在，管理人占有代偿财产已失去合同依据，代偿财产也与双方原来在合同中设定的使用目的不符，故应允许取回权人行使代偿取回权。

第四节　破产抵销权

一、破产抵销权之意义、特点与行使

（一）破产抵销权之意义

破产法上的抵销权（简称破产抵销权），是指债权人在破产申请受理前对债务人即破产人负有债务的，无论是否已到清偿期限、标的是否相同，均可在破产财产最终分配确定前向管理人主张相互抵销的权利。我国《企业破产法》第 40 条规定："债权人在破产申请受理前对债务人负有债务的，可以向管理人主张抵销。"此即破产抵销权。

抵销权本是民法上的权利，但其运用于破产程序中则比民法上的抵销权对维护当事人的权益具有更为重要的意义，可在债权相互抵销的范围内实际起到担保的作用。在正常的民事活动中，当事人双方均有支付能力，民法上的抵销权主要是为双方当事人节省结算时间和费用成本，还可以避免交叉诉讼，但其担保的作用并不突出。而在破产程序中，如无抵销权的设置，破产债权人对债务人享有的债权因破产人无力清偿，只能得到一定比例的偿还，甚至完全得不到偿还，但破产债权人对债务人所负的债务，却必须全额清偿，利益相差甚大。破产抵销权实施的结果可以使债权人的破产债权在抵销范围内从破产财产中得到全额、优先清偿。

破产法上的抵销制度，是破产债权只能依破产程序受偿的例外。在破产程序中承认抵销权的理由，"一是抵销制度是为了担负担保性功能，通过行使抵销权，而不根据破产手续就能优先得到清偿；二是如果不允许抵销，就会产生不公平的现象，即：自己欠破产财团的债务，被要求作出全面地履行；与此相对，自己拥有的债权则作为破产债权，只能受到按比例的平均的分配（清偿）"①。相同的当事人之间，同样性质的债权却处于不平等的清偿地位，有违公平原则。所以，基于"自然的公平"原则，一些国家在破产法中专门设立了破产抵销权，以保障破产债权人的上述权益，而简化程序、节省清算时间和费用等考虑，则早已退居于末位。

也有一些国家的破产法不允许进行破产抵销，主要是法国法系的国家，如法国、比利时、

---

① ［日］石川明：《日本破产法》，何勤华、周桂秋译，133 页，北京，中国法制出版社，2000。

卢森堡、西班牙、希腊、葡萄牙、埃及、科威特以及拉丁美洲的一些国家。主张禁止破产抵销的观点认为，破产抵销的作用在于使享有抵销权的债权人实际上达到了担保其债权实现的目的，这违背了按比例分配债务人财产的原则，因为享有抵销权的债权人通过抵销得到了对其债权的充分偿付（在抵销数额内），这使抵销类似于一种未公开的担保权，对其他债权人而言是不公平的。[①] 此外，抵销权的行使实际减少了债务人的财产，也可能不利于企业重整程序的进行。所以这些国家的立法在原则上是禁止破产抵销的。但即使是在这些国家中，禁止的范围也主要限定在两个相互独立的请求权之间，对于一些相互关联的特殊交易形成的交叉债权往往也是允许抵销的。如否定破产抵销的法国，也允许保险费与保险金的抵销，以及破产人所交付货物的应收价款与迟延履行或瑕疵履行产生的损害赔偿权的抵销。[②] 如前所述，我国的破产立法全面允许进行破产抵销。

（二）破产抵销权之特点

抵销是交叉债权人的特有权利。在破产程序中，可用于抵销的债权债务，均应是当事人无争议，或已有法律上确定的执行名义即经过司法、仲裁生效裁判确认的债权债务。而且允许破产抵销的债务，应是债权人在破产申请受理前对债务人即破产人所负债务。有争议之债，只有在解决争议后才能谈及是否可以抵销的问题。超过诉讼时效的自然债权不得主张破产抵销。因为在破产程序中，超过诉讼时效的债权是没有受偿权利的，其中包括以抵销的方式接受清偿。抵销权的存在是以破产债权人尚未清偿对债务人的负债为前提的，如破产债权人已经清偿了对债务人的负债，主张抵销的权利自然也就不复存在了。

为适应破产程序之特点，保证对债权人的公平清偿，破产法对民法中的抵销权加以适当地扩张或限制，形成破产法上的抵销权，并产生了一些不同于民法抵销权的特点。

民法上的抵销权，要求相互抵销的债务均已到清偿期限。《合同法》第 99 条第 1 款规定：当事人互负到期债务，该债务的标的物种类、品质相同的，任何一方可以将自己的债务与对方的债务抵销，但依照法律规定或合同性质不得抵销的除外。其第 100 条规定：当事人互负债务，标的物种类、品质不相同的，经双方协商一致，也可以抵销。除此之外，民法上的抵销权，对相互抵销的债权成立的时间、性质等无特殊限制。对民法或合同法上规定可撤销的合同，享有民法上撤销权的一方可以主张抵销（视为其放弃撤销权），对方当事人无抵销权。

破产法上抵销权的构成则有所不同，上述一些限制可能并不适用。因为在破产程序中，未到期的债权因法律规定在破产申请受理后视为到期，也就是获得加速到期之效力，所以履行期限之限制不复存在；附条件的债权也享有受偿权利；不同种类标的物的债权均要折合为货币形式加以等质化，都构成破产债权，所以均可能在破产程序中进行抵销。在承认破产抵销权的国家或地区的破产立法中，对此有明文规定。如我国台湾地区“破产法”第 113 条第 1 款规定：“破产债权人于破产宣告时，对于破产人负有债务者，无论给付种类是否相同，得不依破产程序而为抵销。”我国《破产法解释二》第 43 条规定：“债权人主张抵销，管理人以下列理由提

① 参见石静遐：《跨国破产的法律问题研究》，300、301 页，武汉，武汉大学出版社，1999。

② 参见张学安：《银行跨国业务中的抵销问题研究》，61 页，北京，中国政法大学出版社，2001。

出异议的，人民法院不予支持：（一）破产申请受理时，债务人对债权人负有的债务尚未到期；（二）破产申请受理时，债权人对债务人负有的债务尚未到期；（三）双方互负债务标的物种类、品质不同。”

此外，为保证公平，破产法上的抵销权有不同的抵销规则，规定有禁止抵销的条款，如原则上仅允许破产申请受理前成立的债权相互抵销，以保证抵销权利的正确行使；因债权性质在破产程序中无权受偿者也不得抵销等。

在破产程序中，由于存在破产法上独特的撤销权，债务人在破产申请受理前1年内对其未到期债务的抵销清偿可被管理人依法予以撤销，虽然其作为享有期限利益的一方当事人可以放弃期限利益而主张行使民法抵销权。因为我国《企业破产法》第31条明确规定，在人民法院受理破产申请前1年内，对债务人提前清偿未到期债务的行为，管理人有权请求人民法院予以撤销，所谓提前清偿当然包括以抵销方式进行的清偿。此外，根据《企业破产法》第32条规定，破产人在破产申请受理前6个月内，即使是对到期债务进行的抵销清偿，如不符合法律规定，也可能被管理人撤销。《破产法解释二》第44条还规定：“破产申请受理前六个月内，债务人有企业破产法第二条第一款规定的情形，债务人与个别债权人以抵销方式对个别债权人清偿，其抵销的债权债务属于企业破产法第四十条第（二）、（三）项规定的情形之一，管理人在破产申请受理之日起三个月内向人民法院提起诉讼，主张该抵销无效的，人民法院应予支持。”破产撤销权的设置是为了保障对全体债权人的公平清偿，所以在破产申请受理前的法定期间内进行的任何违反法律、妨碍公平清偿的债务抵销，在破产程序启动后都将被撤销。

民法上的抵销权，可以因当事人的约定而排除，法律一般并不加以干涉。但破产法上的抵销权属于特别程序中的法定权利，所以一些国家立法规定，该权利不因当事人在破产程序外的事先约定而被排除，如英国的规定。不过破产债权人可以自行放弃此项权利，行使对其民事权利的处分权。

由于抵销的前提是当事人相互负有债务、享有债权，所以，如果一方在对方可能进行抵销的情况下将其债权或债务转让给他人，就可能导致抵销权无法行使。为此，一些当事人在合同中规定禁止债的转让，以防止有人恶意转让债权或债务，规避他人行使抵销权。有的国家还立法规定，如果债务人破产，即使其转让债权或债务也不影响他人抵销权的行使。

（三）破产抵销权之行使

对破产抵销权的行使方式，各国立法规定不一，我国破产法对此未作具体规定。有的人主张，抵销权可以自动行使，也就是说，在当事人双方交叉债务产生之时，即可起到自动消灭相互债务之效果。本书认为，这种观点有所不妥，可能违背当事人原订立相应合同之本意，使抵销从原本之结算意义上的活动，不当地扩展到合同订立之目的与履行阶段，从而影响正常的交易秩序，甚至出现为获得抵销权而欺诈性地订立、履行合同的现象。所以，抵销权应当通过当事人的明确意思表示行使，如当事人之间因抵销权发生争议，则应通过诉讼解决。债务抵销是不具有溯及力的，当事人虽然享有抵销权，但在其作出抵销的意思表示、行使权利之前不具有自动消灭债务的效力。所以，在债务人行使抵销权之前如果对可抵销债务的履行有违约行为，仍然要承担违约责任。

对于民法上的抵销权，双方当事人均可主动提出行使，破产抵销权在行使方式上与民法抵销权存在区别。破产法上的抵销权只能由债权人主动向管理人提出行使，管理人（或债务人，即破产人）不得主动主张债务抵销。我国《企业破产法》第40条规定，“债权人在破产申请受理前对债务人负有债务的，可以向管理人主张抵销”，但并未规定管理人可以主动向债权人主张抵销。因为抵销权作为债权人的一项权利，是可以任由其行使或放弃的，而管理人主动主张抵销，将使个别债权人受益，使破产财产减少，客观上对多数破产债权人不利，与管理人应当为全体债权人共同利益活动的职责不符。所以管理人不得主动主张抵销，除非抵销可以使债务人的财产受益。至于债务人即破产人在破产案件受理后已丧失对财产的管理与处分权，自然更无主张或承认抵销的权利。只有在重整程序中，债务人自行管理财产时，才可能出现是否承认债权人提出的抵销权问题。为此，《破产法解释二》第41条规定：“债权人依据企业破产法第四十条的规定行使抵销权，应当向管理人提出抵销主张。管理人不得主动抵销债务人与债权人的互负债务，但抵销使债务人财产受益的除外。”在破产抵销中，因对债权人之债权可行使抵销权，故称主动或自动债权。破产人即债务人之债权因不得主动进行抵销，故称被动或受动债权。

有的学者主张，在破产最终分配方案确定之后，对债权人依据方案实际分配的债权数额，管理人可以主动主张抵销。此主张并无错误，因为这种抵销的法律性质不属于破产法上的抵销，而属于民法上的抵销，所以管理人当然无须受破产法之限制，可以主动主张抵销。在破产程序中，破产法上抵销权的存在并不排斥民法上抵销权的同时存在与独立行使。

债权人主张破产抵销，应当在破产财产最终分配确定前向管理人提出，以免影响破产程序正常进行，抵销自管理人收到通知之日起生效。《破产法解释二》第42条规定：“管理人收到债权人提出的主张债务抵销的通知后，经审查无异议的，抵销自管理人收到通知之日起生效。管理人对抵销主张有异议的，应当在约定的异议期限内或者自收到主张债务抵销的通知之日起三个月内向人民法院提起诉讼。无正当理由逾期提起的，人民法院不予支持。人民法院判决驳回管理人提起的抵销无效诉讼请求的，该抵销自管理人收到主张债务抵销的通知之日起生效。”

抵销权与别除权都是具有保证债权人优先受偿性质的权利，但从对债权人利益的实际保护看，抵销权的作用可能更大一些。在享有别除权时，债权人还可能因担保物灭失、变价价款不足等原因，得不到完全清偿。而在行使抵销权时，债权人被抵销的债权额可获得全额清偿，没有损失风险。由此又引出别除权人的债权在破产程序中是否允许进行抵销的问题。有的学者认为，“抵销权只能由破产债权人行使……与破产人充抵债务的债权，须是在破产宣告前成立的无财产担保的债权”[①]。此种观点缺乏法律依据。无论是民法上的抵销权，还是破产法上的抵销权，债权是否存在财产担保、是否有优先受偿权均不是其构成或排除要件，抵销权能否行使，也与抵销之债权有无优先受偿权无关。由于别除权人对担保物的优先受偿权和抵销权都属于优先权的性质，在优先权涉及的债权范围内都有全额受偿的权利，对破产人财产的实际影响相同，所以在权利行使上没有先后次序之别。

由于别除权人抵销的债权是可以通过对担保物的执行全额获偿的债权，所以从性质上讲，别除权人的债权抵销属于民法上的抵销。破产法不准管理人主动主张债务抵销是因为会导致破产财产减少，与管理人之职责不符。而别除权人债权的抵销对破产财产没有实质不利影响，所

① 柯善芳、潘志恒：《破产法概论》，212页，广州，广东高等教育出版社，1988。

以，管理人可以主动提出抵销。但是，管理人可主动主张抵销的范围应限定在担保物可能的市场变价之内，即抵销对破产财产无不利影响的范围内，否则，又会出现管理人不当地主动主张抵销破产债权的问题。

此外，《破产法解释二》第45条规定："企业破产法第四十条所列不得抵销情形的债权人，主张以其对债务人特定财产享有优先受偿权的债权，与债务人对其不享有优先受偿权的债权抵销，债务人管理人以抵销存在企业破产法第四十条规定的情形提出异议的，人民法院不予支持。但是，用以抵销的债权大于债权人享有优先受偿权财产价值的除外。"据此，破产法对抵销权的禁止性规定原则上不适用于别除权的债权抵销。

对主张抵销的破产债权是否也应经过申报、确认，各国（地区）立法规定不一。有的国家立法规定，用于行使抵销权的债权无须申报债权，如德国旧破产法（第53条）。我国台湾地区学者也主张，行使抵销权的债权无须申报债权。① 但是，我国破产法中没有关于行使抵销权的债权可免予申报的规定，所以，抵销权人也须申报债权。

当事人行使破产抵销权不受法定清偿顺序的约束，也就是排序在后的债权可以在排序在前的债权获得全额清偿之前进行抵销。但是，破产抵销不得打破当事人特别约定的具有普遍性效力的清偿顺序，如通常认为，银行发行的次级债不得在其他所有债权人获得清偿之前进行抵销。至于对个别债权间的清偿顺序的约定，一般不影响在破产程序中的抵销权。

应加以注意的是，在破产程序中并不排斥民法上的抵销在不违背破产法公平清偿原则下的适用，例如对破产费用、共益债务的抵销（如拍卖公司欠破产企业的债务，可以与其因拍卖破产财产产生的债权抵销）。但是，两种抵销权利适用的条件有所不同，一定要区分不同情况，方能正确行使权利，使破产程序得以顺利进行。

二、特殊破产抵销权的行使

（一）附期限的债权的抵销

根据民法及合同法的有关规定，通常认为，对未到期的债务不得主张抵销，但享有期限利益的一方可以放弃期限利益而主张抵销。在破产程序中，附期限的债权可以进行破产抵销。如我国台湾地区"破产法"第113条第2款规定："破产债权人之债权为附期限或附解除条件者，均得为抵销。"债权人之债权附有期限时，在扣除未到期之利息后可以与破产人之未附期限的债权抵销。反之，债权人之未附期限的债权也可以与破产人之附期限的债权进行抵销。这时，破产人之附期限债权为计息债权的，计算至抵销之时；其债权为不附利息的债权时，不再作利息扣除，视为债权人放弃期限利益。但在重整程序中，为保障债务人避免破产之目的顺利实现，通常认为，债权人附期限而未到期的债权不能进行破产抵销。如果因此使债权人的抵销权受到实质性不利影响，当事人可以向法院申请不受此规定限制。

（二）附条件的债权的抵销

附条件的债权能否进行破产抵销，需视其所附条件而定。为维护公平，附条件的债权的抵

---

① 参见耿云卿：《破产法释义》，4版，338页，台北，五南图书出版公司，1992。

销可能受到一定的限制甚至禁止。债权人之附解除条件的主动（自动）债权处于生效状态，可以主张破产抵销。但由于其债权可能因解除条件成就而消灭，所以，应当就债权的抵销数额提供担保，或者按债权的抵销数额提存相应的货币，以确保其债权因解除条件成就而消灭时，管理人能够及时收回这部分财产。在破产最终分配除斥期间届满时，附解除条件的债权其解除条件仍未成就的，破产抵销便产生确定性效力，债权人提供的担保或提存予以解除。

附停止条件的主动债权，因其债权尚未生效，我国台湾地区的通说认为不可以主张破产抵销。日本破产法则采取不同的态度，其第100条规定："有附停止条件债权或将来请求权的人清偿其债务时，为日后抵销，可以于其债权额限度内，请求寄存其清偿额。"我国也有学者主张可进行间接抵销，即附停止条件的破产债权人在清偿其债务时，可以请求将与被动（受动）债权相当的破产财产提存，分配除斥期间届满后，停止条件成就者，破产债权人可就提存额受偿；停止条件不成就者，破产债权人不得参加破产分配，已提存的破产财产用于对其他破产债权人分配。① 本书认为，此种主张具有可操作性。

债权人就其不附条件的主动债权，可以主张与破产人附解除条件的被动债权进行破产抵销。由于此种抵销系由债权人提出，故无须破产财团提供担保或提存，但在日后破产人债权所附之解除条件成就时如何处理，学者观点不一。我国台湾地区学者陈荣宗认为，债权人在破产人债权附解除条件的情况下主张抵销，应认为是"自愿放弃对被动债权解除条件成就之利益"，所以抵销后被动债权所附解除条件成就时也不得主张破产财团不当得利，要求返还。② 我国台湾地区学者耿云卿也持此种观点。③ 但也有一些我国台湾地区学者持相反观点，认为这样做有失公平，在此种情况下，破产管理人应将抵销债额作为破产财团的不当得利予以返还。④ 现后者为其司法实践中的通说。

有的学者认为，自愿放弃解除条件利益说固然不妥，但是简单地要求将抵销债额作为破产财团的不当得利返还也未必恰当，于是提出第三种观点。我国台湾地区学者陈计男指出："盖受动债权其解除条件如在破产程序终结后成就者，其受益者固为破产财团，然破产财团业已分配完毕，已无破产财团可供清偿此项债务，而破产人又受免责之保护，此时宜解为自动债权之破产债权人于主张对附解除条件之受动债权抵销时，自愿承担此项危险。在受动债权于破产程序终结前成就者，破产财团固受有利益，但其利益似非与自动债权抵销之全部金额，因受动债权如其条件在为抵销时成就，自动债权不过为一普通之破产债权，仅能依破产程序受一定比例之分配，故破产财团所受利益，仅属该分配额，如依通说解为财团债务，则该破产债权人因其有一附解除条件的债权反变为可受全数之清偿，对一般债权人显然不公平，故于此情形宜解为在自动债权依破产程序应受分配范围内，作为财团债务，将其利益返还予该自动破产债权人。"⑤ 我国学者中有赞同第二种观点即作为不当得利返还者。⑥ 本书认为，陈计男先生的观点更为全面，符合司法实践情况，且具有可操作性，应为我国的破产实践

① 参见汤维建：《破产程序与破产立法研究》，349页，北京，人民法院出版社，2001。
② 参见陈荣宗：《破产法》，再版，277页，台北，三民书局，1986。
③ 参见耿云卿：《破产法释义》，4版，340页，台北，五南图书出版公司，1992。
④ 参见柴启辰：《破产法新论》，6版，199页，台北，宏律出版社，1982。
⑤ 陈计男：《破产法论》，211页，台北，三民书局，1980。
⑥ 参见汤维建：《破产程序与破产立法研究》，348页，北京，人民法院出版社，2001。

所采纳。

债权人就其不附条件的主动债权，可以主张与债务人附停止条件的被动债权进行破产抵销。通说认为，此时主动债权人的主动抵销，是自愿放弃被动债权停止条件不成就、尚未发生法律效力之利益。但也有学者认为，主动债权人的抵销不视为放弃权益，“抵销后，若在破产分配开始后的除斥期间内，受动债权停止条件仍不成就，自动债权则应恢复成普通债权，继续依破产程序受偿”①。本书认为，此种主张可以成立。

主动债权与被动债权均附有解除条件或停止条件的，其破产抵销问题可依照前述原则分别处理。

三、破产抵销的禁止

为防止破产抵销权被滥用，损害他人利益，各国（地区）的破产法对抵销权的行使均规定有禁止条款，违法抵销的行为无效。如我国台湾地区“破产法”第 114 条规定：“有左列各款情形之一时，不得为抵销：一、破产债权人，在破产宣告后，对于破产财团负债务者。二、破产人债务人，在破产宣告后，对于破产人取得债权或取得他人之破产债权者。三、破产人之债务人，已知其停止支付或声请破产后而取得债权者，但其取得系基于法定原因或基于其知悉以前所生之原因者，不在此限。”《日本破产法》第 104 条规定的内容与之基本相同。

根据我国《企业破产法》第 40 条规定，在破产程序中禁止抵销的情况有以下几种。

第一，债务人的债务人在破产申请受理后取得他人对债务人的债权的，禁止抵销。禁止抵销的原因是，这种债权虽成立于破产申请受理之前，属于破产债权，但对债务人来说，其取得却是在破产申请受理之后。在债权转手后禁止抵销，是因在债权转手过程中会出现损害其他破产债权人利益的行为。

破产债权一般只能获得其名义数额一定比例的清偿，甚至得不到清偿，实际价值远低于名义价值。但当它用于抵销债务时，却可获得全额清偿，这就使破产清偿与抵销清偿之间出现了巨大的差额。如允许债务人的债务人用破产申请受理后取得的他人破产债权对债务抵销，则势必出现债务人低价收买破产债权抵销债务、非法牟利的现象。如甲对破产人负有 10 万元债务，乙对破产人享有 10 万元破产债权，根据破产人的财产状况，乙的债权依破产程序至多能获得 4 万元清偿。这时，甲向乙提出以 6 万元价款购买其 10 万元破产债权。乙因此可多得 2 万元，并立即得到偿还，乙自然是何乐而不为。甲用这收购的 10 万元债权去抵销自己必须完全清偿的 10 万元债务，也少支付了 4 万元，双方均有利可图。这差额的 6 万元，原应是在甲还债之后纳入破产财产，分配给全体破产债权人的，现在却被甲、乙两人瓜分，显然是损害了其他破产债权人的利益。所以在这种情况下，法律禁止抵销。

有的学者认为，如果破产人的债务人对破产债权的取得是在其不知道破产事实的情况下善意的结果，或是出于法定的原因（如继承），则不禁止抵销。但也有日本学者认为，即使是在此种情况下，也应禁止抵销。② 我国《企业破产法》对此种情况下的禁止抵销，未作例外允许

---

① 汤维建：《破产程序与破产立法研究》，349 页，北京，人民法院出版社，2001。

② 参见［日］石川明：《日本破产法》，何勤华、周桂秋译，138 页，北京，中国法制出版社，2000。

的规定。

第二，债权人已知债务人有不能清偿到期债务或者破产申请的事实，对债务人负担债务的，禁止抵销；但是，债权人因为法律规定或者有破产申请1年前所发生的原因而负担债务的除外。

如不禁止此种情况下的抵销，就可能出现债权人购买债务人企业的财产而负有债务，却恶意地不予清偿，等到债务人进入破产程序后再用其不能获得完全清偿的破产债权来全额抵销，从中渔利，使其他破产债权人可分配破产财产减少。这种行为的实质是一种恶意设置的个别清偿行为，不仅会损害其他债权人的利益，还可能造成破产秩序的混乱，故法律规定这种债务不得抵销。但是，债权人因为法律规定或者有破产申请1年前所发生的原因而负担债务的除外，不在禁止抵销之列。其所谓法律规定者，如继承；其所谓有破产申请1年前所发生的原因而负担债务者，如在破产申请1年前分别对债务人享有债权和负有债务的双方当事人进行了企业合并，导致因债权债务主体的混同而负担债务等。这是为了与其他立法相协调，维护社会经济关系的稳定与执法的公平，而且通常认为，因破产申请1年前所发生的原因负担债务而取得抵销权的，可以排除是事先谋划的欺诈行为的可能。

第三，债务人的债务人已知债务人有不能清偿到期债务或者破产申请的事实，对债务人取得债权的，禁止抵销；但是，债务人的债务人因为法律规定或者有破产申请1年前所发生的原因而取得债权的除外。

禁止此种情况抵销的理由与第一种情况的相同，只不过因当事人主观上明知因素的存在会导致恶意取得债权，而将禁止抵销的时间提前到“已知债务人有不能清偿到期债务或者破产申请的事实”。日本的司法判例认为，此款的禁止范围还应包括“通过对他人的破产债权作出代位偿还所取得的债权”①。但是，如果债权的取得是基于法律规定，如继承，或者是因破产申请1年前所发生的原因而取得债权的，则不在禁止抵销之列。

此项中的“对债务人取得债权”，一般均是指取得他人对债务人的债权。因为只有在此种情况下才存在取得债权成本与抵销清偿之间的差额而有利可图的情况，如果是债务人的债务人自己通过与债务人的正常交易而取得债权，实际上不仅无差额之利可图，反而可能造成新的损失。

除上述法律规定之外，其他法律、法规在实体法意义上规定的禁止抵销的情况在破产程序中同样可以适用。一些国家规定，因债务之性质不得抵销者，在破产程序中也禁止抵销，如养老金、抚养费、抚恤金、生活费、工资、税收等。根据国际惯例，海运费是不得抵销的。许多国家规定，破产债权人因犯罪行为或侵权行为而对破产人负担的债务原则上禁止抵销，尤其是人身侵害债务，以杜绝违法，防止出现道德风险。但也有国家认为，基于合同产生的侵权之债，如疏忽、错误陈述等，可以抵销。如英国立法规定，侵权之债可以抵销。所以，并非只有存在《企业破产法》第40条规定的情况才禁止破产抵销。

有的人认为，破产人之债权人故意违约构成对破产人的债务，以之进行抵销，应予以禁止，以防止所谓道德风险。此种说法是不能成立的。违约责任与抵销权的禁止是不同的法律关系，不能混同。违约者应承担违约责任，但是一般并不影响其抵销权的构成与行使，除非其违

① ［日］石川明：《日本破产法》，何勤华、周桂秋译，138页，北京，中国法制出版社，2000。

约行为同时也符合法律规定的禁止抵销情况。而且如果对方当事人是因为发现债务人已经或可能丧失清偿能力而拒绝继续履行合同，按照《合同法》第 68 条的规定，其是在行使不安抗辩权，并不构成违约。根据该条规定，应当先履行债务的当事人，有确切证据证明对方有下列情形之一的，可以中止履行：（1）经营状况严重恶化；（2）转移财产、抽逃资金，以逃避债务；（3）丧失商业信誉；（4）有丧失或者可能丧失履行债务能力的其他情形。

根据各国立法之惯例，股东之破产债权，不得与其欠付的注册资本金相抵销。我国也应禁止破产企业股东欠缴的注册资本与其破产债权的抵销，以及其他不法债权债务的抵销。为此，《破产法解释二》第 46 条规定："债务人的股东主张以下列债务与债务人对其负有的债务抵销，债务人管理人提出异议的，人民法院应予支持：（一）债务人股东因欠缴债务人的出资或者抽逃出资对债务人所负的债务；（二）债务人股东滥用股东权利或者关联关系损害公司利益对债务人所负的债务。"

禁止欠缴注册资本抵销主要有以下理由。

第一，这种抵销行为的法律性质与一般债务抵销的法律性质不同。破产企业出资人以欠缴的出资与其破产债权抵销的行为，具有双重法律性质，一方面是债务抵销行为，另一方面是股东出资的缴纳行为。所以，判断股东欠缴之出资能否与其破产债权抵销，不仅要考虑法律关于债务抵销的一般规定，而且还必须符合公司法关于股东出资的规定，尤其是资本充实原则。我国《公司法》第 28 条规定，"股东应当按期足额缴纳公司章程中规定的各自所认缴的出资额"。根据《公司法》第 27 条的规定，股东可以以非货币财产作价出资，但"对作为出资的非货币财产应当评估作价，核实财产，不得高估或者低估"。公司法中确定的股东足额缴纳出资的义务，在任何情况下均必须严格履行，尤其是在公司进入破产程序，需要用股东的出资去履行公司对全体债权人的清偿责任时。为此，《企业破产法》第 35 条专门规定，"人民法院受理破产申请后，债务人的出资人尚未完全履行出资义务的，管理人应当要求该出资人缴纳所认缴的出资，而不受出资期限的限制"。

在债务人公司进入破产程序时，股东享有的破产债权的名义债额与实际价值是有很大差异的。通常破产债权只能得到一部分清偿，甚至得不到清偿，即其实际价值大大低于名义债额。这时如果允许股东将其破产债权与欠缴的注册资本金抵销，实际上是允许股东以其名不副实的破产债权不足额地缴纳法律和公司章程中规定的其应当全额缴纳的出资额，这不仅违反了资本充实原则，而且违反了"对作为出资的非货币财产应当评估作价，核实财产"的规定，将严重损害其他债权人与公司的合法权益，所以必须予以禁止。

根据《公司法》的规定，股东如果坚持主张将其破产债权与欠缴的出资抵销，或除此之外无财产可以缴纳出资，就必须按照《公司法》的规定，对其破产债权进行评估作价，核实财产，并且按照破产债权的实际价值即可在破产程序中得到清偿的数额进行抵销，而绝不能按照其名义债额抵销。

此外，《公司法》第 30 条规定，"有限责任公司成立后，发现作为设立公司出资的非货币财产的实际价额显著低于公司章程所定价额的，应当由交付该出资的股东补足其差额；公司设立时的其他股东承担连带责任"。这一规定当然适用于在公司设立时应分期缴纳而尚未到期缴纳出资的股东以及未按期缴纳出资的股东。我国台湾地区"公司法"第 44 条也规定；"股东以债权抵作股本，其债权到期不得受清偿者，应由该股东补缴；如公司因之受到损害，并应负赔偿之责”。据此，即使股东将其破产债权与欠缴的出资进行了抵销，其他债权人等利害关系人也有权要求该股东补足其名义债额与实际价值间的差额，以维护自己的合法权益。[①]

第二，两种债权之法律性质不同，清偿财产范围不同，因在破产之特定情况下发生冲突而不得抵销。如前所述，股东欠缴的注册资本与其破产债权抵销，不仅是债务抵销行为，也是出资的缴纳行为。股东缴付出资不仅是债法上的义务，而且是公司法上的义务。公司对股东享有的是公司法上的追缴出资权利，而股东之破产债权则属于普通商事债权，两者性质有别。股东的出资缴付公司后，是用于对公司全体债权人承担责任的特定目的财产，而公司则以股东出资为基础形成的全部财产对公司债务包括对股东的负债承担责任。破产债权只能通过破产分配从债务人即公司的一般财产中获得公平清偿，而不能从股东处以出资名义直接获得个别优先清偿，包括抵销清偿，因两类债权对应的清偿财产是不同的。为贯彻债权清偿的财产相对性原则，避免将两类不同财产、债权混合清偿，损害全体债权人的利益，所以要禁止股东欠缴的出资在破产程序中与其破产债权抵销。

在债务人有清偿能力的情况下，因所有债务均能够还清，对股东债权的清偿与对全体债权人的清偿不发生现实矛盾，清偿财产即使混合使用一般也不会损害其他债权人的利益。实际上，也只有在债务人有清偿能力的情况下，才可能允许股东以其对公司的债权折抵未交付的出资即注册资本，因为这时债权的正常清偿与抵销清偿即折抵出资之间是不存在差额的。但是，在债务人丧失清偿能力的情况下，因其所有债务已不可能全部还清，债权的破产清偿与抵销清偿之间存在差额，以股东欠缴的注册资本金与股东之债权抵销清偿，会与对全体债权人的公平清偿发生冲突，损害全体债权人的利益。所以这时不应允许对两类不同财产、债权的混合清偿，包括相互抵销。

禁止债务人股东将破产债权与其因滥用股东权利或者关联关系损害公司利益对债务人所负的债务抵销，是因为其债务的发生涉及滥用股东权利或者关联关系损害公司利益。也就是说，该项债务的发生具有恶意侵权的性质，应当予以全额清偿，所以禁止抵销。

在各种禁止抵销的情况下，如果当事人在破产程序中已经进行了抵销，管理人可以向法院申请对抵销行为予以撤销，以保障抵销权的公平行使。

问题与思考

1. 如何理解债务人财产的概念与性质？

2. 各国对债务人财产的构成范围都有哪些立法原则？我国《企业破产法》对债务人财产构成范围是如何规定的？

3. 何为破产撤销权？如何理解破产撤销权与破产行为无效制度的关系？

4. 比较分析破产撤销权与民法撤销权的联系和区别。

5. 请结合我国《企业破产法》的规定，分析破产撤销权之构成要件。

6. 分析《企业破产法》关于可撤销行为规定的具体内容。

---

① 参见王欣新：《再论股东破产债权不能与未到位的出资相抵销》，载《人民法院报》，2007-11-15。

7. 如何理解破产法上的取回权制度？《企业破产法》及其司法解释在这方面有哪些具体的规定？

8. 何为破产抵销权？其意义与行使特点如何？

9. 分析《企业破产法》中禁止破产抵销的情况。

第五章

破产债权

本章概要

破产债权是因破产程序启动前原因成立的，经依法申报确认，并得由破产财产中获得清偿的可强制执行的财产请求权。根据各国破产法的一般规定，破产案件受理后，债权人只有在依法申报债权并得到确认后，取得了破产债权人的资格，才能行使在破产程序中的参与、受偿等权利。我国《企业破产法》规定，债权人应当在人民法院确定的债权申报期限内向管理人申报债权。债权人逾期未申报债权，并不视为放弃权利，在破产财产最后分配之前仍可补报。新破产法纠正了旧破产法中债权人逾期未申报债权便视为放弃权利的错误规定，体现了立法充分保护债权人权益的宗旨。

债权人应当进行债权申报，这是一般性原则，但对某些特殊性质债权的申报与清偿问题，立法有不同的规定，在法理上也存在不同的理论。本章第一节对职工债权、税收债权、别除权人债权的申报等问题进行了分析，并且对附条件债权和附期限债权的申报与清偿、连带债权债务的申报与清偿问题、破产程序中保证责任的实现、解除合同损害赔偿请求权的申报、委托关系的处理、票据债权的申报等问题，从各方面作了详尽的分析与讲解。

债权确认的一般原则是，凡法律允许通过一般司法程序提出异议的债权，即未经发生法律效力的裁判所确认的债权，均应在审查确认之列，凡已经发生法律效力的裁判所确认的债权，原则上不在审查确认之列，可直接列入债权表中。《企业破产法》规定了债权确认的内容及程序，纠正了旧破产法将审查并确认债权规定为债权人会议职权的错误，本章第二节对此作了详细的分析与讲解。

关键术语

破产债权　职工债权的免申报　债权申报期限的效力　附条件债权的申报　附期限债权的申报　附利息债权的申报　不附利息债权的申报　无利息债权的申报　连带债权债务的申报　破产程序中保证责任的实现　解除合同损害赔偿请求权　债权确认程序　除斥债权　劣后债权

第一节 破产债权的申报

一、破产债权的概念

在破产程序中，债务人所负的各种债务性质不同，债务发生的时间也不同，要做到对各种不同债权人的公平清偿，首先就必须解决在破产程序中，哪些种类的债权享有受偿权利，享有何种受偿权利，即明确破产债权的性质、范围与清偿方法等问题。

通常认为，破产债权是因破产程序启动前原因成立的，经依法申报确认，并得由债务人财产中获得清偿的可强制执行的财产请求权。破产债权系特定性质的债权在破产程序启动后依法演化而来。由于各国立法对破产程序启动的时间设置不同，有的以破产案件受理为破产债权的确定时点，有的以破产宣告为确定时点，所以在不同国家的立法中，对破产债权确定时点的规定也有所不同。各国立法对破产债权的性质与范围的规定也有差异，有的国家从广义上认定，即凡是与破产人有关的债权均属于破产债权，无论其是否设有财产担保，如美国。有的国家则从狭义上认定，即只有对破产人发生的无担保物担保的债权才属于破产债权，如日本。

我国新、旧破产法对破产债权的性质与范围分别采取了的不同立法模式。《企业破产法（试行）》第30条规定："破产宣告前成立的无财产担保的债权和放弃优先受偿权利的有财产担保的债权为破产债权。"据此规定，其一，破产债权的确定时点是破产宣告；其二，未放弃优先受偿权利的有财产担保的债权即享有别除权之债权，不属于破产债权。旧破产法的规定存在不妥之处：首先，破产债权的确定时点与破产程序启动的时点规定不同，两者不协调，导致在破产案件受理即破产程序启动后至破产宣告期间新产生的债权是否属于破产债权地位不明，适用法律相互冲突，可能损害共益债权人的利益。其次，未放弃优先受偿权利的有财产担保的债权被排除出破产债权范围，在理论上也有所不妥（在有关别除权的章节中详述）。

《企业破产法》第107条第2款规定，"人民法院受理破产申请时对债务人享有的债权称为破产债权"。据此，其一，确定破产债权的时点与破产程序启动的时点相统一，均为受理破产申请时，解决了破产申请受理后新产生债权的法律地位问题；其二，对破产人的特定财产享有担保权的债权即旧法规定的未放弃优先受偿权利的有财产担保的债权，也属于破产债权，未再对其作排除性规定。

在《企业破产法》的制定过程中，曾经在草案中专门规定有破产债权一章，并对破产债权作有定义，但后为简化条款，予以删除。该章被删除后虽减少了部分条款，达到了"瘦身"目的，但削弱了立法的系统性，对全面、完整地理解破产债权概念也有不利之处。

根据《企业破产法》的规定，一般而言，破产债权应具备以下特征。

（一）因破产程序启动前原因成立

根据各国破产立法的规定，破产债权应当是因债务人破产程序启动前原因成立的债权，但法律有特别规定者除外。对"因破产程序启动前原因成立的债权"这一构成要件，存在两种学说。一种为全部完备说，即主张构成债权发生之一切要件，于破产程序启动前必须全部具备，即债权应当已经发生法律效力，不存在附期限、附条件及其他或然性限制。另一种为一部完备说，即认为构成债权发生之基础主要要件，于破产程序启动时具备即可，无须具备一切要件。[①] 后者为日本的通说，也为我国破产法所采纳。据此，破产程序启动之前成立的债权，包括未到期之债权、附条件之债权、保证担保之债权等，虽然这些债权成立的全部要件尚未完备，未发生法律效力，但均属破产债权。至于遗赠之请求权，仅系单纯之期待权，不得为破产债权。[②]

在破产程序启动后，债务人企业即丧失对财产的管理、处分权，其财产由管理人接管，任何其他人再以债务人名义进行民事活动，其行为无效，所发生的债务都不属于破产债权，应由行为人自行负责清偿。原有债权在破产程序启动后所产生的利息，债权人为个人利益参加破产程序的费用等，不属于破产债权，在破产程序中通常作为劣后债权清偿，或作为除斥债权不予清偿（各国立法规定不同）。管理人为破产财产的管理、变卖、分配等而进行的必要民事活动中形成的债权，依破产法规定，属于破产费用或共益债务，优先从破产财产中支付，也不在破产债权之列。

通常，破产债权应在破产程序启动前成立，但这仅是一般性原则，有时，为维护社会公平，法律也特别规定某些在破产程序启动后发生的债权也属于破产债权。如《企业破产法》第53条、第54条、第55条等规定，管理人或者债务人解除破产企业未履行完毕的合同而使对方当事人遭到损害时，其损害赔偿额虽发生于破产程序启动之后，仍可作为破产债权受偿；委托人进入破产程序后，受托人不知该事实，继续进行委托事务的，其债权属于破产债权；票据出票人进入破产程序后，该票据的付款人继续付款或者承兑的，其债权也属于破产债权；等等。通常，在破产程序启动后发生的债权要作为破产债权受偿，必须有法律明文规定。

（二）破产债权是财产上的请求权

这是指破产债权必须表现为或能够折合为一定数额的货币。债权在设立时目的本不相同，有的是要求交付货物，有的是要求支付金钱，还有的则是要求提供劳务或技术等。但债务人在进入破产程序尤其是清算程序之后，通常便停止经营活动，诸多债务已不可能再实际履行，只能以货币形式对债权人予以清偿。所以必须把债权货币化，才能以统一标准计算不同性质债权的清偿数额与比例，才能在破产程序中实际予以偿还。因此，破产债权必须是财产上的请求权，即可表现为货币形式的债权。非财产请求权，因破产程序仅能以财产清偿之特点，其在破产程序中便无法受偿，故不属于破产债权。

非货币形式的各种债权，应按照破产程序启动时的价格标准折算为货币债权，或将因债务不能履行造成的损害赔偿额作为破产债权。凡不能折合为货币形式的债权，如某些以破产人作为或不作为为目的的请求权，具有不可替代性，不能转换为损害赔偿请求权的，便不能成为破产债权，如赔礼道歉、恢复名誉等请求权。

①② 参见陈荣宗：《破产法》，再版，293页，台北，三民书局，1986。

（三）破产债权是可以强制执行的债权

破产从债务清偿的角度讲，本是在债务人不能清偿到期债务的情况下对其财产的一般强制执行程序。所以，破产债权应具备的性质之一，必须是能够予以强制执行。这里的“可以强制执行”，是指债权受司法机关诉讼保护，依法允许强制执行。已超过诉讼时效、失去胜诉权的自然债权，或因走私、赌博等违法犯罪行为形成的非法债权，因不受司法保护，不得强制执行，故不属于破产债权。

也有学者认为，“可以强制执行”不是破产债权的特征，而只是民法上一般债权的权利保护要件，不应将其作为破产债权的构成要件。[①]

（四）须是经依法申报并取得确认、有权在破产程序中受偿的债权

债权人客观上享有债权，还必须主动、及时地行使权利才能获得清偿。对于权利的行使，法律规定有一定的程序和时效期间，破产债权也是如此。债权人必须在破产程序启动后，依法向管理人申报登记债权。债权人申报的债权，要在债权人会议上经各方利害关系人审查，并得到各方之确认或人民法院的确认，才能够享有受偿权利。

根据破产法的规定，破产债权在权利行使上的特点，一方面是有权依破产程序得到公平清偿，另一方面是必须依破产程序行使权利，即必须依破产程序申报、确认债权，从管理人处接受破产分配，受破产程序约束，除法律另有规定者外（如别除权），不能单独、自由地受偿，不得违反破产法公平清偿的原则。但是，破产程序外的人可以自愿代替破产人对破产债权作出个别清偿，可不视为违背公平清偿的原则。

二、债权申报的一般规则

债权申报是不确定多数债权人集体清偿程序中的一项必备制度，破产程序、清算程序等集体清偿程序中都存在债权申报问题。只有通过债权申报，才能够确定有权参加清偿的债权人范围，确定不同债权人间的清偿顺序，做到对多数债权人的有序、公平清偿。债权的个别清偿程序如诉讼和执行程序，因债权人不受他人因素制约，故无此问题。

根据各国破产法的一般规定，破产案件被受理后，债权人只有在依法申报债权并得到确认后，才能行使在破产程序中的参与、受偿等权利。债权人行使各项权利，应依照破产法规定的程序进行。

各国破产法对债权申报期限主要有两种规定方式：其一是规定固定的申报期限，所有案件一体执行，如我国旧破产法的规定；其二是规定弹性申报期间，由法院裁量确定每个案件的具体申报期限，如英国、日本的规定。有的英美法系国家还根据债权人不同的债权申报目的规定了不同的申报期间，“其一，如果债权人的目的是为了参加第一次债权人会议，则应在法院于召集会议通知上确定的时间之前申报债权。即在发布通知的当天正午到开会之日的正午之间申报。其二，如果债权人的目的是为了参加推迟的第一次债权人会议，或者在第一次债权人会议

① 参见柴发邦主编：《破产法教程》，150页，北京，法律出版社，1990。

前未能及时申报，而希望参加下一次债权人会议，则应在法院确定的下一次债权人会议召开日期之前的24小时外申报。其三，如果债权人的目的是为了参加破产分配，则应在法院分配通知确定的期间内申报，该期间必须在确定发布通知之日起的14天外”①。

《企业破产法》规定，人民法院受理破产申请后，应当确定债权人申报债权的期限。债权申报期限自人民法院发布受理破产申请公告之日起计算，最短不得少于30日，最长不得超过3个月。在法律规定的期间内，人民法院可以根据案件具体情况确定申报债权的期限。这种灵活确定申报债权日期的方式有助于节省破产案件的审理时间，尽快结案。旧破产法规定的债权申报期限是固定期限，并且对以通知送达的已知债权人和以公告送达的其他债权人规定了不同的申报债权期限，而这种期限的区别规定没有任何实际意义与法律必要，在债权申报制度的设计上存在不妥之处。

债权人应当在人民法院确定的债权申报期限内向管理人申报债权。债权人申报债权时，应当书面说明债权的数额和有无财产担保，并提交有关证据。提出破产申请的债权人因已经在破产申请中提出债权清偿要求和相应证据，故无须再重复进行申报债权。破产案件受理前涉及债务人的未结诉讼的债权人，应向受理破产案件的法院申报债权，并说明债权已涉讼，以及受诉法院、案件名称、编号等情况。受理破产案件的法院应向受诉法院通知破产案件已受理之事项。如果在进行债权确认时，案件当事人对诉讼中的债权不再存在争议，该债权得到确认，则可以撤诉方式终结该诉讼。对该债权确认有异议的其他利害关系人，可提起债权确认诉讼。如该债权未得到确认，则原诉讼依法继续进行。

债权的集体和个别清偿程序，区别仅是债权实现的程序不同，而程序问题是不影响当事人实体性权利的，故集体清偿程序中的特殊制度如债权申报的实施，也不应影响债权人的实体受偿权利。立法规定债权申报期限的目的，是及时确定债权范围以保障破产活动顺利进行，使破产程序不致因无期限地存在债权人申报债权、无序插入而受到不利影响。所以对逾期申报的债权，应在可能为当事人提供权利补救的情况下，尽量采取立法补救措施，以贯彻最大限度维护当事人权益的立法原则。据此，破产程序中的债权申报期限不应具有除斥期间的效力。债权人未在法定或法院指定的申报期间内申报债权的，仍可以在实体问题最终解决之前补充申报。

从历史上看，各国立法对逾期未申报的债权的处理曾存在相对效力主义与绝对效力主义两种立法主义。相对效力主义，即债权申报期限无除斥效力，申报期限届满后，债权人仍可补充申报受偿。绝对效力主义，即债权申报期限具有除斥效力，申报期限届满后，债权人丧失补充申报与受偿权利。目前绝大多数国家的立法规定，债权人逾期未申报债权，不视为放弃权利，在破产财产最终分配之前仍可补报，但该债权人就已进行的破产程序与事项无权再提出异议，须自行承担对其债权调查和确认的费用，且只能参加补充申报时尚未分配的破产财产的清偿。个别国家或地区的立法规定，破产债权人在破产宣告后（而不是破产案件受理时）的债权申报期限内未申报债权的，不得就破产财产受清偿，如我国台湾地区“破产法”第65条第5款的规定。但该项规定亦有例外，例如对已有执行名义的债权无效，且当所有债权人均未申报债权时，法院应继续进行破产程序，向已知的债权人及其债权额进行分配。根据上述法理，我国《企业破产法》第56条规定：“在人民法院确定的债权申报期限内，债权人未申报债权的，可

① 汤维建：《破产程序与破产立法研究》，207页，北京，人民法院出版社，2001。

以在破产财产最后分配前补充申报”。

但是，我国《企业破产法（试行）》第9条曾规定，债权人在法定期限内“逾期未申报债权的，视为自动放弃债权”，这显然是违背法理、侵害债权人实体权利的不妥规定，既不合理又不可行。根据《企业破产法（试行）》第30条规定，破产债权范围最终确定的时间点是破产宣告，并不是案件受理。也就是说，在破产宣告前发生的债权都属于破产债权。而法院是在破产案件受理时（而不是破产宣告时）就要发布申报债权的通知和公告。这时就规定具有逾期视为自动放弃权利效力的债权申报期限，不仅起不到确定债权范围的作用，反而会在实践中造成混乱。因为从案件受理至债权申报期限届满的期间内，乃至此后，只要债务人未被宣告破产，其生产经营未完全中止，必然会产生新的债权；因其他方面的民事活动也可能有新的债权不断产生。这些新债权按照旧破产法的规定，在破产宣告时也属于破产债权。而其债权申报问题无法解决，如让其按原规定的债权申报期限申报，债权人实际享有的申报期限因债权产生的时间早晚不同将长短不一，而且，在债权申报期限届满后产生的债权，债权人根本就无法申报。若因此而不允许这些债权人参加破产分配，显然是违法的。如允许这些陆续产生的新债权人在收到通知后依法都有1个月或3个月的债权申报期限，那么原定的债权申报期限就会不断拖延，失去存在价值。如允许其不经申报债权即可受偿，显然是不公平的特权待遇，原定的债权申报期限也因无普遍约束力而失去存在意义。如不得不为这些债权人再以各种方式规定新的申报债权期限，那就表明对原逾期未申报债权者权利的剥夺是完全不必要的。所以，旧破产法有关债权申报期限效力的规定，不仅不能起到保证破产程序顺利进行的作用，真要严格执行起来，反而会阻碍破产程序进行。

在旧破产法的实施中，有的学者认为，对于逾期未申报债权的债权人，可通过《民事诉讼法》中有关当事人因不可抗拒的事由或其他正当理由延误诉讼期限时，可以在规定期间内申请顺延期限的规定解决。《破产规定》第24条也规定：“债权人虽未在法定期间申报债权，但有民事诉讼法第七十六条规定情形的，在破产财产分配前可向清算组申报债权。清算组负责审查其申报的债权，并由人民法院审查确定。债权人会议对人民法院同意该债权人参加破产财产分配有异议的，可以向人民法院申请复议。”但即使依该司法解释规定，也只能解决极少数债权人的债权补报问题，对绝大多数因债权产生时间在申报期发布后或因其他原因未能申报债权者则无济于事。而且，旧破产法规定之所以是错误的，并不在于其未规定申报期限可以依法顺延，而是根本就不应当规定对逾期未申报的债权不予清偿，这违背了法律公平、公正的原则，且不具有可操作性。

《企业破产法》对旧破产法的债权申报期限之效力作了重大改变，允许未按期申报的债权人可以依法补充申报债权，体现了保护债权人权益的宗旨。但由于破产程序具有不可逆性，且补充申报债权的债权人自身也可能有过失，所以对补充申报的债权，此前已进行的分配，不再对其补充分配；为审查和确认其补充申报债权的费用，由补充申报人承担。此外，补充申报人对此前已经进行的程序，如债权人会议已经作出的决议，原则上不得再提出异议。需注意的是，补充申报人所应承担的费用，仅限于依破产程序审查和确认补充申报债权所实际发生的费用，不应按照法院审理诉讼案件的标准收费。此外，根据《企业破产法》的规定，有些产生于破产案件受理后的债权也属于破产债权，如管理人行使合同解除权后对方当事人因合同解除产生的损害赔偿请求权等。这些债权有可能因产生时间过晚而无法在法院规定的申报期间内申报，但此种情况下的补充申报并非因其自身过错造成，由其承担债权的核查确认费用是不合理的，所以应当作为破产费用支付。本书之所以在此仍对新旧破产法的债权申报制度进行评述，不仅是要讲明破产法的历史沿革，而且还在于时至2018年，仍有法院在《人民法院报》上发布的破产案件受理公告中，写入旧破产法“逾期未申报债权的，视为自动放弃债权”的内容。这样的公告是违法的，必须予以纠正，并追究发布者的责任。

根据《企业破产法》的规定，申报债权的核查应在债权人会议上进行，对补充申报的债权也应适用这一原则。但债权人会议的召集成本较高，如果对补充申报的债权不分数额大小、对债权人利益的影响大小，都召集债权人会议核查，显然违背经济原则，会损害多数债权人的权益。本书认为，当补充申报的债权数额不大、对债权人利益的影响也不大时，可以考虑不召集债权人会议，而采取变通的方式核查债权，如将债权申报材料发给各个债权人进行书面核查，并由管理人负责对核查中的问题进行核实解决。

《企业破产法》规定可以补充申报债权的最后期限为“破产财产最后分配前”，但是，在破产清算程序中如何确定“破产财产最后分配”这一时间点，需要认真研究。而且破产法规定的破产程序有清算、重整、和解三种，债权人在不同程序中可补充申报债权的具体期限也有不同，需要加以确定。本书认为，为保障破产程序的顺利进行，在破产清算程序中，债权人补充申报债权的最后期限应为破产财产最终分配方案提交债权人会议表决之前。如果在此之后仍然允许补充申报债权，由于要重新制订分配方案，将补充申报的债权纳入，债权人会议对分配方案已经作出的决议就要作废，甚至人民法院对破产财产最终分配方案作出的裁定认可也要作废，必然造成破产程序的浪费与不当延误，损害绝大多数债权人的利益，破坏法律的尊严。与破产清算程序相对应，在和解、重整程序中，债权人补充申报债权的最后期限应为和解协议草案或重整计划草案提交债权人会议表决之前。

如果债务人进入和解或重整程序后，又被依法终止和解协议、重整计划的执行，宣告破产转入破产程序，这时，因破产程序已经转为清算程序，而在清算程序中债权人补充申报债权的最后时点是最终分配方案提交债权人会议表决前，所以在破产程序转换后，原未申报的债权人仍有权利在清算程序中继续依法补充申报债权。

在破产清算程序中，最后补充申报期限届至仍未申报债权的债权人，其实体权利也并不因此而消灭。但因债务人的破产财产从程序上已经被全部分配完毕，所以债权人因未取得参与破产程序的权利而实际上无法获得清偿。需注意的是，如果在破产清算程序终结后，又发现有债务人的财产，即出现《企业破产法》第123条规定的情况，自破产清算程序终结之日起2年内，“发现有依照本法第三十一条、第三十二条、第三十三条、第三十六条规定应当追回的财产”以及破产人应当供分配的其他财产，债权人可以请求人民法院按照破产财产分配方案进行追加分配。这时，原在破产清算程序中未申报债权的债权人能否再补充申报债权，参加对新发现财产的分配呢？本书认为，此时不应允许再补充申报债权。因为《企业破产法》第123条明确规定，债权人只可以请求人民法院按照破产财产分配方案进行追加分配，而原已确定的分配方案排除了未申报债权者参与破产分配。立法如此规定是有其道理的，因补充申报的债权必须经过债权审查确认程序得到确认后才有权参与分配。而在破产清算程序终结后，所有的破产机构如管理人、债权人会议等均已解散，债务人企业也已注销，已不可能再对补充申报的债权人进行正常的债权审查确认程序，为个别债权人补充申报债权而重新启动破产程序的法律与实际成本过高，显然是不可行的。所以，未在破产清算程序中补充申报债权的债权人，不得参加破产财产追加分配（对在和解或重整程序中，逾最后期限未补充申报债权者的权利分析在相关章节中讨论）。①

三、债权申报的一般范围

债权人应当进行债权申报，这是一项一般性原则，但对某些特殊性质的债权是否需要申报债权，则存在不同的观点，立法也有不同的规定。

1. 职工债权的申报问题

在《企业破产法》立法过程中，对于职工债权人是否有申报债权义务，未申报时如何处理，观点一度也不统一。有的人认为，职工债权也应当进行申报，但多数人认为，为充分体现对职工权利的保护，应规定此类债权无须申报。因为在实践中，有的企业进入破产程序时已经较长期间处于停产状况，拖欠职工债权后，一些职工迫于生计已经流散到社会谋生，在企业破产时职工可能并不知道消息，难以及时申报债权，从而出现遗漏职工债权的现象。本书认为，职工债权不属于商事债权，而是劳动关系上的债权，具有优先受偿权利，在破产企业会计账目中也有明确记载，所以可以不以申报债权为受偿条件。

为更好地维护职工权益，《企业破产法》第48条规定，债务人所欠职工的工资和医疗、伤残补助、抚恤费用，所欠的应当划入职工个人账户的基本养老保险、基本医疗保险费用，以及法律、行政法规规定应当支付给职工的补偿金，也就是职工债权，不必申报，由管理人调查后列出清单并予以公示。职工对清单记载有异议的，可以要求管理人更正；管理人不予更正的，职工可以向人民法院提起诉讼。据此，职工债权属于免申报的特殊债权，这有助于更好地维护职工权益。

2. 税收债权的申报

对于破产企业所欠税款形成的税收债权，债权人是否可免除申报义务，《企业破产法》未作规定。本书认为，既然立法对税收债权没有像职工债权那样直接规定可以免除申报义务，税收债权就应当进行申报。如税收债权因缺乏债务人提供的纳税申报资料，难以认定欠税数额，准确申报债权，可以请求管理人配合提供相关材料，但不能免除其申报债权的义务。

3. 别除权人的债权申报

各国破产立法对此也规定不一。有的国家认为，别除权人也应申报债权方可受偿。有的国家认为，别除权人行使权利不受破产程序之限制，故无须申报债权，尤其是在担保物经过登记公示或为债权人占有的情况下。如在美国，担保权益通常都在州政府登记，所以法律假设公众已知道这些权益的存在，故申报债权不是必要的程序。② 但是，在别除权人预计担保物价款不足清偿债权时，对不能受偿的债权部分应当作为普通破产债权申报，否则该部分债权在破产程序中便可能丧失受偿权利。

当一国立法规定别除权人无须申报债权时，因其债权未经破产程序确认，如发生争议则须

① 参见王欣新：《破产程序中的债权申报》，载《人民法院报》，2010-08-04。

② 参见潘琪：《美国破产法》，129页，北京，法律出版社，1999。

通过债权确认诉讼程序解决。在别除权人占有担保物的情况下，其他人对其权利有争议时，应以别除权人为被告提起债权确认诉讼。在管理人占有担保物的情况下，别除权人对担保物行使权利，应向管理人提出，如其权利未得到承认，别除权人应以管理人为被告提出债权确认诉讼。

我国破产法未规定别除权人可以免除申报义务，据此，别除权人也应当申报债权。但在别除权人合法占有担保物的情况下，仅因其未按期申报债权，便要强制取回被质押、留置在债权人处的财产，对其合法成立的物权担保债权拒绝清偿，在实践中既不合理也行不通，而且与《物权法》《合同法》《担保法》等法律的有关规定相冲突。所以《企业破产法》第 56 条规定，别除权债权人未依法申报债权的，其后果是不得依照该法规定的程序行使权利，而不是简单地剥夺其受偿权利。对此问题，本书还将在别除权部分详析。

四、附条件债权的清偿

《企业破产法》第 47 条规定，附条件的债权，债权人可以申报。这是各国破产立法的惯例。在破产程序启动前成立的附条件债权属于破产债权，但因其生效附有条件，故其权利行使方式与其他债权的相比有所不同。

附条件的债权所附条件分为解除条件与停止条件两种。前者是指已经生效的债权在所附条件成就时，便失效解除；后者是指债权虽已设立，但其效力处于停止状态，直至所附条件成就时，债权才发生效力。

破产申请受理前成立的附条件债权，可以全额申报作为破产债权参加破产清偿。因为附解除条件的债权，当条件未成就时，其效力与普通债权的相同，理应予以清偿。附停止条件的债权，虽然在破产申请受理时尚未生效，但其设立是在破产申请受理之前，而且在破产申请受理之后条件仍有可能成就，所以也应属于破产债权。这两种债权虽享有破产债权的地位，但因其在现实中的法律效力状况不同，所附条件有可能成就，也有可能不成就，债权在将来有发生或失去效力的可能，所以在破产程序中，其与普通破产债权的权利与清偿方式有所不同。附解除条件的债权是已经生效的债权，所以其债权人在债权人会议上可以享有表决权。而附停止条件的债权因是尚未生效的债权，所以其债权人在债权人会议上不享有表决权。

附条件债权的破产分配方法与其他债权的也有所不同。破产分配依分配之时间，有中间分配与最后分配的区别。各国根据分配时间的不同，对附条件债权规定了不同的限制方法。在中间分配时，附解除条件的债权是已经生效可以行使之权利，因此可以领受分配，但需就领取分配额向管理人提供相应的担保。因其所附解除条件一旦成就，债权失效消灭，必须归还领取的分配额，如无担保，将使对其分配额的追索出现困难。如果债权人不能提供担保，便应将所受分配额提存，暂不得领取。附停止条件的债权因尚未生效而不能行使权利，无权领取分配额，应将分配额予以提存。在中间分配时为附停止条件的债权提存相应的分配份额，也是为防止该债权人在将来条件成就时利益受到损失。

破产最后分配的处理情况与中间分配的又有不同。各国破产法通常规定，最后分配表公告后的一定期间为分配除斥期间。附停止条件的债权在此期间，如其条件仍未成就的，不能行使权利，即不得加入分配，其在历次中间分配中提存的分配额重新分配给其他破产债权人。如其生效条件成就，即可参加最后分配，原在历次中间分配中提存的分配额也由其无条件领取。附解除条件的债权在此期间，如解除条件未成就，便可与其他破产债权人一样享受正常分配，其原为分配额提供的担保予以解除，所作提存也应交还债权人自由支配。如解除条件成就，则不得参加最终分配，其在历次中间分配中所受分配额也应收回，重新分配给其他破产债权人。我国《企业破产法》第117条规定："对于附生效条件或者解除条件的债权，管理人应当将其分配额提存。管理人依照前款规定提存的分配额，在最后分配公告日，生效条件未成就或者解除条件成就的，应当分配给其他债权人；在最后分配公告日，生效条件成就或者解除条件未成就的，应当交付给债权人"。

实践中，与附条件债权情况相似的，还有因诉讼、仲裁而未决的债权等权利尚未确定的债权。对这类债权也应将其作为破产债权给予分配，但对分配额应加以提存，等其权利确定后再作处理。

五、附期限债权的申报与清偿

《企业破产法》第46条规定，未到期的债权，在破产申请受理时视为到期。附利息的债权，自破产申请受理时起停止计息。破产申请受理时未到期的债权，即所谓附期限的债权，原定在破产申请受理后之到期日受偿。此类债权与一般破产债权在性质上并无区别，虽未到期，同样有权利获得清偿。但在破产申请受理之后，若要求债权人在债权到期后才能行使受偿权利，往往破产人的财产已被分配殆尽，无法再获清偿；若待其债权到期后再统一对债权进行分配，破产程序便不得不中止，势必影响其他当事人的权益。所以，各国（地区）破产法均规定，未到期的债权在破产程序启动时可以加速到期，视为到期债权，参加破产清偿。但为公平起见，其利息应当计算至破产申请受理时，或应当减去未到期的利息。

对所谓附利息的债权自破产申请受理时起停止计息问题，我国台湾地区学者曾提出异议，认为"利息原基于破产前之原因，非法律所可随意消灭，即根据上述理由（维持债权人间之均衡并杜绝高利债权人利于延长程序之意念），亦仅能令其对破产财团停止产生。"[①] 换言之，破产法可以规定，破产申请受理后产生的利息作为除斥债权不得在破产程序中受偿，或者作为劣后债权劣后于普通债权受偿，限制其程序性权利，但不应规定债权不得计算利息，损害其实体性权利。本书认为，此种观点有其合理性。

破产案件受理时未到期的债权可分为两大类，即有利息的债权与无利息即无偿借与的债权。其中有利息的债权又分为附利息的债权与不附利息的债权。附利息的债权，是指借贷时当事人明确规定债务本金数额与利率的债权。不附利息的债权，是指在债务关系中没有规定本金与利率数额，仅规定到期应偿还总额的债权。这种债权到期应偿还之债额也称名义债额，实际上也是一定数额本金与利息之和，只不过当事人为计算方便等原因，不再加以具体规定，仅以总额概括而已。此种债权并非是债权人不要利息、无偿借与，它同无利息债权的性质不同，不可混淆。

附利息的债权由于本金与利率明确，无论是将利息计算至破产申请受理时，还是从到期应

① 吴传颐：《比较破产法》，273页，北京，商务印书馆，2013。

偿还的债务总额中扣除未到期的利息，都可以正确地计算出破产债权的数额。问题复杂的是，不附利息的债权如何扣息和无利息的债权应否扣息。下面分别予以分析。

（一）不附利息的债权的扣息问题

不附利息的债权在实践中甚为少见，往往是多种债务关系、不同合同形式在相同当事人间同时并存时，为了简化权利义务关系而设置的。由于此类债权未规定本金与利率的数额，所以无法按照《企业破产法》规定的将利息计算至破产申请受理时的方法确定债权数额，而只能采取从名义债额中扣除未到期利息的方法计算。

在各国破产法的发展过程中，对不附利息的未到期债权曾产生过不同的扣息公式。由于未到期的债权所附利息的计算有单利制与复利制之别，因而扣息公式自然也不相同。

在国外破产立法与司法实践中，对复利制（即以“利滚利”的方法计息）的不附利息的未到期债权，采取莱布尼茨公式扣息：

破产债权额＝名义债额÷（1＋法定年利率）×n

n为债权自破产程序启动时至原约定清偿期限的年数，即未到期的年数。在我国司法实践中，适用复利制计息的情况较为少见，所以不再赘述。

对单利制的不附利息的未到期债权，最简单的扣息公式为：

破产债权额＝名义债额－名义债额×法定年利率×未到期年数

这一公式在国际上被称为卡尔普左夫公式（Carpsow）。它虽然计算比较简便，但却不够合理，尤其是对破产程序启动时距原定清偿期限时间较长的债权，其不合理性更加明显。

如甲方将设备售予乙方，允许其使用其专利、商标，又以专有技术、劳务等为乙方提供服务，为其建造一座工厂，约定15年后乙方向甲方一次性偿付250万元（名义债额）。工厂建成后，乙方因经营不善，未到债务清偿期限即被申请破产并为法院所受理。如按照上述计算公式扣除甲方未到期债权的利息，当距原定清偿期限只有1年时，假定法定年利率为10%（因当事人未约定利率，故只能采用法定利率），则扣除未到期的利息25万元，破产债权为225万元，此公式的不合理性尚不太明显。但如债务人破产案件被受理时距原定清偿期限还有10年，依该公式计算的结果，则要扣除250万元的未到期利息，债权人将分文不获。若距原定清偿期限还有12年，则要扣除300万元的未到期利息，债权人不仅分文未得，反倒要向债务人支付50万元才能了结债权债务关系。显然，采用这一公式对不附利息的未到期债权扣息是错误的。

这一公式的错误之处在于把名义债额当作扣除利息的计算基数，基数过大造成扣息过多。不附利息的未到期债权，虽然仅规定到期应偿还的名义债额，但该债额实质上仍是一定数额的本金与利息之和。在债务关系中，无论是支付利息还是扣除利息，都应当以借贷本金为基数计算，而不能以到期后应偿还的、已将全部利息包括在内的名义债额作为计算基数；否则，必然会出现利息扣除过多，甚至超过名义债额的荒诞现象。所以，在司法实践中，该公式已不被采用。

目前，各国司法实践中对单利制不附利息的未到期债权适用较多的扣息方法是所谓荷夫曼（Hoffman）公式（亦有译为霍夫曼公式）。荷夫曼公式如下：

破产债权额＝名义债额－破产债权额×法定年利率×未到期年数

（此乘积为应扣除的利息额）

简化后为：

破产债权额＝名义债额÷（1＋法定年利率×未到期年数）

前述案例中的情况，在这一公式之下的计算结果为：当债务人破产案件被受理时距原定清偿期限尚有1年时，应扣除未到期的利息为23万元（1万元以下均四舍五入，下同），破产债权为227万元；若距原定清偿期限还有10年，应扣除债权人125万元的未到期利息，破产债权为125万元；若距原定清偿期限还有12年，应扣除未到期的利息为136万元，破产债权为114万元。

应当说，与前述卡尔普左夫公式相比，这一公式已较为合理，但仍不够准确。因为它是以破产债权额作为扣息的基数，但破产债权额实际上仍是债务本金与至破产宣告时已取得的利息之和，而在单利制下，扣息应当仅以债务本金为基数。所以，此公式仍有基数不当、扣息过多、不公正地损害债权人利益的失误之处（可与前述对附利息未到期债权的扣息案例相比较）。

我国法律对不附利息的未到期债权的扣息方法未作规定，学者间观点各异，在实践中也就难免做法不一。有的学者主张，采用荷夫曼公式。有的学者主张，对不附利息的未到期债权的扣息，按照票据贴现的有关规定办理。[①] 本书认为，这些做法是不妥的。对不附利息未到期破产债权的扣息与对票据贴现的扣息，两者的法律关系是不同的，计息与扣息的原则也是不同的，不宜类推适用。而且，按照票据贴现的有关规定对不附利息未到期破产债权扣息，可能出现扣息过多、更不合理的现象。

在我国的立法规定和司法实践中，债务利息的计算一般采用单利制。而且，对不附利息的未到期债权而言，由于当事人本来就没有规定计息利率，更不可能适用复利制来计息或扣息，所以立法上应当采用单利制的扣息公式。

为了解决不附利息债权的扣息问题，笔者通过计算，曾在《律师新业务》[②] 一书中提出一个计算公式，现在此列出，以供参考。

要正确地扣息，先要计算出不附利息债权债务本金的数额，以作扣息计算的基数。公式为：

债务本金＝名义债额－债务本金×法定年利率×原定清偿期限

（此公式称前式）

在求出债务本金数额后，即可通过以下公式准确计算出破产案件受理时债权的数额，或应从名义债额中扣除的利息数额。

破产债权额＝名义债额－债务本金×法定年利率×未到期年数

（此乘积为应扣除的利息额，此公式称后式）

将前式代入后式合并简化后，整个扣息公式应为：

破产债权额＝名义债额×｛［1＋法定年利率×（原定清偿期限－未到期年数）］÷（1＋法定年利率×原定清偿期限）｝

仍以前面的例子来说明此扣息公式。名义债额为250万元，法定年利率为10%，原定偿还期限为15年。当债务人破产案件受理距清偿期限为1年时，依此公式计算，破产债权额应为

① 参见柴发邦主编：《破产法教程》，153页，北京，法律出版社，1990。

② 参见王欣新、薛庆予主编：《律师新业务》，90页，北京，中国人民大学出版社，1990。

240 万元，应扣除未到期的利息 10 万元。当债务人破产案件受理距清偿期限为 10 年时，破产债权额应为 150 万元，应扣除未到期的利息 100 万元。当债务人破产案件受理距清偿期限为 12 年时，破产债权额应为 130 万元，应扣除未到期的利息 120 万元。这一公式是否正确只需与前述对附利息未到期债权的扣息案例中债务本金、名义债额、年利率等数值明确的附利息债权的计算结果相比，便可得到证明，而其他公式的反向运算是得不出债务本金已知的正确数值的。此外，这一公式推定债务本金为一次性借出，若实际债务本金是分期借出的，也可借用此公式分时段推算出来，不过运算方式略为复杂一些，就不在此详述了。

（二）无利息的债权的扣息问题

无利息的债权，是指不收取利息，债务到期时只需归还原来借出的本金的债权，即无偿借与的债权。对于未到期的无利息债权在清偿时是否也应扣除未到期的法定利息，学者们观点并不一致。一些学者主张，对于这种债权也应扣息。[①] 本书以为此种观点不妥，值得商榷。

主张对未到期无利息债权扣息的理由是，提前清偿使债权人得到了未到期的法定利息，不加扣除就会使债权人产生不当得利，而使破产之债务人无形中受到经济损失。[②] 这种观点的表述本身就存在错误。由于无利息的债权本来就没有计算、收取利息，所以即使再提前清偿，债权人得到的也不过只是原来借出的本金而已，从借贷中根本得不到利息，包括法定利息。因此，主张者之意，大概是指债务人提前归还了本金，债权人便可将这笔钱存入银行，得到法定利息，而在不提前清偿的情况下，这部分利息本应由债务人获得，所以对债权人来说便是不当得利，而债务人也就于无形之中受到了损失。

这种观点貌似公平，但实际上不能成立。其错误之处在于，把债务人的期限利益与利息问题混为一谈，将债权人的合法利益当作不当得利。

凡规定有履行期限的债务，在到期之前债务人无清偿义务，这就是其期限利益。对于计息的债权，债务人有义务还本付息，但同时也有权利只按借贷时间支付约定或法定利息，这种权利可称为利息利益。期限利益决定的是债还早还晚的问题，而利息利益决定的是债还多还少的问题，两者性质是不同的。它们之间的联系则在于，当债权计息时，借贷时间长短与利息多少成正比例关系。债务人的利息利益作为实体权利一般是不可剥夺的，但其期限利益在法律规定的特殊情况下却可能被取消，以保障对各方当事人利益之公平处理，债务人的破产便是典型一例。《企业破产法》规定，未到期的债权在破产申请受理时视为到期，便是取消了债务人的期限利益，而其对利息计算至破产申请受理时的规定，则是为了做到在债务提前清偿的情况下，保障计息债务的债务人的利息利益，防止债权人不当得利。如前所述，立法取消债务人的期限利益同时也是为了保障破产程序顺利进行——这一更为重大的社会利益。

根据《民法总则》的规定，所谓不当得利，是指没有法律根据，取得不当利益，造成他人损失。在破产申请受理时，如对未到期的无利息债权提前清偿而不扣除利息，是否会造成债权

---

① “对于无利息的附期限债权，破产债权人提前受偿，也应从债权本金中扣除破产宣告时起至期限届满止这一时期的法定利息”（柴发邦主编：《破产法教程》，152 页，北京，法律出版社，1990）。

② “无利息的附期限债权，须等到期限到来之日才能取回原本。如因破产宣告视为已到期债权，则可提前受偿。如不扣除这中间利息，债权人便取得不当利益，债务人则无形中受损失”（柯善芳、潘志恒：《破产法概论》，190 页，广州，广东高等教育出版社，1988）。

人的不当得利呢？显然是不会的。

从利息利益的角度看，无利息债权的债权人在债务关系中没有收取债务人一分钱的利息，本没有从中得利，自然也就谈不上得之“当”与“不当”的问题。旧破产法规定，提前清偿时应当扣除的是“未到期的利息”，也就是说，扣除利息是以债权计息为前提的。而《企业破产法》规定，利息计算至破产申请受理时，更明确了对无利息的债权不存在扣除利息问题。因为无利息的债权中本不存在法律规定的应当扣除的“未到期的利息”，若再要扣除，便成了扣除本金，这显然已经超出法律规定的内容。

从期限利益的角度看，债权人因破产申请被受理而得到的提前受偿利益，并非“没有合法根据”，而是根据破产法的规定取得的，是有充分法律依据的利益，自然也是合法、正当的，不可能构成不当得利。

据此，未到期无利息债权的债权人在破产程序启动时，便可只享受清偿期限提前之法定利益，并因未收取利息而不必受扣除未到期利息之法律限制。在这种情况下，债务人期限利益的取消确实可能会失去原可得到无偿借与的相应利益，如用于存款时的法定利息或其他经营上的盈利。债权人如将提前受偿得到的本金存入银行，也的确会得到法定利息，若投资于风险与盈利更高的事业如股票买卖，则可能得到更大的利益，但也可能发生亏损。不过，无论债权人得到清偿后对资金的运用是盈利还是亏损，均与原来的债务法律关系无关，与债务利息无关，根本不能采用扣除利息的方法来进行所谓的调整，否则会违背法律的本意，造成不公正与不合理。

在破产申请受理时对未到期债权的债权人作提前清偿，债务人未到期的利息在计息债权到期的情况下，本应支付给债权人，依法扣除的结果不过是债务人不必支付而已，对债权人、债务人均无损失可言，立法维持了当事人之间的公平。但若对未到期的无利息债权也扣息，就变成不仅债务人不必支付利息，债权人反而要从本金中向对方支付自己都没有收取的利息。债权人本是无偿借与，债务人却反要扣除、收取利息，在这种情况下，债务人才是真正的不当得利。因此，债务人从债权人处无偿得到的利益（无息借与）被法律取消时，也必须是无偿的，不能让债权人再受到损失。这样做不仅符合法律规定之本意，也符合我国的交易惯例和民间的公平意识。

下面试举一例说明。债权人借与债务人 10 万元，偿还期限为 5 年。2 年后债务人被宣告破产，提前 3 年偿还债务，破产程序启动时的贷款法定年利率为 20%。如在债权计息的情况下，5 年期满时本息合计 20 万元，提前 3 年偿还，扣除未到期的利息 6 万元，债权人应得 14 万元，此乃公平合理。但在债权无利息的情况下，若同样扣除所谓“未到期的利息”6 万元，则债权人无偿借出 10 万元，却只能收回 4 万元。若借款合同约定的还款期限为 10 年，破产程序启动时距清偿期限又较长，如 5 年，则债权人的本金便全部被扣除干净，分文也收不回来；若为 6 年，则债权人反要向债务人支付 2 万元利息才能了结债务关系。这种对无利息债权扣息的主张是否公平合理，在实践中是否行得通，至此便可一目了然。

对《企业破产法》中关于未到期债权计息的规定正确理解、执行的关键，在于要区分期限利益与利息利益，区分债权的不同性质，不能认为凡提前偿还者就一定要扣除未到期的法定利息，而要根据具体情况进行分析，分别处理。即使可能有的国家在破产立法中，规定了对无利息的债权在破产程序启动时也要扣除未到期的利息，但这一规定显然既不合法理，也不合我国的国情，不能盲目引进。

六、连带债权债务的申报问题

在破产程序中，存在连带债权与连带债务两方面的清偿关系。《企业破产法》第 49、50 条规定，债权人申报的债权是连带债权的，应当说明。连带债权人可以由其中一人代表全体连带债权人申报债权，也可以共同申报债权。该法还规定了连带债务人之间的债务分担关系以及债权人与破产程序中的连带债务人的清偿关系。连带债权的关系简单，无须赘述，但连带债务涉及的法律关系内容复杂，需专作论述。

1. 连带债务人间的债务分担关系

《企业破产法》第 51 条规定，债务人的保证人或者其他连带债务人已经代替债务人清偿债务的，以其对债务人的求偿权申报债权。债务人的保证人或者其他连带债务人尚未代替债务人清偿债务的，以其对债务人的将来求偿权申报债权，但债权人已向管理人申报全部债权的除外。此项规定中的关键，是对保证人或者其他连带债务人将来求偿权的承认。

《企业破产法》的这一规定是各个国家和地区破产立法的通例。如《日本破产法》第 26 条第 1 款规定："于数人各自负全部履行义务情形，其全体或其中数人受破产宣告时，对破产人有于将来可行使求偿权者，可以就其全额，作为破产债权人行使其权利。但是，债权人已就其债权全额作为破产债权人行使其权利时，不在此限。"我国台湾地区"破产法"第 105 条作了相同规定。这一制度的设置，是为了避免在债权人不参加破产清偿而直接向保证人或连带债务人要求清偿的情况下，保证人或连带债务人履行保证或连带责任后却因申报债权时机过晚，破产人的财产分配程序已终结，而无法行使其代位求偿权的情况。由于保证人与连带债务人在此种情况下的责任基本相同，在下文的分析中，仅以连带债务人为例。

在连带债务中，每个连带债务人对债权人就全部债务承担履行义务，但在连带债务人之间却是按份之债的关系，履行了债务清偿义务的某一债务人有权要求其他债务人偿付其应当承担的份额。这种求偿权在正常情况下于履行连带债务的义务后方才产生。但是当连带债务人中有人进入破产程序时，情况便有所不同。此时，债权人既可以向破产的连带债务人要求清偿，也可以向未破产的其他连带债务人要求清偿。如果债权人没有向破产的连带债务人要求清偿，除非债权人放弃其权利，则未破产的其他连带债务人将来必然要代替破产人履行清偿义务。在这种情况下，就必须允许未破产的其他连带债务人在履行连带债务之前提前行使代位求偿权。否则，随时间推延，破产财产一旦分配完毕，其他连带债务人将来代破产人清偿之后，也无法再向其索偿。

需要注意的是，如果连带债务在最后清偿之时的分担结果，超出破产的连带债务人应承担的份额，超过部分应返还该破产财团，追加分配给该破产人的债权人。破产人的清偿是否超过应承担的债务份额，只能以其破产分配清偿的实际数额为标准，而不能按申报的破产债权额为标准。我国台湾地区学者李肇伟曾举例予以详细说明："甲、乙、丙、丁四人共欠戊之连带债务 4 万元，各分用 1 万元，定于 12 月 1 日清偿；而于同年 2 月丁被宣告破产时，戊曾分得 4 千元；厥后丙又于同年 6 月被宣告破产，乙又于同年 9 月被宣告破产，则债权人戊固得以其现存之债权总额 3 万 6 千元向丙及乙之破产财团行使权利；倘债权人戊不以其债权向丙及乙之破产财团申报债权者，债务人甲与乙固得以此数为破产债权向丙之破产财团行使权利，甲与丙亦得以此数为破产债权向乙之破产财团行使权利；假定丙之破产财团于最后分配时，分配比率为五成，分得1万8千元；乙之破产财团于最后分配时，分配比率为一成，分得3千6百元；此时因债之清偿期尚未届至，各人之分担额尚未能确定，分得之数目均应提存；及至12月1日清偿期届至，核算结果，从丁之破产财团既仅分得4千元，从乙之破产财团既仅分得3千6百元，共为7千6百元；4万元连带债务扣除7千6百元外，甲与丙须共同负担3万2千4百元，即每人须负担1万6千2百元；则甲固须付出1万6千2百元，前时由丙之破产财团提存分得之1万8千元，扣除其应负担之1万6千2百元外，自应退还1千8百元于其破产财团，用为追加分配于丙之其他各破产债权也。”①

破产法允许连带债务人预先行使求偿权的前提，是债权人未向管理人申报债权。如债权人已向管理人申报债权，则连带债务人再无求偿权，否则会出现对一项债务的重复清偿。《破产审判会议纪要》第31条规定：“破产程序终结后，债权人就破产程序中未受清偿部分要求保证人承担保证责任的，应在破产程序终结后六个月内提出。保证人承担保证责任后，不得再向和解或重整后的债务人行使求偿权。”出于同理，对于债权人向破产人请求清偿不足的部分，连带债务人对之履行连带责任后也不再享有代位求偿权。因为这时即使破产人未能偿清自己应承担的债务份额，而不得不由其他连带债务人偿还，破产人也已通过破产清偿履行了自己对全部债务的连带义务，解除了债务责任。至于其他连带债务人不得不承担超出自己应付份额的债务而受到的损失，则正是连带债务的正常风险所在，而不再是代替他人清偿的问题了。例如，破产债权为10万元，破产清偿比例为20%，债权人向管理人申报全部债权后得到2万元清偿，连带债务人须承担8万元的连带责任。如果允许连带债务人在履行连带责任后仍享有代位求偿权，将8万元申报破产债权，则可从破产财产中再获得1.6万元的清偿。这将使破产财产对10万元破产债权的清偿数额从2万元不当地增加至3.6万元，从而造成对一项债务的重复清偿，损害其他债权人的合法权益。

上述清偿原则不仅同样适用于保证人，也适用于以其财产为债务人提供担保的第三人。该物上保证人在以其财产代债务人清偿债务后，享有对债务人的代位求偿权，此项权利在破产程序中也可提前预先行使。《日本破产法》第26条第3款规定，上述清偿规定，“准用于提供担保的第三人对破产人的可于将来行使的求偿权”。

对于连带债务人可以申报债权的范围，立法未加明确规定。根据日本破产法与我国台湾地区“破产法”的规定，各连带债务人可以连带债务的全额申报破产债权，行使其权利。而有的学者认为，可以申报破产债权的，为破产的连带债务人在连带债务中应承担的那部分份额，而不是连带债务的全额。

将可以申报的债权限定为破产的连带债务人在连带债务中应承担的份额，可以较为准确地反映出各连带债务人之间的分担关系，但是不能完整地反映出其对全部债额的连带清偿关系。将可以申报的债权规定为连带债务的全额，可以准确地反映出各连带债务人对债权人的连带清偿关系，但是又不能充分反映出各连带债务人之间的分担关系。

仍以案例说明，甲、乙以连带责任形式借款10万元，约定各分担5万元。债务尚未到期

① 转引自耿云卿：《破产法释义》，4版，312页，台北，五南图书出版公司，1992。

时甲进入破产程序，债权人未申报债权。如乙可以将连带债务全额10万元作为破产债权申报，假定甲的破产清偿比例为40%，则乙可预先得到破产分配4万元，与债权人自己申报债权时可得到的破产分配相同。这时，破产人甲实际是以连带责任形式就全部债务承担了责任。但是，若依二连带债务人内部的债务分担，甲只应承担对5万元名义债额的清偿责任，现在则承担了10万元全额的清偿责任，虽然实际只清偿了4万元，没有超过应分担的绝对数额（5万元），因而无法向其他连带债务人追讨，但却超过了其应承担的名义债务分担比例。

如果只允许乙以破产的连带债务人甲在连带债务中应承担的份额，即5万元申报债权，则乙只能预先得到破产分配2万元。虽然在债权申报数额上体现出连带债务人内部的名义债务分担比例，但甲却没有做到以连带责任形式就全部债务对债权人承担责任，只是由乙间接地去向债权人承担责任。而且，这样做与债权人自己申报债权时可得到的破产分配数额也不符。

在连带债务人均未破产的情况下，内外责任都可以正常实现，本不存在这些矛盾。在破产程序之中，上述两种做法又各有各的道理。本书认为，分歧主要在于，立法倾向于对外连带责任的充分承担，还是对内责任的公平分担。考虑到连带责任的设置首先是强调对债务的充分清偿，是将各连带债务人的全部财产都纳入责任财产范围内，因而将申报的债权数额规定为连带债务的全额方为合理，这样更符合连带债务设置的本意。这样做可以在破产人对全部债务承担连带责任的情况下，使当时未破产的其他连带债务人从破产人处得到更多的预先清偿，使债权人得到更大的清偿保证，避免出现债权人向其他连带债务人要求清偿时其财产不足清偿的问题。而且，这种清偿方法使其他连带债务人在其预先行使求偿权时承担的连带责任数额与债权人申报债权时在破产程序外应承担的连带责任数额相同，不存在差额，避免了因此可能出现的规避法律或恶意欺诈行为，有利于经济秩序的维护。

2. 债权人与破产程序中的连带债务人的清偿关系

《企业破产法》第52条规定，连带债务人数人被裁定适用该法规定的程序的，其债权人有权就全部债权分别在各破产案件中申报债权。该条规定解决的是破产债权人与破产的连带债务人之间的清偿关系问题，即在负有连带义务的债务人全体或数人被宣告破产时，破产债权人如何实现其债权。

《民法总则》第178条1款也规定："二人以上依法承担连带责任的，权利人有权请求部分或者全部连带责任人承担责任。"根据《民法通则》第87条的规定，负有连带义务的债务人，每人都负有清偿全部债务的义务。由此可见，连带债务的设立实际上是通过扩大债务人的范围，使全体债务人的所有一般财产（设定物权担保的特定财产将优先清偿有担保权的债权人）都成为债务清偿的保障与执行对象，目的在于最大限度地维护债权人的利益。遵照这一宗旨，各国和地区破产立法一般都会规定，当负有连带义务的债务人全体或数人破产时，债权人可以将债权总额作为破产债权，同时或先后分别向每个破产人要求清偿，但其获得清偿的总数不得超过债权总额。如日本、德国以及我国台湾地区都有此类规定。

但对于债务人方面已经做过部分清偿的情况，债权人申报的破产债权数额如何确定，各国立法规定不一，存在瑞士法主义、法国法主义和德国法主义三种立法主义。

《瑞士破产法》第217条规定："债权人自共同债务人受偿债权一部时，无论共同债务人对破产债务人有无求偿权，债权人得于破产债务人之破产程序就债权原有全部金额行使权利。"也就是说，不管原有债权的某一部分在破产之前或之后是否已得到清偿，债权人均可以原债权成立时的总额作为破产债权的数额。此种立法模式亦称成立时债权额主义或保留主义。

《法国商法》第542条规定，成立当时的债权额扣除自愿清偿而消灭的数额，余下的数额为破产债权数额。据此规定，破产债权额中应减去债权人在破产宣告前得到的自愿清偿，但在其他连带债务人的破产程序中接受的破产分配（无论何时）视为非自愿清偿，不减少破产债权的数额。此种立法模式亦称自愿清偿扣除额主义。

《德国破产法》第68条规定：就同一给付负全部责任之一人或数人之财产开始破产程序时，债权人得于各破产程序，在其未受全部清偿以前，就破产程序开始当时所得请求之金额为主张。也就是说，不问原债权部分消灭的时间与原因，债权人可以同时向各破产人主张的破产债权数额，是债务人破产程序开始时的现存债权数额。此种立法模式亦称宣告时现存额主义或剔除主义。[①] 日本也采用此立法主义。

显然，三种不同的立法主义对债权人保护的程度有所不同。以债权人可能得到的清偿数额多少排列，首先为瑞士法主义，其次为法国法主义，最后为德国法主义。在评价何种立法模式较为合理时，必须考虑到债务人已经破产的特殊情况，不能简单地按照债务人仍有清偿能力时的解决方法推论。在选择采用何种立法模式时，还必须考虑本国的商务惯例等实际情况。从我国的实际情况看，采取德国法主义即宣告时现存额主义较为适宜，只不过应根据我国破产程序启动的时间标准，改称为破产受理时现存额主义。

《企业破产法》对连带债务人破产时的特殊规定，对于保障债权人的利益是十分必要的。通常在各连带债务人财产合计具有清偿能力的正常情况下，债权人可要求任何一个连带债务人清偿全部债务。当其不能完全还清时，可逐个向其他连带债务人要求清偿余额，直至完全得到偿还为止。但是，在连带债务人全体或数人同时破产时，情况便不同了。其一，各连带债务人的破产程序同时进行，在破产人的财产分配完毕后，债权人的权利便无从实现。所以，逐个向连带债务人要求清偿的方法，已不可能完全保障债权人的利益，必须允许其向所有破产的连带债务人同时提出清偿要求，才可能在债务人负连带责任的情况下实现债权。其二，破产债权一般不可能得到全额偿还，要打相当比例的折扣。如债权人只能在以债权总额向一个连带债务人要求清偿后，再以余额向其他连带债务人求偿，或虽可同时分别向各连带债务人求偿，但提出的各破产债权额总和不能超过债权总额，则因破产清偿比例所限，不可能实现连带责任的要求，使债权完全得到偿还，所谓同时要求清偿也就失去了实际意义。在这种情况下，各连带债务人实际承担的只是在补充范围内的连带责任，并没有将连带债务人的全部财产都纳入对债权总额的连带清偿范围内，不能实现连带债务设立之本意。只有允许债权人同时对每个破产人都以债权总额作为破产债权，才可能使债权得到最大限度的清偿，实现连带债务要求每个债务人都对全部债务负清偿责任的设立目的。不过，债权人从各连带债务人处所获得的清偿总额不得超过其所享有的债权总额，否则应作为不当得利返还各破产人，由于在连带债务人之间是按份之债的关系，所以各破产案件的管理人可以自行解决公平分担问题。打破时间、顺序及破产债权数额方面传统做法的限制，是使连带责任在连带债务人全体或数人进入破产程序时完全实现的关键。

---

① 参见［日］石川明：《日本破产法》，何勤华、周桂秋译，97页，北京，中国法制出版社，2000。

七、破产程序中的保证责任问题

在研究破产程序中的保证责任问题时，首先必须明确几项基本原则：第一，保证责任不因债务人或保证人的破产而免除或减轻，保证合同也不因破产发生而解除。这项原则是为了遵循担保法立法宗旨、维持担保效力，保障债权人的基本权益。但在法律规定的极少数特殊情况下，保证合同有可能消灭，如在关联企业实质合并破产中，各个关联企业相互之间发生的保证担保合同因保证人与债务人主体间权利义务的合一而消灭。第二，保证责任在破产程序中，原则上不因债务人或保证人的破产而不当加重，除非因破产程序的启动而出现可能导致违背保证设置目的、实质性损害债权人担保利益的情势变迁，才需要予以适当调整。这项原则解决的是对保证人正当权益的保障。第三，保证担保的方式有一般保证和连带责任保证。两种保证责任的实质区别在于责任范围不同，一般保证只对债务人无力清偿的部分承担补充性的清偿责任，故一般保证也被称为补充责任保证，而连带责任保证则要独立对债务人的全部债务承担清偿责任。要想实现二者在实体性责任方面的区别，需要相应的法律程序予以保障，为此《担保法》规定一般保证人享有先诉抗辩权。先诉抗辩权虽然是程序性的权利，但对一般保证人却具有程序和实体两方面的权利保障意义。从程序意义上讲，就是通过清偿顺位先后的设定，确保保证人承担责任的时间在债务人之后。从实体意义上讲，就是通过实现保证人的清偿时间在后，实现只承担补充性的责任。所以两种保证在责任方面的实质区别，不仅是一般保证的责任承担时间要晚于债务人，而且在于通过清偿时间差，实现保证人仅在债务人还不清的债务范围内承担的补充责任，先诉抗辩权对清偿时间顺序的设定仅仅是手段而已。在非破产程序中，由于债务人和保证人均未发生破产原因，至少理论上讲两者的清偿能力或曰资产之和是足以清偿全部债务的（否则债权人就可以提出对他们的破产申请），所以区分先诉抗辩权的程序意义和实体意义在实务中没有意义。因为先诉的抗辩可以同时体现出该项权利的程序与实体作用，即两者是在同一行为下同时完成的，并不分离。但是在破产程序中先诉抗辩权被取消的情况下，其意义就大不相同了。由于先诉抗辩权的实体作用隐藏在程序作用的面纱之下，以至于有的人便根据其表象，仅承认先诉抗辩权的程序性作用，而完全忽视该权利隐藏在先诉程序后的、对一般保证人的重要的实体意义。有的人主张，先诉抗辩权在破产程序中被取消后，一般保证人与连带责任保证人的责任就没有任何区别，即不再承担补充责任而要承担连带责任。这种观点是错误的，必须予以澄清。在破产程序中一般保证人在债权人向其追究保证责任时，仍可以主张实际仅承担债务人清偿后不足的部分。第四，为实现破产法公平、有序清偿债务的根本目标，需要对保证责任的实现方式根据破产程序的实际需要作出一些特殊调整，包括在一定程度上破除保证的从属性、附随性等。所以，不能以债务人、保证人具有清偿能力时正常状态下的调整原则，理解与处理债务人、保证人丧失清偿能力时非常态情况下保证责任的实现，要遵守破产程序对保证责任的特殊调整原则。

（一）债务人进入破产程序时的保证责任问题

1. 保证债务已经到期

债务人进入破产程序时保证债务已经到期的，在保证期间内，法院受理债务人破产案件的，对于负连带责任的保证人，债权人有权直接要求其清偿保证债务，也可以先向进入破产程序的债务人追偿，然后再以未受偿的余额向保证人追偿，还可以同时向债务人和保证人追偿。在债务追偿问题上，债权人享有向债务人或保证人追偿的选择权，包括同时追偿权。有的人认为，允许债权人同时向债务人和保证人追偿会造成重复清偿，而且在债务人的实际破产清偿数额确定前，即破产程序终结前，无法确定保证人的具体责任数额。这是一种错误的观点。在同时追偿的情况下，如果债权人先从债务人处获得部分清偿，其未获清偿部分自然确定，继续向保证人追偿乃是顺理成章之事；如果债权人先从保证人处获得清偿，作为连带责任保证人其承担的当然应当是债务全额，在其清偿后只需将债权人在债务人破产程序中申报的债权转让给保证人，由其行使求偿权即可，根本不存在所谓重复清偿或保证责任数额无法确定的问题。

《破产审判会议纪要》第31条规定，“破产程序终结前，已向债权人承担了保证责任的保证人，可以要求债务人向其转付已申报债权的债权人在破产程序中应得清偿部分。破产程序终结后，债权人就破产程序中未受清偿部分要求保证人承担保证责任的，应在破产程序终结后六个月内提出。保证人承担保证责任后，不得再向和解或重整后的债务人行使求偿权。”此规定中的第一句话就是专门解决债权人同时向债务人和保证人追偿问题的。需注意的是，该条规定三句话的内容是彼此相互关联的，不能完全割裂开理解。

（1）本条规定的内容确认了债权人可以同时向债务人和保证人追偿的原则。所谓“已向债权人承担了保证责任的保证人[①]，可以要求债务人向其转付已申报债权的债权人在破产程序中应得清偿部分”，这只可能发生于债权人在破产程序中申报了债权，并同时向破产债务人和破产程序外的保证人追偿的情况下。这本是债权人的法定权利，但过去一些法院却为了偏袒地方企业、防止所谓担保链引发担保企业连带破产问题，将最高人民法院《关于适用〈中华人民共和国担保法〉若干问题的解释》（以下简称《担保法解释》）中“债权人要求保证人承担保证责任的，应当在破产程序终结后六个月内提出”的规定，曲解为债权人不能在破产程序进行中追究保证人的责任，只能“在破产程序终结后六个月内提出”，而对债权人对保证人的正当诉讼权利、追偿权利拒绝予以保护。有的法院是对债权人的起诉拒绝受理，有的虽然受理却中止审理，还有的是允许受理、审理案件但拒绝执行，这些做法都是错误的。在《企业破产法（试行）》下制定的个别司法答复文件也存在同样的误导问题。[②] 如前所述，认为债权人同时向债务人和保证人追偿会出现重复清偿的观点是根本不能成立的。只要遵循基本的法律规则与债务清偿常识，无论在何种情况下都不可能出现所谓重复清偿问题。

（2）上述纪要将破产程序终结后保证人承担保证责任的期间，明确规定为6个月。其中，清算程序终结的时点是法院裁定终结破产清算程序之时；重整程序终结的时点是法院裁定批准重整计划、终止重整程序之时，特别需要注意的是，重整计划的执行期间不属于重整程序内的

① “已向债权人承担了保证责任”，是指全额承担了保证责任。

② “根据最高人民法院对《关于担保期间债权人向保证人主张权利的方式及程序问题的请示》的答复（[2002]民二他字第32号），破产程序进行中，人民法院受理债权人对保证人提起的保证责任纠纷诉讼后，可以采取中止审理或径行判决两种处理方式。由于上述处理方式最终都需等待破产程序确定债权人受偿份额，故即便直接判决保证人承担责任，通常也要等待破产程序终结后才能执行，尤其是如果破产程序审理周期较长的，会导致债权人的保证担保利益得不到及时实现。”贺小荣、葛洪涛、郁琳：《破产清算、关联企业破产以及执行与破产衔接的规范与完善——〈全国法院破产审判工作会议纪要〉的理解与适用（下）》，载《人民司法》，2018（16）。

期间；和解程序终结的时点是法院裁定认可和解协议、终止和解程序之时。在这一意义上，《企业破产法》中的“终结”与“终止”具有相同的含义与法律效力。

(3) 确立债权人在破产程序中申报债权未得到全额清偿时，保证人对剩余债务承担保证责任后，不得再向和解或重整后的债务人行使求偿权的原则。需注意的是，这仅限于债权人已经在破产程序中申报债权求偿的情况，如果债权人未在破产程序中向债务人申报债权要求清偿，而是直接向保证人追偿，则保证人可以在破产程序中预先申报保证债权，向债务人行使求偿权，也可以在和解或重整程序终结后再向债务人行使求偿权。

需要明确的是，债权人是有权选择不参加破产程序，直接向保证人求偿的，所以不是必须在破产程序中申报债权的才可以获得对保证人的求偿权。[①] 无论债权人是否申报债权，均不影响其对保证人的求偿权利。为明确债权人未在破产程序中申报债权时保证人对债务人的求偿权，《企业破产法》第 51 条第 2 款规定，债务人的保证人尚未代替债务人清偿债务的，以其对债务人的将来求偿权申报债权，但债权人已向管理人申报全部债权的除外。《担保法》第 32 条对此也有相应的规定。保证的主债务是否到期，不影响保证人预先求偿权的行使。

在破产程序中债权人不申报破产债权时，其有没有通知保证人的义务一度也曾成为有争议的问题。《担保法解释》第 45 条规定：“债权人知道或者应当知道债务人破产，既未申报债权也未通知保证人，致使保证人不能预先行使追偿权的，保证人在该债权在破产程序中可能受偿的范围内免除保证责任。”本书认为，首先应当明确的是，债权人在破产程序中不申报债权是不需要通知保证人的，债权人不负有此项义务。如果说应当有人承担通知义务，则债务人才是适当的人选。此外，对此问题还可以从新、旧破产法对债权申报的不同规定进行分析。旧破产法规定，债权人未按期申报债权就视为放弃权利，不允许当事人补充申报。在这种制度之下，如果债权人不申报破产债权，也不通知保证人，就可能使保证人因为延误债权申报期限而被视为自动放弃债权，不能预先行使追偿权。所以，《担保法解释》的上述规定理由虽显牵强，但不是一点没有道理。新破产法规定，债权人未按期申报债权还可以补充申报，不再视为自动放弃债权。在此种情况下，强加给债权人在不申报破产债权时通知保证人的义务，特别是据此限制债权人的实体权利，显然有所不妥。但是，债权人在保证人向其询问是否在破产程序中申报债权时，应当给予明确、及时的回答，否则应对保证人的损失承担责任。

债权人首先以债权全额向破产人追偿，获得部分清偿，在破产程序终结后再以未受偿的余额向保证人追偿，保证人在履行保证责任后，便不再享有对破产人的代位追偿权。在破产清算程序中，由于债务人在破产程序终结后即被注销不复存在，所以客观上保证人已不可能再进行追偿。但是在和解或重整程序终结后，债务人企业通常仍继续存续，保证人能否再对其行使求偿权，便成为可能存在争议的问题。

根据《担保法》的规定，保证人只是在“债务人不履行债务”而代其履行时，才享有代位追偿权。而在上述情况下，破产人并非不履行债务，而是已通过破产清偿的方式对债务全额作

① 1994 年 4 月 15 日最高人民法院发布的《关于审理经济合同纠纷案件有关保证的若干问题的规定》第 26 条规定：“被保证人被宣告破产，债权人不申报债权的，在确认保证人的责任时，应当扣除债权人可以在破产程序中得到清偿的部分。”此条规定强加给债权人申报破产债权的义务，实际上是在对债务人的破产申请受理后，仍承认保证人的先诉抗辩权，甚至将连带责任保证人也包括在内。这与《企业破产法》《担保法》《担保法解释》的规定相抵触，应予废止。

了履行，尽管未能全额还清。破产人就同一笔债务不能向债权人和保证人分别作两次重复清偿。保证人对于破产人未能清偿的部分要承担保证清偿责任，但其履行保证责任后，却因破产人已经以破产方式对债务全额作出了履行，而不应再享有代位追偿权。保证人因向债权人补充清偿而受到的损失正是担保的风险所在，应当自行承担。所以《破产审判会议纪要》第 31 条作出上述规定。

各国在破产债权的申报问题上，均实行不得重复申报清偿原则，即对于任何一项债权，债权人只能申报一次、受偿一次，而不得经过两次申报取得双重受偿。此项规则为英国所创，英国大法官梅里希的解释为："此项规则的真意乃是，对于任何实质上源于同一债务的债权，在破产程序中只能被赋予一次分配机会，即便该债权可能分别存在于两个独立的合同中。"①

在前述债权人已先向破产人追偿的情况下，如果允许保证人代债务人清偿后仍有权向破产人追偿，便是向其他破产债权人转嫁保证风险损失责任，损害其利益，必然造成清偿不公的现象。例如，债权人有 1 万元债权，破产分配比例为 50%。债权人直接向保证人追偿，保证人代偿 1 万元后向破产人追偿，可得 5 000 元，未受偿之 5 000 元即为保证人的风险损失。如债权人先向破产人求偿，再就未获清偿的 5 000 元向保证人求偿，清偿后保证人如无代位追偿权，其风险损失亦为 5 000 元。反之，若允许保证人再以此 5 000 元作为破产债权代位追偿，分配其 2 500 元，因对同一债务的双重履行，破产人对这 1 万元债务的实际清偿额便为 7 500 元，超过该债权额应得的分配比例。这多支付的 2 500 元本应是保证人的损失，现却转由其他破产债权人分担，显然是不合理的。所以，在这种情况下，保证人是不应享有代位追偿权的。

但在破产程序终结后又有新发现的破产人财产时，如保证人已经向债权人履行完毕保证责任，对于新发现的破产财产则可以代位享有原破产债权人的参加追加分配的权利。因为对于被追加分配的新破产财产，原破产债权人并没有行使过其受偿权利。

负补充责任的保证人（即一般保证人，本书中通称负补充责任保证人，以充分突出其在破产程序中的责任特点）在债务人未破产的情况下，原可享有先诉抗辩权，但依据《担保法》第 17 条第 3 款的规定，"人民法院受理债务人破产案件，中止执行程序的"，保证人不得行使先诉抗辩权，因为此时债权人已不能通过对债务人财产的个别执行正常地先向债务人行使权利。据此，债权人便可以直接向负补充责任的保证人追偿。在债务人破产的情况下，负连带责任的保证人与负补充责任的保证人在清偿顺序方面没有实质性区别，但在实际清偿数额即债务责任承担方面仍存在连带与补充之间的差异（在后详述）。

2. 保证债务尚未到期

在对债务人的破产程序启动后，根据《企业破产法》第 46 条的规定，其未到期的债权，在破产申请受理时视为已到期债权。但保证人是否也应提前履行保证责任，法律未作规定。对此有两种不同观点。一种观点认为，在未经其同意的情况下，保证人对于原已规定清偿期限的债务并无提前承担保证责任的义务。保证人享有的合同规定的期限利益不因债务人的破产而被剥夺，债权人须在原合同规定的清偿期限届满后，才有权向保证人追偿。另一种观点认为，因破产程序的启动而使债务提前履行属法定原因所致，担保合同属从合同，在主合同因法定原因而提前履行时，从合同的保证人也应提前履行保证责任，故债权人在破产申请受理后便有权立

① 汤维建：《破产程序与破产立法研究》，209 页，北京，人民法院出版社，2001。

刻向保证人直接追偿。

本书认为，破产申请受理时主债务尚未到期的，保证人无提前清偿义务，债权人须在债务到期后方可向保证人求偿。虽然破产案件的受理使主债务提前履行，但保证人并未进入破产程序，所以不受此项法律规定的限制，至于其保证责任应否提前履行，更不能仅依此一项事实判定，还应对相应的法律关系作具体分析。

首先，应看破产法该项规定之本意如何，其法律效力应否扩展至保证人，保证责任不提前履行是否会损害债权人的正当权益或既得利益。立法规定破产申请受理时对未到期的债权视为到期债权提前清偿，主要是考虑到不提前清偿未到期的债权会损害债权人的原有正当权益，影响破产程序的顺利进行。但对保证人来说，其保证责任本约定有履行期限，保证人也没有破产，不提前履行保证责任并不会损害债权人原依法律及合同存在之任何既得利益。反之，要求保证人提前履行保证责任，则必然会损害其原依保证合同享有的正当权益，显属不必要之措施。

其次，保证人期限利益的性质与其先诉抗辩权等权利有相通之处。对负补充责任的保证人的先诉抗辩权的取消，担保法、破产法等作出了明文规定，若要取消保证人的期限利益，也应以法律明文规定为据，不应扩大解释，擅加剥夺。所以在这种情况下，于法于理，保证人均无义务提前履行保证责任。

还有的人认为，“如果保证人借口拥有期限利益而不承担保证责任，那么保证人就失去了预先行使追偿权的基础”①。这一观点是不能成立的。首先，所谓预先追偿权，就是在保证人尚未承担保证责任时的提前行使。保证人拥有期限利益并非是不承担保证责任，而是主张在保证责任到期后再履行保证责任，无提前履行的义务。把不立即承担尚未到期的保证责任曲解为不承担保证责任，进而认为保证人丧失预先追偿权，显然是存在逻辑错误。其次，保证人是否丧失预先行使追偿权的判断基础，是债权人是否在破产程序中申报债权，与保证责任是否加速到期无关。

（二）保证人破产时的保证责任问题

《企业破产法》对保证人破产时的保证责任问题未作具体规定。保证人的保证责任不因其破产而免除，这是一项常识性的基本原则。在我国破产法实施的早期，曾有人主张，保证人已进入破产程序，表明其不具有代为清偿的能力，不具备保证人的资格，所以在破产程序中不应再承担保证责任。这种观点显然是错误的。在保证合同订立之后，保证人对保证责任的承担不以其是否具有清偿能力为前提。具体保证责任如何承担，应根据案件的不同情况区分处理。

《破产法解释三》第4条第1款规定：“保证人被裁定进入破产程序的，债权人有权申报其对保证人的保证债权。”保证人的破产案件为法院受理后，债务已到期时，对负连带责任的保证人，债权人可依保证合同的规定直接向其追偿。对未能从保证人处受偿的部分债权，债权人如仍不能从债务人处得到偿还，则须自行承受选择交易对象和保证人不当的风险损失。对负补充责任的保证人，根据司法解释的规定，债权人也可以申报债权。但对补充责任保证人的追偿，存在对先诉抗辩权及补充责任的具体处理问题，对此将在后文分析。《破产法解释三》第

① 李明发：《保证责任研究》，180页，北京，法律出版社，2006。

4 条第 3 款规定：“保证人被确定应当承担保证责任的，保证人的管理人可以就保证人实际承担的清偿额向主债务人或其他债务人行使求偿权。”

《破产法解释三》第 4 条第 2 款规定：“主债务未到期的，保证债权在保证人破产申请受理时视为到期。一般保证的保证人主张行使先诉抗辩权的，人民法院不予支持，但债权人在一般保证人破产程序中的分配额应予提存，待一般保证人应承担的保证责任确定后再按照破产清偿比例予以分配。”如果保证人进入破产程序时，主债务仍未到期，主债务人对未到期的债务享有期限利益，自然无清偿义务。但若保证人也可享有此期限利益，等主债务到期时，保证人的破产财产可能早已分配完毕，其保证责任实际等于被免除。有的人主张保证人可享有不承担未到期保证责任的期限利益，认为如果破产程序终结之日债务仍未到期，因保证人的主体资格消亡，债权人将无法再享有保证权益，该债权将成为无担保的债权[①]，所以保证责任的免除是合理的。这种观点是错误的，不符合保证担保的基本原则，不符合诚信原则。为解决此问题，在破产程序中须将债权人对保证人之权利适当扩张，以维护其正当权益，即适用《企业破产法》第 46 条的规定，将其未到期之保证责任视为已到期，允许债权人提前行使权利。取消保证人的期限利益后，对负连带责任的保证人，在追偿上不存在法律障碍。但对负补充责任的保证人的追偿，仍需要在理论上解释先诉抗辩权的取消和补充责任处理的问题。

《担保法》对于在保证人破产的情况下，应否取消负补充责任的保证人的先诉抗辩权未作规定。有的学者主张，负补充责任的保证人被申请破产，债权人仍应先向主债务人请求清偿，不能直接将其债权列入破产债权，应维持保证人的先诉抗辩权。[②] 但是，如维持负补充责任的保证人的先诉抗辩权，债权人必须先向债务人求偿（主债务已到期时），或待债务到期后先向债务人求偿（主债务未到期时），然后再向保证人求偿，可能在其向保证人求偿时，保证人的破产财产已分配完毕，这样无异于变相免除保证责任。

本书认为，先诉抗辩权之设立，是为了在保证人仍承担保证义务的前提下保障其合法权益，是在债权人能够向主债务人行使求偿权利而拒绝行使，使保证人的责任范围不当扩大时赋予保证人的一种自卫手段，是从属于保证的一项权利。而在保证人破产时，尤其是债务尚未到期的情况下，债权人是不可能先行向主债务人求偿的。这时，维持先诉抗辩权则可能成为保证人逃避保证责任的手段。先诉之抗辩蜕变为免责之抗辩，这就与先诉抗辩权乃至保证担保设立之宗旨相违背了。因此，在此种情况下，为保障交易公平，实现权利设置之本意，应当取消保证人的先诉抗辩权，而非限制债权人的受偿权利。出于相同理由，此项原则同样适用于后文将述及的债务人与保证人同时破产的情况。

对负补充责任的保证人，由于债权人在获得债务人清偿之前申报债权时，无法确定保证人应承担补充责任的具体范围，故可先以保证债权额的全部向保证人申报债权。在破产分配过程中，如债权人先获得债务人清偿，便应根据清偿结果相应调整其对保证人的破产债权数额。如债权人先从保证人处获得清偿，可以先行提存，待债权人从债务人处获偿后，如保证人不需再承担责任，提存款项全部退还给保证人，如保证人仍需承担责任，再按保证人实际应承担补充

① 参见吴玉亮：《简析破产程序中保证责任的处理》，载《铁路采购与物流》，2012 (2)。

② 参见顾培东主编：《破产法教程》，178 页，北京，法律出版社，1995；柴发邦主编：《破产法教程》，154 页，北京，法律出版社，1990。

责任的范围确定对保证人的破产债权数额以及相应的分配额，并向债权人支付，提存的余款由法院收回，追加分配给保证人的其他破产债权人。

(三) 债务人与保证人同时破产时的保证责任问题

《破产法解释三》第5条规定："债务人、保证人均被裁定进入破产程序的，债权人有权向债务人、保证人分别申报债权。债权人向债务人、保证人均申报全部债权的，从一方破产程序中获得清偿后，其对另一方的债权额不作调整，但债权人的受偿额不得超出其债权总额。保证人履行保证责任后不再享有求偿权。"这一规定确立了债务人与保证人同时进入破产时解决保证责任的一般原则，但其忽略了补充责任保证人责任的补充性，存在需要修改完善之处。

1. 负补充责任的保证人的清偿问题

在债务人与保证人同时进入破产程序时，由于二人的破产程序在同时进行，如仍要求债权人遵循先向债务人追偿，然后再以未受偿的余额向保证人追偿的清偿顺序，便可能出现向保证人追偿时其破产财产已分配完毕，保证人实际上被免除保证责任的不合理现象。此外，由于债务人与保证人已经同时进入破产程序，只向任何一方追偿都不可能使债权人得到充分清偿，只有同时向两方分别追偿，才符合债权人利益最大化的原则。所以，债权人可同时向二破产人申报债权求偿。债权人向债务人与保证人申报破产债权时，均以其对二人各自的债权全额为准(但获得清偿时视保证责任是一般保证还是连带保证而有所不同)。

《担保法》规定，人民法院受理债务人破产案件，中止执行程序的，一般保证人就不得行使先诉抗辩权。债务人与保证人同时破产的情况自然也应包括在内，所以，此时负补充责任的保证人的先诉抗辩权应当依法取消。

对负补充责任的保证人来说，由于债权人已同时向债务人求偿，保证人向债权人清偿后便不能取得对债务人的代位追偿权。虽然负补充责任的保证人的先诉抗辩权被取消，但仍应承担补充责任，即仅实际清偿债务人未能偿清的部分。

需要注意的是，保证人承担的补充责任应按破产债权数额而不是实际分配数额确定，否则便会不适当地扩大其责任范围，使保证人的补充责任变成连带责任。所以，《破产法解释三》第5条中所谓债权人"从一方破产程序中获得清偿后，其对另一方的债权额不作调整"的规定，仅适用于负连带责任的保证人，而不应适用于负补充责任的保证人。也就是说，债权人如果先从债务人处获得破产清偿，其对负补充责任的保证人申报的债权数额应当相应调整减少；而如果债权人先从保证人处获得破产清偿时，对清偿财产应当先予提存，待从债务人处获得破产清偿后，相应调减对保证人的债权数额，再根据调减后债权数额的破产分配比例交付债权人，调减下来的其他提存财产应对其他债权人进行补充分配。

例如，债权人的债权为10万元，保证担保的范围为债务全额，债务人与保证人的破产分配比例均为50%。债权人分别以10万元向二破产人申报债权后，先从保证人处获得破产分配5万元，予以提存，后又从债务人处获得破产分配5万元。这时，虽然债权人从二破产人处获得的破产清偿总额未超过原债权额，但保证人所作的清偿却超出了其应负的补充责任范围。因为当债权人从债务人处获得5万元的破产清偿以后，其对保证人享有的破产债权便不再是原来推定的10万元，而应根据债务人的实际清偿情况相应核减为5万元，即保证人仅应对债权人未从债务人处得到清偿的 5 万元债权承担补充清偿责任，依破产分配比例，实际清偿额应为 2.5 万元。在此案例中，债权人的 10 万元债权额，从债务人和保证人的破产分配中，共应得到 7.5 万元清偿。如不依此方式计算，将使保证人仅对债务人未能清偿部分承担的补充责任变成实际上对全部债务承担连带责任，违背了保证合同的责任约定。这是确定补充责任保证人破产时责任的一般原则。

2. 负连带责任的保证人的清偿问题

当负连带责任的保证人与债务人二人同时破产时，债权人可以同时向二债务人申报债权求偿，并遵循“从一方破产程序中获得清偿后，其对另一方的债权额不作调整”的原则，在连带责任的处理上，与前述连带债务的处理原则相同。需要注意的是，一般连带债务人之间的内部责任关系是分担关系，而负连带责任的保证人与债务人之间的内部责任关系不是分担关系，而是主次关系，即负连带责任的保证人在代债务人承担清偿责任后，有权就全部清偿额向债务人追偿。不过，在债权人已经向债务人申报债权、债务人已作破产清偿的情况下，保证人履行保证责任后不再享有代位追偿权。

（四）保证人的抗辩权

《担保法》第 20 条规定：“一般保证和连带责任保证的保证人享有债务人的抗辩权。债务人放弃对债务的抗辩权的，保证人仍有权抗辩。抗辩权是指债权人行使债权时，债务人根据法定事由，对抗债权人行使请求权的权利。”《担保法解释》对保证人的抗辩权作了具体规定。其第 127 条规定：“债务人对债权人提起诉讼，债权人提起反诉的，保证人可以作为第三人参加诉讼。”第 128 条第 2 款规定：“同一债权既有保证又有物的担保的，当事人发生纠纷提起诉讼的，债务人与保证人、抵押人或者出质人可以作为共同被告参加诉讼。”

但根据《企业破产法》的规定，保证人只有在债权人不参加破产程序的情况下才能申报债权参加破产程序，如债权人参加，保证人便无权参加。然而，保证人如果不参加破产程序，便不能在对债务人的债权确认时行使其抗辩权，特别是债务人因对破产财产失去实际利益而无抗辩积极性的情况下，可能导致保证人权利实质上被剥夺，利益受损。本书认为，为保障保证人的合法权利，应允许其在被保证人的破产案件中以利害关系人的身份参加债权审查与确认活动，并行使债务人的抗辩权利，包括提起债权确认诉讼的权利。此项原则也应适用于为债务人提供物权担保的担保人。

法律规定，保证人享有债务人对债权人的一般抗辩权利，但对债务人享有的对债权人的某些特别抗辩权利，保证人在破产案件中能否行使、如何行使则需具体分析。

其一是对债务的无效请求权。《合同法》第 52 条、第 53 条规定了合同及其条款的无效问题。通常认为，为维护社会利益和法律的正确实施，对合同无效的请求权不应仅限于由合同当事人行使。据此，当债务人破产时，保证人应享有对其债务的无效请求权。

其二是对债务的撤销权。《合同法》第 54 条规定：“下列合同，当事人一方有权请求人民法院或者仲裁机构变更或者撤销：（一）因重大误解订立的；（二）在订立合同时显失公平的。一方以欺诈、胁迫的手段或者乘人之危，使对方在违背真实意思的情况下订立的合同，受损害方有权请求人民法院或者仲裁机构变更或者撤销。当事人请求变更的，人民法院或者仲裁机构不得撤销。”《合同法》中的此类撤销权属于民法撤销权，与破产撤销权有所不同。民法撤销权在破产程序中也可适用，在其与破产撤销权竞合时，则应优先适用破产撤销权。但是，对于民法撤销权在破产程序中应如何行使，立法未作规定。由于破产撤销权是由管理人统一行使的，所以两种撤销权在行使主体上可能存在冲突。通常认为，在立法未作具体规定的情况下，保证人不能行使对债务人行为的撤销权，不过其可以向管理人提出行使撤销权的建议。有的学者认为，保证人虽无对债务的撤销权，但可以“将债务人的撤销权引为自己的抗辩理由，从而拒绝保证债务之承担”①。不过此种抗辩理由能否成立，则可能需要通过撤销之诉解决。

其三是对债务的抵销权。在债务人有清偿能力的情况下，保证人是否可以享有债务人的债务抵销权，学者间存在肯定与否定两种观点，日本、法国民法典均对此持肯定态度。本书认为，保证人可以依据《合同法》的规定享有债务人的债务抵销权。但是，在债务人破产的情况下，依各国破产法的规定之通例，为维护债权人之共同利益，破产抵销权只能由债权人单方面行使，管理人、破产人均不得行使。所以，在破产程序中，保证人也不应享有债务人的债务抵销权。

（五）债务人进入破产程序后其保证债权应否停止计息②

在债务人进入破产程序后，根据《企业破产法》第 46 条第 2 款的规定，对债务人的“附利息的债权自破产申请受理时起停止计息”。但是，对为债务人提供保证担保的保证人，债权人是否也应停止计息，则存在不同的观点。有的人认为，在主债务停止计息的情况下，从债务也应当停止计息，否则就会出现从债务大于主债务的情况，这是不符合主从债务关系的。也有的人认为，债权停止计息是立法对进入破产程序的债务人所做的特别规定，而保证担保的债务人并未进入破产程序，所以对其的债权不应当停止计息。

本书认为，在债务人进入破产程序后，其保证债权不应当停止计息。主要理由如下。

（1）在破产程序中不适用主债务减免、从债务随之减免的原则，保证债权的计息问题也应在此基础上处理。主张保证债权应当停止计息者提出的主要理由及其法理依据，是保证从债权的范围不应超过主债权的范围。本书认为，债权的主从性关系作为普通民商事规则，仅适用于主债务人未进入破产程序或者说债务人具有清偿能力的情况下。主债务人丧失清偿能力、进入破产程序后，为了保障对债务的公平清偿和破产程序顺利进行，可以依法破除担保人与债务人在责任范围上的从属性即附随关系。债务人清偿责任的减免如利息的停止计算，是在破产程序中依法进行的，而保证人责任的确定与履行则是在破产程序之外的一般民事程序中依据担保法等法律进行的，与主债务人责任的法律基础不相关联，即两者依据的法律不同。对债务主从关系的调整，在《企业破产法》的重整、和解程序中均有明确规定，这是破产法从担保设置目的考虑而确定的与一般民商法不同的特殊原则。

《企业破产法》第 92 条 3 款规定：“债权人对债务人的保证人和其他连带债务人所享有的权利，不受重整计划的影响。”第 101 条规定：“和解债权人对债务人的保证人和其他连带债务人所享有的权利，不受和解协议的影响”。此外，《企业破产法》第 124 条规定：“破产人的保

① 刘俊海等：《最新担保法实用问答》，68 页，北京，人民法院出版社，1995。

② 本部分内容参见王欣新：《论债务人进入破产程序后其保证债权应否停止计息》，载《人民法院报》，2018-12-12，第 7 版。

证人和其他连带债务人，在破产程序终结后，对债权人依照破产清算程序未受清偿的债权，依法继续承担清偿责任”，也为主从债务调整的分离提供了辅助性依据。据此，重整计划与和解协议对债务人的保证人或连带债务人不产生变更其保证债务关系的法律效力，债权人对债务人所作的债务减免清偿或延期偿还的让步，效力不及于债务人的保证人或连带债务人，他们仍应依据担保法等法律，按原来债的约定或法定责任承担保证或连带责任。在保证合同没有对利息作特别排除约定的情况下，法律规定的债权人对保证人不受影响的权利中，也应包括在破产程序启动后继续计算债权利息的权利。

在重整程序与和解程序中，之所以不适用主债务减轻、从债务也随之减轻的原则，是因为债权人设立保证或连带债务之本意，就是为了在债务人无力清偿债务尤其是破产时由保证人或连带债务人承担债务人所无力承担的债务责任。如因债权人在重整计划或和解协议中不得已而减免债务人的部分债务，也随之减免保证人或连带债务人的责任，这与保证或连带债务设立的宗旨是完全违背的，债权人设置担保或连带债务之目的就无从达到，这是对担保制度的彻底破坏，也违反了法律规定之诚信、公平原则。

再者，在重整程序与和解程序中，重整计划与和解协议中约定的债务人清偿数额，原则上是债务人实际尚有能力清偿的数额，而减免的数额则是债务人无能力清偿的部分。如果对因债务人无力清偿部分的被迫减免，以主债务减轻从债务也应同样减轻为由排除出保证人的责任范围，使其不承担所谓超过主债务人实际承担的责任，就会使保证人完全逃脱保证责任。如果形成这种错误的惯例，保证人就可能利用这种手段逃避保证责任，甚至与债务人恶意串通逃债，破坏市场经济秩序。尤其是在重整程序与和解程序中，通常是不对债务人财产进行实际出售的，在重整计划通过或和解协议达成后，债权人的受偿比例与数额均是双方协商确定的，即经法定多数债权人同意的，债务人责任的减免也是当事人之间约定的。如果没有《企业破产法》第 92 条、第 101 条的规定，就使保证人可能与债务人串通，恶意利用重整程序与和解程序，逃脱保证责任。

此外，破产重整与和解是强制性的程序，依法定多数即可通过，部分不同意的债权人也要受拘束。对设有保证担保或连带债务的债权而言，在债权人投票反对重整或和解的情况下，仍让保证人或连带债务人的责任随主债务减免，显然是不公平、不合理的。这样做还可能迫使债权设有保证担保或连带债务的债权人不得不为了自身利益而强烈反对重整与和解，使之难以达成，这反不利于对债务人企业的挽救，破坏了破产法的顺利实施。

在确立主债务减免、从债务随之减免的原则可不适用于破产程序后，反对保证债权继续计息的所谓绝对法理基础就不复存在了。下面只需要分析在债务人进入破产程序后，其保证债权应否停止计息。

（2）看法律有无明文规定。《企业破产法》第 46 条仅规定，债权人对进入破产程序债务人的债权停止计息，未规定债务人的保证人在破产程序外的担保债权也停止计息。要想剥夺债权人对保证人原已依法享有的权利，必须有法律规定为依据，否则就不应停止原依法应计算的利息。

对破产债权停止计息的主要原因是：第一，使破产程序顺利进行。如不停止计息，各个破产债权在破产程序中的数额仍然不断无规律地变化，一直到破产分配方案表决时、甚至债权人拿到分配时，债权才可能最终确定。无法及时确定债权数额必然会影响其破产分配，使破产程序的进行受到不利影响。第二，实践中，各个债权对利息计算的法定或约定方法可能是不同的，继续不统一计息会造成各债权人间债权计算的不公平，所以在进入集体清偿程序后，应当统一停止计息。第三，假定在不停止计息的情况下为了计息公平而统一了计息标准，因所有债权人均不停止计息且依统一标准计息，对各债权人而言，无非是实际分配到的比例降低，对债权人的分配利益没有什么实际意义。保证担保债权的停止计息，不符合破产法上述设置停止计息制度的立法宗旨。

（3）考虑计息或停止计息对担保人的原有法律地位是否更为不利，即是否损害其原有权益或不当加重其责任。在主债务人未破产的情况下，保证人的责任是要承担担保债务在清偿前的利息的。在主债务人破产时，对其不停止计息，保证人自己的法律义务与责任并未加重，未损害其任何原有权益。至于债务人的责任是否在破产程序中依法减轻，则与保证人的权利义务无关。

（4）对保证人超过债务人承担的利息责任问题有无救济渠道。本书认为，第一，保证人可在债务人进入破产程序时，主动向债权人履行保证责任，从而不承担破产程序启动后的利息。清偿保证债务是保证人应尽的法律义务，本应主动履行，只是在我国的实践中却基本上变成不打官司不履行的不诚信的扭曲状态，正应由此纠正。如果保证人提出向债权人履行保证责任，而债权人向保证人明确表示，可以在破产程序终结后根据破产清偿情况再追究保证责任，则保证人可以不承担此期间产生的利息责任。第二，债务人破产时债权人对保证人享有同时追偿的权利，在债权人主张权利时及时履行义务，也可免除或减轻保证人的利息责任。如果本应承担保证责任，在债权人追偿时却有意拖延，甚至以诉讼方式对抗，对因此在最终败诉时造成的利息增加是保证人过失或故意造成的，应当由其承担。

（5）法院不得阻碍债权人在破产程序启动后对保证人行使权利。如果法院不依法受理对保证人的诉讼，或仅因破产程序启动而错误裁判中止追究保证人的清偿责任，导致保证人迟延清偿的利息数额增加造成损失，法院应承担相应责任。如前所述，《破产审判会议纪要》第 31 条规定是明确支持债权人向债务人和保证人同时追偿的。但过去一些法院在地方保护主义的影响下，却以所谓防止担保链引发担保企业破产而拒绝予以受理或在受理后通过中止等方式拖延，这种错误做法应当予以纠正。

此外，应当就此问题涉及的各方当事人的权利、义务、责任及法律后果，进行广泛的宣传告知，尤其是要告知保证人和债权人，督促他们及时行使权利、履行义务，以避免或减轻保证人对继续计算利息的责任。同时，应当及时启动司法解释的制定工作，对此问题作出更为明确的法律规定。

八、解除合同损害赔偿请求权的申报

《企业破产法》第 53 条规定，管理人（或重整程序自行管理中的债务人）行使合同选择履行权解除合同的，对方当事人以因合同解除所产生的损害赔偿请求权申报债权。据此，可申报的债权以对方当事人的实际损失为限，违约金不作为破产债权。

此种债权是因法律特别规定而于破产申请受理后成立的破产债权。在此需注意的是，此类债权人往往因为管理人决定解除合同的时间较晚，与法院依法确定的债权申报期间存在时间差，可能无法在债权申报期限内申报债权。如前所述，本书认为，因为债权人补充申报债权是由法律规定的特殊情况造成的，所以应当免除其在补充申报债权时应承担的不利法律后果。

在正常的民事活动中，合同的违约责任有支付违约金、赔偿金等多种形式。但在破产案件中，对方当事人因管理人解除合同受到损害时可作为破产债权受偿的，法律规定仅限于赔偿金，不包括违约金。因为违约金的支付不以当事人受到实际损害为条件，合同约定的违约金数额可能与实际损害数额不一致。如违约金也可以作为破产债权，就可能出现解除合同未给对方当事人造成实际损失，对方却以合同约定的高额违约金作为破产债权参加分配，影响其他债权人利益的不合理现象。但管理人解除合同致使对方当事人因无法履行对他人的合同而支付的违约金，依《合同法》的规定属于实际损失，应列入破产债权的范围。

对于解除合同损害赔偿债权是否属于破产债权，有些国家及地区的立法规定有所不同。我国台湾地区“破产法”第 103 条规定，“因破产宣告后之不履行所生之损害赔偿及违约金”，不属于破产债权。《日本破产法》也有相同的规定。按照其规定，凡是合同履行期规定于破产宣告之后者，破产管理人如解除该合同、不再履行，由此所生之损害赔偿及违约金便不属于破产债权。我国台湾地区学者耿云卿解释其理由为，“破产宣告后破产人对其一定之财产丧失管理权与处分权。凡履行期订在宣告破产之后者，破产人均无从履行其财产上之给付，咎不在破产人，乃法律之规定使然；且同样情形之债权人，均遭到相同之损害，为求破产程序之简化与圆滑进行，乃有本款规定”[①]。但是，如合同履行期规定于破产宣告之前，破产管理人如解除该合同、不再履行，由此所生之损害赔偿及违约金仍应当属于破产债权，因其不属于“破产宣告后之不履行”。

此外，《日本破产法》就此还规定了适用于不同具体情况的处理原则，其第 60 条第 2 款规定，对方当事人已作出部分履行支付的，合同解除后，“破产人所接受的对待给付，如果现存于破产财团中，相对人可以请求其返还；如果现时已不存在，相对人可以就其价额作为财团债权人行使其权利”。

九、委托关系的处理

《企业破产法》第 54 条规定，债务人是委托合同的委托人，其破产案件被人民法院受理，受托人不知该事实，继续处理委托事务的，受托人以由此产生的请求权申报债权。

依据破产法及合同法之原理，债务人于破产程序启动后丧失对财产的管理处分权，所以委托合同原则上应随破产案件受理而终止。但在实践中，受托人可能未接到破产案件受理通知，且不知有破产案件受理事实，继续处理委托事务，或虽知委托人破产案件受理的事实，但为其利益而不得不继续处理委托事务。立法对因此而发生的债权应当给予相应的保护：一方面可以公平维护受托人的正当权益，另一方面，也可以保证进入破产程序的委托人的委托事务与利益，不至于在其破产案件受理后因无人管理而受到损失，从而维护债权人的利益。

与其他国家立法相比，《企业破产法》的上述规定还存在不够周全之处。对受托人因不知

---

① 耿云卿：《破产法释义》，4 版，303 页，台北，五南图书出版公司，1992。

破产案件受理事实而继续处理委托事务的，可以将由此产生的债权作为破产债权清偿。如果受托人在破产案件受理后，已知委托人破产案件受理的事实，但为委托人的利益继续处理委托事务所发生的债权也只能够作为破产债权受偿。那么出于自身利益考虑，受托人就不会再为债务人的利益去处理任何可能发生债权的委托事务，而管理人又可能难以及时接管委托事务，由此产生的后果，就是债务人的委托事务与利益在其破产案件受理后将因无人及时管理而受到损失，从而使债权人的利益也受到损失。

本书认为，借鉴各国立法的有关规定，对委托人的破产案件受理后受托人处理委托事务的问题应按如下原则处理：第一，委托关系原则上因破产案件受理而终止，但法律有特别规定者除外。第二，破产案件受理后，当委托人的事务迟延处理将造成损失时，无论受托人是否已知委托人破产，为委托人的利益应当继续处理委托事务，直至管理人能够接管委托事务为止。由此而产生的债权，作为共益债务优先清偿。但除紧急情况外，已知委托人破产者应向管理人征询是否需要继续处理委托事务。第三，受托人不知委托人破产之事实，在破产案件受理后继续处理委托事务而发生的债权作为破产债权受偿。第四，受托人已知委托人破产之事实，无必要仍继续处理委托事务，不当增加委托费用与报酬数额的，由此而产生的债权，不得作为破产债权受偿。

十、票据债权的申报

《企业破产法》第 55 条规定，债务人是票据的出票人，其破产案件被人民法院受理，该票据的付款人继续付款或者承兑的，付款人以由此产生的请求权申报债权。这一规定是为了维护票据作为无因证券（指持有票据者行使权利时无须说明取得原因，支付义务人对此也无审查的权利，即使原因关系无效，对票据支付关系一般也无影响）的地位，保障付款人或承兑人的合法权益，保证票据的流通信用。

票据作为流通证券，经背书后可不断地转让，所以其债务人是特定的，而债权人则是不确定的，凡持票人即为债权人。由于票据为无因支付的票据，所以持票人向付款人要求付款或承兑时，付款人便应当履行付款或承兑义务。在票据出票人的破产案件被受理后，付款人继续付款或承兑，由此所产生的债权如不能作为破产债权，付款人便会受到损失。为避免这种情况的发生，付款人在付款或承兑时，便要对票据进行严格审查，这必然会造成票据的支付拖延，甚至拒绝支付，从而影响其流通性，因此给社会经济造成的损失和不良影响要远比承认付款人的破产债权的影响更为严重。故各国在立法中均规定，在此种情况下，付款人的债权为破产债权，如《日本破产法》第 57 条的规定。

因对票据的付款而产生的债权属于现实之债权，可不受限制地参加破产清偿。但因对票据的承兑而产生的债权则属于将来之债权，性质为附停止条件的债权，在对票据实际付款之前，对其清偿应遵循有关对附条件债权清偿的原则。

此项规定不适用于票据的付款人事先已经收受票据资金的情况，此时付款人付款后不再享有对破产人的债权。此外，通常各国立法还规定，上述清偿原则可适用于以金钱或物的给付为标的的其他有价证券。

第二节　破产债权的确认

一、债权确认的范围

债权人申报之债权需经审查确认后才能在破产程序中行使权利。但债权人申报之债权情况各异：有的债权已为法院生效裁判、仲裁机构生效裁决所确认，已经具有法律上确定之名义和执行效力；有的债权尚在诉讼之中；有的债权双方有争议但尚未提起诉讼或仲裁；有的则双方均无争议。从债权性质上看，有的债权没有担保，有的债权设有物权担保。债权确认的一般原则是，凡法律允许通过一般司法程序提出异议的债权，即未经发生法律效力的裁判所确认的债权，均应在审查确认之列，凡已经发生法律效力的裁判所确认的债权，原则上不在审查确认之列。理由详述如下。

1. 从债权的现有法律效力情况看，无执行名义之债权，无论当事人间有无争议，均应经过审查确认，但有执行名义之债权，原则上无须经过审查确认，可直接列入债权确认表中。当事人之间已涉讼之债权，争议尚未解决的，应先通过诉讼程序明确权利义务关系。

《破产法解释三》第 7 条规定："已经生效法律文书确定的债权，管理人应当予以确认。管理人认为债权人据以申报债权的生效法律文书确定的债权错误，或者有证据证明债权人与债务人恶意通过诉讼、仲裁或者公证机关赋予强制执行力公证文书的形式虚构债权债务的，应当依法通过审判监督程序向作出该判决、裁定、调解书的人民法院或者上一级人民法院申请撤销生效法律文书，或者向受理破产申请的人民法院申请撤销或者不予执行仲裁裁决、不予执行公证债权文书后，重新确定债权。"

据此，管理人或当事人对已经得到生效法律文书确认的债权有异议的，只能依上述规定的程序寻求更正，而不能在破产程序中依照一般债权的确认程序直接否定该债权。需注意的是，管理人要求撤销或者不予执行仲裁裁决、不予执行公证债权文书，是向受理破产申请的人民法院提出申请，这种程序设计有利于保证破产程序的及时顺利进行。

经生效法律文书确认的债权可直接取得在破产程序中的受偿权利，仅是一项适用原则，但对该项债权的具体清偿仍应依据破产法的规定进行。受理破产案件的法院可依破产法的特别规定对该项生效裁判中的债权内容进行必要的调整。如判决规定应当清偿的债权利息发生在破产案件受理之后的部分应当停止计算，民事惩罚性赔偿等惩罚性债权应当作为劣后债权清偿。除此之外，受理破产案件的法院对其他法院或仲裁机构的生效裁判未经法定程序无权进行变更。

2. 从债权的性质上看，无论债权有无物权担保，均应申报债权，并应经审查确认。《企业破产法》第 56 条第 2 款规定："债权人未依照本法规定申报债权的，不得依照本法规定的程序行使权利。"据此规定，有财产担保的债权也应申报，方可依破产法行使权利。

立法对占有担保物的担保债权人未申报债权，能否在破产程序外就担保物行使优先受偿权利无明确规定。依照《民法通则》《物权法》《担保法》的规定，担保物权人可以与担保人协议以担保物折价或以拍卖、变卖该担保物所得的价款优先受偿。根据《物权法》第 219 条、第

236条的规定，在担保物为债权人占有（如质押、留置担保）时，担保物权人可以单方面拍卖、变卖担保物并从所得的价款中优先受偿。所以，从实务上讲，即使是在破产程序中，占有担保物的债权人未申报债权，也可依法自行从担保物上受偿。我国台湾地区有的学者认为，有财产担保的债权人未申报债权的，其对担保物享有的权利并不丧失，仍可行使受偿权利，但其从担保物上受偿不足的部分债权因未经申报便没有受偿权利。这一观点较为合理，我国立法可以加以借鉴。在占有担保物的担保债权人未申报债权时，其他当事人如对其未加申报的债权有异议，或对其执行担保物有异议，则通过债权确认诉讼解决。

3. 债权确认的内容。在破产程序中，债权确认的内容主要有以下几项：申报的债权事实上是否成立；债权依其性质能否在破产程序中受偿；债权的数额；债权有无财产担保，担保物价款预计是否足以清偿担保债权，可能不足清偿的数额；债权尚不能确定或存有争议者，在债权人会议上是否享有表决权以及其代表的债权数额等。

二、债权确认程序①

（一）债权确认程序的一般原则

纵观各国（地区）尤其是大陆法系国家（地区）破产立法有关债权审查确认的规定，尽管因国情、历史沿革等情况不同，在一些具体问题上存有差异，但基本原则与程序是相同的。

我国《企业破产法》对旧破产法的债权确认规定作出彻底改变，体现出对当事人权益的公正保护。《企业破产法（试行）》第15条规定，审查并确认债权属于债权人会议的职权。这一规定是错误的，因为确认债权是否存在、性质如何及数额多少的行为，其法律性质相当于对当事人实体民事权利的一种裁判。依我国宪法及有关法律规定，这种裁判行为只有国家的审判机构——人民法院才有权依法定程序作出。债权人会议不过是在破产案件中为协调当事人之间共同法律行为而设立的一个自治性议事机构，无权对当事人的实体民事权利义务作出强制性裁判。而且如由债权人会议确认债权，则只能通过表决的方式进行，但这在实践中是行不通的。因为一方面，每一债权人债权的确认都要经过债权人会议的表决；另一方面，债权人会议要以表决方式作出任何决议，必须以参加会议的每一债权人的债权事先已得到确认为前提，否则根本就无法进行表决。可见，债权人会议确认债权之表决的两项必不可少的前提相互矛盾，哪一项都实现不了，因而债权确认也就无法进行。

根据《企业破产法》及《破产法解释三》的规定，我国破产法中的债权确认程序包括以下要点。

第一，审查债权的程序。多数国家的立法规定，由受理破产案件的法院指定债权调查期日，并主持由债权人、破产人、其他利害关系人及管理人等参加的债权调查活动。债权审查不是债权人会议的职权。债权调查可在第一次债权人会议召开之前进行，但通常是与第一次债权人会议同期进行。也有少数国家将债权审查列为债权人会议的职权或列为在债权人会议上进行的事项，如比利时，但对债权争议的确认之权绝不属于债权人会议。

第二，债权确认之权。对债权争议的确认之权，各国无一例外规定其为法院的职权，包

---

① 有关债权确认的部分内容，可参见王欣新：《论破产债权的确认程序》，载《法律适用》，2018（1）。

括那些将审查债权列入债权人会议职权的国家。利害关系人对债权确认的结果有异议，应通过债权确认诉讼的方式解决。对于一些不涉及实体权利、义务的问题可以由法院裁定解决，如对某些债权人在债权人会议上是否享有表决权及行使表决权时代表债权额的临时确定等。《日本破产法》第 182 条第 2 款规定："对于未确定债权、附停止条件的债权、将来请求权或不能依行使别除权受偿的债权额，如破产管理人或破产债权人有异议时，由法院确定其应否行使表决权及应就多少金额行使其表决权。"[①] 这里规定由法院确定的（未要求通过诉讼方式）仅限于债权人的表决权事项，对实体债权包括其数额的确认争议，仍要通过债权确认诉讼解决。

值得注意的是，我国台湾地区"破产法"第 125 条规定："对于破产债权之加入或其数额有异议者，应于第一次债权人会议终结前提出之，但其异议之原因知悉在后者，不在此限。前项争议，由法院裁定之。"对此条规定若从字面上理解，似乎是指对破产债权的争议由法院裁定解决，但这并非其立法之本意。因为其第 144 条规定，对破产分配时仍存有异议或涉诉的破产债权，应按分配比例将分配之财产提存。若债权争议均由破产法院裁定解决，就根本不会出现分配时债权仍涉诉的问题。对此，我国台湾地区在 1967 年"台抗字"第 58 号裁定中明确指出，在该项规定中，法院的裁定并无实体效力，仅解决破产程序的参加权利与债权人之表决权所代表的债权额问题，当事人如对债权在实体上存有争议，仍应通过诉讼解决。

第三，我国法律规定的债权核查确认程序。《企业破产法》第 57 条规定："管理人收到债权申报材料后，应当登记造册，对申报的债权进行审查，并编制债权表。债权表和债权申报材料由管理人保存，供利害关系人查阅。"《破产法解释三》第 6 条规定："管理人应当依照企业破产法第五十七条的规定对所申报的债权进行登记造册，详尽记载申报人的姓名、单位、代理人、申报债权额、担保情况、证据、联系方式等事项，形成债权申报登记册。管理人应当依照企业破产法第五十七条的规定对债权的性质、数额、担保财产、是否超过诉讼时效期间、是否超过强制执行期间等情况进行审查、编制债权表并提交债权人会议核查。债权表、债权申报登记册及债权申报材料在破产期间由管理人保管，债权人、债务人、债务人职工及其他利害关系人有权查阅。"

根据上述规定，管理人的债权审查工作分为两个阶段，第一是编制债权申报登记册，第二是审查、编制提交债权人会议核查的债权表。管理人收到债权申报材料后，应当对申报的债权登记造册。此时，管理人只进行形式审查，凡是符合申报形式要件的债权，就应当将其编入债权申报登记册，不允许管理人以其认为债权实质上不能成立、超过诉讼时效等为由拒绝将其登记编入。债权申报登记册编制完成后，管理人需对编入的债权进行实质审查，查明债权的性质、数额、担保财产、是否超过诉讼时效期间、是否超过强制执行期间等情况，并将审查结果形成债权表，附在提交第一次债权人会议的债权表后，供债权人会议核查使用。实践中，债权表中的债权通常分为确认债权、不确认债权、待确认债权三个部分。债权申报登记册、债权表和债权申报材料由管理人保存，债权人、债务人、债务人职工及其他利害关系人有权查阅。

管理人依法编制的债权表，应当提交第一次债权人会议核查。通常债权的核查程序如下：

---

① ［日］石川明：《日本破产法》，何勤华、周桂秋译，277 页，北京，中国法制出版社，2000。

首先由管理人宣读被核查债权的申报登记情况、有关证据材料以及审查结果，有必要时可由该债权人进行说明。随后，依次由债务人、其他债权人和利害关系人陈述意见，有疑问时由管理人或该债权人解释。经核查后，管理人、债务人、其他债权人及利害关系人对债权无异议的，列入债权表中确认债权的部分。存在异议的债权是否纳入确认的债权之中，根据管理人的审查结果由人民法院裁定确认。债权表经人民法院裁定确认，其确认裁定具有相应法律效力，但允许通过提起债权确认诉讼予以修正。

根据《企业破产法》的规定，债务人、债权人对债权表记载的债权有异议的，可以向受理破产申请的人民法院提起诉讼。此外，有权提起债权确认诉讼的还应当包括管理人。《破产法解释三》第 9 条规定："债务人对债权表记载的债权有异议向人民法院提起诉讼的，应将被异议债权人列为被告。债权人对债权表记载的他人债权有异议的，应将被异议债权人列为被告；债权人对债权表记载的本人债权有异议的，应将债务人列为被告。对同一笔债权存在多个异议人，其他异议人申请参加诉讼的，应当列为共同原告"。

目前在司法实践中，债权确认程序中存在的问题是将对债权的审查确认权力完全交给管理人而使其基本上不受监督地行使，漠视了法律明文规定的债权人会议和人民法院在债权核查确认方面的权力。

（二）管理人在债权确认程序中的职权

根据《企业破产法》及《破产法解释三》的规定，在债权审查确认程序中，管理人有权编制债权申报登记册及编制债权表，并将其对债权审查的结果提交债权人会议核查。法律并没有赋予管理人最终确认债权的权力，无论是在上述关于债权确认的规定中，还是在《企业破产法》第 25 条关于管理人职责的规定中。实践中许多纠纷与问题发生的原因，就是管理人自认为有完全的确认债权的权力且无人予以监督纠正。根据《企业破产法》第 58 条第 1 款的规定："依照本法第五十七条规定编制的债权表，应当提交第一次债权人会议核查。"也就是说，即使是对债权审查的权力（而非确认权力），也并不仅在于管理人一人之手。对管理人编制的初步债权表，债权人会议是有权核查的，而且在核查中有权提出异议（包括在会后的规定期限内），并要求对管理人的审查结果进行复核与纠正。否认债权人会议以及债权人的知情权、核查权、异议权，法律规定的核查就会变成"走形式"。所以，经过债权人会议核查后的债权表以及债权的内容，是有可能与管理人最初的审查结果不完全一致的。实践中，有的管理人在自己审查债权之后就认为债权确认已经完成，根本不召开债权人会议核查，或者只是在债权人会议上通报一下自己的审查结果，而不接受债权人会议的核查与异议，这些做法都是违背法律规定的，侵害了债权人、债务人等利害关系人的知情权、核查权、异议权等权利。

在实践中，有的案件由于债权人数量过多、情况复杂等原因，到了第一次债权人会议召开的法定期限时，管理人尚未完成债权审查工作，无法提交债权人会议审核，不得不请求法院批准推迟至下一次债权人会议审核。如果确是由于客观原因造成，这种推迟是可以理解的，但是管理人仍必须尽快完成债权审查、制表工作并提交债权人会议核查，法院对此应当予以监督，必要时规定其限期完成。如管理人未尽职责或不具备履职能力，应当消减其报酬，必要时可予以撤换，直至将其从管理人名册中除名。不应以债权审查推迟为名，规避债权人会议核查，侵害当事人权利。

(三) 法院在债权确认程序中的职权

法院的职权是对管理人提交的债权表进行审查和裁定确认。根据《企业破产法》第 58 条第 2 款的规定："债务人、债权人对债权表记载的债权无异议的，由人民法院裁定确认。"需要注意的是，虽然法律规定法院裁定确认的是债权表记载的债务人、债权人无异议的债权，但这并不表明法院对债权表可以不加审查、直接确认，不经审查的确认是没有任何意义的，仍然等于将债权的确认权力拱手交给管理人，并为其错误背书担责。如果法院发现管理人制作并提交裁定的债权表存在错误，即使是债务人、债权人因不了解情况等原因未提出异议，也可以行使监督权力，要求管理人予以纠正。如果在债权人会议核查债权时，当事人认为债权表存在错误，请求管理人予以复核纠正，管理人不予纠正的，应当将异议情况在债权表中作出附注说明，以便法院对债权表审查监督。总之，要充分利用管理人对债权的审查、债权人会议的核查、法院的审查确认，发挥及时纠错机制，减少不必要的债权确认诉讼发生，使破产程序可以更为简化、迅速、顺利地进行。

一个重要的问题是明确法院确认债权表的裁定的法律效力与作用。法院确认债权表的裁定是程序性裁定，非实体性判决，不具有确认其中每项债权真实、合法的实体性法律效力，即不具有对债权人的实体权利作出诉讼判决确认的法律效力，所以立法仍允许对债权表上确认的债权或（暂）不确认的债权提出异议，并通过提起债权确认诉讼解决。从程序效力的角度讲，法院出具确认债权表裁定的主要目的，是解决债权人破产程序的参与权问题，如确定债权人会议的参加权、表决权等权利的行使人资格与权限范围，同时确定对债权表有异议者谁当原告谁当被告的法律地位等问题。确认债权表裁定的既判力体现为，在法院裁定确认前，债权表是没有法律效力的，即并不能表明在破产程序中哪些债权得到确认，哪些债权人有权参加债权人会议；法院出具债权表确认裁定后，债权得到初步确认，对表内得到确认的债权有异议，由异议者起诉，表示有异议但不起诉者视为无异议；债权人对未被列入债权表确认债权部分、确认债权数额等有异议，由其起诉，不起诉者视为无异议，不再享有相应权利包括财产分配权，如起诉则在生效判决作出前按照诉讼争议标的在破产分配时予以预留。

法院出具债权确认裁定的效力，还体现在使债务人、债权人等了解债权确认的最终法律结果，并揭示债权确认诉讼诉权的成立。当事人诉权的成立，是以法律上认可权利义务争议存在为前提的。在法院作出债权表确认的裁定之前，从法律角度讲，因尚未在破产程序中明确债权是否得到确认，对债权确认的争议以及相应诉权自然也尚未成立，正如在一审判决作出之前当事人是没有二审上诉权一样。只有在法院已作出债权确认裁定、债权确认的法律程序完成后，才出现确认、不确认或暂时不确认的债权之法律区别，这时对债权确认结果有争议的当事人才产生诉权，法院方可受理其提出的债权确认之诉。否则，当事人的起诉，法院的受理，均是不符合《企业破产法》规定的法律程序的。

有的人认为，《企业破产法》第 58 条规定，债权人、债务人对债权表记载的债权有异议的可以向法院提起债权确认诉讼，并没有要求在法院裁定确认债权表以后才能提诉讼，所以在管理人审查并编制债权表后，有异议的债权人就可以提起诉讼了。① 这种观点是与立法规定的本

① 参见"中国破产法论坛"微信群讨论内容，2017 年 9 月 1 日。

意与文义不相符的，必然会使法律关于法院裁定确认债权表的规定完全丧失存在意义，失去其重要的调整作用。而且这将使管理人取得法律并未赋予的实际上不受监督的确认债权权力，法院则丧失对管理人在债权审查方面的实际监督权，或得以推脱监督失职的责任，并导致个别管理人可能滥用权力通过不确认或暂不确认债权等方法使债权人无法及时参加债权人会议表决，以促成违法决议通过或决议违法通过，使之成为胁迫债权人放弃合法权益、接受不法侵害的工具，逼迫不就范的债权人承担进行债权确认诉讼的各种成本与利益损失，更有甚者利用确认债权的权力勒索、收取贿赂，中饱私囊。抛开现行立法，单纯从操作程序上讲，由管理人初步确认债权并以此为提起债权确认诉讼的依据和起始时点，并非不可执行，但是却可能引发上述各种侵害当事人权益的问题。《企业破产法》规定从法律意义上确认债权，必须以法院出具的债权表确认裁定为准，对于防范、制止这些违法行为，具有重要的意义。

还有的人认为，如果以法院出具债权表确认裁定作为提起债权确认诉讼的前提，会导致债权人长期无法确认债权额，进而拖延破产程序进程。① 笔者认为，只要依法履行债权确认程序，此种情况是不会发生的。按照现行法律规定，在正常情况下，管理人应当在第一次债权人会议之前完成债权审查工作，制定债权表并提交债权人会议核查。经第一次债权人会议核查后，管理人将核查后的债权表提交法院审查确认。法院对债权表的确认不是等所有债权确认（争议）诉讼结束再出裁定的，部分债权存在争议乃至确认诉讼并不影响破产程序的进行。所以法院应当在管理人提交债权表请求确认后，尽快完成对债权表的审查确认并出具裁定。只要依法及时完成这些法定工作，就不会发生长期无法确认债权、拖延破产程序进程的情况。相反，明确上述债权确认法律程序后，尤其是强调法院出具债权表确认裁定环节的法律效力，反而会有利于督促加快债权的确认程序，并保障当事人的法定权益。

有的人从权利性质和程序作用的角度提出异议，认为债权申报是债权人私权的行使，管理人不认定或少认定债权数额，债权人如有异议应允许其即时提起确认诉讼，债权人如没有异议，法院则无须介入，尽管债权认定具有一定的司法或公权力色彩，但债权人而不是法院，才是其利益在破产程序中最好的维护者。如果法院对债权表的裁定只是程序性裁定，不是实体性裁定，那么债权人在对管理人的债权审查结果存在异议时，应当可以立刻提起债权确认诉讼尽早解决，没有必要等到法院对债权表进行裁定后再起诉。事实上，不论是法院在作出确认裁定前要求管理人进行核查纠正，还是在法院作出确认裁定后由当事人起诉，都将涉及对实体性问题而不仅是程序性问题的判断。如果法院在审查确认过程中可以要求管理人对提交的债权表进行调整，这种调整更应当在两造充分发表意见和相互质证的基础上即在债权确认诉讼中进行。所以，法院的确认权无论是从实体意义还是程序意义上都没有价值。法院对债权表的程序性确认，不具备减少不必要诉讼的作用，其意义或许仅在于对管理人工作的监督。②

这种观点也是难以成立的。破产债权固为私权，但在破产程序这一集体清偿程序中私权之个别行使也要受限，如不得个别清偿、须经债权申报确认程序等，所以仅以私权行使为由是不足以否定法院确认债权表裁定的必要与效力的。为何立法要设法院裁定这一程序？其一，从法律上确认当事人对破产程序的参加权利与债权人之表决权所代表的债权额问题，保障破产程序顺利进行。其二，减少不必要的诉讼。法院的程序性裁定同样具备减少不必要诉讼的作用。法

①② 参见“中国破产法论坛”微信群讨论内容，2017年9月1日。

院通过对管理人提交债权表的审查和裁定，可以对债权是否成立在大概率上加以预判，使当事人对债权确认诉讼结果有一个合理预期，从而减少其提起不必要诉讼的概率。其三，监督管理人债权审查活动，对此前文已有分析。其四，依据将债权确定在债权表中得到确认部分之内或者之外，合理确定在债权确认诉讼中当事人原、被告的身份，即应当由谁起诉并承担成本。这些效用是具有重大意义的，有助于破产程序更为简化、经济、快速地进行。

债权人对管理人制作之债权表当然可以提出异议，不然法院的审查也没有充分依据和材料，只是在法院出裁定前异议尚不以诉讼方式解决。法院裁定的所谓形式上审查，是指其法律效力不具有实体性判决的效力，仍可通过一般诉讼调整（因其未经诉讼程序）。但该裁定是具有程序性法律效力的，如债权表中得到确认债权部分之外的债权人不具有表决权，其如有异议应当主动起诉，否则丧失在破产程序中的一切权利，等等。法院对债权表的审查并非不涉及实体权利，否则又何谈审查呢？法院的审查不是简单处理，而是可能通过简略审查发现明显有问题的债权，这在实践中已多有发生。这时法院可监督管理人再予核查调整，甚至可撤换恶意造假欺诈的管理人。即便法院对债权表作出确认裁定，实体异议权即债权确认诉讼权作为私权保护的手段仍留给当事人自行行使，当事人当然也可放弃权利，这点没有任何改变。

(四) 对经法院裁定债权表的异议处理与债权确认诉讼时效

根据《企业破产法》第 58 条第 3 款的规定："债务人、债权人对债权表记载的债权有异议的，可以向受理破产申请的人民法院提起诉讼。"对于暂未确定的债权，《企业破产法》第 59 条第 2 款规定："债权尚未确定的债权人，除人民法院能够为其行使表决权而临时确定债权额的外，不得行使表决权"。

《破产法解释三》第 8 条规定："债务人、债权人对债权表记载的债权有异议的，应当说明理由和法律依据。经管理人解释或调整后，异议人仍然不服的，或者管理人不予解释或调整的，异议人应当在债权人会议核查结束后十五日内向人民法院提起债权确认的诉讼。当事人之间在破产申请受理前订立有仲裁条款或仲裁协议的，应当向选定的仲裁机构申请确认债权债务关系。"这一规定对债权确认问题作出了具体规定，但是还存在一些需要进一步解决的问题。第一，从其文字上看，是以管理人对债权的确认作为提起债权确认诉讼前的最终确认。这一确认方式忽视了债权人会议对债权的审核权力与效力，漠视了法院对债权表裁定确认的权力，与《企业破产法》规定的程序不符。根据《企业破产法》第 58 条的规定，债权表是由第一次债权人会议核查的。债务人、债权人对债权表记载的债权无异议的，由人民法院裁定确认。也就是说，债权表在当事人提起债权确认诉讼前的最终确认机构，不是管理人，而是法院。第二，异议人向人民法院提起债权确认诉讼的期间，限定为债权人会议核查结束后 15 日内。但是，司法解释对所设期间的法律效力以及异议人在此期间后提起债权确认诉讼的是否视为超过诉讼时效没有规定。如果不视为超过诉讼时效（如同《企业破产法》规定的债权申报期限，未在期限内申报的债权人可以补充申报），异议人仍可以提起诉讼，则此条规定意义就不大，仅起到督促作用。如果视为超过诉讼时效，这是对《民法总则》时效制度及异议人诉讼权利的重大调整，必须作出明确的文字规定，否则在执行中可能发生问题。此外，这一期限的规定本身也具有不合理之处。例如，有部分债权人可能未参加进行债权审核的债权人会议，对债权确认的结果并不知道。虽然这些债权人放弃了参加债权审核债权人会议的权利，但并不能以此就推定债权人也放弃了对债权确认结果的异议权和提起债权确认诉讼的权利。所以，即使真的将上述15日债务作为诉讼时效期间，也必须先规定管理人应当在债权人会议核查结束后负有及时向所有申报登记的债权人告知债权确认结果的义务，以使其能够及时行使权利。此外，如将债权人会议核查结束后15日作为诉讼时效期间，由于这是一个不变期间，而不是以当事人知道自己的权利受到侵害为起算点，因而必然会出现得知债权确认结果的实际时间早晚不一，而使当事人实际享有的诉讼时效时间不统一，损害部分当事人权益的现象。例如，《破产法解释三》第11条规定："采取非现场方式进行表决的，管理人应当在债权人会议召开后的三日内，以信函、电子邮件、公告等方式将表决结果告知参与表决的债权人。"根据这一规定中确定的告知债权确认结果与债权人会议结束就可能存在三天的时差，加上必要的通知路途时间，必然导致提起债权确认诉讼的实际时效期间的不一致。

在《破产法解释三》出台之前，当事人提起债权确认的诉讼时效适用《民法总则》关于诉讼时效的规定，这一方式目前是较为合理的。因为只有在债权人提起债权确认诉讼后，法院才可能为其在债权人会议行使表决权而临时确定债权额（必要时），在破产分配时才会为其按照诉讼争议额预留并提存分配额，如果债权人不及时提起债权确认诉讼，只会影响他自己的权利，一般不会影响他人权利和破产程序进行，所以从理论上讲可以不为其设定特别时效。对于当事人对他人纳入债权表的债权有异议，是否也适用《民法总则》的时效规定问题存在不同观点，有的人主张适当予以限制，以免影响破产程序进行。有一些国家的破产法对债权确认诉讼在有相应制度保障的情况下规定有较短的时效。如《日本破产法》第126条规定，对于破产债权核准申请作出的决定不服者，可以在该决定送达之日起1个月内的期间内提起异议之诉。①

对于在法院对债权表作出确认裁定后发现存在错误应如何处理，也存在多种不同观点。有的人将债权表确认裁定视同一般的民事判决裁定，主张参照启动再审的程序审理。有的人认为，根据最高人民法院《关于适用〈中华人民共和国民事诉讼法〉的解释》第380条的规定，适用破产程序审理的案件，当事人不能申请再审。还有的人认为，只能通过债权确认诉讼解决。② 谈到应当如何处理，首先要分清楚所谓的错误是指什么性质的错误。如果是认为债权表确认裁定在程序等方面存在错误，如债权表根本未经债权人会议核查等，而不是指债权表确认的具体债权的内容存在错误，那么可以请求作出裁定的法院或其上级法院予以纠正，但并非通过上诉或再审程序解决。如果是认为债权表确认的具体债权的内容存在错误，笔者认为，可以通过两个渠道解决问题，其一是对当事人的实体权利争议通过法律规定的债权确认诉讼解决，其二是在管理人等对债权确认发生错误无异议的情况下，通过提请债权人会议等利害关系人核查（可以采用书面审核等简易方式），并由管理人向法院申请变更原债权表的方式纠正。有的人将法院确认债权表的裁定理解为是经过诉讼作出的生效裁判文书，认为如果债权人对之提起债权确认诉讼应以重复审理为由驳回③，这种观点是不能成立的。

（五）债权确认程序立法的修订与完善

《企业破产法》关于债权确认程序的规定中，还存在需要完善之处。

---

① 参见李飞主编：《当代外国破产法》，767页，北京，中国法制出版社，2006。

②③ 参见"中国破产法论坛"微信群讨论内容，2017年9月1日。

第一，设置债权调查会议取代由第一次债权人会议核查。《企业破产法》第 58 条第 1 款规定的由“第一次债权人会议核查”管理人编制的债权表以及全部债权，应当修订为由受理破产案件的法院指定债权调查期日，并主持由债权人、破产人、其他利害关系人及管理人等参加的债权调查会议，这也是日本、德国等国有关债权审查确认的立法模式。[①] 债权调查会议可在第一次债权人会议召开之前进行，但通常是与第一次债权人会议同期进行。修订的理由如下。

1. 债权人会议的概念无论是在外延还是内涵上，均不能涵盖所有应当参加债权审查会议的当事人以及债权审查确认的事项。根据《企业破产法》第 59 条的规定，只有债权人才有权利参加债权人会议，其他人无权参加。根据《企业破产法》第 15 条的规定，债务人有义务“列席债权人会议并如实回答债权人的询问”。同时，从《企业破产法》第 58 条的规定中可以推导出债务人在审核债权的会议上有权对债权表记载的债权提出异议，而不仅是“如实回答债权人的询问”。但是在债权审查中，除了债权人、债务人之外，其他利害关系人也应当有权参加，如为债务人提供抵押等物权担保的担保人、债务人的保证人（尤其是在债权人已经向管理人申报全部债权、保证人无法申报债权参加债权人会议的情况下）等。债权审查确认的结果与他们的利益密切相关，而在现在的债权人会议核查债权的机制下，他们无法参加，其相关的法律规定的权利被漠视。

2. 目前立法规定在第一次债权人会议上核查债权，但第一次债权人会议召开的日期与债权审查确认实际需要进行的日期往往不协调。如对债权人数量很少的案件（有的案件只有一两个债权人）债权审查确认，可以在法定最短的债权申报期限期满后立刻进行，而对于债权人数量很多的案件的债权申报，即使是法定最长的债权申报期限（3 个月）也不够用，乃至经常不得不延期。债权的申报审查与第一次债权人会议因工作任务不同，两者的时间不相匹配。《企业破产法》的这一规定实际上仍是受到了旧破产法将审查并确认债权的职权授予债权人会议规定的不当影响。而将债权调查会议与第一次债权人会议分拆规定，更符合法理和实际需要。

3. 从债权人会议的概念上看，应当是被认定为债权人者方有权利参加，但是目前在第一次债权人会议所有申报债权者均可以参加，其中就包括那些可能在债权确认环节得不到确认的债权申报者。这就使第一次债权人会议的名称与实际参加者名不符实，也使第一次债权人会议与以后的债权人会议的参加人存在不同，这是不合理的。

第二，《企业破产法》第 58 条第 2 款有关“债务人、债权人对债权表记载的债权无异议的，由人民法院裁定确认”的规定也应当适当修改。根据这一规定，法院只有权对债权表中债务人、债权人无异议的债权裁定确认，这既不符合司法实践情况，也不适应法院审查确认债权的实际需要。在司法实践中，管理人审查后的债权通常分为三部分，即拟确认债权、拟不确认债权和暂不确认债权。在提交法院裁定确认的债权表中也并非都是债务人、债权人均无异议的，而是管理人认为应当确认或不确认的债权，哪怕其存在争议。其实真正债务人、债权人均无异议的债权往往并不需要法院再裁定确认，或者说这种确认的实际意义不大。对债权存在异议是很正常的情况，即使是对法院作出的生效裁判，债权人也可能存在争议。在破产程序中之所以要设置法院对债权表确认裁定的程序，重点恰恰是要对经债权审查会议核查后仍存在异议的债权进行大概率的初步认定，即裁定该异议是否成立并决定该债权纳入债权表中的哪一部

---

① 参见李飞主编：《当代外国破产法》，72～75、760～776 页，北京，中国法制出版社，2006。

分，所以即使是在目前的实践中，法院审查确认的重点也是针对可能存在争议的债权进行的。如前所述，法院以裁定债权表的方式确认异议是否成立。法院裁定异议不成立时，该债权列入债权表中确认债权部分，异议人可以该债权人为被告提起债权确认诉讼。法院裁定异议成立时，该债权列入债权表中不确认债权部分，该债权人可以异议人为被告提起债权确认诉讼。该项裁定无实体法律效力，不影响利害关系人提起债权确认诉讼的权利，债权确认诉讼不视为一事再理。①《企业破产法》第 59 条第 2 款规定："债权尚未确定的债权人，除人民法院能够为其行使表决权而临时确定债权额的外，不得行使表决权"，体现的也是同样的原则。这里的"债权尚未确定的债权人"，就应当包括因存在核查异议而尚未确定的债权人。明确建立由人民法院裁定债权核查异议是否成立的程序，可以使存在异议之债权能够按照事实与法律依据、成立与胜诉之概率高低，决定是否将其列入债权表，不仅可以使债权确认诉讼的原告与被告身份的确定更为合理、明确，而且因将初判难以成立之债权排除在债权表之外，也有助于促使当事人自动息讼，减少没有必要之债权确认诉讼的提起。此外，也可以防止一些债权人或债务人恶意地对其他债权人提出无理异议，阻碍其参与破产程序行使权利，而法院按照目前立法的文意却因为只能对债务人、债权人均无异议的债权予以确认，而无法通过确认程序确认争议债权是否成立，排除阻碍正当权利行使的恶意异议。

总之，立法关于债权确认程序的规定不能仅仅考虑法院或管理人工作上的方便，而不考虑对当事人法定权利的充分维护，不考虑对实践中可能发生的各种违法行为的防范和制约，否则，反而会影响破产程序的顺利进行。

三、除斥债权与劣后债权

各国破产立法通常除规定哪些债权可作为破产债权外，还规定哪些债权不属于破产债权，不得在破产程序中受偿，或处于普通破产债权之后的最后清偿顺序。此类债权在理论上被称为除斥债权或劣后债权。

除斥债权，是指根据破产法的规定，为维护公平清偿等原则被排斥于破产程序外，不得从破产财产中受偿的债权。劣后债权，是指在破产清偿顺序上排列于普通破产债权之后的债权。德国破产法采取前一立法模式，日本破产法则采取后一立法模式。从一般破产案件的实际清偿结果看，除斥债权或劣后债权通常都得不到清偿，并无区别。但在权利设置上，两者则不同。除斥债权在破产程序中完全没有受偿权利；劣后债权虽仅在普通破产债权完全受偿后仍有剩余破产财产时才可能受偿，但其在破产程序中可受清偿的权利未被剥夺。有些国家规定，劣后债权的债权人可参加债权人会议，但无表决权。

我国的新、旧破产法对此问题均无明确规定，旧破产法适用时制定的司法解释《破产规

---

① 有的学者对这一程序存在误解，认为法院对有异议债权以确认债权表方式作出的程序性裁定，是旧破产法司法解释中以裁定确认债权这一错误方式的沿用，违反《企业破产法》第 58 条的规定。这是误将确认债权表的程序性裁定与债权确认诉讼两个本不冲突的程序以及它们的法律效力相互混淆。参见邹海林、周泽新：《破产法学的新发展》，226 页，北京，中国社会科学出版社，2013。

定》第61条，实际采用除斥债权的模式，并对其范围作出了规定。[①] 在《企业破产法》的立法过程中，有的学者建议，应采取劣后债权制度。[②] 本书也认为，劣后债权的立法模式较为合理，尤其是在目前破产欺诈行为较为猖獗的情况下，可以为债权人的利益提供更为周全的保护。

从各国的立法规定看，通常除斥债权或劣后债权的范围主要包括：债权在破产宣告后产生的利息；因破产宣告后不履行而产生的赔偿金、违约金；债权人为个人利益参加破产程序的费用；对破产人的行政罚款、刑事罚金、追缴金、追征金；等等。如《日本破产法》第46条规定："下列请求权后于其他破产债权：1. 破产宣告后的利息；2. 因破产宣告后的不履行而产生的损害赔偿及违约金；3. 参加破产程序的费用；4. 罚金、罚款、刑事诉讼费、追征金；5. 债权系无利息且其期限于破产宣告后届至，以破产宣告至期限的依法定利率计算而得的本息合计额为债权额时，依此计算出利息的相当部分；6. 债权无利息且其期限不确定时，其债权额与破产宣告时估价额的差额的相当额；7. 债权为金额及存在期间确定的定期金债权时，就各定期金按第5项规定算出利息额的合计额的相当部分，以及就各定期金按第5项规定算出的原本额的合计额，超过依法定利率可以产生相当于定期金利息的原本额时，相当于超过额的部分。"[③]

《破产审判会议纪要》第28条规定："对于法律没有明确规定清偿顺序的债权，人民法院可以按照人身损害赔偿债权优先于财产性债权、私法债权优先于公法债权、补偿性债权优先于惩罚性债权的原则合理确定清偿顺序。因债务人侵权行为造成的人身损害赔偿，可以参照企业破产法第一百一十三条第一款第一项规定的顺序清偿，但其中涉及的惩罚性赔偿除外。破产财产依照企业破产法第一百一十三条规定的顺序清偿后仍有剩余的，可依次用于清偿破产受理前产生的民事惩罚性赔偿金、行政罚款、刑事罚金等惩罚性债权。"这一规定确立了破产程序中债权清偿顺位的基本原则，并建立了劣后债权及其清偿制度，修改了过去实践中采用的除斥债权模式，对司法实践具有重要的指导意义。

从破产法理论上讲，破产程序启动前对债务人的民事惩罚性赔偿金、行政罚款、刑事罚金、没收财产等涉及财产的惩罚性债权，其清偿顺位应劣后于普通破产债权的清偿顺位。这是各国破产立法的普遍原则。因为惩罚性债权是司法等机关针对债务人违法行为作出的民事、行政或刑事处罚措施，具有特定的实施对象，是具有人身不可代替性质的处罚（所谓不可代替指处罚对象的不可代替，而非罚款等债权缴纳的不可代替）。在破产程序中，通常债务人资产已不足以偿还全部债务，若再将惩罚性债权作为普通破产债权甚至优先破产债权予以清偿，只能使全体破产债权人应分得的财产减少，实际受到处罚的并不是进行违法行为之债务人，而是其

---

① 最高人民法院《破产规定》第61条规定："下列债权不属于破产债权：（一）行政、司法机关对破产企业的罚款、罚金以及其他有关费用；（二）人民法院受理破产案件后债务人未支付应付款项的滞纳金，包括债务人未执行生效法律文书应当加倍支付的迟延利息和劳动保险金的滞纳金；（三）破产宣告后的债务利息；（四）债权人参加破产程序所支出的费用；（五）破产企业的股权、股票持有人在股权、股票上的权利；（六）破产财产分配开始后向清算组申报的债权；（七）超过诉讼时效的债权；（八）债务人开办单位对债务人未收取的管理费、承包费。上述不属于破产债权的权利，人民法院或者清算组也应当对当事人的申报进行登记。"

② 参见汤维建：《破产程序与破产立法研究》，198、199页，北京，人民法院出版社，2001。

③ ［日］石川明：《日本破产法》，何勤华、周桂秋译，256、257页，北京，中国法制出版社，2000。

他无辜的债权人。故为使民事、行政与刑事惩罚的实施符合其设立目的，避免处罚对象的实际不当转移，惩罚性债权应劣后于其他破产债权清偿，即仅在债务人财产全额清偿所有普通破产债权后仍有剩余时，才可依次用于清偿破产受理前产生的民事惩罚性赔偿金、行政罚款、刑事罚金等惩罚性债权。至于不涉及财产的其他民事、行政、刑事处罚，如不影响破产程序的进行，可以继续执行。但对原债务人企业在经营方面的一些限制性处罚，如丧失招投标资格、列入失信名单等失信性处罚，在企业重整成功后，因导致企业失信的情况已在重整程序中通过债务清偿，变更股东，更换董事、监事、高管人员和纠正违法事实或修复其影响而得到改变，所以对其相关信用的限制也应当予以修复，以免使对重整企业的挽救因失信状态不能被解除而失败。

破产的债务人企业通常是无法清偿全部债务的，但在某些特殊情况下，也可能因市场变化导致其财产大幅增值，从而在清偿全部债务后仍有剩余财产，如房地产企业的土地、房屋价格暴涨，企业所持股票价格大幅上涨等。实践中已出现少数此类案例。此时如将剩余财产分配给对违法行为可能负有责任的股东，而不交纳罚款等惩罚性债权，显然会放纵违法行为，是不公正的。本书认为，劣后债权的立法设置更为合理，可避免出现债务人企业在破产清偿后仍有剩余财产时，对本有义务偿还的债务却有钱不还，逃脱本应承担的法律责任。

在理解与执行《破产审判会议纪要》的上述规定时，需注意以下问题。

第一，劣后债权的规定虽然放在“破产清算”章节之名下，但实际上是应普遍适用于所有破产程序的基本原则，重整程序、和解程序也应遵此执行。不能狭隘或错误地理解为仅适用于清算程序，从而影响该纪要对破产法创新措施的普遍意义和正确适用。

第二，根据债权清偿顺位的基本原则，债务人财产清偿全部普通破产债权后仍有剩余时，其他因法律规定在破产程序启动后丧失清偿权利的私法债权和补偿性债权等劣后债权，如《企业破产法》第 46 条第 2 款规定的附利息的债权自破产申请受理时起停止计算的利息等债权，从法理角度讲也应复活其清偿权利，并优先于惩罚性债权清偿。

第三，重整计划执行完毕（包括和解协议执行完毕，下同）仍存在的企业，如根据重整计划规定未能全额清偿全部债权，则不属于债务人财产清偿后仍有剩余财产的情况，不应再承担惩罚性劣后债权的清偿责任。

在过去的司法实践中，债务人企业执行完毕重整计划后，曾有司法机关或行政机关如税务部门、市场监管部门拿着对企业行政罚款、刑事罚金的法律文件向债务人继续追缴的现象。他们认为债务人企业既然仍继续存在，而且已经完全脱离了破产保护程序，就应当继续缴纳原在该企业名下的罚款、罚金。这种不考虑实际情况继续强行追缴惩罚性债权的行为，甚至导致本已重整成功的企业又陷于破产境地，使重整挽救失败。

重整计划（未能全额清偿全部债权者）执行完毕时，表面上看，债务人企业及其财产仍继续存在，但这并不是债务人清偿全部债权后如有剩余的财产，因普通债权人并没有获得全额清偿。重整后企业的财产往往是收购企业的投资者新投入的资金（偿债资金与经营资金）与资产对原企业财产的置换，或企业在重整计划执行期间新的经营收入，不属于应对劣后债权清偿的情况。即使是依重整计划对全体债权人做了 100%的清偿，债务人企业及其财产重整后的存在，也并不一定表明债务人财产在清偿债权人后仍有剩余，因为使债权人获得全额清偿的财产，并不一定就是债务人原有的财产，而更可能是投资者新投入的资金，或是在延期清偿情况下企业新经营活动获得的盈利。所以，判定债务人财产在清偿债权人后是否还有剩余，较为合理的是根据对债务人的模拟清算结果确定。因为这一数据表明在投资者未介入对债务人进行重整挽救的情况下，债务人财产对全体债权人的清偿能力，包括清偿债权人后是否还有剩余。由于这只是对清算结果的模拟计算，而不是实际市场变价出售，所以可能出现不准确的情况。为此，当全体债权人的清偿比例达到或者接近100%时，管理人应当对重整后的企业财产是否属于清算剩余财产作出有依据的评价判断和说明，以公平保障战略投资者和劣后债权人的正当权益。上述原则也同样适用于破产和解企业。

第四，由于纪要规定“破产财产依照企业破产法第一百一十三条规定的顺序清偿后仍有剩余的”，可用于清偿劣后惩罚性债权，即优先于惩罚性债权受偿的仅限于所有破产债权，而不包括股东权益。所以，从理论上讲，如果重整计划对股东权益作有保留，而重整企业存在尚未清偿的惩罚性债权，则该债权的清偿应优先于股东权益的清偿，即应以该项保留的股东权益（而非新产生的股东权益）清偿劣后债权。但是在实践中，如果将股东权益绝对化地置于劣后债权清偿顺位之后，有时又可能会影响对股东权益的合理调整、重整计划的制定以及企业重整的成功，所以对两项权利如何予以合理平衡保障，还需要通过司法解释予以确定。

第五，在劣后债权不能获得清偿的破产案件中，劣后债权人在债权人会议上无表决权，仅在其有可能获得清偿时，因债权人会议的表决可能影响其权益，方可享有表决权。在劣后债权不能获得清偿的重整案件中，重整计划草案表决时不设劣后债权人组。在劣后债权可能获得清偿的重整案件中，劣后债权人可单独设一组别，不能混入普通债权人组，因两者的清偿顺位是不同的。此外，对劣后债权人组表决未通过重整计划草案的，人民法院可以酌情作出强制批准的裁定。

第六，不同劣后债权的清偿是有一定顺位的，即“依次用于清偿破产受理前产生的民事惩罚性赔偿金、行政罚款、刑事罚金等惩罚性债权”，这里也贯彻着私法债权优先于公法债权的原则。不过行政罚款、刑事罚金均属公法债权，彼此之间似无再划分不同清偿顺位的必要。

在《破产审判会议纪要》第39条中还规定了关联企业之间不当债权的劣后清偿，指出：“关联企业成员之间不当利用关联关系形成的债权，应当劣后于其他普通债权顺序清偿，且该劣后债权人不得就其他关联企业成员提供的特定财产优先受偿。”这里涉及关联企业之间不当交易关系以及公司法人人格否认问题。如果母公司对子公司的经营决策存在过度干预、不公平的关联交易、滥用公司法人人格等违法行为，导致两公司的法人人格混同，就应依法否定公司独立的法人人格。这时，母公司对子公司享有的债权便只能作为劣后债权。如美国破产法中，对于与破产人有特殊密切关系的内部人员因向破产人提供服务而产生的债权，法院可以根据情况将其限制在合理的限度内，以避免发生提供虚假或过度服务、虚报债权等欺诈行为。[①]《破产审判会议纪要》没有明文规定关联人劣后债权与其他劣后债权的清偿顺位，但因其仍属私法债权，如根据“私法债权优先于公法债权”的原则，其可优先于公法惩罚性债权受偿。但考虑到其债权的成立存在不当关系，在合法性上劣后于民事惩罚性赔偿金，所以，本书认为，其在清偿顺位上劣后于民事惩罚性赔偿金较为合理。

第七，遵循对劣后债权处置的法律原则及立法本意，还可以将劣后债权的构成要件和范围

① 参见潘琪：《美国破产法》，114页，北京，法律出版社，1999。

予以适当调整扩张，即将劣后清偿的债权范围从“破产受理前产生”的惩罚性债权，修订为“针对债务人企业在破产案件受理前的违法事实作出的惩罚性债权”，从而使在重整程序启动后才对上述违法事实作出的惩罚性债权也被纳入劣后债权的范围，以更好地实现《破产审判会议纪要》这一规定的立法目标。但那些针对债务人企业在破产程序启动后才发生的违法事实作出的惩罚性债权不属于劣后清偿范围，而应作为共益债务支付，同时应追究违法责任人对债务人企业的赔偿等法律责任。①

此外，《破产法解释三》第 3 条规定：“破产申请受理后，债务人欠缴款项产生的滞纳金，包括债务人未履行生效法律文书应当加倍支付的迟延利息和劳动保险金的滞纳金，债权人作为破产债权申报的，人民法院不予确认。”这一规定与《破产审判会议纪要》对劣后债权的规定似有冲突。该规定中所列的各项债权性质应属于惩罚性民事债权，依据《破产审判会议纪要》规定，应当作为劣后的普通破产债权，在破产企业全额清偿完毕一般普通破产债权后仍有剩余财产时可以得到清偿，而本条中规定的处理方式是“人民法院不予确认”，是将其作为了除斥债权，在破产程序中没有受偿权。对两个法律文件中存在的矛盾应当予以合理解决。对该条规定在理解时还需注意，该规定中所列“人民法院不予确认”的各项债权均应是指在破产申请受理前发生的债权，在破产申请受理后发生的此类债权则应当属于共益债务。

问题与思考

1. 何为破产债权？我国新、旧破产法对破产债权的性质与范围分别采取了何种立法模式？
2. 根据《企业破产法》的规定，破产债权一般应具备哪些特征？
3. 对比我国新、旧破产法的规定，分析对逾期未申报的债权应如何正确处理。
4. 根据我国《企业破产法》的规定，分析特殊性质债权的申报问题。
5. 如何解决附期限债权与附条件债权的申报和清偿问题？
6. 如何解决连带债权债务的申报与清偿问题？
7. 请结合破产法、担保法的相关规定，分析破产程序中的保证责任问题。
8. 如何解决解除合同损害赔偿请求权的申报问题？
9. 评析我国《企业破产法》关于委托关系的处理规定。
10. 请分析债权确认的一般原则。
11. 我国《企业破产法》及司法解释对债权确认的内容与程序有何具体规定？
12. 何为破产程序中劣后债权或除斥债权？我国对此有何规定？

① 参见王欣新：《论破产程序中劣后债权的清偿》，载《人民法院报》，2018 - 07 - 04。

第六章 债权人会议

本章概要

债权人会议，是由依法申报债权的债权人组成，以保障债权人共同利益为目的，为实现债权人的破产程序参与权，讨论决定有关破产事宜，表达债权人意志，协调债权人行为的破产议事机构。债权人会议在破产程序中占有重要地位，它是债权人参与破产程序、维护其利益的自治团体。

要使债权人会议能够顺利完成其使命，首先必须合理解决债权人会议的成员资格与权利问题，如债权尚未确定之债权人的表决权、别除权人的债权人会议成员资格与权利、职工债权人等特殊债权人是否属于债权人会议成员及权利等问题。此外，我国《企业破产法》创设了债权人委员会制度，这是为了更好地保障债权人的权益而对债权人会议制度进行完善的一项重要措施。本章第一节对这些问题进行了详细的分析与讲解。

针对债权人会议的召集机制，我国《企业破产法》规定人民法院和债权人会议主席均享有债权人会议的召集权，同时对债权人的第一次会议与中间会议的召集程序进行了区分，明确了会议召集提议权的行使主体和债权人会议的具体职权。各国破产立法确认债权人会议决议表决通过的标准有两个：其一，是以出席债权人会议的债权人的多数同意为通过；其二，是以同意决议的债权人所代表的债权额在债权总额中占简单多数或者绝对多数为通过。我国破产法根据本国国情采取结合适用两种标准的立法模式。此外，《企业破产法》还规定了债权人不服人民法院在债权人会议对特定事项不能表决通过时所作裁定的救济程序。

关键术语

债权人会议　债权人会议成员资格的认定　职工债权人的表决权　别除权人的表决权　债权人会议主席　债权人委员会　债权人会议的职权　债权人会议的决议　普通决议　特别决议　债权人会议的表决标准

第一节 债权人会议的组成

一、债权人会议概说

破产程序主要是为了保障债权公平清偿而设置的法律制度，故应充分尊重全体债权人的意志，保障他们对破产程序的参与权。从某种意义上讲，破产案件是在偶然原因（即债务人发生破产原因）情况下构成的一种必要的特殊共同执行。在普通执行程序中，债权人一般为一人，即使在债权人为多人的特殊情况下，各个债权人作为有独立利益与意思表示的当事人，通常是分别享有各项诉讼权利，并可以单独行使。但在破产程序中，因债权人人数众多，利益独立但彼此密切相关且可能存在矛盾，各债权人作为共同执行人单独表达的个人意愿往往不再具有法律效力，更不能单独采取实现其债权的法律措施，如个别强制执行，而只能通过全体债权人的统一行动来实现权利（别除权人除外），否则可能会损害其他债权人的利益，增加整个破产程序的成本，妨碍破产法公平清偿之立法宗旨的实现。为使破产程序能够顺利进行，需要对各个债权人的意志、利益、行为通过一定的组织方式进行自治协调，使之尽量公正地统一起来，并体现在对破产程序的共同参与之中。为此，我国破产立法根据世界大多数国家或地区破产立法的通例，设立债权人会议这一破产机关，以表达债权人的共同意志，就有关其利益的破产事项协调意见，以决定共同采取的法律行动。

我国破产程序中的债权人会议，是由依法申报债权的债权人组成，以保障债权人共同利益为目的，为实现债权人的破产程序参与权，讨论决定有关破产事宜，表达债权人意志，协调债权人行为的破产议事机构。债权人会议在破产程序中占有重要地位，它是债权人参与破产程序、维护其利益的自治团体。

我国台湾地区有学者认为，债权人会议乃债权人团体为参与破产程序而设置之私法上的机关，目的全在于保护自己之利益。在债务人不能清偿债务时，债权人得向国家行使其破产请求权。此权分为破产申请权与破产参与权，前者为向法院提出对债务人的破产申请之权利，后者为集合多数债权人举行会议，接受破产管理人等的报告，发表意见，表决决议，以参与破产程序的权利。破产参与权的行使人不是个别的债权人（债权人行使其个人权利者除外），而是债权人团体的机关即债权人会议。

在破产程序中，债权人会议不是一个独立的民事权利主体，而只是具有自治团体性质的机构。债权人会议仅在破产程序中与法院、管理人、债务人等有关当事人进行交涉，负责处理涉及全体债权人共同利益的问题，协调债权人的行动，采用多数决的决议方式在其职权范围内议决有关破产事宜。债权人会议不能与破产程序之外的主体发生民事法律关系。债权人会议依召集会议的方式进行活动，虽属于法定必设机关，但不是常设机构，而是临时性机构，仅于会议召开期间存在。债权人会议仅为决议机关，虽享有法定职权，但本身无执行功能，其所作出的相关决议一般由管理人负责执行。

我国的债权人会议在破产程序中占有重要地位，它主要是通过行使决议和监督职能进行活动。前者是指由法律明文列举规定的各项具体权限，后者则包括监督破产案件受理后管理人对债务人财产的管理、处分、清算、分配等活动，监督企业重整程序的进行，监督和解协议的执行等，以保护债权人的共同利益。

由于各国破产立法采用的体例、原则不同，对债权人会议的地位、作用认识不一，所以在立法中对债权人会议制度的设置有一定的区别，主要有以下几种类型。

（1）设立债权人会议作为全体债权人的议事机构，同时又规定可以设立债权人委员会等机构，作为债权人会议的常设机构，代表全体债权人行使对破产程序的日常参与权和监督权。目前多数国家采用这种立法模式，如德、日、英、美等国均采用此种立法体例。通常，债权人委员会不是必设机构，而是由债权人会议根据案件具体情况决定是否设立。如《德国支付不能法》规定，在第一次债权人会议之前，法院可以设置一个债权人委员会。在第一次债权人会议召开后，则由债权人会议决定是否继续设立债权人委员会，并决定其人选。此外，一些国家或地区虽也设置代表债权人会议对破产程序进行日常监督的机构，但不称债权人委员会，而是称破产监督人、监察人等，在具体规定方面也有一些区别。

（2）不设立由全体债权人组成的债权人会议，仅规定设立由部分债权人等组成的债权人委员会。意大利破产法采用此种立法体例。

（3）不设立由债权人组成的任何机构，无论是债权人会议还是债权人委员会，而是由法院在律师、会计师、审计师等社会中介组织或专业人士中选定债权人代表，由其代表全体债权人参与破产程序。法国即是如此。法国破产法修改后的变化之一，就是放弃设立传统的债权人会议，改采债权人代表制度。①

我国破产法采取的是第一种制度。《企业破产法》规定，在设立债权人会议的同时，可以设立债权人委员会作为债权人会议的常设监督组织，解决债权人会议在闭会期间无法行使对管理人及破产程序依法进行的监督和日常参与权的问题，使债权人的利益得到更好保障。最初在《企业破产法》立法草案中将这一常设监督组织称为监督人，后来改称债权人委员会。在我国旧破产法中则未设立债权人委员会等常设监督机构，故而易出现债权人利益受到侵害的现象。新破产法则对债权人会议制度进行了重大改革与完善。

对债权人会议的法律性质，在破产法理论界中存在多种学说。各国破产法对债权人会议适用的立法原则不同，对债权人会议职权规定的差异，以及债权人会议自治程度的强弱等，是判断债权人会议性质学说的重要因素。所以，在不同立法模式的国家或地区中，债权人会议的法律性质是有所不同的。目前，在大陆法系国家或地区中对债权人会议的性质主要存在以下几种学说。

（1）债权人团体机关说。这是日本学界过去的传统学说。该说基于债权人对破产程序中的诸多事项具有共同利益，如破产财产的增加、破产费用和财团债务的减少、破产财产的处置价格高低等，主张全体债权人构成债权人团体，债权人会议则是该团体的机关。

（2）事实上的集合体说。这是日本学界当前的通说。② 该说主张债权人会议是由法院召集的临时性集合组织。该说不承认“债权人团体机关说”，认为，一方面，各个债权人之间的利

① 参见沈达明等：《比较破产法初论》，248～251 页，北京，对外贸易教育出版社，1993。

② 参见［日］伊藤真：《破产法》，刘荣军等译，75 页，北京，中国社会科学出版社，1995。

益存在不相一致的地方，另一方面，法律也未规定债权人会议具有民事主体地位。

（3）自治团体说。这是我国台湾地区和大陆大部分学者的主张。[①] 依照该说，债权人会议是非法人性质的特殊社团组织，是表达债权人共同意志的一个自治性团体。

有的学者还主张，债权人团体是一个法人，债权人会议是该法人的机关。[②] 也有的人认为，债权人会议是破产财团的权力机关。

《企业破产法》没有对债权人会议的法律性质作出概括规定。本书认为，尽管不同国家的债权人会议也具有一定的共性，在各国破产立法对债权人会议制度的规定存在一定差异的情况下，抽象地讨论债权人会议的法律性质是没有太大实际意义的。因为不同学说产生的法律基础可能是不同的，适用于不同的国情。所以，即使是在设立债权人会议的国家，也要根据立法对债权人会议的具体规定来分析其特性。就我国立法规定的债权人会议而言，它具有一定程度的债权人自治的性质，在债权人会议内部就破产事宜进行的议决，其他人无权干涉，并设置常设的债权人委员会作为监督机构。但债权人会议还具有其他特征，如债权人会议的部分决议需经人民法院认可后才能生效，要由管理人负责执行；债权人会议可以申请撤换管理人，但是否撤换的决定要由人民法院作出。所以，上述各种学说恐难以全面概括我国债权人会议的性质，而且，从单一角度去判断复杂事物的性质往往也是不准确的。若从实务角度简而言之，债权人会议的性质应是对内协调以形成债权人的共同意思，对外通过对破产程序的参与和监督，以实现全体债权人破产参与权的自治机构。

二、债权人会议的成员资格与权利

《企业破产法》第59条规定："依法申报债权的债权人为债权人会议的成员，有权参加债权人会议，享有表决权。债权尚未确定的债权人，除人民法院能够为其行使表决权而临时确定债权额的外，不得行使表决权。对债务人的特定财产享有担保权的债权人，未放弃优先受偿权利的，对于本法第六十一条第一款第七项、第十项规定的事项不享有表决权。债权人可以委托代理人出席债权人会议，行使表决权。代理人出席债权人会议，应当向人民法院或者债权人会议主席提交债权人的授权委托书。债权人会议应当有债务人的职工和工会的代表参加，对有关事项发表意见。"

要使债权人会议能够顺利完成其使命，首先必须解决债权人会议的成员资格与权利问题。

（一）债权申报确认与债权人会议成员资格的关系

《企业破产法》规定，依法申报债权的债权人为债权人会议的成员。但在立法与实践中，一直存在关于债权人是否必须在其申报的债权得到确认之后才能作为债权人会议成员的不同观点之争。有的人认为，债权人会议的成员应当仅限于债权得到确认者，权利未得到确认者，不是债权人会议成员。有的人认为，凡是申报债权者均为债权人会议成员，无须其债权得到确

---

① 参见陈计男：《破产法论》，146页，台北，三民书局，1992；柴发邦主编：《破产法教程》，87页，北京，法律出版社，1990。

② 参见［日］石川明：《日本破产法》，何勤华等译，112页，上海，上海社会科学院出版社，1995。

认，否则在第一次债权人会议对各个债权确认之前，将会出现所有债权人均无权利参加会议，债权人会议无法举行的局面。

本书认为，在目前法律规定的债权确认程序和债权人会议成员资格认定的模式下，这两种观点均不够全面。对债权人的参会资格应根据其参加的是第一次债权人会议（或曰债权确认之前的债权人会议）还是以后的债权人会议区别分析。一般而言，对债权的审查、确认是在第一次债权人会议上进行的。所以，凡是申报债权者均有权参加第一次债权人会议，有权参加对其债权的审查、确认活动，并可依法提出异议。对于第一次会议以后的债权人会议即债权确认之后的债权人会议，便只有债权得到确认者才有权参加并行使表决权。那些债权尚存在争议的债权人，能否参加债权人会议并行使表决权，则应由法院裁定解决。①

这一问题的产生，主要是因为破产法将债权审查列为债权人会议的职权，没有设置独立的债权审查与确认程序。许多其他国家的破产法则将对债权的审查、确认放在债权人会议之外的专门的债权调查会议上进行（但为方便债权人，债权调查会议可与第一次债权人会议同期进行），得到债权调查会议确认的债权人才有权参加债权人会议，这样设置自然也就不会出现上述争议。这种立法模式显然更为合理，值得我国借鉴。

（二）债权尚未确定的债权人的表决权问题

在破产程序中，可能存在一些尚未确定的债权，如诉讼或仲裁未决的债权、附停止条件的债权、将来求偿权或不能行使别除权受偿的债权额等。以担保为例，保证人在代替债务人清偿债务之前依法可以申报债权，预先行使追偿权，但其最终承担多少保证责任，享有多少债权，尚属未定，特别是在多名担保人以不同担保形式为同一笔债务作出非连带担保的情况下。所以，这些债权人虽然也属于债权人会议的成员，但在债权人会议上是否享有表决权及代表的债权数额是多少，便需要法院裁量解决。

《企业破产法》对此规定，债权尚未确定的债权人参加债权人会议行使表决权所代表的债权额，由人民法院裁定解决。如果人民法院无法为其行使表决权而临时确定债权额，则在债权人会议上不得行使表决权。需注意的是，人民法院的这一裁定仅具有程序法上的意义，即仅决定在破产程序中该债权人在债权人会议上有无表决权及代表的债权数额事项，并不具有确认债权的实体判决的效力。对其债权如有争议，仍应通过债权确认诉讼解决。

（三）别除权人的债权人会议成员资格与权利问题

别除权人，是指对债务人的特定财产享有担保物权或者法定特别优先权的债权人。对于别除权人是否为债权人会议的成员，各国破产立法规定有所不同。有的国家破产法规定，别除权人未放弃其优先受偿权利时，不属于债权人会议成员，如日本。其立法认为，别除权人就担保财产享有优先受偿权，不受破产程序限制，债权人会议议决的和解、破产分配等事宜与其利益无关，故其不必也不应参加债权人会议，否则可能出现别除权人在不承担义务的情况下任意表决处置他人民事权利的现象，这是违背权利与义务对等原则的。但在别除权人兼享有破产债权，或预计担保物价款不足以清偿担保债权额的情况下，别除权人有权以其同时兼有的破产债

① 参见王欣新：《破产法学》，99页，北京，中国人民大学出版社，2004。

权人身份参加债权人会议，并根据其享有的破产债权数额行使相应的表决权利。

有的国家破产法规定，别除权人与普通破产债权人均为债权人会议成员。其立法认为，对债务人的特定财产享有担保物权或者法定特别优先权的债权，其性质也属于对破产人的债权，基础权利与破产债权相同，只是债权人就担保物另享有一层优先受偿权利，故不应将其排斥在债权人会议之外。但别除权人对债权人会议议决的与其权益无关的事项无表决权，同时也不受有关该事项的债权人会议决议的约束。别除权人如放弃优先受偿权利，即与普通破产债权人在债权人会议上享有同等权利、承担相同义务。

有的学者认为，别除权人不宜被列为债权人会议成员。在破产程序中，通常情况下只召开破产债权人会议，但在法定情况下，即决定与别除权人权益相关的事宜时，则应允许其作为债权人会议成员参加表决，或者单独召开别除权人会议议决。

我国旧破产法规定，别除权人属于债权人会议成员，但未放弃优先受偿权利者无表决权。[①] 这一对别除权人在债权人会议中地位的规定有不妥之处。首先，在这种情况下允许别除权人参加债权人会议没有任何意义，因其在债权人会议上没有任何权利，并不真正具有会议成员的地位。其次，别除权人在债权人会议的决议事项上并非没有任何利益。如依旧破产法的规定，所有债权均需由债权人会议审查确认，但别除权人对此却无表决权，这将使其利益无法得到保障。最后，旧破产法一方面规定别除权人对债权人会议的任何议案均无表决权，另一方面又规定债权人会议的决议对所有债权人包括别除权人均有约束力。[②] 这显然是将别除权人的权利与义务规定得不相对应，是对别除权人正当利益的损害。

《企业破产法》采取将普通破产债权人与别除权人共同设置于一个债权人会议中的立法模式，别除权人对与其利益相关的事项如债权调查、决定是否重整、是否继续债务人营业、监督管理人等应享有表决权，但对与其利益无关的事项，如是否通过和解协议草案、破产财产的分配方案，则不享有表决权。《企业破产法》第 59 条第 3 款对此明确规定，"对债务人的特定财产享有担保权的债权人，未放弃优先受偿权利的，对于本法第六十一条第一款第七项、第十项规定的事项（即通过和解协议与破产财产的分配方案——笔者注）不享有表决权"。

（四）职工债权人是否属于债权人会议成员

《企业破产法》规定，债权人会议应当有债务人的职工和工会的代表参加，对有关事项发表意见，但对于职工债权人是否为债权人会议成员，是否享有表决权，则未作明确规定。这是《企业破产法》立法时一个颇有争议的问题。有的人认为，职工债权人属于债权人会议成员，并应享有表决权，否则职工权益无法得到保障，也无法体现职工的主人翁地位。但也有人认为，职工债权人虽也属于债权人的范围，但不应作为债权人会议的成员。因为职工债权源于劳动关系，与企业因商事活动产生的债权性质有别，所以各国破产法均给予其优先清偿地位，我国也是如此。由于职工债权在破产清算中处于最优先的受偿地位，且无须申报债权，利益有充分保证，破产财产的处理、分配等一般不会影响其民事权益，所以，职工债权人不应作为债权

---

① 《企业破产法（试行）》第 13 条第 1 款规定："所有债权人均为债权人会议成员。债权人会议成员享有表决权，但是有财产担保的债权人未放弃优先受偿权利的除外。"

② 《企业破产法（试行）》第 16 条第 2 款规定："债权人会议的决议，对于全体债权人均有约束力。"

人会议的成员，更不应享有表决权，对与其无利益关系的事项进行表决。

本书认为，对于职工债权人应否属于债权人会议成员的问题，首先应当根据法律上权利与义务相对等的原则进行分析。一般而言，职工债权人不宜作为债权人会议成员参加会议，尤其是享有表决权。但如债权人会议的决议事项影响职工债权人的利益，而立法又不能保证对其优先清偿时，就应当考虑允许职工债权人参加债权人会议并行使表决权，如表决重整计划草案。但即使职工债权人在债权人会议上不享有表决权，考虑到我国的特殊情况，为体现民主管理精神及对职工权益的保护，职工也可以派代表参加债权人会议并发表意见。所以，《企业破产法》规定，债务人企业的职工和工会可以派代表参加债权人会议。立法允许工会派代表参加债权人会议，主要是考虑其作为职工社会团体的特殊法律地位，以及在债权人会议上并不赋予其表决权、无须具备债权人身份的实际情况。工会代表是由本企业工会派出还是由上级工会派出，立法未作限制性规定，所以两者均可。

职工债权人不宜直接作为债权人会议成员参加会议及表决，还有其他重要原因。首先，职工债权人往往人数众多，如果全部出席债权人会议不仅不具有可操作性，反而会影响破产程序的顺利进行，故只能采取选派职工债权人代表或由工会作为代表参加会议的方式。其次，我国破产法规定，债权人会议通过决议的标准之一是人数标准，即由“出席会议的有表决权的债权人过半数通过”。如职工债权人或其代表可享有表决权，虽然其债权数额很小，但由于其代表的人数众多，因而职工债权人不同意的议案就很难达到同意人数过半的要求，这将构成对债权人会议决议的实质否决，必然会影响破产程序正确进行，损害其他债权人的利益。

（五）税收债权人是否属于债权人会议成员

税收债权人是否属于债权人会议成员，也是目前存在不同观点的问题。对此问题，学术界有两种观点。有的学者认为，税收债权人虽属于债权人，但可不作为债权人会议的成员，因为这种债权源于税收行政关系，与企业在经营中因商事活动产生的债权有区别。根据《企业破产法》的规定，在破产清偿顺序中，税收债权人处于第二优先顺序，可以优先受偿，利益有所保证，破产财产如何处理与分配一般不会影响其利益。所以，税收债权人不属于债权人会议的成员，不应参加会议表决。此外，税收债权人在破产程序外对其债权的实现可以采取比其他债权人更为有力的强制手段，其在破产程序外不积极实现债权，不宜再让其在破产程序中的债权人会议上享有表决权。也有的学者认为，税收债权人属于债权人会议成员，应享有表决权。

我国破产法对这一问题未作明确规定，在司法实践中，做法也不太统一。本书认为，破产法并未对税收债权人的债权人会议成员资格作出具有排除性或可推导出具有排除性的规定，所以税收债权人依法应当属于债权人会议的成员，有权参加债权人会议并行使表决权，前提当然是其依法申报债权并得到确认。

（六）债权人会议成员的权利

债权人会议成员享有出席会议的权利。债权人可以自己行使出席会议的权利，也可以委托代理人出席债权人会议。法律对代理人的资格并无特别限制，符合一般代理人条件即可，不要求必须是债权人。代理人出席债权人会议，应当向负责召集会议的人民法院或者债权人会议主席提交被代理人的授权委托书。为保障会议的顺利进行，无特殊情况时，债权人委托代理人的人数一般以一人为限。代理人可以代理多个债权人出席会议，立法对此未作限制。但是如果个别当事人以代理的名义进行债权人表决权的征集，则应符合一定的规范与程序，以避免出现个别人不正当地操纵债权人会议，损害其他债权人利益的现象。

债权人有权放弃自己的部分民事权利而保留其他民事权利，所以，如果债权人自愿不出席债权人会议，包括不委托代理人出席会议，不得对其在破产程序中的受偿权利加以限制或剥夺。

债权人会议的成员（包括代理人）有权依法请求召开债权人会议，有权在会议上发言、进行询问，有权依法行使表决权（未放弃优先受偿权利的别除权人对特定事项的表决除外），有权依法对债权人会议的决议提出异议等。

（七）债权人会议主席

《企业破产法》第 60 条规定："债权人会议设主席一人，由人民法院从有表决权的债权人中指定。债权人会议主席主持债权人会议。"

为保证债权人会议的顺利进行，一些国家立法规定，在债权人会议中设会议主席，负责主持会议。在英国、加拿大等国家，债权人会议主席由管理人担任。但在一些大陆法系的国家和地区，如德国、日本等，立法未规定债权人会议主席的设置，仅规定债权人会议由法院或法官指挥（如《德国支付不能法》第 76 条第 1 款、《日本破产法》第 178 条）。我国台湾地区"破产法"第 117 条规定，债权人会议主席由法院指派一名法官出任。

我国破产法采用由债权人担任债权人会议主席的制度。债权人会议主席通常于第一次债权人会议召开时，由人民法院从有表决权的债权人中指定。这里的有表决权通常是指对债权人会议所有事项均享有表决权的债权人即普通破产债权人，一般认为，由普通破产债权人担任债权人会议主席较为适宜，当然这也不排除由对债务人特定财产享有担保权的债权人担任债权人会议主席的资格。债权人会议主席的产生方式在不同国家或地区不同。

在旧破产法中，对于债权人会议主席的人数是否以一人为限未作明确规定，但是依通常理解，债权人会议主席为一人。后来最高人民法院在其司法解释中规定，必要时，人民法院可以指定多名债权人会议主席，成立债权人会议主席委员会。[①] 债权人会议主席委员会的设置是当时破产法实施中的一个创新举措，它首创于广东国际信托公司破产案的审理中。主要是因为各国破产法为保障债权人会议职能的有效行使，对破产程序进行必要的监督，通常规定在债权人会议中可以设置常设监督机构，即债权人委员会或破产监督人等，而在我国的旧破产法中未设置债权人会议的常设监督机构，这就使债权人会议在闭会期间无法行使职权，无法对破产程序进行必要的日常监督，债权人的权益难以得到充分保障，给破产管理人的工作也增加了难度，不利于破产程序的迅速进行。最高人民法院的司法解释将债权人会议主席委员会作为债权人会议的常设机构设置，实际上起到对破产监督人制度缺失的补救作用。现在，《企业破产法》中已经专门设置了债权人委员会作为债权人会议的常设监督机构，这就使债权人会议主席委员会失去了存在之必要。所以，《企业破产法》规定仅设债权人会议主席一人，对过去司法实践中实施的制度进行了调整。

---

① 参见《破产规定》第 39 条第 2 款。

根据我国法律的规定，债权人会议主席不是与债权人会议相独立的机构，而仅是债权人会议的召集与主持者。根据法律规定和实际需要，通常会议主席应有以下职责：

1. 在法定人员申请召开债权人会议时，确定第一次债权人会议后的其他债权人会议的召开日期，负责召集会议；

2. 编定债权人会议的议事日程；

3. 宣告债权人会议的开会、闭会；

4. 主持债权人会议的进行，包括对会议发言的许可与限制，决定讨论事项，维持会议秩序等；

5. 负责作成会议记录与决议。

根据债权人会议的需要，主席还可行使其他有关职权。

债权人会议主席出于正当原因可以辞去职务，但应经人民法院允许，其辞职在继任者就任后生效。如债权人会议主席在履行职务过程中，出现无能力履行职务、严重失职或违法行为，如明显偏袒部分债权人、故意损害其他债权人的利益等情形时，债权人或管理人可以向人民法院提出撤换债权人会议主席的请求，人民法院也可以依职权撤换会议主席。

目前立法规定，债权人会议主席的选任权只能由人民法院行使，未允许债权人会议自行选任，也未规定债权人会议能否对人民法院指定的会议主席提出异议，提出异议时如何处理。本书认为，这样规定未能体现对债权人自治权利的尊重，应当在债权人会议主席的选任上给予债权人会议相应的决定权，至少是提出异议的权利，并设置异议救济程序。

（八）债权人会议列席人员

在债权人会议上，除了作为会议成员出席的债权人外，还有其他列席人员。债权人会议的列席人员，是指不属于会议成员，无发言权与表决权，为协助债权人会议顺利召开，因履行法定或职务义务而参加会议的人员。根据法律规定，债务人的法定代表人有义务列席债权人会议，因债权人会议所讨论的事项，无论是债权审查、破产清算，还是和解协议、重整计划草案，均与债务人企业有关，如果其法定代表人不在场，债权人不了解具体情况，会议便难以进行。故债务人的法定代表人必须列席债权人会议，回答债权人的询问，说明有关事宜。如债务人的法定代表人拒不出席债权人会议，人民法院应当依据《民事诉讼法》的有关规定，对其采取拘传措施，强制其到会，还可根据情况对其采取罚款、拘留措施，以保障破产程序正常进行。经人民法院决定，债务人企业的财务管理人员和主要业务人员也应列席债权人会议，与债务人企业的法定代表人负有同样的义务。如果在破产程序中需要债务人企业的出资人列席债权人会议，人民法院也可以作出相应决定。

管理人作为在破产程序中负有重要职责的人应当列席债权人会议，以便对破产程序的进行情况、破产财产的处理、分配方案等加以说明。在破产程序中如有负责财务审计、资产评估、债务追索等工作的中介机构，其人员也应视需要列席参加债权人会议，并就其负责的事项向债权人会议进行报告或说明，接受询问。

负责审理破产案件的人民法院应当派合议庭成员参加债权人会议，以便监督、指导并掌握债权人会议的召开情况，根据破产案件的进展情况推进审理工作适时进行。

除此之外，在债权人会议上还可能有一些利害关系人列席特定会议，以维护其权利。如债务人的担保人、连带责任人等，可能会列席审查债权的会议，以行使对债务的抗辩权。

三、债权人委员会制度

债权人会议作为以会议体形式活动的机构，在闭会期间便无法行使其职权，也不可能对破产程序进行必要的日常监督。当发生与债权人利益相关的事项需要决策时，重要事项固然应经债权人会议决议，但若对于一般事项也召开债权人会议决定，不仅耗时、费资，而且也不利于破产程序的迅速进行。为保障债权人会议职能的有效实行，对管理人的活动及破产程序的合法、公正进行必要的日常监督，各国破产法通常规定，在债权人会议中可以设置常设监督机构，即债权人委员会或破产监督人。

在不同国家或地区的破产立法中，债权人会议常设监督机构的称谓不同。有的称破产监督人；有的称监查人，如我国台湾地区；有的称监察人或监察委员，如日本；也有的称债权人委员会，如德国。

我国在《企业破产法》中设置了债权人委员会，这是为保障债权人权益而进行的一项重大制度建设。鉴于立法对债权人会议常设监督机构采用债权人委员会的名称，因此下文中将在债权人会议中起破产监督作用之机构统一称为债权人委员会。

《企业破产法》第 67 条规定："债权人会议可以决定设立债权人委员会。债权人委员会由债权人会议选任的债权人代表和一名债务人的职工代表或者工会代表组成。债权人委员会成员不得超过九人。债权人委员会成员应当经人民法院书面决定认可。"

债权人委员会是遵循债权人的共同意志，代表债权人会议在职权范围内对管理人的活动以及破产程序的合法、公正负责日常监督，处理破产程序中债权人会议授权其解决的有关事项的常设机构。如《泰国破产法》第 37 条规定："债权人会议可以通过决议选任债权人委员会，在本法所定债务人财产的经营管理方面代表全体债权人。"

破产案件有繁简难易之分，实践中未必都需要在债权人会议中设置债权人委员会。而且，设置债权人委员会还会增加破产费用的支出，使债权人的分配额减少，所以是否设置债权人委员会应由债权人会议决定。从国外的立法情况看，除了有的国家由于不设置债权人会议而规定必须设立债权人委员会之外，其他国家大多采取由债权人会议意定设置的制度，即由债权人会议根据案件的具体情况自行决定是否设置债权人委员会。我国立法也采用了这种立法模式。

债权人会议在决定是否设置债权人委员会时，主要应考虑债权人人数多少，破产财产数额大小，破产财产清理、作价和处理活动的复杂程度等因素。对于是否设置债权人委员会，一般是在第一次债权人会议上决定的，但债权人会议也可以在破产程序进行中随时视需要而决定债权人委员会的设置。有的国家还采取在第一次债权人会议召开前由法院指定临时性债权人委员会的制度。如《德国支付不能法》规定，在第一次债权人会议召开之前，法院为工作需要可以指定设置一个债权人委员会，但是，以后的债权人会议可以决定是否保留债权人委员会。在决议保留债权人委员会时，债权人会议可以决定不再留任法院指定的人选，而选举其他人担任债权人委员会成员。

由于债权人委员会中的债权人代表由债权人会议选任、罢免，所以，债权人委员会一般只对债权人会议负责，立法并不要求其向法院负责，法院也不能任意撤换债权人委员会成员。但有的国家在立法中也规定，如债权人委员会成员存在重大违法行为或违背职责行为等情况，法院也可以依职权或依债权人（而非债权人会议）的申请免除其职务。有的国家由于不设置债权人会议，所以规定债权人委员会成员由法院选任、撤换，如意大利。在我国《企业破产法》的立法过程中，有人主张，债权人委员会成员的选任，虽由债权人会议决定，但应经人民法院审查同意，以便对其选任活动进行监督，保证选任的公正、合法。《企业破产法》采纳了这一意见，规定债权人委员会成员应当经人民法院书面决定认可。

债权人委员会委员的活动是以自然人形态进行的，通常其任职是无偿的，但经债权人会议同意也可以领取一定报酬，同时也要承担相应的法律责任，所以，债权人委员会的委员应由自然人出任。代表法人债权人出任债权人委员会委员的也应是该债权人指定的自然人。

对于出任债权人委员会委员的资格，有的国家立法规定必须是债权人，尤其是有表决权的债权人，如英国破产法；也有的国家规定，债权人以外的其他人也可以出任，如律师、注册会计师等专业人员，但管理人或债务人显然是不能出任债权人委员会委员的。本书认为，为更好地保障债权人利益、履行监督职能，债权人委员会的人选不应仅局限于债权人，也可以由专业人员出任债权人委员会的部分委员，这对维护债权人权益可能更为有利，《德国支付不能法》即有此种规定。所以，《企业破产法》没有将出任债权人委员会委员的人员限定为债权人本人，律师等专业人士也可以作为债权人代表出任。

债权人委员会的组成一般应具有对债权人的全面代表性。如《德国支付不能法》第 67 条第 2 款规定："在该债权人委员会之内应当有享有别除权的债权人、具有最高金额债权的支付不能债权人以及小金额债权人参加。雇员作为支付不能债权人具有非为不显著的债权的，在该委员会应当有一名雇员代表。"我国立法规定，债权人会议设立债权人委员会的，委员会中要有一名破产企业职工代表或者工会代表，但对债权人委员会在其他方面代表的广泛性未作明确规定，对此还有必要在司法解释中加以具体化。此外，本书认为，在债权人委员会中设置职工代表或者工会代表的前提，是职工对企业享有债权且数额较大，即《德国支付不能法》中规定的"非为不显著"，如果企业对职工根本不存在负债或负债数额很小，破产程序对职工利益没有影响，也可以不在债权人委员会中再选任职工代表或者工会代表。

对于债权人委员会成员的人数，有的国家未作规定，有的国家则规定为 3 人以上。我国《企业破产法》规定，债权人委员会成员不得超过 9 人。债权人委员会的具体人数应由债权人会议视实际需要决定，数人固无不可，但如只需要一人似也应允许，不必拘泥于委员会必须由多数人组成的常规。不过，债权人委员会的人数也不宜过多，否则难以正常活动，且人数应为单数，以利于作出决议，所以立法对债权人委员会人数作出不得超过 9 人的规定。

对于债权人委员会的职权，各国立法的规定不完全相同。通常，债权人委员会负有监督管理人工作，查阅债务人账簿与营业文件；审查或批准管理人处分重要破产财产的行为；提请召集债权人会议，出席债权人会议并就有关监督事务陈述意见；提请法院阻止管理人不当决定的执行；申请解除管理人职务等职权。如《德国支付不能法》第 69 条规定：债权人委员会的成员应当辅助并监督支付不能管理人的执行事务。债权人委员会的成员应当了解事务的进展情况，请人查阅账簿和营业文件，并请人审查金钱往来及存在情况。我国《企业破产法》第 68 条规定："债权人委员会行使下列职权：（一）监督债务人财产的管理和处分；（二）监督破产财产分配；（三）提议召开债权人会议；（四）债权人会议委托的其他职权。债权人委员会执行职务时，有权要求管理人、债务人的有关人员对其职权范围内的事务作出说明或者提供有关文件。管理人、债务人的有关人员违反本法规定拒绝接受监督的，债权人委员会有权就监督事项请求人民法院作出决定；人民法院应当在五日内作出决定。”

债权人委员会的第一项职权是监督债务人财产的管理和处分。债权人委员会有权监督管理人对债务人财产的管理和处分行为，这种监督在不妨碍管理人工作的情况下是随时性的。具体的监督方式包括：有权要求管理人以及债务人对债务人企业的财产状况作出相应说明并提供文件，对管理人管理债务人财产的方式与具体活动进行审查并提出建议，查阅或聘请中介机构或专业人士查阅债务人企业的财务账簿与营业文件，接受并审查管理人处分重要破产财产的报告，对其认为不正当的处分行为提出纠正意见等。《企业破产法》第 69 条对此问题作出了专项规定。

债权人委员会的第二项职权是监督破产财产的分配。债权人委员会监督破产财产分配的职权，主要从两个方面行使。其一是预先审查管理人提出的破产财产分配方案，并提出修改意见。制定一个完善的破产财产分配方案是依法公平进行破产分配的前提，虽然法律规定破产财产的分配方案需经债权人会议通过，但如果能由债权人委员会在债权人会议召开之前预先审查分配方案，并与管理人协商加以完善，将会有助于破产财产分配方案在债权人会议上的顺利通过，提高破产程序的效率。其二是在破产分配的过程中进行监督，即对破产财产分配方案具体执行的监督，包括对不同分配顺序债权人的公平履行、以不同分配方式对债权人分配时的正确履行、以债务抵销方式的分配清偿是否合法，其中也包括监督破产费用、共益债务的发生和清偿等，有时还要注意有无追加分配的可能，并督促管理人作出相应安排。

债权人委员会的第三项职权是提议召开债权人会议。债权人委员会有权提议召开债权人会议。通常，债权人委员会是在遇有重大事项需要决定的情况下才提议召开债权人会议的。例如，发现管理人有违法或损害债权人利益的行为需要决定是否提出撤换申请，债权人委员会成员中出现需要撤换的情况，在对管理人及破产程序的监督中出现需要债权人会议决定的其他重大事项等。

债权人委员会的第四项职权是根据案件的具体情况与需要，行使债权人会议委托的其他职权。

各国或地区破产法中设置有债权人会议监督机构的，往往规定管理人对债务人财产的重大处分行为需经监督机构同意。如我国台湾地区“破产法”第 92 条规定：“破产管理人为左列行为时，应得监查人之同意：一、不动产物权之让与。二、矿业权、渔业权、著作权、专利权之让与。三、存货全部或营业之让与。四、借款。五、非继续破产人之营业，而为一百元以上动产之让与。六、债权及有价证券之让与。七、寄托之货币、有价证券及其他贵重物品之取回。八、双务契约之履行请求。九、关于破产人财产上争议之和解及仲裁。十、权利之抛弃。十一、取回权、别除权，财团债务及第九十五条第一款费用之承认。十二、别除权标的物之收回。十三、关于应行收归破产财团之财产提起诉讼或进行其他法律程序。”

《企业破产法》也借鉴多个国家和地区的立法经验对此问题作出规定，但不同的是，我国立法仅规定管理人实施特定财产处分行为应当及时报告债权人委员会，而未规定必须经过债权人委员会的同意。在立法时曾经考虑规定，管理人实施特定财产处分行为应当经过债权人委员会的同意。但后来考虑，众多财产处分行为如果都需要经过债权人委员会同意，不仅会影响破产管理工作的效率，而且也可能因处分时机的延误而造成债权人利益的损失，所以最终放弃了这一更为严格的监督模式。

根据《企业破产法》第 69 条的规定，债权人委员会享有依法审查管理人处分债务人重要财产行为的职权。管理人实施下列行为，应当及时报告债权人委员会。

1. 涉及土地使用权、房屋等不动产权益的转让

不动产权益通常价值较大，其转让对债权人利益有重大影响，故需报告债权人委员会。这里的转让包括出售、交换即互易等多种方式，但均须以有偿为原则。

2. 探矿权、采矿权、知识产权等财产权的转让

上述财产权利通常市场价值也较大且意义重要，故需要监督管理人的处分行为。

3. 全部库存或者营业的转让

债务人全部存货或者营业的转让将使其经营实际上终止，对债权人利益自然会产生重大影响，所以应报告债权人委员会。这里的全部转让，主要是从其对营业的影响来评价，所以，如果实际转让的是绝大部分库存，导致营业无法继续，也应属于此项的适用范围。

4. 借款

借款涉及还款风险和利息的支出，可能增加破产财产的负担，影响债权人分配利益，所以应报告债权人委员会。

5. 设定财产担保

对债务人原无担保的财产设定担保，将使担保权人就担保物享有优先受偿权，从而可能影响普通破产债权人的受偿权利。但为继续债务人的营业，有时又确实需要对债务人的财产设定担保，以获得经营资金与机会，所以法律规定，此种情况应报告债权人委员会。

6. 债权和有价证券的转让

债权和有价证券是债务人的重要财产，尤其是债务人持有的有价证券如股票、债券等具有较好的变现价值和渠道。有价证券在证券市场之价格往往随变现时间等情况而变化，所以管理人对有价证券和债权的转让应报告债权人委员会，以求确认其行为适当，维护债权人的利益不受损害。

7. 履行债务人和对方当事人均未履行完毕的合同

管理人决定对债务人和对方当事人均未履行或均未履行完毕的合同继续履行，必然会产生共益债务，对债权人的利益有重大影响。管理人作出是否继续履行合同的决定时，必须以对债务人的财产即债权人的利益有利为基本原则。如果继续履行合同可以增加供债权人分配的财产，就应继续履行；反之，便应解除合同。在作出决定时，还应考虑对方当事人因合同解除而可能提出的损害赔偿额等因素，综合权衡利弊。同时，还要注意防止出现管理人对个别债权人以履行合同为名给予优惠性清偿的现象。所以法律规定，管理人履行债务人和对方当事人均未履行或均未履行完毕的合同，应报告债权人委员会。

8. 放弃权利

管理人放弃债务人的权利，应报告债权人委员会。最高人民法院在对旧破产法发布的司法解释中规定，对债务人开办的全资企业中资不抵债的，或其对外投资形成的股权价值为负值的，清算组应停止追收，也就是放弃权利。这一司法解释规定是不妥的。一方面，在市场经济环境下，运营中企业的现实价值并不完全依赖其资产与负债的比例关系，更多地取决于企业的

盈利能力和在市场中的综合资源占有情况。所以，即使是资不抵债的企业、价值为负值的股权，在市场经济中仍然可能具有其市场价值，简单地将此作为管理人应当停止追收破产财产、放弃权利的理由，可能会造成破产财产的损失。另一方面，此类事项对债权人的利益有重大影响，不能由清算组自行决定，必须经过债权人会议或其常设机构的同意。所以，《企业破产法》规定，管理人放弃债务人权利的行为应报告债权人委员会审查。

9. 担保物的收回

管理人对担保物的收回需履行清偿所担保债务的义务，有时对债权人不一定有利，所以应报告债权人委员会。

10. 对债权人利益有重大影响的其他财产处分行为

为防止在司法实践中出现列举上的遗漏，法律规定，管理人进行的对债权人利益有重大影响的其他财产处分行为，也应报告债权人委员会。

需注意的是，《企业破产法》对于管理人应报告债权人委员会的上述对债权人利益有重大影响的财产处分行为，仅仅作了定性的规定，而没有定量的规定，即没有规定数额界限，这就使对该条规定的执行可能出现操作困难。如行为性质同样都是放弃权利，但放弃 1 000 元的债权与放弃 100 万元的债权对债权人利益的影响显然是不可比的，而依据法律规定两者都需要报告债权人委员会。在《企业破产法》制定过程中，曾经考虑对一些行为的报告义务规定数额界限，但实践中破产案件的具体情况差异甚大，对一些大型企业，可能几十万元的财产处分行为对其债权人利益的影响微乎其微，而对一些小型企业来说，可能就是其全部破产财产了。所以从实务角度看，立法要作出统一数额规定十分困难。规定的数额过低，对大型企业不具有可操作性，将导致管理人频繁的报告义务，严重影响破产程序的效率；规定的数额过高，又可能使小型企业债权人的利益得不到充分法律保护。所以，立法最后决定放弃对数额界限的统一规定。

对于实践中的数额界限问题，本书认为，可以通过在具体案件中由债权人会议对债权人委员会和管理人进行授权的方式解决。即由第一次债权人会议通过相应决议，根据本案具体情况对管理人的财产处分行为进行授权，根据行为的性质区分：在一定数额以下者，管理人可以先行处理，不必逐次报告债权人委员会，而等到作定期报告时一并报告；数额在一定区间内者，则应当报告债权人委员会；数额超一定上限者，需召开债权人会议决定。

为了更好地解决债权人委员会对管理人处分企业财产的监督问题，《破产法解释三》第 15 条规定："管理人处分企业破产法第六十九条规定的债务人重大财产的，应当事先制作财产管理或者变价方案并提交债权人会议进行表决，债权人会议表决未通过的，管理人不得处分。管理人实施处分前，应当根据企业破产法第六十九条的规定，提前十日书面报告债权人委员会或者人民法院。债权人委员会可以依照企业破产法第六十八条第二款的规定，要求管理人对处分行为作出相应说明或者提供有关文件依据。债权人委员会认为管理人实施的处分行为不符合债权人会议通过的财产管理或变价方案的，有权要求管理人纠正。管理人拒绝纠正的，债权人委员会可以请求人民法院作出决定。人民法院认为管理人实施的处分行为不符合债权人会议通过的财产管理或变价方案的，应当责令管理人停止处分行为。管理人应当予以纠正，或者提交债权人会议重新表决通过后实施。"

除了上述《企业破产法》中规定的债权人委员会职权外，为了更好地监督破产程序进行并降低成本、简化程序，债权人会议还可以决议委托债权人委员会行使部分债权人会议的职权。为了明确委托的权限，《破产法解释三》第 13 条以列举方式规定："债权人会议可以依照企业破产法第六十八条第一款第四项的规定，委托债权人委员会行使企业破产法第六十一条第一款第二、三、五项规定的债权人会议职权。债权人会议不得作出概括性授权，委托其行使债权人会议所有职权。"此条特别强调债权人会议不得作出概括性授权，委托其行使债权人会议所有职权，以避免债权人会议成为虚设，影响债权人权利的行使与利益的维护。

由于《企业破产法》采取由债权人会议根据案件的具体情况自行决定是否设置债权人委员会的制度，所以，对于较为简单的破产案件，债权人会议可能决定不设置债权人委员会，而且即使设置债权人委员会，也只有在第一次债权人会议之后才能成立。但是，对于管理人进行的对债权人利益有重大影响的财产处分行为又需要进行及时监督，故《企业破产法》规定，未设立债权人委员会的，管理人实施上述行为应当及时报告人民法院，由人民法院对其进行审查和监督。

一般而言，每个债权人委员会成员均可依法独立行使日常监督职权，但对重要事项的决定则应由债权人委员会通过决议方式统一行使职权，债权人委员会的个别成员不得自行行使债权人委员会的职权。债权人委员会会议的有效召开应以过半数成员的出席为条件。《破产法解释三》第 14 条规定："债权人委员会决定所议事项应获得全体成员过半数通过，并作成议事记录。债权人委员会成员对所议事项的决议有不同意见的，应当在记录中载明。债权人委员会行使职权应当接受债权人会议的监督，以适当的方式向债权人会议及时汇报工作，并接受人民法院的指导。"

债权人委员会执行职务时，有权要求管理人、债务人对职权范围内的事务作出说明或者提供有关文件。上述人员违反法律规定拒绝接受监督的，债权人委员会有权就监督事项请求人民法院在规定期限内作出决定。

由于债权人委员会是由债权人会议选任的，是代表债权人会议行使监督权利，所以其权利不能超越债权人会议的权利。据此，债权人委员会所作的决议不能与债权人会议的决议相违背，债权人会议则可以撤销其认为债权人委员会所作的不当决议。

债权人委员会成员应当以善良管理人的注意义务执行其职务，当其因故意或重大过失造成债务人或者债权人利益损失时，应承担相应的民事赔偿责任。

第二节 债权人会议的召集与职权

一、债权人会议的召集

债权人会议是以召集方式活动的机构，其召集方式应以能保障债权人的破产参与权，有利于维护债权人的共同利益，保障破产程序的公正、顺利进行为原则。各国召集债权人会议通常有三种方式：(1) 由法院召集，破产管理人、债权人委员会或一定数量的持有一定数额债权的债权人可申请召开，如日本、德国。(2) 由破产管理人召集，其他法定人员可申请召开，法院无召集权，如英美法系的一些国家。(3) 由法院或债权人会议主席召集（第一次债权人会议由法院召集），管理人、债权人委员会（或监督人）或持有一定数额债权的债权人有申请召开权。我国《企业破产法》采取第三种模式，即人民法院和债权人会议主席均享有债权人会议的召集权。

债权人会议有第一次会议与其他会议（也称中间会议）的区别。人民法院受理破产案件后，在对债权人的通知和发布的公告中规定日期召集的债权人会议是第一次会议，以后的债权人会议便是中间会议。第一次债权人会议十分重要，许多有关破产的重大事项在可能的情况下均要在此会上决定。由于这时债权人会议主席、债权人委员会等尚未产生，所以《企业破产法》第 62 条规定："第一次债权人会议由人民法院召集，自债权申报期限届满之日起十五日内召开。以后的债权人会议，在人民法院认为必要时，或者管理人、债权人委员会、占债权总额四分之一以上的债权人向债权人会议主席提议时召开。"债权人会议的具体召开期日由人民法院在通知和公告中确定。

根据法律规定，人民法院不得在法定期限之前召开第一次债权人会议，也不得无故推迟召开会议，或者不召开会议。在过去的司法实践中，曾有个别人民法院为加快破产程序进行，在债权申报期限届满前就召开债权人会议。这是违反法律规定的，可能剥夺部分债权人参加第一次债权人会议的权利。还有的人民法院以一般债权（指职工债权以外的债权）的清偿率为零为理由，取消债权人会议。这也是错误的。因为法律规定，除债务人财产不足以清偿破产费用，管理人可以提请人民法院提前终结破产程序的情况外，债权清偿率的高低并不影响债权人会议的召开，即便预计一般债权的清偿率为零，人民法院也应召开债权人会议就此加以说明，债权人有知情权与质询权。此外，在债权人会议上，债权人还可能提供对债务人在破产申请受理前的违法财产处分行为行使撤销权的线索，促使管理人追回被非法转移的财产，使债权人获得一定分配。对债权人的这些权利均应依法予以保障。所以，《破产规定》第 40 条规定："除债务人的财产不足以支付破产费用，破产程序提前终结外，不得以一般债权的清偿率为零为理由取消债权人会议。"不过在此种情况下，如无重要事项，债权人会议可以采用非现场会议的方式进行，以节约各方成本和时间。

第一次债权人会议以后的债权人会议，在人民法院认为必要时召开，或者在管理人、债权人委员会、占债权总额 1/4 以上的债权人向债权人会议主席提议时召开。虽然立法中没有明确规定债权人会议主席有会议召集权，但这应是立法所包含的本意。否则，享有会议召集提议权的主体就应当向人民法院而不是债权人会议主席提议召开债权人会议。

享有会议召集提议权的主体，包括管理人、债权人委员会和占债权总额 1/4 以上的债权人。管理人是破产程序中最为重要的机关，负责破产财产的保管、清理、估价、处理和分配等重要事务，关系着债权人的利益，在很大程度上决定着破产程序的进程。所以，当管理人认为必要时，可以要求召开债权人会议。另外，在占债权总额 1/4 以上的债权人向债权人会议主席提议时也应当召开债权人会议。这是为了使部分债权人的利益与诉求能够通过债权人会议得到充分反映，尤其是在其与会议主席或多数债权人对破产程序中的问题意见可能不一致时，这是全面保护债权人利益的一项制约性规定。

对于债权人会议的有效出席人数，《企业破产法》未作具体规定。有的国家立法规定了债权人会议的最低出席人数，出席者达不到此人数的，债权人会议不能合法召开。如加拿大

1984年《破产法》第84条规定，债权人会议必须有3人以上参加，在债权人总数不足3人时，必须全体参加；英国破产法中也有类似规定。我国立法对此虽无规定，但从债权人会议决议通过的标准看，至少出席会议的债权人所代表的债权额必须占到无财产担保债权总额的1/2以上，否则，债权人会议将无法作出有效决议。

《企业破产法》第63条规定："召开债权人会议，管理人应当提前十五日通知已知的债权人。"据此，第一次以后的债权人会议，虽可能由人民法院或债权人会议主席负责召集，但却是由管理人负责通知。为保障债权人有足够的参会准备时间，管理人应当提前15日发出通知，通知的范围是所有已知的债权人。管理人的通知应当采取书面形式，向债权人个别送达，不允许采取公告的方式替代个别送达。通知内容应包括会议的时间、地点、目的、议程、讨论事项等较为详细的信息，以保证债权人参会前的知情权。根据债权人会议具体议程的需要，管理人还应当及时通知必要的人员列席会议，如债务人的法定代表人以及相关负责人，债务人的出资人代表，破产财产的评估、审计人员等。

二、债权人会议的职权

由于各国破产法对债权人会议的设置模式与法律性质定位有所不同，所以对债权人会议职权的具体规定也有所不同。如一些英美法系的国家规定，管理人的选任是债权人会议的一项重要职权，而在法国、西班牙等国家，法律则规定管理人由法院任命。

通常，在各国破产立法中涉及债权人会议职权的事项主要有以下几项：

1. 选任、撤换管理人，或向法院提出撤换管理人的请求；
2. 决定是否设置债权人委员会（或监督人），选任、撤换债权人委员会成员，或向法院提出选任、撤换债权人委员会成员的请求；
3. 决定破产企业是否继续其营业；
4. 议决管理人对破产财产的管理方法；
5. 议决破产财产的处理、分配方案；
6. 议决和解协议方案；
7. 接受法律规定的各种报告；等等。

此外，议决重整计划草案也是债权人会议的职权，但由于重整计划涉及的利益主体更为广泛，所以通常议决重整计划草案的会议称为关系人会议。

《企业破产法》第61条第1款以列举方式规定了债权人会议的职权，下面逐项分析。

（一）核查债权

核查债权即审查债权是破产程序中的一项重要工作，各国破产立法对核查债权的程序规定不尽相同。绝大多数国家的法律规定，核查债权的工作由法院负责进行，如日本、德国等。核查债权在法院确定的日期进行，为方便当事人起见，核查债权可以与第一次债权人会议同期进行。有的国家的法律规定，核查债权的工作由管理人负责进行。

我国《企业破产法》规定，核查债权的工作是债权人会议的职权，但准确地讲，应是核查债权的工作在债权人会议上进行。因为仅靠债权人会议是不可能完成核查债权工作的，必须有法院的主持、参加以及管理人的前期审查工作，才可能解决债权核查问题。对债权的核查通常在第一次债权人会议上进行，以便及时确定债权人参加债权人会议的资格、表决权及获得清偿的权利，并确定该破产案中债权人会议表决通过决议时的债权总额和有效债权额等问题。这些是进行其他破产程序必须解决的前提条件，必须尽快解决。

（二）申请人民法院更换管理人，审查管理人的费用和报酬

《企业破产法》规定，管理人由人民法院指定，债权人会议则享有依法申请人民法院更换管理人的权利。根据其第 22 条的规定，如果债权人会议认为管理人不能依法、公正执行职务或者有其他不能胜任职务情形的，可以申请人民法院予以更换。对债权人会议提出的更换管理人的申请，人民法院应当在规定的期限内予以审查并给予答复。人民法院经审查认为其申请符合法律规定的，应当及时更换管理人。在实践中，如果债权人会议通过决议申请人民法院更换管理人，则表明大多数债权人对管理人已经极端不信任，在此种情况下管理人也难以再继续顺利工作，所以通常人民法院应当顺应民心，依其申请更换管理人。

《企业破产法》以由社会中介机构为主导的管理人制度取代了原由政府官员为主导的清算组制度。管理人有权要求为其管理活动支付报酬。管理人的报酬数额由人民法院决定。最高人民法院已经制定了相应的司法解释，确定了管理人报酬的具体标准。由于管理人的报酬将从破产财产中支付，实际上是由全体债权人承担，所以债权人会议可以对人民法院决定的管理人报酬数额进行审查。如果债权人会议对此有异议，认为报酬过高，则有权向人民法院提出变更建议。

管理人在破产程序中支付的各项费用即破产费用，也由债权人会议进行审查。对不合理的费用支出，债权人会议可不予确认，由管理人自行承担。如果双方因此发生争议，可提交人民法院裁决。

（三）监督管理人

监督管理人是债权人会议的重要权利。管理人是在法院和债权人会议监督之下接管债务人企业，并负责破产财产的保管、清理、估价、处理和分配等破产清算事务的专门机构。此外，管理人在和解程序尤其是重整程序中也担任重要角色。管理人的活动直接影响债权人的切身利益，为保证其依法公正行使职权，债权人会议必须对管理人享有监督的权利。

债权人会议对管理人的监督可分为直接监督与间接监督。直接监督主要是由债权人会议在开会期间对管理人进行的监督，间接监督则主要是通过债权人会议常设的债权人委员会对管理人进行的监督，尤其是在债权人会议闭会期间进行的监督。此外，债权人个人也有权对管理人进行监督，并向债权人会议或债权人委员会提出监督意见。

（四）选任和更换债权人委员会成员

债权人会议有权决定是否设置债权人委员会，并且有权选任和更换债权人委员会中由债权人代表出任的委员。

（五）决定继续或者停止债务人的营业

在破产案件受理之后，债务人的营业是继续进行，还是全部停止，关系到破产财产的经营风险与保值增值，是影响债权人利益的重大问题。所以《企业破产法》规定，此事项应由债权人会议决定，而不能由管理人自行决定。但是，管理人可以根据其对破产企业情况的了解，向债权人会议提出是否继续营业的建议。债权人会议决定继续或者停止债务人营业的唯一判断标准，就是能否使债权人获得更多的清偿。但是，在第一次债权人会议召开之前，管理人可以决定继续或者停止债务人的营业。

（六）通过重整计划

根据《企业破产法》的规定，重整程序启动后，管理人或者债务人应当在法定期限内制作并提交重整计划草案。人民法院收到重整计划草案后，应当在法定期限内召开债权人会议（准确地讲，应称为利害关系人会议），由其审议并表决是否通过。管理人或债务人应当向债权人会议就重整计划草案作出说明，并回答询问。债权人会议通过重整计划的职权与其他职权相比具有一些不同的特点。

1. 债权人会议为行使其他职权而进行表决时，是以债权人会议整体为一个表决单位。但是，对重整计划进行表决时，债权人会议则是按照债权的不同性质、特点分组进行表决，即以不同的组别为相对独立表决单位，然后再汇总各组表决结果，确定债权人会议表决是否通过。

2. 债权人会议虽有通过重整计划的职权，但在很多情况下，重整计划并不是仅由债权人组成的会议表决通过的。在重整计划涉及股东权益调整时，还需要经由债务人企业的出资人或股东设置的组别进行表决。

债权人会议对重整计划草案的分组表决标准，仍适用法律关于债权人会议决议表决通过的相关规定，但出资人组的表决标准则适用《公司法》对股东会表决标准的规定。在所有组别均表决通过重整计划后，重整计划即为债权人会议所通过。

（七）通过和解协议

破产法上的和解程序，通过债务人与债权人会议达成的、经法院认可或批准生效实施的和解协议，解决债务清偿问题，从而达到避免债务人破产的目的。一般民事和解必须以各方当事人一致同意为前提，破产和解则是一种强制性的和解，在多数债权人依法通过和解决议后，少数债权人即使不同意也要遵照执行。破产和解往往是以债权人同意债务人延期偿还债务，或减免偿还一定比例或数额的债务为前提成立的。和解对债权人是有相当风险的，如和解失败，债务人财产可能进一步减少，扩大债权人的损失。由于是否同意和解涉及全体债权人的利益，故法律规定，通过和解协议属于债权人会议的职权，是否接受和解必须由债权人会议决定，个别债权人或其他机构、人员无权作出决定，人民法院也无权强迫债权人接受和解协议。是否进行和解影响破产程序的发展方向，原则上应尽早决定。所以，如果债务人方面提出以避免破产为目的的和解申请，债权人会议应在第一次会议上作出是否同意和解的决议。

（八）通过债务人财产的管理方案

债务人财产的管理，是指管理人依照法定职权接管、清理、收集、保管债务人财产的一系列活动的统称。管理人接管债务人财产后应当制定债务人财产的管理方案，并提交债权人会议审议通过。此后，管理人须依照债权人会议通过的债务人财产管理方案进行管理工作。

债务人财产的管理一般包括财产的应急管理与日常管理。债务人财产的应急管理，是指在管理人接管债务人财产后，当债务人的财产或权利如不依法登记或者及时行使将丧失权利或受到损失时，管理人应当及时予以登记或者行使，必要时可以请求人民法院对财产进行保全。此外，对于债务人财产中易损、易腐、跌价或者保管费用较高的财产，管理人应当及时变卖。对债务人财产的应急管理措施，有时可能因情况紧急需先行实施，管理人实施后应当在财产管理方案中作出说明，向债权人会议进行报告，取得其追认。

债务人财产的日常管理，包括全面收回债务人在外财产（包括对外投资）和债权，对取回权、别除权、抵销权的承认，通过清偿债务或提供替代担保收回担保物，行使对债务人违法处分或转让财产及权利行为的撤销权，决定解除或者继续履行债务人和对方当事人均未履行完毕的合同，借款，设定财产担保，破产费用、共益债务的支付，进行有关债务人财产的和解或者仲裁、诉讼或者其他法律程序等事项。管理人应当依法进行这些管理活动，并反映在财产管理方案中，由债权人会议审议通过。

在对债务人财产的管理中需要注意财产的追收与管理成本问题。对于确实难以追回的财产、难以实现的债权和股权，管理人不应再浪费有限的破产费用去追索，但是也不能由其自行决定予以放弃，应当纳入财产管理方案中，由债权人会议审议决定是否放弃，还可以将这部分财产或财产权利以实物或债权等形式对债权人进行分配，由其自行决定取舍。最高人民法院有关旧破产法的司法解释中规定，债务人开办的全资企业资不抵债的、其对外投资股权价值为负值的，清算组停止追收。除前文所述问题外，这些规定的执行还存在其他法律难题。如管理人停止追收这些债务人财产，在债务人因破产程序终结而被注销之后，将使这些债务人的全资企业和对外投资的股权成为无主财产，构成新的法律难题。

（九）通过破产财产的变价方案

管理人接管的破产财产包括货币财产与非货币财产两类，非货币破产财产原则上应变卖为货币以便对破产债权人分配。非货币财产的变价方案如何，在相当大的程度上影响债权人可分配财产的多少，所以，管理人应当制作完善的破产财产变价方案，提请债权人会议审议通过。

破产财产的变价方案涉及对破产财产进行价值评估和变卖处理两方面的工作。在传统上，破产财产在变价之前一般要由具有相应资质的评估机构进行资产评估，评估机构的聘请通常由管理人决定。破产财产的变现一般应当以拍卖方式进行，但债权人会议另有决议的除外。管理人负责委托有拍卖资格的拍卖机构进行拍卖。依法不得拍卖或者拍卖所得不足以支付拍卖所需费用的，不进行拍卖。不进行拍卖或者拍卖不成的破产财产可以作价个别出售。确实无法售出的，可以在破产分配时进行实物分配。

在财产变卖中，依法属于限制流通的破产财产，应当由国家指定的部门收购或者按照有关法律规定处理。破产财产中的成套设备一般应当整体出售，以提高其出售价格和使用价值，不能整体出售的，则可以分散出售。

债权人会议应对管理人制定上述破产财产变价方案的工作进行监督，并表决决定是否通过。

随着互联网的日趋发达和大数据在实践中作用的突显，破产财产的网络拍卖正在逐步取代传统由拍卖机构、产权交易机构进行的现场拍卖方式。“过去，法院自主拍卖容易产生违法乱纪问题，而且负担较重。由于网络司法拍卖具有公开性、公平性、广泛性、持续性和便捷性，法院自主拍卖变得日益阳光化，主要弊端得以消除”[①]。由此，网络拍卖由最初主要为防止司法腐败，发展到实现利用网络竞价、节省成本、提高效率的优势，在破产清算与破产重整程序中实现市场化、法治化处置破产企业及破产财产的目的。而管理人在法院监督下对破产财产的网络拍卖，具有比传统拍卖更多的优势。在网络拍卖下，原则上可以省去资产评估的费用，利用大数据确定拍卖底价，并在更大的范围内招商，以更快的时间通过市场竞价机制，实现破产财产的价值最大化。债权人会议和管理人在制定与通过破产财产的变价方案时，对网络拍卖手段的运用应当予以充分考虑。

（十）通过破产财产的分配方案

破产分配，是指将破产财产按照法律规定的债权清偿顺序和案件实际情况决定的受偿比例进行清偿。破产财产的分配，关系债权人的利益能否得到公平实现。破产财产的分配方案由管理人负责制定提出，要经由债权人会议讨论通过，而且须在报请人民法院裁定后由管理人执行。

最高人民法院有关旧破产法的司法解释中规定，破产财产分配方案应当包括以下内容：(1) 可供破产分配的财产种类、总值，已经变现的财产和未变现的财产；(2) 债权清偿顺序、各顺序的种类与数额，包括破产企业所欠职工工资、劳动保险费用和破产企业所欠税款的数额与计算依据；(3) 破产债权总额和清偿比例；(4) 破产分配的方式、时间；(5) 对将来能够追回的财产拟进行追加分配的说明。这些规定的内容原则上可以继续沿用。

（十一）人民法院认为应当由债权人会议行使的其他职权

在司法实践中，可能遇到法律没有明文规定的，但其性质属于应当由债权人会议决定的其他情况，这时，可以由人民法院决定是否属于债权人会议的职权。此外，根据《企业破产法》的规定，债权人会议还有决定是否设置债权人委员会等权利。债权人会议行使上述职权，应当作出书面决议。

三、债权人会议的决议

各国破产立法确认债权人会议决议表决通过的标准有两个：其一，是以出席债权人会议的债权人的多数同意为通过，如意大利。其二，是以同意决议的债权人所代表的债权额在债权总额中占简单多数或者绝对多数为通过，如《德国支付不能法》第 76 条第 2 款规定：“表示同意的债权人的债权金额总额超过参加表决的债权人的债权金额总额的一半的，债权人会议的决议成立。”在这两个标准中，有的国家立法单独采其一，也有的国家立法两者并用。如《日本破产法》第 179 条第 1 款规定：“债权人会议的决议，应经可行使表决权的出席破产债权人的过半数，且其债权额超过出席破产债权人的总债权额半数者同意。”我国破产法采取结合适用两种标准的立法模式，其优越性在于，可以在保证大多数债权人利益的同时照顾到大额债权人的

① 何东宇：《网络司法拍卖司法解释九大亮点解读》，载《人民法院报》，2016－08－04，第 4 版。

利益，较之采用单一标准更为公平、合理。

《企业破产法》第 64 条规定：“债权人会议的决议，由出席会议的有表决权的债权人的过半数通过，并且其所代表的债权额占无财产担保债权总额的二分之一以上。但是，本法另有规定的除外。债权人认为债权人会议的决议违反法律规定，损害其利益的，可以自债权人会议作出决议之日起十五日内，请求人民法院裁定撤销该决议，责令债权人会议依法重新作出决议。债权人会议的决议，对于全体债权人均有约束力。”此条规定了债权人会议的决议方式、效力以及对违法决议的救济程序。

一些国家的立法根据议决事项的重要性不同，将债权人会议的决议分为普通决议与特别决议。两种决议的区别在于，对于通过决议时同意者代表的债权数额要求不同。通常，前者要求同意者代表的债权数额达到债权总额的 1/2 以上，后者则要求达到更高比例，如 2/3 或 3/4 以上。采用特别表决方法的债权人会议决议主要是通过重整计划、和解协议的决议，因其存在使债权人受到进一步损失的风险，且债权数额越大风险也就越大，所以对表决时同意者所代表的债权数额比例予以提高，以充分保障大额债权人的权益。

我国的债权人会议决议也存在这两种不同的决议方法。《企业破产法》第 64 条第 1 款规定的是普通决议方法，“本法另有规定的除外”，则是指《企业破产法》第 84 条、第 97 条规定的特别决议方法，即债权人会议通过重整计划或和解协议的决议，需要同意者代表的债权额达到债权总额的 2/3 以上。

由于《企业破产法（试行）》完全不承认别除权人的表决权，所以其规定以无财产担保债权额作为债权人会议决议是否通过的债权总额判断标准。其第 16 条规定：“债权人会议的决议，由出席会议的有表决权的债权人的过半数通过，并且其所代表的债权额，必须占无财产担保债权总额的半数以上，但是通过和解协议草案的决议，必须占无财产担保债权总额的三分之二以上。”

在债权人会议通过决议的债权总额标准上，目前《企业破产法》采取了与旧破产法相同的规定，即以无财产担保债权为计算标准。这是不妥的。首先，这是违背破产法立法宗旨和本意的。根据《企业破产法》规定，别除权人在未放弃优先受偿权利时，仅对通过和解协议与破产财产分配方案的决议不享有表决权，对其他决议均享有表决权。所谓对决议享有表决权，就是指在决议是否通过的各项标准上享有全面的表决权利。而现在关于决议表决的规定，与立法赋予担保权人在与其利益相关事项上可以有完全表决权的本意是相违背的。其实，在重整程序中设置分组表决机制中，担保权人在与其利益相关事项上就可以享有完全的表决权，这才是立法的真实本意。其次，《企业破产法》一方面承认别除权人在债权人会议的多项事项上有表决权，另一方面，又只允许别除权人表决时将其代表的人数计算在内，而不允许将其代表的债权额计算在内。在立法以双项标准判断同一事项时，出现当事人只在一个方面有表决权，另一方面无表决权的权利不统一的规定，这违背立法一般规律与常识的，不仅自相矛盾，而且由于代表人数在别除权人表决权利上的实际意义不大，此项规定等于实质上剥夺了别除权人的表决权。最后，担保债权的数额虽然较大，但其人数往往较少，所以允许其在两项表决确认标准上行使权利，本可能形成自然的平衡与制约，根本无须进行违反法律基本规则的干预。所以，债权人会议各项决议的通过应当以对该项决议有表决权的债权总额作为计算基数。

本书建议，将该条款修改为：“债权人会议的决议，由出席会议的有表决权的债权人过半数通过，并且其所代表的债权额占有表决权的债权总额的二分之一以上。”同时，对其他相关条款也作相应修改，如《企业破产法》第 64 条第 3 款规定：“债权人会议的决议，对于全体债权人均有约束力”，应当修改为“债权人会议的决议，对在该表决事项上有表决权的债权人均有约束力”。

我国破产法规定，债权人会议通过决议，同意的债权额必须占“无财产担保债权总额”的 1/2 以上或 2/3 以上。据此，如果出席会议的债权人代表的无财产担保债权数额较少，决议的通过就会出现困难，而当出席债权人会议的债权人所代表的全部债权数额未达到通过决议所需的最低法定数额时，则根本无法通过任何有效决议。此时应如何处理，目前立法未作规定。实践中，法院只能采取重新通知债权人，另定期日召开债权人会议的方式处理，但如反复出现此种状况，将会使债权人会议陷入无法运作的僵局。

本书认为，日本、德国破产法的相关规定可以为我国所借鉴。《日本破产法》第 179 条第 1 款规定，债权人会议通过决议，只需取得出席会议的债权人所代表的债权额的多数即可，而不是所有有表决权的债权人的债权总额。《德国支付不能法》第 76 条第 2 款也采用同样的计算标准。在此种表决标准下，仅就债权额标准而言，债权人会议无论出席者代表的债权额多少，均可顺利通过决议。而不出席债权人会议者，由于是自愿放弃权利，所以不必考虑将其债权数额纳入表决决议的基数内。

另外，《日本破产法》第 180 条第 1 款还规定，债权人会议表决决议，在债权额已过半数而人数未过半数因而无法形成决议时，法院可裁定认可决议案的成立。这样也可以避免债权人会议对破产事项的决定出现僵局。

需要注意的是，有的国家立法规定，对特定债权人会议事项的表决实行回避制度，即在债权人会议议决的事项与某个债权人有利害关系时，该债权人应当回避表决，不得行使表决权，如日本《日本破产法》第 172 条第 2 款。在我国《企业破产法》的制定过程中，有的学者提出我国也应采纳这一制度，如在债权人会议选举债权人委员会委员时，被选举人应当回避表决，但也有的学者对此制度持不同意见，目前《企业破产法》对此问题未作规定。

《企业破产法》第 64 条第 3 款规定，债权人会议的决议，对于全体债权人均有约束力。这也是对旧法规定文字的沿用。据此，无论是出席会议但表决不同意决议的债权人，还是未出席会议的债权人，对债权人会议的决议均要遵照执行。不过在《企业破产法》的债权人会议表决权体系下，此项规定有不妥之处。根据《企业破产法》的规定，对债务人的特定财产享有担保权的债权人对债权人会议通过和解协议、破产财产分配方案的决议是没有表决权的。根据权利与义务相对应的理论，上述两项决议对这些债权人当然也不应有约束力。债权人会议的上述决议只是无担保普通破产债权人的一种共同意思表示，也不具有改变物权担保债权的法定优先受偿权利性质的效力，故对别除权人不应具有约束力。此外，《企业破产法》第 100 条也明确规定，和解协议对别除权人不具有约束力。据此，本书认为，根据基本法理，债权人会议的决议，只应对在该决议事项上有表决权的债权人有约束力。

债权人会议的决议通过后，并非均立即发生法律效力。如依《企业破产法》的规定，债务人企业与债权人会议达成的和解协议，须经人民法院裁定认可后才能生效；管理人提出的破产财产分配方案在经债权人会议讨论通过后，还需报经人民法院裁定认可后才能生效执行。

在实践中，可能会出现一些影响破产程序进行的特定事项在债权人会议表决时得不到通过的现象，需要立法以其他方式解决。《企业破产法》第 65 条规定："本法第六十一条第一款第八项、第九项所列事项，经债权人会议表决未通过的，由人民法院裁定。本法第六十一条第一款第十项所列事项，经债权人会议二次表决仍未通过的，由人民法院裁定。对于前两款规定的裁定，人民法院可以在债权人会议上宣布或者另行通知债权人。"

根据此条规定，在债权人会议对管理人提出的债务人财产的管理方案和破产财产的变价方案，进行一次表决未能通过时；对破产财产的分配方案，进行二次表决仍不能通过时，由人民法院裁定。通常，管理人在将其拟定的有关方案提交债权人会议表决之前，应向债权人会议作充分的说明，并应考虑根据债权人会议的建议对方案作必要的修改，然后再提请债权人会议表决通过。在被债权人会议否决后，应当依法报告人民法院以及时作出是否通过相应方案的裁定。在人民法院行使对上述各方案的裁定权时，还有一个问题有待明确，那就是人民法院是只能就方案的通过或不通过作出裁定，还是能够在裁定中对上述方案进行一定程度的修改。立法对此未作规定。本书认为，根据立法文义，人民法院只能就方案的通过与否作出裁定，不宜直接对方案进行修改。因为制定这些方案均属于管理人的职责，人民法院不能越俎代庖，更不宜将矛盾引到自己头上。人民法院如果认为这些方案需要修改，则可以作出不通过的裁定，迫使管理人修改方案。

人民法院作出相应裁定后，如果债权人会议尚未结束，可以在债权人会议上宣布，需要通知其他未参加会议的债权人的，由管理人依法进行通知。如果债权人会议已经结束，则由人民法院另行通知债权人。在另行通知债权人时，通知的范围应是所有债权人，而不仅是参加会议的债权人。因为《企业破产法》第 66 条中规定，债权人可以对人民法院的裁定申请复议，而有权申请复议者并未限定在会议参加者的范围之内，所以应当对全体债权人作出通知。

《企业破产法》第 66 条规定："债权人对人民法院依照本法第六十五条第一款作出的裁定不服的，债权额占无财产担保债权总额二分之一以上的债权人对人民法院依照本法第六十五条第二款作出的裁定不服的，可以自裁定宣布之日或者收到通知之日起十五日内向该人民法院申请复议。复议期间不停止裁定的执行。"为维护债权人的权益，立法在此规定了债权人对债权人会议对特定事项表决未能通过时人民法院所作裁定不服时的救济程序。债权人对人民法院就债务人财产的管理方案和破产财产的变价方案作出的裁定不服，例如认为裁定违反法律规定或损害其利益，可以自裁定宣布之日或者收到通知之日起 15 日内向该人民法院申请复议。依此项规定申请复议的债权人，不受申请人数或持有债权数额的限制。

债权人对人民法院就破产财产的分配方案作出的裁定不服，例如认为裁定违反法律规定或损害其利益，可以自裁定宣布之日或者收到通知之日起 15 日内向该人民法院申请复议。依此项规定申请复议的债权人，虽不受申请人数的限制，但受到持有债权数额的限制，即必须持有占无财产担保债权总额 1/2 以上的债权额。债权人持有债权数额的计算，不受债权人人数的限制，可以将多人的债权合并计算。

债权人申请复议的，在复议期间不影响裁定的执行。一方面，这是程序法上对复议效力规定的体现；另一方面，也是为了保障破产程序的效率不受影响。

为给反对债权人会议决议的少数债权人维护权利提供救济渠道，《企业破产法》第 64 条第 2 款规定："债权人认为债权人会议的决议违反法律规定，损害其利益的，可以自债权人会议作出决议之日起十五日内，请求人民法院裁定撤销该决议，责令债权人会议依法重新作出决议。”通常认为，此项规定的适用主体仅限于表决时反对债权人会议决议的债权人、享有表决权但未出席债权人会议表决的债权人以及在表决时尚不能行使表决权的债权人。表决时同意债权人会议决议的债权人，除投票时存在违背其意志的特殊原因外，不再享有撤销债权人会议决议的申请权。

由于《企业破产法》对可撤销债权人会议决议的情况规定得过于粗略，因而《破产法解释三》第 12 条又进一步作出具体规定：“债权人会议的决议具有以下情形之一，损害债权人利益，债权人申请撤销的，人民法院应予支持：（一）债权人会议的召开违反法定程序；（二）债权人会议的表决违反法定程序；（三）债权人会议的决议内容违法；（四）债权人会议的决议超出债权人会议的职权范围。人民法院可以裁定撤销全部或者部分事项决议，责令债权人会议依法重新作出决议。债权人申请撤销债权人会议决议的，应当提出书面申请。债权人会议采取通信、网络投票等非现场方式进行表决的，债权人申请撤销的期限自债权人收到通知之日起算。”

在债权人可以请求人民法院裁定撤销债权人会议决议的理由中，需要注意，所谓“债权人会议的决议内容违法”，除决议内容违反法律规定外，还应当包括决议内容损害债权人利益的情况。这里的债权人利益通常是指请求人的个人法定利益，但也应包括决议内容违反债权人共同法定利益。有些国家或地区的破产立法对债权人在债权人会议决议中的权利救济制度设计得更为全面，明确规定当债权人会议的决议违反债权人的共同利益时，债权人也有权申请撤销会议决议，而且在此种情况下，负有保护债权人共同利益的管理人也享有申请撤销权。如《德国支付不能法》第 78 条规定，债权人会议的决议与支付不能债权人的共同利益发生抵触的，应债权人或破产管理人在债权人会议上提出的申请，法院应当取消债权人会议决议。债权人取消债权人会议决议的申请被法院驳回的，申请人有权立即提出抗告。对法院取消债权人会议决议的裁判，反对的债权人有权立即提出抗告。《日本破产法》第 184 条第 1 款规定：“债权人会议的决议违反破产债权人的一般利益时，法院可以根据破产管理人、监察委员或破产债权人的声请或者依职权，禁止该决议的执行。”我国台湾地区“破产法”也有相似的规定。我国破产立法在此方面还有继续完善的必要。所谓“债权人会议的决议超出债权人会议的职权范围”，应当以《企业破产法》第 61 条规定的债权人会议职权范围为标准。其中“人民法院认为应当由债权人会议行使的其他职权”一项，由于具有不确定性，在认定属于此项范围时，应当有人民法院相应的认可或授权，否则应当认为属于超出债权人会议的职权范围。

债权人会议的会议与表决方式除通常的现场会议外，还可以有多种便利方式，以降低会议成本、提供参会便利。《破产法解释三》对此作出了规定，其第 11 条第 1 款规定：“债权人会议的决议除现场表决外，可以由管理人事先将相关决议事项告知债权人，采取通信、网络投票等非现场方式进行表决。采取非现场方式进行表决的，管理人应当在债权人会议召开后的三日内，以信函、电子邮件、公告等方式将表决结果告知参与表决的债权人。”

问题与思考

1. 如何理解债权人会议在破产程序中的地位和作用？
2. 各国破产立法中对债权人会议制度的设置主要有哪几种类型？

3. 如何合理解决职工债权人在债权人会议中的资格与权利问题?
4. 我国《企业破产法》对债权人会议主席制度作了哪些规定?
5. 为何说《企业破产法》设置债权人委员会是为保障债权人权益而进行的一项重大制度建设?
6.《企业破产法》主要规定了债权人委员会的哪些职权?
7. 依据《企业破产法》的规定，债权人会议享有哪些职权?
8.《企业破产法》就债权人会议的决议问题作出了哪些具体的规定?

第七章

破产和解制度

本章概要

各国的破产预防制度主要包括破产和解、公司整理、重整等制度。在我国《企业破产法》中，和解与重整、破产清算并列为三大破产程序。破产程序中的和解是民事和解的一种特殊形式，具有其他和解所没有的强制性效力。

和解程序由法院依债务人的申请裁定受理并公告后进行。债务人在向人民法院提出和解申请时，应当提交和解协议草案，供债权人会议讨论审查，并表决是否通过。债权人会议通过和解协议的，由法院裁定认可并终止和解程序。债权人会议未通过和解协议，或虽通过和解协议但未得到法院认可的，由法院裁定终止和解程序并宣告债务人破产。

和解协议在实体问题上的法律效力，主要表现为对债权人与债务人两个方面。根据《企业破产法》的规定，经法院裁定认可的和解协议对债务人与全体和解债权人均有约束力。立法还同时还规定了和解协议无效、终止执行的情形及终止执行后相应的债务清偿问题。

当债务人不能执行或者不执行和解协议时，债权人能否依和解协议提起强制执行程序，涉及和解协议有无强制执行力的问题。我国《企业破产法》明确规定，和解协议是不具有强制执行法律效力的。为解决实践中的一些问题，平衡当事人的利益关系，可以考虑借鉴其他国家或地区立法的经验，建立和解让步之撤销等制度，以进一步完善我国的和解制度。

关键术语

预防破产制度　和解　和解前置主义　和解分离主义　公司整理　重整　整顿　和解申请　和解监督人　和解协议　和解协议的法律效力　和解协议的强制执行力

第一节　破产和解制度概述

传统的破产清算制度在维护社会经济秩序，保障债权人、债务人合法权益等方面有着重要的意义，但其也存在不足之处。它耗时长、费资多，而债权人实际分配所得往往较少，企业尤其是尚有挽救可能的企业的破产解体消灭，不仅造成职工失业等社会问题，对社会财富与生产力来说也会是一种损失。所以，随着破产法的发展，各种挽救困境企业、避免破产倒闭的和解及重整等法律制度便应运而生。

一、各国预防破产和企业挽救制度概说

（一）和解制度

当人们发生民事权益争议时，可以通过诉讼解决，也可通过相互让步和解解决。和解历来是人们解决纠纷的一种重要手段。破产法上的和解萌芽较早，在古罗马的破产制度中就有所体现，后来逐步得到发展，形成完整的法律制度。法国国王路易十四于1673年颁布的《商事条例》中规定，“承认同大多数债权人达成的部分偿还协议，为不经清偿处理无力偿债者财产的合法手段”①。但当时的和解往往仅是作为清偿债务的一种手段而已，目的主要是从突出债务人主动诚实清偿的角度保护债权人的利益。作为在避免债务人破产意义上也较为完善的和解法律制度，则首创于1883年比利时颁布的法律——《预防破产之和解制度》。1889年，瑞士在制定破产法时，也采纳了此种和解制度。此后，世界各国相继制定了有关和解、公司整理、重整等各种目的在于预防破产发生的法律。如今，破产法已被各国公认应由破产清算与和解、重整等挽救债务人、避免破产两方面的法律组成。

各国的和解立法大致可分为两种类型：一种是英国等少数国家历史上曾采用的和解前置主义，即破产申请提出后，双方首先必须进行和解，只有在和解不能成立时，才适用破产清算程序；另一种是大多数国家目前采用的和解分离主义，即和解并非破产清算的必经程序，当事人可自行选择是进行和解还是直接进行破产清算，如日本、德国等。

为了尽量减少破产倒闭案件的发生，尽快使债权人在简化的程序中得到清偿，和解制度得到充分的运用。有的国家（地区）实行双和解制度，即在破产程序外和破产程序中各规定一套和解制度，如日本（2000年旧和议法废止之前），除在破产法中规定有和解程序外，还制定有和议法。破产程序外的和解在债务人被提出破产申请之前依据和议法进行，其目的主要是在无破产申请的情况下通过和解避免破产程序发生，而破产程序中的和解在债务人被提出破产清算申请之后依据破产法进行。我国台湾地区的“破产法”则在法院和解之外，又规定有商会和解制度，专门适用于商人的债务和解。还有的国家或地区，在破产程序中也设置两套和解程序，即除破产宣告前的和解程序外，在破产宣告作出后再设有一套和解程序。破产宣告作出后的和解制度（在我国台湾地区称为调协），因破产宣告已经发生，故其目的不再是避免破产发生，而主要是为以和解方式尽快结束破产程序，解决债务纠纷，减少破产费用，使债权人尽早得到较多的清偿。由此可以看出，各国在破产程序中对和解制度的运用是非常广泛的。

和解通常在债务人已经发生破产原因的情况下启动。一般由债务人提出和解申请及和解协议草案，然后由债权人会议讨论，经法定多数表决通过，再经法院认可或批准后生效执行。和解协议的内容主要包括允许债务人对债务延期或减免偿还的约定、清偿债务的担保等。和解协

① 顾培东主编：《破产法教程》，94页，北京，法律出版社，1995。

议生效后，对全体和解债权人均有效力，有物权担保及法定特别优先权的债权人不受和解协议约束，仍可继续单独就担保物或特定物优先受偿。

和解制度有助于债务人摆脱破产境地，但也存在一些缺陷。

1. 在债务人发生破产原因后才得开始，往往使其重整事业、避免破产的时机过迟，难以取得理想效果。

2. 和解协议对有物权担保及法定特别优先权的债权人无约束力。债务人在同债权人会议达成和解后，如为避免因担保物被执行使经营无法进行，还需要与有优先受偿权的债权人个别达成和解，在实践中相当困难。

3. 缺乏保障和解协议履行的法律手段。通常，在和解协议生效后，和解程序便告终结，对债务人如何经营企业，如何保证和解协议履行，按期清偿债务，法律往往并无规定。债权人对债务人的经营状况也无有效监督之手段，其利益缺乏充分保障。

故一般认为，和解制度虽属于预防破产、挽救债务人的法律制度，但其整体作用仍显消极。

（二）公司整理制度

鉴于和解制度存在的一些不足之处，有的国家又设置了各种企业整顿制度，尤其是公司整理制度以解决破产预防问题。公司整理，一般认为源于 1929 年英国公司法规定的管理人（receiver）制度。[①] 英国 1948 年修订公司法时，又专篇规定了整理与重建程序（Arrangement and reorganization）。[②] 在一些国家，公司整理制度便逐步发展、改造成为重整制度。

在多数国家，整理制度仅适用于公司或股份有限公司，如日本于 1938 年在商法典中设置“公司整理”一节，适用于股份有限公司，故称为公司整理。公司整理程序是在企业已经陷入债务危机、可能出现破产原因时适用，故其预防破产的作用从时机角度看要早于和解制度。此外，其内容也更具有再建企业的活力。公司整理程序开始后，由债务人向债权人提出整理方案，通常需经全体债权人一致同意方得通过，这与和解协议依法定多数即可通过有所不同。然后，整理方案报法院认可，法院发布命令实施。整理方案对有物权担保的债权人无约束力。公司整理制度着重于调整公司内部关系，整理措施可包括营业让与及公司合并等多方面，有助于改善经营管理，扭亏为盈，但一般不涉及债权人与股东之间利益关系的调整。由于公司整理一般须经全体债权人一致同意方可进行，缺少和解制度的强制性手段，所以，日本立法规定，公司整理程序可以与和解程序同时配合适用。但即便如此，其立法保证与监督措施规定仍显不足，往往不易达成协议，难以顺利进行。

原东欧一些国家在其计划经济体制改革早期制定的破产法中，也规定有以挽救企业为目的的整顿制度，如波兰。此类整顿制度在企业尚未进入破产程序时适用，往往是作出破产宣告前的必经程序，只有在企业整顿无效时才可以进入破产程序。通常，整顿以政府行政手段强制进行，债务人不必与债权人达成和解，整顿程序无须债权人参与，其目的主要是解决企业经营不善和亏损问题，而不是债务公平清偿问题，所以，债权人的利益是很难获得充分保障的。此类

---

① 参见黄川口：《公司法论》，743 页，台北，三民书局，1984。

② 参见梁宇贤：《公司法论》，458 页，台北，三民书局，1986。

整顿制度实际上是在计划经济体制主导下，国家对企业的一种行政整顿，与现代意义上的公司整理或整顿制度有本质的区别。我国在改革开放初期 1986 年制定的《企业破产法（试行）》中也规定有类似的程序。

（三）重整制度

重整制度，指对可能或已经发生破产原因但又有挽救希望与挽救价值的债务人，在法院主持下，通过各方利害关系人的参与，并借助法律强制性地调整其利益关系，进行企业营业重组与债务清偿，以挽救企业、避免破产的法律制度。日本学者认为，重整制度“是指就处在困境之下但可预见到能再建的股份有限公司，继续调整其利害关系人的利益，以谋求企业更生的制度”①。

目前人们公认，重整制度是挽救困境企业、避免破产倒闭最为积极、有效的法律措施。一些国家立法规定，重整制度的适用范围很广，包括自然人、合伙、公司等各种主体，如美国、日本、法国等国，尽管制度的名称可能有所区别。② 但在大多数国家（地区），重整制度实际上往往主要适用于公司等大中型企业。我国台湾地区的“公司法”规定，重整制度仅适用于公开发行股票或公司债的股份有限公司。

在挽救债务困境企业方面，重整程序发挥着重要的作用。新闻中时有报道，美国某企业申请破产保护，就是指濒临破产的债务人申请进入重整程序，以求挽救企业。在日本，自 1964 年至 20 世纪 90 年代末，共有 80 家上市公司陷于破产困境，其中 66 家选择了公司更生程序，并通过公司更生程序获得新生。③

重整制度既注意调整债务人与债权人、公司股东等利害关系人间的债务清偿等利益关系，又强调对企业营业的维持与重组，综合应用各种措施挽救企业。重整制度在预防破产、挽救企业方面的效用，较之和解与整理制度尤为显著。有人曾将国外的重整制度，理解为与我国国有企业过去曾采用的行政整顿相类似的制度④，这是不妥的，不仅是对重整制度的法律性质和内容的误解，而且大大低估了其社会作用与意义。

随着破产制度的不断发展，对债务人的挽救制度也在不断创新完善，如重整制度下建立了预重整程序，以简化重整程序、降低社会成本、促进重整成功。各国与地区不仅对重整等司法挽救程序进行发展，而且在法庭外创新设置了各种适用于企业或个人的挽救制度，如日本的私下整理制度和《特定调解法》规定的法庭外个人债务清理程序倒产 ADR、新加坡的个人债务偿还计划、马来西亚的自愿安排计划、香港的个人自愿偿债计划，以及一些国家的个人债务咨询制度等。这些制度安排为债务人的挽救提供了更多的选择与路径。

二、和解制度的法律性质

破产程序中的和解是民事和解的一种特殊形式。民事和解是指当事人相互协商，一方让步

① ［日］石川明：《日本破产法》，何勤华、周桂秋译，9 页，北京，中国法制出版社，2000。
② 参见李永军：《破产重整制度研究》，24、25 页，北京，中国人民公安大学出版社，1996。
③ 参见李永军：《破产法律制度》，414 页，北京，中国法制出版社，2000。
④ 参见柴发邦主编：《破产法教程》，102 页，北京，法律出版社，1990。

或双方相互让步，达成解决争议协议的活动。根据和解时间的不同，民事和解可分为法律程序外的和解与法律程序中的和解，后者通常须经法院或仲裁机构审查批准。破产和解为法律程序中的和解，其不同于一般民事和解的特殊之处在于，它是一种强制性和解制度。只要债权人会议以法定多数通过债务人的和解协议，经法院裁定认可后，不同意和解的少数债权人也要受和解决议的约束。这与一般民事和解需要所有各方当事人意见完全一致，有反对者和解就无法成立，或对其不发生效力，是有重大区别的。

对破产和解的法律性质如何界定，在学术界存在不同的学说。

其一为契约说，即将破产和解视为私法上的一种契约。该学说认为，破产和解是由债务人提出要约、债权人会议以决议方式作出承诺而达成的契约，法院的裁定认可，则是契约成立的法定条件。反对者认为，如果和解是一种契约，则契约的一方应是各个债权人，而不应是债权人会议。而且作为契约也不能具有强制少数债权人服从的法律效力，这显然与民法契约自由的原则相违背。

其二为裁判说，即将破产和解视为法院的一种裁判。该学说认为，破产和解是由债务人提出和解申请，债权人会议以决议方式表示同意，法院依据法定职权作出裁定认可的司法裁判活动，其性质应类似于我国民事诉讼中法院依据法定职权作出的民事调解书。反对者认为，法院对和解协议的裁定认可，仅仅是当事人间和解成立的法定条件，并不能表明和解的本质，忽视当事人的意愿与作用，仅将和解协议视为法院裁判是不妥的。

其三为混合行为说，亦称结合行为说或特殊行为说，即将破产和解视为由债务人提出和解申请，债权人会议以决议方式表示同意，以及法院依据法定职权作出裁定认可，三者共同形成的混合行为。

目前，在我国学术界持混合行为说者较多，本书也比较赞同此种观点。

三、我国破产法中的和解制度

（一）《企业破产法（试行）》中的和解与整顿制度

我国《企业破产法（试行）》设立有和解与整顿制度，以为陷入破产困境的企业提供挽救之机，避免破产清算。

旧破产法下的和解与整顿制度的主要特点如下。

（1）和解在债务人已发生破产原因，被债权人申请破产，且案件已为法院受理后始得申请进行。法院未受理债权人破产申请的案件时，即使已发生破产原因，债务人也不能直接提出和解申请。

（2）采取和解分离主义，和解并非法院作出破产宣告的必经程序，是否进入和解程序完全由当事人自行决定。

（3）国有即全民所有制企业与非国有企业法人的和解与整顿制度的法律依据不同、设计不同。国有企业的和解制度依据旧破产法进行，其和解与整顿制度联动，相互结合，相继进行，立法均有规定。和解协议的成立，是国有企业进行整顿的必要前提，而企业整顿则是和解成功的必然后果。仅从这一点而言，相当于和解制度与国外的公司整理或整顿制度结合适用，在某种意义上讲，较有利于保障和解协议的执行与企业整顿成功。非国有企业法人的和解依据民事诉讼法进行，法律仅规定有和解程序，未规定整顿程序，所以其和解与整顿是完全分离的。

（4）对国有企业而言，申请整顿是企业申请进行和解的前提。国有企业的整顿申请由其上级主管部门提出，整顿工作亦由其主持进行。企业无上级主管部门的，企业股东会可以通过决议并以股东会名义申请对企业进行整顿。整顿工作由股东会指定人员负责。债务人企业的职工代表大会参与整顿方案的决策。

我国旧破产法规定了和解制度，但实施的案例并不太多，除因历史上积淀下来的待破产清算的企业太多，以至于那些稍有和解拯救价值的企业一时都不会被申请破产，甚少进入和解程序。和解制度立法本身尚不健全，存在许多缺陷，难以顺利实施，也是重要原因之一。除前述和解只能在债务人已发生破产原因后进行，挽救企业的时机过晚外，我国旧破产法下的和解制度中存在的问题主要有以下几个方面。

（1）政府行政干预严重。在旧破产法中，从国有企业之整顿（和解）申请的提出，到随之进行的整顿程序，主要借助于政府主管部门的行政权力进行，与改革开放中确立的市场经济体制、企业的市场主体地位和政府职能的定位存在矛盾冲突。

（2）和解与整顿制度混同。和解与整顿是两种性质不同、功能各异的法律制度，旧法对国有企业以提出整顿申请代替提出和解申请的做法，不仅混淆了两种制度的界限，而且使政府对于司法活动的行政干预变相合法化。虽然和解与整顿程序的连续进行从理论上讲有一定的积极意义，但在旧法体制下，其优势无法发挥，造成的弊端反而更为突出。所以，在新破产立法中实行清算程序、重整程序与和解程序独立设置的立法模式。

（3）对债权人的利益保护不周。在和解程序中未设置和解监督人，在债权人会议闭会期间没有常设机构代表其利益对债务人的活动进行监督。在和解协议达成后，立法也没有规定债权人对和解协议履行的有效监督措施。

（4）立法规定过于粗糙、原则化，不具有可操作性。例如，旧法对和解程序中债务人的权利义务、和解协议的内容、和解协议的法律效力、和解协议对有物权担保的债权人有无法律效力等问题均未作规定，这就使法院在案件审理过程中无所适从，造成实践中执法不统一。

（二）《企业破产法》的和解制度

《企业破产法》在第九章中规定了和解制度。《企业破产法》中的和解制度与旧破产法之规定相比有重大的变革，如债务人可以直接向人民法院申请和解；由于取消了整顿制度，和解不再与整顿制度联动，成为完全独立的程序；明确了和解协议的效力范围；规定和解程序在和解协议通过或未能通过时终止；并明确规定了和解协议的法律效力问题；等等。新破产法下的和解制度，不仅符合各国之立法惯例，还与我国的司法实际情况相结合，具有可操作性。

目前，在各国破产立法的改革过程中，一个新的趋势是突出重整程序的作用，不断扩大其适用范围，完善其制度，同时，和解制度则在一定程度上被弱化，有的国家甚至在部分领域废除了和解制度。如日本废除了和议法，制定了民事再生法；澳大利亚在破产法中废除了对企业的和解程序，仅保留对自然人的和解程序。在我国《企业破产法》的制定过程中，也有人就和解制度的存废提出不同意见，主张废除和解制度，大力发展重整制度。但经过研讨，绝大多数意见认为，在我国目前的情况下仍应保留和解制度，为当事人提供更多的法律选择余地。所以，《企业破产法》中专章设置了和解制度。

第二节　和解程序的进行

一、和解申请的提出

《企业破产法》第 95 条规定："债务人可以依照本法规定，直接向人民法院申请和解；也可以在人民法院受理破产申请后、宣告债务人破产前，向人民法院申请和解。债务人申请和解，应当提出和解协议草案。"

《企业破产法》规定的和解申请程序具有以下特征：第一，只有债务人享有和解申请权。因为如果债务人没有和解意愿，和解程序是无法启动并顺利进行的。第二，债务人可以直接向人民法院申请和解，也可以在人民法院受理破产申请后、作出破产宣告前申请和解。后者通常发生在债权人提出破产申请的情况下。这与旧破产法的相关规定相比有重大差异。第三，债务人向人民法院提出和解申请时，必须同时提出和解协议草案。

根据《企业破产法》规定，在债务人被宣告破产后不得再提出和解申请。同时该法第 105 条规定："人民法院受理破产申请后，债务人与全体债权人就债权债务的处理自行达成协议的，可以请求人民法院裁定认可，并终结破产程序"。此种协议和解的达成不受债务人是否被宣告破产的影响，其法律性质就是一般的民事和解，因为其是建立在全体债权人一致同意的基础上，破产程序的启动并不排除民事和解的适用，并非如有人认为的是所谓破产程序上的特殊和解。①

二、和解申请的受理

《企业破产法》第 96 条规定："人民法院经审查认为和解申请符合本法规定的，应当裁定和解，予以公告，并召集债权人会议讨论和解协议草案。对债务人的特定财产享有担保权的权利人，自人民法院裁定和解之日起可以行使权利。"

人民法院对和解申请进行的审查应属于形式意义之审查，债务人是否具备和解的实质条件则应由债权人会议审议决定。我国台湾地区"破产法"第 10 条就此问题规定了应驳回和解申请的 4 种情形："1. 声请不合第 7 条之规定②，经限期令其补正而不补正者；2. 声请人曾因和解或破产，依本法之规定而受有期徒刑之宣告者；3. 声请人曾经法院认可和解或者调协，而未能履行其条件者；4. 声请人经法院传唤，无正当理由而不到场，或者到场而不为真实之陈述，或拒绝提出关系文件者"。本书认为，我国也应当在司法解释中规定法院审查和解申请的一般要点及应驳回和解申请的情况。

---

① 参见齐树洁主编：《破产法》，153 页，厦门，厦门大学出版社，2009。

② 我国台湾地区"破产法"第 7 条规定：债务人申请和解时，应提出财产状况说明书、债权人债务人清册，并附具所拟与债权人和解之方案及提供履行其所拟清偿方法之担保。

《企业破产法》规定，对债务人的特定财产享有担保权的权利人，自人民法院裁定和解之日起可以行使权利。为落实这一规定，《破产审判会议纪要》第 25 条规定："在破产清算和破产和解程序中，对债务人特定财产享有担保权的债权人可以随时向管理人主张就该特定财产变价处置行使优先受偿权，管理人应及时变价处置，不得以须经债权人会议决议等为由拒绝。但因单独处置担保财产会降低其他破产财产的价值而应整体处置的除外。"

立法之所以规定物权担保债权在和解程序中行使权利不受限制，是因为虽然和解程序对普通破产债权人而言，是建立在拥有共同清偿的无担保财产之上的、具有少数服从多数强制效力的集体清偿程序，但对担保债权人而言，却是一种以每个担保债权人拥有个别清偿的担保财产为前提的、建立在协商基础上的非强制性的个别清偿程序。是否接受和解只能由每个担保债权人自己决定，也就是在债权人会议之外另行协商个别解决。所以《企业破产法》第 59 条第 3 款规定，对债务人的特定财产享有担保权的债权人，未放弃优先受偿权利的，对于债权人会议通过和解协议的事项，没有表决权。没有表决权自然也就不受债权人会议决议的约束①，和解协议对担保债权人无约束力。②

债务人在向法院提出和解申请之前，直至在同债权人会议达成和解后，如果存在重要经营财产设置物权担保的情况，要想避免因担保物被变现执行使经营无法进行，还需要与相应的担保债权人个别达成民事和解。由于这是一个个别谈判的程序，所以即使是多数担保债权人的决定也不能约束少数反对的担保债权人。债务人如果在企业挽救中需要约束担保债权人，完全可以通过启动重整程序实现，而不是破坏和解程序的基本原则。担保债权人要求行使优先受偿权时，"管理人应及时变价处置，不得以须经债权人会议决议等为由拒绝。但因单独处置担保财产会降低其他破产财产的价值而应整体处置的除外"（前述纪要规定）。在当事人之间的和解程序中，要想暂停担保权行使，可以在上述原则下通过当事人的协商处理。

有的人认为，《企业破产法》第 96 条规定的"裁定和解"不是指受理和解申请，而是指法院裁定认可和解协议，和解协议生效后担保权人才可行使担保权，这种理解是错误的。第 96 条规定："对债务人的特定财产享有担保权的权利人，自人民法院裁定和解之日起可以行使权利"，这是与人民法院审查和解申请、裁定受理和解申请活动密切相关的，且规定在同一法条内，所谓裁定和解之日显然就是指受理和解申请之日。此外，《企业破产法》第 98 条规定："债权人会议通过和解协议的，由人民法院裁定认可，终止和解程序，并予以公告。"人民法院对和解协议裁定的法律用语是"认可"并"终止和解程序"，而不是裁定和解。所以，以此作为理由停止担保权人权利的行使，是对法律的曲解。

破产法之所以在具有暂停担保债权人行使担保权效力的重整程序之外又设置和解程序，就是为了适应司法实践中挽救债务困境企业的多种需要，使具备条件的当事人可以选择更为简单、快捷的法律程序，迅速实现挽救企业的目的。如果企业在挽救过程中存在需要强制性暂停担保债权行使的情况，则完全可以通过申请重整实现，而不是破坏和解程序自愿、简单、快捷的基本法律特征。

---

① 《企业破产法》第 100 条规定："经人民法院裁定认可的和解协议，对债务人和全体和解债权人均有约束力。和解债权人是指人民法院受理破产申请时对债务人享有无财产担保债权的人。"

② 据此，《企业破产法》第 64 条第 3 款"债权人会议的决议，对于全体债权人均有约束力"的规定也是不准确的，因其并不适用于债权人会议通过和解协议的决议，该项决议对担保债权人无效。

三、和解程序的进行

债务人在向人民法院提出和解申请时，应当提交和解协议草案，供债权人会议讨论审查，并表决是否通过。

通常，在和解协议草案中应当包括下列内容：（1）清偿债务的办法；（2）清偿债务的期限；（3）清偿债务的财产来源。债务人请求减少债务清偿的，应在和解协议草案中写明请求减少清偿的债务种类、数额或比例，以及在可能条件下为债务清偿提供的担保等。此外，还应当规定债权人在和解协议履行过程中的监督权力与措施。和解条件原则上应是对所有债权人平等的，但有的国家立法规定，如某些债权人自愿接受对其不利的和解条件，也允许对各个债权人条件不平等的和解协议成立。如《日本破产法》第 304 条规定："强制和解的条件对于各破产债权人应一律平等。但是，经受不利益者同意时，不在此限"。日本学者认为，对少额债权、转包企业的债权采取优惠的做法并不违反和议条件平等的原则。[①] 目前我国在《企业破产法》中未规定条件不平等的和解协议问题。本书认为，为有利于达成和解，在全体债权人一致同意，尤其是经受不利益者同意的前提下，应当允许条件不平等的和解协议成立，对国外有利于和解成功的这一经验完全可以加以借鉴。

人民法院裁定启动和解程序后，应召集债权人会议讨论和解协议草案。债权人会议接到和解协议草案后，应进行审查讨论，并可要求债务人作出说明解释。债权人会议认为和解条件应予补充修改时，可与债务人协商。债权人会议对债务人最终提供的和解协议草案应以表决方式确定是否通过。

《企业破产法》第 97 条规定："债权人会议通过和解协议的决议，由出席会议的有表决权的债权人过半数同意，并且其所代表的债权额占无财产担保债权总额的三分之二以上。"对和解协议的表决实行特别表决制度，即要求同意者所代表的债权额占无财产担保债权总额的 2/3 以上。对债务人的特定财产享有担保权的权利人未放弃优先受偿权利的，对和解协议的表决无表决权。如出席会议表决同意和解协议的债权人人数未能超过半数，或表决同意和解协议的债权人人数虽过半数，但其所代表的无财产担保债权额未达到法定数额，是否允许债权人会议进行二次表决，我国破产法未作规定。一些国家为鼓励和解，允许债权人会议在此种情况下对和解协议草案进行二次表决。如伊朗破产法规定，债权人会议接受和解，以出席会议的债权人过半数同意，且其所代表的债权额占债权总额的 3/4 以上；如果表决同意和解协议的债权人过半数，但是其所代表的债权额不足 3/4，则应当决定在一周内另行召开债权人会议再行表决。[②]《日本破产法》第 307 条则规定，前条[③]规定之一成立时，或可行使表决权的出席破产债权人的过半数、其债权额超过上述破产债权人的总债权额的半数就进行"二次表决"表示同意时，法院可以根据强制和解提出人的声请或者依职权，指定"二次表决"的日期并予以宣示。这种立法规定给予当事人第二次机会，包括可以适当修改和解协议以促进和解成功，对进一步完善我

---

① 参见［日］石川明：《日本破产法》，何勤华、周桂秋译，229 页，北京，中国法制出版社，2000。

② 参见邹海林：《破产程序与破产法实体制度比较研究》，180 页，北京，法律出版社，1995。

③ "前条"即《日本破产法》第 306 条规定：可决强制和解，应有可行使表决权的出席破产债权人的过半数、其债权额相当于已申报破产债权人总债权的 3/4 以上者的同意。

国的和解制度具有一定的借鉴意义。

我国破产法规定，对和解协议的表决不实行分组表决制度，所以参与表决的债权人均要受协议的约束，包括债务减免或延期清偿的约束。据此，本书认为，职工债权（职工享有的《企业破产法》第 113 条规定之清偿顺序中第 1 项下的债权）、国家因企业所欠税款而享有的债权以及社会保险机构的债权，原则上不属于和解债权，不在和解谈判的范围内。职工和国家税务机关不作为债权人参加通过和解协议的债权人会议的表决，也不受和解协议约束。破产企业所欠职工债权如需要予以延期偿还或减免，由双方依据有关的劳动法律、法规等另行协商解决。为顺利进行和解程序，企业对所欠的税款也可向国家提出予以减免或延期偿还的申请，由国家税务机关根据实际情况作出决定。① 这些债权在破产程序中处于优先受偿顺位，不能因债权人会议对和解协议的表决通过而影响其法定权利（如被迫减免清偿数额或延期清偿等）。

《企业破产法》第 98 条规定："债权人会议通过和解协议的，由人民法院裁定认可，终止和解程序，并予以公告。管理人应当向债务人移交财产和营业事务，并向人民法院提交执行职务的报告。"

人民法院对和解协议的裁定认可，是代表国家对当事人就其民事权利所作的处分进行监督与干预。一般而言，人民法院审查的主要内容有：

（1）和解协议是否有违反法律、法规，损害国家、社会或他人利益的内容，有无损害少数债权人利益、违反公平清偿原则（经不利益者同意者除外）的内容。

（2）决议通过程序是否合法，表决票数及债权额统计等有无差错，表决中有无诈欺或胁迫现象等。

（3）债务人有无和解诚意，如有无破产欺诈行为，和解之目的是否正当，和解协议是否有预计明显不能实现的情况等。

人民法院在审查中发现问题，能够通过修改和解协议纠正的，可要求当事人纠正；无法纠正的，裁定不认可和解协议。人民法院审查后认为债权人会议决议及和解协议符合法律规定的，应裁定认可和解协议。和解协议自发布公告之日起产生法律效力。

《企业破产法》规定，随人民法院对和解协议的裁定认可，和解程序也被裁定终止。在多数国家的破产立法中，和解协议被视为当事人之间的一种合同，对合同的履行不属于司法程序内的问题，所以和解协议的达成具有终结破产程序的法律效力，和解协议的履行便不再在破产程序之内了。我国在《企业破产法》立法过程中，虽然对和解协议达成后破产程序应当终止还是中止曾经存在不同意见，但最终立法明确规定采取程序终止的立法模式，即在人民法院裁定认可债权人会议通过的和解协议后，终止和解程序，管理人应当向债务人移交财产和营业事务，并向人民法院提交执行职务的报告。有的学者认为，和解协议达成后，破产程序仍然应是中止，这是与立法规定不符的误解。②

《企业破产法》第 99 条规定："和解协议草案经债权人会议表决未获得通过，或者已经债权人会议通过的和解协议未获得人民法院认可的，人民法院应当裁定终止和解程序，并宣告债务人破产。"

---

① 参见柴发邦主编：《破产法教程》，110 页，北京，法律出版社，1990。

② 参见齐树洁主编：《破产法》，149 页，厦门，厦门大学出版社，2009。

许多国家的法律规定，在和解程序中设置和解监督人，对债务人的财产经营状况进行监督，并要求债务人对其财产的重大处分行为应经和解监督人同意后进行。我国《企业破产法》一方面规定，在和解程序中设有管理人，并在和解协议达成前接管债务人财产和营业事务，足以避免债务人可能的欺诈或不当财产处分行为；另一方面，在债权人会议之下可以设置债权人委员会进行监督活动。但需注意的是，上述对和解的监督仅限于和解申请提出至和解协议达成的期间内，对于和解协议成立后债务人对协议的执行，管理人则不再干预，债务人在财产管理与处分权利方面的限制也予以取消，故债权人的利益仍易受到侵害，所以在和解协议中需考虑规定必要的债权人监督措施条款，以维护债权人的利益。

第三节　和解协议的效力

一、和解协议对债权人和债务人的效力

（一）和解协议对债权人的效力

《企业破产法》第100条规定："经人民法院裁定认可的和解协议，对债务人和全体和解债权人均有约束力。和解债权人是指人民法院受理破产申请时对债务人享有无财产担保债权的人。和解债权人未依照本法规定申报债权的，在和解协议执行期间不得行使权利；在和解协议执行完毕后，可以按照和解协议规定的清偿条件行使权利。"第102条规定："债务人应当按照和解协议规定的条件清偿债务。"

根据上述规定，和解协议在实体问题上的法律效力，主要表现为对债权人与债务人两个方面。

在和解协议达成时存在的债权人有三种：第一种是和解债权人。和解债权人是指人民法院受理破产申请时对债务人享有无财产担保债权的人（但一般不包括优先清偿顺序的无担保债权）。和解协议对和解债权人的效力，表现为限制其清偿权利的行使，无论其是否申报债权，是否参加债权人会议，是否表决同意和解，均只能按和解协议受偿，不得要求和解协议之外的单独利益，不得就其原债权提起个别民事执行程序。各国立法对此均有规定。如日本"破产法上的强制和议与和议法上的和议都规定：不赞成和议的债权者及没有参加程序的债权者的权利随着和议条件而变更"①。其中，和解债权人未依法申报债权的，在和解协议执行期间不得行使权利；在和解协议执行完毕后，可以按照和解协议规定的清偿条件行使权利。

第二种是对债务人的特定财产享有担保权的权利人，旧法中称有财产担保的债权人。如前所述，此类债权人不受和解协议效力的约束，仍可提起对特定财产即担保物的执行程序。

第三种是和解申请受理后新产生的债权，如在和解期间因债务人生产经营而新产生的债权。这些债权通常属于共益债务，不受和解协议约束，可要求单独受偿，并可提请民事执行。

---

① ［日］石川明：《日本破产法》，何勤华、周桂秋译，226页，北京，中国法制出版社，2000。

（二）和解协议对债务人的效力

和解协议对债务人产生相应的法律效力。首先，债务人应当按照和解协议规定的条件清偿债务。其次，债务人不得违背公平清偿原则在和解程序中给个别和解债权人以和解协议外的额外利益，但公平地给全体债权人增加同等清偿利益者除外，如对全体债权人均提前清偿或提高相同的清偿比例。《日本破产法》第305条规定："强制和解的提出人或第三人，不依强制和解条件而向某破产债权人提供特别利益的行为，为无效。"但如在和解协议完全执行完毕后，债务人再自愿给予个别债权人以特别利益，则不再受限制。不过如果债务人以此种方式贿赂个别债权人以通过和解协议，则属于对其他债权人的欺诈行为，应受到法律制裁。再次，原依据破产法对债务人在财产处分、债务清偿等方面施加的限制措施，包括破产法上对债务人人身权利方面的限制措施，均予以解除，转而接受和解协议的相应约束，并可能因此在一定程度上依协议限制其财产管理与处分、债务清偿等方面的权利。最后，在债务人完全履行和解协议后，对和解债权中依和解协议而免除的债务部分不再承担清偿责任。《企业破产法》第106条规定："按照和解协议减免的债务，自和解协议执行完毕时起，债务人不再承担清偿责任。"

根据《企业破产法》第101条规定，"和解债权人对债务人的保证人和其他连带债务人所享有的权利，不受和解协议的影响"。也就是说，和解协议对债务人的保证人或连带债务人不产生变更其债务关系的法律效力，债权人对债务人所作的债务减免清偿或延期偿还的让步，效力不及于债务人的保证人或连带债务人，他们仍应按原来债的约定或法定责任承担保证或连带责任。据此，债权人依和解协议从债务人处受偿后，仍有权要求保证人或连带债务人对和解协议减免的部分承担责任。对此问题，本书在前述保证人破产问题中（"债务人进入破产程序后其保证债权应否停止计息"部分）已经作有论述，在此不再赘述。

二、和解协议的无效与终止执行

（一）和解协议的无效

《企业破产法》第103条规定："因债务人的欺诈或者其他违法行为而成立的和解协议，人民法院应当裁定无效，并宣告债务人破产。有前款规定情形的，和解债权人因执行和解协议所受的清偿，在其他债权人所受清偿同等比例的范围内，不予返还。"对此条规定在理解上需注意，它是对和解债权人因执行和解协议所受清偿的合理规制，以及在随后的破产程序中其受偿权利应如何公平实现的规定。后文将对此进行分析。

（二）和解协议的终止执行

《企业破产法》第104条规定：债务人不能执行或者不执行和解协议的，人民法院经和解债权人请求，应当裁定终止和解协议的执行，并宣告债务人破产。人民法院裁定终止和解协议执行的，和解债权人在和解协议中作出的债权调整的承诺失去效力。和解债权人因执行和解协议所受的清偿仍然有效，和解债权未受清偿的部分作为破产债权。前款规定的债权人，只有在其他债权人同自己所受的清偿达到同一比例时，才能继续接受分配。有本条第1款规定情形的，为和解协议的执行提供的担保继续有效。此条规定了和解协议的终止执行问题。

债务人不执行和解协议，包括对协议的全部不执行与部分不执行，对多数债权人的不执行与对个别债权人的不执行，因债务人主观过错而不执行与因客观原因不能执行等多种情况。立法仅以客观状况为判断标准，无论不执行和解协议的原因是什么，只要存在危害债权人利益的这一事实，便构成终止债务人和解协议执行的条件。因为即使并非由于债务人的过错使和解协议不能执行，也说明当初和解协议是在缺乏事实根据、错误估计的基础上达成的，债务人本不具备通过和解清偿债务的客观条件，自然应予终止。

不执行和解协议的行为可能有两种表现，其一是不按和解协议使债权人得到相应的清偿；其二是对个别债权人进行偏袒性清偿。这两种情况发生时，和解债权人均可以提出终止和解协议执行的申请。不执行和解协议的行为客观上存在着情节轻重的不同，但作为终止和解协议执行的原因，法律并没有作区分情节的规定。所以，原则上只要有不执行和解协议的行为，便可终止债务人的和解协议执行，宣告其破产。这样规定便于对债务人进行严格监督，使其在违约时无以抗辩。如果立法规定仅在情节严重时才可终止和解协议执行，实际上等于默许、放纵债务人情节较轻的违约行为。而且由于实践中情况复杂，法律难以将情节严重的行为规定得十分明确、周全，执行中难免发生争议，反而不利于对债权人利益的保护。不过，这并不意味着实践中只要债务人不执行和解协议，无论情节轻重，都必然导致终止和解协议执行。对情节轻微的违约行为，如果债务人能及时改正，和解债权人也可不提出终止和解协议执行的申请，但是否申请终止之主动权必须掌握在和解债权人手中。

根据《企业破产法》的规定，债务人不执行和解协议时，个别和解债权人就可提出终止和解协议执行的申请，而不是由债权人会议作出决议。因为此时破产程序已经在和解协议通过后终止，除非当事人在和解协议中对债权人会议的保留作有特别约定，已经不存在破产法意义上的债权人会议了，所以只能由个别和解债权人提出申请。通常申请是由直接受害的和解债权人提出。直接受害人的范围在不同情况下并不相同，有时仅是未按和解协议得到清偿的个别债权人，而当债务人对个别债权人偏袒清偿时，受害人便是其他多数债权人。此外，当和解协议中规定设有常任的监督人时，即使他们本人不是和解债权人，也应有权提出终止和解协议执行的申请，因为这是其应履行的职责与义务。

《企业破产法》规定的终止和解协议执行的程序较为简便，有利于对债权人利益的及时保护，但与其他国家或地区破产法的有关规定相比，则显得慎重、不足。各国破产法设有和解程序者，均对和解之撤销即终止和解作出相应规定，但具体条件不完全相同。我国台湾地区“破产法”第 50 条规定：“债权人于债权人会议时不赞同和解之条件，或于决议和解时未曾出席亦未委托代理人出席，而能证明和解偏重其他债权人之利益致有损本人之权利者，得自法院认可和解或商会主席签署和解契约之日起十日内，声请法院撤销和解”。其第 51 条规定：“自法院认可和解或商会主席签署和解契约之日起一年内，如债权人证明债务人有虚报债务、隐匿财产，或对于债权人中一人或数人允许额外利益之情事者，法院因债权人之声请，得撤销和解”。其第 52 条规定：“债务人不履行和解条件时，经债权人过半数而其所代表之债权额占无担保总债权额三分之二以上者之声请，法院应撤销和解。依和解已受全部清偿之债权人，不算入前项声请之人数。第一项总债权额之计算，应将已受清偿之债权额扣除之”。日本破产法规定，破产人怠于履行和解协议时，撤销强制和解须由过半数破产债权人提出申请，且其破产债权额占已申报破产债权总额的 3/4 以上。

由于上述撤销和解协议的条件较为严格，为保护在和解程序中个别未能依和解条件受到清偿之债权人的利益，《日本破产法》第 330 条规定，破产人怠为强制和解的履行时，未受其履行的破产债权人，可以撤销强制和解所定的让步。我国台湾地区“破产法”第 56 条也规定：“债务人不依和解条件为清偿者，其未受清偿之债权人得撤销和解所定之让步。前项债权人，就其因和解让步之撤销而回复之债权额，非于债务人对于其他债权人完全履行和解条件后，不得行使其权利。”我国台湾地区“破产法”将此称为和解让步之撤销，以区别于和解之撤销，适用于债务人不依和解条件清偿个别债权人，而该债权人又难以撤销和解的情况。

和解的撤销与和解让步的撤销，虽都是对和解协议的不再执行，但两者存在明显的区别：(1) 和解的撤销需当事人提出申请，并由法院裁定，而和解让步的撤销，由债权人直接向债务人作出表示即可；(2) 和解的撤销，可以在发生各种法定事由时进行，而和解让步撤销的事由一般仅限于债务人怠于履行和解协议；(3) 和解撤销的效力及于全体债权人，和解让步撤销的效力仅及于行使撤销权的个别债权人；(4) 和解撤销后，法律程序转入破产清偿，而和解让步撤销后，和解程序继续进行，仅是个别债权人取得在和解协议完全履行后继续要求对撤销和解让步之部分债权的清偿权利。

本书认为，为使和解制度能够更好地发挥其挽救债务人的效果，我国也应当借鉴其他国家与地区的立法经验，分别设置和解撤销与和解让步撤销制度，并在和解协议执行期间保留债权人会议，以监督债务人对和解协议的执行，并维护债权人利益，同时也可作为议决和解撤销的法定机构。

三、和解协议的强制执行力问题

当债务人不能执行或者不执行和解协议时，债权人能否依和解协议提起强制执行程序，和解协议有无强制执行力？对此问题，各国立法规定不一，学者间的观点也不一致。对强制执行力持否定态度的学者认为，和解协议只具有程序法上的意义，不具有实体法上的意义，它属于诉讼契约，没有强制执行的效力。① 还有的学者认为，和解协议仅为确定债权人与债务人之间新的履行条件的法律文件。它虽然确定了各种清偿债权的方法、担保和其他措施，但如债务人一方不履行，他方（债权人）也无权要求法院强制执行，而只能请求法院依法宣告债务人破产。② 日本有些学者则持相反观点，认为“在因和议的认可而破产程序终结之后，债权者对于债务者可以自由地要求其履行和议条件；在债务者不履行的场合，则可以通过诉讼或其他的方法取得债务名义，进行强制执行”③。我国也有学者持此种观点。④

根据我国破产法规定，和解协议是不具有可以强制执行的法律效力的。在债务人不能执行或者不执行和解协议时，和解债权人只能请求人民法院裁定终止和解协议的执行，并宣告债务人破产，不能申请对和解协议强制执行。

但是，旧破产法的司法解释中的规定有所不同。《破产规定》第 27 条规定：“债务人不履

① 参见汤维建：《破产程序与破产立法研究》，359 页，北京，人民法院出版社，2001。

② 参见谢邦宇主编：《破产法通论》，214 页，长沙，湖南大学出版社，1987。

③ [日] 石川明：《日本破产法》，何勤华、周桂秋译，238 页，北京，中国法制出版社，2000。

④ 参见李永军：《破产法律研究》，381 页，北京，中国法制出版社，2000。

行或者不能履行和解协议的，经债权人申请，人民法院应当裁定恢复破产程序。和解协议系在破产宣告前达成的，人民法院应当在裁定恢复破产程序的同时裁定宣告债务人破产。”但其第26条又规定：“债务人不按和解协议规定的内容清偿全部债务的，相关债权人可以申请人民法院强制执行。”两条规定明显自相矛盾。在最高人民法院编著的《正确理解〈关于审理企业破产案件若干问题的规定〉》一书中，作者认为，在破产法传统上和解协议无强制执行力，而该条规定“是对破产和解制度的进一步发展。如认为只要有部分内容未执行，就恢复破产程序，对债务人未免苛刻。尤其是在债务人依照和解协议清偿了大部分债务，只是有部分能力欠缺而未能清偿全部债务的情况下，如果也毫不通融地被宣告破产，就意味着破产和解的失败，债务人的一切努力付之东流，这与我们鼓励破产和解的初衷大相径庭”。“因此，对债务人不完全履行和解协议，但又不至于恢复破产程序的，本条规定给予债权人一项新的救济措施，即赋予债权人申请强制执行和解协议的权利”①。

应当说，这一考虑的出发点是好的，但这样规定确实会产生许多新的问题，与其可能解决的问题相比，会造成更不利的后果。

其一，可能导致发生对债权人清偿不公平的现象，违背破产法的基本原则。当债务人未按和解协议规定清偿的债权人为多数人（指二人以上，而不是在所有债权人中占多数），而债务人又没有足够的财产按和解协议清偿全部债权人时（通常其不履行和解协议都是因为缺乏清偿能力），个别债权人提起执行程序，可能会使其他也未受清偿的债权人因债务人的财产全部被部分债权人执行而失去或减少受偿数额，造成新的清偿不公现象。

其二，在司法实践中难以操作执行。该条规定中确定的可以对和解协议申请强制执行的标准，是“不按和解协议规定的内容清偿全部债务”。仅从其文字含义上讲，可以将所有不履行和解协议的情况均涵盖在内。虽然该书作者认为，所谓不能“清偿全部债务”，仅指“和解协议的大部分内容能够得以执行，绝大部分债权人的债权能够得到清偿，债务人的不能完全清偿债务只占很少比例，或者只是对极少数债权人的不完全清偿，并不影响和解的总体效果”②；但是由于其缺乏量化标准，无法表述准确，也难以根据不同案件的具体情况作出统一规定，所以在执行中必然会出现任由法官自由裁量的现象，使执法难以统一。而且由于标准不明，债务人还可能利用此规定作为不履行和解协议时不应对其宣告破产的抗辩理由，损害债权人利益，甚至还可能恶意进行偏袒性的清偿。

本书认为，旧司法解释的这一规定因与《企业破产法》相冲突，显然是不能继续适用的。如前所述，我们不必在和解协议的执行问题上设置自相矛盾的规定，完全可以通过建立和解撤销与和解让步撤销制度，以解决上述问题，并进一步完善《企业破产法》的和解制度。

四、债务人经和解程序后破产时的债务清偿问题

根据《企业破产法》的规定，债务人可能因和解协议的无效或终止执行而被宣告破产。这时，因和解期间债务关系的变化，使此后继续进行的破产清偿出现较为复杂的情况，如处理不

① 李国光等：《正确理解〈关于审理企业破产案件若干问题的规定〉》，66页，北京，中国法制出版社，2002。

② 李国光等：《正确理解〈关于审理企业破产案件若干问题的规定〉》，67页，北京，中国法制出版社，2002。

当便可能使部分债权人的合法权益受到损害。

(一) 和解协议无效后的破产清偿

依据《企业破产法》第103条规定，人民法院裁定和解协议无效而宣告债务人破产的，和解债权人因执行和解协议所受的清偿，在与其他债权人所受清偿同等比例的范围内的，不予返还。也就是说，如果和解债权人因执行和解协议所受的清偿，超过其他债权人所受清偿的同等比例，则必须返还，以免出现清偿不公的问题。本来和解协议被裁定无效后，依据合同无效的理论，和解债权人在恢复债权的同时，因执行和解协议所受的清偿是全部都应当返还的；但由于所返还的财产在随后的破产清算程序仍然要对所有债权人进行分配，而原在所有债权人所受清偿的同等比例范围内的清偿是公平的，所以没有必要对这部分清偿再进行毫无意义的返还。

(二) 和解协议被终止执行后的破产清偿

根据《企业破产法》第104条的规定，和解协议被终止执行时需注意以下问题。

1. 和解协议被终止执行的法律实质就是和解协议被解除。和解协议解除的效力及于全体和解债权人，无论其是否曾申报过破产债权。债权人依和解协议向债务人承诺的各种债权调整让步均予撤销，其让步之债权恢复到和解前的状态。

2. 和解协议的解除无溯及既往的效力，债权人依和解协议所受清偿不因和解协议的解除而无效，无须返还。和解协议的解除有无溯及力，是自解除后无效还是自始无效，对债权人利益影响较大。如自解除后无效，则债权人依和解协议所得清偿便无须退还，即使将来破产清偿的结果，个别债权人实际所得已超过破产分配应得数额，也不必退还超过部分。若是自始无效，则债权人所得清偿便均应返还，重新依破产程序分配。

从《民法通则》《民法总则》有关法律行为的规定看，自始无效的法律行为包括无效行为与可撤销行为，均是不具备法律行为法定条件的，故在行为被认定无效或撤销后，于行为开始时便因违法而失去效力，据此转让的财产原则上应返还对方。和解协议解除的性质则有所不同。和解协议是依法成立的，之所以被解除，不是协议本身有违法或无效问题，而是因债务人不履行或不能履行协议，使和解协议无存在之必要而解除。故和解协议的解除不应是自始无效，协议解除前的部分履行是有法律依据的，债权人依和解协议所得清偿，即使是超过破产分配比例的部分也无须返还，这与和解协议无效是不同的。但是，如果依据和解协议对部分债权人所做的清偿具有明显的欺诈故意，是双方恶意串通进行的偏袒性清偿，如对其他债权人不履行和解协议，分文未付，而对特定债权人按照和解协议全额清偿，其他债权人可以请求人民法院对偏袒性清偿中超过其他债权人所受清偿同等比例的部分予以追回，在破产程序中统一分配。

3. 根据《企业破产法》第104条第4款规定，为和解协议的执行提供的担保继续有效。有人认为，和解协议被解除后，担保条款也应随和解协议之解除而失效，这种观点是错误的。债权人要求提供担保的目的就是防止因债务人不履行和解协议而受到损害。如果担保条款也随协议解除而失效，便等于没有提供担保，这就违背了当事人当初设立担保的本意。从合同法理论的角度讲也是如此，合同中有关责任及争议解决的条款是不因合同的解除或终止而失效的。担保条款属于责任处理的范畴，所以不应受和解协议解除的影响，债务人或保证人的担保责任不能免除。

4. 在债务人经和解程序后被宣告破产时，原来未曾申报债权的债权人，依据《企业破产法》第 56 条的规定，可以在破产财产最后分配前补充申报债权。

5. 和解协议被解除后，对于债权人在此后启动的清算程序中应如何清偿，有两个问题必须加以解决。

(1) 和解过程中新生债权的破产清偿地位问题。在和解期间，和解债权与新生债权的清偿地位是不同的。和解债权只能依和解协议规定的清偿期限与数额受偿，而新生债权则可单独、自由地全部受偿，不受和解协议约束，并可要求强制执行。但债务人被宣告破产后，就需要明确和解过程中新生债权在破产清算程序中的清偿地位。有的人主张，对新生债权也按照破产债权清偿。有人主张，给新生债权相当于别除权的优先清偿地位。也有的人主张，对新生债权给予与共益债务相同的优先清偿地位，但新产生的职工债权、税收债权部分则依破产法相关规定处理。其理由是，不给新生债权一定的优先清偿地位，整顿期间就无人甘冒风险与债务人企业发生经济往来，整顿便难以进行。[①] 本书认为，对在和解申请受理后至和解程序终止时产生的债权，根据《企业破产法》第 42 条的规定，可以认定为共益债务，享有优先受偿权。如果这部分债权不能够得到优先于和解债权的清偿，则在和解程序中债务人企业将难以进行正常交易，无法得到正常的经营环境。所以，从这一点分析，此类债权具有共益债务的社会属性。

(2) 和解协议解除后，在破产清算中如何对和解债权进行公平、合理的破产分配。各国破产法中对此虽有规定，但并不一致，大体可分为三种类型。

第一种是以和解协议解除时既存的债权为破产债权，据此分配，有人称此为德国主义。依此方法，债权人无论在和解期间是否得到清偿，清偿多少，均以破产宣告时原债权的清偿余额作为破产债权。这种方式的优点在于便于操作，而且由于其规定和解让步一律撤销，所以即使是已完全依和解协议受偿的债权人，也可以原债权剩余部分申请破产分配，从而强化了债务人严格履行和解协议的压力。但因债权人在和解中实际得到的清偿比例可能并不相等，均以清偿余额为破产债权的分配结果，必然是使在和解清偿中多得者占便宜，而少得或未得者吃亏。如债权同为 1 万元，依和解协议均予清偿 80%即 8 000 元，甲在和解中得到 2 000 元清偿，乙得到 6 000 元清偿，丙得到全部 8 000 元清偿。债务人因和解失败被宣告破产，以既存债权为破产债权，甲的破产债权为 8 000 元，乙的债权为 4 000 元，丙的债权为 2 000 元。破产清偿比例如为债权额的 50%，则甲得 4 000 元，乙得 2 000 元，丙得 1 000 元。加上原在和解程序中所得清偿，则甲总计得 6 000 元，乙得 8 000 元，丙得 9 000 元。同等债权最终清偿结果却不同，显然是有失公平的，故我国不宜采用此种方法。

第二种称为法国主义。依此方法，债权人中已依和解条件完全受偿者，无权参加破产分配，完全未受清偿者，仍以原债权额为破产债权，部分受偿者则依和解清偿比例将未受偿部分折算为破产债权参加分配。例如，和解协议规定按债权的 80%清偿。1 万元债权应免除 2 000 元，清偿 8 000 元。债权人中已依和解协议得到 8 000 元清偿者，视为其 1 万元债权完全受偿，不得再参加破产分配。完全未得清偿者仍以 1 万元为破产债权。只得到和解协议规定数额一半即 4 000 元清偿者，则按和解清偿比例以 4 000 元折为对原债权的一半——5 000 元的清偿，债

---

① 参见柴发邦主编：《破产法教程》，117 页，北京，法律出版社，1990。

权人以余债 5 000 元为破产债权。此种清偿方法的特点是，债权中已受和解清偿的部分不恢复其和解免除额。这在债权人间可缩小因和解中受偿数额不同而造成的破产清偿差距，但解决程度仍有不足。

第三种是以和解前原债权额为破产债权。已依和解协议完全受偿者，也可恢复其在和解协议中免除的债权额参加分配。债权人在和解中已受清偿的部分，不需返还。在破产分配时，和解中受偿的债权人在其他债权人得到与其和解受偿程度同一比例的分配后，才可继续接受破产清偿。如果债权人在和解中的受偿数额已超过破产应得分配数额，便不再给予分配，但已依和解协议受偿的超额部分也不必退还。这种方法称为奥地利主义，但实际上奥地利破产法在 1914 年后已改采德国主义，目前仍适用此方法的有日本以及我国台湾地区等。

对这几种方法综合评价，第三种立法模式对于我国的实际情况而言最为适宜，可最大限度地保证破产财产在债权人间的公平分配。唯一可能造成实际受偿差距的是债权人在和解中受偿超过破产分配比例。但这部分财产因属合法受偿而不应退还。所以在我国的《企业破产法》中便基本上采取了这种立法模式，该法第 104 条第 2、3 款规定，和解债权人因执行和解协议所受的清偿仍然有效，和解债权未受清偿的部分作为破产债权。前款规定的债权人，只有在其他债权人同自己所受的清偿达到同一比例时，才能继续接受分配。我国立法与前述第三种立法模式的区别在于，没有规定以和解前原债权额为破产债权，而是规定和解债权未受清偿的部分作为破产债权。但是，由于在确定“债权人只有在其他债权人同自己所受的清偿达到同一比例时才能继续接受分配”的标准时，只能以和解前原债权额为破产债权的基数，并以此去评价是否达到“同一比例”，目前以“和解债权未受清偿的部分作为破产债权”的规定，就可能出现法律规定之间的不相协调，存在计算债权清偿是否达到同一比例时债权的基数可能不统一的问题，这是我们在法律实施中需要特别注意的。

问题与思考

1. 各国的挽救企业措施都包括哪些主要的制度？

2. 如何理解破产和解制度的法律性质？

3. 我国旧破产法规定的和解制度存在哪些问题？我国《企业破产法》中的和解制度作了哪些重要的变革？

4. 我国《企业破产法》对和解申请的提出与受理作了哪些具体的规定？

5. 根据我国《企业破产法》的规定，债权人会议如何表决和解协议？如债权人会议表决不通过和解协议，法律后果如何？

6. 如何理解和解协议的法律效力？

7. 我国《企业破产法》对和解协议的终止执行作了哪些规定？

8. 和解协议能否具有强制执行力？

9. 根据我国《企业破产法》的规定，债务人经和解程序后破产时的债务清偿问题应如何解决？

第八章
重整制度

本章概要

重整是指对可能或已经发生破产原因但又有挽救希望与价值的法人型企业，通过对各方利害关系人的利益协调，强制进行营业重组与债务清理，以使企业避免破产、获得更生的法律制度。与破产和解、清算制度相比，重整在挽救债务人方面具有突出的效用，因而被公认为是预防破产最为有力的制度。我国《企业破产法》创设了重整制度，取代旧法之整顿制度，体现了现代破产法的社会价值取向，对于构建和谐社会具有重要的现实意义。

将重整原因规定为发生破产原因或有发生破产原因之可能，是多数国家立法之惯例。鉴于重整制度程序较为复杂且费用高昂，故实践中主要适用于大中型企业。我国《企业破产法》从申请主体、权利的行使期间等方面对重整申请作了具体规定。重整期间自人民法院裁定债务人重整之日起至重整程序终止。在重整期间，债务人的财产管理和营业事务执行可以由债务人负责，也可以由管理人负责。在重整期间，有法定情形出现的，法院应当依申请裁定终止重整程序，并宣告债务人破产。

当事人的重整申请被人民法院受理之后，应当在法定期限内提交重整计划草案。重整计划的制订和表决是制度的重点内容。本章从程序上对重整计划的制订主体、表决程序、法院的强制批准等问题进行了分析，从内容上对重整计划的重整措施、债务清理等具体内容进行了阐述。经人民法院裁定批准的重整计划，对债务人和全体债权人均有约束力。债务人是重整计划的执行主体，管理人在重整计划规定的监督期内负责监督重整计划的执行。

关键术语

重整　重整原因　重整申请　重整期限　占有中的债务人　重整计划　存续式重整　出售式重整　清算式重整　强制批准重整计划　债权人最大利益原则　公平对待原则　绝对优先原则　重整计划的执行　重整计划的变更　重整计划的监督　重整计划的效力

第一节 重整制度概述

一、重整制度的意义

20世纪70年代以来，世界范围内出现了一场破产法改革运动，其中一个重要趋势便是适应市场经济的发展，建立和完善以企业挽救复兴为目标的再建型债务清理制度，其最为典型的即是破产重整制度。企业因经营失败等原因缺乏清偿能力、还不起债的现象时有发生，这本是市场经济的规律使然。对已经彻底丧失清偿能力的债务人企业，破产清算退出是其最终的归宿。但对那些虽已发生破产原因或有发生破产原因之虞，却仍有再生希望与价值的债务人，为其提供尽可能完善的法律挽救手段，避免破产倒闭，则对债权人、债务人、债务人的股东、职工，乃至关联企业、所在地区、市场经济与社会都是具有积极意义的。重整制度便是为各国（地区）所公认的挽救企业、避免破产最为有力的法律制度。

"重整"制度在各国（地区）法律中的称谓不同。在美国称为"重整"，在英国称为"管理程序"，在法国称为"司法重整"，在日本称为"更生"或"再生"。重整制度最早萌芽于英美法国家。1929年英国公司法中设立管理人（receiver）制度，规定了一般公司的整理程序。1948年修正公司法时，专篇规定了整理与重建程序（arrangement and reorganization）。[①] 后经1958年、1986年等多次修改，逐步形成现行的管理令程序下的重整挽救制度。

在世界范围内影响最大的典型重整制度立法是美国破产法。美国的重整制度源于衡平法上的管理人制度（equity receiver）。在美国早期破产法中，公司一旦陷于困境，难免被破产清算。唯一能避免债务人被宣告破产、进行清算的办法，就是根据衡平法上的管理人制度，将支付不能债务人的财产以司法出售（judicial sell）的方式转与债权人，将其债权变为股权，以避免债权人对债务人财产的拍卖处分。但此种管理人制度耗费时间、费用较高，且法院对有异议的债权人无法约束，难以顺利实现公司挽救复苏的目的。[②] 1933年，美国八大铁路公司面临财务困难，由于衡平法上的管理人制度无法有效地挽救其脱离困境，国会便制定了联邦破产法第77条，规定铁路公司的重整程序。1934年又制定了第77条B项，规定其他公司重整的程序。1938年修正破产法时，由Walter. C. Chandler提议，将原第77条扩充为由第10章"公司重整"和第11章"偿债安排"组成的一般企业重整制度。1978年卡特总统签署并颁布了《破产改革法》，形成美国现行破产法，该法以第11章系统、全面地规定重整制度。美国破产法上的重整制度对各国立法产生了重大影响，为各国所仿效。

日本于昭和十三年（1938年）修订商法时，借鉴英美法之规定，将公司整理制度规定于商法中。第二次世界大战后，日本又仿效《美国破产法》另行制定《公司更生法》，建立了公司重整制度。2000年，日本又制定了《民事再生法》，废止了《和议法》。《民事再生法》与

① 参见梁宇贤：《公司法论》，458页，台北，三民书局，1986。

② 参见李永军：《破产重整制度研究》，18页，北京，中国人民公安大学出版社，1996。

《公司更生法》同时适用，其调整对象包括自然人和法人，程序较为简捷，范围更为广泛，措施更为灵活，在企业挽救中起到了重要的作用。

我国台湾地区是在“公司法”中规定重整制度，其产生背景为1960年台湾地区唐荣铁工厂股份有限公司财务困难案。该公司因资金周转失灵，向政府求援。台湾“行政院”依“国家总动员法”第16条和第18条的规定，发布“重要生产事业救济令”，认为“股份有限公司组织以及重要生产需用或交通事业，其产品或服务为‘国内’所必需或确有外销市场者，倘因事故有停工之虞，但有重建可能价值者，得向事业主管机关请求救济”。1966年我国台湾地区修订“公司法”时，在第5章“股份有限公司”中增加第10节“公司重整”，后几经修改，现仍在沿用。

我国1986年《企业破产法（试行）》中规定有整顿制度，但其本质是政府主导而非市场化的行政整顿，并不适应市场经济防范企业破产之需要。故2006年《企业破产法》以重整制度取而代之，专门设置第八章“重整”以解决债务人企业的挽救问题。

重整具有债务清偿与企业重组结合、私权保护与社会利益协调的特点。破产法最初产生的社会原因是为保护债权人的利益，解决在债务人丧失清偿能力时对全体债权人的公平有序清偿问题。但随着社会的发展与进步，破产法的立法宗旨经历了从债权人本位，到债权人与债务人的利益平衡本位，再到债权人、债务人与社会利益共同本位、多方共赢的变化过程。现代破产法已不再是纯粹意义上的私法（民商法），同时也具有公私法交融的经济法属性。[①] 重整制度的建立是破产法社会价值取向发展中的一次突破，在现代立法由个体本位逐步向兼有社会本位的包容与转变过程中，重整制度体现国家公力透过司法程序对市场经济活动的介入，在维护当事人权益的同时，也注重保护社会的整体利益。综合利用各类法律规范协调解决破产所面临的社会问题，挽救有营运价值的企业，这正是重整制度得以诞生并迅速发展成为各国破产立法重要支柱的理念基础。

作为积极挽救企业的再建型债务解决制度，重整不像破产清算那样，简单地将债务人的财产公平分配给债权人，使其倒闭退出市场，也不像和解那样，只是消极地调整债务关系，以避免债务人被破产清算，并不涉及企业的经营改善如资产与业务重组等。重整制度将债务清偿与企业拯救两个目标紧密结合，一方面，通过对债务关系的调整，消除破产原因，避免企业破产；另一方面，则将债权人权利的实现建立在债务人企业复兴的基础上，全面采取重整措施，力图保留企业的营运价值，以企业继续经营所得或战略投资者收购企业的投资偿还债务，最终使企业得到挽救，债权人得到较破产清算更多的清偿。重整程序不仅可以更好地维护债权人、债务人、企业出资人等利害关系人的正当权益，而且可以防止出现企业连锁破产、职工失业以及由此引发的社会不稳定等问题，对于我国建立和谐社会具有重要的现实意义。

《企业破产法》创设的重整程序为企业的挽救提供了制度性机会，解决了过去在旧破产法下难以解决的一些矛盾。如上市公司郑州百文股份有限公司（以下简称“郑百文”）的重组案，就曾因旧破产法的制度不完善、缺失重整程序而引发重大法律争议。

2000年3月，因郑百文不能清偿到期债务，债权人中国信达资产管理公司向法院提出破产申请。而后，山东三联公司宣布将对郑百文进行重组。其重组方案包含了一项特别的内容：

---

① 参见王欣新：《论破产立法中的经济法理念》，载《北京市政法管理干部学院学报》，2004（2）。

郑百文所有股东所持股份的50%无偿划转给出资参与重组的三联公司。在重组过程中，为使公司众多流通股股东所持股份的50%能够顺利过户，在郑百文公司召开的临时股东大会上，通过了修改公司章程的议案。据此议案，在公司章程中增加了以下内容："股东大会在作出某项重大决议，需要每一个股东表态时，同意的股东可以采取默示的意思表示方式，反对的股东需作出明示意思表示。"由此引发临时股东大会通过的股东将其所持股份的50%无偿转让给三联公司的决议是否合法、在公司章程中作"默示原则"的规定是否合法的争议。

有的学者强烈反对郑百文的重组方案，认为股东大会决议将股东所持股份的50%无偿转让给三联公司以及"默示同意"原则的规定都是不合法的，损害了股东的权利。本书认为，虽然在当时的破产立法中尚无重整程序的规定，但郑百文重组案的实质是破产重整问题。公司法调整的是债务人公司有清偿能力时常态下的法律关系，这时公司是属于股东的，在不影响债权人利益的前提下，应贯彻当事人意思自治原则，不允许由股东大会决议将股东股份无偿转让给他人。但是破产法解决的主要是债务人资不抵债、丧失清偿能力的非常态下的问题，这时债务人公司的财产全部作为债权人的清偿财产尚且不足，公司财产实际上是应属于债权人的，股东对公司财产已无实质上的利益。所以当企业进入重整程序后，即使提出将股东所持股份部分乃至全部注销的重整方案，也不再是完全由股东或股东大会自己决定，而是交由利害关系人会议的分组会议表决决定，股东的反对已经不再起决定作用。破产法的原则与公司法的是不同的，有着不同的特殊调整手段，两者存在着一般与特殊的关系，以公司法的一般原则解释破产法上的特殊问题难免会出现不当。

从实质利益上分析，在郑百文重组案中，公司净资产已为负数，若宣告破产，股东将分文不获。重组方案决定将股东的50%股份无偿转让给他人，对股东肯定是一种损失，但与破产后的全部损失相比显然要小得多。所以，即使在当时破产立法没有规定重整制度的情况下，仅从公司法的角度分析，郑百文股东大会的决议保证了反对者在重组中得到不少于依破产清算程序可能得到的财产权益，在客观上没有损害其既得利益，因此也不存在滥用"资本多数决"的违法问题，尽管在程序上可能存在瑕疵，但其处理原则是正当的。[1] 现在在《企业破产法》的重整程序中，对这些问题都有明确规定，过去企业挽救中存在的一些难题得到了妥善解决。

《企业破产法》的重整程序对完善我国的企业挽救制度具有极为重要的作用。从一般意义上讲，对债务困境企业的重组挽救主要有两种方式，即庭外重组与企业重整。庭外重组，又称法庭外重组，是指债务人在发生经营与债务危机之后，与债权人等各方当事人通过在法庭外的自行协商，不借助于司法程序的强制力解决经营与债务危机，实现企业重组的活动。法庭外重组不经破产法律程序，完全由利害关系人通过自愿协商达成协议，完成企业的重组与挽救，属于当事人自力救济。

通常而言，庭外重组具有快捷、灵活、费用低廉、经营成本较低等优越性，所以困境企业往往会首先采用。庭外重组具有更强的当事人自治和市场调整因素，有助于更好地发挥各方利害关系人参与的积极性，通过充分协商，在不违背法律强制性规定的基础上，各方利害关系人可以自愿选择各种可能的重组方案，更好地协调利益关系。由于企业不进入正式的破产程序，对债务人负面的社会影响和商业影响较小，有助于保持企业的公共形象，有利于维持企业的既

① 参见王欣新：《郑百文重组长征何其难，只缘法律不完善》，载《证券日报》，2002-09-04。

有信用与各项业务关系，减少企业的人才流失，股东、管理层丧失公司控制权的风险也可控。此外，庭外重组对金融环境、社会稳定等方面的影响也较小。但是，由于庭外重组完全依赖于当事人的协商，往往缺乏清晰的法律规则，存在因债务人企业及其股东与外部债权人之间信息不对称而产生的不信任，存在多数债权人之间的利益冲突，合作困难，缺乏强制性措施保障，还可能产生少数利害关系人对重组的"钳制"等诸多问题，加之我国的市场经济规则理念不强，所以要想成功亦属不易。

与法庭外重组相比，重整程序则具有更为明显的优势，尤其体现为专门设置有强大的、针对性的司法措施，为企业的挽救提供制度保障。庭外重组则因法律保障上的弱势，影响到企业挽救措施的适用效果。

第一，债务人企业在法庭外重组要想获得挽救，要恢复生产经营，需要使用银行账户、厂房、设备、原料等财产，但因其已无力清偿债务，债权人必然会对其采取追偿措施，其银行账户会被查封，资金被冻结，生产厂房、原材料被查封，面临各方诉讼和强制执行，没有办法维持正常经营，拖下去只能是坐以待毙。即便债务人费尽精力，筹措到款项，购买原材料，恢复生产，制作出商品，但债权人发现后立即就会申请法院予以查封、执行，恢复生产的自救甚至会使其陷入更为严重的困境。而依据《企业破产法》规定，重整程序的启动，可以为债务人提供中止债务清偿的保护，包括诉讼的中止、强制执行程序的中止、对担保物处置的暂停以及财产保全措施的解除。而庭外重组由于缺乏这些法律保障措施，就使债务人无法获得具有司法强制力保护的延缓债务清偿、恢复经营的喘息之机。所以，债务人涉及的诉讼与执行程序越多，也就越难以通过与债权人的自愿协商得到成功挽救。

第二，债务人企业在陷入困境后的经营中，可能迫于种种压力签订了一些对其不利的双方均未履行完毕的合同。在庭外重组中，合同是不能不履行的，否则可能面临严重的违约责任。而《企业破产法》规定，重整程序启动后，管理人对双方均未履行完毕的待履行合同可以行使选择履行权，解除对其不利的合同（不包括担保等特殊合同）。而在庭外重组中，债务人对双方均未履行完毕的合同没有强制性的选择履行权，也难以通过谈判与对方当事人达成在合同履行方面的低成本和解。

第三，在重整程序启动前的庭外重组谈判期间，是不能停止对债权利息的计算的，这会不断加重债务人的负担，增加其财务费用。《企业破产法》规定，在重整程序启动以后，对债务人的债权停止计息。

第四，在庭外重组中，债务人需要新的资金救助，但是新资金投入如果没有充足担保物担保，是不享有优先受偿权的，无法获得资金安全的法律保障，银行等自然也就不愿意投入。《企业破产法》规定，在重整期间向债务人提供融资等援助的新债权人或战略投资者，对其新债权取得共益债务的优先清偿地位，优先于重整债权受偿。这就可以依法保障恢复生产、挽救企业最为必要的新资金的安全。

第五，法庭外重组本质上仍是债务的个别清偿程序，所以企业法庭外重组的和解协议必须取得所有债权人的一致同意，否则反对和解者对债务人的继续个别追偿将会严重损害同意者的利益。但要使所有债权人一致同意，在实务中是非常困难的，经常会因部分债权人对和解与挽救工作采取钳制性措施，致使庭外重组失败。而重整程序对当事人具有更强的强制性。破产是集体清偿程序，根据《企业破产法》规定，只要债权人会议各表决组及股东组以法定多数通过重整计划，经人民法院批准，对所有当事人均具有法律效力。而且，在未获全部表决组通过的情况下（但至少需有一组利益受不利影响的组别通过），如重整计划草案符合法定条件，债务人或者管理人可以申请人民法院予以批准。人民法院可在满足保证反对者的既得利益不受损害等法定条件下强制批准重整计划，以避免因部分利害关系人的反对而使重整无法进行。重整借助必要的司法强制力克服了庭外重组中存在的集体一致同意的高额成本与失败风险。

我国《企业破产法》实施后，已有很多企业通过重整程序成功获得挽救，更加突显出重整制度对挽救企业无法替代的重要作用。如 2018 年最高人民法院公布的十大重整案例中的重庆钢铁股份有限公司破产重整案、江苏省纺织工业（集团）进出口有限公司等六家公司破产重整案、云南煤化工集团有限公司等五家公司破产重整案、北京理工中兴科技股份有限公司破产重整案、庄吉集团有限公司等四家公司破产重整案、福建安溪铁观音集团股份有限公司及其关联企业破产重整案、中顺汽车控股有限公司破产重整案、桂林广维文华旅游文化产业有限公司破产重整案等，以及《企业破产法》实施早期的重整案例如浙江海纳科技股份有限公司、北京五谷道场食品技术开发有限公司、苏州雅新电子有限公司重整案等，通过这些企业成功重整的案例，重整制度在实施中取得了很多有益经验和良好的社会效果。但重整程序也不能无原则地滥用，对不具有重整价值和挽救可能的企业盲目进行重整，不仅无助于重整立法目标的实现，反而会浪费司法资源、增加社会成本、破坏债务清偿秩序、损害债权人及职工等利害关系人的利益，最终损害社会整体利益。所以，我们必须对重整制度立法与实践中存在的问题加以研究解决，以保证其正确适用。

二、重整制度的特征

根据《企业破产法》的规定，重整是指对可能或已经发生破产原因但又有挽救希望与挽救价值的企业，通过对各方利害关系人的利益协调，强制性进行营业重组与债务清理，以使企业避免破产、获得更生的法律制度。重整制度的实质，就是通过对企业及其经营事业等市场资源的优化配置与重组，保证对债权人的公平清偿，实现企业的挽救。重整制度具有以下特点。

第一，重整申请时间提前、启动主体多元化。提出破产清算与和解申请，以债务人已发生破产原因为前提，而重整申请不仅在债务人已发生破产原因时可以提出，而且在其有发生破产原因之可能时就可以提出。不仅债务人、债权人可提出重整申请，债务人的股东也可在一定条件下提出申请。根据《企业破产法》第 134 条的规定，国务院金融监督管理机构也可以向人民法院提出对金融机构进行重整的申请。一般而言，重整程序应在利害关系人提出申请的情况下开始，但个别国家立法也有例外规定。如根据法国 1985 年第 8598 号法律，法院可以依其职权，或在共和国检察官的请求下启动重整程序。①

第二，参与重整活动的主体多元化、重整措施多样化。债权人包括有物权担保的债权人、债务人及债务人的股东等各利害关系人均可参与重整程序的进行。重整企业可运用多种重整措施，达到恢复经营能力、清偿债务、避免破产的目的，除延期或减免偿还债务外，还可采取向重组者无偿转让全部或部分股权，核减或增加注册资本，向特定对象定向发行新股或债券，将

① 参见李永军：《破产法律制度》，410 页，北京，中国法制出版社，2000。

债权转为股份，转让、出售或置换企业营业或资产等方法。重整的目的在于维持公司之事业，而不限于公司本身，故必要时还可采取解散清算原有公司，设立新公司，或公司分立、与其他公司合并等方法。

第三，担保物权暂停行使。在重整程序中，物权担保债权人优先受偿权，尤其是对担保物的变现权利的行使受到限制，这是与破产法其他程序的重大不同之处。限制担保物权行使的目的，是保证债务人不因担保财产的执行而影响生产经营，无法进行重整。

第四，重整程序对当事人具有更强的强制性。根据《企业破产法》规定，只要债权人会议各表决组及股东组以法定多数通过重整计划，经人民法院批准，对所有当事人均具有法律效力。而且在未获全部表决组通过的情况下，如重整计划草案符合法定条件，债务人或者管理人可以申请人民法院予以批准。人民法院可在满足保证反对者的既得利益不受损害等法定条件下强制批准重整计划。

第五，债务人可以自行管理财产，负责制订、执行重整计划。除非债务人存在破产欺诈、无经营能力等情况，根据《企业破产法》的规定，在重整期间，经债务人申请、人民法院批准，债务人可以在管理人的监督下自行管理财产和营业事务，制订重整计划，并在重整计划被批准后负责执行重整计划。这可以消除债务人方面对重整的抵制因素，保障其合理的既得利益，促使其在发生债务危机时尽早申请重整，以减少债权人的损失。而且，相对于由律师、注册会计师等人员出任的管理人，债务人的管理人员更为熟悉企业的经营与业务情况，由其负责重整计划的执行，成功的可能性较大。

对于企业重整挽救的模式，可以从多个角度进行分类，如根据重整拯救力量来源于企业内部还是外部分为自救式重整与外救式重整；根据主导重整程序进行的是债务人还是管理人分为债务人自行管理的重整与管理人管理的重整；根据对企业重整的不同方式以及资源配置的不同方法，将重整分为存续式重整、出售式重整、清算式重整；等等。除此之外，在重整的实务操作中还存在预重整等制度。这些不同的重整模式，可以根据各个企业的实际情况交叉组合运用，以求最佳效果。

需要指出的是，上述各种重整方式的设置与区分是为了更好地适用，是为了达到重整的目的，它们都是实现破产法社会调整目标的工具。工具是为人所用的，而不是束缚人的。所以，在司法实践中不应为其形式所局限，不应为工具所束缚，而应追求其实质效用，并且在必要时突破形式、完善工具、实现创新。

第二节　重整申请和重整期间

一、重整制度的适用范围

我国重整制度的适用范围与《企业破产法》的适用范围相同，均为企业法人，同时《企业破产法》第135条规定可以参照适用破产法规定程序的主体，原则上也可以适用重整程序。对重整制度的适用范围如何规定，在《企业破产法》起草时有过不同意见。多数人认为，可以适用于所有的企业法人，但也有人认为，应当将适用范围限定为股份有限公司等大型企业。经过研究，我国没有将重整制度限定适用于股份有限公司等大型企业，因为一些其他组织形式的大中型企业也需要通过重整程序获得新生。此外，立法中也没有排除小型企业对重整制度的适用。但由于重整程序相对复杂、费用高昂、耗时较长，故在司法实践中主要还是适用于大中型企业，小微企业则往往采用更为简化、方便的和解程序。

二、重整原因

启动重整程序应当具备法律规定的重整原因。《企业破产法》第 2 条规定："企业法人不能清偿到期债务，并且资产不足以清偿全部债务或者明显缺乏清偿能力的，依照本法规定清理债务。企业法人有前款规定情形，或者有明显丧失清偿能力可能的，可以依照本法规定进行重整。"据此，重整原因为发生破产原因或有明显丧失清偿能力之可能，即有发生破产原因的可能。允许申请权人在企业有发生破产原因可能时就提出重整申请，有助于尽早启动对企业的挽救程序，使重整更易获得成功。

将重整原因规定为发生破产原因（不能清偿到期债务）或有发生破产原因之可能，是多数国家和地区立法之惯例。如《日本公司更生法》规定，公司发生破产原因，或"事业继续发生显著障碍，而不能偿还到期债务时，公司得向法院提出公司更生程序开始的申请"（第 30 条）。《英国破产法》第 8 条规定，"公司不能或者有可能不能偿还其债务"为重整原因。只是我国台湾地区"公司法"中对公司重整原因的规定表述略有不同。根据其第 282 条规定，对"公开发行股票或公司债之公司，因财务困难，暂停营业或有停业之虞，而有重整更生之可能者"，可以提出重整申请。由此可以看出，其对重整原因的规定较为宽松，未将破产原因规定为重整原因，这或许是与其将重整制度规定在"公司法"中而未规定在"破产法"中有关。总之，各国和地区立法往往为挽救企业而规定较破产原因更为宽松的重整原因。

但是，债权人在司法实践中往往是难以举证证明债务人存在发生破产原因可能的。而且，即使债权人举证证明了债务人存在破产原因发生的可能，也并不能表明债务人必须通过重整程序解决债务危机，无法证明重整程序启动的必要性。所以，"有破产原因发生可能"的重整原因，实际上只能适用于债务人自愿提出重整申请的情况。为此，《企业破产法》第 7 条第 1 款规定："债务人有本法第二条规定的情形，可以向人民法院提出重整、和解或者破产清算申请"，将已经或可能发生破产原因均规定为债务人提出重整的原因，而其第 2 款规定："债务人不能清偿到期债务，债权人可以向人民法院提出对债务人进行重整或者破产清算的申请"，将债权人提出重整的原因仅限于债务人已经不能清偿到期债务即发生破产原因。其他国家的破产法一般对此也有相同规定，如美国破产法对自愿型重整即债务人自行提出的重整，不要求债务人证明自己已经丧失清偿能力，但债权人提出申请的非自愿型重整则需要证明债务人已经丧失清偿能力。

在司法实践中，并不是所有已经或可能发生破产原因的债务人企业都可以任意适用重整程序，否则重整程序就可能变成债务人恶意拖延债务清偿、阻滞债权人实现合法权益、浪费社会资源的工具，违背重整制度设立的宗旨，所以必须注意防止重整程序被滥用。法院在审查是否应当受理重整申请时，除是否存在法律规定的重整原因外，债务人企业是否具有挽救价值与挽救希望，尤其是是否具有挽救的社会价值与经济价值，也是必须考虑的因素，实际上应当将此归入广义上的重整原因。最高人民法院在其 2009 年下发的《关于正确审理企业破产案件为维护市场经济秩序提供司法保障若干问题的意见》（以下简称《破产保障意见》）中指出："对于虽然已经出现破产原因或者有明显丧失清偿能力可能，但符合国家产业结构调整政策、仍具发展前景的企业，人民法院要充分发挥破产重整和破产和解程序的作用，对其进行积极有效的挽救。"此外，还要综合考虑债权人等利害关系人通过重整程序能否得到比清算程序更多的清偿等利益，债务人的债务负担与可能的清偿能力，企业营运价值是否高过清算价值，重整成本与清算价值的关系，企业的经营情况、资产质量情况等因素。

一般而言，所谓债务人企业具有挽救希望，从债务人角度讲，是指其有挽救企业的愿望，并愿在经济利益上作出让步。从债权人角度讲，是指大多数债权人有挽救企业的愿望，并愿意为挽救企业承担一定的风险，在经济利益上作出让步。从债务人的出资人角度讲，是指股东愿意在股权等经济利益上作出让步。如果各方利害关系人没有挽救债务人企业的意愿，或者均不愿作出让步，也就表明债务人企业不具有挽救希望。[①]

所谓挽救价值也就是重整价值，除前述债务人符合国家产业结构调整政策以及资产状况、技术工艺、生产销售、行业前景等经营方面的判断因素外，还应当着重考虑评价企业的重整经济价值，因为这涉及对债权人清偿利益的维护。

第一，对企业存续价值与清算价值比较，重整企业的存续价值应当高于清算价值以及重整增加的费用与时间等相应成本。企业存在的价值就在于它是一个能够不断提供社会需要的商品与服务并从中获得利润的活的生命体。不具备此项条件者，就只剩下企业中已经无营运生力的财产价值，通常会随时间的推移而不断贬值，只能及时清算、退出市场。在对存续价值与清算价值进行比较时，其一，要考虑依附于企业而存在，但在破产清算时则丧失价值或可能大幅贬值的无形资产，如专有技术、商标、商誉、专利权，以及由于中国特殊市场准入限制而产生的行政资源等，如金融等特殊行业的营业牌照、上市公司的融资外壳、特殊的经营资质、特殊的经营许可（如军工许可）、政府行政认可（如名单制、目录制）等等。这些资源有一部分是因行政审批而产生的，虽然在政府层面不认为这是可以经市场转让并获得货币对价的，但在目前的中国市场上其决定或辅助企业营业与获得盈利的事实仍然得到承认。这种市场资源的承认是不以政府或个人的意志为转移的。其二，企业经营过程中形成的活体生命体系，包括营销体系、客户资源、上下游业务协助关系、人力资源、技术研发体系等等。其三，企业的专用设备、基础设施等，一方面因其有专用价值，另一方面因其如无法转为通用或得到继续使用，清算时会贬值或丧失价值。

第二，企业的重整价值得到市场的认可，也就是在重整程序内通过资产与业务重组、竞争性实质出售，以及新战略投资者的招募等方式，能够得到市场的承认，即重整计划草案得到债权人会议表决通过，得到新战略投资者的加入。如果不能得到市场认可，则应转入破产清算。未得到市场的认可，既包括市场本身不认可，也包括未得到市场认可的机遇，而能否得到充分的认可机遇便与我国资本市场的发达程度、在何等市场寻求认可、管理人的重整工作能力和市场推广能力等有关。

---

① 参见王欣新：《论中国大陆重整程序的申请与受理》，载《月旦财经法杂志》，2011（24）。

三、重整申请权

各国破产立法对于重整程序启动方式的规定有所区别。大多数国家是以利害关系人如债务人、债权人的申请为唯一的启动原因，但也有一些国家允许法院依职权或应特定国家机关的申请受理重整案件，如法国在其《商法典》第 6 卷“困境企业”中规定，“法庭可以依职权或者应检察官的申请立案”[①]。我国破产法没有规定人民法院可以在无人申请的情况下依职权受理重整案件。

《企业破产法》第 7 条第 1、2 款规定：“债务人有本法第二条规定的情形，可以向人民法院提出重整、和解或者破产清算申请。债务人不能清偿到期债务，债权人可以向人民法院提出对债务人进行重整或者破产清算的申请。”第 70 条规定：“债务人或者债权人可以依照本法规定，直接向人民法院申请对债务人进行重整。债权人申请对债务人进行破产清算的，在人民法院受理破产申请后、宣告债务人破产前，债务人或者出资额占债务人注册资本十分之一以上的出资人，可以向人民法院申请重整。”第 134 条规定：“商业银行、证券公司、保险公司等金融机构有本法第二条规定情形的，国务院金融监督管理机构可以向人民法院提出对该金融机构进行重整或者破产清算的申请。”上述条款中提及的“有本法第二条规定情形的”，即债务人已经发生或可能发生破产原因。根据上述法律规定，债务人、债权人、债务人的出资人可以提出重整申请，特殊主体——金融机构的重整还可以由国务院金融监督管理机构提出申请。下面就具有普遍适用意义的债务人、债权人以及债务人的出资人的重整申请权问题进行分析。

（一）债务人的重整申请权

在谈到债务人的重整申请权时，首先面临的问题是谁有权代表债务人提出重整申请，是由债务人的股东会还是董事会决定，企业的法定代表人、监事会有无权利决定提出重整申请。有的人认为，债务人提出重整申请应当经股东会或股东大会（以下通称“股东会”）决议通过，因为《公司法》规定，公司的合并、分立、解散、清算或者变更公司形式应当由股东会作出决议，而破产清算也是清算的一种，申请破产重整的重要性与这些事项相当，所以也应经过股东会决议。有的人主张，提出重整申请无须经过股东会决议，董事会就应有权提出重整申请。他们认为，重整申请权的性质与公司决议合并、分立、解散等事项有一定区别，前者仅是一种申请权，需经法院审查后作出受理裁定才能产生法律效力，对公司产生影响，而后者则属于决策权，通常一经作出决议即有法律效力——可直接产生公司合并、分立、解散等后果。虽然申请重整也有导致公司被破产清算的风险，但毕竟是在危急时刻为挽救公司而必须进行的，这与董事会的公司常设性机构性质和负责公司经营管理决策的职权相符合。此外，股东会的召开与决议需要更长的期间，若要求提出重整申请必须经股东会决议通过，可能会延误重整时机。在一些国家或地区相关立法中，董事会通过决议就可以代表债务人提起重整申请，如我国台湾地区“公司法”第 282 条规定，董事会经以董事 2/3 以上出席及出席董事过半数之同意决议就可申请公司重整。但也有一些国家的法律规定，公司提出重整申请必须经股东会决议通过。

---

① 李飞主编：《当代外国破产法》，359 页，北京，中国法制出版社，2006。

本书认为，各国公司立法中存在股东会中心主义与董事会中心主义的区别，在债务人企业中由何机构决定提出重整申请，应当根据不同的国情、不同企业的具体情况确定。在我国，虽然提出重整申请的权利只是一种申请权，而不是决策权，但是申请提出后如果人民法院裁定受理，就会对公司产生与解散、清算类似意义的重大影响，所以作为一般原则，申请重整应当经企业的权力机关决定。企业的法定代表人个人是不应享有重整申请权的，这不属于其有权决定的事项。对公司型企业来说，申请重整应经过股东会决议。对未设立股东会的外商投资企业来说，则应由公司章程中规定的权力机关如董事会或其他相应机构决定提出重整申请，其他类型的企业也是如此。但是由股东会决议后再提出重整申请，确实存在程序复杂、期间较长等问题，可能延误重整时机，所以，在股东会决定的原则之下可以采取一些灵活的措施处理。股东可以根据需要在公司章程中规定，当企业发生债务与经营危机等特定情况时，授权由董事会负责申请重整（破产清算则除外）。在章程没有作出相应规定的情况，也可以由股东会在企业发生债务与经营危机时事先作出决议，将一定条件下申请重整的权利授予董事会酌情行使，以解实务之需。

此外，如果将申请重整的权利在出资人的层面完全排他性地交由股东会等权力机关决定，有时也会出现运作上的问题。由于股东会是以表决的方式决定是否申请重整，而申请重整事项从其重要性角度考量应当属于特殊表决事项，即应由股东会以出席会议的股东所持表决权的2/3以上通过。这就可能出现在是否申请重整问题上，少数股东对多数股东的“钳制”，只要占出席会议的股东所持表决权的1/3以上股东不同意，即使其他大多数股东同意也无法对公司提出申请重整。为解决这一问题，《企业破产法》专门规定了出资人的重整申请权，其第70条规定，在人民法院受理破产申请后、宣告债务人破产前，出资额占债务人注册资本1/10以上的出资人，可以向人民法院申请重整。对出资人的重整申请权将在后文中分析。

对于监事会或者监事有无权利以债务人名义作出重整申请的决议，则观点不一。有学者主张，应当赋予监事或监事会在某些特定情况下的申请权。理由是，在正常经营状况下，监事或监事会不与公司外部发生法律关系，专司内部监管之责，但如果董事不仅经营管理水平低下且还有各种渎职行为以致造成公司濒临破产，监事或监事会就应及时挺身而出，以公司的名义提出诉讼或破产或重整的申请。[①] 本书认为，这种观点有所不妥，原则上不应当赋予监事会或监事申请重整或破产的权利。重整的性质更多的属于公司的管理经营事项，在股东会、董事会尚且能够正常运作的情况下，作为专司监督职能的监事会或监事不宜介入。如果赋予监事会或监事以重整申请权，可能导致公司经营管理权能冲突混乱，对公司治理结构与正常经营秩序造成冲击。监事会或监事的业务职责与专长在于监督而非企业经营，而是否申请进行重整需要对企业有无挽救希望以及可能采取何种具体资产、业务、债务重整措施等事项进行实体性判断，并非监事会或监事专业所长。此外，当发生董事经营管理水平低下且有渎职行为并造成公司濒临破产时，公司法已经提供了妥善的解决方法，即赋予股东会选举和罢免董事的权利，监事会或监事可以依职权召集股东会并向股东会提出罢免董事的议案，甚至在某些情况下监事会或监事还可以代表公司起诉董事。所以，认为公司一旦因董事能力或行为而濒临破产，监事会或监事就可以提起重整申请的观点是不妥的。

---

① 参见张世君：《公司重整的法律构造——基于利益平衡的解析》，135页，北京，人民法院出版社，2006。

此外，如果公司出现决策和管理陷入无法自行解决矛盾的僵局，导致股东会等权力机关无法作出是否申请重整的决议，则可以参照适用《公司法》《最高人民法院关于适用〈中华人民共和国公司法〉若干问题的规定（二）》中的相关规定处理。如果发生股东、董事、高管人员等弃企跑路的情况，只要债务人发生破产原因，也不会阻碍破产程序的启动，最高人民法院对此有相关司法解释。

（二）债权人的重整申请权

1. 一般债权人的重整申请权

债权人享有重整申请权。在普通债权人重整申请权上，一个重要的问题是如何正确理解破产法的立法本意，全面保护债权人的重整申请权。《企业破产法》第 7 条第 2 款概括地规定了重整申请权：债务人不能清偿到期债务，债权人可以向人民法院提出对债务人进行重整或者破产清算的申请。第 70 条又作出了详细规定：债务人或者债权人可以依照本法规定，直接向人民法院申请对债务人进行重整。债权人申请对债务人进行破产清算的，在人民法院受理破产申请后、宣告债务人破产前，债务人或者出资额占债务人注册资本 1/10 以上的出资人，可以向人民法院申请重整。据上述法律条款规定，债权人可以直接向人民法院申请对债务人进行重整，此时的重整申请权可称为初始申请权，对此项权利的行使在实践中一般不存在问题。但是在人民法院受理破产清算申请后、宣告债务人破产前，债权人是否还可以向人民法院提出对债务人进行重整的申请，即能否行使后续申请权，在上述立法中没有作出规定。有的人乃至有的法院，在地方政府的干预之下或基于背后利益之争，以此为由主张，在人民法院受理债权人破产清算申请后，其他债权人不再享有重整申请权。对法律规定理解的争议，导致在司法实践中执行不一。

本书认为，破产清算申请被法院受理后债权人不再享有重整申请权的观点是不妥的，违背了破产法对重整制度的立法宗旨。从立法本意上看，《企业破产法》设置重整制度的目的，就是要为挽救那些陷于债务困境而又具有挽救希望与挽救价值的企业创立制度渠道，所以对法律规定的理解与执行必须符合这一基本原则。《企业破产法》第 70 条规定确立债务人与出资人的重整申请权的目的之一，是要明确在人民法院受理债权人的破产清算申请，管理人已经接管债务人企业，债务人及其股东对企业的决策权以及财产的管理与处置等权利已受到实质性限制乃至禁止的情形下，为了倡导重整制度的适用仍允许债务人及其出资人自主申请债务人重整。该条款的立法目的并不涉及债权人在此种情形下有无重整权申请问题，更不是要限制或者剥夺在此种情形下债权人申请重整的权利。正确理解该条款是具有重要实践意义的，因为已经发生有的管理人在地方政府的干预下提出一些错误的观点，如在破产程序中只有管理人才是债务人企业的法定代表，才有权对企业是否应当重整发表意见，债务人及其出资人申请债务人重整不应受理等。但是这一条款也确实存在文意表达不够清楚、易生误解的问题，有必要加以澄清。

《企业破产法》第一章“总则”第 2 条第 2 款规定：“企业法人有前款规定情形（即发生破产原因——笔者注），或者有明显丧失清偿能力可能的，可以依照本法规定进行重整”。据此，债务人企业是否应当进行重整，一项关键的判定因素是其是否已经发生重整原因（包括企业是否有挽救价值和挽救希望）。《企业破产法》第二章专门规定“申请和受理”问题，其第 7 条第 2 款依据“总则”规定：“债务人不能清偿到期债务，债权人可以向人民法院提出对债务人进行重整或者破产清算的申请”。法律总则是统领对各个分则理解与执行的基本原则，《企业破产法》的上述规定并没有限制债权人在人民法院受理个别债权人提出的破产清算申请后、宣告债务人破产前提出重整申请的权利。

有的人认为，“在债权人提出破产申请时，基于其与债务人可以直接选择破产重整程序的相同原因，法律也不允许在其提出破产清算申请后又提出破产重整申请”①。这一观点忽视了债权人提出申请与债务人提出申请之间存在的一个巨大差异，就是债务人只是一个人，所以作为单一主体享有并行使破产申请权时，其申请启动的破产程序的性质在某一时点肯定是单一且确定的（即使如此，当债务人或某个债权人提出破产清算申请并为法院受理后，再改变主张又提出破产重整申请，法律也没有禁止，所以即使是其债权人的概念是指单个债权人，也是不能成立的）。但是，在破产案件中的债权人却是多数人，而且每一债权人都是独立的民事主体，其享有的各项破产申请权都是独立的。各个债权人之间对债务人企业应适用何种破产程序存在意见分歧的现象是普遍存在的，每个债权人都有表达自己意志的权利，都有依法申请所选择破产程序的权利，一个债权人不应因其他债权人行使了破产清算申请权就丧失了自己的重整申请权，不同债权人的破产申请权是独立且并行的。上述观点的错误就在于混同了不同债权人的独立申请权，以某一债权人行使了破产清算申请权为由剥夺了其他债权人的重整申请权。依其观点，假如一个破产案件中有100个债权人，只要1个债权人哪怕是债权数额最小的债权人率先提出了破产清算申请并为法院所受理，那么其他99个债权人即使都同意重整，也不允许他们再提出重整申请，而提出破产清算申请的债权人在案件转为重整程序后也不允许再同意重整计划。这种理解显然是既不合理又违背破产立法宗旨的，甚至可能为个别债权人欺诈性地剥夺其他债权人的重整申请权提供了可乘之机。

从实践情况看，也应当允许债权人享有后续重整申请权。从债务人的角度分析，债权人直接申请重整与其在破产案件受理后、宣告债务人破产前申请重整，在这两种申请情况下债务人企业应否进行重整的条件一般没有发生实质性变化，部分债权人申请破产清算的事实也并未产生足以阻止债务人进行重整的后果。所以，只要债权人的申请符合《企业破产法》第2条的实体规定以及第7、8条关于形式方面的要求，人民法院就应当依法予以受理，以对此种情况法律没有文字规定而拒绝接受债权人的重整申请，不仅是对法律的误解，也是违背破产法立法宗旨的。从债权人的角度分析，由于债权人难以全面把握债务人的财产与债务情况、是否具有挽救价值与希望等具体经济状况，直接提出对债务人的重整申请往往比较困难，所以司法实践中大多数重整申请都是由债务人直接提出的，债权人直接提出对债务人重整申请的情况相对较少。债权人真正得以较深入地了解债务人的具体情况，通常都是在破产案件受理以后包括破产清算申请受理以后。也只有在此时，债权人才需要对是重整挽救债务人对自己有利还是对其进行破产清算对自己更为有利，作出一个迫切而明晰的判断，才会认真考虑是否应提出对债务人的重整申请。所以，如果剥夺了债权人在破产案件受理以后提出重整申请的权利，将可能使债权人实质上丧失重整申请权，使重整程序的启动失去一个有力的促进因素。

此外，人民法院已经决定受理部分债权人提出的破产清算申请的事实，也不影响其他债权人享有的重整申请权。法院不应仅以已经受理破产清算申请作为拒绝再受理重整申请的理由，

---

① 范健、王建文：《破产法》，209页，北京，法律出版社，2009。

更不能认为其他债权人的重整申请人的主体资格就此丧失或受到限制。法院受理的破产程序并非不可改变，破产法专门设有不同程序转换的规定。有的人认为，这时如同意其他债权人申请重整，会在不同破产程序之间出现不必要的转换。这一主张也是不能成立的。不同破产程序之间的转换是否必要，关键看其是否符合破产法的立法宗旨，是否符合重整制度设置的目的。在其他债权人的重整申请明显有利于挽救债务人企业，有利于全体债权人利益，以存在程序转换为由反对其他债权人提出重整申请显然是不妥的。还应指出的是，提出重整申请的其他债权人是否可以投资于债务人企业经营的业务范围，不是审查应否受理申请时应考虑的问题，那是审查重整计划草案时才需要考虑的问题。因为债权人提出重整申请并不表明其一定要作为债务人企业的新投资人，所以也不能以此作为拒绝受理申请的理由。

加强重整立法，鼓励挽救企业，这是世界各国破产法发展的趋势，我国也是如此。最高人民法院在《破产保障意见》中[①]明确要求人民法院努力推动企业重整与和解成功，促进就业、优化资源配置、减少企业破产给社会带来的不利影响，尤其是在金融危机的背景下，应充分发挥破产重整与和解程序挽救危困企业、实现企业持续经营的作用，保障社会资源有效利用，对于当事人同时申请债务人清算、重整、和解的，人民法院要根据债务人的实际情况和各方当事人的意愿，在组织各方当事人充分论证的基础上，对于有重整或者和解可能的，应当依法受理重整或者和解申请。所以，允许债权人在破产案件受理后、宣告债务人破产前提出重整申请，也是符合我国司法原则与社会政策的。《破产审判会议纪要》指出，重整制度集中体现了破产法的拯救功能，代表了现代破产法的发展趋势，全国各级法院要高度重视重整工作，妥善审理企业重整案件，通过市场化、法治化途径挽救困境企业，不断完善社会主义市场主体救治机制。

债权人有可能通过债务人的重整程序获得比破产清算更多的利益，因此具有申请适用重整程序的积极性。但为了避免债权人滥用此项权利，一些国家和地区也对债权人的申请资格有所限制。这种限制一般体现在两个方面：其一是对提出申请的债权人人数作出要求，如《美国破产法》第 303 条（b）款规定，债权人对债务人提出非自愿重整申请的条件之一，就是当债权人（其所持有的债权不能是或然性债权或有正当争议的债权）总数在 12 人以上时，申请必须由至少 3 名债权人共同提出。其二是对债权人所持债权的比例或数额作出要求，如《日本公司更生法》第 17 条规定，只有持有相当于债务人注册资本 1/10 以上债权的债权人方可以提出重整申请。我国台湾地区“公司法”第 282 条第 1 款规定，持有相当于公司已发行股份总数金额 10%以上债权的公司债权人可以提出重整申请。美国破产法也对申请重整的债权人应持有的最低债权额作出规定。目前，我国破产法未对提出重整申请的债权人资格作任何限制性规定，客观上就有可能导致权利的滥用，因此有必要借鉴各国（地区）破产立法经验作出相应规定。

2. 特殊债权人的重整申请权

对某些特殊种类的债权人提出重整申请的资格问题需要单独加以分析确定。

首先，有物权担保的债权人是否享有重整申请权。各国（地区）立法对此规定有所不同。美国破产法规定，有物权担保的债权人没有重整申请权，仅在担保物不足清偿的债权数额达到

① 参见该意见第 1 条、第 3 条。

对一般债权规定的数额标准时才可以提出重整申请。[①] 我国台湾地区的学者一般认为，无论有无担保，债权人均可以提起重整申请。一般而言，有担保的债权人不会提出重整申请，因为重整程序的启动只会影响其债权及时实现，对其并无益处。但在我国的司法实践中，由于对担保物如厂房、土地使用权的强制执行可能会导致尚在经营中的债务人企业倒闭，法院受制于社会压力有时难以顺利执行，不启动对债务人的破产程序，担保债权便难以实现。而且在重整程序中，一些担保物作为持续经营中的企业财产比单独出售可能具有更高的价值，能够使债权人得到更高的清偿。此外，当担保债权人是债务人的关联人等利害关系人时，债务人的重整挽救可以实现其集团利益或其他特殊利益。因此，我国应当允许有物权担保的债权人享有重整申请权。《企业破产法》未限制担保债权人的重整申请权。

其次，债权未到期的债权人和或然性债权人不应享有重整申请权。债权未到期的债权人不能申请债务人重整，因此时债务人尚未产生清偿义务，能否偿还债务尚不能确定，债权人无权干预债务人的内部经营事项。我国台湾地区学者罗建勋指出："清偿期未到之债权……因尚不得行使而不能申请重整。"[②] 或然性债权是指债权是否实际发生尚不能确定的债权，典型者如附停止条件的债权。此类债权人自身的权利尚未确定，当然也就没有重整申请权。

再次，职工债权人的重整申请权问题。在国外存在由工会等组织代表职工申请企业重整成功的案例，所以作为职工债权人是可以享有重整申请权的，对此适用职工债权人有关破产申请的一般原则。职工债权人提出重整申请，应当经过企业的职工（代表）大会决议。

最后，本书认为，税收债权人和社会保险机构债权人不宜享有重整申请权。税务机关为政府行政部门，其债权为公法上的债权，税收债权的征收与减免均由相关立法规定，税务机关无权任意因企业重整而作出减免。由于税务机关不能为企业重整在债权清偿方面作出任何让步，由其申请重整并不具有积极意义，所以税收债权人虽然可以享有提出破产清算申请的权利，但不宜享有重整申请权。社会保险机构债权人，通常是指持有职工社会保险中应当纳入社会统筹部分债权的各种社会保险机构。社会保险机构债权人在重整程序中的特殊法律地位使其不应享有重整申请权。《企业破产法》第 83 条规定："重整计划不得规定减免债务人欠缴的本法第八十二条第一款第二项规定以外的社会保险费用；该项费用的债权人不参加重整计划草案的表决"。据此规定，社会保险机构债权人因其债权在重整程序中享有绝对的受偿权利，不能也不允许对债权作出让步，为此连重整计划草案的表决都无权参加，当然也不应享有重整申请权。

（三）债务人的出资人的重整申请权

各国（地区）立法对债务人的出资人的重整申请权均作出了规定，但通常规定有申请人最低持股比例的限制。如《日本公司更生法》规定，持有债务人已发行股本 10%以上的股东可以提出重整申请。我国台湾地区"公司法"规定，连续 6 个月持有债务人已发行股本 10%以上的股东可以提出重整申请。我国《企业破产法》第 70 条第 2 款规定："债权人申请对债务人进行破产清算的，在人民法院受理破产申请后、宣告债务人破产前……出资额占债务人注册资本十分之一以上的出资人，可以向人民法院申请重整。"在此需注意的是，出资人向人民法院提

---

① 参见李飞主编：《当代外国破产法》，476 页，北京，中国法制出版社，2006。

② 罗建勋：《公司如何重整》，236～237 页，台北，永然文化出版股份有限公司，1992。

出对债务人的重整申请与债务人提出对自己的重整申请的情况是不同的，两者对申请人企业自身的影响大小是有本质差异的。债务人提出申请关系到其生死存亡，所以应当经过公司股东会决议，而对出资人则要看其在债务人企业中所占的权益对出资人企业本身的影响大小，所以除非出资人企业的公司章程对对外投资企业的申请重整问题作有特别规定，其提出重整申请是不需要经过出资人公司的股东会决议的。实践中有的法院曾受地方政府干预，为拒绝受理企业重整，以未经出资人公司股东会决议为由拒绝受理出资人的重整申请，这是错误的。

根据《企业破产法》的规定，债务人的出资人的重整申请权受到一定限制，如只能在债权人提出破产申请并为法院受理后才能提出重整申请等，而有些限制存在不够合理、有待完善之处。法院受理破产清算申请，要以企业已发生破产原因为前提，但这时才允许出资人申请重整，往往因为时已晚而使企业丧失重整的最佳时机，甚至可能使这一规定本身在大多数情况下失去实际意义。所以，本书认为，立法应当适当放宽对债务人的出资人行使重整申请权的期间限制，允许其在债务人和债权人都未申请重整的情况下直接申请重整。但考虑到出资人与债务人权力机构在重整申请权方面的关系协调，此时出资人行使申请权应受到一定的限制，如应履行一定的前置救济程序，证明其已要求债务人权力机构提出重整申请，但遭到不合理拒绝或者超过合理期限未获答复等。[①] 如前所述，考虑到对此事项股东会的特殊决议原则（2/3 以上通过），这不仅是在保护少数股东的利益，在一些情况下也是对多数股东正当权益的保护，而且这也是为了与《公司法》的规定相互协调。《公司法》第 182 条规定，“公司经营管理发生严重困难，继续存续会使股东利益受到重大损失，通过其他途径不能解决的，持有公司全部股东表决权百分之十以上的股东，可以请求人民法院解散公司”。既然持有相同比例表决权的股东可以独立申请解散公司，而公司解散后必须进行的清算也可能会是破产清算，那么无论是从法律解释学的类推原则出发，还是从立法的合理性角度考虑，不允许持有相同出资份额的出资人在债务人、债权人未申请重整的情况下及时提出重整申请，恐怕是不妥的。

此外，对立法关于“出资额占债务人注册资本额十分之一以上”的规定，应当理解为包括多人出资额的合并计算。出资人提出重整申请的出资条件为“占债务人注册资本总额的十分之一以上”，所以在公司的出资人即股东分为普通股股东和优先股股东时，优先股股东也同样应享有破产申请权。因为虽然优先股股东在通常情况下对公司经营事务是没有表决权的，但当公司面临需进行破产重整的局面时，往往早已无法再给优先股股东按期发放股利，依据权利与义务相对应的原则，这时优先股股东应当恢复表决权，而这一介入公司经营事务的权利也应延伸到提出重整申请的权利。

再者，这里的“出资额”应当是指出资人认缴的出资额，而不是已经实际缴纳的出资额，因为《企业破产法》第 35 条规定：“人民法院受理破产申请后，债务人的出资人尚未完全履行出资义务的，管理人应当要求该出资人缴纳所认缴的出资，而不受出资期限的限制”。既然在破产程序中，出资人的责任承担是以认缴出资额为标准的，那么，在确认出资人在破产程序中的重整申请权时就也应采取同样原则。[②]

---

① 参见王欣新、徐阳光：《破产重整法律制度若干问题研究》，载《中国法学会经济法学研究会 2006 年年会论文集》，2006 年 9 月 20 日。

② 参见王欣新：《论中国大陆重整程序的申请与受理》，载《月旦财经法杂志》，2011（24）。

四、重整申请的提出与受理

（一）重整申请的提出

对于提出重整申请的时间，《企业破产法》限定在债务人被宣告破产之前，这与重整程序之设置是为避免债务人破产的立法目的是相一致的，这也是绝大多数国家之立法模式（《日本公司更生法》除外，该法允许当事人在破产分配完毕之前的任何时候提出重整申请）。《破产审判会议纪要》第 24 条中也明确规定："债务人被宣告破产后，不得再转入重整程序或和解程序。"

如前所述，重整申请的提出可以分为申请人的初始申请即直接申请与破产程序启动后涉及程序转换的后续申请即转换申请。由于后续申请涉及已经启动的破产程序的转换问题，所以需要进行必要的分析。各国破产法通常规定，在法院已经受理破产清算申请的情况下，申请权人可以再提出重整申请，如前述我国《企业破产法》第 70 条第 2 款的规定。但是对在法院已经受理和解申请的情况下，申请权人可否再提出重整申请，各国立法因程序差异、理念不同则处理不一，有的国家甚至已经取消了立法中的和解程序，不复存在此问题。我国《企业破产法》未规定和解程序可以向重整程序转换。这主要是立法时考虑到，和解程序与重整程序都是对债务人的挽救程序，两者性质基本相同，适用的主体也均是法人型企业，当事人尤其是债务人事先有选择适用的余地，所以由立法再规定这两种程序间的转换便显得必要性不足。从实践需要考虑，本书认为，由于重整程序与和解程序在挽救债务人的效力方面有较大差异（如能否强制批准挽救债务人的计划草案、对物权担保债权人有无约束力等），而当事人对两者的差异不一定十分了解，有时自行提起的程序不一定十分适合挽救企业。为了更有利于挽救债务人企业，如果和解程序尚未进行到将和解协议草案提交债权人会议讨论批准的阶段，也可以考虑允许利害关系人申请转入重整程序。

《企业破产法》第 8 条规定："向人民法院提出破产申请，应当提交破产申请书和有关证据。破产申请书应当载明下列事项：（一）申请人、被申请人的基本情况；（二）申请目的；（三）申请的事实和理由；（四）人民法院认为应当载明的其他事项。债务人提出申请的，还应当向人民法院提交财产状况说明、债务清册、债权清册、有关财务会计报告、职工安置预案以及职工工资的支付和社会保险费用的缴纳情况。"这一规定中的破产申请为广义上的破产申请，也包括重整申请在内。但由于程序目的不同，权利人在申请重整与申请破产或和解时应当提交的材料与内容肯定要有所不同。此外，重整申请主体的身份不同，举证能力有别，应当提交的材料也会有所区别。

在债务人提出重整申请的情况下，除应提交上述法律规定的文件之外，还应提交文件对企业已经发生重整原因、具备重整条件、具有挽救价值和挽救希望、企业重整的大致设想、债务清偿的初步计划、经营方案、重整目标实现的可行性等作出说明，并附相应证明材料。为此，债务人在重整申请书之外，还应当提交一份重整可行性报告。债权人提出重整申请时，除应提交法律规定的文件外，也应当提交一份重点在于说明债务人符合重整条件、重整具有可行性以及债权人可能作出的大致让步等情况的文件。现行立法对股东提出重整申请时需要提交哪些材料未作任何规定。本书认为，可以比照债权人提出重整申请的规定，要求出资人提供除只有债务人掌握的公司信息以外的其他信息，包括出资人资格的证明材料、企业符合重整条件的事实和理由、对重整具有可行性的说明意见等。总体上说，在提交文件以及履行说明义务等方面，债务人的责任最重，其次为出资人，再次为债权人，这是与他们各自的举证能力相关联的。人民法院在审查申请文件时不应对当事人提出超出其举证能力的要求，对重整可行性报告等文件也不应要求过高，毕竟将来事态发展还具有一定的不可确定性，而且对重整计划是否接受、批准是债权人会议的职权。

（二）重整申请的审查与受理

《企业破产法》第71条规定，人民法院经审查认为重整申请符合本法规定的，应当裁定债务人重整，并予以公告。最高人民法院在《关于破产案件立案受理有关问题的通知》中指出，各级法院“不得在法定条件外设置附加条件，限制剥夺当事人的破产申请权，阻止破产案件立案受理，影响破产程序正常启动”。

人民法院对破产申请（包括重整申请）的审查可分为实质审查与形式审查两种方式。所谓实质审查，是指查明债务人是否存在破产（包括重整）原因，是否符合受理案件的实质要件。所谓形式审查，是指审查法院有无管辖权、申请主体是否适格、破产申请是否符合法律规定的受理案件的形式要件，如提交文件是否齐备、是否合格等。

对于债务人自愿提出破产清算申请的案件，法院一般以形式审查为原则，仅在发现有问题的情况下才有必要进行深入的实质审查。但是，对于申请重整的案件，无论是谁提出申请，无论债务人有无异议，人民法院均应进行一定的实质审查。《破产审判会议纪要》第14条“重整企业的识别审查”规定：“破产重整的对象应当是具有挽救价值和可能的困境企业；对于僵尸企业，应通过破产清算，果断实现市场出清。人民法院在审查重整申请时，根据债务人的资产状况、技术工艺、生产销售、行业前景等因素，能够认定债务人明显不具备重整价值以及拯救可能性的，应裁定不予受理。”

首先，法院对于当事人提出的重整申请要进行识别审查，即进行必要的实质审查，不能无识别受理。因为重整程序是挽救程序，并非单纯的债务清偿程序，适用重整程序的一项重要条件就是债务人在发生重整原因的前提下，必须具有挽救希望与挽救价值。曾经有个别学者提出只要有人提出重整申请都应受理的主张，这无论在理论上还是实践中都是错误的、行不通的。重整案件是不完全适用立案登记制的。法院立案部门在收到申请人提交的重整申请材料后，根据《企业破产法》第8条进行形式审查，认为符合法律规定的，应当场登记收案。立案部门应将登记的案件移送负责审理破产案件的审判业务部门进行实质审查，并作出是否受理的裁定。

法院对不符合重整条件的企业不应启动重整程序，否则只会延误破产清算的时间，浪费司法与社会资源，使各方利害关系人的权益受到不利影响。重整案件与破产清算案件在受理审查上适用不同的原则，人民法院应对重整申请进行实质审查。[①]“重整程序成本高、耗时长，对利害关系人影响巨大，被拯救对象具有拯救价值和拯救的可能性时才有启动重整程序的必要。如让经营无望的困境企业随意进入重整程序，只会造成重整程序的空转，最终仍无力回天，徒增时间成本、经济成本，减损债务人企业的资产，损害债权人甚至是社会利益。在当前中央大

---

① 参见王欣新：《立案登记制与破产案件受理机制改革》，载《法律适用》，2015（10）。

力推进供给侧结构性改革、清理僵尸企业的大形势下，强调严格识别审查重整对象的现实意义在于，防止部分地方出于经济指标考核、维护社会稳定、安置职工就业等法外因素考虑，滥用重整程序，使高污染、高能耗、连年亏损，产品没有市场，主要靠政府补贴和银行续贷维持经营的僵尸企业借重整之名，逃避被清理的命运，规避供给侧结构性改革”①。

其他国家和地区立法对重整申请的审查程序规定略有差异。美国破产法对当事人特别是非债务人如债权人提出的重整申请，允许债务人等利害关系人申请听证，以保证法院的裁判建立在全面、充分了解相关信息的基础上。《日本公司更生法》第 39 条规定，法院可以经利害关系人申请或依职权，就以下事项颁布调查令：（1）破产开始的原因及事实；（2）更生程序开始可能存在的消极事由，包括费用缴纳情况、正在进行的对债权人更有利的相关程序、显然不具有重整成功的可能以及重整申请有不当目的或不诚实；（3）与启动更生程序有关的公司业务、财产等必要事项。我国台湾地区“公司法”第 285 条规定，对于重整申请，法院应选任对公司业务具有专门学识和经营经验的非利害关系人为检查人，调查公司业务、财务状况及资产评估、公司营业状况、依合理财务费用负担标准是否有经营价值，以及公司负责人对于执行业务有无怠忽或不当及应负之责任、声请事项有无虚伪不实情形等，检查人对于公司业务或财务有关之一切簿册、文件及财产，也应加以检查。为保证上述检查事项的顺利进行，该法还对董事、监事等人员的配合义务作了规定，并对虚伪陈述者科以刑罚。法院依检查人之报告，并参考目的事业“中央”主管机关等有关机关、团体之意见，裁定是否准许重整。与美国立法将法院之判断建立在对当事人听证、充分辩论的基础之上相比，我国台湾地区的规定具有较强的职权主义色彩。两种立法体例反映了不同的法律文化传统，依职权审查的优点是效率较高，缺点是易忽视利害关系人的积极作用；依赖当事人辩论而作出裁判，虽然能全面地听取各方意见，但效率可能受到影响。

为了弥补法院实质审查重整条件时商业判断能力上的不足，日本、韩国和我国台湾地区立法中还设有征询制度，由法院就重整申请向有关部门征询意见，作为其裁定重整与否的重要参考。《日本公司更生法》第 8 条规定，就债务人公司或者该公司的更生程序，法院认为有必要时，应将相关情况通知监督公司业务的行政厅和税务部门。《韩国倒产法》第 40 条规定，法院通过各种方法对是否存在开始条件进行调查，并在收到重整程序开始申请之后，应通知监督公司业务的行政厅、金融监督委员会及管辖公司本店（本店在国外的，为位于大韩民国境内的主营业所，本条以下如此）所在地的税务署长。法院认为有必要时，可以要求监督公司业务的行政厅、金融监督委员会和可以依国税征收法或地方税征收法征收的请求权（包括可以依国税征收之例、国税或地方税滞纳处分之例征收，并其征收顺位优先于一般重整债权的）有征收之权限者陈述关于公司重整程序的意见，收集其意见，依其职权进行必要的调查。但法院并不受其意见的拘束。我国台湾地区“公司法”第 284 条规定，法院在接到重整申请后，应检送申请书副本并征询相应机关的意见，包括主管机关（“经济部”）、目的事业主管机关（“内政部”“交通部”“财政部”）以及证券管理机关。立法规定征询制度，是因为对于公司有无重整的价值与必要，主管机关因平日对其的监督管理比较熟悉，而目的事业监督机关以及证券管理机关就公

① 贺小荣、王富博、杜军：《管理人与重整制度的探索与完善——〈全国法院破产审判工作会议纪要〉理解与适用（上）》，载《人民司法》，2018（13）。

司营业及业务状况更知之深切，故法院应征询其意见，作为是否开始重整程序的参考。[①]

《破产审判会议纪要》第15条"重整案件的听证程序"规定："对于债权债务关系复杂、债务规模较大，或者涉及上市公司重整的案件，人民法院在审查重整申请时，可以组织申请人、被申请人听证。债权人、出资人、重整投资人等利害关系人经人民法院准许，也可以参加听证。听证期间不计入重整申请审查期限。"法院在审查重整申请时组织听证会，有利于充分保障各方当事人的权利，给当事人以充分表达意见的机会。如前所述，在其他一些国家或地区，对重整申请的审查会邀请相关政府主管与专业部门参加听证或提供意见，以利于法院作出更为准确的判断。我国司法实践中，有时也会需要利害关系人之外的其他主体参加听证，如涉及企业的环保问题可能需要政府环保部门参与，还可以采取向有关机关征询、进行必要调查等做法，以保障法院判断的正确性。除上述规定的情况外，对于债权人提出重整申请，债务人在法律规定的时间内提出异议、同时存在破产清算和重整不同申请等情形，人民法院也可以考虑组织听证。

在人民法院对重整申请的审查工作中，除需要依法审查申请人是否具备法定主体资格、债务人是否发生重整原因、重整申请文件是否符合法律规定等之外，一项需要判定的重要事项便是债务人是否具有重整希望与重整价值，也就是进行重整的必要性和可行性。由于此项审查难免涉及商业判断，所以对此存在不同观点。有的人遵循英美法系国家如美国的审判理念，主张法官不应介入商业判断，认为这不属于法院的审判范围，法官往往也不具备对此审查的能力。但在破产重整程序中却不得不让法官在一定程度上作出商业判断，否则债务人发生破产原因就可以进入重整程序，不仅将使法院不堪重负，相关当事人尤其是债权人的正当权益也难以得到保障。一些国家或地区立法之所以规定在审查中可以采取征询、调查、听证等方法，其目的也是辅助法院对重整的必要性和可行性进行必要的商业判断。为此，《破产审判会议纪要》第14条"重整企业的识别审查"规定："人民法院在审查重整申请时，根据债务人的资产状况、技术工艺、生产销售、行业前景等因素，能够认定债务人明显不具备重整价值以及拯救可能性的，应裁定不予受理。"显然，让法官正向地认定某一债务人具有挽救价值和挽救可能是困难的，所以纪要规定从反向作出判断，即债务人是否明显不具备重整价值以及拯救可能性，进而作出相应裁定。这种判断有利于体现鼓励企业重整挽救的精神，排除判断中间模糊地带，减少误判的发生。其他国家或地区的破产立法通常也是对不应受理重整申请的情况加以规定，如我国台湾地区"公司法"第288条便列举了七种法院应驳回重整申请的事由，其中包括：(1) 声请程序不合者，但可以补正者，应限期命其补正；(2) 公司未依本法公开发行股票或公司债者；(3) 声请事项有不实者；(4) 公司经宣告破产已确定者；(5) 公司依破产法所为之和解决议已确定者；(6) 公司已解散者；(7) 公司营业状况，依合理财务费用负担标准，无经营价值者。《日本公司更生法》第41条中也有相关规定。

本书认为，我国立法可将下列情形规定为应裁定不予受理或驳回重整申请的一般事项：(1) 债务人不存在重整原因。(2) 重整申请的程序性事项不符合法律要求，包括申请人或被申请人不适格；法院无管辖权；申请材料不符合法律规定，经补充、补正要求后仍然不符合法律规定等。(3) 债务人已经适用破产清算程序且被宣告破产，或者其适用和解程序且和解协议已

---

① 参见杨建华：《商事法要论》，157页，台北，三民书局，1984。

经法院裁定认可。（4）企业无重整希望或重整价值。

此外，对重整申请受理的审查期间也应考虑修订立法适当延长。根据《企业破产法》规定，人民法院应当自收到重整申请之日起 15 日内裁定是否受理；债务人对债权人申请提出异议的，人民法院应当自异议期满之日起 10 日内裁定是否受理；有特殊情况需要延长裁定受理期限的，经上一级人民法院批准，可以延长 15 日。重整申请的受理比破产清算与和解申请的受理更为复杂。为了正确地行使实质审查权，法院可能需要依职权调查相关情况，进行听证（尽管听证期间不计入审查期间），向政府相关部门了解情况、征询意见。而在法定期限内往往难以完成这些工作，所以在实践中时常出现有关各方默认法院审查重整申请超过受理期间、有法而不依的现象。韩国旧《公司重整法》规定，对中小企业重整程序开始与否的裁定期限为 3 个月（或 5 个月）。经过 1999 年 12 月 31 日修订，规定只要具备形式要件即可作出开始裁定，并将作出裁定的期限调整为 1 个月。对此规定，已经有韩国国内学者提出批评，认为其为了迅速作出裁定而忽视了重整程序的宗旨。但即便这一形式审查的期限也比我国规定的期限要长。我国台湾地区“公司法”对公司重整受理裁定的期限并没有明确规定，但该法规定的仅裁定重整前监查人调查公司相关情况的期限就有 30 日，并规定裁定重整前的保全处分的期限可达 3 个月甚至更长。综合上述立法例，本书认为，立法对重整申请的审查期限需要予以延长，规定为 1 至 2 个月较为适宜。

在我国破产法修订完善时，还应当考虑规定重整申请提出后、受理前的临时保全措施。美国、加拿大等国家采取自重整申请时起对债务人处分财产行为自动冻结的制度，而大陆法系多数国家和地区的法律规定，只有法院裁定受理重整申请后才产生冻结的效力。但在重整申请提出后至法院裁定受理前，可能出现债务人个别清偿、隐匿、转移财产等欺诈行为，或者是不当处置业务，损害利害关系人的利益。我国《企业破产法》对此问题的解决未作规定。在德国、日本、韩国以及我国台湾地区的立法中，均规定了法院在上述期间可以依利害关系人的申请或依职权采取相应的保全救济措施。《日本公司更生法》第 28 条规定，法院于作出更生程序开始的裁定前，可因利害关系人的申请或依职权，命令就公司业务及财产实行假扣押、假处分或其他必要的保全处分。我国台湾地区“公司法”第 287 条第 1 款规定了公司财产的保全处分，禁止公司负责人将公司财产设定负担或进行处分；对公司业务进行限制；对公司履行债务或对公司行使债权进行限制，避免公司财务困难加重；公司记名股票禁止转让；公司负责人对于公司损害赔偿责任之查定及其财产之保全处分；等等。

借鉴各国和地区的立法经验，考虑司法实践需要，我国立法也应当对人民法院在接到重整申请后、作出是否受理的裁定前，可以依利害关系人的申请或依职权采取临时保全措施的问题作出规定。一般而言，法院采取的临时救济措施包括：（1）对公司财产进行保全，如临时扣押或冻结等。财产保全措施主要是针对债务人的财产处分或设定负担的行为，防止因债务人的不当行为损害债权人的利益。（2）限制债务人履行债务和债权人行使债权。（3）暂时中止清算、强制执行等程序。（4）限制公司业务活动。（5）限制记名股票的转让。（6）审查公司负责人对公司的损害赔偿责任并对其财产进行保全。由于公司负责人通常对发生重整原因的公司负有一定的个人责任，为避免其进行销毁证据、隐匿、转移财产等逃避责任或不利于债权人的行为，立法还应当赋予法院在重整申请提出后、受理前审查公司负责人、控制人的责任并对其财产进行保全的权利。

此外，还有的国家或地区立法规定可以指定保全管理人管理公司。韩国《公司重整法》将任命保全管理人作为保全处分中的一种——组织法性保全处分。该法第 39 条第 3 款规定，法院认为除依第 1 款规定的保全处分以外有必要时，可以听取管理委员会的意见，命令保全管理人进行管理。在德国、美国等国家，临时保全处分则主要依赖临时管理人（或类似职务者）依法行使其职权来实现。我国目前立法对规定的重整申请审查期限不长，不宜采取此种组织性临时救济措施，以避免债务人财产、营业事务等事项频繁交接所产生的问题，通过其他救济措施亦可以满足实践需要。

人民法院经审查认为重整申请符合法律规定的，应当裁定债务人重整，并予以公告。人民法院经审查认为重整申请不符合法律规定的，应当裁定驳回对债务人的重整申请。我国台湾地区“公司法”还规定，当法院以“债务人的业务与财务状况无重建再生的可能”为由驳回重整申请时，如债务人已经发生破产原因，符合破产规定的，法院可以依职权宣告其破产。

五、重整期间

自人民法院裁定债务人重整之日起至重整程序终止为重整期间。需注意的是，所谓重整期间不包括重整计划得到批准后的执行期间。各国立法对此问题规定并不一致，有的国家规定，重整期间，是指重整申请受理至重整计划得到或未得到关系人会议通过和法院批准的期间；有的国家规定，重整期间，是指重整申请受理至重整计划执行完毕的期间；还有的国家规定，自重整申请受理至法院根据个案确定的特定期间为重整期间。我国破产法采取第一种立法模式。有的人认为，重整期间是指自重整申请受理至重整计划执行完毕，管理人提出监督报告时为止。[①] 这种理解是错误的，是与《企业破产法》第 72 条、第 86 条、第 87 条规定不符的。

在重整期间，债务人的财产管理、营业事务执行以及重整计划制订有两种方式。

第一种方式是由债务人负责。《企业破产法》规定，经债务人申请，人民法院批准，债务人可以在管理人的监督下自行管理财产和营业事务。这时，管理人应当向债务人移交财产和营业事务，管理人的职权原则上由债务人行使，管理人起监督之作用。这实际上是引入了《美国破产法》第 11 章所规定的“占有中的债务人”制度。在重整程序中，“占有财产的债务人与债务人形式上为一人，但其身份却发生了实质性的变化。例如，法律赋予其对以前诈欺行为及优惠行为的撤销权，实际上是对自己以前行为的撤销，故其身份已发生了变化，它实际就是法院任命的受托人”[②]。

我国《企业破产法》中的“占有中的债务人”制度与美国的有所不同。首先，债务人只有经主动申请，才可以自行管理财产和营业事务，而不是自动取得“占有中的债务人”的地位。其次，须经法院批准，即法院认为债务人不存在违法、欺诈、严重经营不善等行为，才可以批准债务人自行管理财产和营业事务。最后，债务人自行管理财产和营业事务，须在管理人的监督下进行。

---

① 参见《中华人民共和国企业破产法》起草组编：《〈中华人民共和国企业破产法〉释义》，237 页，北京，人民出版社，2006。

② 李永军：《破产重整制度研究》，144 页，北京，中国人民公安大学出版社，1996。

第二种方式是由管理人负责。在由管理人负责管理债务人财产和营业事务的情况下，可以聘任债务人的经营管理人员负责营业事务。管理人聘任这些经营管理人员的费用属于破产费用，从破产财产中随时清偿。

在债务人自行管理财产和营业事务的情形之下，如果发现其有欺诈、违法、不称职等行为的，管理人或者其他利害关系人能否向法院申请更换重整人，转由管理人接管企业重整活动，《企业破产法》对此未作规定。根据《企业破产法》第 78 条规定，在重整期间，债务人有欺诈、恶意减少债务人财产或者其他显著不利于债权人的行为的，经管理人或者利害关系人的请求，人民法院应当裁定终止重整程序，并宣告债务人破产。但债务人的高管人员有欺诈等行为并不等于债务人企业无重整价值，裁定终止重整程序并宣告债务人破产似有些过激，与重整制度积极拯救企业、避免破产的目标也不协调。美国破产法对此规定，这时利害关系人可以申请法院指定托管人，替代“占有中的债务人”，继续进行重整程序。这一做法值得我国破产法借鉴。

为保障重整目的的顺利实现，保证债务人能够继续利用设置担保物权的财产进行生产经营活动，《企业破产法》规定，在重整期间，对债务人的特定财产享有的担保权暂停行使（关于重整程序中担保权暂停行使问题将在“别除权”一节中详细论述）。但是，对企业重整的进行没有保留必要的担保财产，经债务人或管理人同意，担保权人可以行使担保权。此外，在担保物有损坏或者价值明显减少的可能，足以危害担保权人权利时，担保权人可以向人民法院请求恢复行使担保权。

《企业破产法》第 75 条第 2 款规定：“在重整期间，债务人或者管理人为继续营业而借款的，可以为该借款设定担保。”《破产法解释三》第 2 条第 2 款规定：“管理人或者自行管理的债务人可以为前述借款（指该条第 1 款规定的为债务人继续营业的借款）设定抵押担保，抵押物在破产申请受理前已为其他债权人设定抵押的，债权人主张按照物权法第一百九十九条规定[①]的顺序清偿，人民法院应予支持。”根据《破产法解释三》第 2 条第 1 款的规定，破产程序中为债务人继续营业提供的借款，参照《企业破产法》规定的共益债务优先清偿。

债务人合法占有他人财产，该财产的权利人在重整期间要求取回的，应当符合事先约定的条件。所谓“符合事先约定的条件”，是指符合在相关合同中事先约定的取回时间以及其他条件，而关键在于时间条件。因为在破产清算程序中，未到期的权利视为到期，破产申请之受理具有加速权利到期的效力。据此，债务人合法占有他人财产时，该财产的权利人在破产清算程序启动后就可以要求取回财产。但是，在重整程序中，重整申请的受理不具有加速取回权到期的效力。所以法律规定，权利人在重整期间要求行使取回权的，应当符合事先约定的条件，尤其是时间条件。

《企业破产法》第 77 条规定：“在重整期间，债务人的出资人不得请求投资收益分配。在重整期间，债务人的董事、监事、高级管理人员不得向第三人转让其持有的债务人的股权。但是，经人民法院同意的除外。”在此需要确认债务人的董事、监事、高级管理人员是否也属于

---

① 《物权法》第 199 条规定：“同一财产向两个以上债权人抵押的，拍卖、变卖抵押财产所得的价款依照下列规定清偿：（一）抵押权已登记的，按照登记的先后顺序清偿；顺序相同的，按照债权比例清偿；（二）抵押权已登记的先于未登记的受偿；（三）抵押权未登记的，按照债权比例清偿。”

第三人的范围，如果不属于第三人，上述人员在彼此之间转让持有的债务人的股权，是否受限制。本书认为，考虑到立法本意之一，在于防范董事、监事、高级管理人员通过转让股权逃避相关法律的监管与责任，所以对此也应予以限制。

在重整期间，有下列情形之一的，经管理人或者利害关系人请求，人民法院应当裁定终止重整程序，并宣告债务人破产。

(1) 债务人的经营状况和财产状况继续恶化，缺乏挽救的可能性。这种状况表明债务人客观上已经不可能实现重整目标，自应终止重整程序。

(2) 债务人有欺诈、恶意减少债务人财产或者其他显著不利于债权人的行为。此种状况表明债务人主观上不仅没有与债权人和解的愿望，反而恶意地进行损害债权人利益的行为，这是与重整目标背道而驰的，原则上应当及时终止重整程序，以避免债权人的利益受到更大的损害。

(3) 由于债务人的行为致使管理人无法执行职务。此项规定包括两种情况：其一是在由管理人负责管理财产和营业事务，并负责制订重整计划草案的情况下，债务人不履行法定配合义务或阻碍管理人行使法定职权，致使管理人无法执行职务。其二是在债务人自行管理财产和营业事务，并负责制订重整计划草案的情况下，债务人拒绝管理人依法履行监督职责，导致其无法执行职务。

在发生上述情况时，有权请求人民法院裁定终止重整程序并宣告债务人破产的，是管理人或者利害关系人。所谓利害关系人包括债权人、债务人的出资人，在债务人为金融机构时，国务院金融监督管理机构（尤其是当重整申请是由其提出时）也有权向人民法院提出终止重整程序的申请。此外，当债务人实施破产欺诈、恶意减少债务人财产等显著不利于债权人的行为时，债务人的担保人也应有权提出终止重整程序的申请，因为这时债务人财产的减少，将使债务人的担保人不得不对债权人承担更大的担保责任。

第三节 重整计划的制订与批准

一、重整计划的制订

(一) 重整计划的概念

《企业破产法》规定，在当事人的重整申请被人民法院受理之后，应当在法定期限内提交重整计划草案。制订好重整计划，是重整程序能否顺利进行的核心环节之一。只有切实可行、合法合理的重整计划才有可能获得债权人会议的表决通过，并在执行中提高企业重整成功的可能。

重整计划是旨在促进企业再建更生，维持债务人之营业，解决债务清偿问题的综合性合同。有的英美法学者认为，重整计划是企业原管理层同其债权人和股权所有人间磋商而签订的合同。[①] 我国有学者将其定义为是以维持债务人的继续营业，谋求债务人的再生，并清理债权

① 参见［美］菲利普·波尔：《美国破产法典第11章企业整顿制度评价》，覃宇译，载《中外法学》，1993 (6)。

债务为内容的协议。[①] 我国台湾地区学者将其定义为：乃由重整人所拟订，以调整债权人与股东之利害，使陷于财务困难之公司，达成汰旧换新，重振企业之计划，为重整之核心所在。[②] 不同概念间的共同之处就是，都认为重整计划的法律本质主旨上是一种合同，不过是团体性的、强制性、内容复杂、经过司法确认的合同。

根据一些国家的破产法规定，在重整程序中，以企业及其营业挽救为目的的重整计划有两种类型，即存续式重整计划和出售式重整计划，与之相应，重整模式也分为存续式重整和出售式重整。这里的出售式计划，是指以挽救企业营业业务、清偿债务为目的，对债务人的营业、资产进行出售、清算、分配的计划。出售式重整从法律性质上讲，仍属于重整程序，适用有关重整的法律规定。而仅从债务清偿与财产处置的实务功能上讲，类似于清算程序中的破产财产变价与分配方案，只不过其资产出售强调维持债务人企业的营业业务价值，即企业的重整运营价值，而非简单的财产变现。德国称此种重整程序为出售式重整。

（二）重整计划的制订人

在重整计划由何人制订上，各国或地区立法的规定并不一致，主要有由单一主体制订的单元主义和由多方主体制订的多元主义，以及在两者之间的不同折中主义。

我国台湾地区的“公司法”采用单元主义，仅重整人有权制订并提出重整计划，其他人无此项权利。但在台湾地区的规定中，重整人的概念和管理人的有所不同，一般由重整公司之董事担任，仅在法院认为其不适当时才由债权人或股东中选派。在多元主义立法例中，还存在以管理人制订为主导和以债务人制订为主导之别。有的国家规定，重整计划以管理人制订为原则，其他人制订为例外。如《日本公司更生法》第 184 条规定，管理人于更生债权及更生担保权的申报期间届满后，原则上应自程序开始之日起 1 年内制成更生计划草案，并提交法院。在管理人不能制成计划草案时，该法规定，公司、申报更生债权人及更生担保权人、股东（限于资产超过债务情形）可以于法院所定期间内，制成更生计划草案并提交于法院。有的国家规定，重整计划以债务人制订为原则，其他人制订为例外。如《美国破产法》第 1121 条规定，在破产申请提出或批准后的 120 天内，债务人享有提出重整计划的专有权利。但在以下情况下，其他有利害关系的当事人也可以提出重整计划：（1）已经任命了托管人；（2）债务人未能在所规定的 120 天内提出计划，并且 120 天的期间也没有获得延长；（3）债务人虽提出了计划，但在破产申请提出或批准后的 180 天内未获得各类别权利受到削弱的债权人的接受。其他有利害关系的当事人，包括债权人、股权持有人、受托管理人、债权人委员会等。

我国《企业破产法》第 80 条规定：“债务人自行管理财产和营业事务的，由债务人制作重整计划草案。管理人负责管理财产和营业事务的，由管理人制作重整计划草案。”第 79 条规定：“债务人或者管理人应当自人民法院裁定债务人重整之日起六个月内，同时向人民法院和债权人会议提交重整计划草案。”由于立法规定在重整程序中只能由债务人或管理人管理企业财产和营业事务，按照上述规定的文义和逻辑推论，将排除其他主体参与制订重整计划的权利，且债务人和管理人两者也不能共同制订重整计划。在第 79 条中，虽然立法使用的是“提

① 参见赵万一主编：《商法学》，512 页，北京，法律出版社，2001。
② 参见柯芳枝：《公司法论》，552 页，台北，三民书局，1997。

交”一词，实际上也表明只有债务人或者管理人有权制订并且提交重整计划草案。

本书认为，上述规定有待完善。《企业破产法》的规定完全排除了其他利害关系人参与制订重整计划草案的权利，无法调动其参与重整程序的积极性，促进重整成功，在吸收相关利害关系人参加重整计划的制订方面，缺乏日本、美国立法的制约与灵活机制，还可能出现管理人或债务人不积极制订重整计划草案、其他利害关系人却无法介入的现象，影响重整程序顺利进行。应当说，制订重整计划的多元主义或折中主义立法更有利于实现各方的利益制衡，增加重整成功率。如果只允许债务人制订重整计划，则其可能会利用垄断性权力，更多地关心自身利益，漠视债权人权益，从而降低重整计划的公正性及可行性。如果只允许管理人制订重整计划，因其并非公司内部人员，对债务人的经营业务及资源状况可能不熟悉，有时也难以制订出合理、可行的重整计划。此外，如果债务人或管理人因自身能力所限，无法制订出重整计划草案，就会导致重整失败，影响其他利害关系人的利益。如立法允许其他主体也可参与制订重整计划，则债务人或管理人在制订重整计划时就会更加注意吸收各方利害关系人的意见，借助多方智慧与资源，促成重整计划的顺利制订与通过，增加重整成功率。所以，我国应当借鉴国外的经验，允许债权人、股东、新出资人参与制作重整计划草案。[①] 立法还应规定，在债务人或管理人在法定期间内无法提出重整计划，或其他利害关系人认为该计划不合法、不合理而不接受时，债务人的出资人、债权人、新投资人等利害关系人可以独立制订，并向债权人会议和法院提交重整计划。这将有利于充分调动各方利害关系人参与重整的积极性，有利于重整计划的通过和重整程序的顺利进行。

《破产审判会议纪要》第16条“重整计划的制定及沟通协调”规定：“人民法院要加强与管理人或债务人的沟通，引导其分析债务人陷于困境的原因，有针对性地制定重整计划草案，促使企业重新获得盈利能力，提高重整成功率。”

重整计划草案应当在法定期间内制订并提交。我国《企业破产法》规定，债务人或者管理人应当自人民法院裁定债务人重整之日起6个月内，同时向人民法院和债权人会议提交重整计划草案。期限届满，经债务人或者管理人请求，有正当理由的，人民法院可以裁定延期3个月。债务人或者管理人未按期提出重整计划草案的，人民法院应当裁定终止重整程序，并宣告债务人破产。

在重整程序中，还应当积极探索推行庭外重组与庭内重整制度的衔接，在进入重整程序前就协商拟定重组方案。《破产审判会议纪要》第22条规定：“在企业进入重整程序之前，可以先由债权人与债务人、出资人等利害关系人通过庭外商业谈判，拟定重组方案。重整程序启动后，可以重组方案为依据拟定重整计划草案提交人民法院依法审查批准。”

（三）重整计划的内容

重整计划是当事人间的合同，所以凡是当事人认为有利于重整成功的内容经协商都可以纳入重整计划之中。由于重整同时又是一种司法程序，所以对于重整计划至少应当包括哪些内容即必备条款，各国家与地区之破产立法一般均作出详细规定。如《美国破产法》在第1123条的A款、B款中分别规定了重整计划的必备条款和选用条款。重整计划应包括的主要内容有：

---

① 参见王欣新：《上市公司重整实务问题研究》，载《中国律师》，2008（9）。

(1) 对各种请求权或者权益进行分组；具体指明没有受到损害的请求权或权益小组。(2) 具体指明受到损害或不利影响的请求权或权益小组的待遇。(3) 除非特定请求权或权益享有者同意受到较低待遇，重整计划应当对特定权益小组实施同等对待。(4) 为重整计划的实施提供足够的手段，如债务人对破产财产部分或全部保留；将破产财产部分或全部转让给一个或数个经济实体，无论该实体是在重整计划确认后成立的还是在此前成立的，等等。(5) 在公司章程中规定，禁止发行无表决权的衡平证券。(6) 对公司高级管理人员、董事或者受托人及其承继者的选任方式作出规定，这种规定要符合债权人、证券持有者以及公共政策的利益。(7) 除上述内容外，重整计划可以对任何组别的请求权作出有影响或无影响的安排。(8) 对可执行合同规定前提条件。(9) 对属于债务人或破产财产的任何权益作出和解或调整。债务人、受托人或者为此目的所设定的破产财产代表人，可以保留也可以执行这些权益。(10) 对破产财产的全部或部分予以出售，并将出售所得分配给权益享有者。除此之外，重整计划中还可以包括与破产法规定不一致的条款。如果破产重整涉及的是个人，则除非经债务人同意，不得对债务人受豁免的自由财产进行出售、使用或者租赁，等等。①

我国台湾地区“公司法”第 304 条第 1 款规定，公司重整如有下列事项，应当订明于重整计划：(1) 全部或一部重整债权人或股东权利之变更；(2) 全部或一部营业之变更；(3) 财产之处分；(4) 债务清偿方法及其资金来源；(5) 公司资产之估价标准及方法；(6) 章程之变更；(7) 员工之调整或裁减；(8) 新股或公司债之发行；(9) 其他必要事项。

我国《企业破产法》第 81 条规定：重整计划草案应当包括下列内容：(1) 债务人的经营方案；(2) 债权分类；(3) 债权调整方案；(4) 债权受偿方案；(5) 重整计划的执行期限；(6) 重整计划执行的监督期限；(7) 有利于债务人重整的其他方案。

从上述破产立法的规定中可以看出，重整计划主要包括两部分内容：其一是对企业债权债务关系的解决，其二是对企业经营的重整挽救措施。债务清偿的解决方法主要是免除部分债务（如免除利息）、减少清偿比例、延期与分期清偿、将银行债务转为新的贷款以及债权转为股权、以股票等权利或实物财产抵债等。企业经营的重整措施主要包括资金筹集和营业调整与继续两个方面。资金的筹集往往对企业重整之成败起到关键作用。通常，重整所需资金（包括偿债资金与经营资金）除利用企业盈利外，是通过招募新的投资人进行投资，在企业内部向股东发行股份，在企业外部借款、发行债券或定向发行新股等方式筹集。企业进入重整程序后筹集资金是比较困难的，因为投资人对其债务偿还能力可能会存在疑问。但同时破产法规定，所有重整程序启动前发生的债务均纳入重整计划统一清偿，而在重整程序中提供借款的债权人则不受此约束，这些债权作为共益债务可以优先从债务人财产中获得清偿。如美国破产法规定，在重整期间向债务人提供信用的债权人，其债权享有与重整行政费用（相当于我国之破产费用）相同的优先清偿地位。此外，立法允许债务人为新发生的债权设置担保。所以只要重整债务人有具有发展前途的营业和较好的现金流，企业新筹集资金的安全是有一定保障的。

由于一些与破产重整相关的法律如税收法律、公司法、证券法和相关社会制度如社会保障、信用修复等，往往仅着眼于对正常经营的常态企业的调整，而缺乏对处于债务困境与破产程序中的非常态企业进行常态化调整的理念和措施，特别是没有考虑对困境企业挽救的制度需

---

① 参见徐永前主编：《新企业破产法 100 问》，248～249 页，北京，企业管理出版社，2006。

求，远远落后于现实社会发展的需要，导致重整计划的制订有时会遇到各方面的阻力。《破产审判会议纪要》第16条“重整计划的制定及沟通协调”规定：“人民法院要与政府建立沟通协调机制，帮助管理人或债务人解决重整计划草案制定中的困难和问题。”其实在其他国家或地区的破产法实施中也出现过同样的问题，只要不固守旧法与旧制，及时作出法律修改、制度调整就可以解决。如我国台湾地区“公司法”第309条规定，在公司重整中，当“公司法”之关于变更章程、增资、减资、减资之通知公告期间及限制、发行新股、发行公司债、设立公司、出资种类的规定，如与（重整）事实确有冲突时，经重整人向法院声请，法院可以裁定另作适当之处理，即可以不执行“公司法”的规定。所以，对相关法律制度的修改与完善也是保障重整计划的顺利制订、企业挽救成功的关键举措，不可忽视。

（四）重整中的信息披露问题

在重整中应进行必要的信息披露，以帮助债权人对重整方案作出评估并最终决定是否接受该方案。[①] 在中航油重组过程中，就因违背信息披露义务，欺骗德意志银行，几乎导致重组失败。[②]《美国破产法》第11章重整程序中规定了首次信息披露义务，它要求债务人在提出申请之时或提出申请后马上提交一份债务人名单、一份资产负债表和当前的收支表，有时还需要提交“财务状况说明书”。同时，破产规则第2004条还规定了法院的质询权，法院可以“根据任何有利害关系当事人的申请，对任何实体组织进行质询”。有利害关系的当事人在案件进行过程中随时可以根据该条规定申请法院举行听证会，对债务人进行质询。

在大型破产案件中的小债权人和财产很少的小型案件中的大多数债权人可能对债务人的情况完全一无所知，为解决这一问题，《美国破产法》第1125条规定：“本法规定的案件开始之后，不能随即恳请债权人就其债权或利益对方案作出表决，除非在恳请之前或恳请之时，债权人已经收到了方案或方案摘要以及获得法院批准的书面的披露说明。法院批准披露说明是在经过通知和听证，确认说明包含了充分信息之后作出的。法院可以批准没有对债务人的资产进行评估或对债务人进行价值估算的披露说明。”第1125条（a）款是这样界定“充分信息”的：“这类信息以翔实合理的细节记述了债务人的性质和历史，以及债务人账簿的情形，它能够使理性的投资者（典型的相关类别的债权人或股东）对方案作出理性的判断，但是充分的信息不需包括任何其他可能的或已经提出的方案的信息。”同时，第1125条（c）款确认不同的债权人对信息的需求程度是有差异的。虽然它要求向同一类别的每位成员提供相同的披露说明，但允许向不同类别的权利人提供“数量、细节或信息的种类有所不同”的披露说明。美国破产规则第3016、3017条还对此作出具体化的规定，包括必须举行信息披露听证会的规定。

我国《企业破产法》在第8条中规定了申请人提出破产申请时需向法院提交的材料，在第

---

① 参见［美］大卫·G.爱泼斯坦等：《美国破产法》，韩长印等译，818～819页，北京，中国政法大学出版社，2003。

② 在中航油重组方案尚未确定时，中国航油集团最先采取的行动是筹集资金交纳保证金。2004年10月20日，该集团向德意志银行配售了15%的股份，获得大约1亿美元的资金。但在此过程中，没有人告知德意志银行融资的真实意图，集团的决策层因此触犯了新加坡法律，面临德意志银行以“蓄意欺骗”起诉的刑事犯罪危险，好在最终德意志银行没有追究集团的法律责任。重组成功后，专家将此列为影响重组进程顺利进行的重要因素之一。参见程苓峰：《解密“中航油重组”》，载《中国企业家》，2006（7）。

11条中规定了法院受理破产申请后债务人应当提交的材料，并在“债权人会议”等章节中规定了管理人对债权人会议的一些信息披露义务，但对管理人及债务人在破产程序中应如何向单个债权人履行信息披露义务未作规定，对上市公司在重整程序中的特殊信息披露义务也无规定。为解决破产程序（不限于重整程序）中的信息披露问题，保障债权人的知情权及权利救济，《破产法解释三》第10条规定：“单个债权人有权查阅债务人财产状况报告、债权人会议决议、债权人委员会决议、管理人监督报告等参与破产程序所必需的债务人财务和经营信息资料。管理人无正当理由不予提供的，债权人可以请求人民法院作出决定；人民法院应当在五日内作出决定。上述信息资料涉及商业秘密的，债权人应当依法承担保密义务或者签署保密协议；涉及国家秘密的应当依照相关法律规定处理”。最高人民法院在《关于审理上市公司破产重整案件工作座谈会纪要》中对重整程序中上市公司的信息披露义务问题也作出相应规定。依据上述规定的原则，参考借鉴美国的立法经验，考虑我国企业重整的实际需要，应当从以下几个方面完善企业重整中的信息披露制度：第一，明确规定债务人在重整申请受理后应向法院提供企业与重整有关的详尽材料。第二，明确规定重整计划草案制作人在将重整计划草案提请表决之前应向债权人等履行的信息披露义务。重整计划草案制作人应当通过会议、电话、信件、传真、电子邮件或其他有效方式向债权人、股东及其他利害关系人提交重整计划草案的说明，详细披露以下信息：债务人的背景、历史以及发生财务危机的经过和原因；债务人的债权、债务清单；债务人的资产清单以及现值评估报告（截至重整计划草案制订时的现有资产评估报告）；解决债务人财务问题已采取的措施和计划采取的措施；重整计划草案内容提要；债权人在破产清算程序中可能得到的分配额和从重整程序中可能得到的清偿额的比较性分析；重整计划的可行性分析与预测。债权人及其他利害关系人有权要求查阅相关文件。第三，单个的债权人、股东及其他利害关系人认为重整计划草案说明不充分的，可以要求重整计划草案制作人补充说明或接受询问，并可提请法院召开听证会。单个的债权人、股东及其他利害关系人有权向重整计划草案制作人就重整计划草案提出修改意见和建议。重整计划草案制作人在人民法院召开债权人会议对重整计划草案进行表决前可以对重整计划草案进行修改和补充。第四，通过司法解释规定判断信息是否披露充分的标准，并规定对于信息披露是否充分的争议的解决途径。

二、重整计划草案的表决与批准

（一）重整计划草案的表决

重整程序一个重要的特点，就是对重整计划草案不是采取债权人会议全体一起表决的方式，而是采取债权人分组会议表决的方式。这种分组表决机制是具有法理依据的，“对在实体法上具有同一性质的债权人平等地对待，而不同性质的债权人根据其差异来区别对待的做法是符合公平理念的。而且，在依照公平理念认为合理的范围内，就实体法上具有同一性质的权利之间待遇也允许有差异”①。在破产清算与和解程序中，对破产财产分配方案与和解协议草案由债权人会议全体表决，是因为其对债权人利益的调整是依照法律规定的统一调整，不存在区分待遇。而在重整程序中对重整计划草案采取债权人分组表决，是因为不同组别利害关系人的

① ［日］伊藤真：《破产法》，刘荣军等译，8页，北京，中国社会科学出版社，1995。

法律地位、清偿顺位、权益调整方案是不同的，分组表决机制可以更全面、准确地反映不同利害关系人群体的利益诉求差异，不会出现因不同权益和不同调整措施的债权人在一起表决而干扰表决结果使之失真，避免不同债权人之间的利益冲突与牵累，减少谈判成本，提高重整程序的整体效率，更好地维护债权人等利害关系人的正当权益。

各国（地区）立法对重整程序中债权人的分组有两种规定模式：其一是强制性分组，也称法定分组，即在法律列举的分组之外法院和当事人均不能再设置新的其他组别，如我国台湾地区"公司法"中的分组设置；其二是任意性分组，即在法律列举的分组之外法院和管理人可以再设置新的其他组别，如日本等国。有的国家如美国，在重整程序中对债权的分类十分细致，凡是受偿权利或债权具有不同特点的债权人，均可以单独分为一组，而且在同一类债权（如普通债权）中还可能按照债权额的大小、债权人的具体性质（如有物权担保的债权人中又可依担保权利性质、担保对象的不同而区分）等进一步分组。在一个重整案件中一般分组可能多达十几个，以求更为准确地反映并保护不同债权人的利益。

根据我国《企业破产法》第 82 条规定，债权人参加讨论重整计划草案的债权人会议，依照下列债权分类，分组对重整计划草案进行表决：(1) 对债务人的特定财产享有担保权的债权；(2) 债务人所欠职工的工资和医疗、伤残补助、抚恤费用，所欠的应当划入职工个人账户的基本养老保险、基本医疗保险费用，以及法律、行政法规规定应当支付给职工的补偿金；(3) 债务人所欠税款；(4) 普通债权。人民法院在必要时可以决定在普通债权组中设小额债权组进行表决。该法第 85 条第 2 款规定，重整计划草案涉及出资人权益调整事项的，应当设出资人组，对该事项进行表决。从立法文义上看，强调至少要划分上述组别，但对在法律列举的分组之外法院能否设置其他组别，立法未作具体规定。有的人认为，《企业破产法》规定的债权人分组是强制性法定分组，不允许在法定组别外再划分其他组别，至多可以在法定的同一表决组中再分设不同组别。[①] 这是不符合立法本意和实践需要的。表决组别的设置是一种技术性措施，只要能够更全面、准确地体现不同债权人团体间的利益诉求，能够更好地体现表决结果的公正性，法院完全可以根据重整计划草案对债权的不同调整方案决定在法律规定的组别外再分设其他组别。再者，如果将《企业破产法》规定的债权人分组理解为强制性分组，其前提应是这种强制性分组确实能够涵盖实践中对债权分组的全部需要，解决所有不同利益者的分组问题。但目前显然并非如此，例如对公司债债权人、次级债债权人等均未设独立组别，而这些债权人的权利与其他组别债权人的权利是有重大区别的，需要独立设置组别进行表决。所以，将法律作出的宣示性组别规定理解为强制性规定是错误的，是不符合实际的。此外，当设立出资人组时，也可以根据实际需要对其进行更为细化的表决组划分，如普通股组别、优先股组别、H 股组别以及其他特殊股组别。在目前上市公司重整的司法实践中，已经存在根据对当事人权益不同调整而进行灵活分组的情况。但是，法院对表决组别的设置不得损害表决结果的公平性。

《企业破产法》第 83 条规定："重整计划不得规定减免债务人欠缴的本法第八十二条第一款第二项规定以外的社会保险费用；该项费用的债权人不参加重整计划草案的表决。"这主要是因为这些纳入社会统筹的职工社会保险必须连续缴纳保险费用，才能维持社会保险的最佳效

---

① 参见邹海林：《破产法——程序理念与制度结构解析》，403～408 页，北京，中国社会科学出版社，2016。

用，如果重整计划规定可以减免债务人欠缴这些社会保险费用，将使职工的这些社会保险利益无法维持，影响到社会保险体系的正常运行。由于这些社会保险费用的债权人的利益不受重整计划的不利影响，自然也就不必参加对重整计划草案的表决了。

人民法院应当自收到重整计划草案之日起 30 日内召开债权人会议，对重整计划草案进行表决。债务人或者管理人应当向债权人会议就重整计划草案作出说明，并回答单个利害关系人的询问。为使利害关系人更好地了解重整计划的内容，美国破产法规定有重整计划的说明书制度。制定说明书的主要目的是向债权人、股东等利害关系人介绍债务人的背景和未来前景，在对重整计划进行表决前发给利害关系人，以帮助债权人、股东等理解重整计划，进行正确的表决，其功能类似于股票或债券发行中的招股说明书。① 这一制度非常有必要在我国推广实施。

根据我国《企业破产法》的规定，出席会议的同一表决组的债权人过半数同意重整计划草案，并且其所代表的债权额占该组债权总额的 2/3 以上的，即为该组通过重整计划草案。各国立法对重整计划的表决方法规定不同，甚至繁简也不一。有的规定与我国的相似，也有的规定更为复杂。如《日本公司更生法》第 205 条规定，在关系人会议上通过更生计划时，必须在更生债权人小组上，取得有表决权的更生债权人表决权总额的 2/3 以上同意；在更生担保权人小组上，对于规定更生担保权缓期执行的计划草案，取得有表决权的更生担保权人表决权总额的 3/4 以上同意；根据更生担保权的减免或其他缓期以外的方法影响其权利的更生计划草案，取得有表决权的更生担保权人表决权总额的 4/5 以上同意；在股东小组上，取得有表决权的股东的表决权总额的过半数同意。

债务人的出资人代表可以列席讨论重整计划草案的债权人会议。重整计划草案涉及出资人权益调整事项的，应当设出资人组，对该事项进行表决。立法未规定出资人的表决权与公司有无资产净值相关。《企业破产法》对出资人组的表决通过标准未作规定。本书认为，我国的公司是资合企业，应按照资本多数决的原则议决公司事项，所以出资人组应采取《公司法》规定的股东（大）会表决方式，即重整计划草案经出席会议的出资人所持表决权的 2/3 以上同意即为通过，不应采取与债权人会议相同的表决方法，不应将同意的人数等因素考虑在内。此外，考虑到上市公司的特点，出资人可以采取网络表决等非现场方式行使表决权。

当各个表决组均表决通过重整计划草案时，重整计划即为通过。自重整计划通过之日起 10 日内，债务人或者管理人应当向人民法院提出批准重整计划的申请。如果有部分表决组未通过重整计划草案，债务人或者管理人可以与反对组别协商进行二次表决，反对组拒绝再次表决或者再次表决仍未通过的，符合法定条件的，还可以申请人民法院强制批准重整计划草案。

(二) 重整计划草案的批准

法院对重整计划的批准，是代表国家对当事人可能涉及社会利益的民事处分行为进行审查，以保证重整计划公正、合理，维护债务人、债权人、股东等利害关系人之权益，并维护社会利益。许多国家的破产法均规定有这一程序。如《日本公司更生法》第 233 条规定，当重整计划具备下列要件时法院得作出批准的裁定：(1) 更生程序或更生计划符合法律规定；(2) 计划公正、均衡而可行；(3) 决议系以诚实、公正的方式作出；(4) 关于以合并为内容的计划，

---

① 参见潘琪：《美国破产法》，213 页，北京，法律出版社，1999。

其他公司之股东大会已作出承认合并契约的决议等。而且该法还规定，即使更生程序违反法律规定，考虑到其违反的程度、公司的现状及其他一切情由，认为不批准计划不合适时，法院也可作出批准的裁定。《美国破产法》第1129条（a）款规定，只要计划具备下列条件，法院应批准计划：(1) 计划符合破产法的有关规定。(2) 重整计划是由法律规定的有资格的人诚实地提出的，没有规避法律。(3) 支付的与案件或计划有关的劳务费或服务费和其他开支已得到法院的批准或将由法院以合理为由许可。(4) 计划的提出者已经透露了拟在计划获准后担任债务人公司董事、高级职员、受托人或债务人之继受者的情况。对这些人的任命或留任符合债权人、股权持有人的利益及公共政策。同时，计划的提出者透露了内部人员的受雇情况及对他们的补偿。(5) 在计划批准后，主管债务人税收的政府管理委员会已经批准了计划所规定的税收调整，或者该税收调整是明显符合被批准条件的。(6) 受到重整计划削减的请求权或股权的权利持有人，已经完全接受了计划或者于计划生效之日其将得到不少于若按第7章清算程序所能得到的金额。(7) 每类债权或股权或者完全接受了计划或者未受到计划的削减。(8) 除非某一债权人同意接受不同待遇，于计划生效之日，破产法第507条规定的特别优先权应受到清偿。(9) 假如计划对债权作了削减，则至少有一类债权已接受计划，但内部人员的接受不计算在内。(10) 计划批准之后，显然不需再对债务人进行清算或者对债务人或其继受者进行财务重整，除非该清算或重整是计划所建议的。(11) 根据法律应支付的、由法院在重整计划的审理中确定的所有费用均已支付，或计划规定将在计划生效之日支付这些费用。(12) 计划规定在其生效之后，将按破产法第1114条所限定的条件以及标准，继续支付所有的退休保险费。

由于重整程序具有一定的社会本位性质，一些国家和地区的破产法规定，重整计划即使未获关系人会议全部组别表决通过，符合法定条件的，法院在综合考虑后，仍可批准该重整计划。由于此种对重整计划的批准具有强制性，各个国家和地区的法律都规定有具体标准，以防滥用。如《日本公司更生法》第234条规定："在就更生计划召集的关系人会议上，即使有的组未得到法定额或法定人数以上表决权人的同意，法院亦可变更计划草案，对该组的更生债权人、更生担保权人或股东可以依下列保护其权利的方法之一，而作出计划认可的裁定：(1) 对于更生担保权人，使担保权的标的财产、权利依然存续，将其移转于新公司、转让他人或保留于公司；(2) 对于更生担保权人，将其权利标的财产；对于更生债权人，将应抵充其债权清偿的公司财产；对于股东，将应抵充剩余财产分配的公司财产，以法院所定公正交易价额以上价额变卖，以所得价金中扣除变卖费用后的余额实行清偿、分配或将其提存；(3) 将法院所定权利的公正交易价额支付于权利人；(4) 以其他类似前项的方法，公正、平衡地保护债权人。"《美国破产法》第1129条（b）款规定，只要计划对于受到削减而没有接受计划的债权或股权没有不公正的待遇，而且有一组权益受到影响的债权人或股权持有人接受了这项计划，法院可不顾其他组别的反对而许可计划。重整计划对于每一类债权或股权公正和平等的条件包括：(1) 对于有担保的债权，债权人在该债权得到承认的数额内，保留其担保权，而不论该财产是由债务人保留还是转让他人，而且该债权人所得到的延期支付不少于他对该财产所享有的权益，或出卖担保财产而将其在该财产上的利益对其支付，或者该债权的持有人明确无疑地实现了其担保权。(2) 对于无担保的债权，该债权人应获得其被承认的请求权于计划生效日请求权价值的现金清偿，或者顺序在后的债权人或股权人得不到清偿或分配。(3) 对于股权，计划规定该类股权的持有人接受或保留一定的财产，其价值在计划生效之时等于下列中最大者：该持有人有权享有的任何确定的清算优先权的数额；该持有人有权享有的任何确定的补偿价格或该利益的价值，或者次位的权益持有人将得不到任何财产分配。(4) 计划的主要目的不是规避纳税或者适用 1933 年证券法第 5 条的规定。我国台湾地区“公司法”第 306 条第 2 款规定，重整计划未获关系人会议通过，但公司确有重整价值者，法院可用下列方法对不同意组修整重整计划，然后裁定认可：“(1) 有担保重整债权人之担保财产，随同债权移转于重整后之公司，其权利仍存续不变；(2) 有担保重整债权人，对于担保之财产；无担保重整债权人，对于可充清偿其债权之财产；股东对于可充分派之剩余财产；均得分别依公正交易价额，各按应得之份，处分清偿或分派承受或提存之；(3) 其他有利于公司业务维持及债权人权利保障之公正、合理方法。”此外，法院在审查是否强制批准重整计划时，还要考虑企业是否具有挽救的可能与价值，也就是重整制度挽救债务人之目的能否实现。

根据我国《企业破产法》的规定，人民法院对重整计划草案的批准分为正常批准和强制批准两种情况。所谓正常批准，是在债权人分组会议各个组别均以法定多数通过重整计划草案时，报请人民法院所作的批准。所谓强制批准，是在债权人分组会议中有部分组别未能以法定多数通过重整计划草案时，报请人民法院所作的批准。设置人民法院对重整计划草案的强制批准制度，是我国重整制度的一个特点。重整制度与其他破产程序不同，它不仅考虑债权人、债务人的利益，还考虑到其他相关主体的利益包括社会的整体利益，这是破产法理念上的一大改变。当债权人会议部分组别甚至多数组别表决不同意重整计划草案时，为什么人民法院可以强制批准重整计划草案呢？首先，这与强制批准的条件有关。法律规定的条件之一，是所有的债权人依照重整计划所得到的清偿都不能够少于即时破产清算时得到的清偿。也就是说，如果将债务人企业立即破产清算，债权人能够得到的清偿比例是 15%，而在重整计划草案中规定的清偿比例是 30%，债权人仍然反对，法院可以强制批准重整计划草案。因为重整计划草案约定的利益高于即时清算中能够得到的利益，债权人的既得利益没有受到损害。同时，债权人会议又有一些组别表决通过重整计划，也就是说，他们自认为通过重整计划可以实现更大的利益。不减少任何人的利益，同时又能增加部分人利益，即总体上增加社会利益，法院就应有裁判权强制批准重整计划草案。其次，这也是为了保障重整程序能够顺利进行。因为有一部分债权人组别如物权担保债权人组在重整程序中很难获得利益增加，至多也就是能做到利益不再受损失，所以其反对重整计划草案的可能性较大。在重整计划调整出资人权益时，因为通常是单向的调减乃至全部权益调整为零，也难免会遇到出资人组的反对。为了维护多数债权人的利益和社会利益，需要赋予人民法院强制批准重整计划草案的权力，以挽救债务人，保障重整制度的实施。

对于人民法院正常批准重整计划草案的审批条件，《企业破产法》中未作具体规定，这导致在司法实践中执法的标准不统一。为指导破产审判工作，《破产审判会议纪要》第 17 条“重整计划的审查与批准”规定：“重整不限于债务减免和财务调整，重整的重点是维持企业的营运价值。人民法院在审查重整计划时，除合法性审查外，还应审查其中的经营方案是否具有可行性。重整计划中关于企业重新获得盈利能力的经营方案具有可行性、表决程序合法、内容不损害各表决组中反对者的清偿利益的，人民法院应当自收到申请之日起三十日内裁定批准重整计划。”

该纪要的此条规定首先强调指出，重整的重点是要维持企业的营运价值。将企业的重整限于债务减免和财务调整，实际上就是使重整程序混同于和解程序了。重整程序与和解程序的区别就在于，和解程序解决的是对债务的和解，和解协议的内容仅仅限于债务减免和财务调整，而重整程序的重点是要维持企业的营运价值。所以除债务减免和财务调整之外，重整计划还需要对债务人企业的股东、股权、营业、融资等各方面进行综合调整，以达到维持企业营运价值、挽救企业的目的。

其次，此条规定了对各个表决组均通过重整计划草案时的正常批准的审查原则。第一，法院在审查重整计划时，除合法性审查如表决程序是否合法外，还应审查其中的经营方案是否具有可行性。要求法官确认重整计划中的经营方案具有可行性是十分困难的，而且所谓是否具有可行性往往与实施措施是否正确、得力密切相关，且在实践中具有以结果论英雄的性质。本书认为，法官在审查重整计划时，重点方向仍应当是经营方案是否具有法律上、经济上明显的不可行性，并以此考虑对重整计划的批准。由于这是对重整计划的批准，虽然也是从是否具有不可行性方面予以审查，但需要比对重整申请的审查更为严格慎重。

第二，重整计划内容不损害各表决组中反对者的清偿利益。这是非常重要的一项新规定。在司法实践中曾存在一个认识误区，就是只要债权人会议的各个表决组均通过了重整计划草案，对各表决组中反对者的清偿利益是否受到损害，法院便无须再予关注和审查。这是错误的。重整程序中的债权人会议表决，仅仅是当事人自治性团体内部的协调与议决活动，无权决定损害当事人的法定权益。为了防止在债权人会议中出现多数人的暴政，侵害少数人的法定清偿利益，即使是债权人会议组别表决通过了重整计划草案，法院也必须审查其是否存在损害各表决组中反对者的法定清偿利益的内容，并在发现时予以纠正，包括不批准重整计划草案。

对于强制批准的审批条件，《企业破产法》在第87条中作了具体规定，但仍存在对利害关系人保护不力以及当事人异议缺乏适当救济渠道等问题，需要进一步加以完善。

《企业破产法》第87条规定：

部分表决组未通过重整计划草案的，债务人或者管理人可以同未通过重整计划草案的表决组协商。该表决组可以在协商后再表决一次。双方协商的结果不得损害其他表决组的利益。

未通过重整计划草案的表决组拒绝再次表决或者再次表决仍未通过重整计划草案，但重整计划草案符合下列条件的，债务人或者管理人可以申请人民法院批准重整计划草案：

（一）按照重整计划草案，本法第八十二条第一款第一项所列债权就该特定财产将获得全额清偿，其因延期清偿所受的损失将得到公平补偿，并且其担保权未受到实质性损害，或者该表决组已经通过重整计划草案；

（二）按照重整计划草案，本法第八十二条第一款第二项、第三项所列债权将获得全额清偿，或者相应表决组已经通过重整计划草案；

（三）按照重整计划草案，普通债权所获得的清偿比例，不低于其在重整计划草案被提请批准时依照破产清算程序所能获得的清偿比例，或者该表决组已经通过重整计划草案；

（四）重整计划草案对出资人权益的调整公平、公正，或者出资人组已经通过重整计划草案；

（五）重整计划草案公平对待同一表决组的成员，并且所规定的债权清偿顺序不违反本法第一百一十三条的规定；

（六）债务人的经营方案具有可行性。

人民法院经审查认为重整计划草案符合前款规定的，应当自收到申请之日起三十日内裁定批准，终止重整程序，并予以公告。

《破产审判会议纪要》第18条“重整计划草案强制批准的条件”规定：“人民法院应当审慎适用企业破产法第八十七条第二款，不得滥用强制批准权。确需强制批准重整计划草案的，重整计划草案除应当符合企业破产法第八十七条第二款规定外，如债权人分多组的，还应当至少有一组已经通过重整计划草案，且各表决组中反对者能够获得的清偿利益不低于依照破产清算程序所能获得的利益。”

综合上述法律及规范文件的规定，人民法院强制批准重整计划草案的程序性条件包括：第一，重整计划草案已经获得部分表决组的通过，只是部分表决组未通过重整计划草案，也就是说，至少要有一组表决组通过了重整计划草案。如果所有的表决组均未通过重整计划草案，人民法院不得强制批准重整计划草案，《企业破产法》第87条对此规定得也是非常明确。如果所有的表决组均未通过重整计划草案，都认为重整计划草案损害其权利，人民法院是无权强制批准重整计划草案的。因为这时的强制批准既不合法也不合理，法院这样做是危险地把自己放在大多数利害关系人的对立面上了，不管其背后是在考虑维护地方政府的利益、法院的利益，还是管理人的利益，抑或真诚地自认为是在挽救企业，是在维护多数人的利益，都是不能允许的。过去在司法实践中，曾经出现过极个别在所有表决组均未通过重整计划草案的情况下，法院强制批准重整计划的错误做法，在《破产审判会议纪要》进一步作出禁止性规定后不应当再发生。

各国立法对法院强制批准重整计划，都设置有对权利人最低同意组别的要求。美国破产法规定，法院强制批准重整计划的前提，是至少有一类权益受到削弱的债权人组别接受方案。联合国国际贸易法委员会《破产立法指南》第四章重整第54条也指出，一些国家立法规定，在重整计划草案获得一个或多个类别债权人的支持，即可对不支持计划的其他类别的债权人（在某些法律中包括担保债权人和优先债权人类别）具有约束力。也就是说，各国法院强制批准重整计划时，都要求重整计划获得一个以上的表决组通过，并且要适用最大利益原则、绝对优先原则等，保证“按计划债权人的所得至少与他们本来可在清算程序中得到的所得相等；根据计划，不支持计划的债权人类别的债权应当根据破产法赋予他们的排序进行处理（换句话说，该类别债权人应当在低一级债权人得到偿还之前得到全额偿付，不论是以货币形式还是以股票或其他证券等财产的形式）”。

如前所述，美国破产法强调强制批准重整计划，至少要有一组利益受到不利影响的表决组通过了重整计划草案。利益不受影响的组别被视为自动接受重整计划，其反对是无效的，同意也不纳入通过组别的基数。这一设置是具有合理性的，我国也应予以借鉴。《破产法解释三》第11条第2款规定：“根据企业破产法第八十二条规定，对重整计划草案进行分组表决时，权益因重整计划草案受到调整或者影响的债权人或者股东，有权参加表决；权益未受到调整或者影响的债权人或者股东，参照企业破产法第八十三条的规定，不参加重整计划草案的表决。”考虑到纪要的有关规定，至少有一组权益受到调整或者不利影响的组别已经通过重整计划草案，也成为我国法院强制批准重整计划草案的条件，这将使强制批准条件变得更为严格。在我国的司法实践中，债权人会议对重整计划草案的表决通常分为：担保债权人组、职工债权人组、税收债权人组和普通债权人组，此外在普通债权组中可以设小额债权组，在对股东权益进行调整时可以设立出资人组。职工债权人组和税收债权人组由于其债权具有特殊的社会属性，在重整计划草案中通常都是在短期内以现金方式全额清偿，即其权益不受到调整或者不利影响，尤其是在法院强制批准重整计划的案件中。过去这两个组别由于利益不受不利影响都是会表决同意重整计划草案的，从而使法院强制批准重整计划可以符合至少有一组表决通过的条件。而今后由于权益不受到调整或者影响的组别将无表决权，这就使得想获得法院强制批准重整计划就必须在担保债权人组和普通债权人组中获得至少一组表决同意。所以这一规定有利于在重整程序中更好地维护债权人的权益，制约债务人或管理人在重整计划中纳入损害债权人权益的内容。

需要注意的是，纪要规定中的“债权人”概念可能与司法实践中参与债权人会议对重整计划草案表决的组别范围不完全一致，未能包括出资人组。如果纪要的本意是将组别限定在债权人的分组范围内，不包括出资人组，这将使出资人组被排除在“通过重整计划草案”的组别之外，会与司法实践中的情况不相符。但如果本意是准备将出资人组也包括在债权人会议表决的分组范围内，准确的文字表述应当是“表决组”分多组的。此条的文字应当予以修正澄清。

第二，债权人分组会议首次表决未获得全体表决组别通过后已经过自行协商程序，反对组再次表决仍未通过重整计划草案，或其拒绝再次表决。

第三，债务人或者管理人提出强制批准重整计划草案的申请，在申请中应当说明重整计划草案符合强制批准条件，并提供有关证据。

人民法院强制批准重整计划草案的实质性条件，即《企业破产法》第 87 条第 2 款规定的 6 项具体标准，其中最为关键的是，重整计划草案不得损害未通过的表决组以及通过表决组中反对者的法定清偿利益。从美国等其他国家的立法经验看，可以将法院审查批准（无论是正常批准还是强制批准）重整计划草案的实质性标准概括为若干项基本原则，最主要的有三项，即债权人利益最大化原则、绝对优先原则和公平对待原则。①

所谓债权人利益最大化原则，亦称清算价值保障原则，是指任何一个反对重整计划的利害关系人（债权人或股东）依据重整计划都可以得到其在破产清算程序中原可得到的清偿或清算利益，包括优先顺序与受偿比例等。这一原则设置的目的是保障反对重整计划的个体利害关系人，尤其是在该利害关系人所在组别已经依法定多数通过重整计划草案的情况下。《企业破产法》第 87 条第 2 款第 3 项规定：“按照重整计划草案，普通债权所获得的清偿比例，不低于其在重整计划草案被提请批准时依照破产清算程序所能获得的清偿比例”，此即债权人利益最大化原则的体现。这一原则听起来好像是要实现债权人利益的最大化，其实却有些名不符实。因为其所谓的债权人“最大利益”，是在重整程序中能够获得清算价值，而这实实在在是债权人在破产程序中本来就应当也能够实现的最低利益，且是法律保护的底线，如果连这一点利益都实现不了，重整计划对债权人来说就只剩下损害了，根本没有适用重整制度的必要，债权人真正的最大利益应当是其利益在重整程序中不受到损害，即不受不利影响。所以，这一原则称为债权人最低利益保障原则才能反映出其真实含义。由于这一原则主要是适用于通过重整计划草案的表决组别中反对者利益的保护，所以它不仅适用于法院对重整计划草案的正常批准，也适用于强制批准。

---

① 参见潘琪：《美国破产法》，219～226 页，北京，法律出版社，1999。

所谓绝对优先原则，是指任何一个反对重整计划的利害关系人组别，在重整计划中所处的清偿顺序应与其在破产清算程序中的受偿顺序相同，而且在其获得全额清偿之前，清偿顺序在其后的利害关系人不能获得任何清偿。根据美国破产法规定，绝对优先原则有两方面内容：第一，如果任何一组债权人或股权持有人反对一项重整计划，该重整计划就必须保证，只有这个组的成员获得充分清偿后，在优先顺序上低于这个组的其他组才可以开始获得清偿；第二，重整计划还必须保证在这个组获得充分清偿之前，优先顺序高于这个组的其他组不能获得超过其债权数额百分之百的清偿。① 绝对优先原则适用于不同清偿顺位的权利人之间，其设置的目的是保障反对重整计划的利害关系人组别的利益，所以一般适用于法院对重整计划草案的强制批准。美国学者认为，绝对优先原则主要适用于无担保债权，是衡量重整公平和公正的标准，“如果有一类无担保请求权拒绝接受方案，那么债务人就不能在方案中向那些清偿顺位比这类无担保请求权靠后的任何次级请求权或利益提供任何清偿，除非这类持反对意见的无担保请求权类别获得了财产分配，而且分配财产的当前价值等于他们被确认的请求权数额。债务人可以在较长的时间内完成清偿，只要这段时间内清偿的当前价值不少于请求权被确认的数额”②。

绝对优先原则强调的是对不同性质的权利在重整程序中清偿顺序的尊重，这是债务清偿的基本原则，在我国破产立法中必然要有体现，如《企业破产法》第 87 条第 2 款第 1 项、第 2 项、第 5 项的规定，但现有规定还不够明确具体。目前在我国的司法实践中，绝对优先原则在不同权利性质的债权人之间能够得到实现，但在无担保债权人与股东之间的利益调整上未得到强力支持，而是由当事人自行博弈解决。如一些上市公司即使已经资不抵债，但其重整计划在未给予债权人全额清偿的前提下，仍为股东保留了重大权益，个别公司甚至只消减债权而根本不消减股东权利，这是不妥的。美国破产法很早就确立了出资人权益调整的“绝对优先原则”，即发生破产原因的公司的股东无权依重整计划获得任何利益；但在所有表决组都通过重整计划时，可不适用该原则［《美国破产法》第 1129 条（b）款］。这一原则可以为无担保类别的债权人提供与债务人股东讨价还价的筹码，但也可能对重整的成功造成阻碍。本书认为，重整计划草案是否应当为股东保留股权等权益，一个重要的因素就是企业对股东是否还存在剩余价值。而在对企业价值进行评估时，不能简单地按照清算价值评估，而应当按照企业的营运价值评估，将各种无形的经营因素考虑在内，才能公正地反映出企业的经济与社会价值的真实情况。为了解决债权人与股东之间的矛盾，美国还对绝对优先原则的适用提出新价值例外的规则，即当股东能够为重整企业提供新的价值时，可以取得重整企业的股权。美国法院要求提供的新价值要满足三个标准：（1）新价值必须是以现金或现金等价物的方式提出的；（2）来自股东或其他次级利益的出资必须是必要的；（3）出资必须是真实的，或者有时候作为一种规则，它必须等于（或大于）公司的存续价值。③

所谓公平对待原则，是指处于同一受偿顺序的利害关系人类别（有可能划分于不同表决组组别）在重整计划中应获得相同的清偿利益，除非该债权人自愿放弃清偿利益。《企业破产法》第 87 条第 2 款第 4 项规定，“重整计划草案对出资人权益的调整公平、公正”，第 5 项规定，

---

① 参见潘琪：《美国破产法》，225 页，北京，法律出版社，1999。

② ［美］大卫·G. 爱泼斯坦等：《美国破产法》，韩长印等译，762 页，北京，中国政法大学出版社，2003。

③ 参见［美］大卫·G. 爱泼斯坦等：《美国破产法》，韩长印等译，764 页，北京，中国政法大学出版社，2003。

"重整计划草案公平对待同一表决组的成员"，并且不得违反破产法关于债权清偿的顺序，这些是对公平对待原则的落实。一些学者认为，这一原则设置的目的，是保障反对重整计划的组别正当的合法利益。[①] 笔者认为，这一原则不仅应适用于对反对重整计划的债权人组别利益的保护，而且也应当适用于同意重整计划的组别中反对者利益的保护，除非该债权人自愿放弃清偿利益。多数人的表决结果不能剥夺债权人同等权利应当得到同等清偿的基本权利，否则就是不公平的对待。

各项原则适用的情况有一定区别。在各个表决组均通过重整计划草案的情况下，绝对优先原则不再适用，对各表决组中反对重整计划草案的权利人适用债权人利益最大化原则保护，即保障该权利人在重整计划中可以得到其在破产清算程序中原可得到的清偿或清算利益。这是少数服从多数的表决原则适用的权利保障底线，是衡量多数决原则适用是否正当的标准。反过来说，如果某一组别通过了重整计划草案，该组中的反对者只有在计划损害其法定利益的情况下，其反对才有实际意义。如果重整计划草案不符合最大利益原则，人民法院不得批准重整计划。美国破产法对此问题的解决规定有"填满原则"，即只要重整计划为持反对意见的债权人提供的待遇符合法定的最低标准（最大利益原则），即使其反对重整计划，法院也可以批准重整计划。此外，如前所述，公平对待原则也应适用于对同意表决组中反对重整计划草案的权利人的保护。这一原则适用的前提是同一受偿顺序的权利人被划分于不同的表决组组别中，如果不存在这种组别划分，则适用《企业破产法》第 87 条第 2 款第 5 项规定，"重整计划草案公平对待同一表决组的成员"，并结合适用最大利益原则，就可以保证反对者的正当利益。

在只有部分表决组通过重整计划草案的情况下，人民法院如要强制批准重整计划草案，上述三项原则均要适用。对未通过重整计划草案的表决组，要适用绝对优先原则，以保证法律规定的权利优先等级和债务清偿顺序在权利人没有自愿放弃的情况下得到实现。同时，要适用公平对待原则以保证同等性质权利得到同等程度的公平实现。对通过重整计划草案的表决组，则要适用最大利益原则，以保证该组中的反对者在重整计划中可以得到其在破产清算程序中原可得到的清偿或清算利益。

为保障重整程序中法院职权的正确行使，最高人民法院早在《破产保障意见》中就指出：人民法院适用强制批准裁量权挽救危困企业时，要保证反对重整计划草案的债权人或者出资人在重整中至少可以获得在破产清算中本可获得的清偿。对于重整计划草案被提请批准时依照破产清算程序所能获得的清偿比例的确定，应充分考虑其计算方法是否科学、客观、准确，是否充分保护了利害关系人的应有利益。人民法院要严格审查重整计划草案，综合考虑社会公共利益，积极审慎适用裁量权。对不符合强制批准条件的，不能借挽救企业之名违法审批。《破产审判会议纪要》第 18 条对此问题又再次作出明确规定，指出这是强制批准重整计划草案的必备条件。

本书认为，无论是人民法院的正常批准还是强制批准，均应贯彻前述几项基本原则。由于正常批准是建立在债权人分组会议各个组别均以法定多数通过重整计划草案的基础之上，所以人民法院审查的重点除程序性问题外，关键是要保障已经通过重整计划草案的各个表决组中的每一个投票反对之债权人的法定既得清偿利益在重整计划中均不受损害。而强制批准是在债权

---

① 参见潘琪：《美国破产法》，223、224 页，北京，法律出版社，1999。

人分组会议中部分组别未能以法定多数通过重整计划草案时对申请的批准，所以人民法院在审查时，除要保障反对重整计划草案的个体债权人的法定既得清偿利益外，还必须保障每一个表决未通过重整计划草案的债权人组别的法定既得清偿利益在重整计划中不受损害。《企业破产法》第 87 条规定了人民法院强制批准的条件，强调了对反对重整计划草案的债权人组别的充分保护，但是立法对如何保障通过重整计划草案的债权人表决组别中每一反对成员的法定权益，即法定既得清偿利益，却没有作出相应规定。而且该规定存在文字表述不准确的问题，在理解上可能造成误区，即只要各个表决组通过了重整计划草案，对各表决组中反对者的清偿利益等是否受到损害，法院无须再予关注审查。如《企业破产法》第 87 条第 2 款规定第 1、2、3、4 项中的前半部分均规定，某一组别未通过重整计划草案时，要保障相应组别的法定既得清偿利益，如物权担保债权"就该特定财产将获得全额清偿，其因延期清偿所受的损失将得到公平补偿，并且其担保权未受到实质性损害"，职工债权和税收债权等优先债权"将获得全额清偿"，等等。但立法又在每一项的后半部分中规定了适用除外的但书，即"或者该（相应）表决组已经通过重整计划草案"。由于立法文字表述得不全面、不准确，因而可能在解读时被扭曲为，如果相应表决组已经通过重整计划草案，虽然存在部分反对者，但各项前半部分中规定的"获得全额清偿，得到公平补偿，未受到实质性损害"等就不再适用，对该组内反对重整计划草案的少数债权人的法定利益就无须再加以考虑，这显然是错误的。① 所以，《破产审判会议纪要》对此作出特别规定。

在此需要特别强调的是，"重整计划草案的表决通过虽然实行少数服从多数的原则，但是重整计划草案的内容决不能损害少数反对者的既得清偿利益，多数人的表决绝不能用来剥夺少数人的合法权益。如对有物权担保之债权人，决不能因该表决组以法定多数通过了重整计划草案就剥夺少数反对者的法定优先受偿权，除非该债权人自愿放弃其权利。对于其他债权人也是如此，其法定优先受偿权与法定受偿权利是不允许也不能够由任意当事人的多数决表决加以剥夺的。如果重整计划草案中制定有这样的内容，必须以所有相关债权人一个不少的全部同意为前提"②。否则就可能出现在某一组别中，由于与债务人有关联关系或利益关系的债权人人数与债权额占据多数，便恶意通过剥夺少数债权人合法清偿利益的决议，如物权担保债权人全部放弃优先受偿权、普通债权人放弃受偿权等，违背重整制度设置的宗旨。

"所以，即使某一表决组表决通过重整计划草案，法院也必须对重整计划草案是否损害该组少数反对成员的既得清偿利益进行实质审查，尤其是在当事人提出异议时，而不能仅看重整计划草案是否形式上公平对待同一表决组的成员，是否形式上以多数表决通过了重整计划草案，不能让形式上的公平掩盖实质上的不公平。"③

还需注意的是，人民法院强制批准重整计划草案时，对普通债权的保障条件之一，是"普通债权所获得的清偿比例，不低于其在重整计划草案被提请批准时依照破产清算程序所能获得的清偿比例"。而确认此项条件成立的关键，是要保障在重整计划草案中对普通债权"依照破产清算程序所能获得的清偿比例"和重整计划分配比例——这两个实质影响债权人利益的比

① 参见王欣新：《重整制度理论与实务新论》，载《法律适用》，2012 (11)。

② 王欣新：《论经济危机下的破产法应对》，载《人民法院报》，2009-06-18。

③ 王欣新：《正确审理企业破产案件的指南》，载《法制日报》，2009-07-08，12 版。

例，能够得到公平、合理的模拟计算。“在管理人或债务人提出强制批准重整计划草案的申请后，未通过重整计划的表决组以及通过重整计划表决组中持反对意见的债权人，有权对其破产清算率计算是否准确与公平、重整清偿率是否实质上高于破产清算率等问题以书面形式提出异议，人民法院应当组织债务人、债权人及其他利害关系人及时进行听证，并可以委托中介机构进行重新审核测算。在评判重整清偿率是否实质上高于破产清算率时，必须将因延期清偿给债权人造成的损失考虑在内，给予债权人不低于法定利息的补偿。”① 对于在资产评估与财务审计中一些问题的处理，也必须贯彻保护债权人利益的原则。对核销的坏账与资产，如果日后又获得回收，这一利益应当归属于债权人，而不应归属于债务人或股东，在重整计划草案中对这一问题也必须作出明确规定。

除上述原则之外，根据《企业破产法》的规定，人民法院在审查强制批准重整计划草案申请时，还需要审查债务人的经营方案是否具有可行性。除前述在审查重整计划是否具有可行性时需注意的问题外，债务人或管理人“可以通过制订详细的商业计划，向法院提供由财务官员、会计师、商业顾问或其他专家出具的证明意见来证明通过重整他完全有能力使其财务状况恢复正常”②。美国的法官认为判断重整计划是否具有可行性时需注意六个因素：资本结构的充分性、营业的盈利能力、经济情况、管理能力、原有管理层继续存在的可能性、其他与成功实现重整计划相关的因素。我国对其经验也可以加以借鉴。

人民法院收到债务人或者管理人提出的批准重整计划申请后，经审查认为符合法律规定的，应当自收到申请之日起 30 日内裁定批准，终止重整程序，并予以公告。在债权人会议上，重整计划草案未获得通过，且未依照法律规定获得人民法院的强制批准，或者已通过的重整计划未获得人民法院批准的，人民法院应当裁定终止重整程序，并宣告债务人破产。

（三）债权人的利益保障与异议权

在法院对重整计划草案的批准尤其是强制批准中，要保证强制批准权力的行使具有合法性与合理性，为此除确定前述的批准条件外，还必须建立健全异议者的权利救济渠道。

对债权人权利的保障，可以分为程序方面的保障和实体方面的保障。从程序的角度讲，首先涉及异议处理主体的确定。由于异议的发生阶段不同，它可能是发生在债权人与管理人或者债务人之间（重整计划草案为法院批准之前），也可能是发生在债权人与法院之间（重整计划草案为法院批准特别是强制批准之后）。任何争议都应当由争议者之外的具有中立立场者进行仲裁，才能保证公正。据此，如果是债权人对债权人会议各个组别均通过的、尚未经过法院批准的重整计划草案提出异议，应当由受理破产案件的法院审查处理；如果是债权人对经过法院批准（包括正常批准与强制批准）的重整计划草案提出异议，则应当由受理破产案件法院的上级法院审查处理，而不宜由批准重整计划草案的法院自己审查处理。据此，应当制定司法解释规定，债权人对法院批准重整计划草案的裁定有异议的，可以向上一级法院申请复议，复议期间不停止重整计划的执行，但是对于具有不可逆性的重整计划内容，上一级法院可以决定中止执行。

---

① 王欣新：《上市公司重整实务问题研究》，载《中国律师》，2008 (9)。

② ［美］大卫·G. 爱泼斯坦等：《美国破产法》，韩长印等译，757 页，北京，中国政法大学出版社，2003。

其次，是异议处理的程序。笔者认为，除非重整计划草案在债权人分组会议的表决中得到所有组别以及每个组别中所有债权人的同意，即不存在反对者，或者反对重整计划草案者的权益完全未受损害，法院在批准特别是强制批准重整计划草案前应当进行听证程序，听取各方利害关系人对重整计划草案的意见，特别是反对意见。如果权利人的异议成立，法院可以要求计划制定者与异议者协商，对重整计划草案在不损害其他权利人利益的前提下进行修改以消除争议；如果不能消除争议，或者重整计划草案不具备修改的基础，法院可以裁定不批准重整计划草案，终止重整程序，并宣告债务人破产。联合国国际贸易法委员会《破产立法指南》第四章重整第58条指出，对重整计划提出质疑的理由包括：计划是以欺诈方式获得批准的（例如，给债权人和其他利益方提供错误的或误导性的信息，扣压与重整计划或债务人的财务有关的重要情况）；表决程序中有舞弊现象（例如，相关人在破产法不允许的情况下参加表决，批准计划的决议不符合债权人的基本利益）；组织会议或开会的方式有不正常的情况（例如未发出适当的会议通知）；计划中所载建议是出于不正当的目的提出的或计划中载有违法的规定；计划不可行；计划未满足对某类债权人中持异议的债权人的保护要求（例如，这些债权人根据计划所得将少于在清算中所得）；计划中的建议对持异议者的利益造成不当损害，或计划中对债权的处理不符合破产法规定的债权排序方法（除非已达成协议同意更改该排序）。这些可以质疑的问题，也是我国法院在正常或强制批准重整计划草案时应当审查的内容。

在异议权人实体权利的保障方面，各国通常是根据重整计划草案对不同类别权利人的利益是否存在损害来确定相应的保障措施。从重整计划草案对债权人利益的调整情况看，可以分为两大类：第一类是债权人的利益完全不受损害；第二类是债权人的利益受到损害，其中又可分为债权人完全得不到任何利益和利益受到部分损害两种情况。美国破产法规定，如重整计划未损害某一组别的利益，则该组别及每一名成员将被推定为通过重整计划；如果根据重整计划某一组别在重整中得不到任何利益，则该组别将被推定为反对重整计划。笔者认为，这一规定原则上也可以适用于我国，下面分别分析这三种情况。

在第一种情况下，利益不受损害的债权人组别被推定为通过重整计划，而且这种推定是可以推翻该组别实际反对投票结果的，即其反对重整计划的投票将被视为无效。这是因为他们在自身利益不受损害的情况下无权投票决定他人权益，否则便是权利与义务不对等，是不公平、不公正的。此项规定在实践中通常是适用于具有优先受偿权的类别债权人，因为在重整程序中只有处于优先清偿地位的债权人类别才可能存在利益不受损害的情况，如物权担保债权人。一些国家的立法直接规定，利益不受损害者无表决权，或者其否决重整计划草案的表决无效。如德国破产法第237条第2款规定，“其债权不因重整计划而受损害的债权人，不享有表决权”。美国破产法第1126条中规定，“未受到重整计划削减的债权或权益种类以及该种类中每一位债权或权益的持有人，都被认定为已经接受了重整计划”。我国破产法中也有此类规定，《企业破产法》第83条规定：“重整计划不得规定减免债务人欠缴的本法第八十二条第一款第二项规定以外的社会保险费用；该项费用的债权人不参加重整计划草案的表决”。此外，第85条规定：“债务人的出资人代表可以列席讨论重整计划草案的债权人会议。重整计划草案涉及出资人权益调整事项的，应当设出资人组，对该事项进行表决”。也就是说，只有当重整计划草案影响到出资人权益时，其才享有表决权。

第二种情况，某一债权人组别在重整计划中得不到任何利益，如无担保债权人在债务人财产清偿担保债权人、破产费用和职工债权后无任何剩余财产清偿等。此类组别因为在重整计划中得不到任何利益，应当被推定为反对重整计划。但是，这种对反对重整计划的推定在一定情况下是可以被实际同意投票所推翻的，因为权利人是可以放弃其权利的，不过放弃权利只对明确投票作出同意表示的个体权利人有效，而不适用组别内少数服从多数的原则，因为即使是多数人的同意表决也不能强迫少数人放弃其法定清偿权利。所以要想认定此类组别同意重整计划，必须是该组中的所有债权人均投票同意放弃全部权利。

第三种情况较为复杂，主要是对债权人的利益是否受到损害如何认定，这是需要确立相应标准的。首先需要明确的是，这里的“利益”是指债权人在破产程序启动之前的利益，也就是债权能够得到全额、及时（重整程序正常进行下的及时）的清偿。在此需注意的是，所谓利益不受损害，不是指其破产法上的权益不受损害，而是指权利人在进入破产程序之前的原有利益不受损害。因为一般而言，破产权益的评价标准是清算利益，尤其是在清算程序中，所以破产权益是已经受到损害的权益。美国破产法第1124条对债权人利益“未受到削弱”作出解释，包括对“违约行为进行了补偿（延缓）、对债权以现金的方式作出了完全的清偿或将债权人的权利原封不动地在方案中规定出来”①。

其次，所谓损害是指实体性权利损害。一般而言，权利损害可以分为实体性权利损害与程序性权利损害。程序性权利设置的目的是维护实体性权利，而在不同的情况下，程序性权利是有所区别的。破产本身是一种特殊的法律程序，适用于债务人丧失清偿能力的情况，所以其必然会改变当事人在破产程序之外享有的一般程序权利，如破产程序启动后，除法律另有规定，要中止对债务的个别清偿等。所以，评价当事人程序性权利是否受到损害只能以破产法规定的程序为标准，这是与对实体性权利是否受损的评价标准不同的。

最后，判断债权人的实体性利益是否受到损害的标准如何具体确定。通常认为，如果重整计划中没有改变债权的清偿数额、利率、到期时间以及担保物的形式与数额，并且及时对违约行为进行了补救（如因在重整程序中中止对担保物的执行而支付延期清偿的利息），就可以认为债权人的实体性权利没有受到损害。从我国实际情况看，关键性的因素包括：其一，债权是否得到全额清偿；其二，债权是否得到及时清偿，延期清偿（自重整计划批准生效后的合理期间起算的延期）也属于受到损害；其三，担保物权是否得到充分保护。

其一，债权全额清偿问题。债权的全额清偿是指其本金与利息均得到全部清偿。无担保债权的利息计算截止日期为重整案件受理时。对物权担保债权的利息计算截止日期，则因《企业破产法》第46条“附利息的债权自破产申请受理时起停止计息”的规定而出现不同观点。笔者认为，物权担保债权的利息应当计算到债权获得清偿之时。《物权法》第173条明确规定，利息是包含在担保范围内的。由于在重整程序中担保债权的清偿权利受到限制，所以《企业破产法》第87条明确规定，物权担保债权“因延期清偿所受的损失”应得到公平补偿，所谓“得到公平补偿”，通常是指按月支付债权延期清偿的约定或法定利息。《企业破产法》第46条之所以对物权担保债权利息计算问题没有作除外规定，主要是因为在破产清算与和解程序中原则上是不限制担保物权继续行使个别受偿权利，既然其在“破产申请受理时”就可以行使受偿权利，再考虑计息截止问题意义不大。

① ［美］大卫·G. 爱泼斯坦等：《美国破产法》，韩长印等译，734页，北京，中国政法大学出版社，2003。

其二，债权及时清偿问题。债权的清偿是否及时以重整计划中规定的清偿日期为判断标准，因重整程序启动而中止债权行使权利的期间不视为延期清偿。对清偿及时不宜机械地理解为在重整计划为法院批准的当天就作出清偿。笔者认为，司法解释应当确定一个相对较短的期间如在1个月以内，在此期间内的清偿即可视为及时清偿。重整计划中对债权规定超过以上清偿期限的，均应视为延期清偿，构成对债权的损害。需注意的是，担保物权在重整计划生效之前，因重整程序启动而限制行使的期间，虽不视为延期清偿，但须依法给予补偿。

其三，对物权担保债权的特殊保护。物权担保债权人的权利未受到损害，主要是指在重整计划中不得改变担保的形式、担保物的形式以及担保物的价值数额等。即使是经过担保权人同意的担保改变，也必须在提供充分权利替代保障的情况下才能进行。在重整程序中，立法还规定了对担保权人的特殊保护，《企业破产法》第75条规定，担保物有损坏或者价值明显减少的可能，足以危害担保权人权利的，担保权人可以向人民法院请求恢复行使担保权。该条规定同样可以适用于重整计划执行期间，当其规定的情况发生时，如果担保权人的利益得不到其他形式的充分保障，可以以其为依据，要求不再执行重整计划，恢复行使担保权。[①]

当债权人的利益处于在重整计划中受到（部分）损害的状态时，就需要对其利益保障给予特别的关注，尤其是在法院批准重整计划草案时，就需要保障其异议权和实体权利。

三、对债务人的出资人权利的限制与保护

各国重整制度的一个重要特点，就是鼓励各方利害关系人积极参加重整活动，其中就包括债务人的出资人即股东。出于企业重整的需要，在重整计划中通常包括对出资人权益调整等涉及股东权益的事项，需要获得股东的事前同意以及在实施中予以配合，所以这时在重整计划的表决组中就应包括出资人即股东的分类组。

在企业重整中，既涉及对股东权益的保护，也存在对股东权益的限制，应当依据具体的情况区别对待，否则可能会影响重整的效率与效果。

1. 股东权益的限制

在重整中对股东的控制权进行限制，是各国立法的共同规则。美国法院通过司法实践，确定了限制股东控制权的标准：一是“资不抵债”标准，即如果公司处于资不抵债状态，则股东没有控制权；二是“明显滥用”标准，在公司有偿付能力的情况下，是否限制股东控制权的关键在于这种权利的行使是否构成“明显滥用”。在Potter Instrument重整案件中，法院否定了股东请求破产法院召开一个特别会议选举新的董事会的要求，因为允许召开这样的会议会危害到公司的重整和债权人的利益。当然，对股东控制权的限制还包括对股东诉讼权利（直接诉讼和派生诉讼）的合理限制。[②]

在韩国的重整法和日本的民事再生法中，也规定限制股东在重整期间的控制权，如通过立法豁免重整计划中规定的某些需要通过股东大会决议方可实施事项的决议要求；执行重整计划

---

① 参见王欣新：《重整制度理论与实务新论》，载《法律适用》，2012（11）。

② 参见贺丹：《上市公司重整中的股东权益》，载《中国法学会经济法学研究会2006年年会论文集》，2006年9月20日。

需要减资、并股时，原商法或公司法中规定的要求由股东大会作出决议不再适用。[①]

在重整计划中不仅可以调整债权人的权利（如减少清偿、延期清偿），还可以调整股东的权利，如减少或完全注销其股份，包括实践中经常采用的将其股份有偿或无偿地转让给债权人、新的战略投资者等。韩国重整法规定，当公司资不抵债时，股东的一半股份将强制予以注销。美国很早就确立了出资人权益调整的“绝对优先原则”，即发生破产原因的公司的股东无权依重整计划获得任何利益；但在所有表决组都通过重整计划时，可不适用该原则。[②] 许多国家和地区的立法规定，在公司资不抵债的情况下，股东因不存在资产权益，原则上在重整后的公司不能保留股份。在英美法的一些国家中，有时会给原股东象征性地保留少量的如5%的股份，或给其一定的认股期权，使其在今后公司价值回升时可以回购一定股份，目的是取得原股东对重整的积极支持。这些对股东权益调整的重整措施在我国的司法实践中也应当得到承认与推广。

我国目前在破产法和公司法中对此问题未作明确规定，在实践中可能会使一些重整措施在实施时遇到阻力，甚至发生权利争议。如何合理限制股东的控制权，解决重整中的权利冲突，是破产法实施中需要解决的重点问题之一。

2. 股东权益的保护

《企业破产法》第 85 条规定：“债务人的出资人代表可以列席讨论重整计划草案的债权人会议。重整计划草案涉及出资人权益调整事项的，应当设出资人组，对该事项进行表决”。这一规定确定对出资人的正当权益应给予保护。

在公司对外发行有不同种类的股份时，因股东在重整计划中的利益调整有可能不同，所以对股东也应按照其持股的不同类别分为不同的表决组进行表决。股东还可以组成常设的股东委员会参与重整计划草案的谈判等活动，以维护股东权益。

由于在大多数企业的重整计划草案中必然涉及对债务人的出资人利益的调整，对重整计划草案的表决组中会包括出资人组，所以讨论决定重整计划草案是否通过的会议机构也应当相应地称为关系人会议，而不应再是债权人会议。这种称谓上的改变，意味着对债务人的出资人在重整程序中独立地位与权利的承认，而不是将其视为债权人会议的附庸，这也是世界各国重整立法的惯例。

在重整程序中继续沿用债权人会议的称谓还会造成对法律理解的混乱。如根据《企业破产法》第 59 条第 5 款的规定，债权人会议应当有债务人企业的职工和工会的代表参加，但未明确规定其参加会议以职工对债务人企业享有债权为前提，同时出于种种考虑，未明确规定职工和工会的代表在债权人会议中享有表决权，即使职工个人享有债权。[③] 而按照《企业破产法》第 82 条的规定，职工债权人在讨论重整计划草案的债权人会议中被设置为一个独立的表决组，

① 《韩国重整法》第 249 条“排除关于股东大会决议等的法令规定的适用”规定：“尽管存在其他法律、法规或公司章程的规定，但执行重整计划无须任何创立大会、股东大会（包括各个种类的股东大会）或董事会的决议”。日本 2000 年 4 月颁布施行的《民事再生法》规定，为保证重整程序的顺利进行，在涉及重整期间的部分营业的转让，以及重整计划中涉及减资、并股等事项时，也以法院的替代许可排除了商法中股东会决定事项的程序要求。转引自贺丹：《上市公司重整中的股东权益》，载《中国法学会经济法学研究会 2006 年年会论文集》，2006 年 9 月 20 日。

② 参见《美国破产法》第 1129 条（b）款。

③ 具体理由参见王欣新：《论新破产立法中债权人会议制度的设置思路》，载《法学家》，2005（2）。

并当然地享有表决权。这就使得立法对职工（债权人）在债权人会议中的权利规定不统一，而只要将债权人会议的概念改为关系人会议，这些问题就可以顺利解决。

重整程序不同于破产清算程序，不以发生破产原因为启动前提，申请重整的债务人可能仅是有“明显丧失清偿能力”的可能。在实践中，有的企业已经资不抵债，从清算价值看，已经没有股东权益存在。也有的企业可能资产尚超过负债，只是对到期债务在长时期内缺乏清偿能力。在债务人企业还存在净资产的情况下，清偿全部债务后仍有股东的独立利益存在。而且只要企业能够继续存续，其现实运营价值就不完全取决于资产与负债的比例，更多的是取决于企业的盈利能力和在市场中的综合资源占有情况。所以，即使是资不抵债的企业、净资产为负值的股权，在市场经济下仍然可能具有一定的市场价值，尤其是在力图维持企业存续的重整程序中，如拥有在资本市场融资的壳资源的上市公司，拥有自主知识产权、专有技术、销售组织渠道、地理位置优势等市场资源的资不抵债的企业等。所以，在重整程序中，对债务人及其出资人的正当权益应当予以重视和保护，应充分发挥他们对重整的积极性。正是考虑到这种原因，美国破产法中专门设置了“股权持有人委员会”这一专属于重整程序的特殊制度，使得债务人的出资人有机会发表意见，并观察重整程序的进行。①

由于债务人企业的财产状况、资源占有情况不同，虽然绝大多数重整计划草案会涉及出资人权益的调整事项，但是否都要经出资人组表决通过，可能需要灵活确定。一些国家和地区的立法规定，企业无净资产时，股东组无表决权。如我国台湾地区“公司法”第 302 条第 2 款规定：“公司无资本净值时，股东组不得行使表决权”。虽然我国破产法不一定要采用这一原则，但确实需要考虑对不同权益之间的保护平衡问题，作出明确而公平的规定。

目前立法对保护出资人在重整程序中权益的规定，也还有不够完善之处，如未规定出资人在制订重整计划草案过程中的参与权等。在管理人负责制订重整计划草案的情况下，往往会着重考虑债权人的利益，考虑法院审查重整计划草案的标准，可能忽略债务人的出资人的利益。即使是债务人负责此项工作，债务人的管理层与出资人之间也可能存在观点分歧。管理层会认为他们的未来掌握在债权人手中，从而忽视对出资人利益的保护。这种利益忽视由于有法院对重整计划草案的强制批准制度，甚至在对重整计划草案的讨论与表决中也难以得到纠正。此外，在立法中未规定应设立而未设立出资人组时，出资人享有何种救济途径；未规定何种情况下可设立类似于美国“股权持有人委员会”性质的常设组织等。这些规定的缺失不利于充分调动出资人参与重整的积极性，不利于重整程序的顺利进行。

其他国家破产法中的一些有关规定对我国可能具有一定的借鉴意义。如美国破产法为保护债务人的出资人在重整程序中的利益规定：其一，出资人可以通过指定代表他们利益的委员会来对经管债务人（即负责制订并执行重整计划的债务人，也称占有中的债务人）的决策施加影响。其二，出资人可以请求任命托管人。不过这是一种特殊的救济方式，法院在此问题上通常比较谨慎。其三，出资人可以召集股东大会来更换管理层。尽管最后一条策略影响到经管债务人的独立性，但是已经有几家美国法院对于股东召集股东大会的权利给予了明确认可。当然，如果经管债务人认为这样会影响到重整的顺利进行，法院就会限制出资人行使该权利。② 我国

① 参见潘琪：《美国破产法》，198～199 页，北京，法律出版社，1999。

② 参见［美］大卫·G. 爱泼斯坦等：《美国破产法》，韩长印等译，741 页，北京，中国政法大学出版社，2003。

可以考虑借鉴各国立法中适合中国国情之处，在制定司法解释时完善对出资人利益的保护。

有的学者提出，在公司资尚抵债还有价值的情况下，对重整计划持异议的股东可以要求公司回购其股份，并以《公司法》第 142 条第 1 款第 4 项作为法律依据。[①] 本书认为，这一建议恐怕是不妥的，不仅与重整制度的原则相违，而且与《公司法》第 142 条第 1 款第 4 项的规定也不相符。《公司法》允许股东要求公司回购股份的情况，仅限于股东“对股东大会作出的公司合并、分立决议持异议”，而在重整程序中并不存在以股东大会名义作出决议的情况，股东是不能因债权人会议作出的重整决议而要求公司回购其股份的，而且在重整计划草案中也不一定采取公司合并、分立的措施。仅仅因为对重整计划持异议就可以要求公司回购其股份，那么所有的股东都可能因此而要求公司回购其股份，公司重整将难以进行，特别是在法院强制批准重整计划草案时，允许对重整计划持异议的股东要求公司回购其股份，实际上是允许所有的股东以公司减资方式逃避法律义务，这将使重整计划中的股权调整措施无法实施。此外，通常认为，在破产重整程序启动后、重整计划批准之前，债务人企业处于保护期，股东转让股权包括公司回购股东股份的行为原则上均应中止，以保障重整程序顺利进行，所以上述观点值得商榷。

第四节 重整计划的执行、监督与终止

一、重整计划的执行

重整计划由何人负责执行，因各国立法背景与价值取向有别而规定不同，主要有两种立法例，其一是以债务人为执行人，其二是以管理人为执行人。我国《企业破产法》第 89 条规定，重整计划由债务人负责执行。依据法律规定之文义，即使原重整计划草案是由管理人负责制订的，在批准之后也要由债务人负责执行。为解决重整计划执行人选的适格性问题，管理人在制订重整计划草案时、债权人在审查重整计划草案时，必须考虑对债务人董事、监事、经理等高级管理人员中有违法行为者及不称职者的更换，以免重整计划在由债务人执行的过程中发生道德风险、能力不足等问题。人民法院裁定批准重整计划后，已接管财产和营业事务的管理人应当向债务人移交财产和营业事务。

本书认为，《企业破产法》关于重整计划只能由债务人负责执行的规定过于绝对化，难以适应司法实践复杂情况的需要，不利于对债权人利益的保障，也不利于重整计划的执行成功，应当加以补充完善。在债务人存在破产欺诈或其他严重损害债权人利益的违法行为等情况下，或者其在重整计划执行过程中发生上述情况，应当允许由管理人直接负责或接续负责执行重整计划。

在重整计划的执行过程中，一些重整事项在现行制度与规章之下，需要政府有关部门或社

① 参见贺丹：《上市公司重整中的股东权益》，载《中国法学会经济法学研究会 2006 年年会论文集》，2006 年 9 月 20 日。

会相应机构的协助方能完成。由于法律对重整计划执行中政府有关部门的协助问题没有明确规定，法院应否或能否就重整事项向有关部门或机构出具协助执行通知书以保障重整计划的执行，就成为司法实践中必须解决的问题。

重整事项能否请求协助执行，首先取决于经过法院裁定批准的重整计划的法律性质是否具有执行效力。重整程序中的重整计划具有合同的外观，如经各方当事人间的协商订立等，所以其具有合同的法律性质。但重整计划是破产法上的合同，即特别法上的合同，优先适用破产法而不是合同法调整。所以，不能以合同法的一般规则评判重整计划。重整计划作为特殊性质的合同，具有利益冲突的团体性、非全自愿协商的约束性、法律性质多样的复合性以及经司法确认生效的强制性。这些特性具体表现为：(1) 合同的团体性。重整计划不是一对一（包括参加方为有限多数）的合同，而是一方为不确定多数方（债权人可能多达数万乃至数十万）的合同，其个体利益间既有共同之处也有矛盾冲突。(2) 合同的协商非完全自愿。由于合同一方为具有利益冲突的多数，所以无法适用合同订立需自愿协商一致的合同法原则。重整计划的协商是非完全自愿的。其一是实行少数服从多数的原则，债权人分组会议以法定多数通过重整计划后，反对者也要受约束。其二是债权人会议通过的重整计划必须经过法院裁定批准后生效，反过来说，即使债权人会议通过了重整计划，法院也可以不批准，而且法院还可以在部分组别反对通过重整计划（但至少有一组通过）的情况下，依法强制裁定批准重整计划。(3) 重整计划的内容复杂、法律性质多样。(4) 具有司法强制性即法律效力。其一表现为重整计划发生法律效力后，对投票反对者也具有司法强制力；其二是重整计划是依据法院的司法裁定生效，而不是依据当事人的协商（无论是否协商自愿）即债权人会议的通过生效。

重整计划还具有突破其他一般法如公司法、证券法的效力，如《关于审理上市公司破产重整案件工作座谈会纪要》第 9 条规定，“重整计划草案提交出资人组表决且经人民法院裁定批准后，上市公司无须再行召开股东大会，可以直接向证券监管机构提交出资人组表决结果及人民法院裁定书，以申请并购重组许可申请”。因为如法院是在出资人组未通过重整计划的情况下予以强制裁定批准，再召开股东大会即出资人组对相关事项进行表决，则重整计划的相关内容将难以通过，企业重整将无法进行。

法院发出协助执行通知书是以要求协助执行的事项具有可执行效力为前提的。重整计划主要包括两部分内容：其一是债务清偿方案，其二是企业重组与经营挽救方案，如股权、资产、营业业务的重组及企业并购等，两者的部分内容具有关联乃至交融关系。我国破产法未规定重整计划具有强制执行效力，是因为其中的债务清偿方案是不得强制执行的。在债务人不执行或者不能执行重整计划时，债权人只能请求法院裁定终止重整计划的执行，并宣告债务人破产，不能申请强制执行重整计划进行债务清偿。因为当未按重整计划获得清偿的债权人为多数人（即二人以上），而债务人又没有足够财产清偿全部债权人时（通常不履行重整计划是因缺乏清偿能力），个别债权人提起执行程序，可能使其他未受偿债权人因债务人的财产全部被执行而无法受偿，造成新的清偿不公，违背破产法的基本原则。

但是，重整计划中关于企业经营重组方面的方案，如股权与资产的权属变更、营业业务的调整等，是可以具有强制执行效力的。因重整计划是经法院裁定批准生效的，其效力就不仅是当事人之间自行履行的一般合同效力，而是兼具有司法强制执行效力的生效法律文书，应当得到法院的执行保障。更何况破产程序本身就具有概括执行的性质，即为全体债权人进行的集体执行程序。既然是具有法律效力的裁判，在需要强制执行时法院便应当出具协助执行通知书。

在我国的重整计划执行中，可能涉及需要出具协助执行通知书的事项有工商、税务登记的变更，企业的股权、资产产权的变更等。下面举司法实践中一常见事项为例。在上市公司的重整中经常涉及对原股东股权的划转，有权办理这一事项的是中国证券登记结算有限责任公司北京分公司。根据该公司公布的协助执法业务指南，股东股权在司法过户时向该公司提交的材料中必须包括法院出具的协助执行通知书，否则不予办理。经法院裁定批准的重整计划对出资人股权的变更具有强制性，而非所有当事人的完全自愿转让，属于股权的司法过户，所以法院应当按照该公司的规定出具协助执行通知书，保障经其批准的重整计划的实施。除非最高法院与有关部门协调出台有关规定，修改股权司法过户的业务规则，确认出具重整计划即具有要求证券登记结算公司变更股权的效力，目前由法院出具协助执行通知书乃是客观之必要。在我国近年上市公司重整的实践中，涉及股东股权变更的案例很多，均采取由法院出具协助执行通知书的方式实施，已得到社会的认可，如鞍山第一工程机械股份有限公司重整案、武汉华信高新技术股份有限公司重整案、中国长江航运集团南京油运股份有限公司重整案、鞍山合成（集团）股份有限公司重整案、湖南国光瓷业集团股份有限公司重整案等。

有的人认为，法院在重整计划执行中出具协助执行通知书进行股份划转，是公权力不当地介入了私权利，是法院以强制力错误地介入了当事人间的自愿合同关系，侵害了被划转股份的股东权益。这种理解是错误的，不仅曲解了重整计划的法律性质，而且存在严重的逻辑混乱。股东股权被划转的原因不是法院出具了协助执行通知书，而是因为法院批准的重整计划中规定了股权的划转重组。重整计划才是股权划转效力的根源，才是公权力介入私权利调整的对象，而出具协助执行通知书不过是实现重整计划的程序性措施。按照这种逻辑，就是重整计划及法院的批准侵害了股东的权益。申言之，就是《企业破产法》规定的重整程序侵害了股东的权益。此观点如真能成立，最终结论就不仅是不能出具协助执行通知书，而是还应当废除《企业破产法》中的重整程序。其实，即使是在重整计划通过时所有的股东都同意划转股权，没有法院的协助执行通知书也是无法办理股权变更登记的。所以，法院是否出具协助执行通知书，与所谓侵害股东权益是完全无关的。有的人提出，破产法规定破产程序启动后就中止对债务人财产的执行，所以法院不能就重整计划再出具协助执行通知书。这一观点是错误的，破产程序启动后的中止执行，是对此前产生之债权人就债务人财产的个别执行的中止，其目的是防止清偿不公。此种性质的债务清偿即使是在重整计划的执行中也是同样要中止的，与股权划转的执行毫不相干，更何况此时是对债务人股东的股权的执行，根本不是对债务人财产的执行，对象完全不同。

还有的人认为，《民事诉讼法》没有规定对重整计划的执行包括对股权划转可以出具协助执行通知书，法律没有规定的就不能做，否则就是违法。这种执法观点更是错误的。重整计划的执行属于破产法上的特别法问题，《民事诉讼法》原则上是不会作出规定的，而重整作为破产法之新程序，制度规定难免会有疏漏，所以《企业破产法》也未作规定。本书认为，只要符合破产法立法宗旨和法律原则，对各方当事人的利益没有损害，具有良好的社会实施效果的事情，即使是法律没有规定也是可以而且应当做的。①

---

① 参见王欣新：《谈重整计划执行中的协助执行》，载《人民法院报》，2016-07-13，第7版。

二、重整计划的变更

重整计划的执行人在执行过程中应全面执行重整计划。但有时由于情况变化，重整计划在执行过程中不得不进行变更。对重整计划的变更问题，我国破产法未作规定。从其他国家的破产立法看，一般都规定有重整计划的变更程序。《日本公司更生法》第233条规定：（1）在作出更生计划的决定之后，因不得已的事由需要改变更生计划的，限于在更生程序结束前，法院可根据财产管理人、公司、已进行申报的更生债权人、更生担保权人或股东的申请，变更计划。（2）根据前项的规定，已提出被认为对更生债权人、更生担保权人或股东有不利影响的计划变更申请时，准用关于提出更生计划草案的规定。但是，不受计划变更之影响者，不许参加该程序。同时，对变更更生计划案没有行使表决权的主体，如果此前对更生计划持同意态度，视为同意该计划变更案。《美国破产法》也规定重整计划经过法院正式批准后，仍然可以进行修改，但是必须有特殊情况出现，且法院认为该修改是必要的，该修改只有在重整计划还没有获得实质程度的执行时才可进行，变更的程序与通过计划的程序相同。[①]《韩国统一倒产法》第282条第1款规定：法院作出重整计划批准裁定之后，有必要因不得已的事由而变更计划所规定的事项时，限在重整程序终结之前，法院可依管理人、公司、提出申报的重整债权人、重整担保权人或股东、持股权人的申请变更计划。对重整计划的变更程序，与通过重整计划的程序相同。但是，不受变更影响的关系人无须参加表决。

我国《企业破产法》没有规定重整计划的变更问题，一旦出现重整计划因客观情况变化等原因无法全部执行时，按照该法第93条的规定，"债务人不能执行或者不执行重整计划的，人民法院经管理人或者利害关系人请求，应当裁定终止重整计划的执行，并宣告债务人破产"。然而，有时候重整计划的一部分内容会由于政策、法律变化或者市场变化如资产重组中置换的资产价格或盈利能力发生变化不得不调整，或是由于战略投资者的情况发生变化需要变更，等等。这些调整变更虽然可能会对重整计划的执行产生影响，但多数情况下并不会对债权人的受偿权利构成实质性不利影响，或者虽然可能在一定程度上影响债权人的清偿利益，但如果仅因为重整计划的这部分内容不能执行就"终止重整计划的执行，并宣告债务人破产"，转入破产清算程序，则对债权人的利益更为不利。所以，在重整计划不存在不可逆或不可变情况时，应当允许对重整计划进行必要的变更。

为此，《破产审判会议纪要》规定了"重整计划执行中的变更条件和程序"。其第19条规定："债务人应严格执行重整计划，但因出现国家政策调整、法律修改变化等特殊情况，导致原重整计划无法执行的，债务人或管理人可以申请变更重整计划一次。债权人会议决议同意变更重整计划的，应自决议通过之日起十日内提请人民法院批准。债权人会议决议不同意或者人民法院不批准变更申请的，人民法院经管理人或者利害关系人请求，应当裁定终止重整计划的执行，并宣告债务人破产。"

对此条规定在理解与执行上需注意以下问题。

第一，变更原因。债务人应严格执行重整计划，但因出现国家政策调整、法律修改变化等

① 参见潘琪：《美国破产法》，233、234页，北京，法律出版社，1999。

特殊情况，导致原重整计划无法执行的，债务人或管理人可以申请变更重整计划一次。重整计划的变更原因是“因出现国家政策调整、法律修改变化等特殊情况”，其中“等特殊情况”可包括哪些情况，纪要没有规定，实际上允许法官自由裁量。从理论上讲，在“等”前后的情况应当在性质与程度上大体相当，否则就将“等”变成了“不等”。但是在实践中，能够与国家政策调整、法律修改变化对等分量的其他特殊情况基本上不存在，更多导致原重整计划无法执行的，是市场变化、债务人或战略投资者情况变化等。所以，对允许变更重整计划的情况，法官在裁量中应当适当放宽，更多地应交由因重整计划变更而可能遭受不利影响的债权人、出资人决定，即由债权人会议决定。对涉及当事人对自身权益的判断与调整，应当更多地尊重利害关系人的意愿。

第二，变更申请程序。根据此条规定，负责执行重整计划的债务人或负有监督职责的管理人在向法院提出变更申请前，必须先召开债权人会议表决得到同意。债权人会议决议同意变更重整计划的，应自决议通过之日起10日内提请人民法院批准。债权人会议决议不同意或者人民法院不批准变更申请的，人民法院经管理人或者利害关系人请求，应当裁定终止重整计划的执行，并宣告债务人破产。实践操作中可能发生的问题是，在出现应当宣告破产的情况时，如果无人提出破产宣告申请怎么办？法院能否强制要求管理人、债务人等利害关系人申请，或直接依据职权宣告破产？这是在一些企业重整中现实发生的问题。从权利制约的角度讲，法院可能强行要求管理人提出破产宣告申请，但是在重整计划中有时管理人负责的监督期与重整计划的执行期限并不一致，当重整计划的执行发生问题时，管理人早已经结束监督期彻底退出企业重整活动，法院无法再要求其提出破产宣告申请。至于债务人等利害关系人则会根据自己的利益判断行事，在其不自愿的情况下，法院是没有办法强迫其提出破产宣告申请的。所以，对此种情况如何解决司法解释应作出相应规定，如法院能否强制要求管理人或债务人等提出申请，或依职权直接宣告破产，这个问题不解决就可能出现僵局。

第三，变更后重整计划的表决与批准。《破产审判会议纪要》第20条规定：“人民法院裁定同意变更重整计划的，债务人或者管理人应当在六个月内提出新的重整计划。变更后的重整计划应提交给因重整计划变更而遭受不利影响的债权人组和出资人组进行表决。表决、申请人民法院批准以及人民法院裁定是否批准的程序与原重整计划的相同。”根据《企业破产法》的规定，重整计划由债务人负责执行，所以由债务人在变更程序中提出新的重整计划有相应法律依据。但是管理人在重整计划执行中仅负监督职责，且《企业破产法》第91条规定，在“监督期届满时，管理人应当向人民法院提交监督报告。自监督报告提交之日起，管理人的监督职责终止”，所以如果监督期届满，管理人是否还负有提出新重整计划的责任，法律依据是什么，是否需要单独支付管理人报酬，这些问题均需要解决。此外，需要确定何为“因重整计划变更而遭受不利影响”。本书认为，此前在重整计划执行中已经完全受偿的相应组别以及个别债权人无权对重整计划变更进行表决，如重整计划批准后即获得清偿的职工债权人；已经获得部分清偿的债权人应以其持有的剩余债权额进行表决；而已经在原重整计划中被剥夺全部权利的利害关系人如出资人组无权参与表决。从债务清偿的角度看，因重整计划变更而减少清偿数额、延期清偿、解除清偿担保等均应当视为遭受不利影响，对此类硬指标的认定一般争议不大。但如果是显著加大经营方案实现的市场风险之类的软指标，能否也视为遭受不利影响，应当予以确定。本书认为，对此也应当视为遭受不利影响。另外，当事人就上述问题发生争议时如何解决，也要有相应的救济渠道。

此外，仅因重整计划超过规定期限仍未能执行完毕而请求延期，也应属于对重整计划的变更。本书主张，如果没有出现需要终止执行的其他法定情形，只是未在规定的执行期间内执行完毕，但仍有继续执行可能的，在管理人、利害关系人未申请裁定终止执行重整计划的情况下，可以考虑根据债权人会议的决议和债务人或管理人的申请给予适当延期。在延长期限内仍未执行完毕的，人民法院应依法裁定终止重整计划的执行，并宣布债务人破产。

三、重整计划的监督

对重整计划执行中是否设置监督人，在不同的国家和地区有不同的做法。日本和美国在法院之外不再另设监督机构，而在我国台湾地区，重整监督人则是由法院选派的法定必备监督机构，监督人一般需为具有专业知识和经营管理经验的人员，以保证对重整计划监督的效率和质量。

我国《企业破产法》规定，在重整计划中应当规定计划执行监督期限。自人民法院裁定批准重整计划之日起，在重整计划规定的监督期内，由管理人监督重整计划的执行。在监督期内，债务人应当向管理人报告重整计划执行情况和债务人财务状况。需注意的是，管理人的监督期与重整计划的执行期限有时是不统一的。因为有的重整计划的执行期很长，可能长达 8 年甚至更长，让管理人如此长期地负担监督职责与风险是不妥的，也不利于管理人其他管理工作的拓展与进行。

从司法实践的需要看，监督人的职责主要包括：在重整计划规定的监督期限内，对债务人执行重整计划的情况以及企业的财务状况行使监督权，有权要求债务人报告重整计划的执行情况和企业财务状况；发现债务人有违法或不当情形时，应及时监督纠正或提请法院予以纠正；如认为需要延长重整计划执行的监督期限，可申请法院裁定予以延长；监督期限届满时，应当向法院提交监督报告。监督人不尽善良管理人的义务履行监督职责，给债务人企业造成损害的，应负损害赔偿责任。[①] 监督期届满时，管理人应当向人民法院提交监督报告。自监督报告提交之日起，管理人的监督职责终止。管理人向人民法院提交的监督报告，重整计划的利害关系人有权查阅。

目前，《企业破产法》将全部监督权力交由管理人行使，没有规定债权人方面对债务人的监督制度，不利于维护债权人的利益。此外，立法对在债务人执行重整计划过程中如何实施有效的监督，尤其是关于保护债权人权益的具体制度，还有待进一步作出具体规定。

四、重整计划的效力

经人民法院裁定批准的重整计划，对债务人和全体债权人均有约束力，包括对债务人的特定财产享有担保权的债权人。债权人对债务人的保证人和其他连带债务人所享有的权利，不受重整计划的影响，可以依据原合同约定行使权利。其中的道理，与和解协议对债务人的保证人

---

① 参见汪世虎：《公司重整中的债权人利益保护研究》，178 页，北京，中国检察出版社，2006。

和其他连带债务人的法律责任不发生效力影响是完全相同的。

根据《企业破产法》第92条第2款的规定，在重整程序中（和解程序也相同，见《企业破产法》第100条第3款），债权人未依法申报债权包括未及时补充申报债权的，在重整计划（包括和解协议，下同）的执行期间不得行使权利，但在债务人对重整计划执行完毕后，可以按照重整计划规定的同类债权的清偿条件行使权利，向债务人要求清偿。这一规定是对在重整程序中未补充申报债权者予以特别的救济，但从实践中执行的情况看，却是利弊皆有。

这一规定的合理之处是，债务人经过重整程序得到挽救，继续经营生存，而未经债权申报程序申报债权并不剥夺债权人的实体权利，所以其债务仍需履行，一般而言也不违反法理。但由于未在重整程序中申报的债权也属于重整债权，所以其继续行使权利也应受到重整计划规定的同类债权的清偿条件的限制，对其他债权人亦为公平。但问题在于，设置重整程序的目的本为挽救债务人，而当债务人完全履行重整计划后，又出现在重整计划制订时未曾考虑清偿的新债权，如其数额较大，有可能导致债务人再度破产，原已进行的重整程序实际上相当于失败了。而债权人如果正常申报债权，在制订重整计划时将可以采取降低债权清偿比例等方式加以解决，或者重整程序可能因不具备条件根本无法进行，债务人将直接进入破产清算程序，避免二度破产。此外，还可能因未申报的债权人在和解或重整程序成功后继续行使权利，而使债务人实际上多清偿了债务。因为在当事人协商确定重整计划时，债务人的清偿能力与财产是既定的，申报的债权尤其是普通债权再多无非是每笔债权清偿的比例减少，债务人并不因申报债权增加而需多作出清偿。但是，如果债权人不在重整程序中申报债权，而是在重整计划执行完毕后再要求清偿，债务人就不得不作出额外清偿。实践中已经出现有的债权人申报债权时不全额申报（如不申报债权利息）以提高清偿比例，在重整计划执行完毕后又要求清偿，有意无意地利用这一规定损害债务人包括新战略投资者利益的现象。所以，对这一问题必须考虑合理解决。

本书认为，可以考虑对《企业破产法》第92条第2款规定的适用设置一些合理的条件。首先，凡是在破产案件受理时，人民法院或者管理人对已知债权人已经送达（应有回执证明，下同）申报债权通知，债权人不申报债权，在债权申报期满后经管理人再次送达通知要求其补充申报债权，其仍不申报的，债权人在重整计划执行完毕后又要求清偿，人民法院应不予支持。其次，债权人在破产程序中申报债权可以起到中止诉讼时效的效力，凡是在破产程序中未申报债权的或在重整计划执行中未提出清偿要求的（虽然其提出要求后也必须等到重整计划执行完毕才可以得到清偿），诉讼时效当然不予中止，仍连续计算。债权人在重整计划执行完毕后又要求清偿时如果超过诉讼时效，人民法院不予支持。再次，立法规定债权人在重整计划执行完毕后可以按照重整计划规定的同类债权的清偿条件行使权利。这种同等条件既包括清偿比例的限制，也必须包括延期清偿等其他限制，即如果重整计划规定同类债权均是延期2年清偿，分2年清偿完毕，债权人行使权利也要从其权利被确认时起延期2年清偿，分2年清偿完毕，以减轻债务人负担，这也是符合立法本意的。[①]

债务人不能执行或者不执行重整计划的，人民法院经管理人或者利害关系人请求，应当裁定终止重整计划的执行，并宣告债务人破产。

① 参见王欣新：《破产程序中的债权申报》，载《人民法院报》，2010-08-04。

人民法院裁定终止重整计划执行的，债权人在重整计划中作出的债权调整的承诺失去效力，但为重整计划的执行提供的担保继续有效。债权人因执行重整计划所受的清偿仍然有效，债权未受清偿的部分作为破产债权。在重整计划执行中已经接受清偿的债权人，只有在其他同顺位债权人与自己所受的清偿达到同一比例时，才能继续接受破产分配。

按照重整计划减免的债务，自重整计划执行完毕时起，债务人不再承担清偿责任。

为更好地实现企业挽救的目的，《破产审判会议纪要》第21条"重整后企业正常生产经营的保障"规定："企业重整后，投资主体、股权结构、公司治理模式、经营方式等与原企业相比，往往发生了根本变化，人民法院要通过加强与政府的沟通协调，帮助重整企业修复信用记录，依法获取税收优惠，以利于重整企业恢复正常生产经营。"

第五节　出售式重整

随着重整制度的普遍实施，企业挽救工作在取得良好社会成效的同时，也暴露出破产立法还存在一些不能适应实际需要、有待补充完善之处，这就要求面对司法实践中出现的问题，借鉴各国立法经验，有针对性地对重整制度加以创新。

一、司法实践中的难题

在目前中国的企业重整实践中，债务人企业的继续存续往往被理解为重整的必备构成条件。但将企业重整狭隘地理解为仅有存续式重整一种方式，使重整的适用在司法实践中遇到了难题。其一，是存续式重整本身存在的一般性市场风险；其二，是存续式重整在我国存在的特殊法律风险。首先分析存续式重整的一般性市场风险。

第一，在一些债务困境企业的外壳之内，营业与资产质量良莠不齐，债务与社会负担过重，债务结构过于复杂，在维持债务人企业存续的情况下，要想找到新的战略投资者或依靠自身资源进行重整非常困难。在此种情况下，即使勉强制订出重整计划草案也往往会因重整企业的无效资产负担过重，债务负担过重，重整代价过高等，不能得到债权人等的支持，最终导致重整失败。

第二，存续式重整的特点决定了重整计划草案中模拟分配计算是否准确的争议难以解决。在破产清算程序中，债权人分配的数额多少、比例高低，完全由破产财产的实际变现情况即经市场化清算的确定价值所决定。而在企业存续式重整程序中，由于原则上不对企业财产进行实际清算变现，所以无论是所谓债权人"在重整计划草案被提请批准时依照破产清算程序所能获得的清偿比例"，还是在重整计划草案中拟定对债权人的重整分配比例，完全是模拟计算出来的。这种模拟计算的结果就可能由于估值不准、技术失误、人为偏袒计算、利益冲突等客观或主观因素影响，而与市场真正价值不相符，存在不合理乃至恶意欺诈的问题，加之各方当事人之间信息不对称等原因影响，历来都是债权人争议最大的焦点问题之一，利害关系人之间的利益博弈往往因此陷于非理性化，可能导致重整最终失败。

第三，重整计划执行期间较长，风险过大，往往因市场变化、计划不周、情势变迁等内外部因素影响，导致重整计划无法顺利实施，以致重整失败。在企业存续式重整中，清偿债权人的财产主要来源不是企业变卖后的清算价值，而是新战略投资者提供的部分偿债资金，以及存续企业的未来收益。而且从本质上讲，还是以存续企业的未来收益作为清偿保障的。重整计划的执行期限越长，发生市场变化、债务人的预计未来收益无法实现、重整失败的风险就越大。

存续式重整的法律风险则主要体现在以下方面。

第一，债权人在重整计划通过批准后补充申报的债权等债务责任清偿困难难以解决，导致重整失败。债权人必须申报债权并得到确认才能在破产程序中行使权利、获得清偿。在破产清算程序中，因企业清算完毕即被注销，所以即使有未及时申报的债权也会因债务人的不复存在而实际上被免除清偿。但存续式重整程序则不同，重整程序结束后，债务人企业仍然存在。《企业破产法》第 92 条第 2 款规定，债权人在重整程序中未依法申报债权的，在重整计划执行期间不得行使权利，但在重整计划执行完毕后，可以按照重整计划规定的同类债权的清偿条件行使权利，向债务人要求清偿。此类债权的补充申报清偿，会加重债务人财务负担，甚至可能导致其再度破产，这使企业存续式重整存在重大风险。

第二，债务人企业股东的股权调整难以进行。在一些重整案件中，在债务人企业股东持有的债务人股权上设置有质押担保，或者因其他涉及股东的诉讼而被法院保全冻结。当重整计划草案中涉及对股东股权调整如无偿划转给新战略投资人时，也面临严重的法律障碍，会遇到质押权人或保全权利人以及相关法院的强烈抵制。如果不能按照重整计划草案调整股权，则重整又可能失败，强制调整股权则面临缺乏法理与法律规定支持的难题。

第三，企业重整挽救的一项重要措施就是减免债务，但是按照目前的财务与税收制度，债权人在重整程序中对债务人债务的减免被视为债务人企业的所得收入，要缴纳所得税税收。而且企业的重整本已是陷于债务困境，仅仅是债权人形式上的减免债务，并没有给债务人带来任何实际现金收入，却被要求缴纳税收，这就使得企业重整负担更重，难以解决，在其他方面的税收也存在需要解决的问题。

二、出售式重整的适用

(一) 出售式重整的重要意义

要想解决企业重整实践中的这些难题就需要人们改变观念、借鉴经验、创新制度，关键是企业重整观念的转换与创新。谈到重整制度的设置目的，人们会异口同声地回答，是为了挽救企业。但什么叫作挽救企业，我们要挽救的是企业的什么社会功能，什么才是现实中社会所需要的企业重整挽救措施，只有转换一些似是而非的传统观念，才能对这些问题作出正确的回答，才能真正理解重整制度设置的实质目的，也才能使其在中国充分发挥出重要的作用。

重整制度设置的目的，就是挽救那些具有挽救价值和挽救希望的企业，挽救企业的营业与社会价值，减轻各方利害关系人和社会的损失。就具体目标而言，就是要避免或减少职工失业，努力保护社会投资与事业经营，实现债务人财产价值的最大化，避免连锁破产，保障债权人等各方利害关系人的权益，避免传统破产清算制度可能产生的各种消极社会影响，维护社会稳定与和谐。所以我们要根据企业自身的资源占有、债权债务、经营事业等情况以及新的战略投资者的需要等，决定企业的挽救方式，这就需要我们对重整的方式进行创新。只要能够达到上述目的，在法律允许范围内不管适用何种手段、运用何种工具，都是符合破产法立法宗旨、符合重整制度立法本意的。

从各国的立法与实务情况看，重整主要有三种模式：第一种是传统的企业存续式重整；第二种是出售式重整，也称事业让与型重整；第三种是在部分国家与地区存在的清算式重整，即在重整程序失败时使之与清算程序无缝衔接进行。其中前两种模式是企业及其营业挽救型的重整，是重整制度在实践中发挥其社会调整作用的主要操作模式。有的人将出售式重整称为清算式重整，甚至破产清算，这是不够准确的。清算式重整则是一些国家为了降低重整与清算程序的转换成本，提高效率，节省社会资源，更好地维护当事人的权益，在企业重整挽救失败的情况下，在重整程序中直接制订清算计划进行破产清算。如《日本公司更生法》第 191 条规定，更生程序开始后，以公司的延续合并、新公司的设立或营业的转让等为内容的计划草案的制订有明显困难时，法院可根据计划草案制订人的申请，许可制订以清算为内容的计划草案。美国破产法则将这种计划称为清理计划。在重整程序中通过清算计划的制订与实施，连通解决破产清算问题，也会使债权人获得较多清偿。我国《企业破产法》对在重整程序中制订、执行破产清算计划的问题未作规定，而是规定在上述情况下一律转换至破产清算程序，缺乏灵活处理的机制。

在司法实践中，一个企业的重整通常会优先考虑适用存续式重整。因为存续式重整往往有利于保存最多的社会资源，依附于企业外壳的各种市场资源都可以继续发挥创造财富的正能量效应。当适用存续式重整可能遇到前述的各种难题无法解决时，就可以考虑适用出售式重整，在无法保留企业外壳的情况下，使企业的优质资产和经营事业的社会效益得到最大程度的体现，实现重整制度设立的目的。而当重整程序进行到重整计划制订阶段后，由于种种原因使重整无法继续进行时，可以考虑适用清算式重整，以节约社会资源，提高司法效率，保护当事人权益。但由于我国破产法已经明确规定在重整程序失败时要独立启动清算程序，所以这种模式在我国难以适用。

传统的企业存续式重整，是通过债务减免、延期清偿以及债转股等方式解决债务负担，并通过企业法人治理结构与经营管理的改善，注册资本的核减或增加，乃至营业的转变、资产的置换或股权的变更等措施，达到企业重建再生之目的。其标志性的特点，是保持原企业的法人资格存续，在原企业的外壳之内进行重整，虽然企业的主人——股东，乃至经营的事业可能会发生变更。这种挽救模式尤其适合于企业的挽救价值和重要资源或资产的维持依存于企业外壳的情况，如上市公司拥有的融资外壳，企业具有的特殊经营执照、资格、资质等，一旦企业被注销，则相应资源随之消灭，所以要尽量采取存续式重整。

出售式重整，又称事业让与型重整，是将债务人具有活力的经营事业之全部或部分通常是主要部分（具有相对独立性，如相对独立的企业分支机构、事业部门）连同无形资产、就业员工一并转让给他人，使之在新的企业中得以继续经营存续，而以营业转让所得对价即继续企业价值，以及企业未转让遗留财产（如有）的破产清算所得即清算价值，清偿债权人。其标志性的特点，是不保留原债务人企业外壳的存续，在经营事业转让之后将债务人企业清算注销，经营事业的重整挽救是以在原企业之外继续经营的方式进行。从另一个角度看，存续式重整往往是企业的股东转让股权，而出售式重整则是企业转让营业与事业资产。

在分析重整的多种模式后，我们要纠正对重整制度认识的一个误区，即所谓重整就必须要保持债务人企业外壳的继续存续，如果债务人企业被注销就不是重整，而是清算，这种看法是不符合重整制度实质和立法本意的。重整制度设置的目的，是挽救企业的经济与社会价值。所谓挽救企业，主要是要挽救企业所经营的事业以及与其营业相关的社会资源，并解决相关的社会问题，避免其因破产清算造成的各种不良社会影响，同时使债权人得到较之清算更多的清偿。但所谓挽救企业，并不局限于使债务人企业继续存续一种方式，更不是一定要保留其外壳，特别是当其成为不利于企业事业更生的沉重负担时。重整的实质作用，是要挽救债务人所经营的事业，而不是形式主义地维持债务人企业本身的继续存续。

(二) 出售式重整的制度优势

出售式重整是解决前述各种重整难题的一种有效方法。出售式重整具有两个特点，其一是经营事业的出售与实际市场变现，其二是债务人企业外壳的注销，从而摆脱依附于原企业外壳的各种债务负担等义务，正好可以对应解决前述存续式重整存在的一些难题。

第一，出售式重整通过将债务人企业的优质营运业务资产出售，可以保证其在收购者手中正常运营，维持乃至提高营业本身之经济与社会价值，有利于制订出合理、可行的重整计划草案，达到重整之实质目的。同时，通过对剩余企业进行破产清算并予注销，可以将债务人企业外壳上所附之无效资产负担和过重的债务负担等彻底解决。

第二，出售式重整将债务人企业的全部或主要营业资产通过市场实际转让变现，所以在债务人财产的变现价值、清算与重整分配比例等方面通常不再存在模拟计算是否准确的问题，有利于消除各方当事人对此的争议，促进重整计划的通过和执行。

第三，出售式重整将债务人企业的全部或主要营业资产立即转让变价，实现市场价值，而且对原企业剩余财产（如有）也是采取实际清算的方式处理，可以保证债务人财产的迅速变现，清偿资金立即到位，保障重整计划迅速执行完毕，对债权人的清偿可早日实现，消除重整计划执行中的不确定性，从而更好地维护各方利害关系人的权益，保障企业重整成功。

第四，出售式重整通过对债务人企业营业资产的出售和企业的注销，真实切断债务人企业营业资产的收购者与破产企业原有的债务等法律关系间的联系，保障其不受到在重整程序中未申报债权的继续追讨，保障其不受对原债务人企业违法行为责任追究的影响，避免重整的失败。债务人企业在清算之后的注销，使其彻底摆脱所有未能清偿的债务责任，不再传导至业务资产收购人的身上。企业股东对债务人的股权在债务人企业被注销后也随之消灭，因股权质押担保或者被法院查封而产生的复杂问题也随之自然解决。在出售式重整中不存在对存续企业的债务减免问题，也就不存在这方面的不当税收问题。当然，在债务人企业营业资产的收购中也会产生一些税收问题，需要妥善解决。

在实施重整制度的诸多国家与地区的立法中，对出售式重整均作出规定。美国破产法第1123条（重整计划的内容）中规定，重整计划应当包括“将破产财产的财产权全部或者部分转交给一个或者数个实体，不论该实体是否是在重整计划被确认之前成立的”；“规定出售破产财产的全部或者大部，以及在债权或权益持有人之间分配该出售所得的程序”；将债务人与一个或者数个企业进行合并等。法国商法典第六卷第二篇第一章“司法重整”第2节第621—62条第2款规定：“该重整方案或者组织企业继续经营，或者组织企业转让，或者安排企业继续经营，但同时进行部分转让"；其第621—83条规定："根据司法管理人制作的报告，法庭可以裁定企业进行转让。转让企业的宗旨在于维持可以独立进行的经营活动，维持与之相关的全部或者部分职位，并清偿债务。企业转让可以是全部转让，也可以是部分转让。在后一种情况下，企业转让涉及构成一个或者若干个完整的、独立活动的部门的经营资产"。企业或经营资产的转让价款，由方案实施监督员在债权人之间按其顺序进行分配。日本《公司更生法》中也作出了相同内容的规定。

我国台湾地区2007年完成"债务清理法（草案）"，这是其破产法制定70年来最大幅度的企业债务清理法制的改革。在这一草案中，对其原规定在"公司法"中的公司重整制度进行了全面完善。草案规定，在重整计划中应订明的内容包括："事业全部或主要部分之让与或变更；与其他法人之合并收购或分割"等事项，并指出，重整主要有三种模式：收益清偿型（即企业存续型）、事业（营业）让与型和（企业）清算型。[①] 台湾学者指出，"依营业让与之企业重建方法愈来愈被广泛利用，已成为债务清理之一核心方法，此不论在美、德、瑞典等国倒产法就之未明文规定之债务清理程序，或于法、日等国倒产法已予明定之倒产处理程序均属同然。营业让与型之盛行显示出企业存续型之界限。因为，依向来之和解等定清偿犹豫之重建计划，必然导致计划之长期化，且因原来之债务人照样存续，债权人仅从收益部门未必能受清偿。纵依向来之重整等以减增资之新资金引进方式，资助者必须承受企业全体。连不采算部门亦包括在内，且因法主体之倒产公司续存，残留簿外债务之风险、债务免除利益课税及倒产公司形象等问题。营业让与可成为超越上述界限之有效方法。在此情形，选择仅让与收益部门不仅可能，与法主体之关系亦可切断，且于全部让与场合，以其价值为分配，即使于一部让与场合，亦只就残留部分进行清算分配，通常情形程序可短期结束。营业让与可维持有机体的营业本身之经济上、社会上价值，是利用价值高之交易，且重要营业转让后，纵令倒产企业不能残留存续，然事业本身已可在其他法人格之下继续维持，亦符合重建程序之目的。因此，营业让与型可说从债务人之更生，转至重视事业本身之更生，据以实现企业重建之目标"[②]。

据笔者2005年随全国人大代表团到德国考察时了解，德国新破产法（1994年通过、1999年实施）中借鉴美国立法规定了重整制度，该法实施后进行的重整中大多数是出售式重整。即使是在美国，往往大部分的企业重整也是出售式重整。[③] 在各国的司法实践中，出售式重整的案例更是屡见不鲜。美国历史上的第四大破产案件——通用公司破产案，就是采取这种重整方法获得挽救成功的。其重整计划规定设立一家新的通用汽车公司，老通用公司将其优质资产出售给新通用公司，所得价款用于还债，老通用公司则进行破产清算。这一重整方式使通用公司在申请重整后以40天的时间就完成了重整计划的实质性工作，新通用公司则在成立后发展良好，不到一年半的时间内就发行股票，成为上市公司。在日本的企业重整案例中，大多数也是采取出售式重整。

我国的破产实践中也已经出现多个出售式重整的案例。2015年6月在中国上海的"企业破产法实务论坛"上，浙江高院负责破产案件审理的民二庭庭长就介绍了他们刚刚进行的一家

① 参见许士宦：《债务清理法之基本构造》，225、228页，台北，元照出版公司，2009。

② 许士宦：《债务清理法之基本构造》，115、116页，台北，元照出版公司，2009。

③ 2002年，美国56%的大型企业重整采取这样或那样形式的资产出售。见 Douglas G. Baird & Robert K. Rasmussen，Chapter 11 at Twilight，56 STAN. L. REV. 673，675（2003）。

上市公司“浙江玻璃”的出售式重整，同时这也是我国第一家进入清算程序的上市公司，只不过在他们的表述中称之为破产清算。山东省淄博市高青县在2014年也审理了一个出售式重整案件，即淄博钜创纺织品有限公司重整案。在该案的重整计划中，将债务人企业的主营业务相关资产由新的战略投资者以承债等方式收购，对出售有效资产后的企业转入清算程序，予以注销。这些重整案例均取得了成功。

三、出售式重整与破产清算程序的区别

出售式重整与破产清算程序中都可能存在对企业财产的整体转让，或对其生产线、成套设备的整体变卖，这两者有什么本质区别？能否以清算程序取代出售式重整达到同样的目的，从而排除出售式重整的适用呢？

仅仅从债务人财产处置方式的外观上看，破产清算程序中对破产财产的整体变卖等活动与出售式重整有一些形似之处，但两者存在本质差异。关键的区别有两点：

第一，也是两者最重要的区别，在出售式重整中出售的“财产”，其转让的客体是“营业”，而不是一般的资产，由此构成财产出售的目的不同、效果不同。所谓“营业”，是指“为实现一定的营业目的而组织化了的、被视为有机一体的机能性财产”[①]，包括物、权利、技术秘密、商业信誉、客户关系等共同构成的有机整体。[②] 评价是否构成营业转让的关键，是所转让的各种财产之间是否以某种有序的关系被组织起来，形成一个有机的运行整体，能够被用于实现一定的营业目的；在转让后，受让人是否可以不需要再对这些财产进行整理与组织，就能够将其整体直接投入经营。[③] 在营业转让中，被转让的客体是企业运营的有机整体，不是对单一性质的物或者财产权益的买卖。如果仅仅是多个物简单地聚集在一起成为集合物，但其相互之间并未组织化为有机的营业联系，也不属于营业转让。

出售式重整的基点，是通过重整挽救债务人所经营的事业，出售仅是其手段，其对财产的出售是以独立或基本独立的营运事业即营业为单元进行的，必须考虑所售营业资产的持续经营和附属职工的继续就业，出售的价值是企业营业的存续价值即较高的营运价值，而不是简单的清算价值即资产价值。在确定转让价格时，不仅要考虑营业财产所包含的各个组成部分的实物价值，还要考虑营业财产整体的盈利能力及持续经营发展前景的价值。而破产清算的基点是清算，目的是要实现变价分配，所以虽然破产企业可能整体转让，或其成套设备也可以整体出售，但是做不到时就必须拆散出售，确定出售与否时不考虑所售资产能否持续经营和职工的继续就业问题，需要实现的仅是各项财产的实物清算价值，尽管实现的价值越高越好。

第二，出售式重整的程序在法律性质上属于重整程序，其目的是要挽救债务人所经营的事业，所以不仅适用重整的法律规定，而且产生重整程序对各方当事人的法律效力与重整效果。如在程序的启动上，与破产清算程序存在重要区别。重整申请不仅在债务人发生破产原因时可以提出，而且在其有发生破产原因之可能时就可以提出。重整的申请主体是多元化的，不仅债

---

① 王保树：《商法总论》，185页，北京，清华大学出版社，2007。
② 参见王文胜：《论营业转让的界定与规制》，载《法学家》，2012（4），103页。
③ 参见王文胜：《论营业转让的界定与规制》，载《法学家》，2012（4），104页。

务人、债权人可提出重整申请，债务人的股东也可在一定条件下提出。重整程序与清算程序上述的立法区别，是建立在有利于更早、更好地挽救企业及其营业的重整目的之上。在法律保障措施与强制力方面也不相同。在重整程序中，物权担保债权人优先受偿权的行使受到限制，而在清算程序中则原则上不受限制。在重整程序中，债权人会议实行分组表决，而不是清算程序中的统一大会表决；只要债权人会议各表决组（含股东组）以法定多数通过重整计划草案，经人民法院批准，对所有当事人均具有法律效力；而且在部分表决组未通过重整计划草案的情况下，如符合法定条件与程序，债务人或者管理人可以申请人民法院对重整计划草案予以强制批准。人民法院对重整计划草案的强制批准权力，可以避免因部分利害关系人的反对而使重整无法进行。

除此之外，两者在财产的管理方式、相关权利人权利的行使（如取回权人取回财产的条件等）、债权人会议的组成成员等方面也存在区别。综上所述，破产清算程序是无法取代出售式重整的社会功能的。

我们在积极推行出售式重整的同时，也应防止其被过度滥用，防止管理人乃至法院的懒政、惰政。芝加哥大学法学院的 Douglas G. Baird 和 Robert K. Rasmussen 教授发表了 *The End of Bankruptcy*（2002），他们认为，美国企业申请破产重整，已不再是为了在濒临倒闭之际挽救企业，而仅仅为了出售资产与瓜分公司收益。如安然公司的主要资产，包括其用于贸易运营的资产以及其最有价值的输油管道，在短短几个月的破产重整期间全都被销售一罄。而布吉公司甚至在申请重整的几个星期不到，就将其大部分资产卖给了安飞士的母公司。公众持股公司的各利害关系人依照第 11 章的规定召开会议来对公司的生死存亡进行商讨的情形鲜有发生，所以必须防止出售式重整被滥用。

目前我国立法对重整的各种具体模式包括出售式重整没有规定，仅在《企业破产法》第 69 条中规定，管理人实施的应当及时报告债权人委员会的行为中的第三项中，包括营业的转让。也就是说，《企业破产法》对债务人营业转让的重整模式是允许的，但具体如何操作，仍有待于立法完善。需要注意的是，《企业破产法》第 69 条规定，管理人对债务人企业的营业进行转让，应当及时报告债权人委员会，未设立债权人委员会的，应当及时报告人民法院。仅从其文字内容看，似乎管理人履行上述程序后就可以进行债务人企业的营业转让，但这种理解是不全面、不准确的。《企业破产法》第 61 条规定，破产财产的变价方案必须经过债权人会议表决通过，才能由管理人付诸实施。决定对债务人全部或主要营业的转让显然属于财产的变价方案，应是由债权人会议决定的事项。所以，管理人转让债务人企业营业的职权，仅限于在该项转让的重要性并不构成财产变价方案的情况下行使，超出此范围的，应当经过债权人会议议决。《破产法解释三》第 15 条第 1 款也明确规定："管理人处分企业破产法第六十九条规定的债务人重大财产的，应当事先制作财产管理或者变价方案并提交债权人会议进行表决，债权人会议表决未通过的，管理人不得处分"。另外，《企业破产法》第 69 条的规定并不能完全适用于重整程序，因为重整程序在很多问题上的规定与清算等程序的是不同的，如债权人会议的表决方式等，所以在重整程序中对债务人营业的转让应当优先按照重整程序的有关规定执行。

我国的企业重整挽救应当重实质而轻形式，要摒弃重整就是要维持原有企业外壳存续的旧思维定式，推进企业重整挽救走上更为宽广的阳关大道。要正确实施出售式重整，还要适应我国的具体情况进行必要的制度建设，做到充分发挥其利，努力杜绝其弊。为此，需要在司法解释中明确规定将其定位为重整的一种方式，健全保障债权人利益的各种法律防范制度，制止破产欺诈；对债务人企业的营业与资产转让必须严格遵循法律程序，必须公开、公平、公正；转让应当采取充分竞价方式进行，要允许债权人为出售的业务资产推荐或选择出价更高的买家；对财产的资产评估应当准确、合理，要对债权人的质疑给予充分解释，不能解释评估合理性时应修改评估结果；对持反对意见的债权人要给予法律救济渠道；等等。要通过适用出售式重整，为债务困境企业的挽救提供更多的制度渠道。

问题与思考

1. 如何认识重整制度在破产法中的地位和作用？
2. 重整制度具有哪些重要特征？
3. 如何理解重整制度的适用条件？
4. 《企业破产法》对重整原因及重整申请作了哪些具体规定？
5. 重整期间，债务人的财产管理和营业事务如何执行？
6. 根据《企业破产法》的规定，在哪些情况下，法院应当裁定终止重整程序并宣告债务人破产？
7. 简述《企业破产法》规定的重整计划的制订主体及计划的主要内容。
8. 重整计划草案如何进行表决？法院在何种情况下可以强制批准重整计划草案？
9. 如何认识重整程序中对债务人出资人权利的限制与保护的问题？
10. 如何理解重整计划的效力？
11. 根据《企业破产法》的规定，重整计划由谁执行？如何对重整计划的执行进行监督？
12. 如何理解与实施重整计划的变更？
13. 谈谈出售式重整的意义与特点。

第九章

破产清算

本章概要

破产清算是《企业破产法》规定的与重整、和解并列的三大破产程序之一，依据当事人的申请和法院的破产受理与破产宣告裁定而发动，涉及破产财产的变价和分配、别除权的行使、破产程序的终结等诸多法律问题。破产清算作为破产制度的重要组成部分，具有保障债务公平有序清偿、优化市场资源配置、规范企业市场退出的社会作用。对于丧失清偿能力而又缺乏拯救价值和可能的债务人，应当及时通过破产清算程序对债权债务关系进行全面清理，促使其及时退出市场，重新有效配置社会资源。在各国的破产案件中，清算案件的数量都是居于主导地位的，这是常态也是常识，我国也是如此。据统计，在全国法院近年来受理的各类破产案件中，破产清算案件所占的比例达到80%以上。[①] 虽然有“要尽可能多兼并重组、少破产清算”的提法，但这里“多”与“少”的关系，不能简单地理解为重整企业与清算企业数量或者比例上的关系，这只是强调地方政府与法院要对企业重整多予以积极、主动的支持。[②] 所以，要充分重视破产清算程序的运用。

破产宣告是指法院依据当事人的申请或法定职权裁定宣布对债务人破产清算以清偿债务的活动。债务人被宣告破产后，债务人称为破产人，债务人财产称为破产财产，人民法院受理破产申请时对债务人享有的债权称为破产债权。在破产宣告前，债务人有法定情形的，法院应当裁定终结破产程序。

破产宣告后，管理人应当拟订破产财产变价方案，并按照债权人会议的决定或者法院的裁定，适时变价出售破产财产，并分配破产财产。破产财产分配应贯彻顺序、比例清偿的原则。

破产费用，是指在破产案件中，为维护全体债权人的共同利益而产生的各种费用支出。共益债务是指在破产程序中为全体债权人利益而由债务人财产负担的债务。在各国的破产立法中均规定有与破产费用和共益债务相当的制度。《企业破产法》对破产费用与共益债务进行了科

---

① 参见贺小荣、葛洪涛、郁琳：《破产清算、关联企业破产以及执行与破产衔接的规范与完善——〈全国法院破产审判工作会议纪要〉的理解与适用（下）》，载《人民司法》，2018（16）。

② 参见王欣新：《企业兼并重组及破产制度的创新与完善》，在2016年中国法治论坛上的发言，见 http://www.360doc.com/content/16/0403/20/26934091_547616358.shtml。

学合理的区分，并确定了对它们的优先清偿以及在清偿时的先后顺序。

别除权是指债权人因其债权设有物权担保或享有法定特别优先权，而在破产程序中就债务人特定财产享有的优先受偿权利。《企业破产法》有相关规定，但未直接使用别除权的概念。别除权的行使可能影响到其他权利人的利益，因此，别除权与破产程序中存在的其他相关权利的关系以及彼此的清偿顺序，是我们要重点掌握的问题。

在债务人的破产财产不足以支付破产费用或者破产财产分配完毕时，法院应当依申请裁定破产程序终结。管理人依据法院的裁定办理相关的注销登记，管理人于办理破产人注销登记完毕的次日终止执行职务。但是，如果破产案件存在诉讼或者仲裁未决等情况，管理人可以在破产程序终结后，继续办理破产案件的遗留事务。

破产免责制度，是指在破产程序终结后，依照破产法的规定，对于债务人未能依破产程序清偿的债务，在法定范围内免除其继续清偿的责任。在自然人破产的案件终结时，涉及破产人的免责与复权问题，我国破产法仅适用于企业，所以不存在债务免责问题。

关键术语

破产宣告　破产财产变价　破产财产分配　破产费用　共益债务　别除权　别除权之优先权　一般优先权　特别优先权　税收优先权　别除权与职工债权之清偿关系　破产终结程序　免责主义　当然免责主义　许可免责主义　失权　复权

第一节　破产财产的变价和分配

一、破产宣告

破产宣告是指法院依据当事人的申请或依法定职权裁定宣布债务人破产以清偿债务的活动。根据我国破产法的规定，破产程序的启动以案件的受理为标志。尽管在破产申请中会说明申请启动何种破产程序，但在申请受理后仍存在不同程序的相互转换问题，如清算程序转换为重整程序。如果在破产清算申请受理后不能及时作出破产宣告，排除程序的转换可能，确定程序发展方向，就会影响破产程序的及时顺利进行。

《破产审判会议纪要》第 23 条“破产宣告的条件”规定：“人民法院受理破产清算申请后，第一次债权人会议上无人提出重整或和解申请的，管理人应当在债权审核确认和必要的审计、资产评估后，及时向人民法院提出宣告破产的申请。人民法院受理破产和解或重整申请后，债务人出现应当宣告破产的法定原因时，人民法院应当依法宣告债务人破产。”这一规定有助于解决个别法院或管理人不当拖延破产宣告，影响破产程序尽快进行的问题，对这一规定应当正确理解与执行。通常认为，在第一次债权人会议上应当完成债权审核、确定是否转入重整或和解程序等工作。但是在司法实践中，由于案件情况复杂、管理人能力差异等原因，实际上经常会完不成债权审核等预订工作。所以，以第一次债权人会议结束作为排除或不再考虑当事人是否再提出重整或和解申请的时间标准，不一定适合于所有案件。如果在召开第一次债权人会议时审核确认债权和必要的审计、资产评估均未完成，债权未经确认的债权人是否具备申请重整的实质资格、判断债务人能否进行重整的一些条件如资产与负债情况等尚不确定，债务人、债权人不完全具备提出重整或和解申请的条件，这时便通过破产宣告确定向破产清算程序的发展方向，恐怕是不妥的。其实纪要中"管理人应当在债权审核确认和必要的审计、资产评估后"申请破产宣告的表述，也表明了这一点。所以，在司法实践中，要根据案件具体情况确定何时申请作出破产宣告最为妥当，避免出现及时宣告破产与保障债权人等提出重整或和解申请权利两者间的失衡。

依据纪要的规定，管理人认为债务人符合破产法规定的宣告破产条件的，可以申请人民法院裁定宣告债务人破产。破产申请受理后，债务人财产不足以清偿破产费用，且无人代为清偿或予以垫付的，经管理人申请，人民法院应当宣告债务人破产，并裁定终结破产程序。此外，债务人进入和解或者重整程序，但未能完成和解或者重整程序，或者被依法中止和解协议或重整计划执行的，人民法院应当依法宣告债务人破产。

《破产审判会议纪要》第 24 条指出，相关主体向人民法院提出宣告破产申请的，人民法院应当自收到申请之日起 7 日内作出破产宣告裁定并进行公告。债务人被宣告破产后，不得再转入重整程序或和解程序。人民法院依法宣告债务人破产，应当自裁定作出之日起 5 日内送达债务人和管理人，自裁定作出之日起 10 日内通知已知债权人，并予以公告。"关于破产宣告后能否申请将破产清算程序转入重整或和解程序的问题，《会议纪要》起草过程中有意见认为，无论是基于实践中已有成功案例，还是从鼓励拯救债务人的角度出发，都应当允许债务人被宣告破产后，在一定条件下能够再行转入重整或和解程序。《会议纪要》对此未予采纳，主要理由为：一是因为企业破产法没有规定破产宣告后的程序转换，而是在允许由清算程序转入重整或和解程序的条文中，明确限定应在破产宣告前进行；二是在企业破产法上述规定内，相关主体应当充分利用破产受理后至宣告破产前的期间，积极对债务人进行挽救，如果仍允许在破产宣告后转入重整或和解程序，在一定程度上也会增加程序适用的不确定性，加大债权人通过破产清算程序获得清偿的成本"①。

纪要这一规定为利害关系人之间就是否同意企业重整或和解的博弈，设定了更为严格的规则，要求更为认真、理性地对待。债务人被宣告破产后，不得再转入重整程序或和解程序，确实需要保留债务人企业的存续，可以适用《企业破产法》第 105 条规定："人民法院受理破产申请后，债务人与全体债权人就债权债务的处理自行达成协议的，可以请求人民法院裁定认可，并终结破产程序"。

债务人被宣告破产后，在破产程序中的有关称谓也发生相应变化，债务人称为破产人，债务人财产称为破产财产，人民法院受理破产申请时对债务人享有的债权称为破产债权。

《企业破产法》第 108 条规定："破产宣告前，有下列情形之一的，人民法院应当裁定终结破产程序，并予以公告：（一）第三人为债务人提供足额担保或者为债务人清偿全部到期债务的；（二）债务人已清偿全部到期债务的。"这一规定中存在一些不妥之处。

第一，所谓"第三人为债务人提供足额担保"，不能作为裁定终结破产程序的原因。因为

① 贺小荣、葛洪涛、郁琳：《破产清算、关联企业破产以及执行与破产衔接的规范与完善——〈全国法院破产审判工作会议纪要〉的理解与适用（下）》，载《人民司法》，2018（16）。

仅仅提供足额担保并不能消灭当前已经发生的破产原因，即解决对债务的全部清偿问题。通常“第三人为债务人提供足额担保”，仅仅是为债务人在将来某一时间清偿债务提供的担保，而不是即时的替代清偿。债务人取得的他人担保不能视为债务人本人的清偿能力或其延伸，不能视为债务人破产原因的消灭。如果按照这一规定的逻辑，有足额担保的债务人就根本不需要进入破产程序，这显然是违背破产法基本原理的。另外，立法在此仅规定“提供足额担保”，而未明确债务清偿或担保义务履行的时间，无法保障债权人的正当权益。如果债务人恶意地利用此项规定，在担保合同中约定提供足额担保，但在10年以后才开始清偿债务，虽形式上符合法律规定的终结破产程序的条件，但实际上却是在恶意地拖延债务。因此，如果债权人不接受这种担保债务的延期清偿，不能达成和解，提供担保本身并不能避免债务人被宣告破产的命运，只是为债权人在破产人不能还清债务时提供一层保障而已。其实，在此种条件下可以终结破产程序的，仅限于因第三人为债务人提供足额担保而使债权人会议与债务人达成和解协议的情况。

第二，立法中所谓“清偿全部到期债务”，含义不明，易造成误解。根据《企业破产法》的规定，破产申请受理时，未到期的债务全部视为到期，在破产程序中不再存在未到期的债务。但由于立法规定的是“视为到期”，而非真正到期，所以仅仅清偿全部到期债务，可能并未彻底消灭破产原因。为此，立法应当规定为“清偿全部债务”，才不会出现执法上解释不一的问题。

根据各国立法之惯例，破产宣告后，破产人在公法与私法上的资格权利方面要受到相应限制。这些限制一般不在破产法中直接规定，而是在相关的法律中规定。法律对破产人资格权利的限制，称为失权制度。这些权利限制并不随破产程序的终结而当然失效，需要在破产人依法得到复权之后方得解除。

各国或地区立法规定的资格权利限制并不完全一致，与其国情相关，通常包括以下方面：破产人在公法上丧失担任公职人员候选人的资格，丧失担任律师、公证人、仲裁员、参审员（德国）、公安委员（日本）、注册会计师、建筑师等的职业资格，丧失成为工商业同业公会会员代表、农会会员、渔会会员、合作社社员的资格（我国台湾地区立法）等。破产人在私法上则丧失担任公司董事、监察人、经理人的资格，丧失担任证券商的董事、监察人、经理人及从业人员的资格，丧失担任私立学校董事的资格，丧失出任无限公司股东或合伙人的资格，丧失担任监护人、遗嘱执行人等的资格，不得担任当铺的营业人，等等。

由于我国破产法目前不适用于自然人，故未规定对破产自然人的资格权利限制，但相关立法对破产企业的董事、监事、高级管理人员的任职资格限制作出了相应规定。如《公司法》第146条规定，担任破产清算的公司、企业的董事或者厂长、经理，并对该公司、企业的破产负有个人责任的，自该公司、企业破产清算完结之日起未逾3年，不得担任公司的董事、监事、高级管理人员。根据国家工商行政管理局颁布的《企业法人法定代表人登记管理规定》（1999年修订），担任因经营不善破产清算的企业的法定代表人或者董事、经理，并对该企业的破产负有个人责任，自该企业破产清算完结之日起未逾3年的，以及个人负债数额较大，到期未清偿的，均不得担任企业法定代表人。《破产规定》第103条还规定：“人民法院可以建议有关部门对破产企业的主要责任人员限制其再行开办企业，在法定期限内禁止其担任公司的董事、监事、经理。”但对其他方面资格的限制，法律未作规定。

将来我国破产法适用于自然人时，也需要对破产人在公法与私法上的资格权利予以适当限制，建立失权与复权制度。

二、破产财产的变价与分配

破产财产的分配以货币分配为基本方式。在破产宣告后，管理人应当及时拟订破产财产处置变价方案，提交债权人会议讨论。管理人应当按照债权人会议通过的或者人民法院依法裁定的破产财产处置变价方案，适时变价出售破产财产。但在实践中，有些破产财产处分较为困难，或在变价过程中会造成较大损失，有些破产企业的债权一时难以追回，在破产财产分配时，经债权人会议决议，可以不再进行财产变现，采取实物分配、债权分配等分配方式。

破产财产处置应当以价值最大化为原则，兼顾处置效率。变价处置破产财产原则上通过拍卖方式进行，但如采用拍卖方式进行处置，拍卖所得预计不足以支付评估拍卖费用，或者拍卖不成的，经债权人会议决议，可以采取作价变卖或实物分配方式。此外，在实践中，虽然传统拍卖方式较有助于保证公平，但有时并不一定能够使破产财产以最高价格售出，而且其成本较高、耗时较长，所以，只要是债权人会议作出相应决议，就可以不采取拍卖方式处置财产。变卖或实物分配的方案经债权人会议两次表决仍未通过的，由人民法院裁定处理。人民法院要积极探索更为有效的破产财产处置方式和渠道，最大限度提升破产财产变价率。现在随着互联网的发展，网络拍卖已经成为许多案件中处置破产财产的重要方式。破产财产的变价处置必须充分保障债权人的利益，不允许以低价向购买者处分破产财产的方式换取其对破产企业职工的就业安置，不允许以损害债权人利益的方式逃避政府应承担的社会责任与财政支出，放弃其应尽的工作职责。

破产企业可以全部或者部分变价出售。企业变价出售时，可以将其中的无形资产和其他财产单独变价出售。按照国家规定不能拍卖或者限制转让的财产，应当按照国家规定的方式处理。

破产财产分配是指将破产财产按照法律规定的债权清偿顺序和案件实际情况决定的受偿比例向债权人进行清偿的程序。破产财产的分配应当遵守法定的分配顺序和分配方法。对破产财产可以进行一次性分配，也可以进行多次分配，需视破产财产的多少、变价难易等情况而定。依照破产财产分配进行的时间不同，可分为中间分配、最后分配和追加分配。中间分配是指在破产程序进行过程中，有可供先行分配的财产时所进行的分配。最后分配是指将全部破产财产对破产债权人完全分配的分配。最后分配完毕后，破产程序终结。追加分配是在最后分配完成后的法定期间内，又发现可供分配的破产财产时进行的分配，如发现应行使撤销权追回的财产等。

破产财产的分配实行顺序、比例清偿的原则。《企业破产法》第 113 条规定："破产财产在优先清偿破产费用和共益债务后，依照下列顺序清偿：（一）破产人所欠职工的工资和医疗、伤残补助、抚恤费用，所欠的应当划入职工个人账户的基本养老保险、基本医疗保险费用，以及法律、行政法规规定应当支付给职工的补偿金；（二）破产人欠缴的除前项规定以外的社会保险费用和破产人所欠税款；（三）普通破产债权。破产财产不足以清偿同一顺序的清偿要求的，按照比例分配。破产企业的董事、监事和高级管理人员的工资按照该企业职工的平均工资计算。”

据此规定，破产财产分配时，在前一顺序的债权得到全额清偿之前，后面顺序的债权不予分配。同一顺序的债权不能得到全部清偿时，按照各债权的比例进行分配。

对于破产企业的董事、监事和高级管理人员在破产申请受理前拖欠的工资按照该企业职工的平均工资计算。这里的“按照该企业职工的平均工资计算”，不仅是指按照该企业职工同期的平均工资计算对上述人员的工资支付标准，而且应当按照该企业拖欠职工工资的平均期间确定应按上述标准支付其工资的期间，但上述人员被拖欠工资的期间长于职工被拖欠工资平均期间的除外。这是为避免发生企业的董事、监事和高级管理人员在企业濒临破产期间对自己的工资按期照发，却拖欠职工的工资，使企业财产被董事、监事和高级管理人员不合理的高额工资所侵占，损害职工和债权人的利益。当发生这种情况时，上述人员在拖欠职工工资的平均期间内领取的超过职工平均工资的工资，应当予以退还。也就是说，在一般职工被拖欠工资的期间，上述人员原则上也不得领取超过职工平均工资的高额工资。《破产法解释二》第 24 条对此问题作出了相关规定，在本书第四章“债务人财产”中谈及。

在破产程序中要依法妥善处理劳动债务关系，推动完善职工欠薪保障机制，依法保护职工生存权。在司法实践中，有时为了维护职工权益、保障社会稳定与和谐，在破产案件受理前，可能出现由第三方先行垫付清偿的职工债权的情况。为了维护垫付方的权益，《破产审判会议纪要》第 27 条“企业破产与职工权益保护”规定：“破产程序中要依法妥善处理劳动关系，推动完善职工欠薪保障机制，依法保护职工生存权。由第三方垫付的职工债权，原则上按照垫付的职工债权性质进行清偿；由欠薪保障基金垫付的，应按照企业破产法第一百一十三条第一款第二项的顺序清偿。债务人欠缴的住房公积金，按照债务人拖欠的职工工资性质清偿。”这一对垫付职工工资的处理原则，早在 2009 年最高人民法院《关于正确审理企业破产案件为维护市场经济秩序提供司法保障若干问题的意见》（法发〔2009〕36 号）第二部分即有规定，但其对于适用规则规定得不够明确，纪要在此予以更为具体的规定。由欠薪保障基金垫付的职工工资，不能取得普通破产债权中职工债权的第一清偿顺位，而是第二清偿顺位。因为欠薪保障基金的法律地位和社会属性均与社会保障机构相同，所以其以专门保障职工权益基金身份垫付的职工债权在破产程序启动后，应当与欠缴职工的社会保障机构社会保险费处于相同清偿顺位。此条规定还解决了长期未决的拖欠职工住房公积金问题。住房公积金是国家法律规定的对职工的重要住房社会保障制度，具有强制性、互助性、保障性。为保障住房公积金制度的顺利实施，保障破产企业职工权益，《破产审判会议纪要》规定，破产企业应为其职工缴存而未缴存的住房公积金，应作为债务人拖欠职工的工资，按照职工债权的顺序清偿。这一规定在执行上可能存在一些实际问题需要解决。实践中，不少民营企业由于运营不规范，不仅是阶段性地欠缴住房公积金，有些企业是从来就没有为职工缴纳过住房公积金，也没有建立过住房公积金账户，其历史上欠缴的职工住房公积金数额巨大。如果将历史上欠缴的住房公积金数额全部补缴，可能会使破产企业其他债权人的清偿利益受到严重影响。如果债务人企业启动的是重整程序，也可能因此项债务数量过大而无法成功，乃至使此项职工债权与现企业职工的就业权等出现矛盾。此外，如果企业从未开立住房公积金账户，加之存在职工入职、离职的历史变动，职工个人应缴纳的住房公积金部分也未缴纳，所以即使想顺利补缴也存在很多程序性的难题需要妥善处理。

《企业破产法》第 132 条对职工债权的清偿问题还作出特别规定。根据该条规定，“本法施行后，破产人在本法公布之日前所欠职工的工资和医疗、伤残补助、抚恤费用，所欠的应当划入职工个人账户的基本养老保险、基本医疗保险费用，以及法律、行政法规规定应当支付给职工的补偿金，依照本法第一百一十三条的规定清偿后不足以清偿的部分，以本法第一百零九条规定的特定财产优先于对该特定财产享有担保权的权利人受偿。”

职工债权的清偿顺位问题，是破产立法时一个重要的争议问题，争议主要集中在，当职工债权从无担保财产中不足清偿时其与物权担保债权何者更为优先。在立法过程中，有的人主张，应按照市场经济的规律，保证担保物权的优先受偿；有的人主张，职工债权必须优先受偿。《企业破产法》以该法公布时间为界，以“老事老办法、新事新办法”的折中方式解决了实践中的难题，虽然在法律实施后的一段过渡期间内还可能出现职工债权优先于担保物权受偿的现象，但随着遗留问题的逐步化解，我国的破产制度将较为彻底地告别非市场化因素的干扰，对市场经济秩序起到长远的保障作用。对破产企业拖欠的职工债权仅靠在破产法中提前其清偿顺序，是不能从根本上解决问题的。关键是必须制止欠薪等问题的发生，这要靠劳动法的完善，要靠政府在平时主动正确履行其职责来实现。此外，必须尽快建立破产企业职工工资保障基金，以保障职工的权益。世界各国一般都是通过工资保障基金解决职工债权清偿问题的。企业一旦破产，马上由工资保障基金对所有欠付职工工资全部支付，然后由其作为代位债权人在破产程序中行使相应权利。这样，既不与担保债权人发生清偿利益上的矛盾，又可以更有力地保障职工的权益。

除《企业破产法》对破产分配顺序所作的规定外，还有一些立法没有作出具体规定的情况也需要在设定分配顺序时予以考虑，为此需要确立破产债权的一般清偿原则和顺序。《破产审判会议纪要》第 28 条规定：“对于法律没有明确规定清偿顺序的债权，人民法院可以按照人身损害赔偿债权优先于财产性债权、私法债权优先于公法债权、补偿性债权优先于惩罚性债权的原则合理确定清偿顺序。因债务人侵权行为造成的人身损害赔偿，可以参照企业破产法第一百一十三条第一款第一项规定的顺序清偿，但其中涉及的惩罚性赔偿除外。破产财产依照企业破产法第一百一十三条规定的顺序清偿后仍有剩余的，可依次用于清偿破产受理前产生的民事惩罚性赔偿金、行政罚款、刑事罚金等惩罚性债权。”

《破产审判会议纪要》确立的这一破产债权一般清偿原则，对指导司法实践具有十分重要的意义。它确立了符合市场经济的破产债权清偿的基本原则：人身损害赔偿债权优先于财产性债权、私法债权优先于公法债权、补偿性债权优先于惩罚性债权，可以解决实践中诸多缺乏规定或规定不明的情况，尤其是人身损害赔偿优先原则的确立，解决了长期以来司法实践中人身损害赔偿债权只能作为普通债权，债权人的生存权、健康权等基本人身权利在破产程序中难以保障的问题。目前我国《企业破产法》未将人身侵权债权纳入优先清偿顺序，只能作为普通破产债权清偿，这就使得被侵权人在破产程序中很难得到足额清偿，危害其生存权、人身权、健康权等，往往造成严重的社会问题。很多国家立法都是将人身侵权债权列入优先清偿顺序的，如《俄罗斯联邦民法典》第 64 条规定，在法人清算时，因公民生命或健康受到损害而发生的债权处于第一清偿顺序。《破产审判会议纪要》借鉴各国立法经验，考虑我国实际情况，规定对因债务人侵权行为造成的人身损害赔偿债权，依照《企业破产法》第 113 条第 1 款第 1 项规定的顺序清偿，同时将惩罚性赔偿除外，公平、合理地解决了实践中的难题。在这一规定中还建立了劣后债权制度（本书在“破产债权”一章中专门进行分析），也是对我国破产立法制度的重要完善与补充。

此外，其他立法对破产财产分配顺序有特别规定的，依其规定执行。如《农民专业合作社法》第 55 条规定：“农民专业合作社破产适用企业破产法的有关规定。但是，破产财产在清偿破产费用和共益债务后，应当优先清偿破产前与农民成员已发生交易但尚未结清的款项。”《商业银行法》第 71 条规定：商业银行不能支付到期债务，经国务院银行业监督管理机构同意，由人民法院依法宣告其破产。商业银行被宣告破产的，由人民法院组织国务院银行业监督管理机构等有关部门和有关人员成立清算组，进行清算。商业银行破产清算时，在支付清算费用、所欠职工工资和劳动保险费用后，应当优先支付个人储蓄存款的本金和利息。《企业破产法》第 134 条第 2 款还规定：“金融机构实施破产的，国务院可以依据本法和其他有关法律的规定制定实施办法。”

《企业破产法》第 115 条规定：“管理人应当及时拟订破产财产分配方案，提交债权人会议讨论。破产财产分配方案应当载明下列事项：(一) 参加破产财产分配的债权人名称或者姓名、住所；(二) 参加破产财产分配的债权额；(三) 可供分配的破产财产数额；(四) 破产财产分配的顺序、比例及数额；(五) 实施破产财产分配的方法。债权人会议通过破产财产分配方案后，由管理人将该方案提请人民法院裁定认可。”

经人民法院裁定认可后的破产财产分配方案，由管理人执行。管理人按照破产财产分配方案实施多次分配的，应当公告本次分配的财产额和债权额。管理人实施最后分配的，应当在公告中指明，并载明法律规定的事项。本书认为，仅以公告方式告知债权人是不够的，对这些已知的债权人应当采取个别通知的方式送达分配消息，否则不足以保障其受偿权利。

债权人应根据破产财产分配方案中规定的领取方式接受分配。债权人虽未受领，但留有明确姓名或名称、地址、银行账户等信息，无须债权人受领行为即可交付分配财产的，管理人应当在以电话等简捷方式通知债权人并核实后，直接将破产财产分配额交付债权人，不得采取提存方式处理。债权人未受领且无法直接交付的破产财产分配额，管理人应当提存。债权人自最后分配公告之日起满 2 个月仍不领取的，视为放弃受领分配的权利，管理人或者人民法院应当将提存的分配额分配给其他债权人。

对于附停止条件或者解除条件的债权，管理人应当将其分配额提存。根据法律规定，债权人获得破产财产分配权利的最终除斥期间为最后分配公告日。在最后分配公告日，生效条件未成就或者解除条件成就的，提存的分配额应当分配给其他债权人；在最后分配公告日，生效条件成就或者解除条件未成就的，提存的分配额应当交付给债权人。

破产财产分配时，对于诉讼或者仲裁未决的申报债权，管理人应当将其分配额提存。自破产程序终结之日起满 2 年仍不能受领分配的，人民法院应当将提存的分配额分配给其他债权人。以 2 年为提存的最长期限，主要是考虑满足我国民事诉讼法规定的一般案件一审和二审的审限，但是如果是因为不可抗力等其他原因导致在 2 年时间内无法完成诉讼或仲裁，本书认为，法院可以适当延长提存的时间。

第二节　破产费用与共益债务

一、破产费用

破产费用，又称为财团费用，是在破产程序中为全体债权人共同利益而支付的各项费用的总称。在破产案件中，为维护全体债权人的共同利益，会产生各种各样的费用支出。此外，为在必要时继续破产企业的营业、继续履行合同、进行破产财产的管理等，也可能会使破产财产负担一定的债务，这些债务通称为共益债务。这些费用与债务需要在破产程序中即时优先清偿，否则破产程序就难以进行。旧破产法将这些费用与债务统称为破产费用，对其性质没有作出区分，在清偿的顺序及方法上也同样处理，与各国破产立法的一般惯例不符。《企业破产法》则专设第五章规定"破产费用和共益债务"，区分了两者的不同性质，并确定了它们在清偿顺序上的先后，更为科学合理。

在各国的破产立法中均规定有与破产费用和共益债务相当的制度。如德国破产法将这些费用与债务分为财团费用和财团债务两种，而日本破产法则将其规定为财团债权，美国通常称之为破产行政费用。虽然名称有所不同，但实质是一样的，范围也大体相同。不过，在破产财产不足以同时支付破产费用与共益债务时，各国立法规定的清偿顺序有所不同。有的国家采取破产费用与共益债务在同一顺序清偿的原则，但多数国家则采取破产费用优先于共益债务清偿的原则。

《企业破产法》第 41 条规定："人民法院受理破产申请后发生的下列费用，为破产费用：(一) 破产案件的诉讼费用；(二) 管理、变价和分配债务人财产的费用；(三) 管理人执行职务的费用、报酬和聘用工作人员的费用。"

在破产程序中，涉及破产案件的诉讼费用可能有以下几种：其一是破产案件本身的申请费。国务院制定并自 2007 年 4 月 1 日起施行的《诉讼费用交纳办法》规定，当事人向人民法院申请破产，应当交纳申请费。破产申请费用交纳标准为："破产案件依据破产财产总额计算，按照财产案件受理费标准减半交纳，但是，最高不超过 30 万元。"其二是破产案件本身的其他诉讼费用，如公告费、鉴定费、勘验费、财产保全费、证据保全费、调查费及人民法院认为其他应由债务人财产支付的诉讼费用。其三是在破产程序中发生的涉及破产财产的其他案件的诉讼费用，包括管理人为收回破产财产提起诉讼、申请仲裁及进行其他法律程序所支付的费用，管理人以破产企业名义应诉而发生的各项费用等。一般认为，破产程序中发生的这种广义上的其他案件的诉讼费用不属于破产费用，而属于共益债务，但均应是随时发生随时支付。

所谓破产财产的管理、变价和分配债务人财产的费用，其中，管理财产的费用，通常包括债务人财产的保管费用、保养与修缮费用、仓储费、运输费用、保险费用等。变价财产的费用，通常包括债务人财产的评估费用、拍卖或作价变卖费用、变更权属费用、相关税收等。分配财产的费用，通常包括提存预分配财产的费用、公告及通知债权人受领财产的送达邮费等费用。此外，因召开债权人会议所必需的场地租赁、材料、通信等费用，债权人委员会及其成员履行职责所必需的费用，破产案件中发生的档案管理费用等，也属于本项破产费用的范围。

所谓管理人执行职务的费用、报酬和聘用工作人员的费用，执行职务的费用包括刻制管理人印章的费用，差旅费、调查费、通信费等日常办公费用，管理人的报酬和聘用工作人员的费用也属于破产费用。

为维护破产企业职工的利益，《破产规定》第 90 条曾规定："清算期间职工生活费、医疗费可以从破产财产中优先拨付。"这一规定存在模糊不妥之处。本书认为，企业进入破产程序后的职工生活费、医疗费是否可以从破产财产中支付，应视该职工与企业的劳动合同是否解除而定。在职工作为留守人员未解除与破产企业的劳动合同时，其生活费、医疗费当然应从破产财产中支付。但在职工与破产企业解除劳动合同后，即使是在破产程序中，其生活费、医疗费则应按照相关法律规定从失业保险金或其他社会保险中支付，应由社会保障制度解决，不能纳入破产费用范围，从破产财产中拨付。

针对司法实践中一些规定不明的费用的定性问题，最高人民法院《执转破指导意见》第 15 条规定："受移送法院裁定受理破产案件的，在此前的执行程序中产生的评估费、公告费、保管费等执行费用，可以参照破产费用的规定，从债务人财产中随时清偿。"《破产法解释三》则作出了更为具体明确的规定，其第 1 条指出："人民法院裁定受理破产申请的，此前债务人尚未支付的公司强制清算费用、未终结的执行程序中产生的评估费、公告费、保管费等执行费用，可以参照企业破产法关于破产费用的规定，由债务人财产随时清偿。此前债务人尚未支付的案件受理费、执行申请费，可以作为破产债权清偿"。这两条规定的特点，就是将一些发生在人民法院受理破产申请之前，从时间范畴上讲本不属于破产费用的费用，纳入了破产费用。而对这些费用是否属于破产费用的判断原则，关键是看其是否因债务人财产而发生，是否由法院发生且涉及债权人的共同利益，作为破产费用优先支付是否具有合理性。如果是仅涉及个别债权人利益的费用，则不应纳入破产费用。

二、共益债务

共益债务，又称财团债务或财团债权，是在破产程序中为全体债权人利益而由债务人财产负担的债务的总称。《企业破产法》第 42 条规定："人民法院受理破产申请后发生的下列债务，为共益债务：（一）因管理人或者债务人请求对方当事人履行双方均未履行完毕的合同所产生的债务；（二）债务人财产受无因管理所产生的债务；（三）因债务人不当得利所产生的债务；（四）为债务人继续营业而应支付的劳动报酬和社会保险费用以及由此产生的其他债务；（五）管理人或者相关人员执行职务致人损害所产生的债务；（六）债务人财产致人损害所产生的债务。"

共益债务与破产费用都涉及全体债权人的共同利益，并应从债务人财产中支付，具有优先受偿的效力，且无须债权申报。但是两者也有一些不同之处，例如，破产费用一般为程序性费用，通常是可预测的常规性支出；而共益债务则是非程序性债务，往往是难以预测的非常规性支出。破产费用随破产程序的进行而由管理人从破产财产中随时支付，一般不需要经过事先审查程序，仅由债权人会议在事后审查监督；而在破产程序中设定某些共益债务需经过事先审查程序，要经过债权人会议决议通过或者由管理人报告债权人委员会、人民法院，如决定债务人是否继续营业、是否解除双方当事人均未履行完毕的合同等。此外，两者的清偿顺序不同，破产费用优先于共益债务受偿。

《破产法解释三》第2条第1款规定："破产申请受理后，经债权人会议决议通过，或者第一次债权人会议召开前经人民法院许可，管理人或者自行管理的债务人可以为债务人继续营业而借款。提供借款的债权人主张参照企业破产法第四十二条第四项的规定优先于普通破产债权清偿的，人民法院应予支持，但其主张优先于此前已就债务人特定财产享有担保的债权清偿的，人民法院不予支持。"此条规定进一步明确了重整中借款的优先受偿权利，但其文字表述也存在一些问题。首先，破产申请受理后，管理人或者自行管理的债务人可以为债务人继续营业而借款，此类借款依照《企业破产法》第42条第4项规定应当作为共益债务清偿，在该条司法解释规定出台之前已经在理论界和实务界达成了共识，本无人对此提出异议，就是不再另行规定，在执行中也不会出现问题。其次，该条规定此类重整借款是"参照"而不是"依照"共益债务清偿，不仅没有提高反而降低了、不仅没有明确反而模糊了其优先清偿地位。立法上的所谓"参照"，一定是在立法条文本身确实无法涵盖拟参照的事项、无法直接"依照"法律执行时才使用的。而《企业破产法》第42条第4项规定中的"其他债务"，非常明显是专指为债务人继续营业而产生的债务，即使仅从其文义上分析也应包括债务人为继续营业的借款。所以该条中所谓"参照"的规定，与立法学上的一般原则不符。

此外，还有的人对此条中的"优先于普通破产债权清偿"存在误解，提出此类借款是否可以优先于职工债权、税收债权清偿的疑问，认为该条对此规定不明。其实在这一点上规定本身并不存在问题，存在问题的是质疑者对普通债权范围的理解有误。在破产程序中的普通债权是对应于特别债权即别除权，也就是《企业破产法》第109条规定的"对破产人的特定财产享有担保权"的债权而言的。两者的区别是有无特定财产担保，是否就特定财产享有优先受偿权。普通债权本身也是按照债权的不同社会属性区分清偿顺位的，只不过此种优先受偿是对债务人无担保财产产生的，是同性质债权清偿顺位上的优先，对此《企业破产法》第113条作出了规定。所以职工债权、税收债权也属于普通债权，均应在重整借款之后清偿。

三、破产费用与共益债务的清偿

破产费用与共益债务均是以债务人财产为清偿对象，并享有优先于其他债权的受偿权。《企业破产法》第43条规定：破产费用和共益债务由债务人财产随时清偿。债务人财产不足以清偿所有破产费用和共益债务的，先行清偿破产费用。债务人财产不足以清偿所有破产费用或者共益债务的，按照比例清偿。债务人财产不足以清偿破产费用的，管理人应当提请人民法院终结破产程序。人民法院应当自收到请求之日起15日内裁定终结破产程序，并予以公告。

债务人财产虽然不足以支付所有破产费用和共益债务，但是破产案件的债权人、管理人、债务人的出资人或者其他利害关系人愿意垫付相关费用的，经人民法院同意，破产程序可以继续进行。这样可以避免因债务人财产不足，程序无法进行，反而使债务人或其董事、监事、经理等高级管理人员的转移财产、逃避债务等违法行为可能逃脱法律制裁。

在债权人或债务人等提出破产清算申请时，即发现破产人财产不足以支付破产费用、无财产可供分配的，人民法院在确认其情况属实之后，应当受理破产案件，并作出破产宣告，同时作出终结破产程序的裁定，而不应拒绝受理破产案件。这样可使当事人的债务关系得以合法终结，使债务人企业依法规范退出市场。

第三节　别除权

在破产程序中，别除权是享有特别优先受偿权的债权，其权利的行使往往会影响到其他权利人的利益，需要特别加以研究。尽管别除权的行使贯穿于重整、和解、清算各个破产程序，但因《企业破产法》将别除权的定义规定于“破产清算”一章，故在本章中作较为集中的分析。

一、别除权之权利属性剖析

(一) 别除权的概念与特征

在破产法理论上人们通常认为，别除权是指债权人因其债权设有物权担保或享有法定特别优先权，而在破产程序中就债务人（即破产人，下同）特定财产享有的优先受偿权利。如《日本破产法》第92条规定：“于破产财团所属财产上有特别先取特权、质权或者抵押权者，就其标的财产有别除权。”别除权是大陆法系中使用的概念，在英美法系中与之相应的概念是有担保的债权或担保权（指有约定或法定物权担保的债权），但前者的文义涵盖范围较后者更广一些。

别除权的优先受偿权，是由债务人特定财产上原已存在的担保物权或特别优先权所具有的对其他债权排他性优先受偿效力沿袭而来的，其中又以源自约定担保物权者最为常见。从权利本源上讲，别除权并非破产法所创设，但其在破产程序中的实现具有新的特点。别除权之名称，便是针对这一权利在破产程序中的特点而在破产法理论上命名的。

在我国《企业破产法》中没有直接使用别除权的概念。在《企业破产法》的起草过程中，曾经一度在立法草案中使用过别除权这一概念，但后来因有人提议要使法律能够更加通俗易懂，所以在立法中便没有再使用这一破产法理论上的专用名词，但于学术研究中仍一直在沿用。

在《企业破产法》中对别除权即担保债权的表述用语也存在不统一的问题。在破产法中对别除权分别使用了“财产担保”（如第31条、第64条、第66条、第97条、第100条等）与“对特定财产享有的担保权”（如第59条、第75条、第82条、第96条、第109条、第132条等）两种表述方式，而在学者与实务工作者的表述中，除别除权外，往往称为“担保债权”“担保物权”。但是，对“财产担保”“对特定财产享有的担保权”与“担保债权”“担保物权”的概念可能存在不同的理解，立法概念使用的不统一更可能产生歧义。如《担保法》规定，担保分为保证的信用担保与财产担保，财产担保包括抵押、质押、留置、定金四种形式，其中可明确为物权担保性质的则只有抵押、质押与留置三种，它们在破产程序中可以产生担保债权。而定金担保虽属于财产担保，但通说认为其不属于“对特定财产享有的担保权”。除此之外，法定特别优先权（如船舶优先权、民用航空器优先权等）以及非典型担保如所有权保留、让与担保等也可以产生与财产担保相同或相似的法律效果。为此，需要在立法中统一对担保债权的担保方式的表述用语与涵盖范围，以保证法律适用的统一。

《企业破产法》第 109 条规定："对破产人的特定财产享有担保权的权利人，对该特定财产享有优先受偿的权利。"此条中规定的权利即是破产法理论上的别除权。对破产人的特定财产享有的担保权包括约定担保权和法定担保权，特别优先权便属于法定担保权。《企业破产法》对因特别优先权而享有别除权的情况未作具体规定，但在司法实践中仍将遇到破产法外设置的各种特别优先权在破产程序中是否享有别除权、如何实现别除权等问题需要解决。由于《企业破产法》主要是从约定担保物权的角度对别除权加以规定的，所以本书也将主要从约定担保物权的角度分析别除权，涉及因法定的特别优先权产生的别除权时将特别予以说明。

别除权与破产程序中存在的其他相关权利相比，具有以下特征。

1. 别除权是对债务人之财产行使的权利。这与取回权是针对管理人管理下的非债务人财产行使的权利不同。所以，别除权人就担保物的价款受偿时，如有超过债权数额的余额，应返还管理人，用于对其他普通破产债权人清偿。在债务人以其财产为自己债务提供担保时，别除权人如放弃优先受偿权，可作为普通破产债权人受偿。如担保物的价款不足以清偿别除权人的全部债额，未受偿之担保债权便转化为对债务人的普通破产债权，《企业破产法》第 110 条对此作出了规定。但如破产人仅作为担保人为他人债务提供物权担保，担保债权人的债权虽然在破产程序中可以构成别除权，但因破产人不是主债务人，在担保物价款不足以清偿担保债额时，余债不得作为普通破产债权向破产人要求清偿，只能向原主债务人求偿。此时，别除权人如放弃优先受偿权利，其债权也不能转为对破产人的普通破产债权，因二人之间只有担保关系，无基础债务关系。在第三人为破产人债务提供财产担保时，债权人的担保债权不构成别除权。因担保财产不属破产人所有，担保债权人应依《物权法》《担保法》之规定行使对担保物的权利。

2. 别除权是针对债务人设定担保之特定财产行使的权利。这就与普通破产债权和产生于破产申请受理后的破产费用、共益债务原则上是针对无担保的破产财产行使的权利，在清偿财产的范围上有所不同。别除权的担保物应为特定物，即使是动产的浮动抵押，在抵押权实现时担保物也必须特定化。据此，即便是在债务人的无担保财产不足以清偿破产费用的情况下，也不得从担保财产中清偿与别除权行使无关的费用。所谓特定财产是指经特定化、可以从债务人全部财产中明确区分出来的财产。担保财产可以是特定物，也可以是经特定化的种类物，甚至是货币（特定账户中隔离的货币），判断的关键就是是否采取了特定化的措施使其可以从债务人财产中区分。由于别除权人的优先受偿权限定于担保的特定物范围之内，所以，如果在破产程序启动前，担保物灭失，优先受偿权利也随之消灭，别除权人对破产人的债权只能作为普通破产债权受偿。如第三人对担保物灭失负有赔偿责任的，在赔偿范围内，别除权人对赔偿金额仍享有优先受偿权，这是由担保物权的物上代位性决定的，但第三人已支付赔偿款且与债务人其他财产混同的除外。如债务人在破产案件受理前将担保物变卖，买方的价款或对价尚未交付给债务人，或虽已交付但未与债务人其他财产（如货币）混同，仍能从债务人财产中明确区分，担保债权人对该价款或对价可继续享有优先受偿权，否则该债权转为普通破产债权。《物权法》第 174 条规定："担保期间，担保财产毁损、灭失或者被征收等，担保物权人可以就获得的保险金、赔偿金或者补偿金等优先受偿。被担保债权的履行期未届满的，也可以提存该保险金、赔偿金或者补偿金等。”不过在破产程序中，对被担保债权的履行期未届满的情况法律明确规定视为到期，所以可以不受提存的限制，直接清偿。如果是管理人在破产程序启动后错误地将担保物变卖，别除权人可以主张买卖合同无效，或主张对变卖价款享有优先受偿权，因此给别除权人造成损失时，其债权作为共益债务清偿。这一方面是由担保物权的物上代位性决定的，另一方面也是因为该项赔偿属于应当优先清偿的共益债务[①]，由此具有双重优先性质，这时其作为共益债务享有的优先受偿权，不再依赖于赔偿财产能否从债务人财产中区分。如债务人财产不足清偿时，管理人应承担赔偿责任。

3. 别除权是一种优先受偿权。别除权的优先受偿，不同于破产费用、共益债务从债务人无担保财产中的优先随时清偿，更不同于普通破产债权因性质不同而根据社会政策在清偿顺序上排列的先后。别除权的优先受偿权是针对特定担保财产行使的，不受破产清算与和解程序限制，可优于其他债权人单独、及时受偿，即可继续个别执行。[②] 但在预防企业破产的重整程序中，《企业破产法》依各国破产法之惯例，规定别除权的优先受偿权利受到限制，以免因担保物的执行而影响重整程序挽救企业功能之发挥，但对其实体担保权益仍通过种种措施予以充分保护。

4. 除破产法另有规定者外，别除权优先受偿的权利范围原则上是依《物权法》《担保法》确定的，即包括债务本金及利息、违约金、损害赔偿金和实现权利的费用（如由别除权人支付的担保物保管费用，亦应包括在内，但原则上限于破产申请受理前发生者），但担保合同另有约定的，从其约定。法律另有规定的，也要从其规定。需要注意的是，有的国家立法规定，享有别除权之债权在破产申请受理后产生的利息也在优先受偿的范围内。我国《企业破产法》第46条第2款规定，附利息的债权自破产申请受理时起停止计息。不过此项规定是否也适用于别除权，法律并无明示，所以在司法实践中理解与执行不一，还有待立法或司法解释予以明确。

此外，由于别除权的行使在企业重整程序中受到限制，《企业破产法》第87条第2款第1项规定，人民法院在强制批准重整计划草案时，别除权在重整中“因延期清偿所受的损失”应得到公平补偿。通常认为的公平补偿措施之一，就是定期向其支付在重整申请受理后债权的相应利息。这种补偿性支付属于立法的特别规定，与“附利息的债权自破产申请受理时起停止计息”的规定并不矛盾。同时，立法允许当事人在重整计划草案中对别除权人的清偿及补偿问题另行作出约定，前提是“该表决组已经通过重整计划草案”，同时该组中的反对者的法定利益与既得利益未受到损害。

从别除权的上述法律特性可以看出，因为其清偿对象是与债务人其他财产相区分的特定化担保物，而非债务人用于清偿其他普通债权人集体的集合普通财产，每个别除权人的权利行使对象即担保财产均是不同的，所以其就特定担保物享有的优先受偿权是一种个别清偿而非集体受偿的权利。以此为基点分析，破产程序为保障清偿公平与集体清偿秩序而对债权个别清偿所做的各种限制，除法律规定的特别情况外，原则上是不应适用于别除权的。但是，当别除权的

① 《企业破产法》第42条规定，管理人或者相关人员执行职务致人损害所产生的债务，属于共益债务。

② 参见《破产审判会议纪要》第25条。

个别优先受偿影响到破产法的立法目标如企业挽救或者普通破产债权集体受偿权利的公平实现时，也需要加以权衡，适当限制。

（二）别除权与破产债权和债务人财产的关系

对于别除权与破产债权的关系，在理论上有两种观点。一种观点认为，别除权与破产债权是两种不同性质的权利。别除权因享有优先受偿权，其权利实现不依赖于破产程序，清偿与破产程序无关，故不属于破产债权。如《日本破产法》第 65 条“别除权的行使”第 1 款规定，“不依照破产程序，可以行使别除权”。另一种观点认为，在债务人以外的人以其财产为债权担保的情况下，别除权不属于破产债权。但在债务人以自己财产为债权担保的情况下，别除权也属于破产债权，只不过是一种性质特别的破产债权，或曰特别破产债权，而其他破产债权则称为普通破产债权。因别除权首先是针对债务人设立的债权，而设置的物权担保只是一种从属性权利，债权人享有优先受偿权只是在受偿方式上的不同，并没有改变其是对债务人设立的债权的基本性质。只有确认别除权也属于破产债权，才能解释为什么别除权人放弃优先受偿权后，或其债权中担保物价款不足清偿的部分，可自动转为破产债权受偿。

我国新、旧破产法对别除权与破产债权的关系规定不同。《企业破产法（试行）》第 30 条规定：“破产宣告前成立的无财产担保的债权和放弃优先受偿权利的有财产担保的债权为破产债权。”也就是说，享有别除权的债权被排斥在破产债权之外。同时，该法中规定担保财产不属于破产财产，明确将别除权债权和破产债权的对应清偿财产作了严格的区分。而《企业破产法》对此作了改变，第 107 条第 2 款明确规定：“人民法院受理破产申请时对债务人享有的债权称为破产债权。”据此规定，别除权作为人民法院受理破产申请时对债务人享有的债权，亦应属于破产债权。此外，立法将担保财产也纳入债务人财产，其第 30 条规定：“破产申请受理时属于债务人的全部财产，以及破产申请受理后至破产程序终结前债务人取得的财产，为债务人财产。”

如从破产法的理论上讲，破产债权的概念有广、狭两义。广义的破产债权既包括无物权担保的债权即普通破产债权，也包括有物权担保的债权即特殊破产债权。狭义的破产债权则仅指无物权担保的债权。各国在概念的选用上有所不同，体现不同的国情。本书认为，从理论上分析别除权与破产债权的关系，前述第二种观点也即现行《企业破产法》的规定更为合理。“将债务人在担保财产上的权利和权益纳入破产财产不仅有助于确保处境相近的债权人受到平等待遇，而且有助于在下述情况下实现破产程序的目的：比如说有关资产对于债务人重整或者在清算中将债务人的企业作为经营中企业出售是至关重要的。”① 需要注意的是，在破产债权与别除权两个概念对应使用的情况下，破产债权往往是在普通破产债权的意义上使用的。

确认别除权在广义上也属于破产债权，使其具有优先受偿债权和破产债权双重身份，在对债务人财产可享有相应权利的同时，便产生了别除权人在对担保物行使权利之前，能否以破产债权人的身份不受限制地先对债务人无担保财产行使权利、从中受偿的问题。在担保物足以清偿担保债权时，担保债权人以何种身份与顺序行使权利对普通破产债权人的利益没有什么不利

---

① 联合国国际贸易法委员会《担保交易立法指南》，427 页。

影响；但在担保物不足以清偿担保债权时，如果允许担保债权人先以普通破产债权人的身份对债务人无担保财产行使权利，然后再以剩余债权就担保物优先受偿，原在担保物上不足以完全优先受偿的担保债权就可能因此得到全额清偿。担保债权超过担保财产数额未能受偿的普通破产债权，实际上就会得到超过其他普通债权受偿比例的更多清偿乃至全额清偿，从而出现清偿不公的现象。

各国立法对此问题有三种解决模式：第一种是担保物权先行主义，即别除权人必须先行对担保物行使权利，其未能从担保物上受偿的债权部分才可以对债务人无担保财产行使权利。但是此种清偿顺序有可能因为担保物长期不能变价而影响担保债权人的受偿权利行使。第二种为选择主义，即别除权人可以自行选择先对担保物行使权利，还是先对债务人无担保财产行使权利。但如前所述，此种模式可能出现对普通破产债权清偿不公的现象。为此，日本、德国、韩国的立法采取第三种模式即有限制的选择主义，规定如债务人的无担保财产先行变价分配，别除权人可先以其全部债权作为破产债权参加分配，但对其分配额应予提存。待担保物变价后，别除权人再以担保物价款不足清偿的债权部分作为破产债权，按照破产分配中对其他破产债权人的统一分配比例由提存财产获得清偿，超过分配比例部分的提存财产应向全体破产债权人作补充分配。“尽管担保债权可以全额申报入表，但在分配时，仅当债权人放弃其别除权时，才考虑债权全额。如果他不放弃别除权，将仅考虑担保债权中未能通过收益的别除清偿得到满足的那部分债权。”[①] 有学者主张我国也应采取有限制的选择主义。[②]

我国立法对此问题未作明确规定，但《企业破产法》第 110 条规定，“享有本法第一百零九条规定权利的债权人行使优先受偿权利未能完全受偿的，其未受偿的债权作为普通债权；放弃优先受偿权利的，其债权作为普通债权”，故可以推定其采取的是担保物权先行主义，而且在司法实践中也为各方所默认。不过如前所述，这种模式可能产生的问题是，在债务人的无担保财产先行变价分配时，如果别除权的担保物因市场出售困难等原因尚未变现，其不能从担保物上受偿的部分普通债权数额无法确定（虽进行担保物的评估，但评估价格与市场实际变价会有差异），可能得不到及时、准确的清偿，甚至可能因评估价格不准确，破产财产分配完毕而得不到清偿。为解决这一问题，日本“破产法规定，担保权人与管理人可以协议缩小担保债权的范围，即协议担保债权的一部分在破产程序开始后变为非担保债权，该部分可以在破产程序中行使权利”[③]。在我国的实践中尤其是在重整程序中，往往是通过资产评估而不是协议确定担保权的行使范围，超过部分则作为普通破产债权清偿，如何更为合理地保障别除权人的权益还有待进一步探讨。

我国《企业破产法（试行）》第 28 条第 2 款规定，债务人的“已作为担保物的财产不属于破产财产”。但大多数国家的破产法规定，担保财产也属于破产财产，如美国等国家。如前所述，我国《企业破产法》对此问题作了修改规定，将担保财产也纳入债务人财产即破产财产。

担保财产是否属于破产财产，在司法实践中涉及债务清偿时一般不会引发实际权利冲突，

---

① ［德］莱因哈德·波克：《德国破产法导论》，王艳柯译，6 版，142 页，北京，北京大学出版社，2014。

② 参见徐武生：《担保法理论与实践》，335、336 页，北京，工商出版社，1999。

③ ［日］山本和彦：《日本倒产处理法入门》，金春等译，78 页，北京，法律出版社，2016。

但存在如何规定在理论上更为合理、在实务操作中更为方便的问题。本书认为，根据《企业破产法》之规定，破产案件受理后，管理人将接管债务人的全部财产，其中自然也应当包括债务人设置了抵押等担保而又未转移占有的财产。如果立法规定担保财产不属于债务人财产，将使管理人对担保物的接管活动失去法律依据。另外，担保物的变价款在优先清偿担保债权后，如有剩余将直接清偿债务人的其他破产债权人，这就要求担保物也应被纳入破产财产。如果担保物不属于破产财产，便难以解释为什么本不属于破产财产的担保物，在清偿担保债权后剩余的部分就可以直接用于对破产人的其他破产债权人的清偿。综上所述，《企业破产法》关于担保物属于破产财产之规定更为合理、可行。

(三) 别除权之优先权

许多国家的破产法规定，别除权之优先受偿权以及优先权的行使不受破产清算与和解程序的限制。因物权担保及法定特别优先权设立之目的，就是在债务人失去清偿能力时，仍能使债权人从其特定担保财产上得到优先清偿。如在债务人破产即丧失清偿能力最为严重的情况下，债权人的优先受偿权利反而受到限制，那就与立法之宗旨及当事人设立担保的本意相违背了。此外，由于别除权人优先受偿权的行使不会影响其他破产当事人的正当权利，也不会影响到破产程序的进行，所以各国破产法均承认别除权人有不受破产清算与和解程序限制，单独、及时优先受偿的权利。有的学者反对别除权不受破产程序限制的主张。[①] 本书认为，这种观点是不能成立的，其对别除权优先受偿权的理解过于狭隘。此外，别除权不受破产程序限制，与“在破产程序之外行使权利”“不依破产程序受偿”的表述是有一定区别的，它并非指别除权的行使、实现与破产程序完全无关，这在实践中往往是不可能的，尤其是在管理人占有担保物的情况下，往往需管理人之配合方能完成权利实现程序。它是指别除权的行使，不受破产程序中各种权利限制性或禁止性条款规定的约束，至于其他一般管理性规定仍需遵守，由此可能对别除权的行使产生一定影响。

《企业破产法》第 96 条第 2 款规定：“对债务人的特定财产享有担保权的权利人，自人民法院裁定和解之日起可以行使权利”。但是对别除权在破产清算程序中如何行使问题，《企业破产法》未作明确规定。为进一步明确别除权在破产清算和破产和解程序中的行使问题，《破产审判会议纪要》第 25 条“担保权人权利的行使与限制”规定：“在破产清算和破产和解程序中，对债务人特定财产享有担保权的债权人可以随时向管理人主张就该特定财产变价处置行使优先受偿权，管理人应及时变价处置，不得以须经债权人会议决议等为由拒绝。但因单独处置担保财产会降低其他破产财产的价值而应整体处置的除外。”根据上述规定，第一，因别除权人在破产清算和破产和解程序中可以随时行使优先受偿权，也就是说，与在破产程序之外的权利行使相同，权利行使的条件具有连续性，并不因破产申请的受理而隔断，所以不受《企业破产法》有关对普通破产债权行使规定的限制或禁止。例如，不受第 16 条规定“受理破产申请后，债务人对个别债权人的债务清偿无效”的限制，第 19 条规定“人民法院受理破产申请后，有关债务人财产的……执行程序应当中止”的限制，不受第 32 条规定破产申请受理前六个月内债务人中发生破产原因情况下对债权人的个别清偿可以撤销的限制，不受第 40 条规定不得

---

① 参见齐树洁主编：《破产法研究》，434～435 页，厦门，厦门大学出版社，2004。

抵销情形的禁止，等等。别除权人权利的行使，要依据《物权法》《担保法》等相关法律规定的程序。第二，别除权人就担保物行使权利，不需要经过债权人会议的决议，更不受其表决结果的限制。破产程序是一个集体清偿程序。无物权担保的普通债权人的权利行使受集体清偿程序的限制，因其受偿财产的范围是债务人的非特定财产，在债务人财产不足以清偿全部债权的情况下，彼此的清偿权利相互冲突，所以只有通过集体清偿程序才能保障债务清偿的有序公平。同时由于债权人有多数，便需要设置债权人会议作为自治组织，并通过集体议决的方式协调、决定破产程序中的活动，其决议自然应具有对普通债权人的约束力。别除权人的优先受偿财产是设定物权担保的特定财产，每个物权担保债权人对应的受偿特定财产都是不同的，所以即使是在破产程序中其受偿也是适用个别的清偿程序，与其他债权人不发生清偿矛盾，所以原则上不受集体清偿程序的限制，也不受由集体清偿程序衍生出的债权人会议的限制。第三，可以阻止别除权人就担保物行使权利的情况，是“单独处置担保财产会降低其他破产财产的价值而应整体处置”。实际上，除了此种情况外，还应当包括法律规定相关财产应当一并处置等其他情况，如对抵押的房产和未抵押地产需要一并处置；对于处置担保财产可能使其他破产财产受损的，如抵押担保的厂房中有机器设备或商品存货需要提前处置等，也可以暂缓处置，但不应拖延时间过长。此外需要注意的是，在上述情况下阻止债权人行使的权利是对担保财产的变现权，也就是担保财产因其实物状态而衍生的关联性限制。但是如果该项担保财产变现后，别除权人就变现款的优先受偿权是不受限制的，必须立即个别优先清偿别除权人，而无须等待所谓的集体分配。

在司法实践中还可能出现个别别除权人占有担保物，但却迟迟不行使受偿权利，以致影响到破产程序进行的情况。为此《企业破产法》第 37 条规定：“人民法院受理破产申请后，管理人可以通过清偿债务或者提供为债权人接受的担保，取回质物、留置物。前款规定的债务清偿或者替代担保，在质物或者留置物的价值低于被担保的债权额时，以该质物或者留置物当时的市场价值为限。”管理人还可以请求人民法院强制执行担保物，清偿别除权。

在担保物为管理人占有时，可能会发生专门对担保物的保管、维护、变价等费用。在担保物变价之前，这些费用往往只能先从破产财产中垫付。所以，在担保物变价之后，首先应当支付对担保物的保管、维护、变价等费用，剩余的部分再用于清偿别除权。《担保法解释》第 74 条规定也肯定了这一原则。

此外，根据《企业破产法》第 132 条的规定，该法公布前所欠职工债权在无担保破产财产不足清偿的情况下，可以就别除权之标的财产优先于别除权人受偿。所以，在上述情况下，别除权人的优先受偿权将受到限制，必须在预留对职工债权的清偿财产后，才能行使优先受偿权。不过随着时间的推移，在《企业破产法》公布前拖欠职工债权的情况现在基本上已不再存在，该条规定已不再具有实际意义。

二、别除权产生的基础权利

从权利本源上讲，别除权的权利并非破产法所新创设的权利。所以，别除权须依据其基础权利产生，即依据其他法律规定的相应优先权利（包括债务清偿的优先顺序权利）制度产生。在其他法律没有规定的情况下，一般不能直接在破产法中创设别除权。故而了解别除权产生的基础权利，对于保障别除权制度的正确实施具有重要的意义。

别除权基于担保物权及特别优先权而产生，在司法实践中，担保物权是其最重要的基础权利。

（一）别除权产生的担保物权基础

各国立法对担保物权种类的规定不尽相同。我国《物权法》规定，担保物权包括抵押权、质权和留置权。这三项权利均被公认在破产程序中可享有别除权。除此之外，有日本学者认为，根据日本有关立法规定，让渡（即让与）担保、临时登记担保以及所有权保留等非典型物权担保，也可以在破产法上享有别除权。[①] 在一些国家的破产法中，还承认共有人的别除权。如《日本破产法》第94条规定："于数人共有财产权情形，其中一人受破产宣告时，对其有共有债权的其他共有人，对于因分割而应归属于破产人的共有财产部分有别除权。"[②]

1. 抵押权和质押权

各国立法均规定，抵押担保可以产生别除权。抵押权存在一般抵押权与特别抵押权、约定抵押权与法定抵押权之区别。在《物权法》《担保法》中对于一般抵押权有明确规定，而特别抵押权则是在《物权法》《担保法》之外的其他立法中分散规定的。

《海商法》第11条规定了船舶（含建造中的船舶）抵押权。船舶抵押权在破产程序中也构成别除权，但其与一般抵押权相比具有一些特殊性，如未经登记的船舶抵押权不得对抗第三人；建造中的船舶设定船舶抵押权，办理抵押权登记时，还应当向船舶登记机关提交船舶建造合同；除共有人之间另有约定者外，船舶共有人就共有船舶设定抵押权，应当取得持有2/3以上份额的共有人的同意；船舶抵押权人在抵押人不履行债务时，只能依法拍卖抵押船舶，从卖得的价款中优先受偿，不能采取变卖或折价还债的方式处理等。《民用航空法》第16条规定了民用航空器抵押权，"设定民用航空器抵押权，由抵押权人和抵押人共同向国务院民用航空主管部门办理抵押权登记；未经登记的，不得对抗第三人"。针对特别抵押权，《担保法》第95条规定："海商法等法律对担保有特别规定的，依照其规定。"

此外，《海商法》《民用航空法》中对船舶抵押权和民用航空器抵押权登记效力的规定与《担保法》第41条的规定不同，船舶和民用航空器抵押未经登记的，并非不发生法律效力，而是不得对抗第三人。

质押担保与抵押担保形成的别除权大体相似，故不重复论述。

2. 留置权

对于留置权能否在破产法上享有别除权，各国立法规定不一致，主要是因为对其权利性质认定不同。德国、法国、意大利的民法将留置权视为诉讼上的抗辩权，即属于债权性质，而日本、瑞士的民法将其规定为担保物权。所以，有的国家规定，留置权可以在破产法上享有别除权；有的国家规定，留置权不能在破产法上享有别除权；还有的国家将留置权区分为民事留置

① 参见［日］石川明：《日本破产法》，何勤华、周桂秋译，82页，北京，中国法制出版社，2000。

② ［日］石川明：《日本破产法》，何勤华、周桂秋译，265页，北京，中国法制出版社，2000。

权和商事留置权，规定只有商事留置权可以在破产法上享有别除权[①]，如《日本破产法》第93条规定："于破产财团所属财产上存在商事留置权者，对于破产财团，视为特别先取特权。这种先取特权后于其他特别先取特权。除前款规定者外，留置权对于破产财团丧失其效力。"

我国的《民法通则》《物权法》《担保法》均将留置权视为担保物权，规定留置权人就留置物享有优先受偿权。据此，留置权人在破产程序中享有别除权。

3. 让与担保

让与担保，是指债务人或第三人为担保债务人的债务，将担保标的物的权利移转于债权人，于债务清偿后，标的物应返还于债务人或第三人，于债务不履行时，担保权人可就该标的物优先受偿的权利。[②]

当让与担保的担保人被宣告破产时，对让与担保的担保权是否构成别除权，学者间存在不同观点（让与担保的担保权人被宣告破产，则存在是否构成取回权的问题，与是否构成别除权无关）。日本学者石川明指出，对让与担保的性质构成，"以前是重视所有权移转之形式方面的理论构成占据主导地位，最近，重视担保目的之实质方面的理论构成为判例和学识界所普遍采用"[③]。根据重视让与担保实质目的的理论，石川明认为，担保权人在破产程序中对担保物没有取回权，而享有别除权。如根据重视所有权移转形式的理论，在让与担保的担保人被宣告破产时，担保权人是担保物形式上的所有人，对担保物享有取回权。我国学者也有持此观点的。[④] 在我国的《物权法》《担保法》中对让与担保问题未作规定，在司法实践中则存在法院认定让与担保在破产程序中享有别除权的案例。[⑤]

4. 所有权保留

所有权保留，是指买卖合同的卖方在交付标的物后，仍保留对标的物的所有权，直至买方付清全部货款的一种担保方式。《合同法》第134条规定："当事人可以在买卖合同中约定买受人未履行支付价款或者其他义务的，标的物的所有权属于出卖人。"

日本学者石川明认为，所有权保留的实质是一种担保方式，所以在买受人破产时，不应承认出卖人对标的物的取回权，出卖人可享有对未支付价款的别除权。在出卖人破产时，买受人可以支付剩余价款而取得标的物的所有权。如买受人不支付剩余价款，破产管理人可以将买受人已经支付的价款返还，收回标的物的全部所有权，作为破产财产处理。[⑥]

我国学者邹海林则认为，在买受人破产时，出卖人可以以保留有对标的物的所有权为由，

---

① 商事留置权是指：(1) 由于代理商的交易代理或行纪中介而产生的债权，代理人可以对已由自己占有的财产进行留置；(2) 商人之间依据商事行为而产生的债权债务关系，债权人对已由自己占有的债务人的财产可以进行留置；(3) 委托行业的经营者，对于根据自己的业务需要而占有的委托人（债务人）的财产，在债务人没有支付因此而产生的委托费用之前，可以行使留置权；(4) 铁路、公路、航空、轮船等公司或个人作为承运人，对基于有关承运关系所生的债权未受清偿之前，对运送的货物可以行使留置权。参见柴发邦主编：《破产法教程》，209页，北京，法律出版社，1990。

② 参见中国物权法研究课题组（课题负责人梁慧星）：《中国物权法草案建议稿：条文、理由、说明与参考立法例》，83页，北京，社会科学文献出版社，2000。

③ ［日］石川明：《日本破产法》，何勤华、周桂秋译，74页，北京，中国法制出版社，2000。

④ 参见邹海林、常敏：《债权担保的方式和应用》，409页，北京，法律出版社，1998。

⑤ 参见高圣平：《物权担保新制度新问题理解与适用》，504页，北京，人民法院出版社，2013。

⑥ 参见［日］石川明：《日本破产法》，何勤华、周桂秋译，77页，北京，中国法制出版社，2000。

对标的物行使取回权。破产管理人可以支付剩余价款而取得标的物的所有权。在出卖人破产时，出卖人享有对标的物的取回权，标的物属于破产财产。买受人可以其支付价款并占有标的物为由，享有对标的物的别除权。[①] 在所有权保留问题上出现观点分歧，关键是对其基础法律性质理解的角度不同。虽然当事人约定所有权保留的本意是对标的物价款支付的担保，但是根据最高人民法院《破产法解释二》第 34 条至第 38 条的规定看，是将所有权保留定性为所有权的转让而不是担保权设立。

（二）定金担保与别除权

对于定金这种财产担保形式是否构成别除权，《企业破产法》未作直接规定。根据《企业破产法》第 109 条的规定，“对破产人的特定财产享有担保权的权利人，对该特定财产享有优先受偿的权利”，定金担保虽为财产担保，但通常不是以破产人特定财产设置的担保，与抵押、质押等直接设定于特定物上的担保不同。本书认为，在定金为货币且未经特定化使其与债务人的其他财产明确区分的情况下，定金担保不应属于别除权。

1. 在定金以货币为担保物时，是以种类物而不是以特定物担保。定金交付后往往用于收取方购买原材料等合同履行活动。定金的性质决定了其交付后一般不可能采取登记货币号码、单独保管、禁止使用等措施对之加以特定化，使之与债务人的其他财产区分，故无法在其上直接设置物权性权利，不能通过物权性限制保障债权人的利益，起不到物权担保的作用，尤其是在破产人收受定金的情况下，其收到定金后可自由处分，亦可继续对外发生新的债务，债权人无法控制，既不能防止其丧失对合同的履行能力，也不能保证在其丧失清偿能力时债权人仍可得到优先的清偿。

由于定金是以财产的价值形态而非特定物质形态作担保的，所以，已交付之定金一般是不可能与收受定金的破产人的其他财产（如货币）分开的。实际上，定金是在其债权范围内以破产人的非特定全部财产为清偿对象的，这就使定金债权与其他破产债权的清偿财产范围完全混同。若债权人对定金可享有别除权，必然因担保财产范围不明出现权利冲突，甚至可能出现破产人的全部财产不足以清偿定金债权的现象。同时，由于定金的担保财产是非特定物，根本无从判断担保物的价款是否高于担保债权，也不存在因担保物灭失而导致担保债权丧失优先受偿权的情况，所以，如果承认定金担保的别除权，实际上等于是以收受定金的破产人的全部财产为定金债权抵押担保，这既与破产法等法律的规定不符，也不利于公平维护其他破产债权人的正当权益。

本书认为，定金之实质是一种双倍债权担保，是对债务人的加重责任。从担保性质上讲，尤其是对给付定金的一方来说，仍属于人的担保，即以债务人非特定全部财产为清偿保证，以债务人履行行为为实现途径，与普通债权相比在权利保障性质上并无实质区别。

2. 定金的实际担保作用与其他担保形式有所不同。定金存在给付方和收受方，且两方都可能因不履行合同而成为债务人，与抵押等仅由债务人单方面提供的担保不同。定金担保对定金收取方确实具有财产担保的效用，但对于定金给付方则仅在债务人具有清偿能力的情况下具有担保作用，若其丧失清偿能力，不仅起不到担保作用，反而会加重其损失。

---

① 参见邹海林、常敏：《债权担保的方式和应用》，422 页，北京，法律出版社，1998。

综上所述，本书认为，对定金担保债权不应赋予别除权，在破产程序中可根据不同具体情况分别处理。

1. 对于债务人即破产人支付定金，在破产申请受理前债务已到期而又未履行的合同，债权人可依《民法通则》及《担保法》的规定，直接依定金罚则对定金不再返还，管理人无权要求返还定金，除非其中存在欺诈行为。因定金的给付是早在破产申请受理前就已发生的担保行为，债权人不再返还定金，并非对债务人财产的个别执行，也不是债务人的个别清偿行为，所以不受破产法相关规定的限制。对于破产申请受理前成立、债务人支付定金而双方当事人又均未履行完毕的合同，如管理人决定解除合同，同样无权要求收回定金，债权人仍可依定金罚则不再返还定金。对定金虽不宜赋予别除权，但对于收受定金的一方而言，定金毕竟还是财产担保的一种形式。债务人的破产并不能产生解除定金担保的效力，否则定金担保形式便形同虚设，且与立法设置该权利的本意相违。

2. 当收受定金的债务人被申请破产时，对应双倍返还的定金债权如何解决，学者间意见分歧较大。除主张给定金债权以别除权者外，也有主张将全部债权按破产债权处理的，或主张对债权人已交付的定金部分赋予别除权，而对应加倍返还的处罚部分则按破产债权处理。还有人主张，不再实行定金罚则，仅以交付的定金额作为破产债权。

主张对定金已交付部分赋予别除权，对依据定金罚则处罚部分按破产债权处理的观点①，除存在给定金债权以别除权是否适当的问题外，还有一个对其认定的同种性质债权的不同部分处理方式不同，理论上难以自圆其说的问题。笔者在以前发表的论文中曾主张，鉴于《民法通则》及《担保法》的规定，债务人履行债务后，定金应当抵作价款或者收回，因此，定金的交付并未使对方对定金享有无保留的所有权，在一定条件下，交付方还可以行使取回的权利。所以，可以考虑对债权人已预先交付的定金部分由其行使取回权取回，对应加倍处罚的部分，因其产生于债务人的不履行行为，与破产债权性质相同，故按破产债权解决。②

但现在笔者经进一步研究后认为，在破产程序中对应双倍返还的定金债权，也应按照其法律性质，作为破产债权处理，不宜再给予取回权或优先受偿权。

《破产规定》第55条第2款规定，对清算组决定解除破产企业未履行的合同，另一方当事人因合同解除受到损害而产生的破产债权，“定金不再适用定金罚则”。在《企业破产法》的立法过程中，也有人主张，管理人解除破产人未履行的合同时，对方当事人已给付定金的，以定金额为限的返还请求权作为破产债权，对债务人应双倍返还的定金部分则不予清偿。其理由是，定金的双倍返还属于惩罚性债权，故在破产程序中不应予以支付。本书认为，这种观点在理论上是不妥的，与定金的担保属性相冲突，在实践中也是行不通的。该司法解释之规定违背了《担保法》等法律规定的一般原则，不应再继续适用。

首先，这与《担保法》规定的定金担保原则相违背。我国立法将定金规定于《担保法》中，就是要确认其作为担保的基本性质。虽然定金的双倍返还也具有一定的惩罚性，但与违约金的性质不同，其主旨仍在于担保。如果在债务人破产时反而取消定金的担保作用，则《担保法》的基本原则将被破坏。

---

① 参见柴发邦：《破产法教程》，212页，北京，法律出版社，1990。

② 参见王欣新：《别除权论》，载《法学家》，1996（2）。

其次，这种做法在实践中也是行不通的。在破产人收受定金的情况下，控制权在管理人一方，强制规定不承认双倍返还定金部分的债权，对方当事人或许没有办法追索。但依此原则，在破产人支付定金的情况下就应当向收受定金者追索定金。因为其同样是惩罚性的债权，如不要求返还，将出现执法上的自相矛盾。而《民法通则》《合同法》及《担保法》均明确规定给付定金的一方不履行债务无权要求返还定金，如仅依据一项司法解释就要求返还定金，法律依据、法理论据都是不足的。

再次，如果在破产申请受理前，当事人已经因为定金问题发生争议，诉诸法院，法院也已经作出生效判决，要求债务人双倍返还定金，而在破产程序中对此项债权不予确认，必然出现无法律依据便不执行法院生效判决的现象。如果对此项债权予以确认，则又将出现与该司法解释自相矛盾的问题。所以，这种观点是错误的。

此外需要指出的是，在实践中，绝大多数的合同定金担保均为货币形式，但也不能绝对排除当事人在极个别情况下约定以货币以外的其他财产作为定金，这时定金能否构成别除权就需要根据作为定金的财产情况来具体分析。在债权人以特定物向破产人交付定金，且在权利行使时该特定物仍能够与破产人的其他财产相区分的情况下，债权人对己方已经交付的定金部分可以行使别除权。理论上讲，通过对货币定金的特定化（如专户保存、禁止使用与混同）使其成为特定物，并保持至权利行使时仍能够区分于破产人的其他货币财产，也可能构成别除权。但由于这种假设违背当事人收取定金通常是用于经营使用的常识性目的，在实践中甚少发生，所以在法律实施上不具有普遍意义。

对定金在破产程序中的清偿问题，有必要在破产法司法解释中加以明确规定。

（三）别除权产生的优先权基础

1. 优先权概说

优先权制度起源于罗马法。优先权，在日本又称先取特权，是指特定债权人依据法律的直接规定，对债务人的全部财产或特定财产之变卖价值享有的优先于其他债权人受偿的权利。其中，对债务人全部财产（非特定财产）享有的优先受偿权利，为一般优先权，如职工债权、税收债权的优先权；对债务人特定财产享有的优先受偿权利，为特别优先权。

优先权主要是立法基于对实现社会政策、维护公共利益、保障社会弱势群体等方面的考虑而设置的，目的是破除债权人之间形式上的平等，维护实质上的社会公平。是否赋予特种债权以优先权，主要是考虑债权的性质或产生原因，体现公平、正义等法律与社会理念以及保障公共利益和社会利益的立法政策。[①] 优先权为法定权利，不由当事人约定设置，不以登记或占有公示为成立要件。优先权中的特别优先权具有担保物权的一般特征，可以构成别除权。《法国民法典》第2095条规定："优先权为按照债务的性质给予债权人优先于其他债权人，甚至抵押权人在内受清偿的权利。"

因各国国情不同，优先权的种类、范围、清偿顺序等有所不同，而能否延续到破产法中行使亦有不同，所以并非所有的优先权均可在破产程序中获得优先受偿的权利，更不是所有的优先权都可以取得别除权的法律地位。"以优先受偿效力为核心的实体法上的担保权在破产法上

① 参见郭明瑞等：《优先权制度研究》，9、10页，北京，北京大学出版社，2004。

并非都可以作为别除权对待。实体法上的担保权确实在债务人没有清偿时可以优先受偿，在债务人倒产时也必须发挥作用。但是，另一方面，将设定了该担保权的财产作为破产程序中的清算资金且无条件承认担保权的效力，可能有违破产程序的目的。应当承认什么样的担保权作为别除权的优先地位，只能通过倒产法制的政策进行判断。”①

2. 一般优先权

一般优先权在权利行使方式上与特别优先权、担保物权有所不同。由于一般优先权是对破产人全部财产而非特定财产的优先权利，所以须依破产程序行使，要等到破产财产分配时才能够实际行使优先受偿权，而且其通常无物上的追及权利，这与特别优先权可以不受破产程序限制、及时对债务人特定财产行使权利不同。一般优先权在立法上表现为《企业破产法》第113条规定的职工债权、税收债权等债权的优先清偿顺序。此外，实质上是为全体债权人利益而发生的破产费用、共益债务也具有保护一般优先权人利益的性质，故此种优先权应当优先于其他普通破产债权的一般优先权受偿。

由于一般优先权具有上述特征，日本学者认为，“一般的先取特权因为是可以从债务人的总财产中优先得到清偿的权利，所以被担保的债权是优先性的破产债权。但是，它不能从特定的财产中获得清偿，就不是别除权”②。本书认为，上述观点将一般优先权与别除权区别开，对于司法实践中各项权利的正确行使具有重要的意义，我国也应采取同样的立法原则。

3. 特别优先权

特别优先权在破产程序中构成别除权。学者间对此立论并无争议，但对特别优先权是否属于担保物权则观点不一。有的学者持肯定态度，认为其属于法定抵押权；也有的学者持反对态度，认为在法学理论上将特别优先权认定为担保物权与其法律特征不符。本书认为，特别优先权在性质上属于实体性优先权，具有物权担保的一般属性，从法律上讲，应属于法定担保物权。

目前，我国主要是在《海商法》《民用航空法》等立法中对特别优先权作出规定。《海商法》第21条规定了船舶优先权。所谓船舶优先权，是指海事请求人依照《海商法》第22条的规定，向船舶所有人、光船承租人、船舶经营人提出海事请求，对产生该海事请求的船舶具有的优先受偿的权利。该法第22条规定了船舶优先权的具体范围，指出：“下列各项海事请求具有船舶优先权：（一）船长、船员和在船上工作的其他在编人员根据劳动法律、行政法规或者劳动合同所产生的工资、其他劳动报酬、船员遣返费用和社会保险费用的给付请求；（二）在船舶营运中发生的人身伤亡的赔偿请求；（三）船舶吨税、引航费、港务费和其他港口规费的缴付请求；（四）海难救助的救助款项的给付请求；（五）船舶在营运中因侵权行为产生的财产赔偿请求。载运2 000吨以上的散装货油的船舶，持有有效的证书，证明已经进行油污损害民事责任保险或者具有相应的财务保证的，对其造成的油污损害的赔偿请求，不属于前款第（五）项规定的范围。”

在各项船舶优先权之间，清偿顺序也有先后之别。《海商法》第23条规定：“本法第二十二条第一款所列各项海事请求，依照顺序受偿。但是，第（四）项海事请求，后于第（一）项

① ［日］谷口安平主编：《日本倒产法概述》，田言等译，121、122页，北京，中国政法大学出版社，2017。

② ［日］石川明：《日本破产法》，何勤华、周桂秋译，84页，北京，中国法制出版社，2000。

至第（三）项发生的，应当先于第（一）项至第（三）项受偿。本法第二十二条第一款第（一）、（二）、（三）、（五）项中有两个以上海事请求的，不分先后，同时受偿；不足受偿的，按照比例受偿。第（四）项中有两个以上海事请求的，后发生的先受偿。”第24条规定：“因行使船舶优先权产生的诉讼费用，保存、拍卖船舶和分配船舶价款产生的费用，以及为海事请求人的共同利益而支付的其他费用，应当从船舶拍卖所得价款中先行拨付。”

船舶优先权原则上应当通过法院扣押作为优先权行使对象之船舶的方式行使，并具有物上代位性。《海商法》第26条规定：“船舶优先权不因船舶所有权的转让而消灭。但是，船舶转让时，船舶优先权自法院应受让人申请予以公告之日起满六十日不行使的除外。”第27条规定：“本法第二十二条规定的海事请求权转移的，其船舶优先权随之转移。”

债权人和管理人须特别注意的是，船舶优先权的权利时效为特别时效。《海商法》第29条规定：“船舶优先权，除本法第二十六条规定的外，因下列原因之一而消灭：（一）具有船舶优先权的海事请求，自优先权产生之日起满一年不行使；（二）船舶经法院强制出售；（三）船舶灭失。前款第（一）项的一年期限，不得中止或者中断。”

《民用航空法》中规定了民用航空器优先权。民用航空器优先权，是指向民用航空器所有人、承租人提出赔偿请求的债权人，对产生该赔偿请求的民用航空器具有的优先受偿权利。该法第19条规定：“下列各项债权具有民用航空器优先权：（一）援救该民用航空器的报酬；（二）保管维护该民用航空器的必需费用。前款规定的各项债权，后发生的先受偿。”民用航空器优先权在破产程序中也构成别除权。

民用航空器优先权的行使方式与时效等和其他优先权的相比，有较大不同。《民用航空法》第20条规定：“本法第十九条规定的民用航空器优先权，其债权人应当自援救或者保管维护工作终了之日起三个月内，就其债权向国务院民用航空主管部门登记。”享有民用航空器优先权的债权转移时，其民用航空器优先权随之转移。民用航空器优先权也应当通过人民法院扣押存在优先权的民用航空器的方式行使。民用航空器优先权的时效较短，《民用航空法》第25条规定：“民用航空器优先权自援救或者保管维护工作终了之日起满三个月时终止；但是，债权人就其债权已经依照本法第二十条规定登记，并具有下列情形之一的除外：（一）债权人、债务人已经就此项债权的金额达成协议；（二）有关此项债权的诉讼已经开始。民用航空器优先权不因民用航空器所有权的转让而消灭；但是，民用航空器经依法强制拍卖的除外。”

在《民用航空法》中，除民用航空器优先权外，还存在地面第三人的损害赔偿债权对相应的保险或者担保的优先权。《民用航空法》第十二章“对地面第三人损害的赔偿责任”第157条规定：“因飞行中的民用航空器或者从飞行中的民用航空器上落下的人或者物，造成地面（包括水面，下同）上的人身伤亡或者财产损害的，受害人有权获得赔偿；但是，所受损害并非造成损害的事故的直接后果，或者所受损害仅是民用航空器依照国家有关的空中交通规则在空中通过造成的，受害人无权要求赔偿。”根据《民用航空法》的规定，民用航空器的经营人应当投保地面第三人责任险或者取得相应的责任担保。在民用航空器的经营人破产的情形下，受害人可以直接对保险人或者担保人提起诉讼。该法第169条规定：“依照本法第一百六十六条规定提供的保险或者担保，应当被专门指定优先支付本章规定的赔偿。”

《合同法》第286条规定：“发包人未按照约定支付价款的，承包人可以催告发包人在合理期限内支付价款。发包人逾期不支付的，除按照建设工程的性质不宜折价、拍卖的以外，承包人可以与发包人协议将该工程折价，也可以申请人民法院将该工程依法拍卖。建设工程的价款就该工程折价或者拍卖的价款优先受偿。”承包人的此项权利属于特别优先权，但对于其具体权利性质观点不一。有的学者认为属于法定抵押权，也有的学者认为属于留置权。如将承包人的此项权利认定为留置权，与留置权的标的物仅限于动产的惯例不甚相符，故本书认为，从建设工程价款优先权的法律性质看，应当属于法定抵押权。瑞士、法国以及我国台湾地区的立法规定，法定抵押权可以不经登记而成立，且应优先于约定抵押权受偿。根据破产法及担保法的理论，当债务人即发包方破产时，建设工程价款优先权可以构成别除权。

此外，《担保法》第 56 条规定：“拍卖划拨的国有土地使用权所得的价款，在依法缴纳相当于应缴纳的土地使用权出让金的款额后，抵押权人有优先受偿权。”国家对“应缴纳的土地使用权出让金”，优先于抵押权人等其他债权人受偿，有的学者认为，此项权利也属于优先权。[①] 本书认为，此项优先权在破产程序中可构成别除权。

4. *破产程序中的税收优先权*

《税收征收管理法》第 45 条第 1 款规定：“税务机关征收税款，税收优先于无担保债权，法律另有规定的除外；纳税人欠缴的税款发生在纳税人以其财产设定抵押、质押或者纳税人的财产被留置之前的，税收应当先于抵押权、质权、留置权执行。”这一规定形成了税收的优先权。对于税收优先权在破产程序中是否享有别除权，尤其是产生在先的税收债权是否享有优先于担保物权等别除权受偿的超级优先权，人们存在较大争议。

本书认为，税收优先权在破产程序中应属于一般优先权，其并非针对债务人特定财产设置的权利，不符合别除权的一般特征，更不应具有优先于别除权的超级优先权。从立法上看，《企业破产法》规定的可以在一定范围内优先于别除权的超级优先债权，仅限于该法第 132 条规定的职工债权，税收优先权不在其内。相反，根据《企业破产法》第 113 条的规定，破产人所欠税款仅是一般优先的普通破产债权，其清偿顺位被排在职工债权之后，与破产人欠缴的除职工债权以外的社会保险费用处于相同的第二顺序中。从理论上讲，任何一种优先权都应当是公开性质的权利，也就是说，其优先权利的性质与范围必须及时向社会公开，以使在其后产生的债权可以规避开其享有优先权的财产范围，合理地保护自己的利益。权利公开的方式主要是登记等公示方式，如抵押、质押，或者是通过实际占有，如留置，总之应能够使他人明确知悉。而税收机关目前不能做到对其欠税优先权的范围予以及时公示，不能公告所有债务人的欠税情况，使他人在设置抵押权、质权时能够规避风险，这就使其优先权对其他债权人变成了隐蔽的、不合理的陷阱，尤其是在债务人破产之时。此外，抵押权、质权的设置，取决于当事人的意思表示，属于约定担保物权，从某种意义上讲还可能规避税收优先权。而留置权则是法定担保物权，依法定情况产生，根本不可能主动规避开税收优先权，让税收优先权优先于留置权是不合理的。考虑到在破产程序外，税收债权有强大的征收实现手段，又享有一般优先受偿的权利，本可以优先实现，但其却选择性地消极地怠于行使其权利，所以在破产程序中不应再给予其特殊保护。

此外，根据《企业破产法》的规定，在该法公布之日以前发生的职工债权具有优先于别除

---

① 参见申卫星：《论优先权同其他担保物权之区别与竞合》，载《法制与社会发展》，2001 (3)。

权的受偿权利。如果允许税收债权享有优先于别除权受偿的权利，按此逻辑，税收债权就应优先于职工债权，而这将直接违反《企业破产法》第 113 条破产清偿顺序的规定，并损害职工债权的受偿权利，显然也是不妥的。

《企业破产法》未规定税收债权享有别除权，甚至优先于别除权受偿的权利，是对其他立法所设优先权的特殊调整措施，体现了对其他债权人的合理公平保护，也体现了“国家不与民争利”的社会原则。

目前我国立法尚未建立起完善、协调的优先权制度，这就使得其他国家通过优先权制度以实现社会公平、保障人权，尤其是保护弱势社会群体权益、保障公共利益、维护社会秩序等社会目标的方式，在我国因制度存在缺失而难以顺利实现。这一问题在汇集所有矛盾、最终解决所有债务清偿的破产程序中尤显突出，迫切需要立法予以完善。

破产法与别除权制度，尤其是物权担保制度在立法目的与适用原则和社会效果方面存在一定的矛盾。一方面，物权担保制度对于债权的保护具有至关重要的作用，不仅可以促进信贷发展，提高债务人的信用和履约能力，在降低交易成本与风险、保障交易履行与维护市场秩序方面也有促进作用。要实现担保法立法目标的关键，是必须辅以一套尊重担保交易法律所产生的权利的破产法。[①]“破产法应载有明确的规则，说明破产程序对有担保债权人的权利的影响，以使有担保债权人能够量化与破产有关的风险，并在评估是否提供信贷和按什么条件提供信贷时将这些风险考虑在内。”[②] 另一方面，物权担保制度对于破产法也可能产生重大的冲击，尤其是在担保制度从不动产的担保扩展到动产的担保，以至于债务人几乎全部财产上均设置有物权担保时，破产法保障债权人集体公平受偿的效用往往就体现不出来，对普通债权人而言，破产程序几乎变成专为担保债权人实现优先受偿权的工具。为此，需要平衡债务人、债权人（无论是有担保债权人、优先权债权人还是无担保债权人）、受影响的第三人（例如担保资产买受人和其他受让人）和国家保障社会经济秩序的利益。这一平衡的基本条件是担保交易法和破产法制度之间的紧密协调，包括对企业重组或清算时如何处理担保权作出规定。[③] 这就需要对破产制度进行必要的改革与完善，对担保债权人的权利和义务进行调整，如在重整程序中暂停对企业挽救所需要财产上的担保债权的行使等，这也是一些国家破产立法发展的新趋势。

三、别除权之间及与相关权利间的清偿顺序

在破产程序中，可能同一担保物上同时存在两个或两个以上的担保性质相同或不同的别除权。为此，必须依据相关法律，根据担保的种类、性质以及设置方式、时间等确定各项别除权间的清偿顺序，以保证破产程序的公平、顺利进行。此外，实践中还需要解决别除权与相关权利并存时的清偿顺序问题。

（一）同一担保性质的别除权间的清偿顺序

在同一性质的担保物权构成的别除权之间，清偿顺序的确定较为简单。《物权法》第 199

① 参见联合国国际贸易法委员会《担保交易立法指南》，1 页。

② 联合国国际贸易法委员会《担保交易立法指南》，425 页。

③ 参见联合国国际贸易法委员会《担保交易立法指南》，3 页。

条规定："同一财产向两个以上债权人抵押的，拍卖、变卖抵押财产所得的价款依照下列规定清偿：（一）抵押权已登记的，按照登记的先后顺序清偿；顺序相同的，按照债权比例清偿；（二）抵押权已登记的先于未登记的受偿；（三）抵押权未登记的，按照债权比例清偿。"《担保法》第54条对此也作出了规定，但《物权法》的规定与其有一点区别，就是抵押权未登记的，不再按照合同生效时间的先后顺序清偿，而是按照债权比例清偿。根据《物权法》第178条规定，"担保法与本法的规定不一致的，适用本法"。

动产质押和以交付权利凭证为设定条件的权利质押，因涉及财产或权利凭证实际占有的转移，通常不会发生两项质权重合的情况。但不以交付权利凭证为设定条件的权利质押，则可能发生权利竞合。其清偿顺序原则上依照登记或设定的先后顺序确定，与抵押权大体相同，可依《物权法》和《担保法》规定的原则处理。但转质权的情况则有所不同，因转质权人的权利是由质权人设定的，所以其清偿顺序自然应当优先于质权人。

留置权以占有留置物为行使权利的条件。同一物上存在多个留置权的发生原因与转质权的情况类似，而且通常是后发生的留置权人占有留置物。所以，后发生的留置权应当优先于先发生的留置权受偿。

（二）不同性质的别除权间的清偿顺序

在不同性质的别除权之间，清偿顺序的确认便较为复杂。《物权法》第239条规定："同一动产上已设立抵押权或者质权，该动产又被留置的，留置权人优先受偿"。《担保法解释》第79条第2款规定："同一财产抵押权与留置权并存时，留置权人优先于抵押权人受偿"。留置权优先的原则在破产程序中同样适用。

通常学者认为，立法之所以规定留置权优于抵押权，首先在于留置权为法定担保物权，而抵押权为约定担保物权。在法学理论上，法定担保物权的效力应优于约定担保物权的效力。其次是为维护公平。以加工承揽这一产生留置权的典型合同关系为例，承揽人在定作人提供的材料上已经添附自己的劳动成果，使其价值增加。如抵押权优先于留置权受偿，就会造成实际上承揽人以其劳动成果为定作人承担部分责任的不合理情况。再次，留置权以占有留置物为前提存在，如留置权人将留置物交由抵押权人先行使抵押权，则其留置权将因留置物脱离留置权人的占有而消灭，无法再实现担保作用。此外，在动产上已经存在留置权的情况下，因涉及转移财产占有问题，一般是不可能再设置质押、抵押的，而一旦财产被转移占有，留置权也就不复存在。

在确定留置权优先于抵押权、质权原则的同时，为防止当事人合谋恶意利用留置权损害抵押权人、质权人的利益，应当明确留置权的优先，应以善意设置为前提。如我国台湾地区"动产担保交易法"第25条规定，"抵押权人依本条规定实行占有抵押物时，不得对抗依法留置标的物的善意的第三人"。

在动产之上还可能出现抵押权与质权竞合的情况。《担保法解释》第79条第1款规定："同一财产法定登记的抵押权与质权并存时，抵押权人优先于质权人受偿。"本书认为，这一规定有些过于绝对化。如果质权设定在先，法定登记的抵押权设定在后，认定抵押权人一定要优先于质权人受偿，可能不够公平。抵押权人的登记只能对抗登记后产生的其他权利，不能对抗此前已经产生的质权。而且，这种做法还可能出现出质人与他人合谋恶意对质物进行抵押登记，损害质权人利益的问题。所以，这时应当按照各项权利设置与登记的先后时间顺序受偿，同时设定者按照各自担保的债权比例受偿。如果是未经登记的抵押权与质权并存，因《物权法》规定，未经登记的抵押权不成立或不具有对抗善意第三人的效力，所以善意的质权人应当优先受偿。

在海商法上的请求权中，当船舶优先权、船舶留置权、船舶抵押权同时产生时，《海商法》第25条规定："船舶优先权先于船舶留置权受偿，船舶抵押权后于船舶留置权受偿。"另外，《民用航空法》第22条规定："民用航空器优先权先于民用航空器抵押权受偿。"船舶优先权、民用航空器优先权与普通留置权和抵押权同时并存时的清偿顺序，也应按此原则处理。

在建设工程价款优先权与建筑物抵押权同时并存时，建设工程价款优先权作为法定抵押权优先于约定抵押权受偿。最高人民法院在《关于建设工程价款优先受偿权问题的批复》中规定，建筑工程的承包人的优先受偿权优于抵押权和其他债权。但是，在消费者交付购买商品房的全部或者大部分款项后，承包人就该商品房享有的工程价款优先受偿权不得对抗买受人。建筑工程价款包括承包人为建设工程应当支付的工作人员报酬、材料款等实际支出的费用，不包括承包人因发包人违约所造成的损失。建设工程承包人行使优先权的期限为6个月，自建设工程竣工之日或者建设工程合同约定的竣工之日起计算。有的人认为，在立法中未发现立法者有优先保护建筑商利益的意图，主张建设工程价款优先权与抵押权效力平等，不应优先于抵押权受偿。[①] 这一主张与司法解释的规定不符，是不妥的。

此外，依据《担保法》第56条的规定，国家对"应缴纳的土地使用权出让金"优先于抵押权人等其他担保物权人受偿。

（三）担保物权与法定优先权间的清偿顺序

在担保物权与法定优先权存在于同一标的物之上时，一般而言，除法律有特别规定外，一般优先权没有优先于别除权的权利，而特别优先权的清偿顺序则有可能优先于担保物权，但具体情况复杂，需根据法律规定确认。有的人认为，所有法定优先权均可以优先于担保物权产生的别除权受偿。[②] 这一结论过于绝对化。如《企业破产法》规定职工债权作为一般法定优先权，原则上劣后于担保物权清偿，而且也未规定税收优先权在破产程序中可以构成别除权，优先于担保物权清偿。即使法律特别规定清偿顺序可以优先于担保物权的一般优先权（如我国《企业破产法》第132条规定的一定范围内的职工债权），也是对债务人全部财产享有的优先权，在行使权利时应当先就无担保的财产进行清偿，不足清偿时，才可以执行其他担保财产。

四、重整程序中别除权的暂停行使

别除权人即担保债权人（下文中两个概念在同一意义上使用）享有两项相关联的权利，其一是对担保物的变现权，即在债务人履行债务之前，以担保财产作为其具有排他性的受偿保障，并在债务人未能清偿债务时就担保物变现获偿，实现担保的作用；其二是在担保物变现

① 参见王卫国、朱晓娟等编著：《破产法——原理、规则、案例》，183页，北京，清华大学出版社，2006。

② 参见齐树洁主编：《破产法研究》，420～421页，厦门，厦门大学出版社，2004。

后，对变价款享有优先受偿权。前者是程序性权利，但影响到实体性权利实现，而后者则是实体性权利。这两项权利在破产程序之外通常是担保债权人主动主张、同时行使的，但在某些情况下也可能分别行使。[①] 在破产程序中，担保债权人享有的优先受偿权，除法律另有规定外（如《企业破产法》第132条）是不受限制的，但是其对担保物的变现权，则可能为了实现破产程序的目的而受到一定的限制，如《企业破产法》第75条第1款规定："在重整期间，对债务人的特定财产享有的担保权暂停行使。"所谓暂停行使，表明其是一种暂时性的措施，所以从一般原则上讲，立法应当规定有暂停的相应期间。许多国家在破产法中规定有重整程序中担保权的暂停行使的期间（尽管这一期间在某些国家可能较长），确定这一暂停期间的主要目的就是，"在能够确定这些担保财产是否为重整所必要的之前，不将担保资产从破产财产中撤出"[②]。目前我国破产法未规定担保权暂停行使的期间，这就使担保权的所谓暂停行使贯穿于整个重整程序，实际上变成永久停止行使，这与立法规定担保债权暂停行使的目的不符。

（一）担保债权暂停行使的范围

首先要理解，《企业破产法》规定暂停担保权行使的立法本意与目的是什么。暂停担保权的行使是为了给企业重整创造良好的外部条件，避免因担保财产被执行变现而影响企业的挽救与生产经营，实质上也就是要实现债务人营业财产的价值最大化，而不是单纯为了阻止担保债权人行使权利。为此，必须确认暂停担保权行使的合理范围与适用条件。联合国国际贸易法委员会《破产法立法指南》立法建议第51条指出："破产法应规定，担保债权人可请求法院准许救济而免于破产程序启动时适用的那些措施（指暂停担保权行使等，笔者注），其理由可包括：1. 抵押资产并不为将来可能进行的债务人企业的重整或变卖所需要；2. 抵押资产的价值因破产程序的启动而正在缩减，并且未对担保债权人提供保护以防范该价值的缩减；3. 在重整中，计划未在任何可适用的时限内获得批准。"[③] 所以，担保权暂停行使的适用范围，必须根据企业重整是否需要使用该项担保财产来确定，对没有重整使用需要的财产就不必暂停担保权的行使，而应当及时变卖，清偿担保债权人。同时，还必须考虑对担保权的基本保障，不能仅因为企业重整需要就违法侵害担保债权人的权利。为此《企业破产法》第75条规定，"担保物有损坏或者价值明显减少的可能，足以危害担保权人权利的，担保权人可以向人民法院请求恢复行使担保权"。其次，所谓"担保权暂停行使"，只是在程序权利即权利行使的时间上加以限制，而不能影响担保权的实体权利，即对债务人特定财产享有的物权担保与优先受偿权。

根据上述原则，在从重整需要角度分析担保权暂停行使的范围时，要考虑两方面的因素。其一是担保财产对企业生产经营的影响，或曰企业重整对担保财产的依赖程度。由于此项条件要根据各个企业的不同情况确认，具有较大的非法律灵活性，所以在确定原则后，本书主要从法律角度定性而不从经营角度进行具体分析。其二是暂停行使对担保权的影响，即重整企业对担保财产的占有与使用是否会损害担保权利，影响其优先受偿权。由于物权担保的具体方式不同，担保财产的占有情况不同，尤其是占有情况的改变对物权担保的持续保有影响不同，所以

---

① 参见王欣新：《论重整中担保权的暂停行使》，载《人民法院报》，2015-07-01。

② 联合国国际贸易法委员会《担保交易立法指南》，430页。

③ 联合国国际贸易法委员会《破产法立法指南》，94页。

并非所有的担保权都需要并可能不加限制地暂停行使。

第一，从重整需要的角度看，凡是移转担保财产占有的担保原则上可以不停止权利行使。根据《物权法》的有关规定，抵押担保不移转财产占有，留置担保移转财产占有。动产质押担保移转财产占有，权利质押则分为移转和不移转质押权利凭证占有两种情况。担保财产被移转占有后，债务人是无法再实际继续使用的（部分权利质押除外），这一事实本身就说明企业的生产经营并不需要该项财产，故无须停止对该项财产的担保权行使。即便由于某种原因企业在重整中确实需要恢复使用该项财产，也必须按照《企业破产法》第 37 条的规定，通过“清偿债务或者提供为债权人接受的担保，取回质物、留置物”，换取对原担保财产的脱保使用。清偿债务恰恰就是以主债权的实现消灭附属性的担保物权，而替代担保的后果也可视为原担保权的行使，所以这些措施体现了担保设置目的的实现。此类担保权人就其占有的担保物行使担保权时，应当按照《物权法》《担保法》的有关规定履行向债务人的通知等义务，以使债务人了解情况并决定是否清偿债务、赎回担保物。如果债务人确定以清偿债务或替代担保方式赎回担保物时，可以通知债权人在合理的期间内暂缓行使担保权。采用的替代担保必须征得债权人同意，管理人包括法院均不得强迫债权人接受替代担保，如债权人不同意就只能以清偿债务来换回财产。① 德国破产法第 166 条第 1 款的规定中，也包含了担保权人占有动产担保物时的变现不受破产中止和管理人权利限制的内容。综上，此类担保权在重整程序中原则上不应停止权利行使，也正是因为如此，在联合国国际贸易法委员会《破产法立法指南》中谈及担保包括担保权的暂停行使时，往往都是明确使用抵押的概念，限定担保的类型。

《企业破产法》第 17 条中规定的债务人的财产持有人应向管理人交付财产的义务，不应被曲解适用于对担保物的收回。此外，即使担保债权人未在破产程序中申报债权，管理人也无权要求收回被质押、留置在债权人处的财产，不应影响债权人按照《物权法》《担保法》的规定行使权利，对合法成立的担保债权是不能拒绝清偿的。但是未申报债权者对行使担保债权后未能受偿的债权不得要求作为破产债权受偿，即破产法规定的未申报债权者，“不得依照本法规定的程序行使权利”②。

第二，从对担保权保护的角度看，凡是担保财产因由债权人占有改动至债务人占有而将使债权人失去担保权的担保方式，均不应暂停担保权的行使，如留置担保、动产质押担保、转移权利凭证占有的权利质押担保。这些类型担保权的成立与维系，都是以占有担保财产而不是担保登记为前提的。如《物权法》第 212 条规定：“质权自出质人交付质押财产时设立。”第 240 条规定：“留置权人对留置财产丧失占有或者留置权人接受债务人另行提供担保的，留置权消灭。”一旦将此类担保财产交还给债务人占有使用，担保权及其优先受偿权便随之消灭。《担保法解释》第 87 条规定，除“因不可归责于质权人的事由而丧失对质物的占有，质权人可以向不当占有人请求停止侵害、恢复原状、返还质物”外，“质权人将质物返还于出质人后，以其质权对抗第三人的，人民法院不予支持”，也就是说将丧失对其他债权人的优先受偿权。由于在这些担保形式下，债务人不清偿债务就不能恢复对担保物的占有和使用，而清偿债务就是担保目的的实现，所以不应停止此类债权担保权的行使。

---

① 参见王欣新：《论重整中担保权的暂停行使》，载《人民法院报》，2015-07-01。

② 《企业破产法》第 56 条第 2 款。

综上所述，在重整程序中可以暂停行使的担保权，原则上限于抵押担保（包括动产浮动抵押）和不转移质押权利凭证的质押担保以及部分转移权利凭证的权利质押。由于上述担保在司法实践中占大多数，其担保物往往也是企业生产经营所必需的重要财产，通常也就可以解决企业中重整营业需要资产的使用问题。

（二）担保权人暂停行使的具体权利

如前所述，担保权人的权利可分为对担保物的变现权和对变价款的优先受偿权。在重整程序中，担保权人暂停行使的是对担保财产的变现权，但对担保财产变现后款项的优先受偿权并不停止行使。《企业破产法》第 87 条第 2 款第 1 项明确规定，即使在担保财产不变现时，担保权人的优先受偿权也不受影响，应确保实现。

在重整程序中，有时会由于种种原因将抵押等担保财产变现，如造船厂在重整期间造好的设有抵押的船舶等。在变现款项的处理和担保权人优先受偿权的行使上，司法实践中出现了一些因理解错误或利益所诱而违背法律与法理的现象。如有的管理人扣留担保物变现款项，以将来统一分配为由，不向担保债权人支付；还有的管理人认为，担保物变现后给担保权人 70% 的清偿，其他扣留等所谓破产统一分配，就已经是天大的恩惠了。还有的管理人以重整程序需要为由挪用变现款项，用于支付职工工资、生产经营费用或其他费用，甚至在地方政府的干预下优先用于对政府债务的个别清偿。为此需要明确破产重整中对担保物变价款的处理原则，以规范各方行为。

第一，重整程序对担保权行使的限制，仅限于中止对担保财产的变现处置，而不涉及对变现款的清偿中止。《物权法》第 191 条规定："抵押期间，抵押人经抵押权人同意转让抵押财产的，应当将转让所得的价款向抵押权人提前清偿债务或者提存。转让的价款超过债权数额的部分归抵押人所有，不足部分由债务人清偿。抵押期间，抵押人未经抵押权人同意，不得转让抵押财产，但受让人代为清偿债务消灭抵押权的除外。"担保财产经担保权人和担保人同意的变现，属于担保权的行使，同时也表明债务人的重整不需要该项非货币形态的财产。此时担保权人对变现款项行使优先受偿权不再受重整程序限制，故应立即清偿担保权人。这时担保权人的及时优先受偿并不影响任何其他债权人的清偿权益，无须等待所谓的财产统一分配。即使在清算程序中，根据《企业破产法》第 113 条规定，担保权的优先受偿也不在破产财产统一分配之列，而是在此前单独进行。而且担保权因担保财产的变现已经丧失特定财产形态的担保效应，转化为对变现款项的优先受偿权，如不能及时优先受偿，将使原有担保权丧失对债权人的保障作用，甚至在非特定化的变价款被挪用后使债权人得不到清偿。所以担保财产变现后，担保权人可立即要求优先受偿。任何人不得扣留变现款项，例外允许提存的情况后述。

有的人认为，将担保物变价款交由债务人使用，能够使企业持续维持生产、创造利润，并可以此偿还担保物的变现款，所以是正当的。[①] 这种观点是错误的，因其漠视担保设置的本意，实质上剥夺了担保权人的优先受偿权。物权担保能起到担保作用，是通过对债务人财产的特定化而使债权人对该特定财产享有优先受偿权。所谓特定化就是通过对担保物权的登记或担保物的占有使担保财产与债务人的其他财产相区分，确定优先受偿的财产范围，使劣后其他债

---

① 参见王之洲：《论担保债权在重整程序中的保护与限制》，载《人民法院报》，2015-09-30。

权人的权利。这种特定化的优先权必然要求在担保物变价即丧失特定化后立刻将变价款清偿给债权人。如允许债务人将变价款挪作经营资金，变成原材料、预付款、工资等，必然使变价款与债务人的其他财产混同，为他人所有或使其他债权人可对之主张与担保债权人同等的清偿权利，从而使担保权人失去原先对其他债权人优先受偿的基础，严重损害担保权人的权益。[①]

联合国国际贸易法委员会《破产法立法指南》也对此问题持同样的观点，该指南指出："在某些清算情形中，破产代表[②]可能认为有必要动用或出售抵押资产，以实现破产财产价值的最大化。举例来说，在清算中，如果破产代表认为破产财产实现价值最大化的最佳途径是在短期内继续经营其企业，那么破产代表可能希望把已经部分抵押的库存品卖掉。同样在重组程序中，将类似性质的抵押资产卖掉以提供所需的流动资金可能符合破产财产的根本利益。因此，对于以维持抵押资产的价值的方式来保护有担保债权人的情形，破产法似宜允许破产代表作出选择，要么为债权人提供等值的替代担保，例如对另一资产或出售抵押资产的收益的替代留置，要么直接或通过商定的缴款计划全额付清为附担保债权提供担保的资产的价值。""一种方法是由法院阻止破产代表现在或将来使用这些收益。另有一些法律准许对有担保债权人免予中止，以便就此类收益寻找个别补救办法，或在有担保债权人或法院未授权使用此类收益的情况下，要求债务人、其管理人员或破产代表本人对收益额负有责任，或规定此类债务不得免除。"

第二，有的人主张，对担保物的变价款以提存名义予以扣留，这也是不符合法律规定的。根据《物权法》《企业破产法》有关规定，除下列特殊情况外，对担保财产变现款不得做提存扣留。其一，担保债权存在争议。《企业破产法》第 119 条规定，对于诉讼或者仲裁未决的债权，管理人应当将其分配额提存（但对于双方无争议部分应当立即清偿）。其二，担保债权为附条件债权且生效条件尚未成就，《企业破产法》第 117 条规定："对于附生效条件或者解除条件的债权，管理人应当将其分配额提存。"其三，债权人未受领款项，管理人应当提存。此外，《物权法》第 191 条规定："抵押期间，抵押人经抵押权人同意转让抵押财产的，应当将转让所得的价款向抵押权人提前清偿债务或者提存。"第 174 条规定："担保期间，担保财产毁损、灭失或者被征收等，担保物权人可以就获得的保险金、赔偿金或者补偿金等优先受偿。被担保债权的履行期未届满的，也可以提存该保险金、赔偿金或者补偿金等。"据此，担保财产变现或转换为赔偿金等时，担保债权尚未到期的，可以提前清偿或提存。不过在破产程序中此种提存不再适用，因《企业破产法》第 46 条规定："未到期的债权，在破产申请受理时视为到期"，所以，在债务人以自己的财产担保时应当立即清偿，而不是提存。实际上，对担保物变现款单纯的提存对债务人的重整没有任何意义，是损人不利己的行为，主张以提存名义扣留款项的真正目的仍然是非法挪用，这是法律所不允许的。

第三，担保物变现款项只能优先清偿担保债权，重整企业再需要资金也不能非法挪用该款项。决不允许以重整需要为借口，将担保物变价款变成企业周转资金。在担保债权获得全额清偿前，未经担保权人同意，原则上管理人不得将此款项用于任何其他支出或债权清偿，包括生产经营费用的支付、破产费用和共益债务（保管担保财产、实现担保物权等为担保权人利益发

① 参见王欣新：《再论重整中担保权的行使》，载《人民法院报》，2015－10－14。

② 即我国破产法中的管理人。

生的费用除外）的支付、职工债权的清偿、政府借款的清偿等。《企业破产法》为保障重整程序而设置的制度，不能成为损害担保权人合法权益的借口。[①]

第四节　破产程序的终结

一、破产终结程序

《破产审判会议纪要》第 30 条“破产清算程序的终结”规定：“人民法院终结破产清算程序应当以查明债务人财产状况、明确债务人财产的分配方案、确保破产债权获得依法清偿为基础。破产申请受理后，经管理人调查，债务人财产不足以清偿破产费用且无人代为清偿或垫付的，人民法院应当依管理人申请宣告破产并裁定终结破产清算程序。”根据这一规定以及《企业破产法》的相关规定，破产程序终结方式有三种：其一，因和解协议、重整计划顺利执行完毕或者全体债权人与债务人自行达成和解协议并经人民法院裁定认可而终结；其二，因债务人的破产财产不足以支付破产费用而终结；其三，因破产财产分配完毕或无财产可供分配而终结。在破产清算程序中仅涉及后两种情况。

破产人无财产可供分配的，管理人应当请求人民法院裁定终结破产程序。在破产人有财产可供分配的情况下，管理人在最后分配完结后，应当及时向人民法院提交破产财产分配报告，并提请人民法院裁定终结破产程序。人民法院应当自收到管理人终结破产程序的请求之日起 15 日内作出是否终结破产程序的裁定。裁定终结的，应当予以公告。

管理人应当自破产程序终结之日起 10 日内，持人民法院终结破产程序的裁定，向破产人的原登记机关办理注销登记。

二、遗留事务的处理

通常情况下，管理人应于办理破产人注销登记完毕的次日终止执行职务。但是，破产案件存在诉讼或者仲裁未决等情况的除外。管理人可以在破产程序终结后，继续办理破产案件的遗留事务。

根据《企业破产法》第 123 条的规定，在破产程序因债务人财产不足以支付破产费用而终结，或者因破产人无财产可供分配或破产财产分配完毕而终结时，自终结之日起 2 年内，有下列情形之一的，债权人可以请求人民法院按照破产财产分配方案进行追加分配：

（1）发现在破产案件中有可撤销行为、无效行为，或者债务人的董事、监事和高级管理人员利用职权从企业获取非正常收入和侵占企业财产的情况，应当追回财产的；

（2）发现破产人有应当供分配的其他财产的。

有上述情形，但财产数量不足以支付分配费用的，不再进行追加分配，由人民法院将其上

① 参见王欣新：《论重整中担保权的暂停行使》，载《人民法院报》，2015－07－01。

交国库。

破产人的保证人和其他连带债务人，在破产程序终结后，对债权人依照破产清算程序未受清偿的债权，依法继续承担清偿责任。但这并不是说，债权人要追究保证人和其他连带债务人的清偿责任必须等到破产程序终结后，在破产程序中，债权人就可以在追究债务人破产清偿责任的同时，依法追究保证人和其他连带债务人的责任。如前所述，《破产审判会议纪要》第 31 条“保证人的清偿责任和求偿权的限制”规定：“破产程序终结前，已向债权人承担了保证责任的保证人，可以要求债务人向其转付已申报债权的债权人在破产程序中应得清偿部分。破产程序终结后，债权人就破产程序中未受清偿部分要求保证人承担保证责任的，应在破产程序终结后六个月内提出。保证人承担保证责任后，不得再向和解或重整后的债务人行使求偿权。”

如果债权人在破产程序终结之日起 2 年后才发现有应当追回的债务人财产，这时依据破产法追回财产的期间已经超过，但如符合对无效行为追回财产的情况或者符合民事撤销权行使的条件等法律规定可以追回财产的情况，发现的债权人仍可以追收，但追回的财产不必再按照破产财产分配方案对全体债权人进行追加分配，而是直接用来清偿追回财产的债权人的债权。这样一方面有利于维护债权人的权益，另一方面也可以更为有效地打击破产欺诈行为。

三、免责与复权

1. 免责

在自然人破产的案件终结时，还存在对破产人的免责与复权问题。破产免责制度，是指在破产程序终结后，依照破产法的规定，对于自然人债务人未能依破产程序清偿的债务，在法定范围内免除其继续清偿的责任。

在法人破产时，依我国目前法律规定，法人的投资人对法人的债务只承担有限责任，而法人在破产程序终结后即告消灭，无人为其承担债务责任，所以对法人在破产程序中未能清偿的债务是否免责就没有什么实际意义。但在自然人破产时，免责制度便具有重要的意义，它在对破产人的救济政策中处于核心地位，可以使破产人在破产程序终结后新取得收入不至于无期限、无限制地陷入对破产前债务的清偿包袱之中，从而鼓励其在破产程序终结后继续积极参与社会经济活动，为社会和个人创造新的财富。

各国和地区破产立法对免责主义有两种规定模式，即当然免责主义与许可免责主义。当然免责主义，是指随着破产程序的终结，符合法定条件的破产人无须经法院许可，就自动获得免责。英美法系国家和地区多采用当然免责主义。我国台湾地区“破产法”也采用当然免责主义。许可免责主义，是指破产人并不随破产程序的终结而自动获得免责，必须向法院提出申请，由其审查决定是否予以免责。大陆法系国家大多采取许可免责主义，如德国、日本等。

对免责主义要有以下准确的理解。

（1）不是所有的债务人均可享受免责利益。如《美国破产法》规定在一定情况下，法院可以拒绝豁免债务人的债务，主要包括：1）债务人不是个人；2）债务人故意隐藏、延误、欺诈债权人或管理破产财产的官员，转让、转移、毁坏、隐藏或授权转让、转移、销毁、毁坏诉讼提出之日前 1 年属于债务人的财产和诉讼提出后的破产财产的；3）债务人隐藏、销毁、毁坏、伪造或未能保管或保留好可以确定债务人财政状况和商业经营状况的情报档案的；4）债务人在该案或与此有关的案件中故意或欺诈地做假宣誓或假账的；5）在确定拒绝免除债务人法律规定的债务之前，债务人未能对其财产损失和偿付其债务的财产的不足部分作出令人满意的解释的；6）债务人不服从法院命令，例如出示文件、回答关键性问题等；7）债务人在获得法院免责的批准后，以书面形式表示自愿放弃免责权利而被法院许可的；8）在该次破产之前已有过一次免责，并且在前次破产中清偿无担保债务的比例不足70%的；等等。[①]

（2）免责不是债务人的全部债务均能获得免除。为维持社会公平，债务人的某些债务是不能免责的。如英国立法规定，不免责的债务包括：1）因诈欺或诈欺性地违反信托义务而产生的债务；2）刑事罚金；3）因过失侵权行为或人身伤害等产生的损害赔偿；4）在破产程序中不能申报的请求权等。《美国破产法》则规定，下列债务不能免除：1）某些税收；2）通过欺诈而获得的信用；3）未列在债权债务清单上的债务；4）因贪污或盗窃而引起的责任；5）家人赡养义务；6）因故意伤害而引起的责任；7）罚款；8）学生贷款；9）醉酒后开车而引起的责任等。[②]《日本破产法》规定，下列债权不予免责：1）租税；2）基于恶意行为的损害赔偿权；3）受雇人的工资、预付金、身份保证金的返还请求权；4）破产人已知而未记载在债权人名册里的请求权；5）罚金、刑事罚款、刑事诉讼费用、追征金等。

此外，一些国家的破产法规定，破产人要想享受免责利益，在破产程序中对债权人的清偿必须达到一定比例以上，或是按照破产人对债权人的不同实际清偿比例，确定其在破产程序终结后可以获得免责的最短年限。

对债务人实行免责主义，是世界破产立法的流行趋势。德国、法国等大陆法系国家的破产法原本是实行不免责主义的，而后均作了改变。1999年德国修订的《支付不能法》，将免责视为破产法的基本目标之一，作为一项重要的内容加以规定。该法第1条指出："支付不能程序的宗旨是采取变价债务人财产并分配所获价金的方式，或采取在支付不能方案中主要为维持企业的目的而另行作出规定的方式，使一个债务人的各个债权人共同受清偿，向正当债务人提供免除剩余债务的机会。"

2. 复权

在破产程序中，对自然人破产人的复权是与其在破产程序中的失权相对应的法律制度。如前所述，破产人在破产宣告后，其人身、财产等权利在破产程序中受到一定限制，而且破产人在公法和私法上的一些权利主要是任职与业务资格权利也随之被限制、剥夺，此即所谓失权。在破产程序终结时，破产人在破产程序中受到的人身、财产等权利限制，即随之自行解除。因为这些限制措施实施的目的是保证破产程序的顺利进行，破产程序的终结使其不再有存在的必要。但是，破产人在破产法以外受到的其他公法和私法上的种种限制，并不因为破产程序的终结而自然解除。因为这些公法和私法上对破产人任职与业务资格的限制，主要是出于对当事人的社会信用状况及防范道德风险等方面的考虑而设置的，影响破产人任职与业务资格的种种因素并不因破产程序的终结而自然消除。恢复破产人在任职与业务资格方面的权利需要达到法定条件，依法定程序进行。各国和地区立法通常对此均有规定，如我国台湾地区"破产法"第

① 参见中国社会科学出版社第三编辑室编：《美国法典（商业贸易法海关法卷）》，770～771页，北京，中国社会科学出版社，1997。

② 参见潘琪：《美国破产法》，67页，北京，法律出版社，1999。

150 条规定，“破产人必须依清偿或其他方法解免全部债务，或在破产终结后经过一定期间且无受诈欺破产罪、诈欺和解罪之处罚者，始能申请为复权”。

各国破产法上规定的复权方式有两种，即当然复权与许可复权。当然复权，是指破产程序终结后，在破产人具备复权法定条件时，无须向法院申请并取得许可，即可自动恢复权利的制度。英国、美国破产法均采用当然复权制度。许可复权，又称申请复权，是指破产程序终结后，在破产人具备复权法定条件时，必须向法院提出复权申请，并经法院裁定许可，方得恢复权利的制度。大陆法系国家和地区传统上实行申请复权制度，如我国台湾地区的“破产法”。

通常，复权的法定条件包含以下几项：(1) 破产人依清偿或其他方法，解除其全部债务。(2) 破产人通过对和解协议的履行、重整计划的执行而解除其全部债务。(3) 破产人虽未解除其全部债务，但破产终结已满法定期限。破产人有破产欺诈行为等违法行为，被处以刑事处罚的，不得予以复权。

目前我国破产法的适用范围仍限定为法人型企业，但是将来在适当的时机将破产法扩大适用到自然人实是大势所趋。随着自然人之破产，其免责与复权的问题必将产生。为此，我们需要未雨绸缪，对这些问题提前进行探讨研究，以为将来之立法做好准备。

问题与思考

1. 如何理解我国《企业破产法》关于破产宣告的规定？

2. 请结合《企业破产法》的规定，分析破产财产分配的原则。

3. 为何要区分破产费用与共益债务？根据《企业破产法》的规定，两者的范围及清偿顺序如何确定？

4. 简述别除权的概念和特征。

5. 如何理解别除权与破产债权和债务人财产的关系？

6. 依据《企业破产法》的规定，别除权人如何行使其优先受偿权？

7. 简述别除权产生的基础权利。

8. 如何理解别除权之间及与相关权利间的清偿顺序？

9. 谈谈重整程序中别除权的暂停行使问题。

10. 何为破产程序终结？《企业破产法》对破产程序终结后遗留事务的处理作了哪些具体的规定？

11. 如何理解破产法理论中的破产免责主义？

第十章

关联企业合并破产

本章概要

关联企业在破产程序中的合并有实质合并与程序合并之区别。实质合并是对各关联企业的资产与负债的合并处理，即将多个关联企业在破产程序中视为一个单一企业，在统一财产分配与债务清偿的基础上进行破产重整或清算程序，所有企业同类债权人的清偿率相同，各企业的法人人格在破产程序中不再独立。在目前我国的实践中，实质合并主要以各关联企业资产与负债严重混同导致法人人格混同为适用条件。在其他一些国家，欺诈、债权人受益、重整需要等，也可以构成适用实质合并破产程序的原因。实质合并破产的关键，是对各个关联企业的资产与负债进行实质合并处理，不是对各企业的组织合并。

程序合并是对多个关联企业破产程序的合并审理，在《破产审判会议纪要》中称为协调审理，体现为对不同法院管辖的多个企业破产案件的程序并案审理、整体协调重整或破产清算，包括通过统一制订集团各企业独立而又相互协调衔接的重整计划乃至整个集团企业合一的整体重整计划，达到企业挽救目的，或在清算程序中使破产财产实现更高的价值，债权人得到较多分配。在程序合并中，各关联企业仍保持法人人格的独立，各企业的资产与债务清偿比例等分别确定。

也有的人认为，协调审理与程序合并概念不同，前者是指“关联企业破产时，通过法院、管理人和债权人的合作，协调各个破产程序的管理和进行，以保持关联企业之间的协调效应，提高破产重整机会。与以上两者相比，程序协调制度未合并任何财产或程序，各个程序保持独立”①。本书认为，此种类型的关联企业破产协调审理，不涉及任何对既有破产程序的实质或程序的调整，属于制度之外法院、管理人或当事人之间的自行协商，是操作层面的事项，原则上不需要借助立法或制度建设即可实现，不属于关联企业合并破产的内容，与纪要中所规定的协调审理也存在根本区别。

---

① 转引自郁琳：《关联企业破产整体重整的规制》，载《人民司法》，2016（28）。

关键术语

关联企业合并破产　实质合并破产　程序合并破产

第一节　实质合并破产的基本理论

一、关联企业合并破产问题的提出

（一）关联企业存在的经济合理性

在市场经济中，企业集团与关联企业的存在已是常态。企业以集团结构经营可以弥补不发达的市场制度，降低交易成本与商业风险，优化资源配置，避免独立企业间竞争中产生的社会成本与市场损耗，获取最大经济收益，具有经济上充分的合理性。通过合理组建集团成员企业，可将涉及环境责任、消费者责任、技术创新等高风险的营业限定于集团的特定成员，使其余企业免受潜在风险责任的影响；可以规避行政限制，集中资源，有利于获得政府颁发的经营资质与牌照、业务许可证或特许证等。而跨国集团的结构则更易满足投资所在国对企业设立与经营等监管方面的要求，规避有关法律限制，减轻纳税等负担。

（二）关联企业业态可能存在的弊端

集团企业经营的一体化程度可大致分为两种情况：其一是各关联企业虽然集合管理，统一战略布局，广泛合作，但独立经营，不存在资产、债务等人格方面的混同；其二是由于集团企业滥用控制权的不规范运作，导致各关联企业在资产、债务、经营决策、企业管理、人事任免等方面严重混同，实际失去独立的法人人格。控制关系的滥用，使控制企业可能将资产、债务等在不同关联企业间不当转移，损害相关企业及其债权人的权益，使多个关联企业均进入破产程序时，在债务清理、财产界定、资产追索、重整挽救等方面出现许多比独立企业破产复杂得多的新问题。正如有的学者所指出的，“关联企业在法律上的合法性却未必如其在经济上的合理性那样来得简单和自然”①。在个别关联企业破产，但未导致整个集团破产时，如存在法人人格的混同，可采取行使撤销权、由母公司承担责任代为清偿债务、对母公司的债权劣后清偿等方法，解决因不当控制关系影响对债权人公平清偿的问题。但当集团各关联企业整体上丧失债务清偿能力时，就需要根据是否存在法人人格混同等实质合并破产原因而区别处理了。不存在人格混同者可以适用各企业为独立实体的原则，分别进行破产程序；存在者则需要适用单一企业办法，进行实质合并破产。

---

① 蒋大兴：《公司集团内部责任构造之传统模型讨论》，载《商法研究》第2辑，266页；程向文：《关联企业破产中的实质合并规则研究》，载《第七届中国破产法论坛论文集（下册）》，2016，146页。

（三）关联企业合并破产的重要性

为了解决关联企业破产中存在的问题，一些国家建立了实质合并破产制度。在我国的司法实践中，关联企业的合并破产也是一个迫切需要研究解决的难题。关联企业的破产清算与重整可能产生与单体企业不同的新问题。第一，如何保障不同企业间债权人的清偿公平，即在整体债权人间的清偿公平。关联企业间的控制关系往往成为进行不正当经营乃至违法行为的便利条件，企业间非市场化的利益输送、集团内权益分配不均的现象屡见不鲜。在集团多个企业陷于破产境地时，控制关系的滥用可能导致有的企业资产较多而债务较少，另一些企业则资产较少而负债甚多，甚至有的关联企业的设立就是为了承接债务、恶意破产的欺诈目的，由此使各个企业的债权人之间不能得到真正公平的清偿，甚至导致债务人恶意逃债。第二，如何保障破产程序的顺利进行。由于关联企业间的资产、债权债务、经营业务、人员等各方面高度混同，加之错综复杂的关联关系与不当交易，当它们分别独立进行破产程序时，给法院和管理人的债权确认、财产区分等破产清算与企业重整工作带来极大困难，使破产成本增大，工作效率低下，不仅影响债权人的实质利益，影响司法效率，甚至使破产程序都无法正常进行。第三，由于各关联企业的生产经营相互交叉、上下衔接，严重混同，已经形成一个整体性的综合经营实体，各个企业往往实际上仅是集团的一个经营部门，这就使得企业的重整挽救在分开进行的模式下往往因运营业务与资产不完整、企业单体经营效益低下，而无法实现重整价值，企业挽救难以进行。第四，如何维护破产法的立法价值。在人格混同的关联企业分别破产或重整时存在的诸多弊端，对破产法有序、公平清偿的立法价值以及重整挽救制度造成严重损害，在原有制度下难以矫正。

二、关联企业的法律界定

在我国，“关联企业”作为一个正式的法律术语，首见于税法方面。1991年制定的《外商投资企业和外国企业所得税法实施细则》第52条规定：“税法第十三条所说的关联企业，是指与企业有以下之一关系的公司、企业和其他经济组织：（一）在资金、经营、购销等方面，存在直接或间接的拥有和控制关系；（二）直接或者间接地同为第三者所拥有或者控制；（三）其他在利益上相关联的关系。”2002年修订的《税收征收管理法实施细则》也沿用了这一定义。这些法规主要是从税收角度规制关联企业。在《公司法》中虽然对控股股东、关联关系等作出了规定，但是对关联企业并没有作出直接定义。

在联合国国际贸易法委员会《破产法立法指南》第三部分“破产企业集团对待办法”中，对“企业集团”赋予了比较广义的定义——以控制权或举足轻重的所有权而相互联结的两个或多个企业。

综上所述，我国对关联企业可具体定义为：关联企业是指通过股权、合同或其他方法如人事控制、表决权协议等，在相互间存在直接或间接的控制与从属关系或重要影响的两个或多个企业。

在我国对关联企业的认定还有一个需要特别注意的问题，就是我国的一些关联企业由于设立时具有不当目的以及在股权、控制权方面的恶意设计，有时在外观上可能很难看出存在上述通过股权、合同或其他方法的外化控制关系，但是实质上却是关联企业。所以在关联企业的认定上一定要强调实质优于形式，要依据其彼此的经济联系，从实质上分析认定是否为关联企业。

三、关联企业合并破产的必要性

目前国内外涉及规制关联企业破产的手段主要有破产法中的撤销权和无效制度、公司法中的“揭开公司面纱”规则、“衡平居次”原则以及程序合并制度、实质合并制度。这些手段各有侧重，调整角度不同，共同构成“破产法庭军火库中的不同武器”[①]。不过其他方式与实质合并相比较，适用范围与情况有限，在规制关联企业破产方面存在较大的局限性，难以彻底解决问题，所以需要尽快建立和完善实质合并破产制度，以更好地解决关联企业破产实践中的难题。

（一）破产撤销权和无效行为制度

为了防止破产企业在濒临破产期间转移财产、逃废债务，进行破产欺诈或偏袒性清偿行为，各国在破产法中对进入破产程序的企业在进入破产程序前一定时期内的不当财产处分行为进行规制。我国《企业破产法》第31条规定了管理人对破产申请受理前1年内破产债务人处分财产的特定行为的撤销权。[②]，第32条则规定了管理人对申请受理前6个月内破产债务人个别清偿行为的撤销权。[③] 同时，第33条直接规定“为逃避债务而隐匿、转移财产”“虚构债务或者承认不真实的债务”这两种行为无效。破产撤销权和破产无效制度的设置是为纠正破产欺诈和偏袒性清偿行为，使被违法处分的财产回归破产财产，保护债权人的公平清偿等合法利益。

破产撤销权和无效行为制度对解决关联企业之间的破产欺诈和偏袒性清偿行为具有一定的作用，但要想完全解决关联企业在法人人格高度混同时的破产难题就存在局限性了，尤其是在保障关联企业重整成功方面更是难以发挥功效。首先，破产撤销权和无效行为制度只能解决债务人单项违法行为的个别纠正，无法完全解决因关联企业之间资产、债权债务、经营、人员等各方面整体人格的高度混同以及错综复杂的关联关系与交易，仍会给破产和重整工作遗留下严重的困难。其次，是在责任主体追究方面存在局限性。根据《企业破产法》第128条，我国破产撤销权和无效制度的责任主体主要是债务人及其直接责任人员，其规制重点是防范债务人通过无偿转让、非正常交易或者偏袒性清偿债务等方法损害债权人利益。但在关联企业破产中，违法行为的表现十分复杂，其主体呈现多元化特征，某些针对债务人财产的违法行为可能并非由债务人作出，而是由控制企业或关联企业作出，将责任主体局限于债务人企业方面显然不能

---

① Robert W. Hamilton，The Law of Corporations，West group，1996，p. 121.

② 《企业破产法》第31条规定：“人民法院受理破产申请前一年内，涉及债务人财产的下列行为，管理人有权请求人民法院予以撤销：（一）无偿转让财产的；（二）以明显不合理的价格进行交易的；（三）对没有财产担保的债务提供财产担保的；（四）对未到期的债务提前清偿的；（五）放弃债权的。”

③ 《企业破产法》第32条规定：“人民法院受理破产申请前六个月内，债务人有本法第二条第一款规定的情形，仍对个别债权人进行清偿的，管理人有权请求人民法院予以撤销。但是，个别清偿使债务人财产受益的除外。”

满足保护债权人的需要。再次，是权利行使方面的局限性。在关联企业人格严重混同的情况下，由于难以确定权利与财产的法律归属，针对各债务人通过关联关系进行的各种无效行为和可撤销行为个别行使权利纠正往往是非常困难的，管理人举证困难，而且个别纠正大量违法行为的经济成本、时间成本、司法成本十分高昂，致使关联企业的大量违法行为往往难以得到及时、全面的纠正。

这是因为破产撤销权和无效行为制度虽然是破产法上的制度，仅在破产程序中适用，但其设立目的不是针对关联企业及其法人人格混同的全面调整问题，而是针对债务人企业一般性的破产欺诈和偏袒性清偿单项违法行为。这一制度的适用不以违法行为者之间存在关联关系为前提，尽管在关联企业之间更容易发生破产欺诈和偏袒性清偿行为，所以，它和实质合并制度在维护债权人公平清偿权益方面可以是并行的关系，但不能取代实质合并制度。

(二)"揭开公司面纱"规则

揭开公司面纱规则是指控制股东为逃避法律义务或责任而违反诚实信用原则，滥用法人资格或股东有限责任，致使债权人利益严重受损时，法院或仲裁机构有权责令控制股东直接向公司债权人履行法律义务，承担法律责任。这一规则是确认控制股东相关义务的，所以也有人称之为控制股东义务。揭开公司面纱理论的核心是否定子公司的独立人格（当然也不排除存在反向否定母公司独立人格的情况），在此基础上，让母公司对破产子公司的债务承担连带责任。

法国对该原则在破产法中的运用规定得比较详细。法国破产法规定，如果母公司或其他的控制公司将子公司的财产作为自己的财产进行处分，即涉及母子公司的资产混合或母公司不当处理子公司的财产，则要对破产子公司的债务负责。法国商法也规定，如果母公司将其业务与子公司混合到一种不允许的程度，以致两个公司实际上事务完全混合为一体时，母公司要对破产子公司的债务承担责任。我国在 2005 年修订的《公司法》第 20 条中首次引入了类似规则，以限制公司股东滥用公司法人独立地位和股东有限责任损害公司债权人利益的行为。

揭开公司面纱主要是公司法上的制度，适用于关联企业中母子公司关系的调整，强化控股股东对集团其他企业债权人的诚信义务，主要在破产法之外适用，适用于破产程序之外的控股股东，但其责任追究适用的基本原则可以延伸至破产法中。揭开公司面纱与实质合并原则都是基于公平对待所有债权人、公正清偿债务并分配债务人财产的"实质公平"原则的考虑，并且通过对法人人格的否定实现对法人独立理论不足的矫正，因此有人认为实质合并原则是揭开公司面纱理论在破产中的特殊扩大运用。不过这种说法并不准确，因为两个制度之间在适用的领域、目的及法律后果等方面是存在区别的。揭开公司面纱主要是使控制股东承担子公司或附属企业的债务责任；而实质合并破产原则的合并适用于包括存在控股关系、并行关系在内的所有关联企业[①]，其目的不仅在于规制股东权利的滥用，保障债权人权益，还包括对破产目的、司法成本、程序效率等方面的考虑。揭开公司面纱往往仅适用于对个别债务关系的处理，其对法

① 例如在湖南太子奶集团合并重整案中，纳入合并重整的三家公司——湖南太子奶集团生物科技有限责任公司（以下简称"湖南太子奶"）、株洲太子奶生物科技发展有限公司以及湖南太子奶集团供销有限公司，在形式上并非母子公司关系，而是同处集团架构第三层级的子公司，但其中的湖南太子奶作为集团实质上的核心公司，对其他公司的控制和影响导致了三者之间极为密切的关联关系。

人人格的否定是针对个别事项的，法律后果是限定范围的，重点是保护个别债权人的利益；而实质合并原则对各关联企业法人人格的否定是全面的、彻底的，它使关联企业成员之间的所有债权债务关系完全消灭，财产合并处置，强调对整体债权人利益的维护，在处理法人人格高度混同的关联企业破产案件中，是一种更为彻底的手段。

揭开公司面纱在关联企业破产中还发挥着独立的作用，就是当子公司破产，母公司存在对子公司的非法控制达到法人人格高度混同，但本身又没有发生破产原因时（包括承担了对子公司债权人的连带清偿责任仍不存在破产原因），也可以适用揭开公司面纱原则，由其承担对子公司债权人的连带清偿责任。

(三) 衡平居次原则

衡平居次原则，又称深石原则，是指“母子公司场合下，若子公司资本不足，且同时存在为母公司之利益而不按常规经营者，在子公司破产或重整时，母公司对子公司债权之地位应居于子公司优先股东权益之后”①。不过在我国通常的表述是，关联企业成员之间不当利用关联关系形成的债权，劣后于其他普通债权顺序清偿，而将股权排除在外。因为在破产程序中，除上市公司的重整外，一般股东将失去所有权益，优先股股东亦无例外。而且通常认为，债权是要优先于股权受偿的，即使是劣后债权。衡平居次原则是仅适用于破产程序的原则。《破产审判会议纪要》关于关联企业成员之间不当债权劣后清偿的规定，即属于此原则的适用。

关于这一原则的适用条件，曾存在自动居次理论和衡平居次理论的争论。前者的代表人物兰德教授主张母公司对子公司的债权应无条件地次于子公司其他债权人；后者的代表人物波斯纳法官则认为，只有法院在具体个案认定控制公司存在可资非难的不正行为时，方有深石原则的适用。最终，衡平居次原则得到普遍适用，并在总结一系列法院案例判决的基础上，以成文法的形式确定下来。美国《破产法》§510（c）条中对衡平居次原则作出了明确规定：“（1）法院可以在衡平居次的原则下，将一项已经认可的债权的一部分或全部居于另一项已经认可的债权的一部分或全部之后或者是将一项已经认可的利益的一部分或全部居于另一项已经认可的利益一部分或全部之后；或者（2）将要居次债权的担保物移转到破产财团中。”但是，关于深石原则的具体适用标准，该法案并未规定。在实践中一般应考虑以下几种情况：第一，投资不足；第二，母公司控制权的行使违反了受托人的诚信义务；第三，母公司无视子公司独立人格而违反公司法强制性的规定；第四，资产混同或不当流动。②

衡平居次是对揭开公司面纱原则的发展，在维护公司法上的法人人格独立原则和揭开公司面纱、保护债权人利益的选择上采取了折中的态度，其实施强度相对较轻。它与实质合并原则也存在区别，主要表现为：其一，价值取向不同。衡平居次原则是为保护子公司债权人的利益免受母公司的“不公平行为”损害而设，而实质合并规则是为保障关联企业包括母子公司整体债权人的公平受偿而设。其二，适用方法不同。衡平居次规则只是将母公司对子公司的债权居

---

① 赖英照：《公司法论文集》，台湾证券市场发展基金会1990年编印，138页。

② See Lawrence Kotler: “Claim Purchases Beware: No Good-Faith Defense to Equitable Subordination”, *American Bankruptcy Institute Journal*, February, 2006, p. 26.

于劣后地位，而不是完全否认其债权；而在实质合并规则下，所有关联企业之间的债权请求均告消灭，而只计算母子公司的外部债权，再依债权额比例分配。

关联企业的分别破产，往往会因企业间关系的特殊性而威胁到法律制度价值的实现以及破产工作实务操作，而上述其他几种法律规制方法又难以有针对性地全面解决问题，因此，只有对关联企业采用实质合并破产和重整的方法，才能彻底解决实践中存在的难题。关联企业合并破产有助于破产程序的顺利进行。关联企业的所有债权人在同一程序中平等受偿，有利于保障破产制度的公平价值。关联企业之间资产与负债的合并处置和相互间债权债务的消灭，免却了资产归属划分和关联债权清理认定的复杂、困难、漫长程序，有利于提高重整案件的司法效率。企业实质合并给资源整合和企业整体出售带来便利与价值提升，有利于降低成本，实现破产案件的经济效率，也可以保障企业重整挽救获得成功。

四、实质合并破产的立法状况与发展沿革

我们谈及合并破产往往都是指实质合并破产。因为程序合并破产涉及的法律问题相对简单，而且在原有理论与法律制度下基本上就可以解决，而实质合并破产则需要许多理论与制度的创新与突破，更为人们所关注。目前，关联企业实质合并破产的处理模式已成为我国司法实践中一项普遍适用的新制度探索，许多地方法院审理了大量的实质合并破产案件。但实质合并破产的处理模式尚未为我国《企业破产法》明确规定，这使该制度的应用缺乏法律支撑，有时不能得到利益冲突的各方当事人的明确而普遍的认同，在实务操作方法上也不统一，可能影响到当事人的正当权益。下面主要从现行制度、理论学说和国外经验借鉴几方面探究关联企业的合并破产制度。

（一）现行立法与制度之缺失

人们对关联企业实质合并破产重要性的认识是逐步深化的。《企业破产法》立法时对关联企业的合并破产与重整问题尚无规定，在旧破产法实施时期，与企业集团关联企业破产有关的少数司法解释和规范性文件对实质合并破产持否定态度。如最高人民法院《破产规定》对关联企业破产的某些问题作了原则性的规定。其第 79 条规定："债务人开办的全资企业，以及由其参股、控股的企业不能清偿到期债务，需要进行破产还债的，应当另行提出破产申请。"一些地方高级人民法院早期的内部指导文件也对关联企业实质合并破产明文禁止。如青海省高级人民法院于 2003 年 8 月 21 日《关于规范审理企业破产案件的实施意见》第 5 条规定："申请企业破产时，严禁以任何理由将具有独立法人资格的关联企业或下属企业及其财产列入破产范围连带破产。破产案件必须是'一企一案'，不允许搞'多企一案'。"广东省高级人民法院 2003 年 9 月 25 日制定的《关于审理破产案件若干问题的指导意见》第 7 条规定："财产混同的多个关联企业同时向法院申请破产的，法院应责令其先予界定各自财产，然后再向法院申请破产。债权人同时申请财产混同的多个关联企业破产的，法院受理后应由清算组依法界定各个关联企业的财产，不应以财产混同为由合并清算。"

随着关联企业破产过程中问题的不断涌现，旧的观念与操作模式逐步得到扭转，在司法实

践中出现了一些关于合并破产重整有益的探索[①]，如今相关司法解释的制定工作也已提上日程。最初在司法实践中，对关联企业实质合并破产的处理，法院主要参照适用《公司法》“法人人格否认”的判断标准，还从《企业破产法》关于“破产案件审理程序，本法没有规定的，适用民事诉讼法的有关规定”如“共同诉讼”等规定[②]中，寻找合并破产处理模式适用的制度空间。2018 年最高人民法院出台《破产审判会议纪要》，其中对关联企业合并破产问题作出了一些原则性规定，该文件虽然不属于司法解释，但对实践中合并破产问题的处理起到了重要的指导作用。上述规定与文件对关联企业合并破产虽可以起到一些参考指导效用，但还不足以解决实践中遇到的各种问题，实有必要尽快修订立法，或制定较为详尽的关联企业合并破产司法解释。

（二）理论学说之探析

关联企业实质合并原则是以 1947 年哥伦比亚大学 Adolph Berle 教授创立的企业主体理论（Enterprise Entity Doctrine）为基础的。[③] 企业主体论，即整体责任论，是指如果在法律上相互独立的公司之间的经济联系足够密切，就可以将它们作一个整体处理。根据这一理论，判断一个公司是否为独立的法律主体，应看其公司事实（Corporate Fact）是否符合企业事实（Enterprise Fact）。所谓公司事实即法律事实；所谓企业事实即经济事实。[④] 如依法定程序成立的公司实际上也是一个独立经营的企业，则公司亦为经济事实上的独立主体；如形式上独立的公司实际上仅为某一企业的不同经营部门，则虽然它们是法律事实上的独立主体，但从经济事实来看，应视为同一主体处理。法院就可以无视各个公司法律上的独立性，而将其当作一个实体或经济上的同一体来追究企业整体的责任。企业主体论为关联企业合并破产提供了理论上的合理性。

依据上述理论，在美国法院就破产案件作出的一系列裁定中，法官们根据衡平法逐步创设了实质合并原则，使之发展为独立于公司法上“揭开公司面纱”的新规则，建立起在破产程序中就各个关联企业债务人的全部财产向整体债权人团体进行公平分配的制度。实质合并具有的保障公平清偿、加快破产工作进度、消除关联企业间棘手难题、避免耗时费力的诉讼与资产债务清理工作、有利于企业重整挽救等因素，也在一定程度上促进了实质合并规则的发展与适用。实质合并规则针对一些关联企业在社会经济生活中以独立的法律形式行人格严重混同的经营一体化之实的现象，不再拘束于各关联企业独立的外在法律形式，将各关联企业视为一个整体一并破产处理，体现了对各关联企业整体债权人的公平保护，反映了法律制度追求实质公平和正义的终极目标。

---

① 如华伦集团破产重整案：华伦集团于 2009 年 3 月进入破产重整程序，由于其在实际运作中利用关联企业调整账目以提高自身资产效益，存在与关联企业财务账目、财产等严重混同现象，同年 10 月 11 日，在杭州市中级人民法院指导下，富阳市人民法院裁定华伦集团吸收合并 5 家关联企业，一并重整。

② 《中华人民共和国民事诉讼法》第 52 条规定：当事人一方或者双方为二人以上，其诉讼标的是共同的，或者诉讼标的是同一种类、人民法院认为可以合并审理并经当事人同意的，为共同诉讼。

③ See Berle, “The Theory of Enterprise Entity”, 47 *Colum. L. Rev.*, 1947, p. 343.

④ See Berle, “The Theory of Enterprise Entity”, 47 *Colum. L. Rev.*, 1947, p. 344.

（三）国外经验之借鉴

实质合并原则是由美国法官根据衡平法创设出来的制度，美国法院的一系列判例对该制度的发展具有重要作用，对我国的立法司法具有重要的借鉴意义。在美国，关联企业实质合并理论与实务规则的建立也是经历了不同的阶段，从最初完全依赖于公司法上的法人人格否认制度，到逐步根据破产法的需要建立起独立的特殊规则体系。

从有关文章与资料中可以看到，在美国有关实质合并规则的适用是从 Sampsell v. Imperial Paper & Color Corp. 案件开始的。该案是联邦最高法院对实质合并规则进行讨论与认可的重要案例，它使这一规则成为对关联企业法人人格混同的重要救济措施。该案涉及债务人 Downey 破产前转移给由其设立并控制的公司（Imperial Paper & Color Corp.）的财产能否被追回，分配给 Downey 的债权人。最高法院综合分析此案的各项因素后认为：破产人成立子公司的目的是继续控制并维持破产人的经营，财产转让的实质结果是隐藏了财产，逃避向债权人还债。所以，法院最终判决支持了对母子公司的实质合并处理。① 该案的判决以关联公司是否保持各自独立法人人格为关键点，认为当子公司实际上是母公司的另一个自我，而公司的这种虚假人格独立会产生类似欺诈转让的结果时，则各关联公司的破产程序就应当实质合并。因为各公司之间资产和负债的分配并不是基于经济现实需要，而是在控制权下任意摆布的，所以不应将债权人的受偿权利限制于某一关联企业，也不应要求债权人花费太大精力来证明资产的欺诈转移并设法纠正。这时实质合并适用的关键标准是各关联企业实际上是否混同为一个企业。这与法人人格否认制度的原理是相同的，但由于实质合并规则的法律后果比法人人格否认制度的更为严重，故其在行为要件方面的标准也更为严格。在各关联企业的人格混同达到无法区分程度、无法界定财产与债务归属时，就应当在关联企业破产时彻底、全面地否定其法人人格。此阶段的实质合并尚未完全形成特有的判断规则，而是借用法人人格否认制度作为依托。

Sampsell 案件后的 In re Vecco Construction Industries, Inc. 一案，法院将决定债务人同其他关联主体是否需要进行实质性合并应当考虑的情形总结为七因素：第一，分离和确定个体企业资产和负债的难度；第二，是否存在合并的财务报表；第三，在单一地理位置的合并受益情况；第四，资产和营业的混同；第五，不同实体权益的同一性；第六，存在明显的和公司内部的债务担保；第七，未遵守正规公司形式的资产转移。②

其后，第二巡回法院在 Chemical Bank New York Trust Co. v. Kheel（科尔案）中对实质合并中的关键判断因素——法人人格“令人绝望的混同”进行了讨论，认为如果公司集团内部财务状况达到“令人绝望的混同”的地步，法院应支持实质合并。Kheel 一案涉及对由单一自然人所有或控制的 8 个船运公司同时进行破产清算。在该案中，“巨大的开支和困难使得重构债务人的财务记录来决定各公司之间对资产的权利、责任和所有权是不现实的”。尽管认识到实质合并有可能造成对不知道关联关系的债权人的不公平，及有些不知情的债权人信赖这些集团中的单个公司，但由于本案中“令人绝望的混同”这一客观因素的存在，在保护信赖整个公司

① 参见美国联邦最高法院 1941 年 Sampsell v. Imperial Paper & Color Corp. 案，313U. S. 215 (1941)，Supreme Court Reporter，Volume 313，215-219 [Z]．

② 参见美国东部地区弗吉尼亚破产法院 1980 年 In re Vecco Construction Industries，Inc. 案，In re Vecco Construction Industries，Inc.，4 Bankr (Bankr E. D. Va. 1980)，Bankruptcy Reporter，Volume 4，407 - 412 [Z]．

集团的债权人还是保护信赖集团内部单个公司的债权人之间的选择中，法院作出了实质合并的决定。Kheel 一案表明法院已经开始脱离了早期对类似制度如揭开公司面纱制度的完全依赖，从对是否存在"另一个自我"的因素分析原则逐渐向权衡各方当事人利益综合保护进行转移，从而逐渐形成实质合并的特有制度。①

实质合并的裁定在美国破产法典中也能找到依据，其第 105 条规定了"衡平权利"："只要是对贯彻相关法律规定所必要或有益的，法院均可以实施任何命令、程序或判决。"② 美国联邦最高法院在 2005 年 Acme Chemical Industrial Products，Inc.，v. Jean Tien 一案中便据此作出了实质合并的裁定。该案中，进入破产程序的 ACME 及其下属的 TAPCO and CAPCO 三家关联公司之间存在大量的日常内部担保和交易，并且缺乏相关财务记录，严重的混同使得它们在公司事务中的地位无法区分，经营收入也无法合理分配。外部债权人常常将三者视为一个整体，TAPCO 和 CAPCO 的债权人经常误以为他们的交易对象是 ACME，而 ACME 也确实以 TAPCO 和 CAPCO 的名义与二者的债权人打交道，为它们提供担保甚至付款，由此 ACME 的 7 亿美元债务实际上是三家企业共同负担的。法院发现，如果不采用实质合并，那么 ACME 的债权人能获得 50%～60%的清偿比例，而 TAPCO 和 CAPCO 的清偿率分别为 65%～75%和 7%，会对整体债权人的清偿严重不公平。基于上述考虑，法院最终对三家企业的资产作出了实质合并的裁定。③

在美国确定了实质合并原则的重要地位后，其他国家和地区很快加以仿效。英国 1986 年破产法第 165 条和 167 条规定，对跨国公司进行清算时，在法院的许可下，清算人有权力进行合并。新西兰公司法规定，只要法院认为公平合理，就可以对跨国公司的破产清算进行合并。法国破产法规定，在一定条件下，子公司破产程序的效力可以及于母公司的财产，即实质合并。④ 澳大利亚法院在决定是否实施合并计划上有广泛的裁量权，通常考虑的因素包括：（1）集团中一个公司以及它的经理和职员与集团其他公司在经营上的牵涉程度；（2）集团中一个公司以及它的经理和职员对集团其他公司的债权人的处理；（3）集团中其他公司以及它的经理和职员的行为对被合并公司清算条件的成就的影响程度；（4）各合并公司经营的混合程度；（5）一个或更多债权人由于合并命令可能受到的有利或不利影响的程度。瑞士法院在决定是否适用实质合并时会考虑以下因素：（1）存在对债权人的妨碍或欺诈；（2）债权人交易系基于对整个集团的善意信赖；（3）各个公司间的财产和财务混同；（4）集团内公司全部或部分接近资本不足；（5）合并为重整计划提供便利；（6）通常而言，合并有利于债权人的利益。日本学者指出，在包括母子企业的联合企业中，在联合度很强的情形下，以形式上的法人资格为基准进行

---

① 参见美国第二上诉巡回法院 1966 年 Chemical Bank New York Trust Co. v. Kneel 案，369 F. 2d 848（2d Cir. 1966），Federal Reporter，2d Series，Volume 369，845 - 849。

② Section 105（a）-Power of the court：（a）The court may issue any order，process，or judgment that is necessary or appropriate to carry out the provisions of this title. No provision of this title providing for the raising of an issue by a party in interest shall be construed to preclude the court from，sua sponte，taking any action or making any determination necessary or appropriate to enforce or implement court orders or rules，or to prevent an abuse of process. 11 U. S. C. § 105（a）（2000）. See http：//www. law. cornell. edu/uscode/html/uscode11/usc _ sec _ 11 _ 00000105 - 000. html，Cornell University Law School. Last visited：2011. 2. 27.

③ See In The Supreme Court of the United States October Term 2005，No. 05 - 628.

④ See Jackson：The Logic and Limits of Bankruptcy Law，Har. Uni. Press，1986.

通常的破产程序被认为违反公平。如果财产大规模混同，用诸如否认权、取回权以及母公司债权劣后等个别的法律技术解决明显困难，则可以进行实体上的合并。

联合国国际贸易法委员会第五工作组制定的《破产法立法指南》第三部分《破产企业集团对待办法》中，总结世界各国的立法与实践经验，对关联企业合并破产问题作出了详尽的规定，对各国相关破产立法起到了重要的指导作用，我国应当予以充分重视并积极借鉴。

第二节　实质合并破产适用标准研究

一、实质合并破产的概念与意义

企业集团的实质合并破产，是指将多个（两个及两个以上，下同）关联企业视为一个单一企业，合并资产与负债，在统一财产分配与债务清偿的基础上进行破产程序，包括实质合并重整或清算，各企业的法人人格在破产程序中不再独立（在破产重整程序终结后可以恢复独立）。[①] 联合国国际贸易法委员会制定的《破产法立法指南》第三部分《破产企业集团对待办法》在其“术语表”中简略地指出，“实质性合并”是“将企业集团两个或两个以上成员的资产和负债作为单一破产财产的组成部分对待”[②]。也就是说，“不考虑企业集团每个成员的独立身份而将其资产和负债合并，视同由单一实体持有的资产和承担的负债”[③]，统一进行破产程序。《破产审判会议纪要》在其第36条中规定了实质合并审理的法律后果：“人民法院裁定采用实质合并方式审理破产案件的，各关联企业成员之间的债权债务归于消灭，各成员的财产作为合并后统一的破产财产，由各成员的债权人在同一程序中按照法定顺序公平受偿。采用实质合并方式进行重整的，重整计划草案中应当制定统一的债权分类、债权调整和债权受偿方案。”

根据上述规定及理论分析，实质合并破产的关键是对各关联企业成员的资产与负债合并统一处理，据此各关联企业相互之间的债权债务就应当归于消灭，包括相互承担的保证责任。各成员企业的债权人就合并后的财产在同一程序中按照法定顺序公平受偿。原各关联企业相互之间存在的破产撤销权因权利义务主体的合一而不复存在，但涉及向第三人追回财产的情况除外。但因实质合并破产也可能产生新的权利，如原对不同关联企业分别享有债权和负有债务的当事人，因为主体不同而无法行使抵销权，在实质合并破产后，因债权与债务主体的合并而享有抵销权。对实质合并形成的抵销权应当予以承认。

需要强调指出的是，实质合并破产中的“合并”，不是公司法、企业法意义上的组织合并、形式合并，只是对资产与负债在破产程序中的实质合并。当法院作出实质合并破产的裁定或者

---

① 参见王欣新：《关联企业的实质合并破产程序》，载《人民司法》，2016（28），4页。在该篇文章中，笔者曾对实质合并破产作出一个定义，现经进一步研究后在本书中予以修改完善。

② 联合国国际贸易法委员会《破产法立法指南》第三部分《破产企业集团对待办法》，2页，联合国维也纳办事处英文、出版和图书馆科，2012。

③ 联合国国际贸易法委员会《破产法立法指南》第三部分《破产企业集团对待办法》，59页，联合国维也纳办事处英文、出版和图书馆科，2012。

命令时，并不具有对所涉各个关联企业在破产程序中实行公司法上合并程序的效力，如注销被合并的公司等，即使是在企业持续经营的重整程序中也是如此。在实质合并破产时，各合并企业的法人人格仅仅是在破产程序中不再独立。也就是说，从程序意义上讲，这是一种以对资产与负债统一处理为目的的法人人格模拟合并，但在破产程序中却产生对资产与负债在实体法意义上的实质合并法律后果。而当破产程序尤其是重整程序结束后，经过实质合并破产消除因历史原因造成的现存法人人格混同的不当后果后，各个企业是否保留原有的法人资格，是否需要履行公司法上的合并程序进行注销或变更登记，则在经法院批准的重整计划中由各方当事人自行确定，或者由重整成功后的企业自行决定。从《破产企业集团对待办法》有关规定采用的案文表述看，强调的都是"资产与负债"的合并，根本不涉及企业组织合并，法院在破产程序中[①]启动实质合并破产程序的司法文书是实质性合并令（在我国通常是裁定），并没有要求法院通过诉讼的程序对实质合并的事由如法人人格混同以及关联企业的组织合并作出确认的生效判决。也就是说，在破产程序中适用实质合并破产[②]，并不以法院事先作出取消各关联企业法人资格的独立裁判为前提，这是与公司法上的企业合并处置完全不同的。然而，实质合并破产虽然未经诉讼程序，但法院在实质合并过程中对各方利害关系人应当给予充分的保护，"由于这类命令将会产生严重影响，必须按照建议 137—138[③]，保证程序公正和公平，让利益攸关方有机会发表意见并对这类命令提出异议"[④]。

法律的制度建设要符合法律的立法目的。联合国国际贸易法委员会制定的《破产法立法指南》在"立法建议"第 1—5 条中规定："为了确立和制定一部有效的破产法，应考虑下列关键目标：1. 为市场提供确定性以促进经济稳定和增长；2. 资产价值最大化；3. 在清算和重整之间求得平衡；4. 确保对处境相近的债权人的公平待遇；5. 及时、高效并公正地解决破产事务；6. 保全破产财产以便公平分配给债权人；7. 确保制定一部有透明度和可预测的破产法，并为收集和传播信息提供激励；8. 承认原已存在的债权人的权利，就优先债权的排序确定明确的规则。"[⑤] 这些规定涵盖了破产法从法律制度到社会效果的全面立法调整目标，如果对之简略概括，并落实为我国现行立法已制定的破产程序要实现的司法价值目标，笔者认为，应当包括对债权人公平、有序、高效、及时的清偿；实现债务人资产价值的最大化；为具有挽救希望与价值的债务人提供制度性挽救机会；在以上方面为市场经济的发展提供具有透明度、可预测性与确定性的制度，以促进经济稳定和增长。与其他立法相同，在破产法立法与执法中贯彻的基

---

① 但是，法院在各个关联企业均未申请启动破产程序时决定实质合并的，由于没有生效的破产程序作为基础支撑，因而应当按照公司法的有关程序进行。

② 但是，在破产程序之外，先将各关联企业合并，然后再就合并后的企业提出破产申请即所谓"先合并、后破产"的操作模式，应当先由法院作出法人人格混同、进行企业合并的判决，因为合并是在破产程序之外进行的。

③ 联合国国际贸易法委员会《破产法立法指南》第 184、185 页："破产法应当规定，利益相关方有权就破产程序中涉及其权利、义务或利益的任何问题申述己见。例如，利益相关方应有权：(a) 对须由法院批准的任何行为提出异议；(b) 请求法院审查任何无须法院批准或未请求法院批准的行为；以及 (c) 请求提供破产程序为其设置的任何救济。""破产法应当规定，利益相关方可以就破产程序中涉及其权利、义务或利益的任何法院令提出上诉。"联合国国际贸易法委员会纽约办事处，2006。

④ 联合国国际贸易法委员会《破产法立法指南》第三部分《破产企业集团对待办法》，64 页，联合国维也纳办事处英文、出版和图书馆科，2012。

⑤ 联合国国际贸易法委员会《破产法立法指南》，13 页，联合国国际贸易法委员会纽约办事处，2006。

本原则是公平与效率。实质合并破产的立法目的，是要打破企业集团破产时的形式公平，实现实质公平，保障对集团各企业的债权人的整体公平清偿。通过实质合并消除在区分、清理集团不同企业资产、负债等事项上的时间、费用与社会成本，提高破产清算与企业挽救的实际受益效率。其实，在破产这一企业最终处置环节中，从某种意义上讲，效率有时体现的就是实质公平，没有效率、过度损耗资源成本的形式公平反而会损害当事人的实际利益①，会违背法律实质公平、正义的原则。

在中国引入实质合并破产制度，是因为在集团企业的经营过程中，已经出现各个关联企业在资产、负债、管理、经营、财务、人事等多方面的人格严重混同乃至欺诈逃债等问题，实际失去分别承担有限责任的基础，即独立的法人人格，需要进行实质合并以实现破产法的公平清偿等立法目标。在破产实践中，对企业集团多个关联企业进行实质合并破产（包括重整与清算）实际上已经进入了常态化，在人民法院报的公告栏中可以不时看到关于企业实质合并破产的公告。但目前我国有关实质合并的法律与制度资源的供给不足，除了要求立法部门尽快立法解决无法可依、操作不规范的问题外，也对破产法理论与实务工作者提出了深入研究实质合并破产应当如何立法，以及如何通过法理与实务研究，指导、解决实践中司法问题的任务。

二、可以适用实质合并破产的情况类别

本书将关联企业适用实质合并破产的标准，分为区分适用情况种类的类别性标准与确认每一种类中具体构成的行为性标准。两者的区别是，前者是一种概括性的标准，表明的是实质合并破产判断标准的不同情况，体现着立法价值考虑的差异，具有指导性作用；而后者则着重界定每一类别标准中的各种具体表现与构成，强调操作性作用。作出这种区分的目的，一方面是要将可以适用实质合并破产的原则与具体表现情况相区别，以便从更为宏观的角度准确把握；另一方面是为了提示，在许多国家除了法人人格混同之外，还存在其他可以适用实质合并破产的情形。

《破产企业集团对待办法》对各国在关联企业实质合并破产立法与司法方面的经验做了较为全面的总结。该办法在“立法建议”部分第220条指出：“破产法可以具体规定，如果建议223② 所规定的获准申请人提出请求，法院可以仅在下列几种有限情况下针对企业集团中两个或多个成员下令进行实质性合并：（a）法院确信企业集团成员的资产和债务相互混合，以至没有过度的费用或迟延就无法分清资产所有权和债务责任；或（b）法院确信企业集团成员从事欺诈图谋或毫无正当商业目的的活动，为取缔这种图谋或活动必须进行实质性合并。”③《破产企业集团对待办法》还指出：“一些法域中使用的另一个理由是，由于集团各成员在企业结构、经营业务和财务上的联系，或由于集团多个成员生产过程及其产品中蕴含的知识产权等整个集

---

① 参见王欣新：《关联企业的实质合并破产程序》，载《人民司法》，2016（28），4页。

② 《破产企业集团对待办法》立法建议第223条规定：“破产法应具体规定，获准提出实质性合并申请的人可以包括企业集团成员、这类企业集团任何成员的债权人或破产管理人。”

③ 联合国国际贸易法委员会《破产法立法指南》第三部分《破产企业集团对待办法》，71、72页，联合国维也纳办事处英文、出版和图书馆科，2012。

团共有资产的价值，实质性合并可能会给债权人带来更大的回报。”[①]

《破产企业集团对待办法》还规定了有多个关联企业可以适用联合破产申请的情况，即允许将单一企业的破产申请延及集团其他成员进行实质合并的情况。允许依据某种情况对实质合并破产提出申请，也就表明根据该种情况可以确定应当适用实质合并破产，即构成实质合并破产的适用标准。适用联合申请与适用实质合并破产的条件相似，但更为具体，包括：“所涉及的各当事方经济上一体化紧密难分，例如资产相互掺合，或者控制权或所有权达到了一定的程度；或将集团视作单一实体具有特殊的法律意义，尤其对重整计划而言。”[②] 需注意的是，关联企业联合申请启动破产程序，并不意味着已经启动了实质合并破产（尽管两者通常都存在前后贯通的关联关系），尚不影响申请中所包括的集团每个成员各自的法律身份，即每个成员仍然是彼此分开、相互独立的企业。同时，《破产企业集团对待办法》规定，可以在联合申请对企业集团成员启动破产程序的同时或其后任何时间申请实质性合并[③]，法院可以对符合上述条件的关联企业发出实质合并破产的命令，从而表明提出联合申请的标准与实质合并的标准是相互关联甚至是相同的，但提出联合申请本身的程序意义与实质合并还是有差异的。

本书将上述《破产企业集团对待办法》对实质合并破产情况的介绍以及各国的经验予以概括总结，取其大同，认为适用实质合并破产的类别性标准可包括四种情形：第一是“企业集团成员的资产和债务相互混合”，可以简称为法人人格混同；第二是从事欺诈图谋或毫无正当商业目的的活动，简称欺诈；第三是债权人受益标准，即实质合并可以给债权人更大的回报；第四是重整需要，也就是为挽救企业、制订重整计划所需要。这四项标准往往会存在部分包容与交叉、重叠，但理论上都是可以独立适用或者在部分情况下独立适用于实质合并破产认定的，完全不能独立适用的，不视为类别性标准。在司法实践中，进行实质合并破产的企业往往都是同时存在多种情况的，仅由于一项原因而适用实质合并的情况极为少见。

在上述标准类别中，第一、二项在采用实质合并破产制度的各国普遍适用，而第三、四项在适用国家的范围上可能相对小一些。这四项标准适用时相互之间往往具有一定的关联性，存在交叉、重合、包容的关系，其中第三、四项即重整需要与债权人受益标准之间明显具有较大的关联性，因为通常只有通过实质合并重整才更有可能使企业的运营价值得到较大幅度的提升，使债权人得到更多的利益回报。

据此，关联企业的法人人格混同虽然在实质合并破产的判断标准中起着最为重要的作用，而且是实践中大多数关联企业适用实质合并破产的理由，但并不是唯一的判定标准，或者说不是适用实质合并破产必须具备的条件。这就是法人人格混同理论与实质合并破产理论的区别，也是作为两者的法律依据——公司法与破产法的区别。从公司法的角度看，只有在法人人格混同的情况下才可以打破法人人格独立的壁垒，适用“揭开公司面纱”处理。但当我们跨入破产法领域探讨实质合并破产的标准时，除了考虑公司法上的法人人格混同理论外，必然还会有从

① 联合国国际贸易法委员会《破产法立法指南》第三部分《破产企业集团对待办法》，61页，联合国维也纳办事处英文、出版和图书馆科，2012。

② 联合国国际贸易法委员会《破产法立法指南》第三部分《破产企业集团对待办法》，20、21页，联合国维也纳办事处英文、出版和图书馆科，2012。

③ 参见联合国国际贸易法委员会《破产法立法指南》第三部分《破产企业集团对待办法》，72页，联合国维也纳办事处英文、出版和图书馆科，2012。

破产法的立法目的和价值角度的特殊考量，权衡破产程序的费用成本、债权人收益、企业重整挽救成功等问题，才可能适应破产法上制度的特殊需要，更好地发挥实质合并的效用，妥善解决司法实际问题。而在我国目前的理论与实践中，较为普遍的看法是将法人人格的混同作为判断应否适用实质合并破产的唯一标准，完全局限于对公司法制度的借用，这种观念与其他大多数国家实质合并破产的适用范围相比就显得有些狭窄，未能从破产法的角度作更全面的考虑。

在上述标准之外还有学者提出债权人信赖利益的标准，即以债权人与公司发生交易时，是基于对整个企业集团信用的信赖，还是基于对单个交易对手公司独立信用的信赖，来确定是否适用实质合并破产。《破产企业集团对待办法》指出："由于企业集团的性质及其运作方式，集团成员之间可能存在着复杂的金融交易网，债权人可能是在与不同的成员，甚至与作为单一经济实体的整个企业集团打交道，而不是与个别成员打交道。"[①] 当债权人的交易是基于对整个公司集团信用的信赖而进行时，就可以适用实质合并破产。不过，本书认为，债权人信赖利益的标准更多的应是适用于个别债权人反对实质合并的理由，即抗辩理由。因为债权人的信赖往往仅是一种主观状态的表述，显然是不足以完全据此就认定应否实质合并的，是否实质合并必须建立在可以证明信赖合理存在的各种客观证据基础之上才可能被法院所采纳。而这些证据通常也就是证明法人人格混同、欺诈等现象存在的事实，当债权人可以证明这些事实时，实际上也就不再需要以单纯的主观信赖作为实质合并的理由了，所以它难以真正构成独立的适用实质合并破产的类别性标准。但是，个别债权人确实可以在他人主张是否实质合并时以此作为反对的理由，并寻求相应救济。此外，债权人信赖利益标准的适用还存在诸多复杂问题难以解决，如债权人的类别不同，对因侵权而产生的债权人显然就不存在信赖对象差异问题；再如，当多数债权人的信赖对象不同，提出支持或者反对实质合并的彼此相反的信赖利益时，以信赖利益作为标准就难以作出合理判断。信赖关系不仅存在于债权债务关系中，还可能存在于关联企业之间相互保证担保的情况下，如适用实质合并破产，关联企业间的担保会因权利义务主体合一而消灭，如对各关联企业分别独立破产，则债权人可以分别从债务人和保证人处得到多重清偿，这种利益的纠葛也会使信赖利益标准的适用更为复杂，难以判断。

另一方面，在实质合并破产中完全排除债权人信赖的因素也不合适，特别是关联企业存在误导债权人行为，使其认为该集团各关联企业是一个经济整体的情况下。故本书认为，债权人的信赖虽然不足以作为适用实质合并破产的独立判断标准，但可以作为依据其他标准判断时的重要考量因素之一。例如，浙江省高级人民法院在《关于航运、造船企业破产案件的审理指引（征求意见稿）》中将判断合并破产的因素分为内部因素与外部因素，其第 32 条规定："（合并破产的外部因素判断）相关企业在对外宣传、人事任免及经营过程中混同使用关联公司名称，致使相关债权人无法区分的，可以视为符合合并破产的外部条件"。《破产企业集团对待办法》也将"对企业集团的实际性质进行不实陈述，致使债权人相信他们的交易对象为单一企业，而并非集团的某个成员"[②]，作为可以适用实质合并的理由之一。

此外，《破产企业集团对待办法》认为，还可以将相关利益人协商一致作为适用实质合并

---

① 联合国国际贸易法委员会《破产法立法指南》第三部分《破产企业集团对待办法》，57 页，联合国维也纳办事处英文、出版和图书馆科，2012。

② 联合国国际贸易法委员会《破产法立法指南》第三部分《破产企业集团对待办法》，54 页，联合国维也纳办事处英文、出版和图书馆科，2012。

破产的依据。[①] 当然，如果所有各方利害关系人能够协商一致，而不是以少数服从多数的强制方式，同意适用实质合并破产，不过是当事人在行使对自己民事权利的处分权，且没有损害他人利益，法院当然应当允许并作出实质合并的裁定。不过本书认为，这虽然是法院可以适用实质合并破产的情况，但不具有判断标准的性质，因为这是只需核实而无须法院再运用裁判功能对关联企业的具体情况作出任何判断的事项。

实质合并原则的适用是对公司法人独立人格的否定，而公司的独立性是公司法的核心原则之一，除特殊情形外应得到尊重。此外，实质合并可能会与债权人的诸多权利如投票权、分配权以及优先权等相冲突，而这些权利是破产法所规定的债权人的法定权利。由于对实质合并的相关因素进行考量，通常都是一种事后的分析，因而使得当事人对此往往完全不能进行事前的预测与规避。因此，无论是从尊重公司独立性、保护独立企业债权人利益出发，还是从法律的稳定性和可预测性出发，实质合并破产的适用都应当谨慎，应当排除仅仅以简化程序、减少法院或管理人工作量，或满足债权人某种期待为目的的合并处理，否则会造成对法人财产独立原则的根本性冲击。

三、实质合并破产各类标准的分析

（一）法人人格混同标准

在上述各项标准中，法人人格混同是普遍适用的标准，也是适用最为普遍的实质合并破产理由。需注意的是，法人人格混同现象在公司法中的处理（导致“揭开公司面纱”）与在破产法中的处理（导致实质合并破产）是存在重大区别的，不具有可替代性，虽然两者均否定关联企业独立性的存在，适用的条件也有相似之处。

根据《公司法》第20条第3款的规定，法人人格混同导致“揭开公司面纱”适用，主要是使股东（包括自然人与企业）承担子公司债务的连带责任，所以立法以“逃避债务”（无论其作为主观图谋还是客观效果）作为适用条件之一。这种“揭开公司面纱”的方式属于自上而下地顺向揭开。从立法条文的文字看，未规定股东向子公司转移财产、不当交易、逃避债务，可以逆向“揭开公司面纱”，要求子公司对股东的债务承担连带责任；也没有规定在同一股东控制下，横向各层次的关联企业之间因转移财产、不当交易等而导致的资产与债务混同，可以横向地“揭开公司面纱”。尽管也有学者认为，从法理上讲，应当允许逆向“揭开公司面纱”以及对姊妹公司横向“揭开公司面纱”[②]。此外，“揭开公司面纱”原则上适用于对关联企业之间个别不当交易关系的处理，强调对单项债务清偿的连带责任，不影响公司的其他法律关系。“揭开公司面纱”体现的法人人格否定的效力，仅是对特定行为或事项在特定期间内（如非破产程序期间）的否定，其适用范围与法律后果受到限制。“揭开公司面纱”作为对个别债权人权利的保护手段，往往难以在集体清偿的破产程序中保证对集团企业整体债权人的清偿公平，因其与实质合并破产制度的设立目的是不同的。

---

① 联合国国际贸易法委员会《破产法立法指南》第三部分《破产企业集团对待办法》，60页，联合国维也纳办事处英文、出版和图书馆科，2012。

② 参见朱慈蕴：《公司法人格否认：从法条跃入实践》，载《清华法学》，2007（2），117、118页。

实质合并破产是对集团关联企业法人人格混同等现象在破产程序中的特殊处理手段，在我国破产制度尚未适用于自然人的情况下，原则上不会从关联企业再延伸至自然人。实质合并破产对法人人格的否认，是全方位彻底的最终否定，不再局限于个别的行为或事项，或者个别债务的清偿，所以也不再以是否逃避债务为适用条件。由于实质合并破产是对各关联企业的实体合并，在法律上视为一体，所以不再要求合并后的控制企业对附属企业的债务单独承担额外责任。实质合并"使关联企业成员之间的所有债权债务关系完全消灭，财产完全合并，强调对全体债权人利益的维护，这在处理高度混同的关联企业破产案件中是一种更有力的手段"①。

这两种制度在具体适用条件上也是不同的，尤其是对法人人格混同程度上的要求有较大差异。适用"揭开公司面纱"，只需要在公司个别交易关系上发生人格混同即可以适用，以纠正个别行为上的不公平。而实质合并破产的适用，在以法人人格混同作为适用标准时，则要求各个关联企业的人格混同整体上达到严重的程度，或曰达到令人绝望的程度，以至于没有过度的费用或迟延就无法分清资产所有权和债务责任。所以，这两种制度是不具有可替代性的。关联企业之间仅仅存在相互担保关系，或清晰的资金、资产的相互调拨，或清晰的负债相互承担，但能够加以区分，是不构成实质合并破产条件的，可以通过撤销权或"揭开公司面纱"等方式解决。

而且两者在法律适用考虑的原则与要点上也是不同的。在前述美国 In re Vecco Construction Industries，Inc. 一案所列举的七个标准中的第一个——分离和确定单个实体资产和负债的难度，甚至已经脱离了对揭开公司面纱制度中的人格混同与控制的考虑。这已形成基于破产法效率理念和保护债权人要求所发展起来的独立认定原则。正如法官在艾柯案件的判决中所说："尽管许多导致了实质合并判决的考量可以导致公司法律人格应当被否认的结论，但这种结论并不是必然的。当一个集团内部的相互经济关系达到令人绝望的模糊程度，并且试图将这些经济关系区分开来所花费的必需时间和成本十分巨大，以至于将损害到用以清偿所有债权人的净资产之时，不需要考虑任何揭开公司面纱问题。"②

根据《破产企业集团对待办法》的规定，判定关联企业的人格混合是否达到严重程度的关键标准之一，是区分资产和债务是否会发生过度的费用或迟延，即区分成本。区分资产和债务的费用，主要是指复杂的法律和财务调查、性质判定、行为纠正、财务调整、资产回收等方面发生的费用。这里的费用成本是从债权人利益角度考虑的成本，所以，不能仅仅以方便法院或管理人工作、减少其工作成本为由进行实质合并。有的人反对将关联企业间区分资产和债务的成本过高作为适用考虑理由之一，这是不妥的。所谓成本费用过高，可能存在几种情况。第一，清理资产与债务混同的费用足以吞噬债权人，尤其是无担保的普通债权人可能受偿的相当部分甚至全部财产，这时继续寻求以企业法人人格独立作为破产程序进行的基础就丧失了意义，与前述"实现债务人资产价值最大化"的破产立法与司法目标相冲突了。破产程序过高的成本给债权人带来的不再是公正，而是损失。第二，那些形式上看资产较多的关联企业的普通债权人可能得到的清偿，在扣除资产和债务的区分费用及纠正调整效果后，已经与那些资产较

① 王欣新、周薇：《论中国关联企业合并破产重整制度的确立》，载《北京航空航天大学学报（社会科学版）》，2012（2），53页。

② https：//www. courtlistener. com/opinion/1538713/in-re-vecco-const-industries-inc/.

少的关联企业的普通债权人在不进行实质合并时可能得到的清偿相差无几，以至于合并所造成的平均清偿率的减少，对资产较多关联企业的债权人已经不再构成实质损失。第三，区分资产和债务的破产费用以及大量的时间与资源成本，会使所有债权人受到严重的综合性损失。前两种情况可以有一个大致的数额评判标准，后一种情况则是对损失的综合估算与权衡。此外，对债权人的清偿还应当考虑到过度迟延而造成的时间损失以及清偿的折现损失如利息损失等（对上述数据的确定，通常应当以相应中介机构公正的专项财务报告为据）。

此外，从法律程序上讲，“揭开公司面纱”必须适用诉讼程序，以判决方式确定；而实质合并破产则是适用非诉讼程序，法院以裁定或者合并令确定。

（二）欺诈标准

欺诈是另一项适用实质合并破产的充分理由。《破产企业集团对待办法》指出，如果“法院确信企业集团成员从事欺诈图谋或毫无正当商业目的的活动，为取缔这种图谋或活动必须进行实质性合并”①。例如，“占有支配地位的股东进行欺诈，其中包括以欺诈性手段抽走集团成员的资产或增加其负债，或者以对债权人进行欺诈作为该集团成员的经营目的”②。上述案文列举了两种适用实质合并的情况，其一是“欺诈”，其二是“毫无正当商业目的的活动”。鉴于后者与欺诈的含义实际相同③，可统一概括为欺诈。在此种情况下，如果有充分的证据证明当事人进行了欺诈行为，可以认定为欺诈。有时可能没有充分的直接证据证明欺诈的存在，但人们进行任何活动都是有目的的，当有人进行被公认是毫无正当商业目的的活动，又因企业破产给债权人造成损失，那么其背后的非正当目的就可以推定为欺诈，只不过是暂时可能尚未有充分证据直接证明而已。

根据《破产企业集团对待办法》的规定，“所谓欺诈，并非指公司日常经营中发生的欺诈，而是指其活动根本没有正当的商业目的，这可能与创建公司的用意及其创建后从事的活动有关[见上文第 97（e）段④]。这类欺诈的实例包括：债务人几乎将其所有资产转移至某个新设立的实体或其自身拥有的不同实体，目的是为了自己的利益而保全和保留这些资产；对其债权人进行阻挠、拖延和欺诈；设局假冒或庞氏骗局和此类其他欺诈计划。”⑤

从上述案文对欺诈所举的实例看，有一部分欺诈行为与其他适用实质合并破产的标准，尤

---

① 联合国国际贸易法委员会《破产法立法指南》第三部分《破产企业集团对待办法》，71、72 页，联合国维也纳办事处英文、出版和图书馆科，2012。

② 联合国国际贸易法委员会《破产法立法指南》第三部分《破产企业集团对待办法》，56 页，联合国维也纳办事处英文、出版和图书馆科，2012。

③ “此处所谓欺诈，并非指公司日常经营中发生的欺诈，而是指其活动根本没有正当的商业目的”。引自联合国国际贸易法委员会《破产法立法指南》第三部分《破产企业集团对待办法》，63 页，联合国维也纳办事处英文、出版和图书馆科，2012。

④ “将单个企业人为地化整为零，分成几个不同的实体，目的是把单一企业隔开，使其免受潜在负债的影响；未照例将集团各成员当作独立的法律实体，包括无视集团成员的有限责任或者把个人资产与公司资产混在一起；或者企业集团结构纯属伪装或幌子，例如，以公司的形式为手段，逃避法定义务或合同义务。”联合国国际贸易法委员会《破产法立法指南》第三部分《破产企业集团对待办法》，56 页，联合国维也纳办事处英文、出版和图书馆科，2012。

⑤ 联合国国际贸易法委员会《破产法立法指南》第三部分《破产企业集团对待办法》，62、63 页，联合国维也纳办事处英文、出版和图书馆科，2012。

其是法人人格混同完全不相干，如设局假冒、庞氏骗局以及对债权人进行阻挠、拖延和欺诈等；还有一部分欺诈行为与其他适用实质合并破产的标准在外观上易于混淆，如几乎将其所有资产转移至某个新设立的实体或其自身拥有的不同实体、以企业集团结构作为伪装逃避法定义务或合同义务等，与法人人格混同的外在表现就颇为相似。欺诈与法人人格混同的区别在于，前者具有明显的主观恶意，即使采用了各种可能导致了法人人格混同的行为，也是以此作为欺诈之手段；而法人人格混同通常则是由企业集团经济高度一体化的不规范运营模式造成的，虽然未能遵守法人企业独立经营的原则，但本身是有正当营业的，且主观上往往不一定具有欺诈的故意，或者说不具有足以认定或推定为欺诈的证据。所以，欺诈是一个不依赖于其他条件而存在的实质合并破产标准，无论是否存在法人人格混同问题均可独立适用。此外，根据《破产企业集团对待办法》的要求，在企业集团成员存在欺诈的情况下，法院的态度是"必须进行实质性合并"，以取缔违法行为。

(三) 债权人受益标准

对何谓债权人受益标准，人们存在不同的观点。有的学者认为，债权人受益标准是指，由于各债务人的混同程度，对债务人资产、债务的分别处理将对债权人的利益造成影响，合并将使所有债权人受益。① 也有的人根据其他国家的司法实践，将是否符合债权人受益标准的判断条件分为两种情况：其一是实质合并有利于所有债权人，即不会造成任何债权人损失，只有受益，这种观点可以称为绝对受益标准。其二是实质合并对整体债权人产生的利益大于对其造成的损害，也就是对部分债权人而言，实质合并会带来损失，但其损失不会超过其他债权人或整体债权人获得的收益，也就是说，债权人整体上可以获益，这种观点可以称为相对受益标准。在第一种情况下，因对所有债权人都有益，法院无须再作权衡，应当毫不犹豫地作出合并令或裁定。但对第二种情况，法院就必须在损失的合理性、可接受性，尤其是公平性等方面进行利益权衡，才能作出是否实质合并的公正判断。在司法实践中，第一种情况是较少的，多数都是第二种情况，所以需要法官公平、正确、有担当地作出裁判。

关联企业实质合并破产可能产生的超出企业单独破产的额外利益即债权人受益可能来自几个方面。第一是来自因关联企业破产财产合并处置而导致的 1＋1 大于 2 的配套性互补互增效应。第二是因关联企业合并重整导致的集团整体运营价值的提升。如由于集团各成员在企业结构、经营业务和财务上的互益联系，或由于集团多个成员生产过程及其产品中蕴含的知识产权、运营价值等整个集团共有资产的价值等因合并重整而得到保值增值，给债权人带来更大的利益。第三是因实质合并免除各企业资产与负债的区分和清理成本、降低破产费用、加快破产程序而得到的利益增加。但是，仅仅因为实质合并使原形式上资产较多的企业的债权人降低了清偿率，使原形式上资产较少企业的债权人（无论人数多少）相应获得较高清偿率而得到的利益，不能视为符合债权人受益标准。因为这不过是将原有利益做了重新分配，使破产清偿趋于平均，并没有增加债权人新的整体收益，尽管这一调整从整体上保障了对债权人的清偿公平。

这一项标准可以是一个独立的标准，前提是符合上述第一种情况，即实质合并将使所有债权人都受益，无人受损。如果在所有利害关系人都能获益的情况下还不允许适用实质合并破

① See In re Augie/Restivo Baking Co., 860 F2d. (2d Cir. 1988).

产，非要让大家都受损，绝对不是对法律的正确适用。但是在符合上述第二种情况时，这一项标准往往难以完全独立地适用，需要同时符合法人人格混同等其他适用标准的基本要求，作为补强因素适用。此外，由于合并能否受益并非实际清算或重整的市场操作结果，而只是模拟计算的比较结果，所以必须保证模拟计算的财务报告公平、准确，并给予债权人等当事人以知情权、异议权等权利保障。

（四）重整需要标准

重整需要标准，主要是指为了保障企业重整挽救的成功而适用实质合并的标准。实质合并可以提高企业重整的司法效率，使营业资源有效整合，给企业整体重整或营业整体出售带来价值提升与操作便利，不仅可以降低成本，实现破产案件的经济效率，也可以更有力地保障企业挽救获得成功。[①]

集团企业在高度经营一体化的情况下，各企业之间在生产经营方面通常存在较为明确的专业化分工，有的负责生产，有的负责采购，有的负责销售，有的负责研发，而每一个单独的企业往往不能构成完整的经营体系。这就使这些关联企业在分别独立进行重整时，因运营资产和经营体系的不完整，单体经营独立效益低下，重整工作交叉、重复导致成本浪费、效率损失，而难以挽救成功。美国破产法第 1123 条（a）款第（5）项（c）即作出规定，法院可以采取一定的手段促使重整计划的实施，如“将一个或多个债务人进行合并”。

根据 Mary Elisabeth Kors 在其论文中的概括，法院从这个角度裁定实质合并的理由包括：其一，实质合并可以通过增加债务人经营的可行性而提升债务人重整成功的可能性。其二，由于实质合并后确认一个重整计划比确认多个重整计划成本更低，从而可以节约管理费用。其三，实质合并可以使公司集团中有清偿能力的实体资助其他实体。[②]

本书认为，重整需要在大多数情况下不宜作为一个独立的实质合并标准，仅仅因为关联企业重整成功需要就完全否认各企业独立的法人人格，打破公司有限责任原则，实施实质合并，可能是不妥的。但因为重整通常可以最大限度地提高债权人的清偿利益，所以当其本身也蕴含、叠加符合债权人受益标准时是可以适用的。在不具备实质合并重整条件的情况下，为了解决关联企业因经营高度一体化而出现单个企业重整困难问题，《破产企业集团对待办法》还建议在保持各关联企业法人人格独立的前提下，通过程序合并（即将各企业重整案件集中于某一法院审理的合并审理）与程序协调（包括各企业重整案件在不同法院审理时的相互协调、统一原则处理），乃至制订统一的重整计划的方法来加以解决。

在借鉴各国有关实质合并破产标准的同时，我们要适度保持适用标准的开放性，以应对不断发展变化的新情况。实践的发展总是具有不确定性，任何标准都不应一成不变，而要与时俱进，要与我国破产实践的国情需求相结合，在实践中不断细化和完善。近年来，美国法院关于实质合并规则行为要件的考量因素也在不断变化、完善。但由于美国法官审理案件主要依循判例，这些总结出来的判断要素在成文法国家有时难以照搬采用，加之国情不同，我们有必要在

---

① 参见王欣新：《关联企业的实质合并破产程序》，载《人民司法》，2016（28）。

② See Kors，Mary Elisabeth. “Altered Egos：Deciphering Substantive Consolidation.” *U. Pitt. L. Rev.* 59（1997）：381.

借鉴其他国家实质合并规则的同时，不断调校符合我国司法实践需要的实质合并规则适用判断标准，以满足法律适用统一性的要求。

四、行为性标准分析

司法实践中，人们在判断应否适用实质合并破产时，直观面对的往往不是前述经过总结上升为原则与理论的各种类别标准，更多的是关联企业表现出的各种具体行为与情况，并需要从中确定实质合并的具体标准。在实质合并破产案件具体标准的判断上，即使具备了某一单项要件，也并不表明就可以得出确定性结论，仍需要综合分析。

《破产企业集团对待办法》指出，法院发出实质合并令时，应当查明、确定与实质合并有关的一些适用要件，关键“在于如何权衡考虑各种要件以作出公正和公平的决定；任何一个要件都不一定是结论性的，特定案件中不一定存在所有要件。这些要件包括：存在集团的合并财务报表；集团所有成员合用一个银行账户；集团成员之间利益和所有权的统一；区分各企业资产和负债的困难程度；集团各成员分担日常费用以及管理、财务和其他相关费用；存在集团内贷款以及贷款的交叉担保；集团成员为图方便不遵守适当手续而彼此转移资产或调拨资金的程度；资本的充足情况；资产或经营业务的混合；指定共同的董事或高级管理人员和举行董事会联合会议；共同营业地；与债权人的欺诈交易；鼓励债权人将集团视为单一实体的做法，使债权人不清楚同其打交道的究竟是集团的哪些成员，或者使集团成员间的法律界限模糊不清；以及实质性合并究竟是为了便于重整，还是为了债权人的利益”①。可以看出，上述案文列举的各种与认定实质合并有关的行为，涉及多种标准类别，所以权衡是否适用实质合并破产通常都会是一个综合性的判断过程。由于其他标准在前述部分已经作出了分析，而法人人格混同是实践中适用实质合并破产最为重要的标准，而且其具体表现形式多样、问题复杂，对其认识与理解也有差异，所以本书下面仅对此项标准进行分析。

在对关联企业法人人格高度混同的分析中，要注意几个问题：第一，在分析法人人格高度混同问题时，要同时关注欺诈、债权人受益等判断因素，要看到是否适用实质合并破产的判断通常都是一个综合性的过程，在视野上不能仅囿于公司法上的法人人格混同，要从实质合并是破产法特有制度的角度考虑其特殊调整需要。第二，注意不宜将在企业集团化运营中普遍存在的具有一定中性意义的行为或现象列为法人人格混同的主要表现，如将经营业务相同，经营地点相同，相互担保或交叉持股，经营权力的集中控制，受同一实际控制人控制，董事、监事或高级管理人员交叉兼职等一般性混同事务，视为主要判断因素。这些因素在存在资产与负债严重混同的情况下，可以考虑在一定程度上作为补强证据，但是在资产与负债混同程度不高的情况下，不能将这些行为或现象作为存在法人人格混同独立的主要证据，滥用实质合并破产。第三，明确认定法人人格混同的重点指标，即资产与债务的严重混同，以及与此相关的其他附生现象。

在《破产审判会议纪要》第32条中对适用实质合并破产标准的表述是：“关联企业成员之

① 联合国国际贸易法委员会《破产法立法指南》第三部分《破产企业集团对待办法》，62页，联合国维也纳办事处英文、出版和图书馆科，2012。

间存在法人人格高度混同、区分各关联企业成员财产的成本过高、严重损害债权人公平清偿利益”。这一表述虽然已经突出了财产混同问题，但仍未能充分考虑其他适用因素，不足以满足实践中的普遍性需要。

《破产企业集团对待办法》指出：“有些法院已经将重点放在有限的几个因素上，特别是集团成员的事务是否高度混合以至只有付出高昂的费用并耗费大量的时间才能分清资产和负债，或集团成员是否从事欺诈或没有合法商业目的的活动。关于第一条理由，所要求的混合程度很难量化，不同法院有不同描述，有的称涉及的混合程度使得没有希望或实际上不可能分开；有的称涉及的混合程度使分清集团成员的相互关系和资产的所有权所需的时间和费用与结果不相称；所需的时间和费用非常多以致危及债权人任何净资产的变现；在有关成员之间分配资产和负债实质上是随心所欲，没有实际的经济意义。法院在作出决定认为特定案件中的混合程度使得有理由进行实质性合并时，审查了各种因素，包括集团成员运营方式和相互关系，其中包括管理和财务事项方面的关系；集团各成员的记录保持是否充分；是否遵守适当的公司手续；各成员之间调拨资金和资产的方式；以及有关集团运营的其他类似因素。”①

据此，尽管对是否适用实质合并破产要做综合性的权衡与判断，但是必须抓住关键要素，也就是关系到实质合并破产立法目标实现的要素。在以法人人格混同作为判断是否实质合并破产的标准时，最关键的要素就是集团关联企业之间资产与负债的混同程度及其衍生带来的进行企业独立区分是否会发生过度的费用或迟延。因为在实质合并中所合并的就是资产与负债，破产程序所要解决的也是如何公平、有序、及时地将债务人的财产清偿给全体债权人，包括通过重整挽救程序清偿债权人。所以，只要集团各关联企业的资产与负债达到严重混同的程度，就会使破产程序的上述立法目标在关联企业独立破产的情况下无法实现，而必须启动实质合并破产。至于其他影响法人人格独立的各项具体表现与行为，不过是说明资产与负债存在严重混同的原因、表现、后果与程度等，都是直接或间接围绕着资产与负债的混同而发生、存在的。《破产企业集团对待办法》关于实质合并破产的定义中，也是将资产与负债作为唯一的关键性因素。从某种意义上讲，当资产与负债的混同程度已经使其区分成本足以吞噬债权人的部分乃至全部清偿财产（净资产）时，再探讨法人人格其他方面是否混同到需要实质合并的程度，对债权人来讲已经失去了实际意义。所以，只要资产与负债存在严重混同，就足以构成适用实质合并破产的充分条件。这时，任何其他要件是否存在都不再具有结论性或否定性意义，而且在每个特定案件中也不一定都存在其他所有要件。其实，可以辅助说明资产与负债存在严重混同的各种情形，在具体的个案中必然会在不同程度上存在，因为资产与负债之间的混同是不可能脱离体现其混同原因、表现、后果与程度等现象而孤立发生的。但是，只要关联企业的资产与负债没有发生混同，即使存在其他方面的各种情形，也不能以法人人格混同为理由适用实质合并破产，而应当通过破产撤销权、“揭开公司面纱”、衡平居次等方法处理，或者在破产程序中通过程序合并、程序协调解决。

判断法人人格是否严重混同应当有两方面的考量：其一，混同本身达到的程度；其二，区分资产与负债的成本。对于区分资产与负债的成本问题，前文中已有论述。在定量分析时，其

① 联合国国际贸易法委员会《破产法立法指南》第三部分《破产企业集团对待办法》，62、63页，联合国维也纳办事处英文、出版和图书馆科，2012。

他影响法人人格独立的各项具体表现与行为的存在也会增加区分成本，如账户的合用、经营业务的混同、经营场所的混同等。在判定混同程度时，其他影响法人人格独立的各项具体表现与行为都可以作为不同程度的加权因素，区分难度与成本是判定混同程度的主要实务标准。

此外，在权衡是否适用实质合并破产时，还需注意破产法视角的公平，避免因实质合并的适用或不适用而引发不公平。例如“强迫某一类债权人与集团偿债能力较弱的某一成员的债权人平行分担债务，可能对这一类债权人不公平；给债权人整体带来的节余或益处是否大于对个别债权人造成的间接损害。有些债权人可能依赖集团某一特定成员的单独资产或独立法人身份进行交易，因此不得因为交易伙伴与其不知情的集团另一个成员之间的关系而拒绝向其全额偿付。还有一些债权人本来依赖整个集团的资产，因此限定其只能向集团某一成员的资产追偿是不公平的”①。此外，还有因实质合并导致集团企业内部相互之间的保证担保关系全部消灭，对有保证担保的债权人是否公平；债权人原对集团不同企业主体分别存在的债权与债务能否在实质合并后进行抵销，如何处理更为公平等。实质合并破产在某种意义上讲，是在各种不同层次的公平与不公平之间权衡，寻求整体的实质公平。

从我国的司法审判案例中也可以得到实质合并破产适用时判断标准的许多启示。在审理浙江纵横集团有限公司等六公司重整案件时，审判人员发现上述六家公司实际上由同一公司控制，各关联公司人格高度混同。这主要表现在：（1）财务混同。从表面上看，这六家公司财务均独立核算，但实际上由控制公司浙江纵横集团有限公司支配。集团公司设立融资部门，专司资金的调配，各关联公司只设会计，不设银行出纳，全部的结算活动由集团融资部操作。六公司之间的财务账簿、银行账号也混合使用。（2）高管人员、内部机构和经营场所混同。集团公司的高管人员同时又是各关联公司的法定代表人或总经理，身份相互交织。同时，同一经营场所存在两个以上的关联公司，生产线为两个关联公司所有。（3）经营决策受制于集团公司，各关联公司无自主决策权和管理自由。各关联公司的原材料和产成品的采购与销售以及产品的定价权均由集团公司控制。（4）资产混同，难以区分单个公司的财产和负债。不仅集团公司与关联公司之间财产难以分清，各关联公司之间的财产边界也不清晰。普遍存在一个公司对外融资，资金却由另一公司使用的情况。（5）浙江纵横集团有限公司的关联公司资本显著不足。各关联公司的注册资本均是由集团公司通过借款的方式提供给各出资人，验资后，该部分资本金全部予以抽回。各关联公司不能独立承担民事责任。（6）集团公司、关联公司之间存在贷款担保关系。主要是集团公司借款，由关联公司担保；关联公司借款，由关联公司或集团公司担保。基于纵横集团“1+5”公司法人人格高度混同，为公平清理债权债务，保护债权人的合法利益，经管理人的申请，法院决定实施合并重整。②

综上所述，实质合并是在集团企业的破产程序中，通过破除法人独立地位实现破产立法目标与实质公平的必要手段。在确定实质合并破产的适用时，必须考虑破产法上的特殊需要，仅仅囿于公司法的理论是不能妥善解决破产法问题的，更难以真正适应实质合并破产的实践需要。

---

① 联合国国际贸易法委员会《破产法立法指南》第三部分《破产企业集团对待办法》，61页，联合国维也纳办事处英文、出版和图书馆科，2012。

② 参见陶蛟龙、史和新：《关联公司合并破产重整若干法律问题研究》，载《人民司法》，2012（3），36、37页。

根据《破产审判会议纪要》的规定，人民法院在审理企业破产案件时，应当尊重企业法人人格的独立性，以对关联企业成员的破产原因进行单独判断并适用单个破产程序为基本原则，只有当关联企业成员之间存在法人人格高度混同等情况时，才可例外适用关联企业实质合并破产方式进行审理。

第三节 实质合并破产的程序

一、实质合并破产程序的启动

（一）实质合并破产的关联企业范围

关联企业实质合并破产的范围，是指集团关联企业中存在实质合并原因时能否都按照实质合并破产处理，也就是说，是包括集团中所有存在法人人格高度混同（案件情况仅适用于法人人格高度混同标准时）的企业（无论其是否存在破产原因），还是仅限于已经进入破产程序以及已经发生破产原因、重整原因的关联企业？如何避免对纳入实质清算、重整合并的企业范围人为的选择或规避？在何种情况下存在人格混同的关联企业可以不进行实质合并，又应如何处理？这是我们在进行实质合并破产时首先必须解决的问题。

第一，从原则上讲，关联企业实质合并破产的范围，应当是集团关联企业中所有存在破产原因或重整原因的法人人格高度混同的企业，实质非破产的关联企业成员不适用实质合并破产。也就是说，由于实质合并适用的是破产程序，所以判断应否实质合并破产的标准，首先是存在破产原因或重整原因，其次才是法人人格混同。所谓的非破产关联企业成员包括两种情况：其一，形式上非破产，即仅从该企业自身的外观情况（如财务报表）上看未发生破产原因，但如通过行使撤销权的方式纠正关联企业间不合理的利益输送、负担减免后，该企业是存在破产原因的，那么其实质仍属于破产成员，应当纳入实质合并破产范围。其二，实质非破产，是指在纠正对其他关联企业间不合理的利益输送后，该关联企业本身仍不存在破产原因，这时该企业原则上是不应被纳入实质合并破产程序的。如果该企业在依法承担对其他关联企业债务连带清偿责任的情况下，其资产仍足以清偿整个集团的所有债务，使集团各企业免于破产，就可以让其在破产程序外解决集团的债务清偿问题，不进行实质合并破产。但在某些特殊情况下仍可能因挽救其他集团企业的需要而适用合并重整程序，不过其仅适用于个别特殊情况，不能任意扩大范围。

《破产企业集团对待办法》指出："一些法律规定允许有限的例外，若为以下情况则允许将单一申请延及集团其他成员：所有相关当事方都同意将集团一个以上成员列入在内；集团一个成员的破产可能会影响集团其他成员；申请所涉及的各当事方经济上一体化紧密难分，例如资产相互掺合，或者控制权或所有权达到了一定的程度；或将集团视作单一实体具有特殊的法律意义，尤其对重整计划而言。""集团高度集中的，破产法可基于将不符合启动标准的集团成员列入破产程序符合整个集团公司利益的理由，准许启动申请把这类成员列入在内。与确定必要集中程度相关的因素可能包括：集团成员之间的关系，对这种关系虽说法不一，但都涉及相当程度的相互依赖性或控制性；资产混杂不清；身份同一，依赖于管理层和财政支助或不一定由集团成员间法律关系（例如母公司与受控集团成员间的关系）而产生的其他类似因素。可能适宜将集团非破产成员列入联合申请的另一种情况是'集团'的存在是虚拟的。例如，当进行集团活动如同其涉及单一实体，而集团的存在纯属该单一实体活动的门面时，就可能发生这种情况。当成员间相互关联，实际上只有一个资产基础，集团成员之间不作法律上的区分，而管理层和债权人也将不同成员视为一个整体时，也会发生这种情况。"综合分析上述情况，未发生破产原因的关联企业也可以被纳入实质合并的理由，其一是企业法人人格高度混同，资产实质同一，以至于所谓未发生破产原因的该关联企业实质上根本不具备独立存在的基础；其二，在前述情况基本存在的前提下，将其纳入实质合并符合整个集团的利益，如有利于制订适用于整个集团的重整计划草案，保障重整成功；其三，所有各方当事人同意，但这在实践中往往是十分困难的。所以，在此种特殊情况下，确定实质合并最为关键的因素便是法人人格的高度混同了，其次是有利于破产尤其是重整程序进行，此外还可降低债权人无法承受的破产费用与时间成本。

确定在符合上述原则的情况下，集团中所有存在法人人格高度混同的企业均可适用实质合并破产，还有助于避免对纳入企业实质合并范围的人为选择或规避，从而出现新的不公平。

第二，前述例外适用的原则通常适用于企业集团整体上不具有清偿能力的情况。如某一成员企业虽与其他关联企业存在法人人格混同，但具有充分偿付能力，可以清偿集团企业所有债务，例如该企业有20亿的净资产，而其他关联企业的所有债务仅为5个亿，就可对该企业不适用实质合并而以其他方法解决。如适用"揭开公司面纱"，由该关联企业对集团其他破产企业的所有债务承担连带清偿责任，这是该原则在关联企业破产中发挥独立作用的重要方面；采用"衡平居次原则"，将该企业对集团其他企业的债权视为股本或置于劣后的清偿顺位（如果借此可以消除集团其他企业的破产原因）；必要时还可以与其他企业进行程序合并，实现非实质合并的整体重整，这些方法同样可以解决债务的公平清偿，保障破产程序顺利进行。

为解决这一问题，《破产企业集团对待办法》中还介绍了一些国家采用的摊付令制度。所谓"摊付令为法院下达的命令，法院可在其中要求集团非破产成员提供一定的资金，以偿付已进入破产程序的集团其他成员的全部或部分债务，特别是在集团非破产成员对集团破产成员的作为不当时。此种不当行为例如可包括以不当价格将集团濒危成员的资产转往集团另一成员，或集团一个成员享用集团濒危成员积累的税务便利，使濒危成员的债权人在随后的破产程序中获得的清偿付款减少"。这一制度也可以为我国所借鉴。

(二) 实质合并破产程序的启动方式

实质合并破产程序的启动有多种方式，从外观上概括有三种类型：第一，各关联企业先分别进入破产程序，然后再实施实质合并。第二，部分关联企业先进入破产程序，再以申请实质合并破产的方式，对其他企业直接启动实质合并的破产程序。第三，在破产程序启动前，各关联企业共同申请启动实质合并破产并进入破产程序。

第一种方式是启动实质合并破产最为常见的类型，其适用的前提是各企业均存在破产原因，可以先行分别启动破产程序。这种方式的实质合并申请与各企业的破产申请是分离的，所以不会将外观看未发生破产原因或根本不存在破产原因的关联企业因实质合并的适用而拉入破产程序，故在合并企业范围的确定上不会发生争议。但是，如果各个关联企业不在同一个法院的管辖范围之下，则可能出现分别进入破产程序后，还需要协调解决不同法院之间管辖和案件移送的问题。

该种启动类型以特毅系关联企业破产清算案为代表。该案是上海首例适用实质合并规则审理的关联企业破产案件，其处理模式对实质合并破产的启动程序设计具有一定的参考价值。上海特毅企业有限公司系由英属维尔京群岛金克莱斯勒有限公司出资设立的外商独资企业。上海特毅通用动力机械有限公司和上海美浩电器有限公司则是同由香港億毅集团有限公司出资设立的港商独资有限责任公司。三家企业虽名义上是三个独立的法人，但实际经营地址相同，生产办公场所和资产均混同使用，除房地产外，设备、存货、低值易耗品等资产很难区分确切权属。三家企业经营范围近似，都是围绕日本三菱公司的发动机特许专利合同展开，它们分别承担小型通用发动机的生产、销售、维修业务。三家企业均由自然人潘某实际控制，只有一套管理班子。三家企业的职工也互相混合，劳动隶属关系非常模糊。三家企业在资产、业务和人事等方面存在高度混同的关联关系。

2008 年年初，三家企业因资金链断裂，引发严重的债务问题。2008 年 5 月，经债权人申请，上海市金山区人民法院同时分别受理了特毅系三家企业的破产清算案件。在审理过程中，管理人发现三家企业存在高度的资产混同和债权债务混同，如进行分别清算，不但不能实现公平清偿的目的，而且存在清算时间过长、成本增加的问题，不利于保护债权人的合法权益。为此，管理人提出将三家企业破产财产合并清算、统一清偿的申请，法院遂决定对三起破产案件合并审理。

第二种方式在司法实践中也使用。这种方式可能将外观看未发生破产原因的关联企业因实质合并的适用而直接纳入破产程序。因对外观看未发生破产原因的关联企业难以先启动个别的破产程序，所以在需要将其纳入实质合并破产程序时，这是一种有效的方法，但需要充分说明对其进行实质合并破产的理由。而在由其他关联企业的管理人申请实质合并破产时，可能出现无债权人或债务人破产申请即受理案件的情况。

沈阳欧亚集团是由以沈阳欧亚实业有限公司（下称“欧亚实业”）为核心的 20 家企业组成的企业集团。各关联企业由欧亚实业统一掌控、管理，所有企业均由实际控制人杨斌直接控制和管理，成员企业间高管人员和内设机构混同，高管工资均由沈阳欧亚实业有限公司支付，欧亚实业统一负责各成员企业的印章、财务专用章、法定代表人名章，以及企业法人营业执照正、副本的保管、使用。集团各成员企业的资产财务严重混同，成员企业的资金由欧亚实业的副经理兼出纳 1 人管理、拨付；成员企业的收益统一上交欧亚实业；成员企业的财务核算均由欧亚实业的财务会计人员统一管理。集团各成员企业的所有流动资产均由欧亚实业的资产部负责统一管理，统一出入库，各企业的人格完全混同，就连欧亚集团资产部的人员也无法识别实物资产在企业间的具体归属。集团所属各成员企业除一家外，其余均在欧亚实业开发的荷兰村内统一办公，各成员企业办公场所由欧亚实业统一分配。

沈阳市中级人民法院于 2008 年 7 月裁定受理债权人对集团核心企业沈阳欧亚实业有限公司的破产清算申请，经审查认定欧亚实业与沈阳万博商务有限公司等 17 家关联企业存在严重的法人人格混同，为公平清理债权、债务，保护债权人和债务人的合法权益，遂依照《企业破产法》第 1 条、第 4 条、第 30 条与《民事诉讼法》第 119 条之规定，裁定将其余 17 家企业并入欧亚实业公司的破产清算案件。此案中，法院对其他关联企业采取先裁定实体合并破产、然后连带进入破产程序的做法。在此种启动方式下，法院对原未进入破产程序的各关联企业作出实质合并破产裁定时，其裁定应当包括认定各关联企业发生破产原因应进入破产程序以及所有关联企业存在实质合并破产原因应进行实质合并破产两方面的内容。在实践中，有的法院的裁定会遗漏前一方面的内容，这是不妥的。

第三种方式相对较为少见。此方式是由各关联企业共同同时提出破产申请和实质合并破产的联合申请，法院在受理各破产案件的同时启动实质合并破产程序。例如 2008 年 10 月，纵横控股集团有限公司（下称“纵横集团”）因资金链断裂发生重大财务危机而陷入破产境地。绍兴市中级人民法院在受理前的调查中发现，纵横集团对外投资散乱，担保关系和投融资关系错综复杂，资金往来交织混乱，财务管理极不规范，集团的多家公司之间人员、资产、财务、管理等严重混同。法院认为，对纵横集团及其五家子公司应当突破独立法人分别重整的原则，采用整体重整的方案。2009 年 6 月 12 日，绍兴市中级人民法院裁定受理纵横集团“1＋5”公司的破产重整申请，指定大公、震天、越光三家律师事务所分别为“1＋5”公司的管理人，并成立了由法院牵头、袍江新区政府工作组配合、管理人执行、其他相关部门参与的重整工作团队。合并重整使企业获得了重生。以纵横案为代表的“整体受理、阶段推进”实质合并类型，将所有破产关联企业自始至终都作为一个整体，统一审查，统一裁定，统一处理资产债务，统一开展各项重整工作，可以简化工作步骤，也有助于整体重整方案的制订和实施。

但是需注意的是，有的案件不是采用各关联企业联合申请的方式，而是由法院在破产案件受理前，先裁定将所有关联企业实质合并为一个单一企业，再裁定受理各企业的实质合并破产或重整申请。也就是说，各个关联企业实际上是在破产程序外进行的实质合并。本书认为，这种方式从法理角度分析应当慎用。因为这些关联企业不是在破产程序中依据破产法的原理进行的实质合并，而是先在破产程序外直接进行了企业的合并。一般而言，在破产程序外进行的关联企业实质合并，要遵循公司法的规则，法院需要先作出对各关联企业进行实质合并的判决，然后在启动破产程序时才能将实质合并的效力延续至破产程序中。但这时对破产程序外的实质合并在法理上如何解释，在公司法上作出企业实质合并裁判的法律依据是什么，应遵循何种程序，如何保障各方当事人的诉讼权利，能否适用上诉程序等，可能存在一些不妥之处，还有待进一步深入研究解决。

二、实质合并破产的申请人

（一）申请主义与职权主义

在实质合并破产程序的启动上，存在申请主义和职权主义的区别。申请主义是指，法院应在当事人提出申请的前提下启动实质合并破产程序，无申请不得自行启动程序。职权主义是指，在法律作出授权或有特别规定的情况下，法院可以在无当事人申请的情况下依职权启动实质合并破产程序。

《破产企业集团对待办法》指出，虽然在有些国家，法院可以自行下令进行实质性合并破产，但由于这类命令对当事人的利益会产生严重影响，所以建议法院不宜依职权启动实质合并破产程序。本书认为，在实质性合并破产程序的启动上，我国不应采取职权主义。法院在关联企业破产程序中发现应当适用实质合并破产规则，但尚无人提出申请时，应当积极行使诉讼引导职能，向当事人释明实质合并规则的适用条件，以保障其对破产程序的知情权和处分权，并促使当事人尤其是敦促管理人及时提出实质合并破产的申请。

（二）申请权人的范围

实质合并破产程序的申请权人包括债权人、债务人即各关联企业，在已有关联企业启动破产程序的情况下，管理人可以作为申请人；清算义务人实际享有并行使申请权的情况甚少，而出资人不宜享有申请权。

1. 债权人

债权人享有实质合并破产的申请权。债权人申请实质合并，不需要其同时是所有各个实质合并的关联企业的债权人，只需是某一个实质合并企业的债权人即可。一般而言，债权人对获得公平清偿的要求最为强烈，对债务人的状况有一定了解，尤其是因不当关联关系而导致受偿率降低者，具有申请实质合并的积极性。但多数债权人可能对实质合并的法律后果并不完全清楚，由于信息不对称而不具备充分的举证能力，不了解如何正确行使申请权。此外，关联企业中清偿率较高的成员企业的债权人，必然不愿意申请实质合并，降低自己既有的受偿率。这导致在实质合并适用条件已经具备的情况下，债权人提出申请存在一定困难。实践中出现债权人申请实质合并的案例已经较为普遍，如安徽省南陵县人民法院（2012）南民破字第0002号民事裁定书指出，债权人以债务人南陵模具城置业有限公司不能清偿到期债务并且与南陵县模具城有限公司人格混同为由，向法院申请合并破产。法院经审查认为，债务人南陵模具城置业有限公司资不抵债、不能清偿到期债务，并且与南陵县模具城有限公司存在严重人格混同，裁定受理债权人对该两公司的合并破产申请。

2. 债务人

各关联企业债务人对自身经营状况以及相互间法人人格混同问题最为了解，能够提供较为充分的证据，具有申请启动实质合并破产程序的有利条件，尤其是通过实质合并重整，能够降低程序运行成本，充分体现企业整体重整价值，有利于集团企业重整成功。从这一角度看，债务人具有申请实质合并的动力。但实质合并破产后可能涉及各关联企业滥用法人人格违法行为的法律责任，有时会使债务人对提出申请产生顾虑，而对那些原本就想利用关联关系进行破产欺诈、实现不正当利益的债务人来说，指望其提出实质合并申请几乎是没有可能的。实践中也存在不少债务人申请实质合并的案例，如乐山市中级人民法院（2015）乐民破（预）字第6—1号民事裁定书指出，六个关联企业债务人以符合企业破产法第2条规定和人格混同为由向法院申请破产重整。法院经审查认为，该六个关联企业符合企业破产法第2条规定，并且存在人员、管理、资金等混同情形，裁定受理该六个企业合并破产重整申请。

3. 清算义务人

在独立企业破产的情况下，清算义务人与债务人或管理人的地位有类同之处。《企业破产法》规定，清算义务人享有破产清算的申请权。虽从理论上讲，清算义务人具有行使申请实质合并破产清算权利的可能，但从前述实质合并破产程序的启动一般方式看，清算义务人的法律地位决定了其要想申请实质合并破产清算，往往首先需要申请启动破产清算程序。而一旦破产程序启动，清算义务人便不再具有任何权利，企业将由管理人接管。所以，除可以申请直接进入实质合并破产清算的个别情况外，在实质合并破产申请方面，清算义务人不具有实际意义。

4. 出资人

本书认为，在实质合并破产程序中，出资人不宜享有申请权。《企业破产法》规定，出资人在法定条件下可以申请重整，是因为出资人与本企业的重整具有直接的实质性利益关系，所以立法在债务人不申请重整时给出资人以一定的救济机会。而各关联企业的实质合并破产，决定的是各企业间，特别是其债权人的利益关系，而不是单个企业与出资人之间的关系，法律关系是不同的，出资人这一层面的主体在实质合并问题上没有直接的利益关系。所以，是否申请实质合并，由各关联企业决定更为合适，出资人不宜享有申请权。

5. 管理人

管理人享有提出实质合并破产的申请权。管理人全面接管关联破产企业，对关联企业法人人格是否混同等情况有较为深入的了解，对实质合并破产原则的效用也有更为清晰的认识。实质合并破产可以减少管理人的工作量，免于对混同资产、债权债务归属的划分，实现保障债权人公平受偿的管理目标，尤其是促进重整工作成功。因此，管理人具有提出实质合并破产或重整申请的动力与能力，并易于完成举证责任。在我国已有案例中，如特毅系合并破产案、湖南太子奶合并重整案，均是由管理人提出实质合并破产申请的，应当充分重视管理人在提出实质合并破产申请方面的重要作用。如泉州市中级人民法院（2016）闽 05 民破 4 号之一民事裁定书指出，管理人接管破产企业后，以破产企业与其他五家关联企业人格混同为由，向法院申请其他五家关联企业与破产企业一起合并破产。法院经审查认为，破产企业与其他五家关联企业人格高度混同，裁定其他五家企业与破产企业合并破产。

原则上，申请人可以在破产宣告前向法院提出实质合并破产的申请。在查明关联企业存在法人人格混同的事实之后，实质合并破产申请提出得越早，越有利于破产程序的顺利进行；如申请提出过晚，关联企业个别破产程序的深度进行可能会使实质合并丧失意义。

（三）申请人的举证责任

实质合并破产的申请人应当承担相应的举证责任。由于不同申请人对关联企业法人人格混同等情况的了解渠道和掌握程度不同，对其举证责任的要求也应有所不同。管理人及债务人申请实质合并，应当对关联企业法人人格混同、损害债权人公平受偿利益情况承担充分的举证责任。债权人向法院提出实质合并申请，只需对关联企业法人人格混同、损害债权人公平受偿利益提供具有合理怀疑的证据即可，进一步的举证责任应由各关联企业或者其管理人承担。在实践中，为了全面、充分地了解情况，确认法人人格是否混同等事实，管理人往往会聘请专业的中介机构就此问题提供专项的咨询报告，以提高证据的可靠性与可信度。

三、实质合并破产案件的管辖

合并破产的管辖问题缘于各个关联企业的司法地理位置不同，从而出现各关联企业跨多个法院管辖地域时，合并破产应由何法院管辖，出现争议又如何解决等问题，有时还可能涉及对实质合并重整案件管辖权的特殊处理。

从理论上讲，实质合并破产案件的管辖可以由《民事诉讼法》规定，或者直接适用民事诉讼法的有关规定。但鉴于实质合并破产案件的管辖具有特殊性，所以《破产企业集团对待办法》认为，在破产法中规定更为适宜。我国也应当采取同样的原则，在破产法或其司法解释中规定，以确保管辖问题得到切实解决。

（一）实质合并破产案件管辖的原则

从其他国家立法以及实践情况看，确定实质合并破产管辖的原则主要有以下几种情况。

1. 控制企业住所地

集团中的控制企业掌握各关联企业经营与管理的实际控制权，往往还集中了企业集团的主要资产和负债，是集团的控制与利益中心，由其住所地的法院管辖实质合并破产案件，有助于查明各关联企业的情况，提高案件的审理效率，更好地保障各方当事人的权益。所以，各国通常以此作为确定实质合并破产案件管辖法院的一般原则。在判断何为集团关联企业的控制企业时，要遵循实质重于形式的原则。

2. 核心企业住所地

确定实质合并破产案件的管辖，在考虑控制关系的同时，还需将集团关联企业的财产、负债等实质营业情况以及实质合并破产构成因素的集中程度作为重要考量标准。有时控制企业仅是无具体经营业务与资产、从事股权控制和资本运作的纯粹控股公司，并不是破产法关注的实质合并破产因素即财产与负债意义上的核心。如果集中集团各关联企业主要资产和多数债权人的核心企业在远离控制企业住所地的地点，为提高法院的审理效率，减轻债权人的负担，选择核心企业住所地为管辖地可能更为适宜。

3. 由已受理关联企业破产案件的法院管辖

当关联企业的部分成员已进入破产程序时，对关联企业包括未进入破产程序的企业适用实质合并破产的申请，一般都是向已受理部分企业破产案件的法院提出。从这一角度讲，实质合并破产可以由已受理部分关联企业破产案件的法院管辖。

我国《破产审判会议纪要》规定了实质合并审理的管辖原则，“采用实质合并方式审理关联企业破产案件的，应由关联企业中的核心控制企业住所地人民法院管辖。核心控制企业不明确的，由关联企业主要财产所在地人民法院管辖。”目前在我国的司法实践中，法院在各关联企业中首先受理破产案件的，往往就是控制企业或者集中主要财产与负债的企业。

四、管辖权争议的解决

在跨地域尤其是跨省区的大型集团关联企业破产时，往往易发生法院间的管辖权争议，因此须建立跨地域实质合并破产案件管辖争议的解决机制。《民事诉讼法》第 37 条第 2 款规定：“人民法院之间因管辖权发生争议，由争议双方协商解决；协商解决不了的，报请它们的共同上级人民法院指定管辖”。《破产审判会议纪要》对管辖权争议的解决采取相同的原则，其第 35 条规定，“多个法院之间对管辖权发生争议的，应当报请共同的上级人民法院指定管辖。”

所谓管辖权发生争议，是指多个法院之间就管辖权已经发生争议，所以仅仅是存在不同法院的管辖权，或者仅是当事人包括管理人提出管辖权异议，尚不构成上述规定中所讲的争议。当事人包括管理人提出管辖权异议的，应按照《民事诉讼法》第 127 条规定的管辖权异议程序处理。所谓争议是指一法院受理实质合并破产案件后，其他法院对其管辖权提出异议，或者多个不同法院受理涉及实质合并关联企业的破产案件，对管辖权不能通过协商达成协议的。

据此，当一家法院在其他法院受理涉及实质合并破产的关联企业的破产案件之前，将原由其他法院管辖的破产案件通过实质合并破产的方式纳入本院管辖之下，尚不构成发生管辖权争议。只有在对方法院提出异议而双方又不能协商解决时，才视为发生管辖权争议。但是在司法实践中，为了表示对对方原有管辖权的尊重，通常在将其他法院管辖的破产案件通过实质合并破产纳入本院管辖之前，该法院都会与其他法院事先进行沟通协商，以解决可能发生的争议。

五、实质合并破产申请的受理

（一）适用实质合并破产程序的决定权

对关联企业是否适用实质合并破产程序，应当由法院裁定确定。法院在审查是否应作出实质合并破产或重整的裁定时，应当以通知、听证等方式保障关联企业、债权人等利害关系人的知情权，并听取他们的意见。但是，是否进行关联企业实质合并破产的决定权在于法院，而不是各关联企业的债权人或债权人会议。

在实质合并破产早期的司法实践中，由于缺乏法律规定，为规避承担法律风险，对各关联企业是否进行实质合并破产，存在由各关联企业的债权人会议表决通过，然后法院再裁定批准的操作模式。个别其他国家也有由各关联企业的债权人会议表决适用实质合并破产的做法。本书认为，我国是否对关联企业适用实质合并破产的决定权应当在法院，而不能交给债权人会议决定，不能把每个关联企业债权人会议的通过作为适用实质合并破产的必要条件。

其一，不符合司法实践的需要。虽然实质合并破产是对集团整体债权人的公平保护，但涉及多个关联企业，其中资产较多、债务较少、清偿率相对较高的关联企业的债权人利益会受到不利影响，该企业的债权人会议必然会表决反对实质合并破产，以避免降低其债权清偿率。如要求所有关联企业的债权人会议都表决通过，法院才能裁定进行实质合并破产，可能会因部分企业债权人会议的反对而使实质合并破产或重整无法进行。

其二，关联企业的实质合并破产，是对关联企业是否存在法人人格混同等事项的认定，涉及当事人的实体权利义务。这一认定是具有司法效力的裁判，只有法院才有权作出，而债权人会议仅是债权人决定其破产内部事务的自治平台，而且这一事项不属于《企业破产法》规定的债权人会议的职权范围，其无权超越设立宗旨决定各关联企业的法人人格混同问题。更何况各企业的债权人之间可能存在严重的利害冲突，难以作出公平的表决。

为此，在我国的司法实践中，对关联企业是否适用实质合并破产程序，必须以法院的裁判为依据，而不能以各关联企业债权人会议的表决通过作为法院裁定实质合并破产的先决条件，否则可能造成该项制度名存实亡。

（二）实质合并破产的受理程序

《破产审判会议纪要》第 33 条指出："人民法院收到实质合并申请后，应当及时通知相关利害关系人并组织听证，听证时间不计入审查时间。人民法院在审查实质合并申请过程中，可以综合考虑关联企业之间资产的混同程序及其持续时间、各企业之间的利益关系、债权人整体清偿利益、增加企业重整的可能性等因素，在收到申请之日起三十日内作出是否实质合并审理的裁定。”据此，法院对当事人提出的实质合并破产申请的审查方式是书面审查，辅之以利害关系人听证会听证。法院认为实质合并破产申请符合受理条件的，应当在收到申请之日起30日内作出受理实质合并申请的裁定，否则应不予受理。

关联企业的实质合并破产，可能对利害关系人尤其是债权人的实体权利义务产生重大影响，所以必须保障利害关系人的知情权与异议权。知情权的保障主要是通过通知、公告与组织听证等方式进行，而异议权则是通过对法院作出的实质合并破产裁定向上一级人民法院申请复议的方式行使。《破产审判会议纪要》第34条规定：“相关利害关系人对受理法院作出的实质合并审理裁定不服的，可以自裁定书送达之日起十五日内向受理法院的上一级人民法院申请复议。”

所谓相关利害关系人，包括债务人、债权人、债务人的保证人等各种因实质合并破产导致利益受到影响的当事人。如各个关联企业之间往往设有担保，债务人的其他保证人在各个关联企业独立破产的情况下，因关联企业中担保企业的清偿可能会减轻其担保责任的承担，但实质合并后因合并企业间债权债务的消灭而加重其担保责任，所以应当享有异议权。为保护利害关系人拥有充分的知情权，顺利行使异议权，法院和管理人应当为其提供行使权利的便利条件，及时通报相关情况，做好释明工作，包括实质合并破产对利害关系人权利的影响，合并前后各企业清偿率与整体清偿率的合理估算，如不进行实质合并而对各企业资产、负债进行法律调整的时间与费用成本的预期和对清偿率的影响等，如已经聘请专业中介机构对实质合并问题出具咨询报告的，该报告应当向所有利害关系人公开，保证利害关系人在充分掌握情况的前提下作出判断。

在司法实践中，由于申请复议并不停止实质合并破产裁定的执行，所以上一级人民法院在接到复议申请后，应当尽快对复议作出处理决定，以免因程序的进行和破产事务处理的不可逆性而影响当事人的权益。此外，一旦上级法院经复议要求撤销实质合并破产裁定，如何保障各关联企业恢复原状，无法恢复原状时如何解决利害关系人的损失，维护其权益，这些可能的后续问题也需要确定解决办法。

六、实质合并破产的法律后果

（一）实质合并破产对债务关系的影响

法院裁定各关联企业进行实质合并破产后，纳入实质合并的各关联企业之间的债权债务因权利义务主体合一而消灭，关联企业彼此之间提供的保证担保关系也随之消灭，债权债务的消灭也包括在关联企业彼此之间应当消灭的债务下附属设置的物权担保，即在内部债务关系基础上设置的物权担保消灭。但是，关联企业为其他关联企业的债务向关联企业外的第三人提供的物权担保并不消灭，即在外部债务关系基础上设置的物权担保依然成立，视为以同一企业的财产提供的担保，仍然在原担保财产的范围承担责任，“要防止担保权人将其担保物权扩张到原先没有设置担保的财产上”①，如动产浮动抵押，不能将抵押权的范围扩大到原未设置抵押的

① ［美］查尔斯·J. 泰步：《美国破产法新论》，韩长印等译，263页，北京，中国政法大学出版社，2017。

财产上。集团各关联企业的财产全部合并作为实质合并破产后形成的单一企业的破产财产，各关联企业的债权人作为实质合并破产后单一企业的债权人，在破产程序中按照统一的清偿比例公平受偿。

（二）实质合并对破产程序的影响

法院裁定受理实质合并破产申请后，涉及各关联企业实质合并前后破产程序的衔接。实质合并前各关联企业破产程序已经完成的债权登记、债权确认、资产评估等工作的法律效力，可延续至实质合并程序中，但对涉及关联企业之间提供保证担保而产生的重复债权申报，应当依据实质合并破产的原则予以剔除或调整。合并之前各关联企业个别破产程序中已经发生、尚未清偿的破产费用和共益债务，从各关联企业实质合并后的破产财产中清偿。

原已经进入破产程序的各关联企业受理破产申请包括重整申请的时间，按照原法院作出受理裁定的时间确定，不需要所谓统一确定各关联企业受理时间，统一确定停止计算债权利息的时间点，统一申报债权的时间点等。之所以有的人提出要统一确定各时间点，其前提是将实质合并理解为对各关联企业组织上的合并，既然多个企业已经合并为一个企业组织，当然不能有不同的破产程序时间点。这种观点是错误的。实质合并破产并不是对各关联企业进行组织合并，而仅仅是在破产程序中将各企业视为单一企业进行资产与负债的统一处理，对于不影响实质合并破产目的的事项，如各关联企业进入破产程序和停止计算债权利息的时间点等仍然应按照原有情况确定。但是，适用实质合并重整程序的，合并后的各关联企业因重整主体发生重大变更，应当自实质合并重整裁定作出之日起，统一重新起算制订重整计划的重整期间（而非案件受理时间）。

此外，对纳入实质合并范围的多个关联企业，并不要求必须实行同一性质的破产程序，即全部企业统一进行清算或者重整，可以根据实际情况对部分企业破产清算、部分企业重整挽救，但债务清偿必须统一。①

（三）实质合并破产对管理人指定的影响

法院裁定受理关联企业实质合并破产申请后，应当依法指定管理人或者对原指定的管理人进行必要的调整。法院在受理破产申请的同时受理实质合并申请的，应当在裁定受理破产申请时指定实质合并案件的管理人。法院在受理实质合并破产申请前已经受理部分或全部关联企业破产申请、启动破产程序的，可以继续指定原管理人为实质合并破产程序的管理人，也可以由多个原个别破产程序的管理人共同担任管理人，或重新指定管理人。

各关联企业原有破产程序转为实质合并破产程序后，未得到继续指定的原管理人应终止执行职务，向实质合并破产程序的管理人移交已接管的财产、印章、账簿、文书等资料及相关破产工作。

（四）对债权人投票权的影响

“实质合并还会对重整计划的投票表决产生影响。各合并债务人的所有债权人将统一对重

① 参见王欣新：《关联企业的实质合并破产程序》，载《人民司法》，2016（28）。

整计划投票，单个债权人对表决结果的影响力将因统一投票而改变。对合并前的特定债务人的重整拥有绝对话语权的债权人，在合并后可能由于债权所占的比例变小而显得无足轻重；相应地，对合并前的最大债务人拥有勉强多数表决权的债权人，在合并之后可能失去控制地位。重整计划可以通过把不同债务人的债权人置于不同的表决组中来解决这一问题。”①

（五）对破产撤销权与抵销权的影响

在各关联企业实质合并破产后，原对各关联企业行为的破产撤销权因权利义务主体的合一而不复存在，拟追回的财产也已经纳入了统一分配的财产范围。但因实质合并破产也可能产生新的权利，如原对不同关联企业分别享有债权和负有债务的债权人，因为主体不同而无法行使抵销权，但在实质合并破产后，因债权与债务主体的合并而享有抵销权。对这种抵销权应当予以承认。

（六）实质合并重整或和解审理后各关联企业独立法人人格的恢复

在实质合并重整程序（或和解程序，下同）终结后面临的一个问题是，原来独立而在重整程序中予以实质合并的各关联企业的法人资格应如何处理，其独立法人人格应否予以恢复。《破产审判会议纪要》在其“37. 实质合并审理后的企业成员存续”中规定：“适用实质合并规则进行破产清算的，破产程序终结后各关联企业成员均应予以注销。适用实质合并规则进行和解或重整的，各关联企业原则上应当合并为一个企业。根据和解协议或重整计划，确有需要保持个别企业独立的，应当依照企业分立的有关规则单独处理。”这一规定是不妥的，它将破产法上对关联企业资产与负债的实质合并处理的法律性质完全混同于公司法等组织法上的企业合并。上述规定对实质合并破产清算没有实质性影响，因为所有的破产清算企业都是要注销的，无论其是以破产清算完毕为理由，还是以所谓实质合并为理由，其最终效果实际相同，对司法实践的不利影响突出表现在实质合并重整或可能的和解中。

如前所述，实质合并破产中的“合并”，不是公司法、企业法上的组织合并。当法院作出实质合并破产的裁定时，并不具有对所涉各关联企业在破产程序中启动公司法上组织合并程序的效力，如注销登记被合并的公司等，即使是在维持企业持续存在与经营的重整程序中也是如此。实质合并破产的各企业的法人人格，仅仅是在破产程序中不再视为独立。也就是说，这是一种以对资产与负债合并统一公平处理为目的的法人人格模拟合并，目标是解决关联企业出现实质合并事由时，尤其是以资产与负债混同为关键特征的法人人格混同时造成的不当法律后果。虽然在破产程序中，实质合并对各关联企业的资产与负债产生实体法意义上的合并法律效力。但在重整程序结束，经过实质合并重整的法律处置，消除了各企业法人人格混同的各种不当法律后果，其独立的法人人格得到完全修复后，各关联企业自然应当恢复应有的正常独立状态，成为独立企业。

要求对实施实质合并重整的各关联企业采取组织合并措施，是没有法律依据的，也是违背法理的，而且将使集团企业的正常经营受到严重的不利影响，甚至无法继续经营。

首先，从法律上分析。在我国的司法实践中，适用关联企业实质合并重整最为典型、普遍

---

① ［美］查尔斯·J. 泰步：《美国破产法新论》，韩长印等译，263页，北京，中国政法大学出版社，2017。

的事由是法人人格严重混同。《公司法》第20条第3款规定："公司股东滥用公司法人独立地位和股东有限责任，逃避债务，严重损害公司债权人利益的，应当对公司债务承担连带责任。"司法实践中，最初法院在没有相关立法的情况下，主要就是参照《公司法》这一有关"法人人格否认"的规定，解读出关联企业实质合并破产适用的制度空间。

需要强调指出的是，无论是在公司法上还是在破产法上，法人人格的混同并不是认定对各混同企业进行组织合并的法律理由，也不产生企业组织合并的法律效力与后果。在公司法上，对"公司股东滥用公司法人独立地位和股东有限责任，逃避债务，严重损害公司债权人利益"的处理，是揭开公司的面纱，由股东"对公司债务承担连带责任"，而不是合并企业。在破产法上，作为集体清偿程序，对各关联企业法人人格严重混同的处理，是进行实质合并破产，即对各企业的资产与负债统一处置，同样也不是在组织上合并企业。也就是说，无论是在非破产程序中对法人人格混同企业的揭开公司面纱，还是在破产程序中的实质合并，在法律上对法人人格混同的处置措施，是超越企业独立人格、纠正人格混同不当行为产生的各种不当法律后果的，解决的是债务清偿的法律责任问题，而不是企业组织调整问题。因为只要在重整程序中通过实质合并纠正了各关联企业法人人格混同的所有不当后果，各个关联企业之间便不再存在人格混同，根本没有进行组织合并的理由和需要。这时，各个关联企业的独立法人人格与组织独立应当得到法院与社会的充分尊重。相反，强行要求适用实质合并规则的各关联企业必须合并为一个企业，是没有法律依据的。无论是在公司法中还是企业法中，乃至任何一个国家的破产法中，都没有法院可以以法人人格混同为理由强制企业进行组织合并的规定。由于强制合并都是没有法律依据的，先强制合并再强制分立，即所谓"根据和解协议或重整计划，确有需要保持个别企业独立的，应当依照企业分立的有关规则单独处理"，就更没有法律依据了。

其次，从实际操作效果看，这种对企业合并或分立的强制控制将对企业集团的正常运营造成严重的困难，将使企业集团形式的所有市场组织优势全部丧失，甚至无法继续经营，进而导致重整失败。但是，将实质合并破产理解为组织合并，将使这些企业集团的市场组织优势因法院的强制组织合并而丧失。在诸多关联企业被强制组织合并后，原各企业已经获得的政府颁发的经营资质与牌照（如金融牌照）、业务许可证或特许证等经营前提条件，将因为合并后的单一企业不再符合颁发条件而丧失资质，从而无法再继续经营生存，企业的重整价值丧失，重整也将归于失败。原企业集团架构中有上市公司存在的，其上市公司也将因为强制组织合并而不再符合上市条件，丧失上市资格。此外，大型集团的各关联企业往往分布在全国各地不同省份，甚至世界各国，强行合并后的公司治理与经营管理也会存在严重问题。例如，目前在辽宁辉山乳业集团有限公司与其关联企业的合并重整中，已经进行实质合并的企业有83家。如果重整程序结束后这83家企业都必须合并为一个企业，按照会议纪要的规定，即使确有需要保持独立的，也仅仅限于"个别"企业，显然这将使整个集团无法维持正常管理与经营。

综上所述，在实质合并破产中，对法人人格混同等问题，法院的司法权限是纠正违法行为的不当后果，而不能介入当事人自治领域的企业组织形态问题，强制合并或分立都是不妥的。经过实质合并重整后的各个企业是否保留原有的法人资格，应当由市场决定，应当由重整成功后的企业根据集团运营的需要自主决定，而不应由法律或法院强制干预。

（六）关联企业部分实质合并问题

部分实质合并是指各关联企业的情况虽然符合实质合并破产的适用标准，但为保障对利害关系人的公平公正，实质合并范围并不及于纳入合并的相关关联企业的所有债务和资产，而是将一部分债务和资产按照独立企业进行清偿。在一些国家的立法或实践中，适用实质合并破产原则，并不是必须绝对化地将所有关联企业的债务和财产合并清偿。在美国，从 1935 年至 1942 年间的许多判例认为“实质合并”既可以是全部的，也可以是部分的。① 据学者分析，允许进行部分实质合并破产的主要有两种情况，分别是从债务与财产两个因素作出特殊考虑的。第一种是当某一债权人证明其对某一公司的财产具有优先权或完全基于对某一公司的资信状况的信赖而与之交易时，则实质合并破产对该项债权和相应部分财产可以不适用。这一方面是为了维护物权担保债权人以及职工债权等优先普通债权人的清偿利益；另一方面，也是为了防止因债务和资产的实质合并使担保权或优先权不当地延伸到其他关联企业合并的财产上，损害其他债权人的利益，或者由于实质合并破产而在债权范围和担保财产范围方面出现争议，如最高额抵押担保、动产浮动抵押担保等。第二种情况是，某一关联企业的部分财产通常是经特定化的财产，与其他实质合并关联企业的财产明显不存在混同，权属清晰，该部分财产可以被排除出实质合并破产的财产范围。目前在我国的破产司法实践中尚未出现部分实质合并破产的案例，但其中的合理原则值得予以注意，不过在目前法律对关联企业实质合并破产问题未有明确规定、确认规则之前，尚不宜匆忙采用，以免出现适用不当反而损害利害关系人权益的问题。

第四节 关联企业的程序合并破产

一、程序合并破产的法律规制

关联企业的程序合并破产在《破产审判会议纪要》第 39 条中称为协调审理，在美国通常又被称为“统一管理”②。程序合并是将不同法院管辖或受理的多个关联企业独立破产案件合并于同一个法院统一审理，在各关联企业之间仍保持法人人格与资产的独立、债务清偿比例分别确定的基础上，通过协调或统一破产清算程序，使破产财产实现更高的价值，债权人得到更多的分配；或者通过制订协调或统一的集团各企业重整计划乃至整个集团企业合一的整体重整计划，达到对集团企业挽救目的。程序合并建立在各个关联企业均存在破产原因的基础上，对维护利害关系人权益和案件顺利受理具有重要的意义。它主要适用于集团各关联企业不存在法人人格混同，或虽存在法人人格混同但未达到应当进行实质合并程度，而又存在对各关联企业通过程序合并进行协调审理需要的情况。例如各关联企业在集团内部存在业务经营上的上下游

① See Christopher K. Grierson: “Shareholder Liability, Consolidation and Pooling”, in *Current Issues in Cross-Border Insolvency and Reorganization*, edited by E. Bruce Leonard and Christopher W. Basant, Graham&Trotman, London, 1994, p. 300.

② ［美］查尔斯·J. 泰步：《美国破产法新论》，韩长印等译，261 页，北京，中国政法大学出版社，2017。

产业合作与专业化分工，经营管理上存在一体化和协同性，合并程序协调审理有助于提高重整的成功率、提高债权人的清偿比例，等等。

在过去的司法实践中，对关联企业的实质合并破产适用较多，而对程序合并手段则不够重视，较少适用。由此形成了一些潜在不良影响，如为解决关联企业破产的一些特殊问题，对尚不具备实质合并条件、可以通过程序合并处理的企业强行进行实质合并，或放弃程序合并处理，从而影响部分利害关系人的合法权益，并影响企业的重整挽救。我们需要根据关联企业的实际情况正确地选择适用实质合并或程序合并方法解决问题。

《破产审判会议纪要》第 39 条指出，在协调审理中，应保持关联企业成员的独立法律地位，协调审理不消灭关联企业成员之间的债权债务关系，不对关联企业成员的财产进行合并，各关联企业成员的债权人仍以该企业成员的财产为限依法获得清偿。但是在协调审理中，也要利用各种法律手段解决关联企业成员之间尚不构成实质合并程度的法人人格混同和滥用控制权利形成的不当资源配置关系。根据《破产审判会议纪要》规定，关联企业成员之间不当利用关联关系形成的债权，应当劣后于其他普通债权顺序清偿；该劣后债权人不得就其他关联企业成员提供的特定财产优先受偿，即双方之间设置的物权担保无效。《破产审判会议纪要》关于关联企业成员之间不当债权劣后清偿的规定，对司法实践具有重要的指导意义。这是我国首次在法律文件中适用衡平居次规则将母公司对子公司的债权居于劣后地位。此外，破产撤销权对解决关联企业之间程序合并时存在的破产欺诈和偏袒性清偿行为也具有重要调整作用，应当在程序合并中充分运用。

程序合并的必要性源于多个关联企业成员的破产案件为不同的法院管辖或受理，所以需要启动合并程序。《破产审判会议纪要》第 38 条中还就关联企业破产案件的程序合并即协调审理的管辖原则作出规定："多个关联企业成员均存在破产原因但不符合实质合并条件的，人民法院可根据相关主体的申请对多个破产程序进行协调审理，并可根据程序协调的需要，综合考虑破产案件审理的效率、破产申请的先后顺序、成员负债规模大小、核心控制企业住所地等因素，由共同的上级法院确定一家法院集中管辖。"

据此规定，对程序合并的申请人，可以与实质合并申请人的范围相同。规定中所列确定管辖的原则，首先考虑的是破产案件审理的效率，有了效率就可以节省时间成本、费用成本、社会成本，获得更多收益。其次考虑的是破产申请的先后顺序，尤其是案件受理顺序，由先接到申请或受理案件的法院集中管辖，自然也有助于提高效率，避免程序浪费。再次，要考虑各关联企业成员的负债规模大小，也就是可能涉及的破产事务的集中地。最后是核心控制企业住所地，这主要是基于如何更好地解决各关联企业之间资产、业务乃至负债的协调处理关系。当然，根据企业具体情况还可能需要考虑其他因素。最终确定程序合并审理中集中管辖法院的，是各方的共同上级法院。从该规定看，即使各个接受破产申请或受理案件的法院彼此之间对管辖可以协商一致，没有争议的，也应当由它们的共同上级法院确定管辖，这一点与实质合并破产不同。

二、程序合并破产的实务案例

2017 年 6 月 30 日，昆明市中级人民法院顺利审结云南煤化工集团有限公司（下称"煤化工集团"）及其下属四家企业系列重整的全部案件，化解企业债务危机，实现上市公司保壳、集团整体改革脱困的目标。企业集团650亿元负债中的500余亿元得到清偿，同时实现了产业结构的调整，处理僵尸企业，关闭下属煤矿企业18家，清理每年357万吨的过剩煤炭产能，妥善分流安置职工14 552人，为企业集团的后续健康发展奠定了基础。

煤化工集团五家企业呈多级产权结构，其中有一家上市公司，破产案件分属于昆明市中级人民法院、曲靖市中级人民法院及其下级沾益区人民法院三个法院管辖。在债权人对集团企业向各法院分别提出重整申请后，云南省高级人民法院与相关法院研究分析了五家企业的内部关系和上市公司的保壳目标等情况，通过指定管辖将集团系列重整案件通过程序合并归集至昆明中院统一管辖，确保了企业集团重整工作的统一协调、系统处理和整体推进。在合并程序重整的基础上，充分考虑单个重整主体与集团内其他重整主体、程序外集团企业的联动调整、有序衔接，遵循最大限度维护债权人利益、各方利益平衡共赢的理念，制订出集团各企业相互衔接、上下联动、具有创新性的重整计划草案，一体化解决了企业集团的挽救问题。

煤化工集团在程序合并基础上制订的整体协调重整计划，整合了集团所有资源，显著提高了债权人的清偿比例，同时保障了企业集团生产运营体系的完整与市场价值的保值。在统一协调重整程序的保障下，管理人科学地制订了体现“自下而上”重整工作顺序的系列重整计划草案。系列重整方案考虑到上层公司主要从事股权的控股经营而少有可资直接还债的实际资产，煤化工集团和云维集团均为下属公司提供大量担保，而下属公司很少为集团提供担保的现实，首先使下属公司先完成重整，一方面在其部分清偿债权后，逐级减少上级公司为下级公司承担的担保债务，未清偿的债权则通过担保关系由上级集团继续清偿；另一方面通过下级公司偿还上级公司的借款等债权，向上级企业输送现金、股票等偿债资源，解决了集团企业间债务和偿债资源不匹配、清偿时间错期等问题。实践证明，程序合并保障下的“自下而上”重整思路，奠定了煤化工集团系列重整案成功的基础。应当说，创新性地结合企业实际运用程序合并重整，是煤化工集团系列重整案成功的关键环节之一，其经验值得借鉴。

云维股份是上市公司，陷入经营困境和财务困境已无力清偿到期债务，并面临暂停上市及退市风险。集团企业重整的一项关键性工作，是将上市公司的重整与重大资产重组有序衔接，化解退市危机，并为集团企业清偿债务提供资源。为此，管理人制订了有针对性的重整计划草案。第一，以资本公积金转增股本，并通过对出资人权益的调整方案，由全体股东无偿让渡部分股票，用于清偿债权人，不仅增加云维股份的偿债能力，还向云维集团及煤化工集团输送了股票偿债资源。第二，根据偿债资源情况，针对金融普通债权与非金融普通债权制订不同的清偿方案。第三，在通过重整程序豁免债务，取得债务重组收益，化解退市危机的同时，进行重大资产重组，使两者密切衔接，保障企业挽救成功。此外，云南省政府通过同法院之间建立的“府院联动”机制，尊重法院独立行使审判权，积极落实政府的维稳属地责任及公共服务和社会管理职能，主动与法院协调解决重整程序中衍生的职工救济安置等社会问题，充分发挥破产法在“僵尸企业”处置中的作用。①

---

① 参见王欣新：《重整涅槃向生 处置落后产能》，载《中国审判》，2017（33），31页。

参考书目

1. 王欣新．破产法理论与实务疑难问题研究．北京：中国法制出版社，2011

2. 王欣新．破产法前沿问题思辨．北京：法律出版社，2017

3. 王欣新主编．破产法原理与案例教程．2版．北京：中国人民大学出版社，2015

4. 王欣新主编．破产法学．北京：中国人民大学出版社，2008

5. 李永军，王欣新，邹海林，徐阳光．破产法．2版．北京：中国政法大学出版社，2017

6. 韩长印主编．破产法学．2版．北京：中国政法大学出版社，2016

7. 王卫国等编著．破产法——原理、规则、案例．北京：清华大学出版社，2006

8. 范健，王建文．破产法．北京：法律出版社，2009

9. 邹海林．破产法——程序理念与制度结构解析．北京：中国社会科学出版社，2016

10. 李永军．破产重整制度研究．北京：中国人民公安大学出版社，1996

11. 李永军．破产法——理论与规范研究．北京：中国政法大学出版社，2013

12. 付翠英．破产法比较研究．北京：中国人民公安大学出版社，2004

13. 奚晓明主编．最高人民法院关于企业破产法司法解释理解与适用．北京：人民法院出版社，2007

14. 奚晓明主编．最高人民法院关于企业破产法司法解释理解与适用（破产法解释一、二）．北京：人民法院出版社，2013

15. 石静遐．跨国破产的法律问题研究．武汉：武汉大学出版社，1999

16. 李飞主编．当代外国破产法．北京：中国法制出版社，2006

17. ［日］石川明．日本破产法．何勤华，周桂秋译．北京：中国法制出版社，2000

18. ［日］谷口安平主编．日本倒产法概述．田言等译．北京：中国政法大学出版社，2017

19. ［日］山本和彦．日本倒产法入门．金春等译．北京：法律出版社，2016

20. 杜景林，卢谌译．德国支付不能法．北京：法律出版社，2002

21. ［德］莱因哈德·波克：德国破产法导论．6版．王艳柯译．北京：北京大学出版社，2014

22. ［英］费奥娜·托米．英国公司和个人破产法．汤维建译．北京：北京大学出版

社，2010

23. 丁昌业译．英国破产法．北京：法律出版社，2003

24. ［美］查尔斯·J. 泰步．美国破产法新论．韩长印等译．北京：中国政法大学出版社，2017

25. ［美］大卫·G. 爱泼斯坦等．美国破产法．韩长印等译．北京：中国政法大学出版社，2003

26. 潘琪．美国破产法．北京：法律出版社，1999

27. 耿云卿．破产法释义．台北：五南图书出版公司，1992

28. 陈荣宗．破产法．台北：三民书局，1986

29. 陈计男．破产法论．台北：三民书局，1992

30. 吴传颐．比较破产法．北京：商务印书馆，2013

31. 徐阳光．中国破产审判的司法进路与裁判思维．北京：法律出版社，2018

32. 张善斌．破产法文献分类索引．武汉：武汉大学出版社，2017

图书在版编目（CIP）数据

破产法/王欣新著．--4版．--北京：中国人民大学出版社，2019.10
新编21世纪法学系列教材
ISBN 978-7-300-27521-5

Ⅰ.①破… Ⅱ.①王… Ⅲ.①破产法-中国-高等学校-教材 Ⅳ.①D922.291.92

中国版本图书馆CIP数据核字（2019）第216471号

普通高等教育“十一五”国家级规划教材
新编21世纪法学系列教材
总主编　曾宪义　王利明
破产法（第四版）
王欣新　著
Pochanfa

出版发行	中国人民大学出版社		
社　　址	北京中关村大街31号	**邮政编码**	100080
电　　话	010-62511242（总编室）		010-62511770（质管部）
	010-82501766（邮购部）		010-62514148（门市部）
	010-62515195（发行公司）		010-62515275（盗版举报）
网　　址	http://www.crup.com.cn		
经　　销	新华书店		
印　　刷	固安县铭成印刷有限公司	**版　　次**	2002年1月第1版
开　　本	787 mm×1092 mm　1/16		2019年10月第4版
印　　张	27.75	**印　　次**	2025年4月第9次印刷
字　　数	671 000	**定　　价**	70.00元

《　　　　　》※任课教师调查问卷

为了能更好地为您提供优秀的教材及良好的服务，也为了进一步提高我社法学教材出版的质量，希望您能协助我们完成本次小问卷，完成后您可以在我社网站中选择与您教学相关的1本教材作为今后的备选教材，我们会及时为您邮寄送达！如果您不方便邮寄，也可以申请加入我社的**法学教师QQ群：83961183（申请时请注明法学教师）**，然后下载本问卷填写，并发往我们指定的邮箱（cruplaw@163.com）。

邮寄地址：北京市海淀区中关村大街31号中国人民大学出版社806室收

邮　　编：100080

再次感谢您在百忙中抽出时间为我们填写这份调查问卷，您的举手之劳，将使我们获益匪浅！

基本信息及联系方式：※

姓名：______________ 性别：______________ 课程：______________________________

任教学校：______________________________ 院系（所）：________________________

邮寄地址：______________________________ 邮编：______________________________

电话（办公）：______________ 手机：______________ 电子邮件：________________

调查问卷：※

1. 您认为图书的哪类特性对您选用教材最有影响力？（　　）（可多选，按重要性排序）

   A. 各级规划教材、获奖教材　　B. 知名作者教材

   C. 完善的配套资源　　D. 自编教材

   E. 行政命令

2. 在教材配套资源中，您最需要哪些？（　　）（可多选，按重要性排序）

   A. 电子教案　　B. 教学案例

   C. 教学视频　　D. 配套习题、模拟试卷

3. 您对于本书的评价如何？（　　）

   A. 该书目前仍符合教学要求，表现不错将继续采用

   B. 该书的配套资源需要改进，才会继续使用

   C. 该书需要在内容或实例更新再版后才能满足我的教学，才会继续使用

   D. 该书与同类教材差距很大，不准备继续采用了

4. 从您的教学出发，谈谈对本书的改进建议：____________________________________

____

____

选题征集：如果您有好的选题或出版需求，欢迎您联系我们：

联系人：黄　强　联系电话：010-62515955/65

索取样书：书名：____

书号：____

备注：※ 为必填项。